사이버JRC 동영상 강의 1만원 할인 쿠폰

할인 코드

re3kwek4

동영상 강의 할인 쿠폰

10,000

금일만원정

할인 쿠폰 사용 안내

1. 사이버JRC(www.cyberjrc.com)에 접속하여 [회원가입] 후 로그인을 합니다.
2. 원하는 강의를 클릭한 후 할인 코드를 입력하여 결제합니다.
3. 결제를 마친 다음 [나의 강의실]→[수강 중인 강의]에서 강좌를 수강합니다.

쿠폰 사용 시 유의 사항

1. 해당 쿠폰은 사이버JRC의 동영상 강좌에만 사용이 가능합니다.
2. 본 쿠폰은 타 쿠폰 및 J포인트와 중복 할인이 되지 않습니다.
3. 교재 환불 시 쿠폰 사용이 불가합니다.
*본 쿠폰과 관련된 사항은 사이버JRC 고객센터(02-567-3327)로 문의해 주십시오.

사이버JRC 원패스 3만원 할인 쿠폰

할인 코드

epjfoerj

원패스 할인 쿠폰

30,000

금삼만원정

할인 쿠폰 사용 안내

1. 사이버JRC(www.cyberjrc.com)에 접속하여 [회원가입] 후 로그인을 합니다.
2. 원하는 강의를 클릭한 후 할인 코드를 입력하여 결제합니다.
3. 결제를 마친 다음 [나의 강의실]→[수강 중인 강의]에서 강좌를 수강합니다.

쿠폰 사용 시 유의 사항

1. 해당 쿠폰은 사이버JRC의 원패스 과정 동영상 강좌에만 사용이 가능합니다.
2. 본 쿠폰은 타 쿠폰 및 J포인트와 중복 할인이 되지 않습니다.
3. 교재 환불 시 쿠폰 사용이 불가합니다.
*본 쿠폰과 관련된 사항은 사이버JRC 고객센터(02-567-3327)로 문의해 주십시오.

JRC 북스

전공략 新HSK
두달에 4따기 급

개정판 1쇄 발행	2014년 6월 25일
개정판 4쇄 발행	2017년 2월 10일

저자	김미나
기획	JRC 중국어연구소
발행인	김효정
발행처	JRC 북스
등록번호	제300-2002-42호
편집	최정임 ｜ 이소연 ｜ 김소연
디자인	신은지 ｜ 최여랑
제작	박선희
영업	김영한 ｜ 강민호
홍보	이지연 ｜ 박선경
웹마케팅	오준석 ｜ 김희영

주소	JRC 북스 서울 강남구 테헤란로 109, 3층
전화	구입 문의 02.567.3861 / 02.567.3837
	내용 문의 02.567.3860
팩스	02.567.2471
홈페이지	www.booksJRC.com

ISBN	978-89-98444-40-2 14720
	978-89-98444-28-0 (세트)
정가	25,000원

Copyright ⓒ 2014 JRC 북스

이 도서의 국립중앙도서관 출판시도서목록(CIP)은 서지정보유통지원시스템 홈페이지(http://seoji.nl.go.kr)와
국가자료공동목록시스템(http://www.nl.go.kr/kolisnet)에서 이용하실 수 있습니다. (CIP제어번호 : CIP2014014887)

新

새 옷, 새 학기, 새해……

'새롭다'는 말은 사람을 설레게 하고 들뜨게 만드는 마력을 지닌 듯합니다. 새롭게 시작된 HSK 시험도 여러분에게 이러한 매력을 충분히 발산하고 있는지 모르겠네요.

이 교재는 여러분의 이러한 설렘과 기대에 부응하기 위해 출제 경향을 100% 분석하고 활용하여 새로운 학습의 길에 든든한 길잡이가 되도록 알차게 구성했습니다.

Hope

왜 시험을 준비하는지 학생들에게 물으면 90% 이상이 '취업 준비'라고 답합니다. 전쟁과 같은 취업 전선에서 HSK 증서와 같은 든든한 수류탄을 하나 준비해놓으면 마음이 한결 가벼워지니까요. 하지만 맨 처음 재미와 흥미로 시작했던 중국어는 더 이상 재미있지도 흥미롭지도 않은 대상이 되어버리죠. HSK 증서는 분명히 여러분의 꿈을 이루는 하나의 중요한 연결 다리가 될 것입니다. 하지만 동시에 HSK를 즐겨주세요. 新HSK 4급은 실생활에서 자주 사용되는 어휘나 회화를 중심으로 출제되기 때문에 여러분이 공부하고 즐기는 사이에 중국어 실력도 한층 업그레이드될 것입니다.

Sorry

죄송합니다.

HSK는 '딱딱하고 어려울 것이다'라고 생각하시는 여러분의 예상을 뒤엎어버리기 위해 정말 쉽고 재미있고 자세하게 책을 준비했습니다.

또 죄송합니다.

'두달에 4급 따기'라고 타이틀을 걸었지만, 이 교재와 함께 매일매일 열심히 공부하신 분들이라면 한 달 안에라도 4급을 획득할 수 있습니다.

Kiss you

늘 저에게 아낌없는 사랑과 지지를 보내주시는 엄마와 가족들, 물심양면으로 저를 보살펴주시는 박 박사님, 든든한 버팀목 서중원 군, 부족함이 많은 저에게 늘 기회와 격려를 보내주시는 김효정 원장님, 좋은 책을 만들기 위해 밤낮으로 수고하신 출판팀의 최정임 과장님, 허희주 주임님 그리고 사랑하는 우리 학생 여러분들께 진심으로 감사드립니다.

김미나

차례

- 머리말 ... 3
- 이 책의 특징 ... 6
- 이 책의 구성 ... 8
- 新HSK란? ... 10
- 新HSK 4급 시험 소개 ... 14
- 新HSK 4급 영역별 출제 경향 및 학습 노하우 ... 15
- 수준별 학습법 ... 26
- 학습 플랜 ... 28
- 실전 테스트 점수 기입표 ... 30
- 시험장 TIP ... 31

듣기

제1부분
- 01day 듣기도 암기가 필요하다 ... 34
- 02day 화자의 생각을 따라잡아라 ... 44

제2·3부분 대화형
- 03day 들리는 것이 전부가 아니다 — 언제, 어디서 ... 50
- 04day 인물과 행동을 주목하라 — 누가, 무엇을 ... 58
- 05day 인물의 감정과 어투에 반응하라 — 어떻게, 왜 ... 68
- 06day 청개구리 반어문과 이중부정 ... 76

제3부분 단문형
- 07day 주제 파악을 제대로 하자 ... 84
- 08day 다양한 상식을 키우자 ... 94
- 09day 흐르는 이야기에 귀를 맡겨라 ... 102

독해

제1부분
- 10day 존재하는 모든 것을 부르는 말 — 명사와 대사 ... 112
- 11day 팔색조의 매력 — 동사 ... 124
- 12day 우리는 단짝 친구! — 형용사와 부사 ... 136
- 13day 명사가 있는 곳에 우리가 있다! — 개사와 양사 ... 146
- 14day 구와 절을 잇는 징검다리 — 접속사 ... 158

제2부분	15day	논리적 흐름을 따르자	168
	16day	시간의 흐름을 따르자	178
	17day	이럴 땐 반드시 맨 앞에 온다	186
	18day	이럴 땐 절대 맨 앞에 올 수 없다	196
	19day	병렬 · 선후 · 점층 관계를 완성하는 접속사	204
	20day	인과 · 가설 · 가정 관계를 완성하는 접속사	214
	21day	선택 · 역접 · 조건 관계를 완성하는 접속사	222
	22day	다양한 특수 문장을 익혀라	232
제3부분	23day	문제만 정확히 파악해도 절반은 성공이다	242
	24day	문장 부호를 읽는 힘이 필요하다	252
	25day	작가의 의도를 파악하라	262
	26day	옳고 그름을 판단하는 문제는 꼼꼼함이 필수이다	272
	27day	정보 획득에 눈을 떠라	282
	28day	감정과 태도 그리고 숨겨진 의도를 파악하라	290

쓰기

제1부분	29day	눈에 쏙쏙 들어오는 중국어의 기본 어순	302
	30day	개성 만점! 여러 가지 술어문	310
	31day	존재나 출현은 존현문에 맡겨라	318
	32day	한방 승부! 是……的 강조 구문과 특수 구문	324
	33day	술어의 든든한 보좌관 — 보어	330
	34day	상황 정리의 달인! — 부사	342
	35day	두 개의 얼굴 — 개사	352
	36day	시험의 단골손님 — 把자문과 被자문	360
	37day	이보다 더 쉬울 수 없다! — 비교문과 겸어문	368
제2부분	38day	내 몸에 가까운 명사	376
	39day	그림으로 읽는 동사 의미	388
	40day	분위기 메이커 형용사	400

『전공략 新HSK 두달에 4급 따기』는 본책, 해설집, 실전 모의고사로 구성된 新HSK 종합서입니다. 新HSK 4급을 한 번도 본 적이 없는 학습자라도 쉽게 학습할 수 있도록 각 영역별 공략법부터 실전 테스트까지 체계적으로 구성되어 있으며, 적중률 높은 엑기스 문제로만 구성된 실전 모의고사로 新HSK에 완벽하게 대비할 수 있습니다.

1. 공략부터 실전 테스트까지 한 권으로 끝내는 新HSK 종합서의 결정판!

각 영역별·부분별로 꼼꼼한 공략 및 예제, 실제 시험에 가까운 난이도로 구성된 실전 테스트가 수록되어 있습니다. 한 권으로 新HSK 4급 시험을 종합적으로 준비할 수 있어 급수 획득이 쉬워집니다.

2. 최신 기출문제 및 출제 경향 완벽 분석

최신 기출문제를 바탕으로 각 영역별 출제 경향을 완벽히 분석했습니다. 출제 경향이 200% 반영된 기출문제 맛보기 및 공략 예제를 통해 문제 난이도와 공략 포인트를 파악할 수 있어 실력이 한층 업그레이드됩니다.

3. '기초 실력 테스트 → 기출문제 맛보기 → 공략하기 → 실전 테스트'로 이어지는 체계적인 학습 프로그램 제공

자신의 실력을 체크하는 「기초 실력 테스트」, 최신 기출문제로 문제 유형을 익히는 「기출문제 맛보기」, 유형별로 꼼꼼하게 짚어주는 「공략하기」, 실제 시험 난이도에 가까운 「실전 테스트」까지 체계적으로 학습할 수 있습니다.

4. 新HSK 전문가의 날카로운 공략 비법 제시

각 영역별 유형을 분석한 자료를 바탕으로 최적화된 공략 비법을 제시했습니다. 공략과 관련된 어법, 표현, 어휘가 한눈에 정리되어 있어 학습에 용이합니다. 공략마다 예제가 제공되어 있어 실제 시험에서 공략법을 어떻게 활용할 수 있는지 연습할 수 있습니다.

5. 시험 적응력을 높이고 실력을 극대화시키는 실전 문제 최다 수록

실제 시험 형식과 난이도로 구성된 예제 및 실전 테스트는 학습자의 시험 적응력을 높이고 시험장 환경에 익숙해지도록 하여 실력을 충분히 발휘할 수 있도록 도와줍니다. 모든 공략에 예제가 제시되어 있으며, Day별로 실전 테스트가 5~10문제 수록되어 있어 풍부한 실전 경험을 쌓을 수 있습니다.

6. 두 달, 40일에 新HSK 4급 획득을 위한 꼼꼼한 학습 플랜 및 학습법 제공

두 달에 듣기 · 독해 · 쓰기 전 영역을 완벽하게 끝낼 수 있도록 학습 플랜을 제시하였습니다. 또한 사전 실력 점검을 통해 자신에게 맞는 수준별 학습법도 선택할 수 있습니다.

7. 상세하고 정확하게 풀이한 해설

친절하고 상세한 설명으로 학습자들이 틀린 문제를 정확히 알고 넘어갈 수 있습니다. 각 문제마다 상세한 해설과 함께 정답, 어휘 등을 수록하였습니다. 본책에서 배운 공략을 다시 한번 짚어보고, 실전 테스트에서 틀린 부분을 점검하여 고득점 획득의 발판을 마련할 수 있습니다.

8. 4급 만점 단어 및 실전 모의고사 1회분 수록

언제 어디서나 휴대하며 암기할 수 있는 4급 만점 단어 1200으로 어휘 실력을 단기간에 향상시킬 수 있으며, 적중률 높은 실전 모의고사로 응시 전에 마지막으로 자신의 실력을 점검할 수 있습니다.

『전공략 新HSK 두달에 4급 따기』는 'step1 기초 실력 테스트 → step2 기출문제 맛보기 → step3 공략하기 → step4 실전 테스트'로 구성되어 있어 체계적이고 단계적인 학습 방법을 제시합니다.

1. 오늘의 학습목표
학습에 들어가기에 앞서 반드시 학습해야 할 내용을 알아봅니다.

2. 내 실력이 궁금하다면? 기초 실력 테스트!
학습하기 전에 자신의 실력을 테스트해봅니다.

3. 출제 경향이 궁금해? 그럼 기출문제 맛보기로 해결!
최신 출제 경향을 완벽하게 반영한 문제로 新HSK 유형을 미리 알아봅니다.

4. 무엇을 중점으로 풀어야 하지? 난이도와 공략 Key로 끝!
문제의 난이도와 공략 Key로 자신의 취약점을 파악할 수 있어 학습 효과가 배가됩니다.

5. 이것만 알면 끝! 영역별 공략 비법 제시
고득점을 얻을 수 있는 학습 노하우를 이해하기 쉽게 정리했습니다. 다양한 예제로 공략 비법을 마스터하세요.

6. 예제에 제시된 주요 표현까지 놓치지 않고 Tip으로 정리!
新HSK에 자주 출제되는 주요 표현을 깔끔하게 정리했습니다. 예문을 통해 제시된 표현에 익숙해지세요.

7. 학습 후 복습까지 바로바로! 바로 체크~

학습한 내용을 바로바로 체크할 수 있어 학습 효과를 높일 수 있습니다.

8. 학습 효과 2배! 아무도 모르는 나만의 비법 노트!

각 영역에서 반드시 알아야 하는 빈출 어휘나 표현을 주제별로 모아 정리했습니다.

9. 실전 감각을 익힐 수 있는 실전 테스트!

공략에서 마스터한 내용을 실전 테스트를 풀어보며 실력을 확인해보세요.

10. 이것만 알면 어휘는 내 손안에~ 만점 단어 1200

新HSK에서 반드시 알아야 하는 필수 어휘 1200개를 10일 동안 나누어 공부할 수 있도록 구성되어 있으며, MP3 파일도 무료로 다운로드하실 수 있습니다.(www.booksJRC.com)

11. 적중률 높은 실전 모의고사!

두 달 동안 공략 비법을 마스터한 후, 실전 모의고사 1회분으로 실제 시험에 완벽하게 대비하세요.

- ⊙ 필수적으로 암기해야 하는 중요 어휘에는 ★가 표시되어 있으며, 베테랑 저자의 풍부한 경험을 바탕으로 학습자에게 도움이 되는 조언 한마디, 「토크 토크! 쌤의 한마디」도 놓치지 마세요.
- ⊙ 본책의 「실전 테스트」는 해설집으로 따로 분리하여 담았습니다. 정확한 공략과 깔끔한 해설로 학습에 용이합니다.

新HSK는 제1언어가 중국어가 아닌 사람의 중국어 능력을 평가하기 위해 만들어진 중국 정부 유일의 국제 중국어 능력 표준화 고시로, 생활·학습·업무 등 실생활에서의 중국어 운용 능력을 중점적으로 평가하는 시험입니다.

1 용도

- 중국 대학(원) 입학·졸업식 평가 기준
- 한국 대학(원) 입학·졸업식 평가 기준
- 중국 정부 장학생 선발 기준
- 한국 특목고 입학식 평가 기준
- 교양 중국어 학력 평가 기준
- 각급 업체 및 기관의 채용·승진을 위한 기준

2 구성

新HSK는 국제 중국어 능력 표준화 시험으로, 필기 시험과 회화 시험 두 가지 부분으로 나뉘며, 회화 시험은 녹음 형식으로 이루어집니다.

필기 시험	新HSK 6급	新HSK 5급	新HSK 4급	新HSK 3급	新HSK 2급	新HSK 1급
회화 시험	HSKK 고급		HSKK 중급		HSKK 초급	

3 등급

新HSK의 각 등급과 「국제 중국어 능력 기준」, 「유럽 언어 공통 참고 규격(CEF)」의 대응 관계는 아래의 표와 같습니다.

등급	어휘량	국제 중국어 능력 기준	유럽 언어 규격(CEF)
新HSK 6급	5,000 이상	5급	C2
新HSK 5급	2,500		C1
新HSK 4급	1,200	4급	B2
新HSK 3급	600	3급	B1
新HSK 2급	300	2급	A1
新HSK 1급	150	1급	

4 원서 접수

① 인터넷 접수 : 한국HSK사무국 홈페이지(www.hsk.or.kr)에서 접수

② 우편 접수 : 구비 서류를 동봉하여 한국HSK사무국으로 등기 발송

  구비 서류 응시 원서(최근 6개월 이내에 촬영한 반명함판 사진 1장 부착) 및 별도 사진 1장,
    응시비 입금 영수증

③ 방문 접수 : 한국HSK사무국 또는 서울공자아카데미로 방문하여 접수

  구비 서류 응시 원서, 최근 6개월 이내에 촬영한 반명함판 사진 3장

5 시험 당일 준비물

① 유효한 신분증

  주민등록증, 운전면허증, 기간 만료 전의 여권, 군 장교 신분증, 현역 사병 휴가증

  • 18세 미만(주민등록증 미발급자) : 기간 만료 전의 여권, 청소년증,
      HSK 신분 확인서(한국 내 소재 초중고 재학생만 가능)

  • 주민등록증 분실 시 재발급 확인서는 인정되나, 학생증, 사원증, 의료보험증, 주민등록등본,
    공무원증 등은 인정되지 않음.

② 수험표

③ 2B 연필, 지우개

6 성적 발표

① 시험일로부터 1개월 후에 중국 고시 센터
  홈페이지(www.chinesetest.cn)에서 응시
  자 개별 성적 조회 가능

② 시험일로부터 40일경에 등기 우편으로 성
  적표 발송

③ 新HSK 성적은 시험일로부터 2년간 유효함

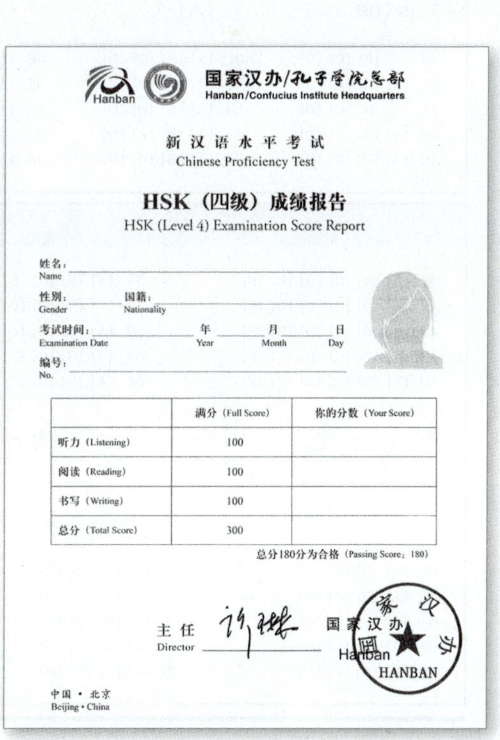

	满分 (Full Score)	你的分数 (Your Score)
听力 (Listening)	100	
阅读 (Reading)	100	
书写 (Writing)	100	
总分 (Total Score)	300	

新 汉 语 水 平 考 试
HSK(四级)答题卡

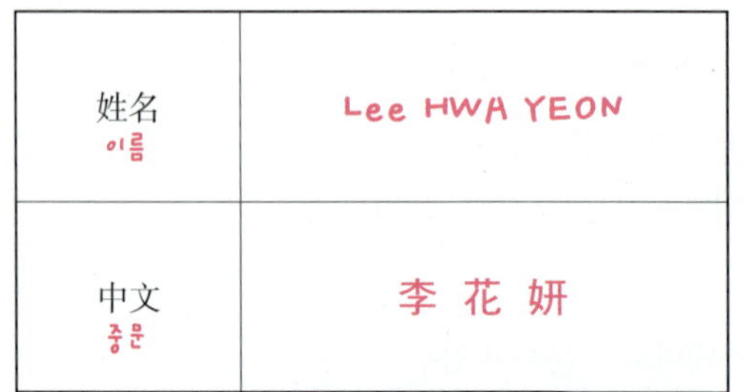

姓名 이름	Lee HWA YEON
中文 중문	李 花 妍

序号 수험번호	4	[0] [1] [2] [3] [4] [5] [6] [7] [8] [9]
	2	[0] [1] [2] [3] [4] [5] [6] [7] [8] [9]
	3	[0] [1] [2] [3] [4] [5] [6] [7] [8] [9]
	0	[0] [1] [2] [3] [4] [5] [6] [7] [8] [9]
	8	[0] [1] [2] [3] [4] [5] [6] [7] [8] [9]

考点代码 고시장번호	8	[0] [1] [2] [3] [4] [5] [6] [7] [8] [9]
	1	[0] [1] [2] [3] [4] [5] [6] [7] [8] [9]
	5	[0] [1] [2] [3] [4] [5] [6] [7] [8] [9]
	0	[0] [1] [2] [3] [4] [5] [6] [7] [8] [9]
	3	[0] [1] [2] [3] [4] [5] [6] [7] [8] [9]
	0	[0] [1] [2] [3] [4] [5] [6] [7] [8] [9]
	0	[0] [1] [2] [3] [4] [5] [6] [7] [8] [9]

国籍 국적	5	[0] [1] [2] [3] [4] [5] [6] [7] [8] [9]
	2	[0] [1] [2] [3] [4] [5] [6] [7] [8] [9]
	3	[0] [1] [2] [3] [4] [5] [6] [7] [8] [9]

性别 성별	男 [1]	女 [2]

年龄 나이	2	[0] [1] [2] [3] [4] [5] [6] [7] [8] [9]
	6	[0] [1] [2] [3] [4] [5] [6] [7] [8] [9]

注意 주의	请用2B铅笔这样写： ■ 2B 연필로 이렇게 칠하세요

一、听力 듣기 (듣기 영역 시험시간 종료 후, 5분 동안 답 기입)

1. [√] [×]	6. [√] [×]	11. [A] [B] [C] [D]	16. [A] [B] [C] [D]	21. [A] [B] [C] [D]
2. [√] [×]	7. [√] [×]	12. [A] [B] [C] [D]	17. [A] [B] [C] [D]	22. [A] [B] [C] [D]
3. [√] [×]	8. [√] [×]	13. [A] [B] [C] [D]	18. [A] [B] [C] [D]	23. [A] [B] [C] [D]
4. [√] [×]	9. [√] [×]	14. [A] [B] [C] [D]	19. [A] [B] [C] [D]	24. [A] [B] [C] [D]
5. [√] [×]	10. [√] [×]	15. [A] [B] [C] [D]	20. [A] [B] [C] [D]	25. [A] [B] [C] [D]

26. [A] [B] [C] [D]	31. [A] [B] [C] [D]	36. [A] [B] [C] [D]	41. [A] [B] [C] [D]	
27. [A] [B] [C] [D]	32. [A] [B] [C] [D]	37. [A] [B] [C] [D]	42. [A] [B] [C] [D]	
28. [A] [B] [C] [D]	33. [A] [B] [C] [D]	38. [A] [B] [C] [D]	43. [A] [B] [C] [D]	
29. [A] [B] [C] [D]	34. [A] [B] [C] [D]	39. [A] [B] [C] [D]	44. [A] [B] [C] [D]	
30. [A] [B] [C] [D]	35. [A] [B] [C] [D]	40. [A] [B] [C] [D]	45. [A] [B] [C] [D]	

二、阅读 독해 (독해 영역 시험 시간 내 답 기입)

46. [A] [B] [C] [D] [E] [F]	51. [A] [B] [C] [D] [E] [F]
47. [A] [B] [C] [D] [E] [F]	52. [A] [B] [C] [D] [E] [F]
48. [A] [B] [C] [D] [E] [F]	53. [A] [B] [C] [D] [E] [F]
49. [A] [B] [C] [D] [E] [F]	54. [A] [B] [C] [D] [E] [F]
50. [A] [B] [C] [D] [E] [F]	55. [A] [B] [C] [D] [E] [F]

56. B A C	58.	60.	62.	64.
57.	59.	61.	63.	65.

66. [A] [B] [C] [D]	71. [A] [B] [C] [D]	76. [A] [B] [C] [D]	81. [A] [B] [C] [D]	
67. [A] [B] [C] [D]	72. [A] [B] [C] [D]	77. [A] [B] [C] [D]	82. [A] [B] [C] [D]	
68. [A] [B] [C] [D]	73. [A] [B] [C] [D]	78. [A] [B] [C] [D]	83. [A] [B] [C] [D]	
69. [A] [B] [C] [D]	74. [A] [B] [C] [D]	79. [A] [B] [C] [D]	84. [A] [B] [C] [D]	
70. [A] [B] [C] [D]	75. [A] [B] [C] [D]	80. [A] [B] [C] [D]	85. [A] [B] [C] [D]	

86. 这部电影的内容非常有意思。

87.

88.

89.

90.

91.

92.

93.

94.

95.

96. 我喜欢韩国的家具。

97.

98.

99.

100.

1 대상

新HSK 4급은 매주 2~4시간, 4학기(190~200시간) 정도 중국어를 학습하고, 1,200개의 상용 어휘와 관련 어법 지식에 숙달한 학습자를 대상으로 합니다.

2 구성

新HSK 4급은 총 100문제로, 듣기·독해·쓰기 세 영역으로 구성되어 있습니다.

영역		문제 유형	문항 수		시험 시간
듣기 (听力)	제1부분	단문 듣고 제시된 문장의 옳고 그름 판단하기	10	45	약 30분
	제2부분	두 사람의 대화를 듣고 질문에 답하기	15		
	제3부분	4~5개 문장의 대화 또는 단문 듣고 1~2개 질문에 답하기	20		
듣기 영역 답안지 작성					5분
독해 (阅读)	제1부분	빈칸에 들어갈 알맞은 어휘 고르기	10	40	40분
	제2부분	제시된 3개의 보기를 순서대로 배열하기	10		
	제3부분	단문 읽고 1~2개 질문에 답하기	20		
쓰기 (书写)	제1부분	주어진 어휘를 조합하여 문장 만들기	10	15	25분
	제2부분	제시된 그림을 보고 주어진 어휘로 문장 만들기	5		
합계			100		약 105분

3 영역별 배점표

- 新HSK 4급 성적표는 듣기·독해·쓰기 세 영역의 점수와 총점이 기재됩니다.
- 각 영역별 만점은 100점이며, 영역별 점수에 상관없이 **총점 180점 이상**이면 합격입니다.

영역	문항 수	추정 배점	총점	
듣기(听力)	45문항	2.2점	100점	
독해(阅读)	40문항	2.5점	100점	
쓰기(书写)	10문항	6점	60점	100점
	5문항	8점	40점	
계	100문항		300점	

◉ 문제 유형

	문제 유형	문항 수	시험 시간
제1부분	단문 듣고 제시된 문장의 옳고 그름 판단하기	10	
제2부분	두 사람의 대화를 듣고 질문에 답하기	15	약 30분
제3부분	4~5개 문장의 대화 또는 단문 듣고 1~2개 질문에 답하기	20	

45 (시험 시간 약 30분, 문항 수 합계)

◉ 출제 유형 분석

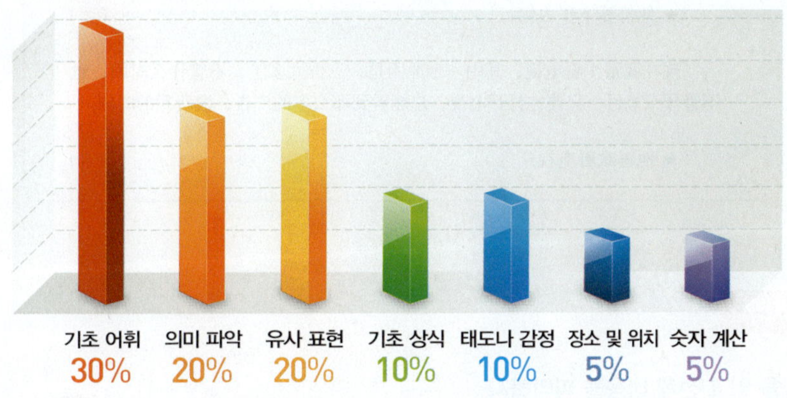

[check 1] 듣기의 기본은 어휘!

최근 제1·2부분은 일상생활에서 접하는 어휘를 중심으로 출제됩니다. 학교생활, 가정생활, 사회생활, 직장생활에서 접하는 어휘를 중심으로 학습하는 것이 좋습니다. 최근 들어 독해에 출제되었던 지문이 듣기 문제로 자주 활용되고 있으니, 평소 독해 지문을 읽는다면 고득점 획득에 유리할 수 있습니다.

[check 2] 헷갈리는 유사 표현은 반드시 출제된다!

대체적으로 문제의 난이도는 舊HSK보다는 낮아졌지만, 혼란을 주기 위해 의미가 비슷한 어휘를 사용하는 경우가 있으니, 반드시 비슷한 의미의 유사 표현을 암기해야 합니다. 예를 들어 帮忙과 帮助는 '돕다'라는 뜻으로 의미는 같지만 쓰임이 다릅니다. 유사 어휘와 표현은 차이점을 반드시 알아두세요.

[check 3] 사람·장소·태도에 집중! 또 집중!

제3부분의 경우는 대화하는 사람의 신분이나 직업, 두 사람의 관계, 대화 장소, 화자의 태도 등을 묻는 경우가 많습니다. 최근에는 대화가 일어나는 장소를 묻는 문제가 매회 출제되는데, 특히 '은행'이 배경으로 많이 등장합니다. 녹음을 들을 때 사람·장소·태도를 나타내는 표현이 등장하면 귀를 기울이세요.

제1부분 총 10문항

한 단락의 문장을 듣고 제시된 문제와 녹음 내용이 일치하는지를 판단하는 문제로, 녹음 내용은 한 번만 들려줍니다.

第一部分

第 1–10 题：判断对错。

例如：我想去办个信用卡，今天下午你有时间吗? 陪我去一趟银行?

    ★ 他打算下午去银行。　　　　　　　　　　　　　　　　　　　　(√)

    现在我很少看电视，其中一个原因是，广告太多了，不管什么时间，也不管什么节目，只要你打开电视，总能看到那么多的广告，浪费我的时间。

    ★ 他喜欢看电视广告。　　　　　　　　　　　　　　　　　　　　(×)

학습 노하우

제시된 문장을 읽고 전체 내용을 파악하자

기본적으로 제시 문제에 대한 확실한 이해가 가장 중요한 비중을 차지합니다. 응시생들에게 혼란을 주기 위해 유사 표현을 자주 사용하는데, 평소 동의어나 유의어에 관해 정리해두세요.

시간 단축만이 고득점의 지름길!

제1부분 문제는 각 문제 사이에 약 10초의 시간이 주어집니다. 녹음 내용을 잘 듣고 녹음 내용이 끝나면 바로 답을 체크하고, 다음 문제에 제시된 문장을 읽어보는 것이 좋습니다. 또한 금액이나 시간, 날짜에 관한 문제는 반드시 관련 내용을 메모해두세요.

제시된 문장에 집중하자

제1부분의 문제는 믿기 힘들 만큼 들리는 그대로 문장이 제시되는 경우가 많습니다. 녹음 내용이 잘 들리지 않는 사람들은 그대로 다 틀리게 되니, 개인 간에 점수 차이가 날 수밖에 없습니다. 평소 받아쓰기와 관용 표현 익히기 등을 꾸준히 연습해 듣기 능력을 배양하세요.

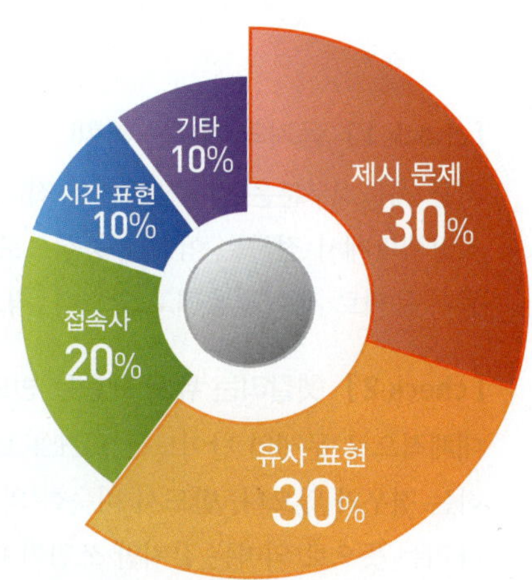

〈기출 문제 유형 분석〉

제2부분 `총 15문항`

두 사람의 간단한 대화와 문제를 듣고 A, B, C, D 보기에서 알맞은 답을 고르는 문제로, 녹음 내용은 한 번만 들려줍니다.

第二部分

第 11–25 题：请选出正确答案。

例如：女：该加油了，去机场的路上有加油站吗？
男：有，你放心吧。
问：男的主要是什么意思？

A 去机场　　　B 快到了　　　C 油是满的　　　D 有加油站　√

학습 노하우

보기 내용을 먼저 확인하자

두 사람 간의 일상적인 대화로 이루어진 제2부분은 개인의 행동이나 어투, 심정 등을 묻는 유형의 문제가 주로 출제됩니다. 일반적으로 보기 내용 가운데 정답이 그대로 들리는 경우가 빈번하므로 반드시 보기를 먼저 파악하는 것이 중요합니다.

두 사람의 대화에서 긍정과 부정을 주의하며 듣자

남자에 관한 질문인지, 여자에 관한 질문인지 또는 상대방의 말에 긍정으로 반응을 하는지, 부정으로 반응을 하는지 주의하며 들어야 합니다. 녹음 내용에만 집중하다 보면 정보의 대상이 헷갈리기 쉬우니 들은 정보를 반드시 구분해서 기억하는 연습을 하세요.

관용어와 반어문 표현 등을 마스터하라

때로는 어휘의 뜻만으로는 의미를 파악할 수 없는 문제가 간혹 출제되기 때문에 듣기 문제에 자주 출제되는 관용어 표현이나 반어문에 관한 문장을 정리해두는 것이 좋습니다. 이러한 표현은 화자의 숨은 의도를 파악하고 질문 대상의 심리 상태를 간파하는 데 도움이 됩니다.

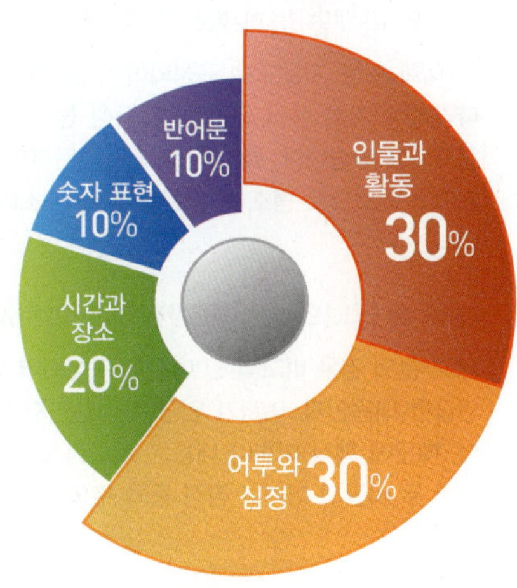

〈기출 문제 유형 분석〉

제3부분 총 20문항

두 사람의 비교적 긴 대화 또는 단문을 듣고 A, B, C, D 보기에서 알맞은 답을 고르는 문제로, 녹음 내용은
한 번만 들려줍니다.

第三部分

第26-45题：请选出正确答案。

例如： 男：把这个材料复印五份，一会儿拿到会议室发给大家。
　　　 女：好的，会议是下午3点吗?
　　　 男：改了，三点半，推迟了半个小时。
　　　 女：好，602会议室没变吧?
　　　 男：对，没变。
　　　 问：会议几点开始?

A 两点　　　　　**B** 3点　　　　　**C** 3:30 √　　　　　**D** 6点

학습 노하우

듣기와 독해는 불가분의 관계이다

긴 대화 또는 지문으로 구성되어 있는 제3부분은 이야기의 주제
파악이나 기초 상식, 정보의 재구성 능력을 묻는 문제들이 주로
출제되고 있습니다. 특히 독해에 출제된 지문이 듣기에도 자주 출
제되고 있으므로 평소 독해 문장을 자주 소리내어 읽는 것이 좋습
니다.

대화 속 남녀의 의미를 확실히 파악하자

제3부분의 경우 비교적 긴 대화로 구성되어 있어 자칫하면 남자가
언급한 내용인지, 여자가 언급한 내용인지 놓치는 경우가 있습니
다. 때문에 핵심 어휘나 내용은 메모를 하며 듣는 것이 좋습니다.
또한 두 사람의 어기나 감정 등을 주의하며 전체적인 맥락도 파악
하세요.

처음과 끝을 놓치지 마라

대화의 주제나 핵심어는 첫 부분이나 끝 부분에 주로 제시됩니다.
녹음 내용의 첫 부분을 놓쳤더라도 당황하지 말고, 핵심 내용이 마
지막에 제시될 수 있으니 끝까지 최대한 집중해서 들으세요.

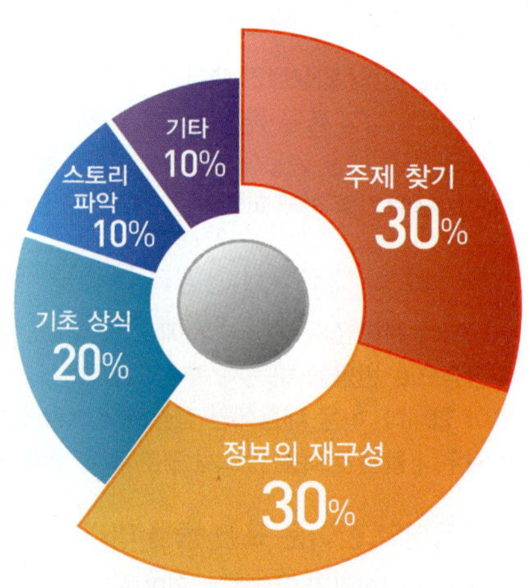

〈기출 문제 유형 분석〉

⊙ 문제 유형

	문제 유형	문항 수	시험 시간
제1부분	빈칸에 들어갈 알맞은 어휘 고르기	10	
제2부분	제시된 3개의 보기를 순서대로 배열하기	10	40
제3부분	단문 읽고 1~2개 질문에 답하기	20	40분

⊙ 출제 유형 분석

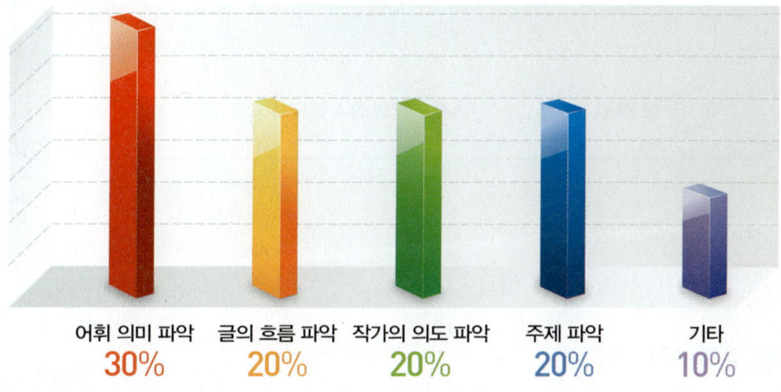

[check 1] 각 어휘의 품사와 의미는 기본!

제1부분의 경우 보기에 주어진 어휘의 의미와 품사를 파악하고 자주 쓰이는 어휘의 호응 관계를 많이 알 수록 고득점을 받을 수 있습니다. 또한, 어법 관련 비중이 점점 높아지고 있어 어휘의 품사와 문장 성분을 알지 못한다면 풀기 힘든 문제가 출제되고 있으니, 어법 공부도 소홀해서는 안 됩니다.

[check 2] 글의 흐름을 파악하는 데도 법칙이 있다!

제2부분은 중국어 문장의 전개 법칙만 마스터한다면 절반은 맞힐 수 있습니다. 논리 전개 방식 및 시간 흐름의 순서는 출제 빈도율이 높으니 반드시 기억하세요.

[check 3] 제3부분에 반드시 나오는 주제가 있다!

제3부분의 경우에는 자연, 태양 등 환경에 관한 주제가 반드시 출제되고 있으니, 이와 관련된 어휘를 암기하고, 또한 다양한 분야의 글을 읽는 습관을 기르는 것도 좋습니다.

제1부분 총 10문항

문장 혹은 대화형으로 이루어진 문제의 빈칸에 들어갈 알맞은 어휘를 선택하는 문제입니다.

第一部分

第 46–50 题：选词填空。

    A 公里   **B** 坚持   **C** 数字   **D** 情况   **E** 态度   **F** 永远

例如：她每天都(　　**B**　　)走路上下班，所以身体一直很不错。

46. 一般来说，(　　　　　　)认真、积极的人更容易感觉到满意。

학습 노하우

각 품사별 특징을 반드시 알아두자

문장 구성의 기본 요소인 동사, 명사, 형용사 등의 품사가 자주 출제되고 있기 때문에 우선 품사별 위치와 특징을 이해하는 것이 중요합니다. 특히 제1부분은 4급 응시자들이 반드시 암기해야 하는 어휘를 중심으로 출제되기 때문에, 기출 어휘를 암기한다면 독해는 물론 듣기·쓰기에도 도움이 됩니다.

빈칸에 들어갈 어휘가 어떤 품사인지를 먼저 파악하자

6개의 보기 어휘를 문제에 하나씩 대입하는 방식으로 문제를 풀면, 너무 많은 시간을 소비하게 됩니다. 먼저 빈칸의 앞뒤 문장 성분을 보고 빈칸에 들어갈 적당한 어휘가 어떤 역할을 해야 하는지를 파악한 후 문제를 풀도록 합니다.

단어의 분위기를 감지하자

단어의 의미만으로는 제1부분을 풀기 힘든 경우가 있습니다. 단어의 의미는 물론 품사, 호응 단어 그리고 그 단어가 사용되는 분위기까지 알아야 문제를 풀기가 쉬워집니다. 예를 들면 热闹라는 단어가 나오면, 흥이 넘치는 분위기가 나와야 하므로, 결혼이나 축제 등의 단어가 있는 곳에 넣으면 됩니다.

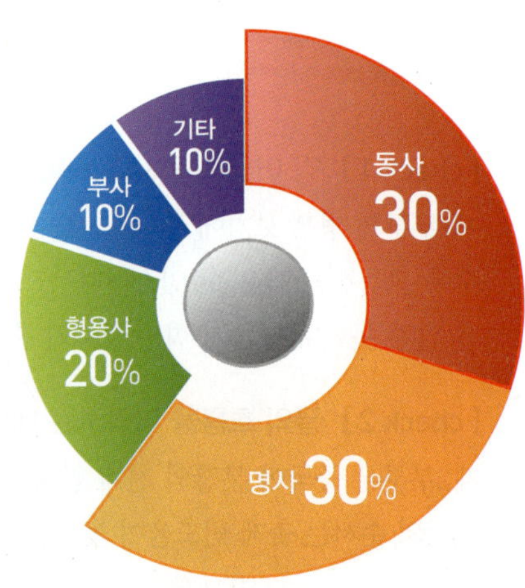

〈기출 문제 유형 분석〉

제2부분 총 10문항

3개의 보기를 의미가 자연스럽게 연결되도록 배열하는 문제입니다.

第二部分

第 56–65 题：排列顺序。

例如：A：可是今天起晚了

　　　B：平时我骑自行车上下班

　　　C：所以就打车来公司　　　　　　　　B A C

56.　A：请你查收一下

　　　B：喂，你好! 是蓝教授吗?

학습 노하우

접속사를 최대한 활용하자

하나의 글이나 단문을 세 부분으로 나누어 출제한 유형으로 각 문장 간의 상호 연관 관계를 읽는 것이 가장 중요합니다. 관계를 읽는 방법 중 가장 기본적이며 논리적인 것은 접속사를 활용하는 것으로 접속사의 관계를 묻는 문제는 매 시험에 출제되고 있습니다. 그 외에 시간이나 개념의 흐름을 묻는 문제가 자주 출제되고 있으므로 글의 흐름을 읽는 능력을 기르도록 합니다.

문장의 흐름을 느껴라

제2부분에서 학습자들이 가장 많이 실수하는 부분이 한국어로 해석한 후, 한국어 어순으로 문장을 배열하는 것입니다. 이러한 유형의 문제를 풀 경우에는 반드시 추상적인 내용을 먼저 제시하고, 그 다음에 구체적인 내용을 제시해야 합니다. 또한 문장에 대사가 나올 경우, 지시대사 这나 那가 가리키는 것이 먼저 위치하고 그 뒤에 대사가 가리키는 내용이 제시되어야 합니다. 제2부분을 풀 때 반드시 대사에 주의하세요.

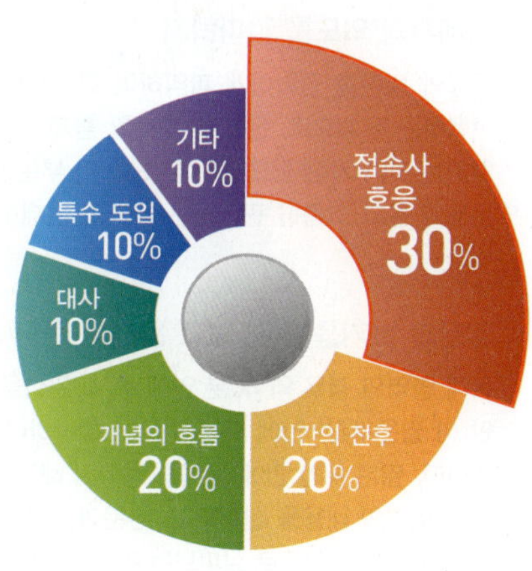

〈기출 문제 유형 분석〉

제3부분 총 20문항

한 단락의 글을 읽고 1~2개의 질문에 알맞은 답을 A, B, C, D 보기에서 선택하는 문제입니다.

第三部分

第 66-85 题：请选出正确答案。

例如：她很活泼，说话很有趣，总能给我们带来快乐，我们都很喜欢和她在一起。

★ 她是个什么样的人？

A 幽默 √　　　　B 马虎　　　　C 骄傲　　　　D 害羞

학습 노하우

출제자의 의도를 간파하자

문장의 의미를 정확하게 파악하여 각 문제들이 요구하는 정답을 선택하는 유형으로, 문제를 출제한 출제자의 의도를 정확하게 파악하는 것이 가장 중요합니다. 또한 각 부분별 주요 정보를 캐내는 문제와 옳고 그름을 판단하는 유형의 문제도 자주 출제되고 있습니다.

질문과 보기를 먼저 보고 문제를 풀어 시간을 단축하자

독해 영역의 경우 약 40분 안에 총 40문항을 풀어야 합니다. 하지만 이 짧은 시간 안에 모든 지문을 하나하나 자세히 해석할 수 없습니다. 짧은 시간 안에 문제를 정확히 해결하기 위해서는 먼저 질문과 보기의 내용을 살펴보고, 본문과 보기의 내용을 대조하며 핵심적인 부분을 위주로 살펴보는 것이 좋습니다.

한자의 독음을 달아서 읽어보자

독해 문제는 사실 병음이 필요 없습니다. 비교적 긴 내용을 눈으로 빨리 파악하고 문제를 해결하는 것이기 때문입니다. 따라서 직독 직해의 필요성이 요구되는데, 직독 직해를 빨리 하기 위해서는 평소에 한자에 독음을 달아 한국어로 읽는 것도 도움이 됩니다.

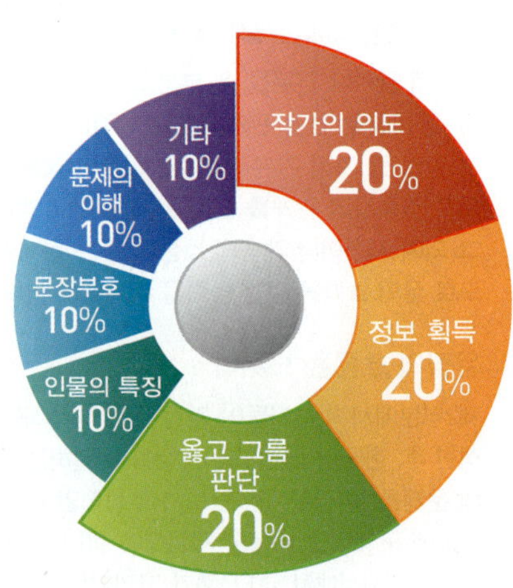

〈기출 문제 유형 분석〉

⊙ 문제 유형

	문제 유형	문항 수	시험 시간
제1부분	주어진 어휘를 조합하여 문장 만들기	10	
제2부분	제시된 그림을 보고 주어진 어휘로 문장 만들기	5	

(문항 수 합계 15, 시험 시간 25분)

⊙ 출제 유형 분석

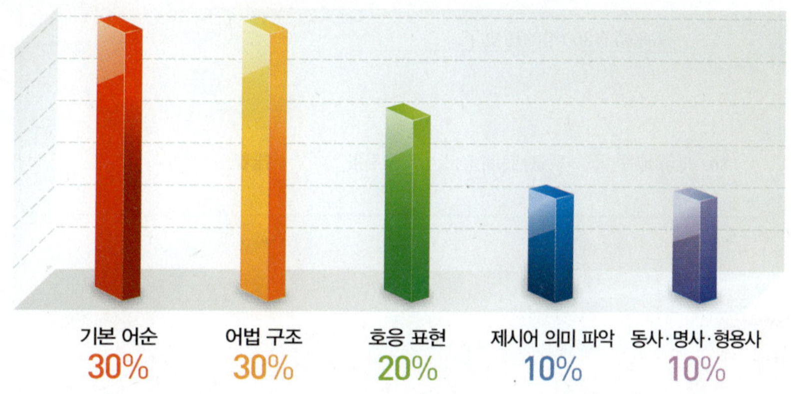

[check 1] 중국어의 기본 어순을 알면 문장 조립 OK!

쓰기는 舊HSK의 고등HSK에서만 평가하던 영역이었습니다. 그러나 新HSK에서는 3~6급까지 모두 쓰기 영역이 있습니다. 쓰기는 단시간에 점수를 올리기에 가장 어려운 영역입니다. 그러나 4급의 쓰기 유형은 간단한 문장을 중국어로 완성할 수 있는지를 평가하고 있기 때문에 결코 높은 수준을 요구하지는 않습니다. 제1부분의 경우는 '주술목'이라는 기본 어순만 알고 있으면 쉽게 풀 수 있습니다.

[check 2] 반복 출제되는 어법 구조에 올인!

제1부분의 경우 기본적인 중국어의 어순과 그 어순을 활용한 기타 특수 구문이 반복적으로 출제되고 있습니다. 즉, 시험에 나오는 어법만 계속 출제되고 있다는 뜻이므로, 자주 출제되는 어법 구조의 패턴을 이해하고 암기한다면 고득점을 획득할 수 있습니다.

[check 3] 제2부분에 가장 많이 출제되는 품사! 동사 · 명사 · 형용사 마스터!

사람의 동작, 사물의 명칭, 어떤 상태나 모습을 나타내는 어휘들을 평소에 많이 숙지하고 있는 것이 좋습니다. 일반적으로 특정 대상을 제시하여 인물과 배경을 연관 지어 묘사하는 문제가 많이 출제되고 있습니다.

제1부분 （총 10문항）

제시된 어휘나 구를 조합하여 어순에 맞는 정확한 문장으로 배열하는 문제입니다.

第一部分

第 86–95 题：完成句子。

例如：那座桥　　　　800年的　　　　历史　　　有　　　了

那座桥有800年的历史了。

86. 世界地图　　　对面墙上　　　两张　　　挂着

학습 노하우

중국어 어순 '주어＋술어＋목적어'를 잊지 말자

4급 쓰기 영역은 아직 중국어 작문에 익숙하지 않은 학습자들이 중국어의 기본 어순을 잘 이해하고 있는지의 여부를 확인하는 데 큰 비중을 차지하고 있으므로 해석이 아닌 어법을 근거로 정확한 문장을 완성해야 합니다. 이와 함께 다양한 특수 구문이 출제되고 있으나 비교적 간단한 구조를 묻는 것이므로 특수 구문의 기본 어순을 이해하는 데 주의해야 합니다.

제1부분에 자주 출제되는 어법을 공략하자

문장 성분이나 품사에 대해 어느 정도 파악했다면 이를 바탕으로 시험에 자주 출제되는 어법을 중심으로 정리합니다. 예를 들어 把자문이나 被자문, 비교문의 어법적 특징을 숙지하고 있다면 제시된 문제에 좀 더 정확하게 접근할 수 있습니다.

호응 표현에 예민하게 반응하자

어법 문제는 어법 구조 외에 어휘 간의 호응 구조를 묻는 문제가 출제되고 있습니다. 평소 독해 영역을 학습할 때 호응 표현을 따로 정리해둔다면, 이 유형의 대처 능력을 기를 수 있습니다.

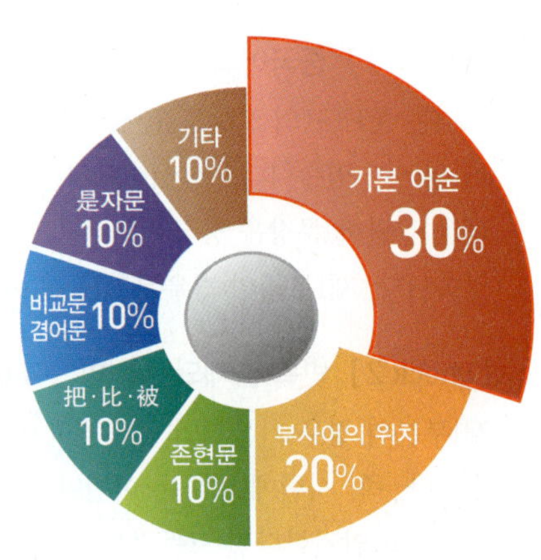

〈기출 문제 유형 분석〉

제시된 그림과 주어진 단어를 활용하여 이와 관련 있는 정확한 문장을 완성하는 문제입니다.

第二部分

第 96–100 题：看图，用词造句。

例如： 乒乓球　　她很喜欢打乒乓球。

학습 노하우

그림을 주의 깊게 관찰하자

제2부분은 주어진 단어와 그림을 활용하여 하나의 문장을 완성하는 유형으로, 단어의 의미를 알지 못하는 경우 낭패를 보기 쉽습니다. 이 경우 그림을 100% 활용하는 것이 좋은데, 특히 인물의 동작이나 감정을 읽는 것이 오류를 피할 수 있는 가장 좋은 방법입니다.

생활 속 도구에 관심을 기울이자

실제 시험에 출제되는 사물은 '소파, 연필, 노트, 꽃, 휴대 전화, 수건' 등 일상생활 속에서 자주 볼 수 있는 것입니다. 하지만 오히려 너무 사소한 것이기 때문에 놓치기 쉬울 수 있으므로, 평소 주변 사물에 대해 관심을 가지고 한자를 읽는 것은 물론 쓰기까지 준비하는 것이 좋습니다.

간결함으로 승부를 보자

화려하고 복잡한 문장을 쓰려다 자칫 틀린 문장을 쓰는 경우가 있습니다. 문장이 짧더라도 간결하고 어법상 오류가 없는 문장을 완성하는 것이 고득점을 얻는 지름길입니다. 욕심을 부리지 말고 가장 자신 있는 문장으로 작문하세요.

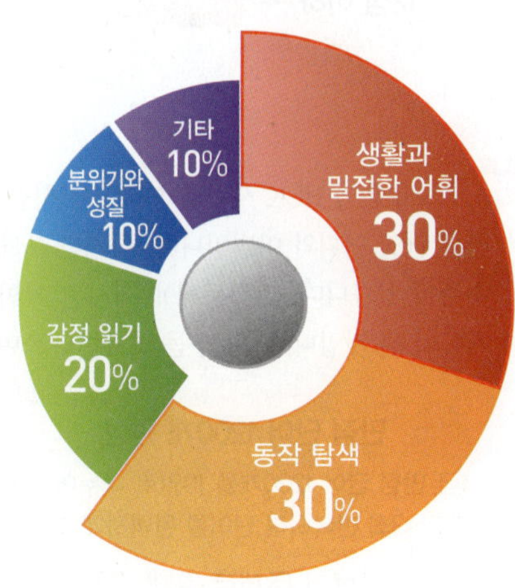

〈기출 문제 유형 분석〉

⊙ 자신의 실력을 미리 체크해보세요.

체크 사항	매우 그렇다 (4)	그렇다 (3)	보통이다 (2)	아니다 (1)
新HSK 4급 유형을 잘 알고 있다.				
영역별 특징과 자주 쓰이는 표현이 머릿속에 잘 정리되어 있다.				
녹음을 듣고 전체 내용을 파악할 수 있다.				
보기로 제시된 문장이나 어휘의 의미를 알고 있다.				
빈칸에 들어갈 어휘가 어떤 품사인지 알고 있다.				
시간 안에 제시된 지문을 읽고 문제를 풀 수 있다.				
지문의 이해도가 높으며 답을 찾지 못하는 경우가 거의 없다.				
제시된 보기 중 잘 모르는 어휘가 2개 이하이다.				
중국어 문장의 기본 어순을 파악하고 있다.				
접속사 호응 구조를 이해하고 있다.				
제시된 어휘를 보고 간단한 문장을 만들 수 있다.				
어휘의 의미와 품사를 정확하게 알고 있다.				

⊙ 점수를 합산한 후 자신의 학습법을 알아보세요.

☐ 12점 이하 ➡ **A단계**　　☐ 13~35점 ➡ **B단계**　　☐ 36점 이상 ➡ **C단계**

A단계 　이제 막 4급에 입문한 학습자!

　이제 막 HSK 시험을 시작하는 학습자를 위한 학습법입니다. 이 단계의 학습자들이 가장 어려워하는 부분은 단연 어휘와 어법입니다. 하지만 新HSK 4급 시험에서 요구하는 어휘와 어법의 범위는 어느 정도 한계와 수준이 있습니다. 기출문제에 제시된 어휘와 어법을 마스터한다면, 4급 시험을 준비하는 데 있어 가장 큰 밑거름이 될 것입니다. 많이 듣고, 읽고, 쓰며 실력을 쌓으세요!

Plan 1 만점 단어 1200개 완성

4급 만점 단어 1200개를 10일로 나누어 하루에 120개씩 학습합니다. 10일이 지나면 다시 한 번 반복하고, 시험 전까지 2~3회 반복하여 단어를 완벽하게 마스터합니다.

Plan 2 맛보기 문제로 문제 유형 파악

新HSK에 처음 입문한 학습자에게 가장 중요한 것은 출제 유형을 파악하는 일입니다. 출제 경향을 완벽하게 분석한 맛보기 문제를 풀어보고, 문제마다 제시된 공략법과 어휘를 반드시 자신의 것으로 만듭니다.

Plan 3 공략으로 실력 다지기

문제를 다 맞히는 것도 중요하지만, 입문자에게 가장 중요한 것은 기초를 튼튼히 쌓는 것입니다. 공략에 설명된 내용을 꼼꼼히 읽어보고 HSK 전문가의 공략을 확인하여 경향에 맞는 해법을 익힙니다.

180점 합격을 목표로 하는 학습자!

빠른 합격을 목표로 하는 학습자들은 누구보다 조급한 마음을 갖기 쉽습니다. 그렇기 때문에 순서나 기본 원칙을 무시하고 무조건 많은 분량을 학습하기를 원합니다. 하지만 많은 학습량보다는 틀린 문제를 다시 틀리는 일이 없도록 머릿속에 정확하게 집어넣는 것이 중요합니다. 오답 노트를 활용하여 각 영역별 출제 경향과 패턴을 정확히 짚어, 긴 시간을 할애하지 않고도 내실을 튼튼히 다져야 합니다.

Plan 1 만점 단어 1200개 확인

만점 단어 1200개를 이미 학습했더라도, 시험 전에는 만점 단어 전체를 다시 한 번 확인합니다. 문제 풀이를 위주로 공부하다 보면 종종 막히는 어휘가 출현할 수 있습니다.

Plan 2 예제 문제 공략

문제를 풀어보면, 자신의 취약점을 알 수 있습니다. 다시 기초부터 공부하기보다는 자신의 부족한 부분에 해당하는 공략을 찾아 다시 한 번 복습하고 정답을 골라내는 기술을 익힙니다. 또한 그에 해당하는 예제 문제를 완벽히 자기 것으로 만드는 것이 좋습니다. Tip에 제시된 어법과 표현에 관한 내용도 모두 외워 HSK의 흐름을 파악합니다.

Plan 3 실전 테스트로 실력 점검

HSK 시험에 익숙해지기 위해서는 무엇보다 문제를 많이 풀어보며, 실전 감각을 익히는 것이 중요합니다. 본책에 제공된 실전 테스트를 풀어보며, 자신이 틀린 문제가 난이도의 상 · 중 · 하 어디에 해당하는지 확인해 실력을 가늠해봅니다.

230점 이상 고득점을 원하는 학습자!

어느 정도 중국어를 배운 학습자들은 고득점을 받기를 원합니다. 그러나 고득점을 받는 것은 쉬운 일이 아닙니다. 시험에서 고득점을 받기 위해서는 쓰기 영역의 점수를 올리는 것이 키포인트입니다. 대부분의 학습자들이 듣기 · 독해 영역에서는 고득점을 받아도, 그에 비해 쓰기에서는 고득점을 받지 못하는 경우가 허다하기 때문입니다. 매일매일 받아쓰기를 하며 어휘를 익히고 간단한 회화 문장 및 표현을 외우며 쓰기 실력을 꾸준히 향상시켜 나가야 합니다.

Plan 1 헷갈리는 어휘만 써보자

이 수준의 학습자라면 필수 어휘를 다시 공부할 필요는 없습니다. 하지만 쓰기 영역에 대비하여 헷갈리는 어휘를 써보는 연습을 하는 것이 좋습니다.

Plan 2 모범 답안을 외우자

쓰기에 자신이 없다면 본책에 제시된 모범 답안을 외워 자기 것으로 만드는 것도 하나의 방법입니다. 제1부분의 경우에는 평소 자신이 자주 틀렸던 어법 부분에 해당하는 공략을 보며 다시 한 번 정리하고 제시된 예문을 통해 어법의 쓰임을 파악하는 것이 좋습니다. 쓰기 제2부분의 경우에는 간단하더라도 정확한 문장으로 작문하는 것이 중요합니다. 평소에 그림이나 사진을 보고 그림의 상황을 묘사하여 작문하는 연습을 합니다.

Plan 3 실전처럼 연습하자

아무리 열심히 공부했더라도 시간 안에 모든 문제를 풀지 못하면 고득점을 얻을 수 없습니다. 평소 실전 테스트를 시험 시간과 동일하게 맞춰 풀어봅니다.

新HSK 4급을 준비하는 학습자를 대상으로, 문제 유형 및 공략법을 학습하여 실력을 갖출 수 있도록 도와주는 학습 플랜입니다. 「기출 문제 맛보기」로 문제 난이도와 경향을 파악하고 「공략」 및 「실전 테스트」로 학습 능력을 업그레이드할 수 있습니다.

학습일	듣기	독해	쓰기
01day	☐ 01day 기초 실력 테스트+맛보기	☐ 10day 기초 실력 테스트+맛보기	☐ 29day 기초 실력 테스트+맛보기
02day	☐ 01day 공략하기 1, 2	☐ 10day 공략하기	☐ 29day 공략하기
03day	☐ 01day 공략하기 3	☐ 10day 실전 테스트	☐ 29day 실전 테스트
04day	☐ 01day 비법 노트	☐ 11day 기초 실력 테스트+맛보기	☐ 30day 기초 실력 테스트+맛보기
05day	☐ 01day 실전 테스트	☐ 11day 공략하기	☐ 30day 공략하기
06day	☐ 02day 기초 실력 테스트+맛보기	☐ 11day 실전 테스트	☐ 30day 실전 테스트
07day	☐ 02day 공략하기	☐ 12day 기초 실력 테스트+맛보기 ☐ 12day 공략하기 1	☐ 31day 기초 실력 테스트+맛보기
08day	☐ 02day 비법 노트	☐ 12day 공략하기 2 ☐ 12day 실전 테스트	☐ 31day 공략하기
09day	☐ 02day 실전 테스트	☐ 13day 기초 실력 테스트+맛보기	☐ 31day 실전 테스트
10day	☐ 03day 기초 실력 테스트+맛보기	☐ 13day 공략하기	☐ 32day 기초 실력 테스트+맛보기
11day	☐ 03day 공략하기	☐ 13day 실전 테스트	☐ 32day 공략하기
12day	☐ 03day 비법 노트	☐ 14day 기초 실력 테스트+맛보기 ☐ 14day 공략하기 1	☐ 32day 실전 테스트
13day	☐ 03day 실전 테스트	☐ 14day 공략하기 2 ☐ 14day 실전 테스트	☐ 33day 기초 실력 테스트+맛보기
14day	☐ 04day 기초 실력 테스트+맛보기	☐ 15day 기초 실력 테스트+맛보기 ☐ 15day 공략하기 1, 2	☐ 33day 공략하기 ①-③
15day	☐ 04day 공략하기 1	☐ 15day 공략하기 3 ☐ 15day 실전 테스트	☐ 33day 공략하기 ④-⑥
16day	☐ 04day 공략하기 2	☐ 16day 기초 실력 테스트+맛보기 ☐ 16day 공략하기 ☐ 16day 실전 테스트	☐ 33day 실전 테스트
17day	☐ 04day 비법 노트	☐ 17day 기초 실력 테스트+맛보기 ☐ 17day 공략하기 1	☐ 34day 기초 실력 테스트+맛보기
18day	☐ 04day 실전 테스트	☐ 17day 공략하기 2 ☐ 17day 실전 테스트	☐ 34day 공략하기 1
19day	☐ 05day 기초 실력 테스트+맛보기	☐ 18day 기초 실력 테스트+맛보기 ☐ 18day 공략하기 1	☐ 34day 공략하기 2

학습일	듣기	독해	쓰기
20day	☐ 05day 공략하기	☐ 18day 공략하기 2 ☐ 18day 실전 테스트	☐ 34day 실전 테스트
21day	☐ 05day 비법 노트	☐ 19day 기초 실력 테스트+맛보기 ☐ 19day 공략하기 1, 2	☐ 35day 기초 실력 테스트+맛보기
22day	☐ 05day 실전 테스트	☐ 19day 공략하기 3 ☐ 19day 실전 테스트	☐ 35day 공략하기
23day	☐ 06day 기초 실력 테스트+맛보기	☐ 20day 기초 실력 테스트+맛보기 ☐ 20day 공략하기 1	☐ 35day 실전 테스트
24day	☐ 06day 공략하기	☐ 20day 공략하기 2 ☐ 20day 실전 테스트	☐ 36day 기초 실력 테스트+맛보기
25day	☐ 06day 비법 노트	☐ 21day 기초 실력 테스트+맛보기 ☐ 21day 공략하기 1, 2	☐ 36day 공략하기
26day	☐ 06day 실전 테스트	☐ 21day 공략하기 3 ☐ 21day 실전 테스트	☐ 36day 실전 테스트
27day	☐ 07day 기초 실력 테스트+맛보기	☐ 22day 기초 실력 테스트+맛보기 ☐ 22day 공략하기 1	☐ 37day 기초 실력 테스트+맛보기
28day	☐ 07day 공략하기 1	☐ 22day 공략하기 2 ☐ 22day 실전 테스트	☐ 37day 공략하기
29day	☐ 07day 공략하기 2	☐ 23day 기초 실력 테스트+맛보기 ☐ 23day 공략하기 1	☐ 37day 실전 테스트
30day	☐ 07day 비법 노트	☐ 23day 공략하기 2 ☐ 23day 실전 테스트	☐ 38day 기초 실력 테스트+맛보기
31day	☐ 07day 실전 테스트	☐ 24day 기초 실력 테스트+맛보기 ☐ 24day 공략하기 1	☐ 38day 공략하기 1
32day	☐ 08day 기초 실력 테스트+맛보기	☐ 24day 공략하기 2, 3 ☐ 24day 실전 테스트	☐ 38day 공략하기 2, 3
33day	☐ 08day 공략하기	☐ 25day 기초 실력 테스트+맛보기 ☐ 25day 공략하기 1	☐ 38day 실전 테스트
34day	☐ 08day 비법 노트	☐ 25day 공략하기 2 ☐ 25day 실전 테스트	☐ 39day 기초 실력 테스트+맛보기
35day	☐ 08day 실전 테스트	☐ 26day 기초 실력 테스트+맛보기 ☐ 26day 공략하기 1	☐ 39day 공략하기 1, 2
36day	☐ 09day 기초 실력 테스트+맛보기	☐ 26day 공략하기 2 ☐ 26day 실전 테스트	☐ 39day 공략하기 3, 4
37day	☐ 09day 공략하기 1	☐ 27day 기초 실력 테스트+맛보기 ☐ 27day 공략하기 1	☐ 39day 실전 테스트
38day	☐ 09day 공략하기 2	☐ 27day 공략하기 2 ☐ 27day 실전 테스트	☐ 40day 기초 실력 테스트+맛보기
39day	☐ 09day 비법 노트	☐ 28day 기초 실력 테스트+맛보기 ☐ 28day 공략하기 1	☐ 40day 공략하기
40day	☐ 09day 실전 테스트	☐ 28day 공략하기 2 ☐ 28day 실전 테스트	☐ 40day 실전 테스트

Day			점수	self – check
<예>			8/10	어휘의 뜻을 몰라 두 문제를 틀렸다. 빈출 어휘 다시 한 번 암기!!
듣기	제1부분	01day		
		02day		
	제2·3부분 (대화형)	03day		
		04day		
		05day		
		06day		
	제3부분 (단문형)	07day		
		08day		
		09day		
독해	제1부분	10day		
		11day		
		12day		
		13day		
		14day		
	제2부분	15day		
		16day		
		17day		
		18day		
		19day		
		20day		
		21day		
		22day		
	제3부분	23day		
		24day		
		25day		
		26day		
		27day		
		28day		
쓰기	제1부분	29day		
		30day		
		31day		
		32day		
		33day		
		34day		
		35day		
		36day		
		37day		
	제2부분	38day		
		39day		
		40day		

◉ 시험 전날 check! check!

☐ **수험표와 2B 연필, 지우개, 신분증 등 준비물 챙기기**

쓰기 시험에 대비하여 2B 연필은 여분으로 더 준비하세요.

☐ **신분증 챙기기**

① 18세 이상의 주민등록증 기발급자 : 주민등록증, 운전면허증, 기간 만료 전의 여권, 주민등록증 발급 신청 확인서(군 장교·현역 사병의 경우, 군 장교는 신분증, 현역 사병은 휴가증 인정)

② 18세 미만의 주민등록증 미발급자 : 기간 만료 전의 여권, 청소년증, HSK 신분 확인서(한국 내 소재 초중고 재학생인 경우, 발급일 6개월 이내의 것으로 학교 직인을 받은 HSK 신분 확인서 인정)

③ 외국인 : 기간 만료 전의 여권, 외국인등록증

> **주의** 학생증, 사원증, 국민건강보험증, 주민등록등본, 공무원증 등은 인정되지 않습니다.

☐ **고사장 위치 확인하기**

한국HSK사무국 사이트에서 고사장의 위치를 확인하고, 교통편을 숙지하세요.

☐ **손목 시계 챙기기**

휴대 전화 등 전자기기를 사용할 수 없어요.

◉ 시험 당일 check! check!

☐ **시험장에 도착하기 전**

- 지각하지 않도록 여유 있게 출발하세요. 시험 시작 시간보다 일찍 도착해서 마음을 가라앉히고 최종 점검을 해보세요.
- 시험장으로 가는 길, 자신이 자주 틀렸던 문제를 다시 한번 검토해보세요.

☐ **시험장에서는?**

- 오답 노트 등 자신만의 자료로 파이널 점검을 하세요. 자신이 자주 잊어버리거나 획수가 많은 한자를 써보는 것이 좋습니다.
- 시험 도중에는 퇴실할 수 없으니, 화장실은 미리 다녀오세요.
- 시험 규정과 고시장 수칙을 반드시 준수하세요. 위반 시 부정 행위 처리, 자격 제한 등의 처벌을 받을 수 있으므로 HSK 규정에 반드시 따르도록 합니다.

듣기

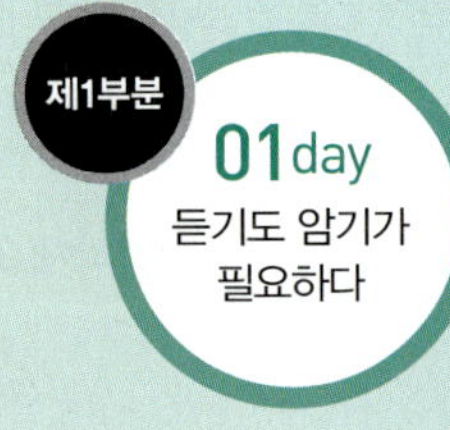

제1부분
01day
듣기도 암기가
필요하다
02day
화자의 생각을
따라잡아라

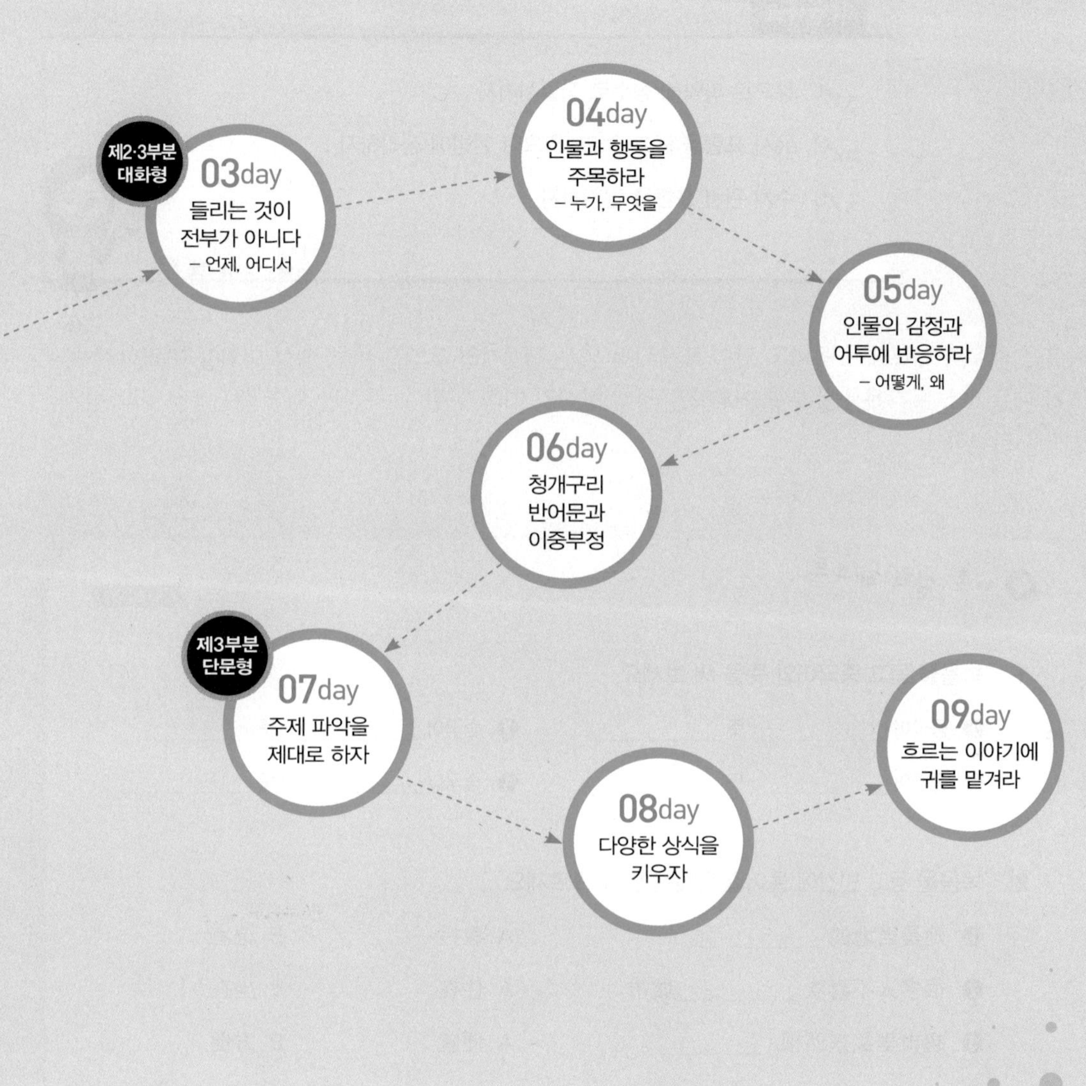
제2·3부분 대화형
03day
들리는 것이 전부가 아니다
– 언제, 어디서
04day
인물과 행동을 주목하라
– 누가, 무엇을
05day
인물의 감정과 어투에 반응하라
– 어떻게, 왜
06day
청개구리 반어문과 이중부정
제3부분 단문형
07day
주제 파악을 제대로 하자
08day
다양한 상식을 키우자
09day
흐르는 이야기에 귀를 맡겨라

01day 듣기

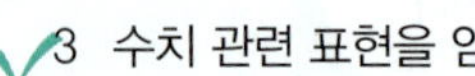

듣기도 암기가 필요하다

+ 정답_ 해설집 170쪽

학습목표

✓1 통으로 파악해 점수로 직결시키자

✓2 유사 표현을 듣고, 보고, 읽으며 한방에 정리하자

✓3 수치 관련 표현을 암기하자

녹음을 아무리 반복해서 들어도 답이 도출되지 않는 결정적인 요인은 바로 핵심 어휘를 파악하지 못했기 때문이다. 듣기에서 풍부한 어휘량은 성적 향상의 기초가 된다. 꾸준한 어휘 학습으로 고득점의 발판을 마련하자.

기초 실력 테스트 TEST

🎧 01-1

1 녹음을 듣고 중국어와 뜻을 써 보세요.

❶ 중국어 __________ 뜻 __________   ❷ 중국어 __________ 뜻 __________

❸ 중국어 __________ 뜻 __________   ❹ 중국어 __________ 뜻 __________

2 녹음을 듣고 빈칸에 들어갈 알맞은 답을 고르세요.

❶ 她是当地的__________。　　A 教授　　B 记者

❷ 很多人不喜欢__________城市。　　A 住在　　B 坐在

❸ 超市里买东西很__________。　　A 便宜　　B 方便

3 녹음을 듣고 내용이 맞으면 O, 틀리면 X를 표시하세요.

❶ 他喜欢猫。　　__________

❷ 孩子不喜欢猫。　　__________

❸ 他家养猫。　　__________

4급 기출문제 맛보기

 **맛보기 1** 🎧 01-2　　　　　　　　　　　난이도 上　공략 Key 부정부사 파악

> ★ 地铁不会堵车。(　　　　)

정답&공략

해석　　与公共汽车相比，<u>地铁最大的优点是不会堵车</u>。所以很多人选择乘坐地铁上下班。

★ 地铁不会堵车。(　√　)

버스와 비교했을 때, <u>지하철의 가장 큰 장점은 길이 막히지 않는다는 것이다</u>. 그래서 많은 사람들은 지하철을 타고 출퇴근하는 것을 선택한다.

★ 지하철은 차가 막히지 않는다. (　√　)

공략　문제에 제시된 문장이 부정문일 경우, 본문 내용에 不, 没有 등과 같은 부정부사가 출현하는지 집중해서 듣도록 하자.

어휘　★与……相比 yǔ……xiāngbǐ ~와 서로 비교하면 | ★优点 yōudiǎn 몡 장점 | ★堵车 dǔchē 동 차가 막히다 | ★选择 xuǎnzé 동 선택하다 | 乘坐 chéngzuò 동 탑승하다, 타다

 **맛보기 2** 🎧 01-3　　　　　　　　　　　난이도 上　공략 Key 장소 관련 세부 정보

> ★ 马经理不在上海。(　　　　)

정답&공략

해석　　<u>马经理这两天去上海出差了，现在不在公司</u>。你如果有什么着急的事情找他，可以打他的手机。

★ 马经理不在上海。(　✕　)

마 사장님께서는 요 며칠 상하이로 출장 가셔서 지금 회사에 계시지 않습니다. 만약 무슨 급한 일로 찾으신다면, 사장님 휴대 전화로 전화를 하시면 됩니다.

★ 마 사장님은 상하이에 안 계신다. (　✕　)

공략　본문에 제시된 不在의 의미를 잘 파악하며 들어야 한다. 본문에서 마 사장님은 상하이에 출장 가서 회사에 없다고 언급하고 있다. 하지만 문제에서는 마 사장님이 상하이에 없다고 했으므로 틀린 것이다.

어휘　出差 chūchāi 동 출장 가다 | ★着急 zháojí 동 조급하다 | 打 dǎ 동 (전화를) 걸다

 **맛보기 3** 🎧 01-4

★ 大多数学生希望出国留学。（　　　）

정답&공략

해석
在接受调查的大学生中，<u>有超过90%的人希望</u>自己能有机会出国留学，但只有大约10%的人已经开始申请国外学校。

★ 大多数学生希望出国留学。（ √ ）

조사를 받은 대학생들 가운데 <u>90%가 넘는 사람</u>들이 외국으로 유학 가는 기회가 있기를 희망했다. 하지만 단지 약 10%의 사람들만이 이미 외국 학교에 신청하기 시작했다.

★ 대다수의 학생들이 외국으로 유학 가는 것을 희망한다. （ √ ）

공략 조사를 받은 학생 가운데 90%의 학생이 원했다는 것은 거의 대부분의 학생들이 원한다는 것과 같은 의미로 볼 수 있다. 본문 가운데 10%는 신청을 이미 시작한 학생들의 수치이다.

어휘 接受 jiēshòu 图 받아들이다 | 调查 diàochá 圐 조사 | ★超过 chāoguò 图 초과하다 | 留学 liúxué 图 유학하다 | ★大约 dàyuē 틧 대략 | ★申请 shēnqǐng 图 신청하다

귀에 들리는 말이 바로 정답이라면 얼마나 좋을까요? 하지만 시험은 그렇게 만만하지 않습니다. 상황이나 동작을 바로 말하지 않고 비슷한 표현으로 바꿔 말한다거나, 혼동되는 상황을 두 개 이상 나열하거나 혹은 부정을 긍정으로, 긍정을 부정으로 바꿔 말해 답을 찾기가 어렵죠. 이런 방해 공작에 휘말리지 않기 위해서는 반드시 유사 표현이나 핵심 어휘들을 확실하게 짚고 넘어가야 합니다. 확실하게 암기하여 듣기의 발판을 다져봅시다!

4급 **듣기 공략** 하기

공략 1. 구·문장 단위로 시야를 넓혀라

단어의 의미만 머릿속에 떠올리고 문장 전체의 의미를 무시한다면 오류를 범하기 쉽다. 방심은 금물! 눈에 들어오는 쉬운 단어가 오히려 함정이 될 수 있으므로 문장 전체의 의미를 정확하게 파악해야 한다.

예제　🎧 01-5　　　　　　　　　　　　　　　**난이도** 上　**공략 Key** 주어의 특징 찾기

★ 他爱好表演。(　　　　)

정답&공략

해석　　大家都知道他是一位著名演员，然而很少有人知道他还是一位数学博士，<u>是对艺术的喜爱使他放弃了对数学的研究</u>。

　　모두들 그가 유명 연기자라는 것을 알고 있다. 하지만 그가 또한 수학 박사라는 것을 알고 있는 사람은 극히 드물다. <u>예술에 대한 사랑이 그로 하여금 수학 연구를 포기하게 만들었다.</u>

★ 他爱好表演。(✕)

★ 그는 공연을 사랑한다. (✕)

공략　그가 수학 연구를 그만둔 것은 공연을 좋아해서가 아니라 예술을 좋아하기 때문이다.

어휘　一位 yí wèi 한 분 | 著名 zhùmíng 혱 유명하다 | ★演员 yǎnyuán 몡 연기자 | ★然而 rán'ér 젭 그러나 | 数学博士 shùxué bóshì 몡 수학 박사 | 艺术 yìshù 몡 예술 | 使 shǐ 동 ~하게 하다 | ★放弃 fàngqì 동 포기하다 | ★研究 yánjiū 몡 연구

> **Tip**　很少有人+ 술어
>
> '很少有人'은 뒷부분의 술어와 연결되어 '~하는 사람이 드물게 있다, ~하는 사람이 극히 드물다'로 해석된다.
>
> **很少有人**喜欢他。그를 좋아하는 사람이 드물게 있다.
> **很少有人**研究这个问题。이 문제를 연구하는 사람이 극히 드물다.

내 귀에 들리는 그대로가 답인 문제만 출제되지는 않는다. 꼬고 비트는 문제들에 잘 대처하기 위해서는 유사 표현과 동의어를 필수적으로 암기해야 한다. '닮은꼴 표현'을 확실하게 암기하자.

〈 닮은꼴 표현 〉

감정	愿意 yuànyì 동 원하다 | 希望 xīwàng 동 희망하다
	爱好 àihào 동 좋아하다 | 喜欢 xǐhuan 동 좋아하다 | 关心 guānxīn 동 관심을 갖다
	吸引 xīyǐn 동 끌어당기다 | ★引起 yǐnqǐ 동 일으키다
	相信 xiāngxìn 동 믿다 | 有信心 yǒu xìnxīn 확신이 있다, 자신감이 있다 ⟷ ★怀疑 huáiyí 동 의심하다 | 不信 búxìn 동 믿지 않다
	★答应 dāying 동 수락하다 | 同意 tóngyì 동 동의하다 ⟷ ★拒绝 jùjué 동 거절하다 | 不接受 bù jiēshòu 받아들이지 않다 | 反对 fǎnduì 동 반대하다 | 不同意 bù tóngyì 동의하지 않다
	麻烦 máfan 형동 번거롭다; 폐를 끼치다 | ★打扰 dǎrǎo 동 귀찮다
	★抱歉 bàoqiàn 동 미안하게 생각하다 | 对不起 duìbuqǐ 동 미안하다 | ★道歉 dàoqiàn 동 사과하다 | 不好意思 bù hǎoyìsi 미안하다
	★害怕 hàipà 동 두려워하다 | 担心 dānxīn 동 걱정하다
	不容易 bù róngyì 쉽지 않다 | 难 nán 형 어렵다
시간	赶快 gǎnkuài 부 빨리, 서둘러 | 立刻 lìkè 부 즉시, 당장 | 马上 mǎshàng 부 즉시, 바로 | ★及时 jíshí 부 즉시, 바로 | 顿时 dùnshí 부 즉시, 바로
	★准时 zhǔnshí 부 제때에, 정시에 | ★按时 ànshí 부 제때에, 정시에
	来得及 láidejí 동 시간에 댈 수 있다 | 赶得上 gǎndeshàng 동 따라갈 수 있다 ⟷ ★来不及 láibují 동 시간에 댈 수 없다 | ★赶不上 gǎnbushàng 동 따라갈 수 없다
	以前 yǐqián 명 이전 | 从前 cóngqián 명 이전 | 过去 guòqù 명 과거
	★仍然 réngrán 부 여전히, 계속 | 一直 yìzhí 부 계속, 줄곧
	终于 zhōngyú 부 결국, 마침내 | 最后 zuìhòu 명 최후, 마지막 | 结果 jiéguǒ 부 결국, 끝내
동작 · 상태	★简单 jiǎndān 형 간단하다 | 容易 róngyì 형 쉽다
	减少 jiǎnshǎo 동 감소하다 | 下降 xiàjiàng 동 떨어지다
	★优点 yōudiǎn 명 장점 | 好处 hǎochu 명 장점, 이로운 점 ⟷ ★缺点 quēdiǎn 명 단점, 결점 | 坏处 huàichu 명 나쁜 점
	★许多 xǔduō 형 매우 많다 | 大量 dàliàng 형 대량의, 다량의
	★免费 miǎnfèi 동 무료로 하다 | 赠送 zèngsòng 동 증정하다
	★详细 xiángxì 형 상세하다 | ★仔细 zǐxì 형 자세하다 | 精彩 jīngcǎi 형 뛰어나다 | 优秀 yōuxiù 형 우수하다 | 打算 dǎsuan 동 ~할 계획이다 | 准备 zhǔnbèi 동 준비하다 | 计划 jìhuà 동 계획하다

예제　🎧 01-6

난이도 下　공략 Key 유사 표현 찾기

★ 年轻人应该相信自己。(　　　)

정답&공략

해석　年轻就是健康，年轻就是美丽，不要太担心胖瘦，也不要太关心自己是不是长得漂亮，是不是帅，<u>年轻人最重要的是要对自己有信心</u>。

젊음은 바로 건강이고, 젊음은 바로 아름다움이다. 뚱뚱하고 말랐는지에 너무 관심을 두거나, 자신이 예쁜지 잘생겼는지에 너무 관심을 갖지 마라. <u>젊은이에게 가장 중요한 것은 스스로에 대해 자신감을 갖는 것이다.</u>

★ 年轻人应该相信自己。(✓)

★ 젊은이는 마땅히 자신을 믿어야 한다. (✓)

공략　'有自信(자신감을 갖다)'은 '相信自己(자신을 믿다)'와 같은 표현이기 때문에 정답은 옳은 것이다.

어휘　年轻 niánqīng 휑 젊다 | ★健康 jiànkāng 휑 건강하다 | ★胖 pàng 휑 뚱뚱하다 | ★瘦 shòu 휑 마르다 | 关心 guānxīn 동 관심을 가지다 | ★长 zhǎng 동 생기다 | 帅 shuài 휑 잘생기다 | 信心 xìnxīn 명 믿음, 자심감

Tip　长의 활용

① 长 [cháng] 휑 길다

你的头发太长了，该剪了。너의 머리가 너무 길어서 잘라야겠다.
这是全世界最长的桥。이것은 전 세계에서 가장 긴 다리이다.

② 长 [zhǎng] 명동 어른; 자라다, 생기다

他长大后成了一位医生。그는 어른이 된 후 의사가 되었다.
她性格好是好，但是长得不怎么样。그녀는 성격이 좋기는 하지만 예쁘지 않다.
妈妈今天要去参加家长会。엄마는 오늘 학부형 모임에 참석하러 가신다.

공략 3. 숫자에 귀를 쫑긋 세워라

숫자와 관련된 문제는 일반적으로 금액, 분수, 중량, 확률에 관한 내용이 대다수이다. 숫자 관련 표현법을 미리 암기하고, 어림수 표현과 간접적으로 수치를 표현하는 것에도 익숙해지자.

- 금액 : 1000块钱 1,000위안 | 打9折 10% 할인
- 분수 : 三分之一 1/3 | 四分之三 3/4
- 중량 : 5公斤 5kg | 100克 100g
- 확률 : 百分之八十 80% | 7成 70%
- 어림수 표현 : 七八个人 7, 8명 | 近1000年 1000년 가깝게 (→ 1000년 안 됨)

예제 🎧 01-7

난이도 中 공략 Key 연도 파악

> ★ 太阳给地球的影响至少四十亿年了。（   ）

정답&공략

해석

太阳对大自然的影响是挺大的，所有的动植物都离不开太阳提供的阳光和热量，这种情况在将来至少四十亿年不会发生变化。

★ 太阳给地球的影响至少四十亿年了。
（ ✕ ）

대자연에 대한 태양의 영향은 매우 크다. 모든 동식물은 태양이 제공하는 빛과 에너지를 떠날 수 없다. 이러한 상황은 앞으로 최소 40억 년 내에는 변화가 발생하지 않을 것이다.

★ 태양이 지구에 미친 영향은 적어도 40억 년이다.
（ ✕ ）

공략 본문 가운데 40억 년은 앞으로 태양이 지구에 영향을 미치는 시간이다. 하지만 문제는 태양이 지금껏 지구에 영향을 미친 시간이 40억 년이라고 했으므로 틀린 것이다.

어휘 ★太阳 tàiyáng 몡 태양 | 大自然 dàzìrán 몡 대자연 | 影响 yǐngxiǎng 몡 영향 | ★动植物 dòngzhíwù 몡 동식물 | ★离不开 lí bu kāi 떠날 수 없다 | ★提供 tígōng 통 제공하다 | 阳光 yángguāng 몡 빛 | 热量 rèliàng 몡 에너지 | 将来 jiānglái 몡 장래 | ★至少 zhìshǎo 뵈 최소한 | 变化 biànhuà 몡 변화

Tip 가능보어 离不开

'동사+결과보어'인 '离开(떠나다)' 사이에 不가 삽입되면 '떠날 수 없다'라는 가능보어가 된다. 그 밖에 '受不了(견딜 수 없다), 听不懂(듣고 이해할 수 없다), 看不清楚(잘 보이지 않는다)' 등이 대표적인 가능보어이다.

我永远**离不开**你。 나는 영원히 너를 떠날 수 없다.
现代人**离不开**手机。 현대인은 휴대 전화를 떠날 수 없다.

바로 체크 Check!　녹음을 듣고, 빈칸을 채우세요.　🎧 01-8

❶ ＿＿＿＿都知道他是一位＿＿＿＿演员。

❷ 很少有人＿＿＿＿他还是＿＿＿＿数学博士。

❸ 年轻就是＿＿＿＿，年轻就是＿＿＿＿。

❹ 年轻人最＿＿＿＿的是要对自己有＿＿＿＿。

❺ 这种＿＿＿＿在将来＿＿＿＿四十亿年不会发生＿＿＿＿。

정답 ❶ 大家 / 著名　❷ 知道 / 一位　❸ 健康 / 美丽　❹ 重要 / 信心　❺ 情况 / 至少 / 变化

 전공략 비법 노트

〈 반드시 외워야 할 숫자 관련 표현 〉

단위	零 líng 영(0) │ 十 shí 십 │ 百 bǎi 백 │ 千 qiān 천 │ 万 wàn 만 │ 亿 yì 억
나이	岁 suì 살, 세
학년	二年级 èr niánjí 2학년 │ 大三 dà sān 대학교 3학년
키	一米六五 yī mǐ liù wǔ 165센티미터 │ 一米八 yī mǐ bā 180센티미터
가격	块 kuài 위안 │ 毛 máo 10전 │ 分 fēn 1전 │ ★打八折 dǎ bā zhé 20% 세일 │ ★买一送一 mǎi yī sòng yī 1+1
중량	★公斤 gōngjīn 킬로그램 │ 斤 jīn 근 │ 克 kè 그램 │ 吨 dūn 톤
길이	★公里 gōnglǐ 킬로미터 │ 米 mǐ 미터 │ 里米 lǐmǐ 센티미터
서수	第一 dì-yī 첫 번째 │ 第二 dì-èr 두 번째 │ 第一次 dì-yī cì 첫 회
분수	★二分之一 èr fēn zhī yī 1/2 │ ★三分之二 sān fēn zhī èr 2/3
소수점	三点五 sān diǎn wǔ 3.5
배수	★倍 bèi 한 배
퍼센트	★百分之三十 bǎi fēn zhī sānshí 30% │ 八成 bā chéng 80%
온도	零上 língshàng 영상 │ 零下 língxià 영하 │ 最高气温 zuìgāo qìwēn 최고 기온 │ 六十度 liùshí dù 60도
증가	★增加 zēngjiā 증가하다 │ ★提高 tígāo 오르다 │ 加 jiā 더하다 │ 乘 chéng 곱하다 │ 多 duō 많다 │ 大 dà 크다
감소	★减少 jiǎnshǎo 감소하다 │ 少 shǎo 적다 │ ★剩 shèng 남다 │ 差 chà 모자라다 │ 低 dī 낮다 │ 减 jiǎn 감소하다 │ 除 chú 나누다
어림수 표현	五六个人 wǔ liù ge rén 5~6명 │ 三十多岁 sānshí duō suì 30여 살 (→ 30살이 넘음) │ 百分之八十左右 bǎi fēn zhī bāshí zuǒyòu 80% 정도 │ 近2000年 jìn liǎngqiān nián 2000년 가깝게 (→ 2000년 안 됨)

第 1–10 题：判断对错。

1.　★ 每天喝葡萄酒对身体不好。　　　　　　　　（　　　　）

2.　★ 小周每天都按时睡觉。　　　　　　　　　　（　　　　）

3.　★ 网络减少了人们面对面的交流。　　　　　　（　　　　）

4.　★ 今天这家商店打9折。　　　　　　　　　　（　　　　）

5.　★ 怀疑精神有积极作用。　　　　　　　　　　（　　　　）

6.　★ 刘老板是坐飞机来的。　　　　　　　　　　（　　　　）

7.　★ 他对小刘没什么印象。　　　　　　　　　　（　　　　）

8.　★ 很多人觉得路上歌手很浪漫。　　　　　　　（　　　　）

9.　★ 丈夫要和儿子一起去。　　　　　　　　　　（　　　　）

10.★ 昨天比赛不分胜败。　　　　　　　　　　　（　　　　）

+**정답 및 해설_** 해설집 4쪽

02 day 화자의 생각을 따라잡아라

✓1 여러 가지 나열 속에서 정답만 쏙 골라내자

✓2 듣기 영역의 핵심 접속사를 완벽하게 소화하자

✓3 但是에서 정답을 찾자

글의 중심 내용, 즉 화자의 생각을 따라잡기 위해서는 문장과 문장, 절과 절 등에서 관절 역할을 하는 접속사에 대한 기초를 잘 닦아야 한다. 접속사는 긍정의 시작을 부정의 결말로, 부정의 시작을 긍정의 결말로 전환시키며, 긍정이나 부정의 내용을 더욱 풍부하게 부연 설명해주기 때문이다.

기초 실력 테스트 TEST

🎧 02-1

1 녹음을 듣고 중국어와 뜻을 써 보세요.

❶ 중국어 __________ 뜻 __________   ❷ 중국어 __________ 뜻 __________

❸ 중국어 __________ 뜻 __________   ❹ 중국어 __________ 뜻 __________

2 녹음을 듣고 빈칸에 들어갈 알맞은 답을 고르세요.

보기	比如	甚至	尽管

❶ 他__________连我的名字都不知道。

❷ 她的爱好非常广泛，__________听音乐、画画、看书什么的，她都喜欢。

❸ __________大家都不同意，但是他还是要去。

3 녹음을 듣고 내용이 맞으면 O, 틀리면 X를 표시하세요.

❶ 小刘的电子词典坏了。 __________

❷ 我的电子词典是上个周末买的。 __________

❸ 我要把旧的送给小刘。 __________

4급 기출문제 맛보기

맛보기 1 🎧 02-2

난이도 下 　공략 Key 점층 구조 접속사

★ 男朋友偶尔送鲜花。（　　　　）

정답&공략

해석 　我男朋友真是不懂浪漫。从来没带我去吃过西餐。<u>甚至一次都没有送过我鲜花。</u>

★ 男朋友偶尔送鲜花。（ ✕ ）

내 남자 친구는 정말 낭만을 모른다. 이제껏 나를 데리고 양식을 먹으러 간 적도 없고, <u>심지어 한 번도 나에게 꽃을 선물한 적도 없다.</u>

★ 남자 친구는 가끔 꽃을 선물해준다. （ ✕ ）

공략 　'심지어'라는 의미의 甚至는 점층 구조의 대표적 접속사로, 여기서는 낭만을 모르는 남자 친구에 대한 부연 설명을 하는 데 쓰였다. 본문에서 심지어 한 번도 꽃을 선물한 적이 없다고 했으므로 정답은 틀린 것이다.

어휘 　真是 zhēnshi 뷔 정말, 참(불만의 어투) ｜ ★浪漫 làngmàn 혱 낭만적이다 ｜ ★甚至 shènzhì 젭 심지어 ｜ ★偶尔 ǒu'ěr 뷔 이따금, 간혹

맛보기 2 🎧 02-3

난이도 中 　공략 Key 但으로 화자의 의도 찾기

★ 运动最重要的是坚持。（　　　　）

정답&공략

해석 　按时运动对健康很有好处，不管是游泳、跑步，还是踢球，都是不错的选择。<u>但关键是要能坚持下去。</u>

★ 运动最重要的是坚持。（ ✓ ）

규칙적으로 운동하는 것은 건강에 굉장히 이롭다. 수영이건 조깅이건 아니면 축구건 상관없이 모두 좋은 선택이다. <u>하지만 중요한 것은 꾸준하게 해야 한다는 점이다.</u>

★ 운동에서 가장 중요한 것은 꾸준함이다. （ ✓ ）

공략 　关键은 '最重要的(가장 중요한 것)'와 의미가 같다. 앞부분에는 접속사 不管을 써서 '어떤 운동을 하든 상관없이 모두 좋은 선택이다'라는 내용을 드러내고, 뒷부분에는 但을 써서 화자가 말하고자 하는 중심 내용을 이끌고 있다.

어휘 　★按时 ànshí 뷔 제때에 ｜ ★好处 hǎochu 몡 장점 ｜ 不管 bùguǎn 젭 ～을 막론하고 ｜ 踢球 툉 tīqiú 축구하다 ｜ 关键 guānjiàn 몡 관건 ｜ 坚持 jiānchí 툉 지속하다

공략 1. 나열 속에서 정답을 골라내라

나열형의 문제는 사물이나 행동의 특징을 여러 개 나열하고 그 속에서 옳고 그름을 판단하는 유형이다.
기본적으로 순서나 병렬 혹은 점층 관계를 표현하는 접속사 호응 구조는 물론 나열을 나타내는 표현
을 먼저 숙지하고 있어야 한다.

- 我很喜欢吃水果，**比如**苹果、香蕉、葡萄都喜欢。
  나는 과일 먹는 것을 좋아한다. 예를 들어 사과, 바나나, 포도 모두 좋아한다.

- **有的**父母对孩子很严格，但**有的**父母完全相反。
  어떤 부모는 아이에게 굉장히 엄격하다. 그러나 어떤 부모는 완전히 그와 반대이다.

예제 🎧 02-4

난이도 下 공략 Key 점층 구조 접속사

> ★ 超市里的东西既新鲜，又便宜。(　　　)

정답&공략

해석　　　除了工作太忙的时候，我一般都是在家里吃饭。去我家对面的超市买些东西回来自己做，<u>那个超市里的东西不但非常新鲜，而且很便宜</u>。

　　★ 超市里的东西既新鲜，又便宜。(√)

일이 바쁠 때를 제외하고, 나는 일반적으로 집에서 밥을 먹는다. 우리 집 맞은편의 슈퍼마켓에 가서 재료들을 좀 사다가 직접 만드는데, <u>그 슈퍼마켓의 재료들은 아주 신선할 뿐만 아니라 저렴하다</u>.

★ 슈퍼마켓의 물건은 신선하고 저렴하다. (√)

공략　'不但……而且……'는 점층 구조를 만드는 접속사로 '단지 ～할 뿐 아니라 게다가 또한 ～하다'라는 의미를 가지고 있다. 여기에서는 슈퍼마켓 물건의 특징을 나열한 구조이다. 문제의 '既……又……'는 '～할 뿐만 아니라, 또 ～하다'라는 의미로 병렬 구조를 만드는 대표적인 접속사이다. 즉 두 문장의 의미는 동일하다.

어휘　除了 chúle 젭 ～을 제외하고｜一般 yìbān 혱 일반적으로｜★超市 chāoshì 몡 슈퍼마켓｜★新鲜 xīnxian 혱 신선하다｜★既 jì 젭 ～할 뿐만 아니라

공략 2. '그러나'에는 정답이 숨어 있다

듣기 제1부분에서는 전환 관계 접속사 但是, 可是, 不过, 只是, 就是 등을 이용한 문제가 비교적 큰 비중을 차지한다. 일반적으로 보편적인 것과 특수한 것, 다수의 것과 개인의 것을 비교하는 데 많이 사용되며, 전환 관계 접속사를 중심으로 부정적인 출발이 긍정적인 결과로 혹은 긍정적인 출발이 부정적인 결과로 이어질 수 있으므로 잘 집중해서 들어야 한다.

듣기
제1부분

- **虽然**现在不下，**但是**天气不好，说不定下午下雨。
  비록 지금 내리지는 않지만 날씨가 좋지 않아, 오후에 비가 내릴지 모른다.

- **虽然**我已经拒绝了，**可是**他却一直劝我一起报名。
  비록 나는 이미 거절했지만, 그는 오히려 계속 나에게 함께 등록하자고 권한다.

 **예제**　🎧 02-5　　　　　　　　　　　　난이도 中　공략 Key 可是로 화자의 의도 찾기

> ★ 小赵对我没什么印象。(　　　　)

정답&공략

해석　　虽然和小赵只见过一面，可是他幽默和热情的性格给我留下了深刻的印象，直到现在我还记得他的样子。

★ 小赵对我没什么印象。(✕)

비록 샤오자오와 한 번밖에 만나지 않았지만, 그의 유머러스하고 친절한 성격은 나에게 깊은 인상을 남겼고, 지금까지 나는 줄곧 그의 모습을 기억하고 있다.

★ 샤오자오는 나에게 아무런 인상도 없다. (✕)

공략　샤오자오와의 만남은 한 번밖에 없었지만 可是 뒤에 그의 성격이 화자에게 깊은 인상을 남겼다고 언급했다.

어휘　赵 Zhào 고유 자오(성씨) | ★幽默 yōumò 형 유머러스하다 | ★热情 rèqíng 형 친절하다 | 性格 xìnggé 명 성격 | ★深刻 shēnkè 형 깊다 | ★印象 yìnxiàng 명 인상 | 直到 zhídào 통 쭉 ~에 이르다 | ★记得 jìde 통 기억하다

바로 체크 Check! 　녹음을 듣고, 빈칸을 채우세요.　🎧 02-6

① ________工作太忙的时候，我________都是在家里________。

② 去我家对面的________买些东西________自己做。

③ 那个________里的________不但非常________，而且很________。

④ 他幽默和________的________给我留下了深刻的________。

⑤ ________现在我还________他的________。

정답 ❶ 除了 / 一般 / 吃饭　❷ 超市 / 回来　❸ 超市 / 东西 / 新鲜 / 便宜　❹ 热情 / 性格 / 印象　❺ 直到 / 记得 / 样子

전공략 비법 노트

〈 나열을 나타내는 호응 표현 〉

★比如 bǐrú | 例如 lìrú 예를 들면	열거하는 예의 앞에 위치하며, 比如 혹은 例如 뒤에 나오는 것이 예임을 나타낸다.
	他去过很多国家，**比如**中国、英国、美国等。 그는 예를 들어 중국, 영국, 미국 등 많은 나라에 가보았다. 妈妈买了许多水果，**例如**苹果、香蕉、葡萄等等。 엄마는 예를 들어 사과, 바나나, 포도 등 많은 과일을 사오셨다.
等(等) děng(děng) | 什么的 shénmede 등등	열거하는 예의 뒤에 위치하며 等(等) 혹은 什么的 앞에 나오는 것이 예임을 나타낸다.
	我买了很多文具，例如铅笔、橡皮、本子**等**。 나는 예를 들어 연필, 지우개, 노트 등 많은 문구들을 샀다. 周末我一般看书、爬山，有时候见朋友聊聊天**什么的**。 주말에 나는 보통 책을 보거나, 등산을 가거나, 때로는 친구를 만나 이야기 나누는 것 등을 한다.
有的……有的…… yǒude……yǒude…… 어떤 ~, 어떤 ~	어떤 사람이나 사물 혹은 상황의 일부를 병렬하는 역할을 하며 주로 반복해서 사용한다.
	有的人喜欢，**有的**人不喜欢。 어떤 사람은 좋아하고, 어떤 사람은 싫어한다.
★既(又)……又…… jì(yòu)……yòu…… ~할 뿐 아니라, 또	상황이나 동작을 병렬하는 역할을 한다.
	网上购物**既**方便，东西**又**便宜。 인터넷 쇼핑은 편리하고 물건도 싸다.
★除了……以外，还(也) chúle……yǐwài, hái(yě) ~외에도, 또한	'除了……以外'와 还 혹은 也가 호응되면 앞의 것은 물론 뒤의 것도 포함됨을 나타낸다.
	除了汉语**以外**，**还(也)**要学日语。 중국어 외에 또 일본어를 공부하려고 한다. **除了**咖啡**以外**，**也**买了面包。 커피 외에 빵도 샀다.
★除了……以外，都 chúle……yǐwài, dōu ~을 제외하고 모두	'除了……以外'와 都가 호응되면 앞의 것을 제외하고 뒤의 것만 포함됨을 나타낸다.
	除了他**以外**，谁**都**不知道。 그 외에는 아무도 모른다.
不仅(不但)……， bùjǐn(búdàn)……, 而且(并且)…… érqiě(bìngqiě)…… ~일 뿐 아니라, 또한	점층 구조를 나타내는 접속사 호응으로, 두 가지 대상을 설명하거나 혹은 한 대상의 두 가지 특징을 나열하는 데 사용된다.
	我家沙发**不但**很漂亮，**而且**很舒服。 우리 집 소파는 예쁠 뿐 아니라 또한 편안하다. **不但**他准备了，**并且**我也准备了。 그가 준비했을 뿐 아니라 나도 준비했다.
★甚至 shènzhì 심지어	주어 앞뒤에 모두 위치할 수 있으며 사실 또는 극단적인 사례 등을 강조하는 데 사용된다.
	甚至连周末也去上班。 심지어 주말에도 출근하러 간다.

실전 테스트

第 1–10 题：判断对错。

1. ★ 成功是最重要的。 （   ）

2. ★ 结婚让人又幸福又难过。 （   ）

3. ★ 他是一个留学生。 （   ）

4. ★ 手术已经来不及了。 （   ）

5. ★ 世界杯引起了很多公司的关注。 （   ）

6. ★ 她现在是有名的演员。 （   ）

7. ★ 第一印象很难忘记。 （   ）

8. ★ 小王找到了很好的工作。 （   ）

9. ★ 儿子很愿意打针。 （   ）

10. ★ 网站的报道速度更快。 （   ）

+ 정답 및 해설_ 해설집 7쪽

03 day 들리는 것이 전부가 아니다
– 언제, 어디서

학습목표

✔ 1 다양한 시간 표현을 암기하자

✔ 2 장소와 관련된 어휘를 마스터하자

✔ 3 대화 속 간접 표현을 통해 시간과 장소를 유추하는 능력을 기르자

시간 및 장소 관련 문제는 단순히 귀에 들리는 시간과 장소를 답으로 선택하는 유형을 비롯하여, 시간을 계산하는 문제나 출발 및 도착 장소, 약속 장소 등을 유추하는 다양한 유형의 문제가 출제된다.

기초 실력 테스트 TEST

🎧 03-1

1 녹음을 듣고 중국어와 뜻을 써 보세요.

❶ 중국어 __________ 뜻 __________   ❷ 중국어 __________ 뜻 __________

❸ 중국어 __________ 뜻 __________   ❹ 중국어 __________ 뜻 __________

2 녹음을 듣고 빈칸에 들어갈 알맞은 답을 고르세요.

❶ 快到__________了，你打算干什么？　　A 劳动节　　B 国庆节

❷ 还来得及，开__________就到了。　　A 十分钟　　B 四分钟

❸ 我的自行车在学校__________那儿。　　A 入口　　B 门口

3 녹음을 듣고 알맞은 답을 고르세요.

❶ A 机场　　　　B 火车站　　　　C 公司门口　　　　D 公园

❷ A 开车去　　　B 走着去　　　　C 坐出租汽车　　　D 坐火车

❸ A 坐飞机去　　B 开车　　　　　C 坐公交车去　　　D 骑自行车去

4급 기출문제 맛보기

 맛보기 1　🎧 03-2　　　　　　　　난이도 中　공략 Key 방위사를 이용한 위치 찾기

A 邮局旁边　　　　B 邮局对面　　　　C 对面就是　　　　D 附近没有

정답&공략

해석　男：请问，这附近有没有超市?
　　　女：你先往前走，前面有个邮局，<u>邮局对面就是</u>。

　　　问：超市在哪儿?

　　　A 邮局旁边　　　**Ⓑ 邮局对面**
　　　C 对面就是　　　D 附近没有

　　　남: 실례합니다. 이 부근에 슈퍼마켓이 있나요?
　　　여: 우선 앞으로 걸어가세요. 앞쪽에 우체국이 있는데, <u>우체국 바로 맞은편에 있습니다</u>.

　　　질문: 슈퍼마켓은 어디에 있는가?

　　　A 우체국 옆　　　**Ⓑ 우체국 맞은편**
　　　C 바로 맞은편　　D 부근에 없다

공략　동사 是 역시 有, 在와 함께 존재를 나타낼 수 있다. '邮局对面就是'는 바로 우체국 맞은편에 있다는 의미이다.

어휘　★附近 fùjìn 몡 부근, 근처 | ★超市 chāoshì 몡 슈퍼마켓 | ★往 wǎng 꺠 ~쪽으로 | 邮局 yóujú 몡 우체국 | ★对面 duìmiàn 몡 맞은편

 맛보기 2　🎧 03-3　　　　　　　　난이도 下　공략 Key 동작을 통한 장소 유추

A 菜市场　　　　B 家　　　　C 公司　　　　D 超市

정답&공략

해석　女：你声音再大一点儿，这里太吵了。我听不清楚你的声音。
　　　男：你现在在哪儿呢?
　　　女：我在市场上买菜呢。你到家了没有?
　　　男：还没。<u>今晚要加班，晚点儿回家</u>。

　　　问：男的现在在哪儿?

　　　여: 당신 목소리 좀 크게 해봐요. 여기가 너무 시끄러워서, 당신 목소리가 잘 안 들려요.
　　　남: 당신 지금 어디에 있는데요?
　　　여: 시장에서 채소를 사고 있어요. 집에 왔어요?
　　　남: 아직이오, <u>오늘 잔업해야 해서 늦게 집에 갈 것 같아요</u>.

　　　질문: 남자는 지금 어디에 있는가?

A 菜市场　　　　B 家
Ⓒ 公司　　　　　D 超市

A 채소 시장　　　　B 집
Ⓒ 회사　　　　　　D 슈퍼마켓

공략　여자가 있는 장소는 시장이고, 남자는 아직 집에 오지 않았다. 또한 남자는 오늘 잔업해야 한다고 말했으므로 현재 회사에 있다는 사실을 알 수 있다.

어휘　声音 shēngyīn 몡 목소리 | ★吵 chǎo 혱 시끄럽다 | ★清楚 qīngchu 혱 뚜렷하다 | 市场 shìchǎng 몡 시장 | ★加班 jiābān 통 잔업하다

시간이나 장소 문제는 A, B, C, D 보기만 보아도 바로 어떤 유형의 문제인지 쉽게 알 수 있어요. 그러나 현재 시간이나 장소를 직접적으로 말해준다면 더할 나위 없이 좋겠지만, 녹음에서 그대로 제시되지 않는 약속 시간이나 장소, 출발 혹은 도착 시간 등을 묻는 문제들이 출제되기 때문에 녹음에서 들리는 모든 시간과 장소를 메모해두는 것이 유리하답니다.

4급 **듣기 공략** 하기

공략 1. 시간 관련 필수 어휘를 암기하라

일반적으로 시간을 묻는 문제는 몇 시, 몇 분 등 단순한 시간을 묻는 문제를 비롯하여 일, 주, 월, 년, 계절, 명절 등을 묻거나 발생 시점, 종점 등을 묻는 문제들이 출제된다. 시간을 묻는 문제는 들리는 그대로가 답인 경우가 대다수이기 때문에 난이도는 그리 높지 않다. 하지만 계산 문제나 특수 형태를 사용하여 시간을 표현하는 경우 답을 선택하는 데 어려움을 겪을 수 있기 때문에 이에 대한 준비를 철저히 해야 한다.

〈 시간 관련 어휘 〉

시간	秒 miǎo 초 | 分 fēn 분 | 点 diǎn 시 | 五十分钟 wǔshí fēnzhōng 50분 동안 | 一刻 yíkè 15분 | 两点半 liǎng diǎn bàn 2시 반 | 三个小时 sān ge xiǎoshí 3시간 동안
짧은 시간	一会儿 yíhuìr 짧은 시간 | 一时 yìshí 잠시 | ★不久 bùjiǔ 머지않아 | 刚才 gāngcái 방금 | 刚刚 gānggāng 지금 막 | ★转眼 zhuǎnyǎn 눈 깜짝하다
긴 시간	多年 duōnián 여러 해, 다년간 | ★永远 yǒngyuǎn 영원하다
앞당김	表快一分钟 biǎo kuài yì fēnzhōng 시계가 1분 빠르다 | 早三天 zǎo sān tiān 3일 이르다 | ★提前一个小时 tíqián yí ge xiǎoshí 1시간 앞당기다
늦춰짐	表慢一分钟 biǎo màn yì fēnzhōng 시계가 1분 느리다 | 晚三十天 wǎn sānshí tiān 30일 늦다 | ★推迟两天 tuīchí liǎng tiān 이틀 미루다
하루	早晨 zǎochén, 凌晨 língchén 새벽 | 早上 zǎoshang 아침 | 上午 shàngwǔ 오전 | 中午 zhōngwǔ 정오 | 下午 xiàwǔ 오후 | 白天 báitiān 낮 | 晚上 wǎnshang 밤 | 傍晚 bàngwǎn 해 질 무렵 | 深夜 shēnyè 깊은 밤 | 下半夜 xiàbànyè 새벽
일	前天 qiántiān 그저께 | 昨天 zuótiān 어제 | 今天 jīntiān 오늘 | 明天 míngtiān 내일 | 后天 hòutiān 모레 | ★半天 bàntiān 한나절, 한참 동안 | ★整天 zhěngtiān, 成天 chéngtiān 하루 종일 | 两天 liǎng tiān 이틀 | 前几天 qián jǐ tiān 며칠 전 | 过几天 guò jǐ tiān 며칠 후 | ★这几天 zhè jǐ tiān 요 며칠
주	星期 xīngqī, 周 zhōu, 礼拜 lǐbài 주 | 上个星期(周/礼拜) shàng ge xīngqī 지난주 | 这个星期(周/礼拜) zhège xīngqī 이번 주 | 下个星期(周/礼拜) xià ge xīngqī 다음 주 | ★周末 zhōumò 주말
월	上个月 shàng ge yuè 지난달 | 这个月 zhège yuè 이번 달 | 下个月 xià ge yuè 다음 달 | 月初 yuèchū 월초 | 月末 yuèmò 월말 | 上旬 shàngxún 상순 | 中旬 zhōngxún 중순 | 下旬 xiàxún 하순
년	前年 qiánnián 재작년 | 去年 qùnián 작년 | 今年 jīnnián 올해 | 明年 míngnián 내년 | 后年 hòunián 내후년 | 每年 měinián, 年年 niánnián 매년 | 几年 jǐ nián 몇 년 | 2019年 èr líng yī jiǔ nián 2019년 | 年初 niánchū 연초 | 年底 niándǐ 연말
계절	春天 chūntiān, 春季 chūnjì 봄 | 夏天 xiàtiān, 夏季 xiàjì 여름 | 秋天 qiūtiān, 秋季 qiūjì 가을 | 冬天 dōngtiān, 冬季 dōngjì 겨울

명절	元旦 Yuándàn 설날(양력 설)	★春节 Chūnjié 설날(음력 1.1)	端午节 Duānwǔjié 단오(음력 5.5)	★中秋节 Zhōngqiūjié 추석(음력 8.15)	除夕 Chúxī 섣달그믐(음력 12.31)	母亲节 Mǔqīnjié 어머니날(5월 둘째 주 일요일)	父亲节 Fùqīnjié 아버지날(6월 셋째 주 일요일)	儿童节 Értóngjié 어린이날(6.1)	教师节 Jiàoshījié 스승의 날(9.10)	劳动节 Láodòngjié 노동절(5.1)	国庆节 Guóqìngjié 국경일(10.1)	情人节 Qíngrénjié 밸런타인데이	圣诞节 Shèngdànjié 성탄절
기타	★来得及 láidejí 시간에 늦지 않다	★来不及 láibují 시간에 댈 수 없다	赶得上 gǎndeshàng 따라갈 수 있다	赶不上 gǎnbushàng 따라갈 수 없다

예제 🎧 03-4

난이도 上　공략 Key 시간 표현

> A 暑假　　　　　B 前年　　　　　C 二月　　　　　D 九月

정답&공략

해석

男：你这台笔记本电脑不是刚买没多久吗？
女：是，没多久，可是动不动就死机。
男：那应该去换一台，买了多长时间了？
女：<u>暑假买的，才两个月。</u>

问：笔记本电脑是什么时候买的？

Ⓐ 暑假　B 前年　C 二月　D 九月

남: 너 이 노트북 산 지 얼마 안 된 것 아니니?
여: 맞아, 얼마 안 됐어. 그런데 걸핏하면 다운돼.
남: 그럼 바꾸러 가야지, 산 지 얼마나 됐는데?
여: <u>여름 방학에 샀으니까 두 달밖에 안 됐어.</u>

질문: 노트북은 언제 산 것인가?

Ⓐ여름 방학　B 재작년　C 2월　　D 9월

공략　컴퓨터는 여름 방학에 샀다고 직접적으로 제시하고 있다. '两个月'는 '두 달이 되었다'는 의미이지만, C의 二月는 '2월'을 말하는 것이므로 정답이 될 수 없다. 달수를 셀 때는 양사 个가 들어간다는 점에 주의하자.

어휘　台 tái 양 대(기계, 차량 등을 세는 단위) | ★笔记本电脑 bǐjìběn diànnǎo 명 노트북 컴퓨터 | 久 jiǔ 형 오래되다 | ★动不动 dòngbudòng 부 걸핏하면 | 死机 sǐjī 동 다운되다 | ★暑假 shǔjià 명 여름 방학

Tip　**常常과 动不动**

① 常常은 '자주'라는 의미의 부사로, 동작 발생이 잦음을 나타낸다.
　他**常常**去游泳。그는 자주 수영을 하러 간다. (→ 빈도수가 잦음)

② 动不动은 '걸핏하면'이라는 부정적인 의미를 나타낸다.
　他**动不动**去游泳。그는 걸핏하면 수영을 하러 간다. (→ 불만족의 어감)

공략 2. 위치와 장소 관련 어휘를 암기하라

■ 장소에 관한 문제는 현재의 위치를 묻는 문제를 비롯하여 출발지와 도착지, 약속 장소와 오해한 장소 등이 나오기 때문에 장소 관련 어휘뿐 아니라, 장소를 표시하는 개사나 동사도 주의해야 한다.

- 离图书馆 도서관에서부터
- 以为在入口呢。입구에 있는 줄 알았다. (→ 입구에 없음)

■ 장소를 묻는 문제는 장소와 관련된 어휘로 정답을 유추할 수 있는 유형이 출제되기도 한다.

- 학교와 관련된 어휘 ➡ 教室 jiàoshì 교실 | 校园 xiàoyuán 교정 | 宿舍 sùshè 기숙사 | 专业 zhuānyè 전공

예제　🎧 03-5　　　　　　　　　　　　　　　난이도 下　공략 Key 장소를 나타내는 어휘

| A 公司南门 | B 马路上 | C 还没决定 | D 医院南门 |

정답&공략

해석

女：喂，我们还在路上，你要等我5分钟。
男：不着急，还来得及呢，<u>我在医院南门等你好了</u>。

问：他们打算在哪儿见面?

A 公司南门　　B 马路上
C 还没决定　　**Ⓓ 医院南门**

여: 여보세요, 우리는 아직 가는 중이라서 5분 더 기다려야 할 것 같아.
남: 서두르지 마. 아직 시간이 있으니까, <u>내가 병원 남문에서 기다리고 있으면 돼</u>.

질문: 그들은 어디에서 만날 계획인가?

A 회사 남문　　B 대로
C 아직 결정하지 않았다　　**Ⓓ 병원 남문**

공략　路上은 현재 여자가 있는 장소이고, 둘이 만나기로 한 곳은 남자가 여자를 기다리겠다고 말한 医院南门이 된다.

어휘　喂 wéi 감탄 여보세요 | ★着急 zháojí 형 조급하다 | ★来得及 láidejí 동 아직 이르다, 시간에 늦지 않다 | 南门 nánmén 명 남문 | 打算 dǎsuan 동 ~할 계획이다 | 马路 mǎlù 명 큰길

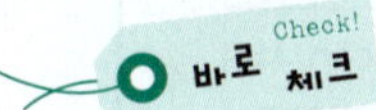

녹음을 듣고, 빈칸을 채우세요.　🎧 03-6

❶ 你这台＿＿＿＿＿电脑不是＿＿＿＿没多久吗?

❷ ＿＿＿＿买的，＿＿＿＿＿＿。

❸ 刚才＿＿＿＿说还要有＿＿＿＿才能到＿＿＿＿?

❹ 我本来＿＿＿＿还得＿＿＿＿＿＿呢。

정답 ❶ 笔记本 / 刚买　❷ 暑假 / 才两个月　❸ 导游 / 多久 / 机场　❹ 以为 / 一个小时

〈장소 관련 어휘〉

学校 xuéxiào 학교	教室 jiàoshì 교실 | 宿舍 sùshè 기숙사 | 校园 xiàoyuán 교정 | 学期 xuéqī 학기 | 专业 zhuānyè 전공 | 课程 kèchéng 커리큘럼 | ★论文 lùnwén 논문 | 放假 fàngjià 방학하다 | 暑假 shǔjià 여름 방학 | 寒假 hánjià 겨울 방학 | 考试 kǎoshì 시험 보다 | ★读研究生 dú yánjiūshēng 대학원 과정을 밟다
商店 shāngdiàn 상점	售货员 shòuhuòyuán 판매원 | 收银台 shōuyíntái 계산대 | ★付钱 fùqián 계산하다 | ★打折 dǎzhé 할인하다 | 刷卡 shuākǎ 카드를 긁다 | 现金 xiànjīn 현금 | ★免费 miǎnfèi 무료이다, 공짜이다 | 赠送 zèngsòng 증정하다
公司 gōngsī 회사	办公室 bàngōngshì 사무실 | 报告 bàogào 보고서 | 加班 jiābān 잔업하다 | 修理 xiūlǐ 수리하다 | ★打印 dǎyìn 출력하다 | ★复印 fùyìn 복사하다
火车站 huǒchēzhàn 기차역	售票员 shòupiàoyuán 매표원 | ★乘客 chéngkè 승객 | 软卧 ruǎnwò 일등 침대칸 | 硬卧 yìngwò 일반 침대칸 | 软座 ruǎnzuò 일등석 | 硬座 yìngzuò 일반석 | 列车 lièchē 열차 | 车次 chēcì 운행 번호 | ★赶火车 gǎn huǒchē 기차 시간에 대다
酒店 jiǔdiàn 호텔	服务员 fúwùyuán 종업원 | 单人间 dānrénjiān 1인실 | 双人间 shuāngrénjiān 2인실 | ★预订 yùdìng 예약하다 | 房卡 fángkǎ 룸 카드키 | ★身份证 shēnfènzhèng 신분증 | ★签名 qiānmíng 서명하다
邮局 yóujú 우체국	寄 jì 부치다 | 取 qǔ 찾다 | 邮包 yóubāo, 包裹 bāoguǒ 소포 | 信 xìn 편지 | 邮票 yóupiào 우표 | 地址 dìzhǐ 주소 | 邮政编码 yóuzhèng biānmǎ 우편번호
机场 jīchǎng 공항	航空公司 hángkōng gōngsī 항공사 | ★空姐 kōngjiě 스튜어디스 | ★护照 hùzhào 여권 | 签证 qiānzhèng 비자 | 机票 jīpiào 비행기 티켓 | ★航班 hángbān 정기편 | ★系安全带 jì ānquándài 안전벨트를 매다 | 登机 dēngjī 탑승하다 | ★推迟 tuīchí 연착되다 | 降落 jiàngluò 착륙하다 | ★起飞 qǐfēi 이륙하다
医院 yīyuàn 병원	★挂号 guàhào 접수하다 | 看病 kànbìng, 看大夫 kàn dàifu 진찰 받다 | ★开药 kāiyào 약을 처방하다 | 动手术 dòng shǒushù 수술하다 | 住院 zhùyuàn 입원하다 | 出院 chūyuàn 퇴원하다
银行 yínháng 은행	存折 cúnzhé 통장 | 取款单 qǔkuǎndān 출금표 | 账号 zhànghào 계좌번호 | 利息 lìxī 이자 | 换钱 huànqián 환전하다 | 存款单 cúnkuǎndān 입금표 | ★密码 mìmǎ 비밀번호 | ★信用卡 xìnyòngkǎ 신용 카드 | 存钱 cúnqián 입금하다 | ★取钱 qǔqián 출금하다
理发店 lǐfàdiàn 이발소	洗头 xǐtóu 샴푸하다 | 剪头 jiǎntóu 머리를 자르다 | ★理发 lǐfà 이발하다 | ★烫头 tàngtóu 파마하다 | 染头 rǎntóu 염색하다
餐厅 cāntīng 식당	饭馆 fànguǎn, 食堂 shítáng 식당 | 中餐 Zhōngcān 중국 요리 | ★西餐 Xīcān 서양 요리 | 菜单 càidān 메뉴 | ★点菜 diǎncài 주문하다 | 服务员 fúwùyuán 종업원 | 筷子 kuàizi 젓가락 | 勺子 sháozi 숟가락 | 碗 wǎn 그릇 | 味道 wèidao 맛 | ★酸 suān 시다 | ★甜 tián 달다 | ★苦 kǔ 쓰다 | ★辣 là 맵다 | ★咸 xián 짜다 | 淡 dàn 싱겁다 | 炒 chǎo 볶다 | 煮 zhǔ 끓이다 | 烤 kǎo 굽다 | 买单 mǎidān 계산하다 | 结账 jiézhàng 계산하다 | ★付款 fùkuǎn 지불하다
电视台 diànshìtái 방송국	★节目 jiémù 프로그램 | 频道 píndào 채널 | 广播 guǎngbō 방송 | ★观众 guānzhòng 관중 | ★听众 tīngzhòng 청중 | 主持人 zhǔchírén 사회자 | 新闻 xīnwén 뉴스

第 1-10 题：请选出正确答案。

1. **A** 周末　　　**B** 下星期　　　**C** 今天　　　**D** 后天

2. **A** 十分钟　　　**B** 一个小时　　　**C** 很长时间　　　**D** 几个小时

3. **A** 以后再说　　　**B** 下班后再来　　　**C** 不买家具　　　**D** 下午再来

4. **A** 工厂　　　**B** 商店　　　**C** 银行　　　**D** 家具店

5. **A** 妈妈过生日　　　**B** 送给父亲　　　**C** 今天母亲节　　　**D** 今天情人节

6. **A** 理发店　　　**B** 餐厅　　　**C** 公司　　　**D** 学校

7. **A** 打折活动　　　　　　　　　**B** 要情人节了
   C 免费送巧克力　　　　　　　**D** 价格便宜

8. **A** 医院　　　**B** 餐厅　　　**C** 大使馆　　　**D** 公园

9. **A** 1点　　　**B** 2点　　　**C** 3点　　　**D** 4点

10. **A** 餐厅　　　**B** 酒吧　　　**C** 办公室　　　**D** 邮局

✚ **정답 및 해설_** 해설집 10쪽

04 day 인물과 행동을 주목하라
–누가, 무엇을

+ 정답_ 해설집 171쪽

학습목표

✓ 1 사람을 부르는 여러 가지 호칭을 암기하자

✓ 2 직업 관련 어휘를 마스터하자

✓ 3 주제별 행동 관련 어휘를 파악하자

사람을 묻는 문제는 두 사람의 관계나 직업을 묻는 유형이 대표적이며, 이에 대비하기 위하여 각종 직업이나 사람을 부르는 호칭과 관련된 어휘를 마스터해야 한다. 또한 동작을 묻는 문제의 경우 회사, 가정, 상점 등 각각의 상황에 출현할 수 있는 다양한 동작들이 출제되므로 관련 어휘를 정리하자.

기초 실력 테스트 TEST

🎧 04-1

1 녹음을 듣고 중국어와 뜻을 써 보세요.

❶ 중국어 __________ 뜻 __________　　❷ 중국어 __________ 뜻 __________

❸ 중국어 __________ 뜻 __________　　❹ 중국어 __________ 뜻 __________

2 녹음을 듣고 어떤 직업을 설명하는지 〈보기〉에서 고르세요.

보기	空姐　　　司机　　　秘书

❶ ________________

❷ ________________

❸ ________________

3 녹음을 듣고 알맞은 답을 고르세요.

❶ A 数学　　　　　B 政治　　　　　C 法律　　　　　D 经济

❷ A 兴趣最重要　　B 听父母的话　　C 报经济专业　　D 不用再考虑

4급 기출문제 맛보기

 **맛보기 1**   🎧 04-2   난이도 中   공략 Key 행동으로 직업 찾기

> A 公司职员   B 设计师   C 记者   D 售货员

정답&공략 ➡

해석 女：这条短裤我穿有点儿短，还有大一号的吗？

男：没有了，这是最大的。<u>我觉得您穿这条一点也不短，正合适</u>。

问：男的最可能是做什么的？

A 公司职员   B 设计师
C 记者   **D 售货员**

여: 이 반바지는 저에게 조금 짧은 것 같아요. 한 사이즈 더 큰 것이 있나요?

남: 다 팔렸습니다. 이게 제일 큰 것입니다. <u>제가 볼 때, 이걸로 입으셔도 하나도 짧지 않고, 딱 좋은데요.</u>

질문: 남자는 무엇을 하는 사람일 가능성이 가장 큰가?

A 회사 직원   B 디자이너
C 기자   **D 판매원**

공략 여자는 지금 옷을 사러 가서 남자에게 더 큰 사이즈의 옷이 있는지를 묻고 있다. 남자는 여자가 원하는 사이즈는 다 팔려서 없으며, 이것이 가장 큰 사이즈라고 대답하고 있으므로 상점에서 일하는 판매원임을 알 수 있다.

어휘 条 tiáo ⑳ 벌(옷을 세는 단위) | ★短裤 duǎnkù ⑲ 반바지 | ★号 hào ⑲ 사이즈 | ★合适 héshì ⑲ 적당하다 | ★设计师 shèjìshī ⑲ 디자이너 | 记者 jìzhě ⑲ 기자 | 售货员 shòuhuòyuán ⑲ 판매원

 **맛보기 2**   🎧 04-3   난이도 下   공략 Key 행동으로 원인 찾기

> A 参加比赛   B 减肥   C 锻炼身体   D 身体很差

정답&공략 ➡

해석 男：你既然不愿意跑，为什么还要跑？

女：我是不得不跑呀，<u>因为我又胖了几公斤</u>。

男：你这样偶尔跑步会有效果吗？

女：不管怎么说，跑总比不跑好嘛。

남: 너 달리기 싫다면서 왜 또 달리니？

여: 어쩔 수 없이 달리는 거야. <u>나 또 몇 킬로그램 늘었거든.</u>

남: 이렇게 가끔 달리는데 효과가 있겠니？

여: 어쨌든 달리는 게 안 달리는 것보단 낫잖아.

問：女的为什么要跑？ | 질문: 여자는 왜 달리려는 것인가?

A 参加比赛　　　B 减肥 | A 경기에 참여해서　　　B 다이어트를 하려고
C 锻炼身体　　　D 身体很差 | C 신체를 단련하려고　　D 건강이 안 좋아서

공략 문제는 여자가 달리기를 하는 원인을 묻는 것으로 정답은 당연히 여자의 말에 있다. 요즘 다시 몇 킬로그램이 쪘다는 말은 살을 빼기 위하여 달리기를 다시 시작한다는 의미이므로 정답은 B이다.

어휘 ★既然 jìrán 웹 이왕 ～한 이상 | 愿意 yuànyì 통 원하다 | 跑 pǎo 통 달리다 | 胖 pàng 혱 살찌다 | 公斤 gōngjīn 양 킬로그램 | ★偶尔 ǒu'ěr 분 이따금 | ★效果 xiàoguǒ 몡 효과 | ★不管 bùguǎn 웹 ～을 막론하고 | 总 zǒng 분 어쨌든 | 比 bǐ 깨 ～보다 | 嘛 ma 조 이치, 도리 등이 명백함을 나타냄 | ★减肥 jiǎnféi 통 다이어트하다

여러분은 쇼핑을 나가서 어떤 일들을 하시나요? 여기저기 돌아다니다가(逛街) 옷을 입어보고(式穿) 가격을 흥정한 후(讨价) 카드나 현금으로 계산하는(刷卡/付钱) 일들을 하겠죠? 아마 길거리에서 요리를 하거나 청소하시는 분들은 거의 없겠죠? 이렇듯 사람의 행동은 장소의 제한을 받기 마련입니다. 그렇기 때문에 각각의 상황과 장소에 맞는 동작들을 연결하여 학습해야 하겠죠?

4급 **듣기 공략** 하기

공략 1. 인물과 직업 관련 어휘를 암기하라

인물을 묻는 문제일 경우, 대화를 나누는 사람과의 관계 혹은 직업을 묻는 문제가 가장 보편적이다. 또한 일반적으로 자주 묻는 질문 유형을 암기해두면 문제를 풀기가 훨씬 쉬워진다.

- 관계를 묻는 경우 : 他们俩是什么关系? 그 둘은 어떤 관계인가?
- 직업을 묻는 경우 : 女的是做什么的? 여자는 무엇을 하는 사람인가?
- 주체자를 묻는 경우 : 谁不愿意参加? 누가 참여하는 것을 원하지 않는가?

〈 관계를 나타내는 호칭 〉

가족	爷爷 yéye 할아버지	奶奶 nǎinai 할머니	姥爷 lǎoye 외할아버지	姥姥 lǎolao 외할머니	爸爸 bàba 아빠	妈妈 māma 엄마	父亲 fùqīn 아버지	母亲 mǔqīn 어머니	父母 fùmǔ 부모님	爸妈 bàmā 아빠와 엄마	哥哥 gēge 형, 오빠	姐姐 jiějie 누나, 언니	弟弟 dìdi 남동생	妹妹 mèimei 여동생	儿子 érzi 아들	女儿 nǚ'ér 딸	★子女 zǐnǚ 자녀	★孙子 sūnzi 손자	孙女 sūnnǚ 손녀	★夫妻 fūqī 부부	夫妇 fūfù 부부	兄弟 xiōngdì 형제	姐妹 jiěmèi 자매	★恋人 liànrén 연인
회사, 학교	经理 jīnglǐ 매니저, 사장님	★同事 tóngshì 동료	部长 bùzhǎng 부장	★校长 xiàozhǎng 교장 선생님	教授 jiàoshòu 교수	同学 tóngxué 같은 반 친구	主任 zhǔrèn 주임	老师 lǎoshī 선생님	师生 shīshēng 스승과 제자
남자	叔叔 shūshu 삼촌, 아저씨	★师傅 shīfu 아저씨	先生 xiānsheng 선생님
여자	★阿姨 āyí 이모, 아주머니	女士 nǚshì 여사님	太太 tàitai 부인, 여사님
손윗사람 · 손아랫사람	★老+성이나 이름 중 한 글자 → 老李 Lǎo Lǐ 리 형	老刘 Lǎo Liú 류 형 ★小+성이나 이름 중 한 글자 → 小李 Xiǎo Lǐ 리 군	小刘 Xiǎo Liú 류 군

〈 직업을 나타내는 어휘 〉

직업	导演 dǎoyǎn 감독	演员 yǎnyuán 연기자	老板 lǎobǎn 사장님	秘书 mìshū 비서	职员 zhíyuán 직원	教授 jiàoshòu 교수	★校长 xiàozhǎng 교장 선생님	老师 lǎoshī 선생님	★家长 jiāzhǎng 학부모, 가장	医生 yīshēng 의사	护士 hùshi 간호사	★律师 lǜshī 변호사	★警察 jǐngchá 경찰	★专家 zhuānjiā 전문가	★导游 dǎoyóu 관광 가이드	★记者 jìzhě 기자	★空姐 kōngjiě 스튜어디스	服务员 fúwùyuán 종업원

A 爸爸在洗澡　　　　　　　　B 爸爸没带钥匙

C 爸爸在家　　　　　　　　　D 爸爸故意不给开门

정답&공략

해석　女：喂，爸爸，您去哪儿了？我没带家门钥匙，进不了家。
男：你怎么没敲门？我在厨房里呢。
女：那您怎么不给我开门？
男：正洗碗呢，没听见你敲门。

问：根据对话，可以知道什么？

A 爸爸在洗澡
B 爸爸没带钥匙
Ⓒ 爸爸在家
D 爸爸故意不给开门

여：여보세요, 아빠, 어디 가셨어요? 제가 집 열쇠를 안 가져와서 집에 들어갈 수가 없어요.
남：어째서 문을 두드리지 않았니? 난 주방에 있는데.
여：그럼 왜 문을 안 열어주셨어요?
남：설거지하고 있어서 문 두드리는 소리를 못 들었어.

질문: 대화를 근거로 알 수 있는 것은?

A 아빠는 샤워 중이다
B 아빠는 열쇠를 챙기지 않았다
Ⓒ 아빠는 집에 계신다
D 아빠는 일부러 문을 열어주지 않았다

공략　아빠는 집에 계셨지만 설거지하느라 노크 소리를 못 들은 것이다. 열쇠를 가져가지 않은 것은 딸이므로 '没带钥匙'만 보고 답으로 선택해서는 안 된다.

어휘　喂 wéi 갑탄 여보세요 | ★钥匙 yàoshi 명 열쇠 | 进不了 jìn bu liǎo 들어갈 수 없다 | ★敲门 qiāomén 통 노크하다 | 洗碗 xǐwǎn 통 설거지하다 | ★根据 gēnjù 개 ~에 근거하여 | 故意 gùyì 부 일부러

> **Tip**　가능보어 不了
>
> 가능보어 不了는 동사 뒤에 놓여 동작의 발생이 불가능한 것을 나타낸다. 반대 표현은 '동사+得了'이다.
>
> 我一个人吃**不了**这么多东西。나 혼자서는 이렇게 많은 음식을 먹을 수 없다.
> 这个东西太重，你拿**不了**。이 물건은 너무 무거워서 너는 가져갈 수 없다.

공략 2. 동작과 관련된 표현을 암기하라

■ 新HSK 4급 듣기 시험에서 행동을 묻는 문제는 가정, 학교, 회사, 상점, 공공 기관 및 편의 시설 등으로 범위가 제한되어 있다.

- 일상 생활 : 洗碗 xǐwǎn 설거지하다 | 洗衣服 xǐ yīfu 빨래하다
- 남녀 사이 : 谈恋爱 tán liàn'ài 연애하다 | 相亲 xiāngqīn 맞선을 보다
- 회사 생활 : 出差 chūchāi 출장 가다 | 发奖金 fā jiǎngjīn 보너스를 발급하다

■ 동작을 묻는 문제는 다음과 같은 질문 유형이 많이 출제된다.

- 현재 동작 : 他们正在干什么? 그들은 지금 무엇을 하고 있는가?
- 다른 사람을 시키는 경우 : 男的让女的干什么? 남자는 여자에게 무엇을 하라고 시키는가?
- 도움을 주는 경우 : 女的帮男的做什么? 여자는 남자를 도와서 무엇을 하는가?

예제　🎧 04-5

난이도 上　　공략 Key 동작으로 상황 유추

A 开会	B 聊天	C 参加活动	D 旅游

정답&공략 ▶

해석

男 : 以上是这次活动的详细计划，谁有意见，就尽管说。

女 : 我觉得安排得不错，由你来组织我们都很满意。

问 : 他们最可能在做什么?

(A) 开会　　　　B 聊天
C 参加活动　　D 旅游

남: 이상은 이번 활동의 상세 계획입니다. 의견이 있으신 분은 마음껏 말씀하십시오.

여: 제 생각에는 안배를 잘한 것 같습니다. 당신이 준비한 것에 우리는 모두 만족합니다.

질문: 그들은 무엇을 하고 있을 가능성이 가장 큰가?

(A) 회의한다　　　　B 이야기를 나눈다
C 행사에 참여한다　D 여행한다

공략　남자는 자신이 준비한 행사에 대해 사람들에게 보고하고 있다. 그러므로 회의를 하고 있다는 것이 가장 적절하다.

어휘　★以上 yǐshàng 몡 이상 | 活动 huódòng 몡 행사, 활동 | ★详细 xiángxì 혱 상세하다 | 计划 jìhuà 몡 계획 | 意见 yìjiàn 몡 의견 | ★尽管 jǐnguǎn 뮈 마음껏 | ★安排 ānpái 동 안배하다 | ★由 yóu 꽤 ~가(행위의 주체를 이끎) | 组织 zǔzhī 동 조직하다 | 满意 mǎnyì 혱 만족하다 | 开会 kāihuì 동 회의하다

바로 체크 Check! 녹음을 듣고, 빈칸을 채우세요. 🎧 04-6

❶ 我没带家门________，__________家。

❷ 您________不给我________？

❸ 正________呢，没听见你________。

❹ 谁有________，就________说。

❺ 由你来________我们都很________。

정답 ❶ 钥匙 / 进不了 ❷ 怎么 / 开门 ❸ 洗碗 / 敲门 ❹ 意见 / 尽管 ❺ 组织 / 满意

 **전공략 비법 노트**

〈 사람을 나타내는 꼬리말 〉

~家 jiā ~가	作家 zuòjiā 작가 ｜ 画家 huàjiā 화가 ｜ 专家 zhuānjiā 전문가 ｜ ★科学家 kēxuéjiā 과학자
~迷 mí ~광	歌迷 gēmí 음악팬 ｜ 球迷 qiúmí 축구광 ｜ 影迷 yǐngmí 영화광
~民 mín ~민	居民 jūmín 주민 ｜ 农民 nóngmín 농민
~人 rén ~인	商人 shāngrén 상인 ｜ 工人 gōngrén 노동자
~生 shēng ~생	医生 yīshēng 의사 ｜ 学生 xuésheng 학생 ｜ ★小学生 xiǎoxuéshēng 초등학생 ｜ 初中生 chūzhōngshēng 중학생 ｜ 高中生 gāozhōngshēng 고등학생 ｜ 大学生 dàxuéshēng 대학생 ｜ ★研究生 yánjiūshēng 연구생, 대학원생 ｜ 留学生 liúxuéshēng 유학생
~师 shī ~사	老师 lǎoshī 선생님 ｜ 厨师 chúshī 주방장 ｜ ★律师 lǜshī 변호사 ｜ 设计师 shèjìshī 설계사, 디자이너
~手 shǒu ~수	★歌手 gēshǒu 가수 ｜ 选手 xuǎnshǒu 선수
~星 xīng ~스타	歌星 gēxīng 유명 가수 ｜ 明星 míngxīng 스타 ｜ 影星 yǐngxīng 영화배우
~员 yuán ~원	服务员 fúwùyuán 종업원 ｜ ★售货员 shòuhuòyuán 판매원 ｜ 推销员 tuīxiāoyuán 영업사원 ｜ 售票员 shòupiàoyuán 매표원 ｜ 职员 zhíyuán 직원 ｜ ★运动员 yùndòngyuán 운동선수 ｜ 演员 yǎnyuán 연기자
~者 zhě ~자	★记者 jìzhě 기자 ｜ ★作者 zuòzhě 작가
~长 zhǎng ~장	★校长 xiàozhǎng 교장 선생님 ｜ ★家长 jiāzhǎng 학부모, 가장 ｜ 厂长 chǎngzhǎng 공장장

〈 주제별 행동 관련 어휘 〉

일상생활	做菜 zuòcài 요리하다 ｜ 洗碗 xǐwǎn 설거지하다 ｜ ★接待客人 jiēdài kèrén 손님을 접대하다 ｜ 洗衣服 xǐ yīfu 빨래하다 ｜ 打扫 dǎsǎo 청소하다 ｜ ★收拾房间 shōushi fángjiān 방을 치우다 ｜ ★擦桌子 cā zhuōzi 테이블을 닦다 ｜ 搬东西 bān dōngxi 물건을 옮기다 ｜ ★抽烟 chōuyān 담배를 피우다 ｜ 开窗户 kāi chuānghu 창문을 열다 ｜ ★敲门 qiāomén 노크하다 ｜ 带钥匙 dài yàoshi 열쇠를 챙기다 ｜ ★租房子 zū fángzi 집을 세놓다
남녀 사이	聊天 liáotiān 이야기를 나누다 ｜ 发短信 fā duǎnxìn 문자를 보내다 ｜ 送礼物 sòng lǐwù 선물하다 ｜ 相亲 xiāngqīn 맞선을 보다 ｜ ★谈恋爱 tán liàn'ài 연애하다 ｜ 结婚 jiéhūn 결혼하다 ｜ 离婚 líhūn 이혼하다 ｜ ★吵架 chǎojià 말다툼하다 ｜ ★分手 fēnshǒu 헤어지다

**듣기
제2·3부분**

회사 생활	上班 shàngbān 출근하다	下班 xiàbān 퇴근하다	出差 chūchāi 출장 가다	加班 jiābān 잔업하다	★录用 lùyòng 채용하다	★参加面试 cānjiā miànshì 면접을 보다	就业 jiùyè 취업하다	退休 tuìxiū 퇴직하다	★发奖金 fā jiǎngjīn 보너스를 발급하다	★发工资 fā gōngzī 월급을 주다	★写总结 xiě zǒngjié 총결산을 작성하다	开会 kāihuì 회의하다	报告 bàogào 보고하다	★反映 fǎnyìng 보고하다, 반영하다	打字 dǎzì 타자를 치다	★发传真 fā chuánzhēn 팩스를 보내다	发电子邮件 fā diànzǐ yóujiàn 이메일을 보내다	★翻译 fānyì 번역하다
학습	上学 shàngxué 학교에 가다	放假 fàngjià 방학하다	放暑假 fàng shǔjià 여름방학을 하다	放寒假 fàng hánjià 겨울 방학을 하다	★选择专业 xuǎnzé zhuānyè 전공을 선택하다	出国留学 chūguó liúxué 외국에 유학 가다	写文章 xiě wénzhāng 글을 쓰다	考试 kǎoshì 시험을 보다	拿到奖学金 nádào jiǎngxuéjīn 장학금을 받다	★申请奖学金 shēnqǐng jiǎngxuéjīn 장학금을 신청하다	★报补习班 bào bǔxíbān 학원에 등록하다
질병	★看病 kànbìng 진찰 받다	★打针 dǎzhēn 주사를 놓다	吃药 chīyào 약을 먹다	★张开嘴 zhāngkāi zuǐ 입을 벌리다	生病 shēngbìng 병이 나다	感冒 gǎnmào 감기에 걸리다	★发烧 fāshāo 열이 나다	★拉肚子 lā dùzi 설사하다	流血 liúxuè 피가 흐르다	擦破了皮 cāpò le pí 살갗이 긁혀 벗겨지다	住院 zhùyuàn 입원하다	出院 chūyuàn 퇴원하다
여가 시간	上网 shàngwǎng 인터넷을 하다	玩游戏 wán yóuxì 게임을 하다	照相 zhàoxiàng 사진을 찍다	爬山 páshān 등산하다	旅游 lǚyóu 여행하다	跳舞 tiàowǔ 춤추다	唱歌 chànggē 노래를 부르다
운동	去健身房 qù jiànshēnfáng 헬스장에 가다	锻炼身体 duànliàn shēntǐ 신체를 단련하다	打篮球 dǎ lánqiú 농구하다	打网球 dǎ wǎngqiú 테니스를 치다	打乒乓球 dǎ pīngpāngqiú 탁구를 치다	踢足球 tī zúqiú 축구하다	跑步 pǎobù 달리기하다	参加比赛 cānjiā bǐsài 경기에 참여하다
쇼핑, 식사	★逛街 guàngjiē 쇼핑하다	逛商店 guàng shāngdiàn 상점을 돌아다니다	试衣服 shì yīfu 옷을 입어보다	刷卡 shuākǎ 카드를 긁다	★打折 dǎzhé 할인하다	看菜单 kàn càidān 메뉴를 보다	★点菜 diǎncài 주문하다
대중교통	开车 kāichē 운전하다	打车 dǎchē 택시를 타다	★加速 jiāsù 속도를 올리다	★堵车 dǔchē 차가 막히다	转弯 zhuǎnwān 모퉁이를 돌다	★晚点 wǎndiǎn 연착하다	★订票 dìngpiào 표를 예약하다	★系安全带 jì ānquándài 안전벨트를 매다	抓好扶手 zhuāhǎo fúshǒu 손잡이를 꼭 잡다

第 1–10 题：请选出正确答案。

1. **A** 夫妻　　　　**B** 同事　　　　**C** 师生　　　　**D** 上下级

2. **A** 经理已经知道了　　　　　　**B** 联系不上经理
　 C 经理的电话关机了　　　　　**D** 不想告诉经理

3. **A** 张律师　　　**B** 报告的人　　　**C** 小李　　　**D** 经理

4. **A** 看电视　　　**B** 玩游戏　　　**C** 吃饭　　　**D** 洗碗

5. **A** 搬走了　　　**B** 卡纸了　　　**C** 坏了　　　**D** 没纸了

6. **A** 女的的叔叔　　**B** 女的的父母　　**C** 女的的阿姨　　**D** 女的的朋友

7. **A** 邻居　　　**B** 同事的孩子　　　**C** 警察　　　**D** 秘书

8. **A** 司机　　　**B** 作者　　　**C** 导游　　　**D** 记者

9. **A** 逛街　　　**B** 去动物园　　　**C** 准备礼物　　　**D** 过圣诞节

10. **A** 晒太阳　　　**B** 搬床　　　**C** 擦镜子　　　**D** 开窗户

05 day 인물의 감정과 어투에 반응하라
—어떻게, 왜

+ 정답_ 해설집 171쪽

학습목표

✓ 1 어투를 통하여 대화의 분위기를 파악하자

✓ 2 감정과 태도에 관련된 다양한 어휘를 마스터하자

✓ 3 화자의 심리 상태를 파악하는 방법을 익히자

어투, 심정, 태도 등을 파악하는 문제는 가장 많이 출제되는 유형 가운데 하나로, 관련 어휘들은 반드시 먼저 익혀야 한다. 또한 제시된 문제의 보기를 보고 어투 관련 문제라 판단될 경우, 대화 속 화자의 뉘앙스나 감정 표현 및 말의 억양에도 주위를 기울여야 한다.

기초 실력 테스트 TEST

🎧 05-1

1 녹음을 듣고 중국어와 뜻을 써 보세요.

❶ 중국어 __________ 뜻 __________　　❷ 중국어 __________ 뜻 __________

❸ 중국어 __________ 뜻 __________　　❹ 중국어 __________ 뜻 __________

2 녹음을 듣고 빈칸에 들어갈 알맞은 답을 고르세요.

보기	讨厌	丰富	反对

❶ 小李的经验很__________，能负责任务。

❷ 你为什么这么__________他呀?

❸ 虽然大家都__________，但他坚持要去。

3 녹음을 듣고 알맞은 답을 고르세요.

❶ A 非常干净　　　B 不脏　　　　　C 很乱　　　　　D 整整齐齐

❷ A 很听话　　　　B 很细心　　　　C 很马虎　　　　D 很着急

4급 **기출문제** 맛보기

 **맛보기 1**　🎧 05-2　　　　　　　　　　　난이도 下　공략 Key 어투 파악

> A 厉害　　　　　B 幽默　　　　　C 诚实　　　　　D 着急

정답&공략

해석
女：才过几分钟! 这么快就算出来了，<u>你真厉害</u>。
男：别着急，我还得再检查一下。

问：女的觉得男的怎么样？

Ⓐ **厉害**　　　　　B 幽默
C 诚实　　　　　D 着急

여: 겨우 몇 분 지났을 뿐인데, 이렇게나 빨리 계산해 낸 거야? <u>넌 정말 대단해.</u>
남: 서두르지 마, 다시 검산해봐야 해.

질문: 여자가 생각할 때 남자는 어떠한가?

Ⓐ **대단하다**　　　　B 유머러스하다
C 성실하다　　　　D 조급하다

공략 남자가 빠른 속도로 계산해내자 여자는 남자의 계산 능력이 대단하다고 칭찬하고 있다. 조급하게 말하는 것은 여자 이므로 문제의 의도를 정확하게 파악해야 오류를 범하지 않는다.

어휘 ★算 suàn 동 계산하다 | 厉害 lìhai 형 대단하다 | ★着急 zháojí 형 조급하다 | 检查 jiǎnchá 동 검사하다 | ★幽默 yōumò 형 유머러스하다 | 诚实 chéngshí 형 성실하다

 **맛보기 2**　🎧 05-3　　　　　　　　　　　난이도 下　공략 Key 감정 관련 어휘

> A 不信　　　　　B 有趣　　　　　C 突然　　　　　D 倒霉

정답&공략

해석
男：我们结婚吧。
女：结婚？ 你在开玩笑的吧，我们俩才认识几天啊。
男：时间根本不成问题，我是认真的。
女：<u>你这太突然了</u>，我应该再仔细考虑考虑。

남: 우리 결혼합시다.
여: 결혼요? 당신 지금 농담하는 거죠? 우리가 안 지 며칠이나 됐다고요.
남: 시간은 전혀 문제될 것 없어요. 전 진심입니다.
여: <u>당신이 이러시는 거 너무 갑작스러워요.</u> 전 다시 진지하게 고려해봐야겠어요.

问：对男的的话，女的觉得怎么样？	질문: 남자의 말을 여자는 어떻게 여기는가?
A 不信　　　　B 有趣	A 믿지 않는다　　　　B 재미있다
◉ 突然　　　　D 倒霉	◉ 갑작스럽다　　　　D 운이 없다

공략　남자의 청혼에 여자는 직접적으로 갑작스럽다는 반응을 보이고 있으므로 突然이라는 어휘를 알고 있다면 쉽게 답을 찾을 수 있다. 여자는 남자의 말을 믿지 못하는 것은 아니므로 A는 정답이 아니다.

어휘　认识 rènshi 图 알다 | 根本 gēnběn 囝 전혀 | ★认真 rènzhēn 阁 진지하다 | ★突然 tūrán 阁 갑작스럽다 | ★仔细 zǐxì 阁 자세하다 | 考虑 kǎolǜ 图 고려하다 | 不信 búxìn 图 믿지 못하다 | ★有趣 yǒuqù 阁 재미있다 | 倒霉 dǎoméi 阁 운이 없다

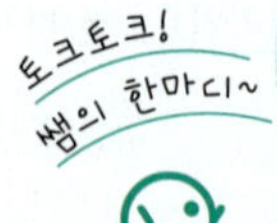

우는 아이를 보면 어떤 감정이 드나요? '불쌍하다, 귀찮다, 시끄럽다, 안아주고 싶다, 내쫓고 싶다, 사탕을 주고 싶다, 혼내고 싶다' 등 하나의 현상이나 상태를 두고 사람마다 느끼는 감정과 태도는 다르죠. 듣기에는 화자의 심리 상태를 묻는 문제가 다수 출제되는데요, 화자가 말하는 어투에 촉각을 곤두세우고 사람의 감정을 나타내는 어휘를 마스터한다면 좀 더 쉽게 문제를 파악할 수 있을 거예요.

4급 **듣기 공략** 하기

공략 1. 어투와 감정에 마음을 기울여라

어투, 감정 및 태도 관련 문제는 두 사람의 대화 속에서 화자가 느끼는 기분이나 분위기, 방식 등을 파악하는 문제가 대다수이므로 관련 어휘를 먼저 이해하는 것이 필수이다.

〈 감정과 태도를 나타내는 어휘 〉

만족, 긍정적	满意 mǎnyì 만족하다 ㅣ 幸福 xìngfú 행복하다 ㅣ 激动 jīdòng 감격하다 ㅣ 愉快 yúkuài 유쾌하다 ㅣ 开朗 kāilǎng 명랑하다 ㅣ 兴奋 xīngfèn 흥분하다 ㅣ 高兴 gāoxìng, 开心 kāixīn, 快乐 kuàilè 즐겁다 ㅣ 得意 déyì 득의양양하다 ㅣ 热情 rèqíng 친절하다 ㅣ 活泼 huópo 활발하다
실망, 부정적	失望 shīwàng 실망하다 ㅣ 不满 bùmǎn 불만이다 ㅣ 生气 shēngqì 화나다 ㅣ 难过 nánguò 괴롭다 ㅣ 难受 nánshòu 괴롭다, 견딜 수 없다 ㅣ 遗憾 yíhàn 유감이다 ㅣ 痛苦 tòngkǔ 괴롭다 ㅣ 无奈 wúnài 어쩔 수 없다 ㅣ 可惜 kěxī 애석하다
존중, 무시	尊重 zūnzhòng 존중하다 ㅣ 重视 zhòngshì 중시하다 ㅣ 看不起 kànbuqǐ 무시하다 ㅣ 轻视 qīngshì 경시하다 ㅣ 不在乎 búzàihu 개의치 않다 ㅣ 冷淡 lěngdàn 냉담하다 ㅣ 嘲笑 cháoxiào 비웃다 ㅣ 无所谓 wúsuǒwèi 상관없다
칭찬, 원망	称赞 chēngzàn, 表扬 biǎoyáng 칭찬하다 ㅣ 鼓励 gǔlì 격려하다 ㅣ 批评 pīpíng 혼내다 ㅣ 抱怨 bàoyuàn 원망하다
건의, 충고	建议 jiànyì 건의하다 ㅣ 命令 mìnglìng 명령하다 ㅣ 禁止 jìnzhǐ 금지하다 ㅣ 警告 jǐnggào 경고하다 ㅣ 提醒 tíxǐng 일깨우다
안심, 걱정	安心 ānxīn 안심하다 ㅣ 安慰 ānwèi 위로하다 ㅣ 放心 fàngxīn 마음을 놓다 ㅣ 不安 bù'ān 불안하다 ㅣ 担心 dānxīn 걱정하다 ㅣ 着急 zháojí 조급하다 ㅣ 吃惊 chījīng 놀라다

 **예제** 🎧 05-4　　　　　난이도 上　공략 Key 어투 파악

A 可怜　　　　B 吃惊　　　　C 兴奋　　　　D 激动

정답&공략

해석
女：学校主持全体教师这个周末去爬山。
男：啊? 我怎么不知道。
女：难道你没收到通知?
男：确实没有，而且我已经安排别的事了。
女：能不能改个时间? 不和我们一起去，多可惜!

여: 학교 주최로 전체 교사들이 이번 주말에 등산을 간대.
남: 응? 난 왜 몰랐지?
여: 넌 통지를 못 받았단 말야?
남: 정말 못 받았어. 그리고 난 이미 다른 일이 있는데.
여: 시간을 바꿀 수 없어? 우리랑 같이 못 가면 정말 아쉬운데.

问：听到女的的话，男的最可能觉得怎么样？

A 可怜　　　　　　Ⓑ 吃惊
C 兴奋　　　　　　D 激动

질문: 여자의 말을 듣고 남자는 어떤 느낌이 들었을 가능성이 큰가?

A 불쌍하다　　　　Ⓑ 놀라다
C 흥분되다　　　　D 감격하다

공략 소식을 들은 후 남자의 감정을 묻는 것이므로, 갑작스런 소식을 들은 후 느끼게 되는 '吃惊(놀라다)'이 정답이 된다.

어휘 主持 zhǔchí 图 진행하다 | 教师 jiàoshī 圀 교사 | 周末 zhōumò 圀 주말 | 爬山 páshān 图 등산하다 | ★难道 nándào 囝 정녕 ～란 말인가? | 通知 tōngzhī 圀 통지 | ★确实 quèshí 囝 확실히 | 安排 ānpái 图 안배하다 | 可怜 kělián 閿 불쌍하다 | ★吃惊 chījīng 图 놀라다 | ★兴奋 xīngfèn 閿 흥분하다 | ★激动 jīdòng 图 감격하다

> **Tip** 难道……(吗)?
>
> 반어문에 쓰이는 어기부사 难道는 '정녕 ～란 말인가?'라는 의미로 그 내용을 믿을 수 없다는 뜻을 나타낸다. 종종 문장 끝에 吗와 호응한다.
>
> 这**难道**不是他们的责任**吗**?　이것이 정말 그들의 책임이 아니라는 거니? (→ 책임이 맞다)
> **难道**他不是你的朋友?　정말 그가 네 친구가 아니라는 거니? (→ 그는 네 친구이다)

공략 2. 동작의 원인을 넓은 각도로 찾아라

어떤 말이나 행동에 대한 원인을 묻는 문제는 동작적 원인 외에 분위기와 감정적 원인까지 함께 살펴보아야 정확하게 답을 찾을 수 있다. 이 경우 사람이나 사물에 대한 평가를 정확히 짚고 넘어가야 한다.

예제 🎧 05-5　　　　　　　　난이도 中　공략 Key 사물에 대한 평가

A 方便　　　　　B 舒服　　　　　C 贵　　　　　D 便宜

정답&공략

해석　男：那辆车，孙叔叔看了吗? 他觉得怎么样？
　　　　女：他比较满意，只是问价格能不能再商量商量。

　　　　남: 그 차를 쏜 아저씨가 보셨나요? 아저씨는 어떻게 생각하세요?
　　　　여: 비교적 괜찮다고는 하시는데, 가격을 다시 좀 상의할 수 없겠느냐고 물어보셨어요.

问：孙叔叔觉得那辆车怎么样?

A 方便　　B 舒服　**C** 贵　　D 便宜

질문: 쑨 아저씨는 그 차가 어떻다고 여기는가?

A 편리하다　B 편안하다　**C** 비싸다　D 싸다

공략　차에 대해 비교적 만족은 하지만 가격을 좀 상의하고 싶다는 것은 가격에 불만이 있다는 의미이므로 C가 정답이 된다. D는 가격에 굉장히 만족한다는 의미이므로 정답이 될 수 없다.

어휘　辆 liàng 양 대(차량을 세는 단위) | 叔叔 shūshu 명 아저씨 | ★满意 mǎnyì 형 만족하다 | ★价格 jiàgé 명 가격 | ★商量 shāngliang 동 상의하다 | 方便 fāngbiàn 형 편리하다 | 舒服 shūfu 형 편안하다

Tip　동사의 중첩

동사를 중첩하면 '좀 ~하다'라는 의미를 나타낸다. 동사별 중첩 형식은 다음과 같다.

① 1음절 동사(A(一)A) : 看(一)看 잠시 보다 | 听(一)听 좀 듣다

② 2음절 동사(ABAB) : 休息休息 잠시 휴식하다 | 复习复习 복습을 좀 하다

③ 이합동사(AAB) : 见见面 좀 만나다 | 散散步 잠시 산책하다

바로 체크 Check! 녹음을 듣고, 빈칸을 채우세요. 🎧 05-6

❶ 学校________全体教师这个周末去________。

❷ ________你没收到________?

❸ ________没有，而且我已经________别的事了。

❹ 能不能________时间? 不和我们一起去，__________!

❺ 他比较________，________问价格__________再商量商量。

정답 ❶ 主持 / 爬山　❷ 难道 / 通知　❸ 确实 / 安排　❹ 改个 / 多可惜　❺ 满意 / 只是 / 能不能

〈 사람과 관련된 어휘 〉

나이, 연령	★小 xiǎo 어리다 ǀ 年轻 niánqīng 젊다 ǀ ★大 dà 나이가 많다 ǀ 老 lǎo 늙다
키	★矮 ǎi (키가) 작다 ǀ 高 gāo (키가) 크다
신체	★苗条 miáotiao 늘씬하다 ǀ 瘦 shòu 마르다 ǀ 胖 pàng 뚱뚱하다
생김새	漂亮 piàoliang 아름답다 ǀ 帅 shuài 잘생기다 ǀ 好看 hǎokàn 예쁘다 ǀ 难看 nánkàn 못생기다
상태	饱 bǎo 배부르다 ǀ 饿 è 배고프다
능력	聪明 cōngming 똑똑하다 ǀ ★笨 bèn 멍청하다
성격	认真 rènzhēn 성실하다 ǀ ★细心 xìxīn 꼼꼼하다 ǀ ★幽默 yōumò 유머러스하다 ǀ 马虎 mǎhu 덤벙거리다 ǀ ★粗心 cūxīn 부주의하다 ǀ ★无聊 wúliáo 재미없다
심정	舒服 shūfu 편안하다 ǀ 轻松 qīngsōng 홀가분하다 ǀ ★难受 nánshòu 괴롭다 ǀ ★难过 nánguò 힘들다 ǀ 紧张 jǐnzhāng 긴장하다
소유	★丰富 fēngfù 풍부하다 ǀ 缺乏 quēfá 부족하다
환경	富有 fùyǒu 부유하다 ǀ 贫穷 pínqióng 빈궁하다
감정	喜欢 xǐhuan 좋아하다 ǀ ★讨厌 tǎoyàn 싫어하다 ǀ ★羡慕 xiànmù 부러워하다
의견	赞成 zànchéng 찬성하다 ǀ 同意 tóngyì 동의하다 ǀ 肯定 kěndìng 긍정하다 ǀ 反对 fǎnduì 반대하다 ǀ 否定 fǒudìng 부정하다 ǀ 不同意 bù tóngyì 동의하지 않다
허가	承认 chéngrèn 승인하다 ǀ ★拒绝 jùjué 거절하다
태도	谦虚 qiānxū 겸손하다 ǀ 骄傲 jiāo'ào 교만하다

〈 사물과 사건에 대한 판단 〉

幸运 xìngyùn 운이 좋다	倒霉 dǎoméi 재수 없다
有意思 yǒu yìsi, 有趣 yǒuqù 재미있다	无聊 wúliáo 무료하다
干净 gānjìng 깨끗하다	脏 zāng 더럽다 ǀ 乱 luàn 어지럽다
方便 fāngbiàn 편리하다	麻烦 máfan 번거롭다
软 ruǎn 부드럽다	硬 yìng 딱딱하다
香 xiāng 향기롭다	臭 chòu 냄새나다
出色 chūsè 뛰어나다 ǀ 精彩 jīngcǎi 훌륭하다	一般 yìbān 보통이다 ǀ 不怎么样 bù zěnmeyàng 그저 그렇다
受欢迎 shòu huānyíng 인기가 있다	不受欢迎 bú shòu huānyíng 인기가 없다 ǀ 讨厌 tǎoyàn 싫어하다

第 1-10 题：请选出正确答案。

1. **A** 非常大　　　　**B** 菜味道一般　　　　**C** 客人不多　　　　**D** 很热闹

2. **A** 担心　　　　**B** 失望　　　　**C** 后悔　　　　**D** 难受

3. **A** 忘了带雨伞　　　　**B** 拿错了伞　　　　**C** 弄坏了伞　　　　**D** 丢了雨伞

4. **A** 获得奖金　　　　**B** 出国进修　　　　**C** 负责任务　　　　**D** 干得不错

5. **A** 很热　　　　**B** 很凉快　　　　**C** 暖和　　　　**D** 很冷

6. **A** 经验丰富　　　　**B** 没有压力　　　　**C** 紧张　　　　**D** 赢很重要

7. **A** 不值得看　　　　**B** 一般　　　　**C** 非常精彩　　　　**D** 很无聊

8. **A** 天气干燥　　　　**B** 还不习惯　　　　**C** 问题挺多的　　　　**D** 水果很甜

9. **A** 长得不太帅　　　　　　　　**B** 能照顾女朋友
　　 C 总爱自己　　　　　　　　**D** 有共同爱好

10. **A** 马马虎虎　　　　**B** 很有自心　　　　**C** 相信秘书　　　　**D** 非常粗心

+ 정답 및 해설_ 해설집 17쪽

+ 정답_ 해설집 171쪽

학습목표

✓1 의문대사를 사용한 반어 표현을 이해하자

✓2 다양한 이중부정 구조를 파악하자

✓3 특수한 형태의 반어문을 익히자

반어문은 들리는 것과 반대의 의미로 해석해야 하는 문장으로, 의문대사나 '是……吗?' 혹은 특수 형태를 사용한 반어문 문제로 국한된다. 또, 이중부정은 부정부사가 반복해서 출현해 복잡해 보이지만, 형식만 파악한다면 문제를 쉽게 해결할 수 있다.

기초 실력 테스트 TEST

🎧 06-1

1 녹음을 듣고 중국어와 뜻을 써 보세요.

❶ 중국어 __________ 뜻 __________   ❷ 중국어 __________ 뜻 __________

❸ 중국어 __________ 뜻 __________   ❹ 중국어 __________ 뜻 __________

2 녹음을 듣고 같은 의미의 표현을 고르세요.

❶ A 大家都愿意跟他一起去。   B 大家都不愿意跟他一起去。

❷ A 我没有时间。   B 我很有时间。

❸ A 我每天喝酒。   B 我没有喝酒。

3 녹음을 듣고 알맞은 답을 고르세요.

❶ A 准备考试   B 写资料   C 查资料   D 找好方法

❷ A 没有意思   B 不用复习   C 内容很容易   D 复习不完

❸ A 开夜车   B 明天准备   C 注意方法   D 复习最重要

4급 기출문제 맛보기

 **맛보기 1**　06-2　　　　　난이도 中　공략 Key 怎么의 반어 표현 파악

A 看不完　　　　B 看得完　　　　C 很无聊　　　　D 要两个星期

정답&공략

해석
女：这本小说这么厚，怎么可能到下周就看完呢？
男：每天看五十页，估计下周三就可以看完。

问：女的的意思是：

Ⓐ 看不完　　　　B 看得完
C 很无聊　　　　D 要两个星期

여: 이 소설책은 이렇게 두꺼운데 어떻게 다음 주까지 다 읽을 수 있겠니?
남: 매일 50페이지씩 읽으면, 아마 다음 주 수요일이면 다 읽을 수 있을 것 같아.

질문: 여자의 의미는?

Ⓐ 다 볼 수 없다　　　　B 다 볼 수 있다
C 재미없다　　　　D 2주가 필요하다

공략 의문대사 怎么를 활용한 반어문이 핵심 문장이다. 여기서는 어떻게 읽을 것인지에 대한 방식을 말하는 것이 아니라 그 시간 내에 다 읽을 수 없다는 것을 반어적으로 강조하고 있다.

어휘 ★小说 xiǎoshuō 몡 소설 | ★厚 hòu 혱 두껍다 | 下周 xiàzhōu 몡 다음 주 | 页 yè 양 페이지 | ★无聊 wúliáo 혱 재미없다

 **맛보기 2**　06-3　　　　　난이도 上　공략 Key '非……不可' 이중부정

A 想坐飞机去　　　　B 每周去参观　　　　C 一定要去　　　　D 想踢足球

정답&공략

해석
男：足球比赛已经结束了吧？
女：都10点了。当然已经结束了。
男：孩子非去不可，怎么办？
女：每周日都有比赛，下周日带他去吧。

남: 축구 경기는 이미 끝났지?
여: 벌써 10시잖아요. 당연히 끝났죠.
남: 애가 꼭 가겠다고 하는데, 어쩌지?
여: 매주 일요일마다 경기가 있잖아요. 다음 주 일요일에 데리고 가요.

问：孩子怎么了？	질문: 아이는 어떠한가?
A 想坐飞机去	A 비행기를 타고 가고 싶다
B 每周去参观	B 매주 구경하러 간다
C 一定要去	C 반드시 가려고 한다
D 想踢足球	D 축구를 하고 싶다

공략 '非……不可'는 이중부정 형식으로 '～하지 않으면 안 된다' 즉, '반드시 ～해야 한다'라는 의미를 가지고 있다.

어휘 足球 zúqiú 몡 축구 | 比赛 bǐsài 몡 경기 | ★结束 jiéshù 통 끝나다 | ★非……不可 fēi……bùkě ～하지 않으면 안 된다 | ★参观 cānguān 통 관람하다 | 踢 tī 통 차다

혹시 동생이 여러분에게 용돈을 달라고 한 적 있나요? 아마 저처럼 "내가 돈이 어디 있어?"라며 펄쩍 뛴 건 아닌지 모르겠네요. 그런데 만일 이 말을 듣고 동생이 "돈은 지갑 안에 있잖아"라고 대꾸한다면 어쩌죠? 아마 어이없는 웃음을 짓게 되겠죠? "내가 돈이 어디 있어?"라는 말은 돈의 위치를 묻는 것이 아니라, '나는 돈이 없다'는 것을 강조한 표현임을 다 알고 있지요. 이러한 반어적 표현은 중국어에도 동일하게 존재한답니다. 중국어의 반어적 표현을 한국어 표현과 함께 학습한다면 훨씬 더 쉽고 재미있게 익힐 수 있을 거예요.

4급 듣기 공략 하기

공략 1. 청개구리 반어문을 휘어잡아라

반어문을 만드는 대표적인 방법은 의문대사(谁, 什么, 什么时候, 哪儿, 怎么 등)를 사용하는 것으로, 긍정형의 문장은 부정적 의미를, 부정형의 문장은 긍정적 의미를 나타낸다.

- 谁 shéi 누구 : **谁**知道? 누가 알겠니? (→ 모른다)
- 什么 shénme 무엇 : 麻烦**什么**? 뭐가 번거롭니? (→ 번거롭지 않다)
- 什么时候 shénme shíhou 언제 : 我**什么时候**送了? 내가 언제 줬니? (→ 주지 않았다)

예제 🎧 06-4

난이도 下　공략 Key 부사 还是 이해

A 不用担心　　　　B 让孩子自己选　　　　C 报经济专业　　　　D 出国留学

정답&공략 ▶

해석

女：刘叔叔，您孩子快上大学了吧？
男：我正想和你商量呢，你说，让他报个什么专业好呢？
女：这主要还是要看孩子自己的意见。
男：也对，但孩子还很小、不懂事，能不担心吗？

问：女的是什么看法？

A 不用担心
Ⓑ **让孩子自己选**
C 报经济专业
D 出国留学

여: 류 아저씨, 아저씨 아이가 곧 대학에 진학하죠?
남: 마침 너랑 상의할 생각이었어. 네 생각에는 아이에게 어떤 전공을 선택하게 하는 것이 좋겠니?
여: 이건 아무래도 아이의 의견을 알아보아야 할 것 같아요.
남: 그것도 그래. 하지만 아이가 아직 어리고 철이 없어서, 걱정하지 않을 수 있겠니?

질문: 여자의 의견은?

A 걱정할 필요 없다
Ⓑ **아이 스스로 결정하게 해라**
C 경제 전공을 선택해라
D 외국으로 유학 가라

공략 부사 还是는 '아무래도, 그래도'라는 의미를 가지고 있다. 전공 선택은 아무래도 아이 자신의 의견을 알아봐야 한다고 말했으므로 아이 스스로 결정하게 하라는 것과 같은 의미이다.

어휘 叔叔 shūshu 몡 아저씨, 삼촌 | 商量 shāngliang 통 상의하다 | ★报 bào 통 신청하다 | ★专业 zhuānyè 몡 전공 | 意见 yìjiàn 몡 의견 | ★懂事 dǒngshì 통 철들다 | 担心 dānxīn 통 걱정하다 | 选 xuǎn 통 선택하다 | ★经济 jīngjì 몡 경제 | 留学 liúxué 통 유학하다

공략 2. 이중부정에 주의하라

이중부정은 말 그대로 부정을 이중으로 했다는 뜻으로, '사지 않으면 안 된다, 먹지 않으면 안 된다, 물어보지 않으면 안 된다' 등이 바로 그러한 표현이다.

- 不……不…… ~하지 않으면 안 된다

  她**不**会**不**知道我们的意思。 그녀가 우리의 뜻을 모를 리 없다. (→ 반드시 안다)

  我**不**能**不**去帮忙。 나는 도와주러 가지 않으면 안 된다. (→ 반드시 도와주러 가야 한다)

- 没(有)……不…… ~하지 않는 것이 없다

  这里**没有**人**不**认识他。 이곳에 그를 모르는 사람이 없다. (→ 다 안다)

- 没(有)……没(有)…… ~하지 않는 것이 없다

  没有事情**没**告诉你。 너에게 말하지 않은 일은 없다. (→ 다 말했다)

- 非……不可 ~하지 않으면 안 된다

  非买**不可**。 안 사면 안 된다. (→ 반드시 사야 한다)

  这件事**非**告诉他**不可**。 이 일은 그에게 알리지 않으면 안 된다. (→ 반드시 알려야 한다)

예제 🎧 06-5　　　　　　　　　　　　　난이도 下　공략 Key '不……不……' 이중부정

A 不要抽烟	B 喝点儿水
C 照顾孩子	D 注意安全

정답&공략

해석

女：先生，对不起! 您不在这儿抽烟不行吗? 这儿还有孩子呢。

男：抱歉，我没太注意，我就出去。

여: 선생님, 죄송합니다. 여기서 담배를 피우지 않으면 안 될까요? 여기 아이가 있어서요.

남: 죄송합니다. 제가 주의하지 못했군요. 바로 나가겠습니다.

问：女的要求什么？	질문: 여자는 무엇을 요구하는가?

Ⓐ 不要抽烟　　B 喝点儿水
C 照顾孩子　　D 注意安全

Ⓐ 담배를 피우지 마라　　B 물을 좀 마셔라
C 아이를 보살펴라　　D 안전에 주의해라

공략　'不……不……'는 '~하지 않으면 안 된다'라는 뜻으로 이중부정을 만드는 구조이다. 여기서 '您不在这儿抽烟不行吗?'는 담배를 피우지 말라는 뜻을 돌려서 말하는 것이다.

어휘　先生 xiānsheng 몡 (남자를 부르는 호칭) 선생님 | ★抽烟 chōuyān 동 담배를 피우다 | 抱歉 bàoqiàn 동 미안하게 생각하다 | ★注意 zhùyì 동 주의하다 | 要求 yāoqiú 동 요구하다

바로체크 Check!　녹음을 듣고, 빈칸을 채우세요. 🎧 06-6

❶ 我正想和你＿＿＿＿呢，你说，让他＿＿＿＿个什么＿＿＿＿好呢？

❷ 这主要＿＿＿＿要看孩子自己的＿＿＿＿。

❸ 孩子还很小、＿＿＿＿＿，能不＿＿＿＿吗？

정답 ❶ 商量 / 报 / 专业 **❷** 还是 / 意见 **❸** 不懂事 / 担心

〈 여러 가지 반어문 형식 〉

1. 의문대사를 사용한 반어문

谁 누구	谁知道? 누가 알겠어? (→ 아무도 모른다)
什么 무엇	有什么高兴的? 뭐 좋아할 것이 있니? (→ 좋아할 것이 없다)
什么时候 언제	我什么时候同意了? 내가 언제 동의했니? (→ 동의하지 않았다) 都什么时候了? 벌써 때가 어느 때라고? (→ 이미 시간이 많이 지났다)
哪儿 어디	你的秘密我哪儿知道啊? 너의 비밀을 내가 어떻게 알 수 있겠니? (→ 알 수 없다) ※ 의문대사 哪儿과 怎么는 반어문에서 서로 같은 의미로 사용된다.
怎么 어떻게	怎么能不参加呢? 어떻게 참여하지 않을 수 있겠니? (→ 반드시 참여한다)

2. (不)是와 吗를 사용한 반어문

是……吗? ~이니?	这是我买的吗? 이게 내가 산 것이니? (→ 내가 산 것이 아니다) 那是我同意的吗? 그게 내가 동의한 것이니? (→ 내가 동의한 것이 아니다)
不是……吗? ~이 아닌가?	明天不就是春节吗? 내일이 바로 설날 아니에요? (→ 설날이잖아요)
这不是……吗? 이거 ~이 아니니?	他这不是给自己找麻烦吗? 그 사람 괜히 혼자 사서 고생하는 거 아니야? (→ 혼자 사서 고생이다)
没……吗? ~하지 않았다고?	我没跟你说吗? 怎么又忘了! 내가 너에게 말 안 했다고? 어떻게 또 잊어버렸어! (→ 말했다)
能不……吗? ~하지 않을 수 있겠니?	他这样做我能不喜欢吗? 그가 이렇게 하는데 내가 안 좋아할 수 있겠니? (→ 좋아할 수밖에 없다)

3. 특수 구문 반어문

那还用说? 말할 필요가 있는가?	那还用说? 他们在中国呆了30年。 그걸 말할 필요 있니? 그들은 중국에서 30년 동안 살았어. (→ 말할 필요 없다)
难道……吗? 설마 ~란 말인가?	难道你不觉得冷吗? 넌 안 춥다는 거니? (→ 춥다고 생각한다)
何必……呢? ~할 필요가 있는가?	他只是开玩笑罢了, 何必当真呢? 그는 단지 농담하는 것뿐인데, 진짜로 여길 필요가 있니? (→ 그럴 필요 없다)
连……也(都), 何况……呢? ~조차도 ~인데, 하물며 ~는?	连一件衣服都买不起, 何况车呢? 옷 한 벌도 못 사는데, 하물며 차는? (→ 차는 당연히 못 산다)
什么呀! 뭐야!	A: 昨天的表演不错吧? 어제 공연 멋졌지? B: 什么呀! 뭐가! (→ 별로다)

第 1-10 题：请选出正确答案。

1. **A** 男的骗女的了 　　　　**B** 男的开空调了
   C 男的抽烟了 　　　　　**D** 男的开窗户了

2. **A** 不去上海旅游了 　　　　**B** 行李箱太难看了
   C 行李箱很便宜 　　　　　**D** 去上海旅游

3. **A** 参加面试　　**B** 准时到　　**C** 都吃完　　**D** 坐飞机来

4. **A** 羡慕　　　　**B** 激动　　　**C** 吃惊　　　**D** 伤心

5. **A** 胖一点更好看 　　　　　**B** 以后少吃肉
   C 应该减肥 　　　　　　　**D** 甜食对身体不好

6. **A** 不会开车　　**B** 想去停车场　　**C** 迷路了　　**D** 不愿意离开

7. **A** 肚子饿了　　**B** 太累了　　**C** 一定要买　　**D** 比上班更辛苦

8. **A** 减肥很容易 　　　　　　**B** 跑步时不能休息
   C 光跑没有效果 　　　　　**D** 休息一会儿再跑

9. **A** 昨晚有足球赛 　　　　　**B** 男的迟到了
   C 今天不是星期六 　　　　**D** 男的常常睡懒觉

10. **A** 去国外旅游　　**B** 买礼物　　**C** 中国制造　　**D** 提高竞争力

+ 정답 및 해설_ 해설집 21쪽

07 day 듣기 주제 파악을 제대로 하자

✓ 1 작가가 글을 쓴 이유를 파악하자

✓ 2 주제 찾기에 도움되는 어휘를 암기하자

✓ 3 의문형 도입에 대한 감을 익히자

글을 쓴 작가의 의도나 생각을 묻는 문제는 글의 주제를 찾는 유형과 연관된다. 글의 주제는 일반적으로 문장의 도입이나 결론 부분에 있으며, 각각의 위치별로 주제임을 암시하는 어휘들이 등장하므로 핵심 키워드의 위치와 함께 주제를 이끄는 어휘에 대한 학습이 동시에 요구된다.

기초 실력 테스트 TEST

🎧 07-1

1 녹음을 듣고 중국어와 뜻을 써 보세요.

❶ 중국어 __________ 뜻 __________　　❷ 중국어 __________ 뜻 __________

❸ 중국어 __________ 뜻 __________　　❹ 중국어 __________ 뜻 __________

2 녹음을 듣고 같은 의미의 표현을 고르세요.

❶ A 他不去，我去　　　　　　　B 他去或者我去

❷ A 不需要努力　　　　　　　　B 有方法成功

❸ A 会放弃的　　　　　　　　　B 不会放弃的

3 녹음을 듣고 알맞은 답을 고르세요.

❶ A 个子一样高　　B 喜欢学英语　　C 喜欢吃甜食　　D 长得很像

❷ A 喜欢红色　　　B 喜欢英语　　　C 讨厌甜食　　　D 喜欢蛋糕

4급 **기출문제** 맛보기

 **맛보기** 🎧 07-2

1. A 很受观众的喜爱　　　　B 很浪漫
   C 很平凡、一般　　　　　D 内容丰富
2. A 受到别人的重视的　　　B 很复杂浪漫的
   C 很平凡简单的　　　　　D 著名小说里的

정답&공략

해석　　[1]大多数女孩子羡慕电影和小说里浪漫的爱情，认为经历了酸甜苦辣的爱情才算是真正的，[2]其实更值得我们重视和尊重的正是我们实际生活中平凡、简单的爱情，有时候平凡就是最伟大的。

[1]대다수 여자아이들은 영화와 소설 속의 낭만적인 사랑을 부러워하며, 갖가지 희로애락을 거친 사랑이 야말로 비로소 진정한 사랑이라고 생각한다. [2]사실 더욱 우리가 중시하고 존중할 만한 가치가 있는 것은 우리 실제 생활 속의 평범하고 일반적인 사랑이다. 때로 일반적인 것이 가장 위대한 것이다.

어휘　★大多数 dàduōshù 휑 대다수의 | ★羡慕 xiànmù 동 부러워하다 | 小说 xiǎoshuō 명 소설 | 浪漫 làngmàn 휑 낭만적이다 | 爱情 àiqíng 명 사랑 | 认为 rènwéi 동 ~라 여기다 | 经历 jīnglì 동 겪다 | ★酸甜苦辣 suān tián kǔ là 성 살면서 겪는 다양한 일 | ★算是 suànshì 동 ~인 셈이다 | 真正 zhēnzhèng 휑 진정한, 참된 | 其实 qíshí 부 사실 | 值得 zhíde 동 ~할 만하다 | 重视 zhòngshì 동 중시하다 | ★尊重 zūnzhòng 동 존중하다 | 正 zhèng 부 딱, 바로 | 实际 shíjì 휑 실제의 | 平凡 píngfán 휑 평범하다 | ★简单 jiǎndān 휑 간단하다 | 伟大 wěidà 휑 위대하다

난이도 下　**공략 Key** 구조조사 的의 역할

1 大多数女孩子为什么羡慕电影里的爱情?

대다수의 여자아이들은 왜 영화 속 사랑을 부러워하는가?

A 很受观众的喜爱
B 很浪漫
C 很平凡、一般
D 内容丰富

A 관중들의 사랑을 받아서
B 낭만적이어서
C 평범하고 일반적이어서
D 내용이 풍부해서

공략　문제의 핵심 키워드인 '电影里的爱情'은 첫부분에 제시되어 있다. 여기서 구조조사 的는 명사를 수식하는 관형어 역할을 한다. 的 앞부분은 여자아이들이 어떤 사랑을 좋아하는지 구체적으로 설명하고 있다.

2　说话人认为什么样的爱情才是最伟大的?　｜　화자는 어떠한 사랑이 가장 위대하다고 생각하는가?

A　受到别人的重视的 ｜ A　다른 사람의 중시를 받는 것
B　很复杂浪漫的 ｜ B　복잡하고 낭만적인 것
C　很平凡简单的 ｜ **C　평범하고 일반적인 것**
D　著名小说里的 ｜ D　유명한 소설 속의 것

공략　전반부는 일반적인 여자아이들의 생각을 말한 것이라면, '사실은'이라는 의미의 부사 其实 이후로는 작가의 태도를 말하고 있는 것이므로 其实 다음 부분의 내용에 집중해야 한다. 其实는 일반적으로 뒤쪽에 위치해 작가의 의도와 주요 관점을 이끄는 특징이 있다.

듣기 제3부분의 36~45번까지는 긴 지문을 듣고 두 개의 문제를 푸는 유형이에요. 그렇기 때문에 녹음 내용을 듣기에 앞서 보기를 2개씩 짝지어 의미를 정확하게 파악해야 하는 것은 물론 보기를 근거로 본문의 내용을 유추하는 습관을 길러야 합니다.
또 하나! 최근 들어 독해 제3부분의 지문들이 자주 듣기 지문으로 다시 활용되고 있어요. 평소 독해 문제를 풀 때 큰 소리로 읽어 보는 것도 듣기 실력을 키우는 데 많은 도움이 되겠죠?

4급 **듣기 공략** 하기

공략 1. 핵심 어휘로 주제 파악을 제대로 하라

작가의 의도, 즉 글의 주제를 찾는 문제는 정답을 암시하는 핵심 어휘를 파악하는 것이 키포인트이다. 특히 도입부, 중반부, 후반부에 해당하는 핵심 어휘만 먼저 잘 파악한다면 정답 찾기가 그리 어렵지 않다. 특히 접속사를 활용해서 글의 의도를 드러내는 경우가 많으니 접속사 호응 구조에도 주의하자.

- 도입부
  一般来说 일반적으로 말하면 | 人们常说 사람들은 자주 말한다

- 중반부
  不是A，而是B A가 아니고 B이다 | 不是A，就是B A가 아니면 B이다

- 후반부
  总之 요컨대 | 总而言之 결론적으로 말하면

예제　🎧 07-3

1. A 能力最高的　　　　　　　　B 关注自己将来的
   C 有耐心、不怕吃苦的　　　　D 同事当中最聪明的

2. A 态度　　　　B 将来　　　　C 人生　　　　D 成功

정답&공략

해석　　2一般来说态度决定人生，你现在的生活态度关系到你的将来，你的能力也许不是最高的，你也许也不是最聪明的，1但只要你有耐心、不怕辛苦、做事积极主动，那么你成功的可能性也就变大了。

2일반적으로 태도가 인생을 결정한다고 말한다. 현재 당신의 생활 태도는 당신의 미래와 연관된다. 아마도 당신의 능력이 가장 높지 않거나, 또한 당신이 가장 똑똑한 사람이 아닐 수도 있다. 1하지만 인내심을 가지고 고생을 두려워하지 않으며, 일을 적극적이고 주동적으로 한다면 당신이 성공할 가능성은 커질 것이다.

어휘　一般来说 yìbān láishuō 일반적으로 말하면 | ★态度 tàidu 명 태도 | 决定 juédìng 동 결정하다 | 将来 jiānglái 명 장래, 미래 | ★也许 yěxǔ 부 아마도 | ★耐心 nàixīn 명 인내심 | 怕 pà 동 두려워하다 | 辛苦 xīnkǔ 형 고생하다 | ★积极 jījí 형 적극적이다

1　根据这段话，什么样的人容易成功？

이 글에 근거하면 어떠한 사람이 쉽게 성공할 수 있는가?

A　能力最高的
B　关注自己将来的
C　有耐心、不怕吃苦的
D　同事当中最聪明的

A　능력이 가장 많은 사람
B　자신의 미래에 관심이 있는 사람
C　인내심이 있고 고생을 두려워하지 않는 사람
D　동료들 가운데 가장 똑똑한 사람

공략　'只要……那么……就'는 조건 결과 접속사로 '～하기만 하면 그러면 바로 ～이다'라는 의미를 가지고 있다. 여기서는 只要가 이끄는 절에서 성공할 수 있는 조건을 찾을 수 있다.

2　这段话主要谈什么？

이 글은 주로 무엇을 말하고 있는가？

A　态度　　B　将来　　C　人生　　D　成功

A　태도　　　B　미래　　　C　인생　　　D　성공

공략　첫 문장에서 '태도'에 대한 사람들의 일반적인 견해를 말하고 뒷부분에서는 그 견해를 뒷받침해주는 근거들을 나열하고 있다. 즉 이 글의 주제는 첫 문장의 '태도'이다.

Tip　只要……就……

'只要……就'는 '～하기만 하면 바로 ～이다'라는 의미로, 只要가 이끄는 조건보다 就 이후의 결과를 더욱 강조하는 뉘앙스가 있다.

只要看一遍，就能记住。 한 번만 보면 바로 기억할 수 있다.
只要他同意，我们就能开始。 그가 동의하기만 하면, 우리는 바로 시작할 수 있다.

공략 2. 의문형 도입에서 주제를 찾아라

글의 주제는 대체로 문장의 맨 앞이나 혹은 맨 끝에 위치한다. 하지만 문장이 의문형으로 시작된다면, 일반적으로 도입부에서 질문하는 내용이 전체 문장의 주제나 관심거리가 되고, 나머지 부분은 그에 대한 구체적인 설명과 예시에 해당한다. 그러므로 의문형 도입의 경우, 질문의 내용을 정확히 파악하는 것이 답을 찾는 가장 빠른 방법이다.

듣기
제3부분

- ……是什么？ ~는 무엇인가?
- 幸福的意思是什么？ 행복의 의미는 무엇인가?
- 幽默的人是什么样的人？ 유머러스한 사람은 어떤 사람인가?
- 什么叫……呢？ 무엇을 ~라 부르는가?
- 什么叫责任感？ 무엇을 책임감이라고 하는가?
- 什么叫爱情？ 무엇이 사랑인가?

예제　🎧 07-4

1. A 巧克力　　　　B 看法　　　　C 面包　　　　D 生活
2. A 甜中有苦　　　　　　　　B 最中间的最好吃
   C 越吃越香　　　　　　　　D 每个人都能吃到

정답&공략

해석　　[1]生活是什么？不同的人有不同的看法。有人说生活是一块巧克力，甜中有苦；有人说[2]生活是一块圆面包，最中间的部分是最好吃的，然而并不是每个人都能吃到。生活究竟是什么，可能我们每个人都有自己的想法。

[1]생활은 무엇인가? 서로 다른 사람들은 서로 다른 견해가 있다. 누군가는 생활이 한 조각의 초콜릿이라고 한다. 달콤함 속에 쌉싸름한 맛이 있기 때문이다. 누군가는 [2]생활이 한 조각의 크림빵 같다고 한다. 가장 가운데 부분이 가장 맛있지만 결코 모든 사람이 다 먹을 수 있는 것은 아니기 때문이다. 생활은 도대체 무엇인가? 아마 우리 모두는 각자의 생각이 있을 것이다.

어휘　★巧克力 qiǎokèlì 몡 초콜릿 | 甜 tián 혱 달다 | 苦 kǔ 혱 쓰다 | 圆面包 yuánmiànbāo 몡 둥근빵, 크림빵 | 部分 bùfen 몡 부분 | ★然而 rán'ér 졥 그러나 | 并 bìng 뭐 결코 | ★究竟 jiūjìng 뭐 도대체

난이도 中　　공략 Key 의문형 도입부

1 这段话谈的是什么？

　　A 巧克力　B 看法　C 面包　**D 生活**

이 글이 말하고 있는 것은 무엇인가?

　　A 초콜릿　B 견해　C 빵　**D 생활**

난이도 中 **공략 Key** 관련 문장 파악

2 圆面包有什么特点?

    A 甜中有苦
    Ⓑ 最中间的最好吃
    C 越吃越香
    D 每个人都能吃到

크림빵은 어떤 특징이 있는가?

    A 달콤함 속에 쌉싸름한 맛이 있다
    Ⓑ 가장 가운데 부분이 제일 맛있다
    C 먹을수록 맛있다
    D 모든 사람이 다 먹을 수 있다

공략 크림빵의 특징은 두 가지이다. 첫 번째는 중간 부분이 가장 맛있다는 것이고, 두 번째는 모든 사람이 다 먹을 수는 없다는 것이다. 보기 D는 모든 사람이 먹을 수 있다고 했기 때문에 정답이 될 수 없다.

Tip 到

결과보어 到는 동사 뒤에 위치하여 목적 달성이나 동작을 통한 장소, 시간 등의 변화를 나타낸다.

我终于找**到**了那本书。 나는 결국 그 책을 찾아냈다.
昨天晚上学习**到**11点了。 어제저녁에 11시까지 공부했다.

바로 체크 Check! 녹음을 듣고, 빈칸을 채우세요. 🎧 07-5

❶ ＿＿＿＿＿＿＿态度决定人生。

❷ 你现在的生活态度＿＿＿＿＿你的＿＿＿＿。

❸ ＿＿＿＿你有耐心、＿＿＿＿＿、做事积极主动, ＿＿＿＿你成功的＿＿＿＿也就变大了。

❹ ＿＿＿＿是什么? 不同的人有不同的＿＿＿＿。

❺ 有人说生活是一块＿＿＿＿, ＿＿＿＿。

정답 ❶ 一般来说 ❷ 关系到 / 将来 ❸ 只要 / 不怕辛苦 / 那么 / 可能性 ❹ 生活 / 看法 ❺ 巧克力 / 甜中有苦

전공략 비법 노트

〈 주제를 이끄는 표현 〉

1. 도입부

일반 도입부	觉得 juéde ~라 여기다
	我**觉得**减肥是最好的方法。내 생각에 다이어트가 가장 좋은 방법이다.
	认为 rènwéi ~라 여기다
	很多人**认为**抽烟对身体没有好处。 많은 사람들은 흡연이 건강에 이로운 점이 없다고 생각한다.
	我的理解是 wǒ de lǐjiě shì 내 이해에는, 내 생각에는
	我的理解是，年龄只是一个数字。내 생각에 나이는 단지 숫자에 불과하다.
	★一般来说 yìbān láishuō 일반적으로 말하면
	一般来说，飞机是最快的交通工具。 일반적으로 말해, 비행기가 가장 빠른 교통수단이다.
	人们常说 rénmen cháng shuō 사람들은 자주 말한다
	人们常说每天吃新鲜的西红柿对身体好。 사람들은 매일 신선한 토마토를 먹는 것이 건강에 좋다고 자주 말한다.
의문형 도입부	……是什么? ……shì shénme? ~는 무엇인가?
	成功**是什么**? 성공은 무엇인가?
	什么叫……呢? Shénme jiào……ne? 무엇을 ~라 부르는가?
	什么叫谦虚**呢**? 무엇을 겸손이라고 하는가?

2. 중반부

선택 표현	★不是 A，而是 B búshì A, érshì B A가 아니고 B이다
	这**不是**你一个人的责任，**而是**我们大家的责任。 이것은 너 혼자만의 책임이 아니라 우리 모두의 책임이다.
	★不是 A，就是 B búshì A, jiùshì B A 아니면 B이다
	他整天**不是**看电视，**就是**睡觉。 그는 하루 종일 텔레비전을 보거나 아니면 잠을 잔다.
조건 표현	★只要 A，就 B zhǐyào A, jiù B A하기만 하면 바로 B이다
	只要努力，**就**能够实现梦想。노력만 하면 꿈을 실현할 수 있다.
	★只有 A，才 B zhǐyǒu A, cái B A해야지 비로소 B이다
	只有努力，**才**能实现梦想。노력해야만 비로소 꿈을 실현할 수 있다.
	★不管 A，都 B bùguǎn A, dōu B A에 상관없이 B이다
	不管最后的结果是什么，我**都**不会放弃的。 최후 결과가 어떻든 나는 포기하지 않을 것이다.

가설 표현	★即使 A，也(都) B jíshǐ A, yě(dōu) B 설령 A일지라도 여전히 B이다
	即使被拒绝，我也不会后悔。설령 거절을 당할지라도, 나는 후회하지 않을 것이다.

3. 후반부

의견을 종합할 때	★总之 zǒngzhī 결론적으로 말하면
	总之，这件事他不会答应。요컨대 그는 이 일을 허락하지 않을 것이다.
	★总而言之 zǒng ér yán zhī 한마디로 말하면, 요컨대
	总而言之，这项任务绝不像你想象的那么简单。 결론적으로 말하면, 이번 임무는 절대 네가 상상하는 것처럼 그렇게 간단하지 않을 것이다.
의견을 제시할 때	★其实 qíshí 사실
	其实，他并不爱我。사실, 그는 전혀 나를 사랑하지 않는다.
	说实话 shuō shíhuà 사실을 말하면
	说实话，他很担心你。사실, 그는 너를 매우 걱정한다.
결과를 나타낼 때	结果 jiéguǒ 결국
	结果只来了一个。결국 겨우 한 명 왔다.
	最后 zuìhòu 최후에는, 마침내
	最后，他终于说出了自己的秘密。마침내 그는 결국 자신의 비밀을 말했다.
	★关键是 guānjiàn shì 관건은 ~이다
	关键是大家的意见。관건은 모두의 의견이다.
	因而 yīn'ér 이리하여
	因而他不能参加比赛了。이리하여 그는 경기에 참여할 수 없게 되었다.
	因此 yīncǐ 이 때문에
	因此大家都开始尊敬他了。이 때문에 모두들 그를 존경하게 되었다.

第 1-10 题：请选出正确答案。

1. **A** 得到肯定　　　　　　　　　**B** 感到后悔
   C 错过机会　　　　　　　　　**D** 羡慕别人

2. **A** 别人的批评　　**B** 老师的鼓励　　**C** 错误中的经验　　**D** 朋友的帮助

3. **A** 金钱　　　　　**B** 健康　　　　　**C** 性格　　　　　　**D** 爱情

4. **A** 互相支持、互相信任　　　　　**B** 两个人有共同语言
   C 需要耐心、坚持　　　　　　　**D** 互相帮助、互相学习

5. **A** 不关心　　　**B** 没有任何要求　　**C** 表扬学生　　　**D** 批评学生

6. **A** 100%　　　　**B** 50%　　　　　**C** 30%　　　　　**D** 10%

7. **A** 先吃最好的　　　　　　　　　**B** 把最好的留到最后
   C 先吃最不好的　　　　　　　　**D** 先不吃最好的

8. **A** 他们总是失败　　　　　　　　**B** 他们工作很紧张
   C 他们追求快乐　　　　　　　　**D** 他们总有希望

9. **A** 享受生活　　**B** 获得知识　　　**C** 增长了解　　　**D** 提高成绩

10. **A** 提高阅读速度　　　　　　　　**B** 扩大阅读范围
    C 养成阅读习惯　　　　　　　　**D** 怎样阅读

✚ **정답 및 해설**_ 해설집 26쪽

08 day 다양한 상식을 키우자

학습목표

✓ 1 각 문제의 토픽을 정확히 찾아내자

✓ 2 다양한 분야의 어휘를 익혀 문제 대응력을 기르자

✓ 3 간단한 어휘를 활용해 답을 골라내는 기술을 익히자

듣기 제3부분에서는 특정 대상이나 사물에 대한 전문적 지식을 설명하고 그 특징을 정확히 설명한 것이 답인 문제가 출제된다. 이러한 문제는 들리는 그대로가 답이 되기 때문에 문제의 구조와 유형은 단순하지만, 비교적 어려운 어휘가 출제되어 학습자들이 가장 어려워한다.

기초 실력 테스트 TEST

08-1

1 녹음을 듣고 중국어와 뜻을 써 보세요.

❶ 중국어 __________ 뜻 __________ ❷ 중국어 __________ 뜻 __________

❸ 중국어 __________ 뜻 __________ ❹ 중국어 __________ 뜻 __________

2 녹음을 듣고 알맞은 답을 고르세요.

❶ 你快把香蕉皮扔__________里。　　A 垃圾桶　　B 塑料袋

❷ 今天晚上我要去看一部__________。　　A 杂志　　B 京剧

3 녹음을 듣고 알맞은 답을 고르세요.

❶ A 一场音乐会　　　　　　　　B 一场足球比赛

　 C 一本生活指南书　　　　　　D 一个电视节目

❷ A 生活　　　　　　　　　　　B 音乐

　 C 运动　　　　　　　　　　　D 比赛

✦ **정답**_ 해설집 172쪽

4급 기출문제 맛보기

맛보기　🎧 08-2

1. A 人们不知道有说明书　　　　B 说明书内容复杂
   C 很难被人发现　　　　　　　D 很难看得懂

2. A 电器和家具　　　　　　　　B 产品质量
   C 使用说明书　　　　　　　　D 养成习惯

정답&공략

해석　　大部分人只知道冰箱、洗衣机等电器有使用说明书，**1**却不知道像餐桌、书架、沙发这样的家具也有使用说明书，**2**养成阅读所有产品说明书的习惯，在使用产品的时候，就不会只凭感觉走了。

대부분의 사람들은 냉장고나 세탁기 등과 같은 가전제품에 사용 설명서가 있다는 것만 알지, **1**식탁이나 책장, 소파와 같은 가구에도 역시 사용 설명서가 있다는 것은 모른다. **2**모든 상품의 사용 설명서를 읽는 습관을 기른다면, 상품을 사용할 때 느낌대로만 사용하지는 않을 것이다.

어휘　大部分 dàbùfen 몡 대부분 | ★冰箱 bīngxiāng 몡 냉장고 | 洗衣机 xǐyījī 몡 세탁기 | 电器 diànqì 몡 가전제품 | 使用说明书 shǐyòng shuōmíngshū 몡 사용 설명서 | 却 què 뷔 오히려 | 餐桌 cānzhuō 몡 식탁 | 书架 shūjià 몡 책장 | ★沙发 shāfā 몡 소파 | ★家具 jiājù 몡 가구 | ★养成 yǎngchéng 동 기르다 | 阅读 yuèdú 동 읽다 | ★所有 suǒyǒu 혱 모든 | 产品 chǎnpǐn 몡 상품 | 凭 píng 동 의거하다 | 感觉 gǎnjué 몡 느낌

난이도 中　**공략 Key** 却를 이용한 대조

1 关于沙发使用说明书，可以知道什么?

소파 사용 설명서에 관하여 무엇을 알 수 있는가?

Ⓐ 人们不知道有说明书
B 说明书内容复杂
C 很难被人发现
D 很难看得懂

Ⓐ 사람들은 설명서가 있다는 것을 모른다
B 설명서 내용이 복잡하다
C 다른 사람들에게 발견되기 어렵다
D 보고 이해하기 어렵다

공략　역접의 부사 却는 접속사 但是, 可是와 마찬가지로 전후 내용이 서로 상반됨을 나타낸다. 앞부분에서는 사람들이 가전제품에 사용 설명서가 있다는 것을 알고 있다고 언급하고 있으며, 부사 却 뒷부분에서는 가구 등에도 역시 사용 설명서가 있으나 사람들이 그 사실을 모른다는 것을 설명하고 있다.

2 这段话主要谈什么? 이 글은 주로 무엇을 말하고 있는가?

A 电器和家具　　B 产品质量
C 使用说明书　　D 养成习惯

A 가전제품과 가구　　B 상품의 품질
C 사용 설명서　　D 습관 기르기

공략 전반부에 가전제품과 가구를 서로 비교하고 있지만, 이는 두 종류의 상품들 모두 사용 설명서가 있다는 것을 비교하는 장치일 뿐이다. 중·후반부에 모든 상품에는 설명서가 있으므로 읽는 습관을 길러야 한다는 내용이 제시되어 있으므로 이 글의 중심 화제는 '사용 설명서'가 된다.

4급 듣기 공략 하기

공략 1. 상식의 키워드를 암기하라

상식 관련 문제는 듣기 제3부분에 단골로 출제되는 유형으로, 그 범위는 자연, 생활, 역사, 지역, 풍습 등 다양한 섹션을 가지고 있다. 각 섹션의 키워드는 듣기 본문에 출현하는 것은 물론 보기에도 자주 제시되기 때문에 잘 익혀두자.

예제 🎧 08-3

1. A 工作环境　　　B 同事关系　　　C 工资高低　　　D 工作待遇

2. A 性格　　　　　B 态度　　　　　C 环境　　　　　D 姿势

정답&공략

해석

[1]你的工作环境会影响你的心情。如果环境舒适整洁，你每天都会感到轻松快乐。所以如果你的办公室很乱，是时候改变它了。[2]为了有个好心情先打扫你的办公室吧。

[1]당신의 업무 환경은 당신의 감정에 영향을 미칠 수 있다. 만일 환경이 쾌적하고 정돈이 잘되어 있으면, 당신은 매일 편안함과 즐거움을 느끼게 될 것이다. 그렇기 때문에 만일 당신의 사무실이 굉장히 지저분하다면, 바로 사무실을 정리할 타이밍이다. [2]좋은 기분을 위해 당신의 사무실을 청소하자.

어휘 环境 huánjìng 몡 환경 | ★影响 yǐngxiǎng 통 영향을 끼치다 | ★舒适 shūshì 혱 쾌적하다 | 整洁 zhěngjié 혱 가지런하다 | 轻松 qīngsōng 혱 수월하다 | 办公室 bàngōngshì 몡 사무실 | 乱 luàn 혱 어지럽다 | ★打扫 dǎsǎo 통 청소하다

난이도 下　**공략 Key** 도입부 파악

1 根据这段话，什么对心情有影响？

이 글에 근거하면 무엇이 감정에 영향을 미치는가?

Ⓐ 工作环境　　　B 同事关系
C 工资高低　　　D 工作待遇

Ⓐ 업무 환경　　　B 동료와의 관계
C 소득의 정도　　D 업무 대우

공략 주제는 글의 앞머리에 제시하고, 접속사 如果로 대전제에 대한 예를 들고 있다. 즉 맨 첫머리만 정확히 이해해도 정답을 쉽게 찾을 수 있다.

2 为了有好心情，我们应该先改变什么？ | 좋은 기분을 갖기 위해 우리는 마땅히 무엇을 먼저 바꿔야 하는가?

A 性格　B 态度　**ⓒ 环境**　D 姿势 | A 성격　　B 태도　　**ⓒ 환경**　　D 자세

공략 글 도입부에 업무 환경이 감정에 영향을 미친다고 말하고 있으며, 후반부에 좋은 기분을 위해 사무실을 청소하라고 언급했으므로 정답이 C임을 유추할 수 있다.

Tip 乱

① 어지럽다, 혼란하다(형용사)

房间里太**乱**了，你快打扫一下。 방 안이 너무 어지러우니, 너 빨리 청소 좀 해라.
最近的社会非常**乱**。 최근 사회는 굉장히 혼란하다.

② 함부로, 마구(부사)

不要**乱**动办公室里的东西。 사무실 안의 물건을 함부로 만지지 마세요.
你别**乱**说，他绝对不是那样的人。 너 함부로 말하지 마, 그는 절대 그런 사람이 아니야.

공략 2. 세부 상식을 쌓아라

상식 관련 문제는 키워드를 묻는 유형과 함께 주제에 대한 세부 사항을 묻는 유형이 자주 출제된다. 그러므로 주제 어휘는 물론 그와 관련된 구체적인 어휘들도 동시에 암기해야 한다.

예제　🎧 08-4

1.　A 多余的　　　B 必需的　　　C 可有可无　　　D 唯一选择
2.　A 文字　　　　B 文化　　　　C 经济　　　　　D 历史

정답&공략

해석　**2**还没有文字的时候，就已经有了历史，一个民族的历史里有这个民族的习俗和文化，一个人的历史里有这个人的酸甜苦辣，人们能通过历史了解过去、增长学识、得出答案。即使在现代社会里，**1**历史仍然是我们生活中不可缺少的一部分。

2아직 문자가 없을 때 역사는 이미 존재했다. 한 민족의 역사에는 이 민족의 풍습과 문화가 담겨 있고, 한 사람의 역사에는 이 사람이 겪은 모든 일들이 담겨 있다. 사람들은 역사를 통해 과거를 이해하고, 학식을 키우며 답을 찾아낸다. 현대 사회에서도 **1**역사는 여전히 우리 생활 중 필수불가결한 한 부분이다.

어휘 文字 wénzì 몡 문자 | ★历史 lìshǐ 몡 역사 | 民族 mínzú 몡 민족 | 习俗 xísú 몡 풍습 | 文化 wénhuà 몡 문화 | 过去 guòqù 몡 과거 | 增长 zēngzhǎng 동 증가하다 | 学识 xuéshí 몡 학식 | ★答案 dá'àn 몡 답안 | ★即使 jíshǐ 젭 설령 ~하더라도 | ★仍然 réngrán 뷔 여전히 | ★缺少 quēshǎo 동 부족하다

난이도 中 공략 Key 不可缺少의 의미 파악

1 "不可缺少"是什么意思? | '不可缺少'는 어떤 의미인가?

A 多余的 | A 남는 것
B 必需的 | **B 필수적인 것**
C 可有可无 | C 있어도 되고 없어도 된다
D 唯一选择 | D 유일한 선택이다

공략 '不可缺少'에서 可는 '可以(~해도 된다)'라는 의미를 가지고 있다. 직역하면 '부족해서는 안 된다'라는 의미로 보기 가운데 이와 비슷한 의미를 가진 '必需的(필수적인 것)'가 정답이 된다.

어휘 多余 duōyú 혱 여분의, 나머지의 | 必需 bìxū 동 꼭 필요하다 | 唯一 wéiyī 혱 유일한

난이도 中 공략 Key 세부 정보로 주제 찾기

2 这段话主要谈什么? | 이 글은 주로 무엇을 말하고 있는가?

A 文字   B 文化   C 经济   **D 历史** | A 문자   B 문화   C 경제   **D 역사**

공략 본문은 역사에 대해 이야기하고 있다. 문자가 없을 때에도 역사가 존재했다고 말하고 있으므로 정답은 D가 된다.

Tip 如果와 即使

① 如果 : 가정에 따라 결과가 변하며 뒤에 那么 혹은 就와 함께 자주 쓰인다.
   如果明天下雨，那么后天就去吧。 만일 내일 비가 내린다면 모레 가자.

② 即使 : 일반적으로 也나 都 등의 부사와 호응하며, 의미상 가정에 따라 결과가 변하지 않음을 나타낸다.
   即使要花很多钱，我也要去。 설령 많은 돈이 들더라도, 나는 갈 것이다.

바로 체크 Check! 녹음을 듣고, 빈칸을 채우세요. 🎧 08-5

❶ 你的工作________会影响你的心情。

❷ ________有个好心情先________你的__________吧。

❸ 还没有________的时候，就已经有了________。

❹ 人们能通过历史了解________、增长学识、得出________。

❺ 即使在现代________里，历史________是我们生活中不可缺少的一部分。

정답 ❶ 环境 ❷ 为了 / 打扫 / 办公室 ❸ 文字 / 历史 ❹ 过去 / 答案 ❺ 社会 / 仍然

전공략 비법 노트

〈 여러 가지 토픽 관련 어휘 〉

자연환경	★动物 dòngwù 동물 ｜ 猫 māo 고양이 ｜ 狗 gǒu 개 ｜ ★猴子 hóuzi 원숭이 ｜ ★熊猫 xióngmāo 판다 ｜ 猪 zhū 돼지 ｜ 狮子 shīzi 사자 ｜ 地球 dìqiú 지구 ｜ 风景 fēngjǐng 풍경 ｜ 环境 huánjìng 환경 ｜ ★海洋 hǎiyáng 해양 ｜ ★森林 sēnlín 숲 ｜ ★植物 zhíwù 식물 ｜ 树 shù 나무 ｜ 叶子 yèzi 잎 ｜ 季节 jìjié 계절 ｜ 气候 qìhòu 기후 ｜ 天气 tiānqì 날씨 ｜ ★太阳 tàiyáng 태양 ｜ 月亮 yuèliang 달
일상생활	伞 sǎn 우산 ｜ 手机 shǒujī 휴대 전화 ｜ 镜子 jìngzi 안경 ｜ 家具 jiājù 가구 ｜ ★沙发 shāfā 소파 ｜ ★空调 kōngtiáo 에어컨 ｜ ★洗衣机 xǐyījī 세탁기 ｜ ★冰箱 bīngxiāng 냉장고
사무	★笔记本 bǐjìběn 노트 ｜ 材料 cáiliào 자료 ｜ ★传真 chuánzhēn 팩스 ｜ 地图 dìtú 지도 ｜ 黑板 hēibǎn 칠판 ｜ ★密码 mìmǎ 비밀번호 ｜ 文章 wénzhāng 글 ｜ 信 xìn 편지
교통수단	自行车 zìxíngchē 자전거 ｜ 出租汽车 chūzū qìchē 택시 ｜ 船 chuán 배 ｜ ★电梯 diàntī 엘리베이터 ｜ 座位 zuòwèi 좌석 ｜ 街道 jiēdào 거리 ｜ 加油站 jiāyóuzhàn 주유소 ｜ ★机场 jīchǎng 공항 ｜ ★航班 hángbān 운행편, 정기편 ｜ ★护照 hùzhào 여권 ｜ ★签证 qiānzhèng 비자
신체	身体 shēntǐ 신체 ｜ 个子 gèzi 키 ｜ ★汗 hàn 땀 ｜ 眼睛 yǎnjing 눈 ｜ 鼻子 bízi 코 ｜ ★嘴 zuǐ 입 ｜ ★耳朵 ěrduo 귀 ｜ 肚子 dùzi 배 ｜ 腿 tuǐ 다리 ｜ 血 xuè 피 ｜ 头发 tóufa 머리카락 ｜ ★皮肤 pífū 피부
회사, 경제	★代表 dàibiǎo 대표 ｜ 管理 guǎnlǐ 관리 ｜ ★任务 rènwu 임무 ｜ 事情 shìqing 일 ｜ 规定 guīdìng 규정 ｜ 会议 huìyì 회의 ｜ 技术 jìshù 기술 ｜ 顺序 shùnxù 순서 ｜ 市场 shìchǎng 시장 ｜ 收入 shōurù 수입 ｜ ★工资 gōngzī 월급 ｜ ★奖金 jiǎngjīn 보너스 ｜ 价格 jiàgé 가격 ｜ 全部 quánbù 전부 ｜ ★效果 xiàoguǒ 효과 ｜ 原因 yuányīn 원인 ｜ ★质量 zhìliàng 품질 ｜ 数量 shùliàng 수량 ｜ 成功 chénggōng 성공
태도, 감정	★礼貌 lǐmào 예의 ｜ ★态度 tàidu 태도 ｜ 力气 lìqi 기운 ｜ 脾气 píqi 성질 ｜ 性格 xìnggé 성격 ｜ 特点 tèdiǎn 특징 ｜ 友谊 yǒuyì 우정 ｜ 能力 nénglì 능력 ｜ ★优点 yōudiǎn 장점 ｜ 缺点 quēdiǎn 단점 ｜ 信心 xìnxīn 믿음 ｜ ★误会 wùhuì 오해 ｜ 心情 xīnqíng 심정 ｜ ★压力 yālì 스트레스 ｜ 眼光 yǎnguāng 안목 ｜ 印象 yìnxiàng 인상 ｜ 意见 yìjiàn 의견 ｜ 主意 zhǔyi 아이디어 ｜ 意思 yìsi 의사 ｜ 看法 kànfǎ 견해 ｜ 约会 yuēhuì 약속
사회, 문화, 법률	法律 fǎlǜ 법률 ｜ ★范围 fànwéi 범위 ｜ 过程 guòchéng 과정 ｜ 经验 jīngyàn 경험 ｜ 作用 zuòyòng 작용 ｜ 目的 mùdì 목적 ｜ 机会 jīhuì 기회 ｜ ★关键 guānjiàn 관건 ｜ ★基础 jīchǔ 기초 ｜ 现代 xiàndài 현대 ｜ ★社会 shèhuì 사회 ｜ 科学 kēxué 과학 ｜ 人民币 rénmínbì 인민폐 ｜ 普通话 pǔtōnghuà 보통화 ｜ 年龄 niánlíng 연령 ｜ 世纪 shìjì 세기 ｜ ★速度 sùdù 속도 ｜ 文化 wénhuà 문화 ｜ 艺术 yìshù 예술 ｜ 京剧 jīngjù 경극 ｜ 演出 yǎnchū 공연 ｜ 音乐 yīnyuè 음악 ｜ ★杂志 zázhì 잡지 ｜ 笑话 xiàohua 농담 ｜ 生活 shēnghuó 생활 ｜ 问题 wèntí 문제

第 1–10 题：请选出正确答案。

1. **A** 网站越来越多　　　　　　　**B** 人们都有网站
   C 网上购买很方便　　　　　　**D** 人们得访问网站

2. **A** 容易交很多朋友　　　　　　**B** 他要建网站
   C 网站丰富了生活　　　　　　**D** 访问网站很有趣

3. **A** 性格安静　　**B** 有说服力　　**C** 喜欢说话　　**D** 自信过头

4. **A** 让人羡慕　　**B** 喜欢说话　　**C** 缺乏自信　　**D** 很有自信

5. **A** 看很多书　　**B** 有很多钱　　**C** 知道要什么　　**D** 找到爱情

6. **A** 爱情　　**B** 幸福　　**C** 事业　　**D** 婚姻

7. **A** 生活态度　　　　　　　　　**B** 一个人的要求
   C 解决问题的态度　　　　　　**D** 他的年龄

8. **A** 什么是成熟　　　　　　　　**B** 40岁人的心理
   C 年轻人的心理　　　　　　　**D** 如何保持年轻

9. **A** 自己能做什么　　**B** 工资多少　　**C** 未来的发展　　**D** 自己想做什么

10. **A** 商店广告　　**B** 产品介绍　　**C** 公司规定　　**D** 招聘网站

+ 정답 및 해설_ 해설집 30쪽

09 day 듣기

흐르는 이야기에 귀를 맡겨라

1 친구 이야기를 듣듯 통으로 줄거리를 꿰는 능력을 기르자
2 '발단+전개+결론'을 이끄는 핵심 어휘를 파악하자
3 상상력을 발휘하여 대화 속의 숨겨진 의미를 알아내자

이야기 혹은 연설 관련 문제는 어휘의 뜻을 파악하기보다는 글 전체에 내포된 의미를 유추하는 문제들이 주로 출제된다. 그렇기 때문에 들리는 어휘들을 잘 활용하여 글의 내용을 정확하게 파악하는 능력을 길러야 한다.

기초 실력 테스트 TEST

🎧 09-1

1 녹음을 듣고 중국어와 뜻을 써 보세요.

❶ 중국어 __________ 뜻 __________   ❷ 중국어 __________ 뜻 __________

❸ 중국어 __________ 뜻 __________   ❹ 중국어 __________ 뜻 __________

2 녹음을 듣고 빈칸에 들어갈 알맞은 답을 고르세요.

❶ 这些__________都是免费提供的。　　　　A 服装　　　B 服务

❷ 我们没想到你__________会做出这种事情。　A 居然　　　B 竟然

❸ 他没有时间__________自己的网站。　　　　A 管理　　　B 干涉

3 녹음을 듣고 알맞은 답을 고르세요.

❶ A 24日　　　　B 25日　　　　C 26日　　　　D 31日

❷ A 去了　　　　B 没去　　　　C 不知道　　　　D 还没到

4급 기출문제 맛보기

 **맛보기** 🎧 09-2

---

1. A 哭了　　　　B 笑了　　　　C 伤心了　　　　D 兴奋了

2. A 她没有孩子　　　　　　　　B 她有两个孩子
　　C 了解了妈妈　　　　　　　　D 不爱妈妈

정답&공략

해석　　我二十岁时，问母亲她最感动的事是什么？母亲回答说："你第一次叫我妈妈。"

三十岁时，我也有了自己的孩子。我也想起母亲那时说的这句话，不知道为什么，**1, 2** 我眼泪一下子流了下来。

내가 스무 살 때 어머니에게 가장 감동한 일이 무엇인지 여쭤보았다. 어머니께서는 "네가 맨 처음 나를 '엄마'라고 불렀을 때란다."라고 말씀하셨다.

서른이 되어, 나 역시 아이가 생겼다. 당시 어머니께서 하신 말씀이 떠오르자, 괜시리 **1, 2** 눈물이 왈칵 쏟아져 내렸다.

어휘　母亲 mǔqīn 몡 어머니 | 感动 gǎndòng 통 감동하다 | 回答 huídá 통 대답하다 | ★眼泪 yǎnlèi 몡 눈물

난이도 下　**공략 Key** '流眼泪'의 의미 파악

1 想起妈妈的话，说话人怎么了?

Ⓐ 哭了　　　　B 笑了
C 伤心了　　　D 兴奋了

어머니의 말씀이 떠오르자 화자는 어떠했는가?

Ⓐ 울었다　　　B 웃었다
C 속상했다　　D 흥분했다

공략　마지막 부분의 '流眼泪'는 '눈물을 흘리다'라는 의미이다. 당시 어머니의 말씀을 떠올린 후 화자는 자기도 모르게 눈물을 흘렸다고 했으므로 정답은 A가 된다.

어휘　★兴奋 xīngfèn 혱 흥분하다

난이도 上　**공략 Key** 동작 속에 내포된 의미 찾기

2 关于说话人，可以知道什么?

A 她没有孩子
B 她有两个孩子
Ⓒ 了解了妈妈
D 不爱妈妈

화자에 관하여 무엇을 알 수 있는가?

A 그녀는 아이가 없다
B 그녀는 2명의 아이가 있다
Ⓒ 엄마를 이해할 수 있게 되었다
D 엄마를 사랑하지 않는다

공략　화자는 30살이 되자 자신의 아이가 생겼다. 엄마가 되어 예전에 어머니께서 하신 말씀을 떠올리자 자기도 모르게 눈물이 났다고 했으므로, 이는 그녀가 어머니의 마음을 이해하게 되었다는 의미로 유추할 수 있다.

공략 1. 에피소드의 맥을 짚어라

이야기 관련 문제에서는 이야기의 뼈대를 이루는 '누가, 언제, 어디서, 무엇을, 어떻게, 왜'라는 육하원칙을 정확하게 간파하는 것이 가장 중요하다. 또한 세부 내용은 물론 글 전체의 내용과 흐름을 파악하는 문제가 자주 출제되므로 줄거리를 꿰는 능력을 길러야 한다.

〈 스토리 전개 관련 어휘 〉

이야기 열기	从前 cóngqián 종전에, 이전에 | 以前 yǐqián 이전에 | 古时候 gǔ shíhou 옛날에 | ★小时 xiǎoshí 어린 시절에 | ★长大后 zhǎngdà hòu 어른이 된 후 | ★刚开始的时候 gāng kāishǐ de shíhou 맨 처음에
이야기 전개	순서 首先……其次…… shǒuxiān……qícì…… 먼저 ~, 그다음 ~ | ★一来……二来…… yīlái……èrlái…… 첫째로 ~, 둘째로 ~ | 第一……第二…… dì-yī……dì-èr…… 첫째 ~, 둘째 ~ | 然后 ránhòu 그런 후에 | 接着 jiēzhe 이어서 | ★另外 lìngwài 그 밖에
	전환 相反 xiāngfǎn 그와 반대로 | 没想到 méi xiǎngdào 생각지도 못하게 | ★竟然 jìngrán, 居然 jūrán 뜻밖에 | ★突然 tūrán, 忽然 hūrán 갑자기
이야기 맺기	★最后 zuìhòu 최후에 | 结果 jiéguǒ 결과 | 由此可见 yóu cǐ kě jiàn 이로 알 수 있듯 | 从此 cóngcǐ 이로써 | ★因此 yīncǐ, 因而 yīn'ér 이리하여

예제 🎧 09-3

1. A 跟老虎比赛   B 踢足球
   C 穿着舒服   D 跑过朋友

2. A 森林   B 海边
   C 草原   D 雪山

정답&공략

해석

2有两个人在山林里碰到了一只大老虎。其中一个人，立刻从包里拿出一双运动鞋穿上。另外那个人特别着急，大叫：“你干什么呢？即使你穿上了运动鞋，也跑不过老虎啊。”但是第一个人却说：“1我只要比你跑得快就行了。”

2두 사람이 숲 속에서 한 마리의 커다란 호랑이와 마주쳤다. 그중 한 사람은 즉시 가방 안에서 운동화 한 켤레를 꺼내어 신었다. 다른 사람은 굉장히 조급해하며 큰 소리로 외쳤다. “너 지금 뭐하는 거야? 설사 네가 운동화를 신는다 해도 호랑이를 이길 수 없어.” 하지만 첫 번째 사람이 말했다. “1난 단지 너보다 빨리 달리면 돼.”

듣기
제3부분

어휘　★山林 shānlín 몡 숲 | 碰 pèng 동 부딪히다 | 老虎 lǎohǔ 몡 호랑이 | 其中 qízhōng 몡 그중 | 立刻 lìkè 뷔 즉시 | 运动鞋 yùndòngxié 몡 운동화 | ★另外 lìngwài 때 그 밖에 | ★即使 jíshǐ 젭 설령, 설사 | ★只要………就…… zhǐyào……jiù…… ~하기만 하면, 바로 ~이다

난이도 中　공략 Key 접속사 ‘只要……就……’ 호응

1 第一个人为什么要换运动鞋？

A 跟老虎比赛　　B 踢足球
C 穿着舒服　　**D 跑过朋友**

첫 번째 사람은 왜 운동화로 갈아 신으려 하는가?

A 호랑이와 경기하려고　B 축구하기 위해
C 신고 있으면 편안해서　**D 친구보다 빨리 달리려고**

공략　‘只要……就……’ 구문이 핵심 문장이다. ‘너보다 빨리 달리면 돼’라고 말했으므로 정답은 D가 된다.

난이도 下　공략 Key 장소 파악

2 这个故事发生在什么地方？

A 森林　　B 海边　　C 草原　　D 雪山

이 이야기는 어디에서 발생한 것인가？

A 숲　　B 바닷가　　C 초원　　D 설산

공략　첫 부분에 山林에서 호랑이를 만났다고 말했으므로 정답은 森林이 된다.

> **Tip** ……不过
>
> 술어 뒤에 쓰인 不过는 불가능을 나타내는 가능보어로, 일반적으로 동작을 통해 이길 수 없음을 표현한다.
>
> 我说**不过**他。나는 그를 말로 이길 수 없다.
> 我们比**不过**他的水平。우리는 그의 능력을 이길 수 없다.

공략 2. 스피치의 의도를 캐치해라

연설이나 강연을 하는 장소는 주로 텔레비전, 라디오, 학교나 회사 등 극히 제한적이다. 따라서 매체나 특정한 장소에서 자주 사용되는 표현이나 어휘를 파악하는 것이 중요하다.

- 尊敬的各位观众朋友们！ 존경하는 시청자 여러분!
- 女士们，先生们！ 신사숙녀 여러분!
- 祝大家获得更大的成绩。 모두들 더욱 좋은 성적을 거두시길 기원합니다.
- 为你们的发展干杯！ 여러분의 발전을 위해 건배합시다!

예제 🎧 09-4

1. A 经理　　　　B 校长　　　　C 班长　　　　D 家长
2. A 婚礼中　　　B 开会时　　　C 毕业时　　　D 出院时

정답&공략

해석　[2]今天你们圆满完成了大学4年的学业，即将开始新的生活，[1]我代表学校向大家表示祝贺，祝你们在今后的工作中取得更大的成绩，同时也希望你们以后有时间常回学校来看看。

[2]오늘 여러분은 대학 4년간의 학업을 원만히 마치고 머지않아 새로운 생활을 시작하게 됩니다. [1]저는 학교를 대표하여 여러분에게 축하를 표하는 바입니다. 여러분이 앞으로의 직장 생활에서 더 좋은 성과를 거두게 되기를 기원하는 동시에 앞으로 시간이 나면 자주 학교에 찾아와 주기를 희망합니다.

어휘　圆满 yuánmǎn 〔형〕 원만하다 | 即将 jíjiāng 〔부〕 즉시 | ★代表 dàibiǎo 〔동〕 대표하다 | ★表示 biǎoshì 〔동〕 표시하다, 나타내다 | ★祝贺 zhùhè 〔동〕 축하하다 | 今后 jīnhòu 〔명〕 이후로, 앞으로 | ★取得 qǔdé 〔동〕 얻다 | ★成绩 chéngjì 〔명〕 성적

난이도 下　**공략 Key** 동작의 주체 찾기

1 说话人最可能是谁?　　　　화자는 누구일 가능성이 큰가?

A 经理　　　　**Ⓑ 校长**　　　　A 사장　　　　**Ⓑ 교장 선생님**
C 班长　　　　D 家长　　　　　C 반장　　　　D 학부형

공략　본문은 졸업식에서 학교를 대표하여 모두에게 축하를 표한다는 내용으로, 여기서 화자로 가장 적합한 사람은 교장 선생님이다.

난이도 下　공략 Key 핵심 어휘 파악

2 这段话最可能是在什么时候说的? | 이 글은 언제 말했을 가능성이 큰가?

A 婚礼时　　　　B 开会时
C 毕业时　　　　D 出院时

A 결혼식 때　　　B 회의할 때
C 졸업할 때　　　D 퇴원할 때

듣기
제3부분

공략 4년간의 학업을 원만히 마치고 장차 새로운 생활을 시작한다는 부분과 앞으로 자주 학교에 찾아와 주기를 바란다는 내용에서 현재 졸업식 중임을 알 수 있다.

Tip 祝

祝는 '祝+사람+사건'의 구조로 쓰여, 아직 발생하지 않은 일에 대한 기원이나 축복을 나타낸다. 쓰기 제1부분에도 출제된 적이 있으므로 순서를 잘 기억해두자.

祝大家这次访问一切成功。여러분의 이번 방문이 모두 성공하기를 기원합니다.
祝你们演出成功。너희들의 공연이 성공하기를 바란다.

바로 체크 Check! 녹음을 듣고, 빈칸을 채우세요. 🎧 09-5

❶ 有两个人在＿＿＿＿＿碰到了一只大老虎。

❷ ＿＿＿＿一个人，＿＿＿＿从包里拿出一双＿＿＿＿＿穿上。

❸ 我只要比你＿＿＿＿＿就行了。

❹ 今天你们圆满＿＿＿＿了大学4年的＿＿＿＿，＿＿＿＿开始新的生活。

❺ 我＿＿＿＿学校向大家＿＿＿＿祝贺，祝你们在今后的工作中＿＿＿＿更大的＿＿＿＿。

정답 ❶ 山林里　❷ 其中 / 立刻 / 运动鞋　❸ 跑得快　❹ 完成 / 学业 / 即将　❺ 代表 / 表示 / 取得 / 成绩

〈 대중 매체, 강연, 연설에서 많이 쓰이는 표현 〉

1. 대중 매체

★各位观众朋友们，大家好！ 시청자 여러분, 안녕하십니까!

亲爱的电视机前的观众朋友们，大家好！ 텔레비전 앞에 계신 친애하는 시청자 여러분, 안녕하세요!

全国的观众朋友们，你们好！ 전국에 계신 시청자 여러분, 안녕하세요!

全球的华人朋友，你们好！ 전 세계에 계신 중국인 여러분, 안녕하세요!

2. 학교

★各位同学们，大家好！ 학생 여러분, 안녕하십니까?

★我代表学校向各位表示祝贺！ 저는 학교를 대표하여 여러분에게 축하를 표하는 바입니다!

祝大家学习进步！ 여러분 모두 학습에 발전이 있기를 기원합니다!

祝大家取得好成绩！ 여러분 모두 좋은 성적 거두시기를 바랍니다!

3. 회사

请大家多多关照！ 잘 부탁드립니다.

祝贺大家提前完成任务！ 앞당겨 임무를 완성하신 것을 축하합니다.

同志们开会了，请将手机调成震动。 여러분 회의가 시작되었습니다. 휴대 전화를 진동으로 바꿔주세요.

★希望这次合作能按计划完成。 이번 합작이 계획대로 완성되기를 희망합니다.

为你们的发展干杯！ 여러분의 발전을 위해 건배합시다!

4. 모임, 파티

★女士们、先生们，你们好！ 신사 숙녀 여러분, 안녕하십니까?

尊敬的各位来宾，晚上好！ 존경하는 내빈 여러분, 안녕하십니까?

祝贺你表演成功。 당신의 성공적인 공연을 축하합니다.

这杯酒是祝贺你考上大学的！ 来，干杯！

이 잔은 네가 대학에 합격한 것을 축하하기 위한 것이야. 자! 건배!

祝你们的爱天长地久。 여러분의 사랑이 영원하기를 기원합니다.

祝大家身体健康、长命百岁，来，干杯。 모두들 무병장수하시기를 기원합니다. 자! 건배합시다.

실전 테스트

第 1-10 题：请选出正确答案。

1. **A** 律师   **B** 售货员   **C** 作家   **D** 大夫

2. **A** 在医院工作   **B** 不如妈妈幽默
      C 爱开玩笑   **D** 身材很好

3. **A** 1000元   **B** 2000元   **C** 3000元   **D** 4000元

4. **A** 交通便利   **B** 住了两个人   **C** 房租特别贵   **D** 没有厨房

5. **A** 钱包丢了   **B** 钱丢了   **C** 肚子疼   **D** 找不到妈妈

6. **A** 30块   **B** 15块   **C** 100块   **D** 50块

7. **A** 裤子   **B** 衬衫   **C** 鞋子   **D** 戒指

8. **A** 同学   **B** 朋友   **C** 丈夫   **D** 男朋友

9. **A** 1月1日   **B** 12月1日   **C** 5月1日   **D** 12月30日

10. **A** 公司   **B** 超市   **C** 饭馆   **D** 学校

+ 정답 및 해설_ 해설집 34쪽

독해

제1부분
10day
존재하는 모든
것을 부르는 말
– 명사와 대사
11day
팔색조의
매력
– 동사
12day
우리는
단짝 친구!
– 형용사와 부사
13day
명사가 있는 곳에
우리가 있다!
– 개사와 양사
14day
구와 절을 잇는
징검다리
– 접속사

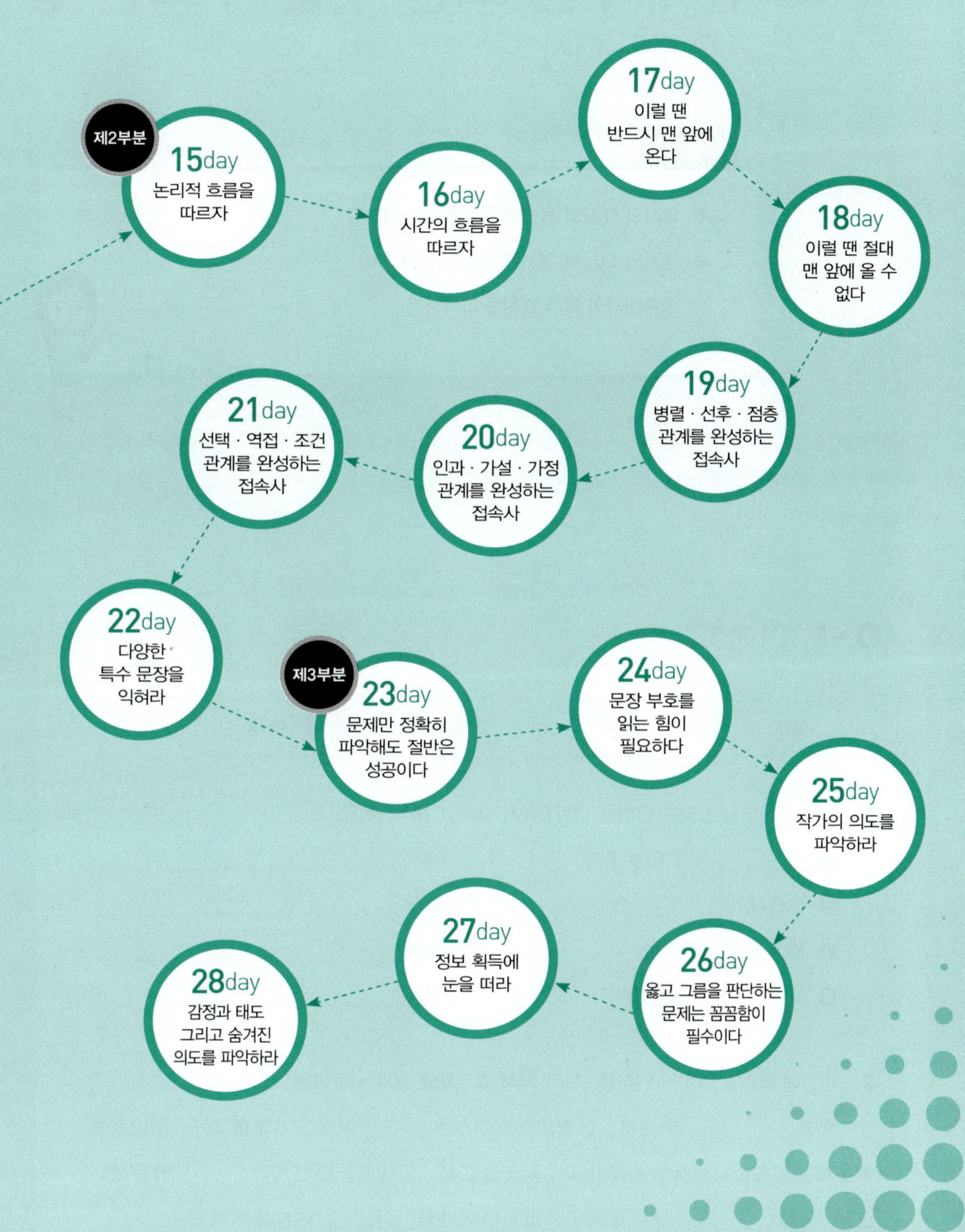

제2부분
15day
논리적 흐름을
따르자

16day
시간의 흐름을
따르자

17day
이럴 땐
반드시 맨 앞에
온다

18day
이럴 땐 절대
맨 앞에 올 수
없다

19day
병렬 · 선후 · 점층
관계를 완성하는
접속사

20day
인과 · 가설 · 가정
관계를 완성하는
접속사

21day
선택 · 역접 · 조건
관계를 완성하는
접속사

22day
다양한
특수 문장을
익혀라

제3부분
23day
문제만 정확히
파악해도 절반은
성공이다

24day
문장 부호를
읽는 힘이
필요하다

25day
작가의 의도를
파악하라

26day
옳고 그름을 판단하는
문제는 꼼꼼함이
필수이다

27day
정보 획득에
눈을 떠라

28day
감정과 태도
그리고 숨겨진
의도를 파악하라

10 day 존재하는 모든 것을 부르는 말
– 명사와 대사

+정답_ 해설집 173쪽

학습목표

✓1 명사와 대사의 용법과 종류를 마스터하자

✓2 명사와 대사의 위치를 한눈에 찾아내자

✓3 의문대사의 특수 표현을 파악하자

명사와 대사는 주로 문장의 뼈대인 주어와 목적어로 사용된다. 또한 명사를 꾸미는 관형어 역할과 개사 뒤에 놓여 부사어 역할도 한다. 명사와 대사의 용법과 종류를 마스터하는 것은 물론 구조적 위치까지 함께 숙지해야 한다.

기초 실력 테스트 TEST

| 보기 | 孙子　　帽子　　附近　　皮肤　　饮料　　价格 |

1 빈칸에 들어갈 알맞은 단어를 〈보기〉에서 고르고 해석하세요.

❶ 他_______今年10岁了。　　　　해석 _______________________________

❷ 你想喝什么_______？　　　　해석 _______________________________

❸ 每天吃一个苹果对_______好。　　해석 _______________________________

❹ 这_______有银行吗？　　　　해석 _______________________________

2 빈칸에 들어갈 알맞은 단어를 〈보기〉에서 고르세요. (중복 사용 가능)

我家_______有一家超市。这家超市里的东西_______又便宜，质量又好，所以我常常去那儿买东西。今天我去那儿买了两斤西红柿。听说常吃西红柿对_______有好处，还买了一个_______，快到夏天了，出去时应该戴_______，这样能保护我的_______啊。

4급 기출문제 맛보기

 **맛보기 1**

난이도 上　　공략 Key '대사+양사+명사' 구조

| A 大夫 | B 广告 | C 杂志 | D 范围 | E 法律 | F 变化 |

正常情况下，体温在36~37℃之间，超过这个(　　　　)就叫发烧。

정답&공략

해석

| A 大夫 | B 广告 | C 杂志 |
| D 范围 | E 法律 | F 变化 |

| A 의사 | B 광고 | C 잡지 |
| D 범위 | E 법률 | F 변화 |

正常情况下，体温在36~37℃之间，超过这个(D 范围)就叫发烧。

정상적인 상황에서 체온은 36~37도 사이이다. 이 (D 범위)를 초과하게 되면 바로 '열이 난다'고 한다.

공략　빈칸이 양사 뒤에 있으므로 우선 명사가 정답이 되는 것을 알 수 있다. 超过는 수치, 수량과 호응을 이루기 때문에 어울리는 명사는 바로 范围이다.

어휘　★广告 guǎnggào 몡 광고 | ★杂志 zázhì 몡 잡지 | ★范围 fànwéi 몡 범위 | ★法律 fǎlǜ 몡 법률 | ★变化 biànhuà 몡 변화 | ★情况 qíngkuàng 몡 상황 | 超过 chāoguò 통 초과하다 | ★发烧 fāshāo 통 열이 나다

 **맛보기 2**

난이도 中　　공략 Key 명사의 목적어 역할

| A 主意 | B 压力 | C 奖金 | D 季节 | E 个子 | F 反映 |

现在突然改变(　　　　)，恐怕已经来不及了吧。

정답&공략

해석

| A 主意 | B 压力 | C 奖金 |
| D 季节 | E 个子 | F 反映 |

| A 생각 | B 스트레스 | C 보너스 |
| D 계절 | E 키 | F 반영 |

现在突然改变(A 主意)，恐怕已经来不及了吧。

지금 갑자기 (A 생각)을 바꾼다 해도 아마 이미 늦었을 것 같은데.

공략　동사 改变의 뒷자리가 빈칸이므로 목적어 즉 명사가 답이 된다. 문맥상 '변경하다, 바꾸다'라는 의미의 改变과 호응

해야 하므로 主意가 정답이 된다.

어휘 主意 zhǔyi 명 생각 | 压力 yālì 명 스트레스 | ★奖金 jiǎngjīn 명 보너스 | 突然 tūrán 부 갑자기 | 改变 gǎibiàn 동 바꾸다 | ★恐怕 kǒngpà 부 아마 | ★来不及 láibují 동 시간에 댈 수 없다, 손쓸 틈이 없다

맛보기 3

난이도 下 **공략 Key** 구조조사 的의 꾸밈을 받는 명사

A 签证　　　B 质量　　　C 杂志　　　D 消息　　　E 号码　　　F 方法

A: 我刚放在桌子上的(　　　)呢?

B: 你洗澡时我看了一会儿, 在沙发上呢, 我去拿。

정답&공략

해석

A 签证	B 质量	C 杂志
D 消息	E 号码	F 方法

A: 我刚放在桌子上的(C 杂志)呢?
B: 你洗澡时我看了一会儿, 在沙发上呢, 我去拿。

A 비자	B 품질	C 잡지
D 소식	E 번호	F 방법

A: 내가 방금 책상 위에 둔 (C 잡지)는?
B: 네가 샤워할 때 내가 잠시 봤어. 소파 위에 있는데, 가져다줄게.

공략 명사를 꾸며주는 구조조사 的의 뒷자리가 비어 있으므로 정답이 명사라는 것을 알 수 있다. 동사 看과 호응을 이루려면 볼 수 있는 대상이어야 하므로 정답은 杂志가 된다.

어휘 质量 zhìliàng 명 품질 | ★方法 fāngfǎ 명 방법 | ★洗澡 xǐzǎo 동 샤워하다 | 沙发 shāfā 명 소파

명사, 대사, 동사, 부사? 그 이름부터가 아직 낯설게 느껴지죠?
우리에게 희영, 혁재, 은재 등 각각의 이름이 있듯이 모든 사물과 동·식물에게도 각각의 이름이 있습니다. 이렇게 사람이나 사물을 직접적으로 부르는 이름을 바로 명사라고 합니다. 또, 명사와 사촌격인 대사라는 것이 있습니다. 선생님이 교실에 들어오셔서 간단하게 '大家好! (얘들아 안녕!)'하고 인사하시죠?
여기서 大家가 바로 많은 학생을 한꺼번에 대신해서 부르는 '모두'라는 의미의 대사이지요. 명사와 대사, 이제 어렵게 느껴지지 않죠?

4급 **독해 공략** 하기

공략 1. 존재하는 모든 것을 부르는 말, 명사를 기억하라

명사는 중국어 문장을 구성하는 데 있어 가장 기본적인 품사 중 하나이며, 문장의 뼈대인 주어와 목적어 등 중요한 역할을 하므로 주요 명사는 물론 그 활용에 주의해야 한다.

1. 명사의 역할과 위치

명사는 문장의 주어와 목적어 그리고 다른 명사를 꾸미는 관형어 및 개사구를 만드는 역할을 한다.

❶ 주어 역할 : 동사와 형용사 앞에 위치한다.

狗是聪明的动物。 개는 똑똑한 동물이다.　　　　　　　今天很冷。 오늘은 매우 춥다.

❷ 목적어 역할 : 동사 뒤에 위치한다.

我学习汉语。 나는 중국어를 공부한다.　　　　　　　我们吃面包吧。 우리 빵 먹자.

❸ 관형어 역할 : 的나 명사 앞에 위치한다.

地球的未来 지구의 미래　　　　　　　　　　　　他是英语老师。 그는 영어 선생님이다.

❹ 개사구 역할 : 개사 뒤에 위치한다.

抽烟对身体没有好处。 흡연은 건강에 좋지 않다.　　　我在教室里等你。 나는 교실에서 너를 기다린다.

2. 명사의 종류

일반적 이름을 나타내는 명사 외에 시간사, 방위사, 장소사 등이 있다.

❶ 시간사 : 시간을 나타내는 명사(구)로, 주어 앞뒤에 모두 놓일 수 있다.

때(시점)	凌晨 língchén 새벽 ｜ 早上 zǎoshang 아침 ｜ 上午 shàngwǔ 오전 ｜ 中午 zhōngwǔ 정오 ｜ 下午 xiàwǔ 오후 ｜ 晚上 wǎnshang 저녁 ｜ 前天 qiántiān 엊그제 ｜ 昨天 zuótiān 어제 ｜ 今天 jīntiān 오늘 ｜ 明天 míngtiān 내일 ｜ 后天 hòutiān 모레 ｜ 前年 qiánnián 재작년 ｜ 去年 qùnián 작년 ｜ 今年 jīnnián 금년 ｜ 明年 míngnián 내년 ｜ 后年 hòunián 내후년 ｜ 一点 yī diǎn 한 시 ｜ 星期一 xīngqīyī 월요일 ｜ 一月 yī yuè 1월 ｜ 21世纪 èrshíyī shìjì 21세기
전후 기점	以前 yǐqián 이전 ｜ 以后 yǐhòu 이후 ｜ 小时候 xiǎo shíhou 어릴 적 ｜ 当时 dāngshí 당시
계절	春 chūn 봄 ｜ 夏 xià 여름 ｜ 秋 qiū 가을 ｜ 冬 dōng 겨울

❷ 방위사 : 방향이나 위치를 나타내는 방위사는 1음절과 2음절 방위사로 구분된다.

- **1음절 방위사**

위	가운데	아래	앞	뒤	왼쪽	오른쪽	안	밖	동	서	남	북
上	中	下	前	后	左	右	里	外	东	西	南	北

桌子**上**有一本书。책상 위에 책 한 권이 있다.
箱子**里**有什么？ 상자 안에는 무엇이 있나요？

- **2음절 방위사** : 1음절 방위사 뒤에 边, 面, 方 등을 붙이면 된다.

	上	下	前	后	左	右	里	外	东	西	南	北
边	上边	下边	前边	后边	左边	右边	里边	外边	东边	西边	南边	北边
面	上面	下面	前面	后面	左面	右面	里面	外面	东面	西面	南面	北面
方	上方	下方	前方	后方					东方	西方	南方	北方

书在桌子**上边**。 책은 책상 위에 있다.
箱子**里边**有一件衣服。상자 안에는 옷 한 벌이 있다.

❸ 장소사

- **지명이나 장소를 말하는 고유명사**

中国 중국 | 天安门 톈안먼 | 长城 만리장성 | 故宫 고궁
我去过**中国**、**美国**、**英国**和**法国**。나는 중국, 미국, 영국 그리고 프랑스에 가본 적이 있다.

- **장소를 나타내는 명사**

银行 은행 | 图书馆 도서관 | 医院 병원 | 学校 학교 | 食堂 식당
我家附近有很多**商店**。우리 집 근처에는 많은 상점이 있다.

- **명사＋방위사/지시대사 구조**

手上 손 위 | 心里 마음속 | 桌子下 책상 아래 | 我这儿 내 쪽 | 你们那儿 너희들 그쪽
手机在**我这儿**呢。휴대 전화는 나한테 있다.

바로 체크 Check! 빈칸에 들어갈 알맞은 단어를 고르세요.

> ❶ 别到处找了，我________有你的书呢。 (这儿 / 那儿)
>
> ❷ 墙________挂着一幅画。 (里 / 上)

정답 ❶ 这儿 ❷ 上

3. 명사가 답이 되는 위치

❶ 주어나 목적어 자리가 빈칸인 경우

熊猫是最受欢迎的动物。 판다는 가장 인기 있는 동물이다.
中国最重要的节日就是春节。 중국에서 가장 중요한 명절은 설이다.

❷ 수량사 혹은 구조조사 的 뒷부분이 빈칸인 경우

他只有一双皮鞋。 그는 단지 한 켤레의 가죽 구두가 있다.
他们的关系越来越好。 그들의 관계는 갈수록 좋아진다.

❸ 개사 뒷부분이 빈칸인 경우

他在图书馆看书呢。 그는 도서관에서 책을 보고 있다.
你应该向大家道歉。 너는 반드시 모두에게 사과해야 한다.

예제 I

난이도 上　공략 Key 명사의 목적어 역할

> A 基础　　　B 帽子　　　C 距离　　　D 过去　　　E 饮料　　　F 关键
>
> 现在的努力，是为了以后打(　　　　)，所以你们不要偷懒。

정답&공략

해석

A 基础	B 帽子	C 距离	A 기초	B 모자	C 거리
D 过去	E 饮料	F 关键	D 과거	E 음료	F 관건

现在的努力，是为了以后打(**A 基础**)，所以你们不要偷懒。 ｜ 지금의 노력은 앞으로 (**A 기초**)를 닦기 위한 것이니, 게으름을 피우지 마라.

공략　동사 뒤에 빈칸이 있으므로 목적어를 찾는 문제이다. 동사 打와 호응을 이루어 '기초를 다지다'라는 의미를 갖는 基础가 정답이 된다.

어휘　基础 jīchǔ 명 기초 | 关键 guānjiàn 명 관건 | ★为了 wèile 개 ~하기 위해 | 偷懒 tōulǎn 동 게으름을 피우다

> **Tip** 为了와 是为了
>
> ① 为了는 항상 앞 절에 놓인다.
>
> 为了增进关系，两国总统常常交流。 관계를 증진하기 위해 양국 대통령은 자주 교류를 한다.
>
> ② 是为了는 항상 뒤 절에 놓인다.
>
> 我现在这么辛苦，是为了以后过好日子。
> 내가 지금 이렇게 고생하는 것은 앞으로 좋은 생활을 보내기 위해서이다.

> A 礼貌   B 脾气   C 航班   D 将来   E 毛巾   F 程度
>
> (　　　)的事情谁能知道，还是眼前的问题比较重要。

정답&공략

해석

| A 礼貌 | B 脾气 | C 航班 | | A 예의 | B 성격 | C 운행편 |
| D 将来 | E 毛巾 | F 程度 | | D 미래 | E 수건 | F 정도 |

(D 将来)的事情谁能知道，还是眼前的问题比较重要。

(D 미래)의 일을 누가 알겠는가? 역시나 눈앞의 문제가 비교적 중요하다.

공략   구조조사 的를 중심으로 명사 事情을 꾸미는 관형어를 찾는 문제이다. 명사 역시 관형어로 쓰여 명사를 꾸밀 수 있으며, 의미적으로 眼前과 대조를 이루어야 하므로 将来가 정답이 된다.

어휘   礼貌 lǐmào 몡 예의 | 脾气 píqi 몡 성격 | 航班 hángbān 몡 운행편 | 毛巾 máojīn 몡 수건 | 程度 chéngdù 몡 정도 | ★眼前 yǎnqián 몡 현재, 눈앞 | 比较 bǐjiào 뮌 비교적 | ★重要 zhòngyào 혱 중요하다

공략 2. 대신하여 부르는 말, 대사를 기억하라

대사란 사람이나 사물의 이름을 줄여 부르거나 대신해서 부르는 말로, 문장에서 명사와 함께 대표적으로 주어나 목적어 역할을 한다.

1. 대사의 종류

❶ 인칭대사 : 사람의 이름이나 호칭 등을 간단하게 대신하여 부르는 말이다.

인칭	단수	복수
1인칭	我 나	自己 자신	我们, 咱们 우리
2인칭	你 너	您 당신	你们 너희들
3인칭	他 그	她 그녀	它 그것	他们 그들	她们 그녀들	它们 그것들
기타	大家 모두	人家 남, 타인	别人 다른 사람	彼此 서로	各自 각자	他人 타인

❷ **지시대사** : 어떤 사물이나 장소 등을 대신하여 일컫는 말이다.

这 이	这个 이것	这些 이것들	这么 이렇게	这样 이런	这里, 这儿 이곳
那 저, 그	那个 저것	那些 저것들	那么 그렇게	那样 그런	那里, 那儿 그곳

❸ **의문대사** : 의문의 뜻을 나타내는 말이다.

谁 shéi 누구	这是**谁**的书？ 이것은 누구의 책이니?
什么 shénme 무엇	你到底要买**什么**？ 너는 도대체 무얼 사려고 하는 거니?
什么时候 shénme shíhou 언제	他**什么时候**走了？ 그는 언제 갔니?
哪 nǎ 어느	**哪**个是我的？ 어느 것이 내 것이니?
怎么 zěnme 어떻게	你是**怎么**知道的？ 넌 어떻게 알았니?
怎么样 zěnmeyàng 어떠하다	最近你身体**怎么样**？ 최근에 건강이 어때?
如何 rúhé 어떻게	**如何**处理问题呢？ 어떻게 문제를 처리하지?
多少 duōshao 얼마나	你要**多少**？ 얼마나 원해?

2. 대사가 답이 되는 위치

❶ 주어나 목적어 자리가 빈칸인 경우

　如何解决这个问题呢？ 어떻게 이 문제를 해결할 수 있을까?
　他们的问题只有**这些**。 그들의 문제는 겨우 이것들뿐이다.

❷ 명사를 꾸미는 관형어 자리가 빈칸인 경우

　每个人都有**自己**的烦恼。 모든 사람들은 자신의 고민을 가지고 있다.

❸ 동사나 형용사를 꾸미는 부사어 자리가 빈칸인 경우

　她的性格**那么**好吗？ 그녀의 성격이 그렇게 좋으니?
　去天安门**怎么**走？ 톈안문에 어떻게 가나요?

❹ 술어 뒤 보어 자리가 빈칸인 경우

　他唱歌唱得**怎么样**？ 그는 노래 실력이 어떤가요?

3. 의문대사의 활용

의문대사는 일반적으로 의문문을 만드는 데 사용되지만, 강조 구문이나 반어문 등을 만드는 데에도
사용할 수 있다.

❶ 강조 구문 : 의문대사 谁, 什么, 哪, 哪儿, 怎么가 也나 都와 결합하면 '누구나 ~, 무엇이든 ~,
어디든 ~하다'라는 강조의 의미를 나타낸다.

谁	谁也知道这个消息。 누구나 이 소식을 알고 있다.
什么	什么也没买。 무엇도 사지 않았다.
哪	哪个人都不认识。 아무도 알지 못한다.
哪儿	哪儿也没去。 아무데도 가지 않았다.
怎么	怎么也不懂。 어떻게 해도 모른다.

❷ 반어문

谁	他的事儿，谁会帮忙？ 그의 일을 누가 돕겠니? (→ 아무도 돕지 않는다)
什么	你知道什么呀？ 네가 뭘 알아? (→ 너는 모른다)
哪儿	我哪儿有时间去中国？ 내가 중국에 갈 시간이 어디 있니? (→ 시간이 없다)
怎么	怎么能不听她的话呢？ 어떻게 그녀의 말을 안 들을 수 있겠니? (→ 들어야 한다)
什么时候	我什么时候说了？ 내가 언제 말했니? (→ 말하지 않았다)

❸ 조건 결과문 : 의문대사가 앞뒤에서 호응하면 '~하면 바로 ~이다', '~대로 ~하다'의 의미를 나타낸다.

谁	谁赢比赛，谁就拿这些奖品。 경기에서 이긴 사람이 이 상품들을 받을 것이다.
什么	你想吃什么，我们就吃什么。 네가 먹고 싶은 것을 먹자.
哪儿	哪儿有好东西，哪儿就有客人。 좋은 물건이 있는 곳에 손님이 있다.
怎么	他们怎么做，我们就怎么做。 그들이 하는 대로 우리도 따라 한다.
什么时候	什么时候方便，什么时候就看。 편할 때 봐.

바로 체크 Check! 빈칸에 들어갈 알맞은 단어를 고르세요.

❶ 他的作业，________会帮忙？　(谁 / 什么)

❷ 你想买________，就买________。　(哪儿 / 什么)

정답 ❶ 谁　❷ 什么

예제 1

난이도 中　공략 Key 거리가 가까움을 표시하는 这儿

> A 哪儿　　B 这些　　C 这儿　　D 多少　　E 这么　　F 那些
>
> A: 糟糕，我忘了带铅笔，马上要考试了，怎么办呢?
> B: 我(　　　)有两支，我借你一支吧。

정답&공략

해석

A 哪儿　　B 这些　　C 这儿
D 多少　　E 这么　　F 那些

A: 糟糕，我忘了带铅笔，马上要考试了，怎么办呢?
B: 我(C 这儿)有两支，我借你一支吧。

A 어디　　B 이것들　　C 이곳
D 얼마나　　E 이렇게　　F 저것들

A: 야단났어. 연필 가져오는 걸 잊어버렸어. 곧 시험인데, 어쩌지?
B: 나(C 한테) 두 자루 있는데, 한 자루 빌려줄게.

공략 만일 빈칸에 哪儿을 넣으면 '나한테 두 자루가 어디 있니?' 즉 '두 자루가 없다'라는 의미가 되는데, 뒤에 연결되는 문장과 의미적으로 어울리지 않는다. 때문에 '명사+지시대사' 구조인 '我这儿'이 정답이 된다.

어휘 多少 duōshao 때 얼마나 | 糟糕 zāogāo 혱 야단나다 | ★马上 mǎshàng 뷔 곧, 즉시 | 支 zhī 양 자루

예제 2

난이도 上　공략 Key 의문대사 哪儿을 사용한 반어문

> A 哪儿　　B 这儿　　C 这些　　D 那些　　E 多少　　F 那样
>
> 我(　　　)能知道他的密码啊，你自己打电话问问他吧。

정답&공략

해석

A 哪儿　　B 这儿　　C 这些
D 那些　　E 多少　　F 那样

我(A 哪儿)能知道他的密码啊，你自己打电话问问他吧。

A 어디　　B 이곳　　C 이것들
D 저것들　　E 얼마나　　F 그런

내가 (A 어떻게) 그의 비밀번호를 알겠니. 네가 직접 전화를 걸어서 그에게 물어봐.

공략 의문대사 哪儿을 사용하여 만든 반어문이다. 본문에서 나는 비밀번호를 모른다는 것을 강조하고 있으며 哪儿은 怎么로 바꾸어 표현할 수도 있다.

어휘 那样 nàyàng 때 그런 | ★密码 mìmǎ 몡 비밀번호 | 自己 zìjǐ 때 직접, 스스로

第 1–5 题：选词填空。

A 距离　　**B** 怎么　　**C** 导游　　**D** 坚持　　**E** 食品　　**F** 礼貌

例如：她每天都（　**D**　）走路上下班，所以身体一直很不错。

1. 那个幽默、热情的（　　　）让我们感到十分开心。

2. 他儿子不仅聪明，还很懂（　　　），这给所有的客人留下了很好的印象。

3. 这儿离故宫还有一段（　　　），我们还是坐地铁去好。

4. 中秋节时，最受欢迎的（　　　）是月饼，现在不少外国人也喜欢吃。

5. 奶奶包的饺子太多了，我一个人（　　　）能吃完呢？

A 经验　　B 任务　　C 温度　　D 重点　　E 工具　　F 什么

例如：**A**：今天真冷啊，好像白天最高(C)才2℃。

　　　B：刚才电视里说明天更冷。

6.　**A**：我们一定会按时完成(　　　)，保证不会让您失望的。

　　B：那我就放心了，辛苦了。

7.　**A**：语言是最重要的交流(　　　)，只记词典里的单词是不够的，应该多听

　　　多说。

　　B：对，这样才能学好外语。

8.　**A**：家里没有(　　　)可吃的了，咱们出去吃怎么样？

　　B：好吧，附近新开了家饭馆，我们去那儿吧。

9.　**A**：经理，那份报告放到您的桌子上了，您看了吗？

　　B：大概的意思明白了，不过还不够详细，缺乏(　　　)，明天我们再讨

　　　论一下。

10.　**A**：小王，你看这项任务让谁负责好？

　　　B：我觉得还是让小李负责好。她很有责任感，而且(　　　)也很丰富。

+정답 및 해설_ 해설집 38쪽

11 day
팔색조의 매력
– 동사

+정답_ 해설집 173쪽

학습목표

1 동사의 이단아 이합동사와 쌍빈동사를 이해하자

2 다양한 조동사의 의미를 기억하자

3 결정적 힌트를 주는 부수를 마스터하자

독해 제1부분 문제에서 출제 비중이 가장 높은 것이 바로 동사이다. 문제를 정확하게 해결하기 위해서는 동사의 위치와 역할을 잘 이해해야 하며 자주 출제되는 동사들도 숙지해야 한다. 동시에 동사와 떨어질 수 없는 조동사에 대한 의미와 구조적 이해도 필수이다.

기초 실력 테스트 TEST

| 보기 | 躺　批评　积累　结束　介绍 |

1 빈칸에 들어갈 알맞은 단어를 〈보기〉에서 고르고 해석하세요.

❶ 父母不能总是_______孩子。　　　해석 _______________________________

❷ 她整天_______着看电视。　　　해석 _______________________________

❸ 年轻时，应该多_______经验。　　　해석 _______________________________

❹ 足球比赛已经_______了。　　　해석 _______________________________

❺ 我给你_______一个女朋友。　　　해석 _______________________________

2 동사와 호응되는 명사를 연결하세요.

❶ 安排　·　　　　　·　身体

❷ 符合　·　　　　　·　问题

❸ 锻炼　·　　　　　·　时间

❹ 解决　·　　　　　·　要求

+정답_ 해설집 173쪽

4급 기출문제 맛보기

맛보기 1

난이도 上　공략 Key 시간 관련 동사

> A 安排　　　B 推迟　　　C 包括　　　D 表演　　　E 生气　　　F 学习

> 不可能吧? 考试又(　　　　)了? 改到什么时候了?

정답&공략

해석

A 安排	B 推迟	C 包括		A 안배하다	B 미루다	C 포함하다
D 表演	E 生气	F 学习		D 공연하다	E 화내다	F 공부하다

不可能吧? 考试又(B 推迟)了? 改到什么时候了?

말도 안 돼. 시험이 또 (B 미뤄졌다고)? 언제로 변경됐는데?

공략 빈칸 앞에 부사가 있고 了로 끝난다는 점에서 정답이 동사인 것을 알 수 있다. 의미상 推迟가 정답이 된다.

어휘 ★安排 ānpái 통 안배하다 | ★推迟 tuīchí 통 미루다 | ★表演 biǎoyǎn 통 공연하다 | ★考试 kǎoshì 명 시험

맛보기 2

난이도 中　공략 Key 사역문에서 동사의 위치 파악

> A 戴　　　B 流泪　　　C 照顾　　　D 减少　　　E 羡慕　　　F 失望

> A: 张小姐的英语说得很流利，真让人(　　　　)。
> B: 她是翻译，当然很厉害。

정답&공략

해석

A 戴	B 流泪	C 照顾		A 착용하다	B 눈물을 흘리다	C 돌보다
D 减少	E 羡慕	F 失望		D 감소하다	E 부러워하다	F 실망하다

A: 张小姐的英语说得很流利，真让人(E 羡慕)。
B: 她是翻译，当然很厉害。

A: 장 샤오제는 정말 영어를 유창하게 해. 진짜 (E 부러워).
B: 그녀는 통역사니까, 당연히 잘하지.

공략 让은 '让+대상+동사'의 구조를 가지는 사역동사로 빈칸에는 당연히 동사가 와야 한다. 의미상 정답은 羡慕가 된다.

어휘 ★流泪 liúlèi 통 눈물을 흘리다 | ★羡慕 xiànmù 통 부러워하다 | ★翻译 fānyì 명 통역사

공략 1. 문장의 척추! 동사 술어를 이해하라

중국어 문장의 기본 뼈대가 되는 동사는 주체자의 행위나 존재, 상태 등을 나타내는 역할을 한다.

1. 동사가 답이 되는 위치

동사는 주어 뒤에 단독으로 쓰일 수 있으며, 형용사와는 다르게 목적어를 가질 수 있다. 동사 앞으로는 부사나 조동사 또는 개사구, 뒤로는 보어나 동태조사의 수식을 화려하게 받는다.

> **주어 + 동사**

我们明天**出发**。 우리는 내일 출발한다.　　　　她每天**流泪**。 그녀는 매일 눈물을 흘린다.

> **주어 + 동사 + 목적어**

妈妈**批评**孩子。 엄마가 아이를 혼낸다.　　　　公司**招聘**职员。 회사는 직원을 채용한다.

> **주어 + 부사 + 동사**

我绝对**相信**。 나는 확실히 믿는다.　　　　他没有**生气**。 그는 화를 내지 않았다.

> **주어 + 조동사 + 동사**

你们应该**注意**。 너희들은 반드시 조심해야 돼.　　　　我能**参加**。 난 참가할 수 있어.

> **주어 + 개사구 + 동사**

他们对这项任务**进行**讨论。 그들은 이번 임무에 대해 토론을 진행한다.
我们按照规定**处理**。 우리는 규정에 따라 처리한다.

> **주어 + 동사 + 보어**

我**想**不起来。 나는 생각이 나지 않는다.　　　　我每天**睡**八个小时。 나는 매일 8시간 잔다.

주어 + **동사** + 동태조사

她**提前**了一个小时。그녀는 1시간 앞당겼다.
我**看**过那部电影。나는 그 영화를 본 적 있다.
他**敲**着门。그는 문을 두드리고 있다.

바로 체크 제시된 단어를 알맞은 위치에 넣으세요.

> ❶ 你 A 能不 B 能 C 我 D 找我的手机？　（帮）
>
> ❷ A 你 B 应该 C 向大家 D 。　（道歉）

정답 ❶ C ❷ D

2. 이합동사(离合动词)

이합동사란 '술어＋목적어' 구조로 된 동사로, 2음절로 구성된다.

❶ 이합동사의 중첩형은 AAB구조(동사 부분만 중첩)이다.

见见面 좀 만나다 | 聊聊天 이야기를 잠시 나누다 | 散散步 산책을 좀 하다

❷ 이합동사는 보통 다른 목적어를 취할 수 없고, 분리한 가운데 위치시키거나 개사구로 처리한다.

见面她 (X) → **见**她的**面** / 跟她**见面** (O) 그녀와 만나다
帮忙朋友 (X) → **帮**朋友**忙** (O) 친구를 돕다

❸ 시량보어와 동량보어는 보통 동사와 목적어 사이에 위치한다.

我**睡**七个小时**觉**。나는 7시간 잔다.
我跟他每天**见**一次**面**。나는 그와 매일 한 번 만난다.

❹ 동태조사 了, 着, 过는 이합동사 뒤에 올 수 없다.

我们谈话了一个小时。(X) → 我们**谈**了一个小时**话**。(O) 우리는 1시간 동안 이야기를 나눴다.
他们正睡觉着呢。(X) → 他们正**睡**着**觉**呢。(O) 그들은 지금 자는 중이다.
我们见面过三次。(X) → 我们**见**过三次**面**。(O) 우리는 3번 만난 적이 있다.

대표 이합동사	帮忙 bāngmáng 도와주다	上班 shàngbān 출근하다	结婚 jiéhūn 결혼하다	爬山 páshān 등산하다	出差 chūchāi 출장 가다	散步 sànbù 산책하다	考试 kǎoshì 시험 보다	抽烟 chōuyān 담배를 피우다	见面 jiànmiàn 만나다	离婚 líhūn 이혼하다	洗澡 xǐzǎo 샤워하다	毕业 bìyè 졸업하다	游泳 yóuyǒng 수영하다	打架 dǎjià 싸우다	聊天 liáotiān 이야기를 나누다	唱歌 chànggē 노래하다	生气 shēngqì 화내다	着急 zháojí 조급하다	操心 cāoxīn 근심하다	跳舞 tiàowǔ 춤추다	睡觉 shuìjiào 자다

 제시된 단어를 알맞은 위치에 넣으세요.

❶ 我 A 明天去 B 出 C 差 D 。 (中国)

❷ 他们从来 A 没 B 吵 C 架 D 。 (过)

정답 ❶ B ❷ C

3. 쌍빈동사(双宾动词)

쌍빈동사란 동사 뒤에 목적어가 두 개 오는 동사로 기본 형식은 다음과 같다.

주어 + **동사** + 목적어 1(대상) + 목적어 2(사물)

他问我一个问题。 그는 나에게 한 문제를 물어본다.

❶ 특징 : 목적어를 두 개 거느리는 동사로 '~에게, ~을 향해' 등의 의미를 가지고 있기 때문에 개사구를 사용하지 않는다.

老师给你们教什么? (X) → 老师**教**你们什么? (O) 선생님은 너희에게 무엇을 가르치시니?

他对我们答应了这件事。(X) → 他**答应**了我们这件事。(O) 그는 우리에게 이 일을 수락했다.

❷ 대표적 쌍빈동사

쌍빈동사	의미	예문
给 gěi	(~에게 ~을) 주다	我**给**他两张电影票。 나는 그에게 영화 티켓 2장을 준다.
送 sòng	(~에게 ~을) 선사하다	我**送**他一件礼物。 나는 그에게 선물을 하나 준다.
还 huán	(~에게 ~을) 돌려주다	我**还**他衣服。 나는 그에게 옷을 돌려준다.
交 jiāo	(~에게 ~을) 건네주다	我**交**他成绩单。 나는 그에게 성적표를 건네준다.
借 jiè	(~에게 ~을) 빌려주다	我**借**他两张DVD。 나는 그에게 DVD 2장을 빌려준다.
叫 jiào	(~을 ~라) 부르다	我**叫**他笨蛋。 나는 그를 바보라고 부른다.
找 zhǎo	(~에게 ~을) 거슬러주다	我**找**他30块钱。 나는 그에게 30위안을 거슬러준다.
问 wèn	(~에게 ~을) 묻다	我**问**他明天的安排。 나는 그에게 내일 스케줄을 묻는다.
教 jiāo	(~에게 ~을) 가르치다	我**教**他中国历史。 나는 그에게 중국 역사를 가르친다.
告诉 gàosu	(~에게 ~을) 알리다	我**告诉**他手机号码。 나는 그에게 휴대 전화 번호를 알려준다.
通知 tōngzhī	(~에게 ~을) 통지하다	我去**通知**大家集合。 나는 모두에게 집합하라고 통지한다.
答应 dāying	(~에게 ~을) 수락하다	我**答应**他参加比赛。 나는 그에게 경기에 참여하겠다고 수락한다.

예제 1

난이도 上　공략 Key 동사의 위치 파악

> A 估计　　B 拒绝　　C 怀疑　　D 讨论　　E 决定　　F 放弃
>
> 今天晚上就可以在网上查成绩，我(　　　　)这次考得很好。

정답&공략

해석

| A 估计 | B 拒绝 | C 怀疑 | A 짐작하다 | B 거절하다 | C 의심하다 |
| D 讨论 | E 决定 | F 放弃 | D 토론하다 | E 결정하다 | F 포기하다 |

今天晚上就可以在网上查成绩，我(A 估计)这次考得很好。

오늘 저녁에 바로 인터넷에서 성적을 검색할 수 있어. 내 (A 짐작에) 이번 시험을 잘 본 것 같아.

공략　성적이 아직 나오지 않았으므로, 이번 성적이 좋다는 것은 단지 추측이다. 의미상 估计가 정답이 된다.

어휘　估计 gūjì 통 짐작하다 | 怀疑 huáiyí 통 의심하다 | 讨论 tǎolùn 통 토론하다 | 放弃 fàngqì 통 포기하다 | ★查 chá 통 뒤지며 찾다, 검색하다 | ★成绩 chéngjì 명 성적

예제 2

난이도 中　공략 Key 이합동사의 호응

> A 帮忙　　B 道歉　　C 吵架　　D 着急　　E 跳舞　　F 表示
>
> 如果你做错了事，那应该向大家(　　　　)。

정답&공략

해석

| A 帮忙 | B 道歉 | C 吵架 | A 도와주다 | B 사과하다 | C 다투다 |
| D 着急 | E 跳舞 | F 表示 | D 조급해하다 | E 춤추다 | F 나타내다 |

如果你做错了事，那应该向大家(B 道歉)。

만약 실수를 했다면 반드시 모두에게 (B 사과해야) 한다.

공략　道歉은 '道歉＋목적어'의 어순을 가질 수 없는 이합동사로 '～에게 사과하다'라고 할 때는 개사 向과 호응한다.

어휘　帮忙 bāngmáng 통 도와주다 | 道歉 dàoqiàn 통 사과하다 | 吵架 chǎojià 통 다투다 | 着急 zháojí 통 조급해하다 | 跳舞 tiàowǔ 통 춤을 추다 | ★如果 rúguǒ 접 만약 ～라면

Tip 동사＋결과보어＋了＋목적어

동사 뒤에 결과보어가 있을 경우 동태조사 了는 결과보어 바로 뒤에 위치할 수 있다.

我找到了书。 나는 책을 찾아냈다.
他洗好了那个杯子。 그는 그 컵을 잘 씻었다.

공략 2. 동작의 소망·능력·가능성을 돕는 조동사를 잡아라

능원동사(能源动词)라고도 부르는 조동사는 동사 앞에 위치하여 소망·능력·필요·가능·당위성 등을 나타낸다. 반드시 동사와 함께 써야 하며, 단독으로 문장 성분이 될 수 없다. 부정을 할 때는 동사가 아닌 조동사 앞에 不를 쓴다.

1. 조동사가 정답이 되는 위치

> 주어 ＋ **조동사** ＋ 동사 ＋ 목적어

我想去中国。 나는 중국에 가고 싶다.
你得提前告诉我。 너는 마땅히 미리 나에게 알려주어야 한다.

> 주어 ＋ **不** ＋ **조동사** ＋ 동사 ＋ 목적어

你不要告诉他这件事。 너는 이 일을 그에게 알리지 마라.
他不会来帮我。 그가 나를 도우러 올 리가 없다.

> 주어 ＋ **조동사** ＋ 개사구 ＋ 동사 ＋ 목적어

我想跟你一起吃饭。 나는 너와 함께 밥을 먹고 싶어.
你们不能在这儿抽烟。 너희들은 여기서 담배를 피워서는 안 된다.

> 주어 ＋ 부사 ＋ **조동사** ＋ 동사 **또는** 주어 ＋ **조동사** ＋ 부사 ＋ 동사

你一定要预习。 너는 반드시 예습해야 한다.
你应该常常跟我联系。 너는 반드시 자주 나에게 연락해야 한다.

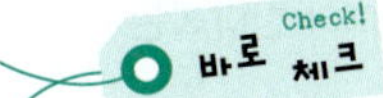 제시된 단어를 알맞은 위치에 넣으세요.

> ❶ A 他 B 每天 C 去 D 爬山。 (要)
>
> ❷ 我 A 不 B 原谅 C 他 D 的。 (会)

정답 ❶ C ❷ B

2. 조동사의 종류

종류	의미	예문	부정형
想 xiǎng	~하고 싶다(소망)	我**想**喝一杯咖啡。 나는 커피 한 잔 마시고 싶다.	不想
要 yào	~하려고 하다(의지)	他**要**回国。 그는 귀국하려고 한다.	不想
	~해야 한다(당위)	学生**要**努力学习。 학생은 열심히 공부해야 한다.	不用
会 huì	~할 수 있다(학습 능력)	我**会**开车。 나는 운전할 수 있다.	不会
	~일 수 있다(가능성)	明天**会**下雨的。 내일 비가 내릴 수 있다. * 문장 끝에 的와 호응함	
能 néng	~할 수 있다(능력)	他很**能**说。 그는 말을 정말 잘한다.	不能
	~할 수 있다(허가)	你**能**用我的手机。 너는 내 휴대 전화를 사용해도 된다.	
	~할 줄 안다(가능성)	明天**能**去参加了。 내일 참여할 수 있다.	
可以 kěyǐ	~할 수 있다(허가)	这儿**可以**抽烟。 여기서는 흡연할 수 있다.	不可以/不能
	~할 수 있다(가능성)	8点之前**可以**到家吗? 8시 전에 집에 도착할 수 있니?	不能
得 děi	~해야 한다(당위)	你**得**提前准备。 너는 반드시 미리 준비해야 한다.	不用
应该 yīnggāi	마땅히 ~해야 한다(당위)	你**应该**感谢大家。 너는 모두에게 감사해야 한다.	不用

 **예제 1**

난이도 下　공략 Key 당위성을 나타내는 조동사

> A 可以　　B 要　　C 恐怕　　D 可能　　E 会　　F 肯
>
> 每个人都有自己的想法，因此我们一定(　　　)互相尊重、互相接受。

정답&공략

해석
A 可以　　B 要　　C 恐怕	A ~할 수 있다　B ~해야 한다　C 아마도
D 可能　　E 会　　F 肯	D 아마도　　E ~할 수 있다　F 기꺼이 ~하다

每个人都有自己的想法，因此我们一定 (B 要)互相尊重、互相接受。	모든 사람들은 자신만의 생각이 있다. 그렇기 때문에 우리는 반드시 서로 존중하고, 서로 인정(B 해야 한다).

 부사 一定은 조동사 要와 가장 많이 호응한다. 문맥상 당위의 의미를 가진 조동사가 적합하므로 '~해야 한다'라는 의미의 要가 정답이 된다.

어휘 想法 xiǎngfa 몡 견해 | ★互相 hùxiāng 뷔 서로 | ★尊重 zūnzhòng 동 존중하다 | ★接受 jiēshòu 동 받아들이다

Tip 互相과 相互

互相은 부사이고 相互는 형용사이다. 품사는 다르지만 모두 동사 앞에서 '서로, 상호'라는 의미로 쓰여 동작의 상황을 설명하는 역할을 할 수 있다. 또한 相互는 '相互间, 相互之间'과 같은 상투어로도 쓰인다.

我们应该**互相**尊重。 우리는 마땅히 서로 존중해야 한다.
我们应该**相互**尊重。 우리는 마땅히 서로 존중해야 한다.
相互之间应该尊重。 상호 간에 서로 마땅히 존중해야 한다.

예제 2

난이도 中 공략 Key 학습을 통한 능력을 나타내는 조동사

A 想　　　　B 得　　　　C 会　　　　D 可以　　　　E 应该　　　　F 敢

A: 刚才太危险了，那辆车的司机怎么回事？
B: 可能是新手吧，不太(　　　　)开车。

정답&공략

해석　A 想　　　B 得　　　C 会
　　　D 可以　　E 应该　　F 敢

A: 刚才太危险了，那辆车的司机怎么回事？
B: 可能是新手吧，不太(C 会)开车。

A ~하고 싶다　B ~해야 한다　C ~할 수 있다
D ~할 수 있다　E ~해야 한다　F 감히 ~하다

A: 방금 전에 너무 위험했어. 저 차의 기사는 도대체 어떻게 된 거야?
B: 아마도 초보 운전자인가봐. 운전을 잘 못 (C 하는) 것 같아.

공략 운전을 잘 못한다는 의미를 나타내는 조동사가 정답이 되는 위치이다. 어떤 일을 잘하는지 숙련도를 보충하는 조동사로는 会가 있으며 부사 很, 太, 真 등과 함께 쓰인다.

어휘 ★危险 wēixiǎn 형 위험하다 | 辆 liàng 양 대(차량을 세는 단위) | 司机 sījī 명 운전기사 | ★新手 xīnshǒu 명 새내기

Tip 回

'돌다'라는 의미의 동사 回는 일이나 동작을 세는 양사로 쓰이기도 한다.

到底是怎么**回**事？ 도대체 어떻게 된 일이야?
他们说的是另一**回**事。 그들이 말하는 것은 또 다른 일이다.

 **전공략 비법 노트**

⟨ 주요 동사 호응 표현 ⟩

★安排时间 ānpái shíjiān 시간을 배분하다 | 结束会议 jiéshù huìyì 회의를 마치다 | 表扬孩子 biǎoyáng háizi 아이를 칭찬하다 | 节约时间 jiéyuē shíjiān 시간을 절약하다 | 保护环境 bǎohù huánjìng 환경을 보호하다 | 交流文化 jiāoliú wénhuà 문화를 교류하다 | ★超过50% chāoguò bǎifēn zhī wǔshí 50%를 뛰어넘다 | ★禁止抽烟 jìnzhǐ chōuyān 흡연을 금지하다 | ★举行比赛 jǔxíng bǐsài 경기를 거행하다 | 锻炼身体 duànliàn shēntǐ 몸을 단련하다 | ★扩大范围 kuòdà fànwéi 범위를 확대하다 | ★浪费时间 làngfèi shíjiān 시간을 낭비하다 | ★符合要求 fúhé yāoqiú 요구에 부합하다 | 申请奖金 shēnqǐng jiǎngjīn 장학금을 신청하다 | ★放弃机会 fàngqì jīhuì 기회를 포기하다 | 收拾东西 shōushi dōngxi 물건을 정리하다 | ★负责任务 fùzé rènwu 임무를 책임지다 | 推迟时间 tuīchí shíjiān 시간을 늦추다 | 改变主意 gǎibiàn zhǔyi 의견을 바꾸다 | 鼓励学生 gǔlì xuésheng 학생을 격려하다 | ★完成任务 wánchéng rènwu 임무를 완성하다 | 怀疑事情 huáiyí shìqing 일을 의심하다 | 污染环境 wūrǎn huánjìng 환경을 오염시키다 | ★回忆过去 huíyì guòqù 과거를 회상하다 | 养成习惯 yǎngchéng xíguàn 습관을 기르다 | 获得冠军 huòdé guànjūn 챔피언을 획득하다 | 影响学习 yǐngxiǎng xuéxí 학습에 영향을 미치다 | 回答问题 huídá wèntí 문제에 대답하다 | 增加人员 zēngjiā rényuán 인원을 증가시키다 | ★积累经验 jīlěi jīngyàn 경험을 쌓다 | ★尊重他人 zūnzhòng tārén 타인을 존중하다 | 降低价格 jiàngdī jiàgé 가격이 떨어지다 | 注意安全 zhùyì ānquán 안전에 주의하다

⟨ 주요 부수로 동사 찾기 ⟩

부수	주요 동사
扌 재방변	★安排 ānpái 안배하다 | 搬家 bānjiā 이사하다 | 包括 bāokuò 포함하다 | 保护 bǎohù 보호하다 | 报名 bàomíng 신청하다 | 表扬 biǎoyáng 칭찬하다 | 报道 bàodào 보도하다 | ★擦 cā 닦다 | 抽烟 chōuyān 담배를 피우다 | 打扮 dǎban 치장하다 | ★打扰 dǎrǎo 방해하다 | 打扫 dǎsǎo 청소하다 | 打印 dǎyìn 프린트하다 | ★打折 dǎzhé 할인하다 | 接受 jiēshòu 받아들이다 | ★拒绝 jùjué 거절하다 | ★扩大 kuòdà 확대하다 | 拉 lā 당기다 | 排列 páiliè 배열하다 | 批评 pīpíng 비평하다 | ★扔 rēng 던지다 | 提高 tígāo 향상시키다 | ★提供 tígōng 제공하다 | ★提前 tíqián 앞당기다 | 提醒 tíxǐng 일깨우다 | 推 tuī 밀다 | ★推迟 tuīchí 연기하다 | 撞 zhuàng 부딪히다
忄 심방변	★懂 dǒng 이해하다 | ★回忆 huíyì 회상하다 | ★怀疑 huáiyí 의심하다 | ★后悔 hòuhuǐ 후회하다
讠 말씀언	调查 diàochá 조사하다 | ★访问 fǎngwèn 방문하다 | ★估计 gūjì 예측하다, 짐작하다 | ★记得 jìde 기억하다 | ★讲 jiǎng 말하다 | 考试 kǎoshì 시험을 보다 | 请假 qǐngjià 휴가를 내다 | 请客 qǐngkè 초대하다 | 认识 rènshi 알다 | 认为 rènwéi ～라 여기다 | 讨论 tǎolùn 토론하다 | ★讨厌 tǎoyàn 싫어하다
氵 삼수변	★表演 biǎoyǎn 공연하다 | 交流 jiāoliú 교류하다 | ★浪费 làngfèi 낭비하다 | ★流泪 liúlèi 눈물을 흘리다 | ★满意 mǎnyì 만족하다 | 没关系 méi guānxi 관계없다 | 污染 wūrǎn 오염시키다 | 洗澡 xǐzǎo 샤워하다 | 注意 zhùyì 조심하다
辶 책받침변	★超过 chāoguò 초과하다 | ★逛 guàng 거닐다 | 欢迎 huānyíng 환영하다 | ★适合 shìhé 적당하다 | ★适应 shìyìng 적응하다 | ★选择 xuǎnzé 선택하다

독해
제1부분

第 1-5 题：选词填空。

A 报名　　　**B** 可以　　　**C** 出生　　　**D** 坚持　　　**E** 打折　　　**F** 举办

例如：她每天都(　**D**　)走路上下班，所以身体一直很不错。

1. 那条牛仔裤(　　　)后70元，不太贵。

2. 听爸爸妈妈说，他们是1980年结婚的，那时我和弟弟还没(　　　)呢。

3. 这次活动(　　　)得非常成功，引起了很多年轻人的关注。

4. 别着急，这个房间够大，(　　　)放两张床。

5. 我打算(　　　)参加20公里长跑比赛，你参加不?

第 6-10 题：选词填空。

A 扔   B 安排   C 温度   D 后悔   E 得   F 估计

例如：**A**：今天真冷啊，好像白天最高(**C**)才2℃。

    B：刚才电视里说明天更冷。

6. **A**：希望我们的工作能让您满意。

    B：我非常满意，一切都(　　　)得很好，谢谢你们。

7. **A**：你们(　　　)快点儿准备，要不然赶不上飞机。

    B：来得及，坐出租车半小时就能到。

8. **A**：把报纸和杂志什么的收拾好，别到处乱(　　　)。

    B：爸爸，您说话越来越像妈妈了。

9. **A**：刘小姐，明天上午9点我们有个会议，请你给我们安排一个地方。

    B：好的，您(　　　)有多少人来参加？

10. **A**：不知道为什么，最近我一直胃疼，吃点儿什么药好？

    B：以后别喝酒了好不好，等身体出现问题，(　　　)就来不及了。

12 day 우리는 단짝 친구!
– 형용사와 부사

1 형용사와 부사의 특징을 마스터하자
2 한눈에 들어오는 부사 정리표를 암기하자
3 형용사와 부사의 끈끈한 관계를 이해하자

형용사는 문장에서 술어 역할을 하는 대표 품사로, 술어로 사용될 경우 반드시 부사의 꾸밈을 받아야 한다. 보어, 관형어, 부사어 등으로 다양하게 사용되는 형용사의 활용과 시험에 자주 출제되는 부사를 완벽하게 암기하자.

기초 실력 테스트 (TEST)

1 빈칸에 들어갈 알맞은 단어를 고르세요.

❶ 他昨天________来找你了。 　　　　　（又 / 再）

❷ 他学汉语，我________学汉语。 　　　　（还 / 也）

❸ 不用担心，我________喝了一杯酒呢。（才 / 就）

2 반의어를 찾아 연결하세요.

❶ 安静 ·　　　　　　　　　　· 难

❷ 容易 ·　　　　　　　　　　· 吵

❸ 活泼 ·　　　　　　　　　　· 危险

❹ 细心 ·　　　　　　　　　　· 害羞

❺ 安全 ·　　　　　　　　　　· 粗心

+정답_ 해설집 173쪽

4급 기출문제 맛보기

독해
제1부분

맛보기 1

난이도 上　공략 Key 상태부사의 의미와 위치

> A 立刻　　B 逐渐　　C 其实　　D 仅仅　　E 原来　　F 马上
>
> 春天到了，天气(　　　　)变暖和了。

정답&공략

해석　A 立刻　　B 逐渐　　C 其实
　　　D 仅仅　　E 原来　　F 马上

春天到了，天气(B 逐渐)变暖和了。

A 즉시　　B 점점　　C 사실은
D 겨우　　E 알고 보니　　F 즉시

봄이 되어서 날씨가 (B 점점) 따뜻해진다.

공략　빈칸이 주어와 술어 사이에 있기 때문에 정답을 부사어로 예측할 수 있다. 의미상 부사 逐渐이 정답이 된다.

어휘　逐渐 zhújiàn 🔼 점점 | 原来 yuánlái 🔼 알고 보니 | 变 biàn 🔼 변하다 | ★暖和 nuǎnhuo 🔼 따뜻하다

맛보기 2

난이도 下　공략 Key 정도보어로 활용되는 형용사

> A 着急　　B 聪明　　C 难受　　D 厉害　　E 危险　　F 无聊
>
> A: 没想到你弹钢琴弹得这么(　　　　)，平时经常练吗？
> B: 对，我每天都会弹一个小时。

정답&공략

해석　A 着急　　B 聪明　　C 难受
　　　D 厉害　　E 危险　　F 无聊

A: 没想到你弹钢琴弹得这么(D 厉害)，
　　平时经常练吗？
B: 对，我每天都会弹一个小时。

A 조급하다　B 똑똑하다　C 괴롭다
D 대단하다　E 위험하다　F 무료하다

A: 네 피아노 실력이 이렇게나 (D 대단할) 줄은
　　생각지도 못했어. 평소에 자주 연습하니?
B: 응, 나는 매일 1시간씩 쳐.

공략　구조조사 得가 이끄는 정도보어 자리에 알맞은 형용사를 넣는 문제로, 의미상 厉害가 정답이 된다.

어휘　★着急 zháojí 🔼 조급하다 | ★难受 nánshòu 🔼 괴롭다 | ★危险 wēixiǎn 🔼 위험하다 | ★弹 tán 🔼 (악기를) 타다, 켜다

공략 1. 성질이나 상태를 설명하는 형용사를 이해하라

주어의 성질이나 상태를 설명하는 형용사는 술어 역할을 한다. 또한 명사를 꾸미는 관형어, 동사 앞의 부사어, 동사 뒤의 보어 역할 등 위치에 따라 다양하게 쓰이므로 형용사의 위치와 활용에 주의해야 한다.

1. 형용사가 답이 되는 위치

형용사는 동사와 함께 문장의 뼈대인 술어 역할을 하는 품사이지만 동사와는 달리 반드시 부사의 수식을 받아야 하고 목적어를 가질 수 없다.

❶ 술어로 쓰이는 경우 : 기본적으로 앞에 부사가 위치하며, 동사처럼 뒤에서 보어의 꾸밈을 받을 수 있다.

> 주어 + 부사 + **형용사**

他们非常紧张。 그들은 굉장히 긴장했다.
老师很严格。 선생님께서는 엄하시다.

> 주어 + **형용사** + 정도보어 / 방향보어

弟弟兴奋得不能睡着。 남동생은 흥분해서 잠을 이룰 수 없다.
天气暖和起来了。 날씨가 따뜻해지기 시작했다.

❷ 관형어로 쓰이는 경우 : 뒤에 구조조사 的를 쓰는데, 1음절 형용사의 경우에는 的를 쓰지 않는다.

> **형용사** (+ 的) + 명사

他是我的好朋友。 그는 나의 좋은 친구이다.
她想买最近最流行的衣服。 그녀는 요즘 가장 유행하는 옷을 사고 싶어 한다.

❸ 부사어로 쓰이는 경우 : 일반적으로 뒤에 구조조사 地를 쓰는데, 자주 결합되는 경우 습관적으로 地를 생략한다.

> **형용사** (+ 地) + 동사

仔细(地)看 꼼꼼히 보다 | 认真(地)学习 열심히 공부하다 | 热情(地)对待 친절히 대하다

❹ 보어로 쓰이는 경우 : 술어 뒤에 위치하여 정도보어나 가능보어로 쓰인다.

> 정도보어 : 동사 + 得 + 정도부사 / 부정부사 + **형용사**

他的汉语说得很**流利**。 그의 중국어는 유창하다.
她写字写得不**好看**。 그녀는 글씨를 잘 못 쓴다.

> 가능보어 : 동사 + 得 / 不 + **형용사**

看得**清楚**。 뚜렷하게 볼 수 있다. | 看不**清楚**。 뚜렷하게 볼 수 없다.
吃得**多**。 많이 먹을 수 있다. | 吃不**多**。 많이 먹을 수 없다.

바로 Check! 체크   제시된 단어를 알맞은 위치에 넣으세요.

❶ A 孩子们 B 玩 C 得很 D 。　(高兴)

❷ A 事情 B 越来越 C 了 D 。　(严重)

정답 ❶ D ❷ C

2. 형용사가 답이 될 수 없는 위치

❶ 형용사 뒤에 목적어가 오는 경우 : 형용사는 동사와 달리 목적어를 가질 수 없다.

> **형용사** + 목적어(X)

我好他。(X) → 我**喜欢**他。(O) 나는 그를 좋아한다.
干净房间。(X) → 她**打扫**房间。(O) 그녀는 방을 청소한다.

❷ 부사 없이 술어 위치에 오는 경우 : 형용사는 부사의 수식을 받는다.

> 부사 + **형용사**

我们对服务满意。(X) → 我们对服务**很满意**。(O) 우리는 서비스에 만족한다.
昨天的比赛精彩了。(X) → 昨天的比赛**太精彩**了。(O) 어제 경기는 굉장히 멋졌다.

예제 1　　　　　　　　　　　　　　　난이도 下　공략 Key 정도보어의 수식을 받는 형용사

> A 凉快　　　B 精彩　　　C 吵　　　D 疼　　　E 认真　　　F 热闹
>
> 外边太热，办公室里开着空调，(　　　)多了。

정답&공략

해석　A 凉快　　B 精彩　　C 吵
　　　D 疼　　　E 认真　　F 热闹

外边太热，办公室里开着空调，(**A 凉快**) 多了。

A 시원하다　　B 훌륭하다　　C 시끄럽다
D 아프다　　　E 진지하다　　F 번화하다

바깥은 너무 더운데, 사무실 안에 에어컨이 켜 있어서, 훨씬 (**A 시원해졌어**).

공략　빈칸이 비교의 정도보어 '多了' 앞에 위치하므로 술어가 와야 한다. 의미상 凉快가 가장 적합하다.

어휘　★凉快 liángkuai 형 시원하다 | ★精彩 jīngcǎi 형 훌륭하다 | ★吵 chǎo 형 시끄럽다 | ★空调 kōngtiáo 명 에어컨

예제 2　　　　　　　　　　　　　　　난이도 上　공략 Key '只要……就……' 호응 구조와 형용사의 위치

> A 有趣　　　B 辛苦　　　C 安静　　　D 行　　　E 准确　　　F 耐心
>
> A: 这里离地铁站很近，而且周围有超市、菜市场，买东西也很方便。
> B: 只要你觉得满意就(　　　)，就定这套房子吧。

정답&공략

해석　A 有趣　　B 辛苦　　C 安静
　　　D 行　　　E 准确　　F 耐心

A: 这里离地铁站很近，而且周围有超市、菜市场，买东西也很方便。
B: 只要你觉得满意就(**D 行**)，就定这套房子吧。

A 재미있다　　B 고생하다　　C 조용하다
D 좋다　　　　E 정확하다　　F 참을성이 있다

A: 이곳은 지하철역과도 가깝고, 게다가 부근에 슈퍼마켓과 채소 시장이 있어, 물건 사는 것도 편해요.
B: 당신만 만족한다면 (**D 좋아요**). 이 집으로 결정합시다.

공략　'只要……就……'는 '~하기만 하면 바로 ~하다'라는 의미로 조건 결과를 연결하는 접속사 호응 구조이며 부사 就

뒤에는 결과에 해당하는 술어가 위치한다. B는 A의 의견을 듣고 바로 이 집으로 결정하자고 말했으므로 의미상 '당신만 만족하면 좋아요'라고 하는 것이 적당하다.

어휘　★有趣 yǒuqù 혱 재미있다 | ★安静 ānjìng 혱 조용하다 | ★离 lí 통 떨어지다 | 地铁站 dìtiězhàn 명 지하철역 | ★而且 érqiě 접 게다가, 또한 | 周围 zhōuwéi 명 주위 | ★超市 chāoshì 명 슈퍼마켓 | 菜市场 cài shìchǎng 명 채소 시장 | 套 tào 양 집을 세는 단위 | 房子 fángzi 명 집

공략 2. 술어 꾸미기의 국가 대표 부사를 기억하라

부사는 동사와 형용사를 꾸며주는 가장 대표적인 품사로 위치가 비교적 자유롭다. 일부 부사는 생김새가 동사나 개사와 비슷하기 때문에 헷갈리기 쉬우므로 부사의 종류를 확실히 암기하자.

1. 부사가 정답이 되는 위치

> 주어 + **부사** + 동사 / 형용사

她**曾经**学过汉语。 그녀는 일찍이 중국어를 배운 적이 있다.
天气**突然**冷起来了。 날씨가 갑자기 추워졌다.

> **부사** + 명사 술어(시간이나 금액, 날짜 등 숫자가 술어로 쓰이는 명사)

已经8点了。 벌써 8시이다.
一共一百块钱。 모두 100위안이다.
差不多500多个人。 거의 500여 명이다.

> **부사** + 把 / 被 / 比

她**竟然**把机会放弃了。 그녀는 뜻밖에도 기회를 포기했다.
钱包**肯定**被偷走了。 지갑은 분명 도둑맞았다.
今天**却**比昨天冷。 오늘이 어제보다 오히려 춥다.

바로 체크 Check! 제시된 단어를 알맞은 위치에 넣으세요.

---

❶ 他 A 10岁，B 应该 C 不 D 懂事。　(才)

❷ 我 A 吃完 B 饭，C 还想 D 吃。　(刚)

정답 ❶ A　❷ A

2. 시험에 자주 나오는 부사

어기부사	긍정, 추측, 강조, 의문 등 각종 어기를 나타내는 부사
	★原来 yuánlái 원래, 알고 보니 | 怪不得 guàibude 어쩐지 | ★其实 qíshí 사실 | 反正 fǎnzhèng 어쨌든 | 万一 wànyī 만일 | ★也许 yěxǔ 아마 | 只好 zhǐhǎo 부득이 | ★不得不 bùdébù 어쩔 수 없이 | 好不容易 hǎobùróngyì 간신히 | ★突然 tūrán 갑자기 | 忽然 hūrán 갑자기 | ★竟然 jìngrán 뜻밖에 | 居然 jūrán 뜻밖에도 | 至少 zhìshǎo 최소한, 적어도 | 起码 qǐmǎ 적어도 | 好像 hǎoxiàng ~와 같다 | ★恐怕 kǒngpà 아마도 | ★大概 dàgài 아마, 대충 | ★大约 dàyuē 대략, 얼추 | 毕竟 bìjìng 드디어, 필경 | ★难道 nándào 정녕, 설마 | ★到底 dàodǐ 도대체 | 却 què 오히려 | 故意 gùyì 일부러 | ★顺便 shùnbiàn ~하는 김에 | 尽量 jǐnliàng 가능한, 되도록 | 何必 hébì 구태여 ~할 필요가 있는가 | ★最好 zuìhǎo 가장 좋기로는 | ★甚至 shènzhì 심지어 | 差点儿 chàdiǎnr 하마터면
시간부사	시간적 상황을 나타내는 부사
	★还 hái 아직 | 刚刚 gānggāng 막 | 已经 yǐjing 이미 | ★正在 zhèngzài ~하는 중이다 | 才 cái 비로소 | 就 jiù 곧 | 马上 mǎshàng 바로 | 先 xiān 먼저 | 快 kuài 빨리 | ★按时 ànshí 제때에 | ★正好 zhènghǎo 마침 | 曾经 céngjīng 이전에 | 随时 suíshí 수시로 | ★永远 yǒngyuǎn 영원히 | 早晚 zǎowǎn 조만간 | ★偶尔 ǒu'ěr 이따금 | ★总是 zǒngshì 늘 | ★往往 wǎngwǎng 종종 | 终于 zhōngyú 결국, 마침내
빈도부사	동작의 빈도수를 나타내는 부사
	又 yòu 또 | 也 yě 역시 | 还 hái 다시 | ★重新 chóngxīn 재차 | ★从来 cónglái 이제껏 | ★不断 búduàn 끊임없이 | 常常 chángcháng 종종 | 继续 jìxù 계속
범위부사	상황이나 동작의 범위를 제한하는 느낌의 부사
	都 dōu 모두 | 全 quán 전부 | 一起 yìqǐ 함께 | 凡是 fánshì 대체로 | 只 zhǐ 단지 | 单 dān 단지 | 就 jiù 겨우 | 净 jìng 그저 | ★光 guāng 오로지 | 仅仅 jǐnjǐn 간신히
상태부사	상황이나 상태의 변화를 나타내는 부사
	★仍然 réngrán 여전히 | ★逐渐 zhújiàn 점차 | 渐渐 jiànjiàn 점점
정도부사	감정이나 상황의 정도를 나타내는 부사
	很 hěn 매우 | 最 zuì 가장 | 太 tài 너무 | 真 zhēn 정말 | 挺 tǐng 아주 | 够 gòu 제법 | 非常 fēicháng 대단히 | 特别 tèbié 유달리 | 尤其 yóuqí 특히 | 十分 shífēn 굉장히 | 相当 xiāngdāng 상당히 | ★稍微 shāowēi 약간 | ★几乎 jīhū 거의 | 比较 bǐjiào 비교적 | 有点儿 yǒudiǎnr 조금
부정부사	어떠한 상태나 동작을 나타내는 말 앞에 놓여 부정을 나타내는 부사
	不 bù 아니다 | 没有 méiyǒu ~하지 않았다 | ★别 bié ~하지 마라 | 未必 wèibì 반드시 ~은 아니다 | 甭 béng, 不用 búyòng ~할 필요 없다
비교부사	비교문에 쓰여 비교되는 사물의 정도가 심함을 나타내는 부사
	更 gèng 더욱 | 还 hái 더

 **예제 1**

난이도 中　공략 Key 시간부사

A 突然　　B 几乎　　C 随便　　D 按时　　E 偶尔　　F 直接

您就放心吧，明天我一定(　　　)到，不会迟到的。

정답&공략

해석　A 突然　　B 几乎　　C 随便　　　　　A 갑자기　　B 거의　　C 마음대로
　　　D 按时　　E 偶尔　　F 直接　　　　　D 제때에　　E 이따금　　F 직접

您就放心吧，明天我一定(D 按时)到，　　걱정 마세요. 내일 저는 확실히 (D 제때에) 도착할
不会迟到的。　　　　　　　　　　　　　　것입니다. 늦지 않을 거예요.

공략　늦지 않을 것이라는 말은 곧 자신이 제시간에 맞춰 도착한다는 의미이므로 부사 按时가 정답이 된다.

어휘　★几乎 jīhū 틧 거의 | ★按时 ànshí 틧 제때에 | ★偶尔 ǒu'ěr 틧 이따금 | ★放心 fàngxīn 톰 안심하다

 **예제 2**

난이도 中　공략 Key 불길한 예측을 나타내는 恐怕

A 只好　　B 到底　　C 正好　　D 恐怕　　E 重新　　F 更

A: 今天都30号了，(　　　)来不及了。

B: 别着急，来得及，我们一定能准时完成。

정답&공략

해석　A 只好　　B 到底　　C 正好　　　　　A 부득이　　B 도대체　　C 딱, 마침
　　　D 恐怕　　E 重新　　F 更　　　　　　D 아마도　　E 다시, 재차　　F 더욱

A: 今天都30号了，(D 恐怕)来不及了。　　A: 오늘이 벌써 30일인데, (D 아마도) 늦은 것 같아.
B: 别着急，来得及，我们一定能准时完成。　B: 조급해 하지 마. 아직 늦지 않았어. 우리는 분명히
　　　　　　　　　　　　　　　　　　　　시일에 맞춰 완성할 수 있을 거야.

공략　恐怕는 '아마도'라는 의미의 부사로, 일반적으로 부정적인 일을 예측할 때 쓰인다. '시간이 촉박하기 때문에 아마도
　　　일을 완성하기에는 늦은 것 같다'라는 말은 부정적인 예측이므로 恐怕가 적당하다.

어휘　★到底 dàodǐ 틧 도대체 | ★恐怕 kǒngpà 틧 아마도 | ★来不及 láibují 톰 (시간이 촉박하여) ~할 수 없다.
　　　제시간에 댈 수 없다 | ★来得及 láidejí 톰 (시간에) 댈 수 있다 | ★准时 zhǔnshí 톟 시간에 맞다

第 1-5 题：选词填空。

A 完全	B 及时	C 粗心	D 坚持	E 流行	F 详细

例如：她每天都（ **D** ）走路上下班，所以身体一直很不错。

1. 无论做什么事情，都要认真、仔细，不要太马虎、太（　　　）。

2. 她担心会引起别人的误会，所以又向大家（　　　）解释了一遍所有的经过。

3. 这条牛仔裤是最近很（　　　）的，我们也去买一条。

4. 调查结果和他们想的（　　　）不同，因此他们不得不改变原来的计划。

5. 这项任务对我们公司来说非常重要，假如发生什么问题，要（　　　）跟
   我们联系。

A 挺　　　**B** 差不多　　　**C** 温度　　　**D** 有趣　　　**E** 恐怕　　　**F** 害羞

例如：**A**: 今天真冷啊，好像白天最高(　C　)才2℃。

　　　B: 刚才电视里说明天更冷。

6.　**A**: 张阿姨，您是南方人吧？

　　B: 对，我是上海人，在北方(　　　　)工作15年了。

7.　**A**: 您的女儿真漂亮，不过好像不太喜欢跟人说话。

　　B: 她有点儿(　　　　)，不过等跟别人熟悉了就好了。

8.　**A**: 这本小说很(　　　　)，我估计今天就能看完，后天见面时可以借你。

　　B: 那太好了，我也非常想看那本书。

9.　**A**: 这是从国外买来的巧克力，(　　　　)好吃的，你尝一下吧。

　　B: 谢谢，这次出差很顺利了吗？

10.　**A**: 今天晚上我要加班。(　　　　)我们的约会得推迟了。

　　B: 没关系，我们下星期再见面吧。

◆ **정답 및 해설**_ 해설집 43쪽

명사가 있는 곳에 우리가 있다!
— 개사와 양사

+정답_ 해설집 173쪽

학습목표

✓1 명사와 친한 개사와 양사의 특징을 이해하자

✓2 개사와 양사의 특징을 낱낱이 파헤쳐보자

✓3 시험에 자주 출제되는 개사와 양사를 암기하자

개사와 양사는 모두 명사와 친한 품사로 명사 앞에 위치한다. 단, 개사는 반드시 명사와 함께 써야 하는 반면 양사는 수사나 지시대사와 짝꿍이 되어 명사를 쓰지 않아도 된다. 개사와 양사의 특징을 파악하고 출제 빈도율이 높은 어휘를 마스터하자.

기초 실력 테스트 TEST

1 빈칸에 들어갈 알맞은 단어를 고르세요.

❶ ________上课时间还有5分钟。 （离 / 从）

❷ 他________我的词典借走了。 （被 / 把）

❸ 这件是应该________你负责。 （由 / 往）

2 명사에 어울리는 양사를 연결하세요.

❶ 一篇 ·   · 袜子

❷ 一所 ·   · 恋人

❸ 一张 ·   · 文章

❹ 一只 ·   · 申请表

❺ 一对 ·   · 学校

4급 기출문제 맛보기

 맛보기 1

난이도 中　공략 Key 주어 앞에 놓이는 개사구

A 被　　　B 往　　　C 把　　　D 替　　　E 按照　　　F 为了

(　　　　)规定，这项工作是应该由你们公司负责。

정답&공략

해석　A 被　　　B 往　　　C 把　　　　　A ~에 의해　　B ~쪽으로　　C ~을
　　　D 替　　　E 按照　　F 为了　　　　D ~을 대신하여　E ~에 따라　F ~을 위하여

(**E 按照**)规定，这项工作是应该由你们　　　규정(**E 에 따라**), 이 일은 반드시 당신 회사가 책임
公司负责。　　　　　　　　　　　　　　　　져야 한다.

공략　개사 按照는 규정, 계획, 규칙 등의 명사와 자주 호응한다. 문장 앞에 놓일 경우 반드시 콤마를 찍는다.

어휘　替 tì 개 ~을 대신하여 | 按照 ànzhào 개 ~에 따라 | ★规定 guīdìng 명 규정 | ★负责 fùzé 동 책임지다

 맛보기 2

난이도 下　공략 Key 적합한 양사 선택

A 朵　　　B 页　　　C 盒　　　D 件　　　E 辆　　　F 场

A: 你总结写得顺利吗? 张经理希望你尽快写完。
B: 别提了，才写了几(　　　　)，估计到下个星期才能写完一半呢。

정답&공략

해석　A 朵　　　B 页　　　C 盒　　　　　A 송이　　　B 쪽　　　C 갑
　　　D 件　　　E 辆　　F 场　　　　　D 벌　　　　E 대　　　F 회, 번

A: 你总结写得顺利吗? 张经理希望你尽快　　　A: 너 총결산서 작성은 잘 되고 있니? 장 사장님은
　　写完。　　　　　　　　　　　　　　　　　네가 되도록 빨리 완성하기를 바라시던데.
B: 别提了，才写了几(**B 页**)，估计到下　　B: 말도 마, 겨우 몇 (**B 쪽**) 썼어. 다음 주나 돼야
　　个星期才能写完一半呢。　　　　　　　　　겨우 절반 완성할 것 같은데.

공략　총결산서의 페이지 수를 세는 양사가 필요하기 때문에 정답은 문서나 종이를 세는 단위인 页가 된다.

어휘　★总结 zǒngjié 명 총결산서 | ★顺利 shùnlì 형 순조롭다 | 尽快 jǐnkuài 부 가능한 빨리

공략 1. 중개인처럼 끼어있는 말, 개사의 이름을 이해하라

개사(介词)는 '介(끼이다)'와 '词(말)'가 합쳐진 '끼인 말'로, 주어와 술어 사이에 위치한다.

1. 개사의 특징

❶ 개사는 반드시 명사(구)나 대사 앞에 놓여 개사구를 만든다 : 기본적으로 앞에 부사가 위치하며, 동사처럼 뒤에서 보어의 꾸밈을 받을 수 있다.

你先往前走，然后再往右拐。 너는 먼저 앞으로 간 다음 다시 우회전해.
我们对中国文化感兴趣。 우리는 중국 문화에 흥미가 있다.

❷ 못 먹는 조개 '부조개'를 기억한다 : 동사 앞에 동사를 꾸미는 말(부사어)이 쓰이면 '부사＋조동사＋개사구' 즉 '부조개'의 어순을 갖는다.

> 주어 ＋ **부사** ＋ **조동사** ＋ **개사구** ＋ 술어

我很想在家看书。 나는 집에서 책을 보고 싶다.

❸ 개사구는 주어와 술어 사이에 놓이는 것이 일반적이지만 예외도 있다.

- **주어 앞에 놓이는 경우** : 반드시 콤마(,)를 찍어야 한다.

  根据这段话，我们可以知道什么？ 이 글을 근거로, 우리는 무엇을 알 수 있는가?
  随着社会的发展，人们对居住环境的要求越来越高。
  사회 발전에 따라, 거주 환경에 대한 사람들의 요구도 갈수록 높아지고 있다.

- **동사 뒤에 놓이는 경우** : 동사 뒤에서 결과보어 역할을 하며 뒤에는 반드시 명사가 온다. 在, 到, 给 등이 대표적으로 동사 뒤에 놓이는 개사이다.

  这件事发生在1980年。 이 일은 1980년에 발생했다.
  他要把材料送到办公室。 그는 자료를 사무실로 보내려고 한다.
  应该把这本书还给他。 이 책을 그에게 돌려주어야 한다.

바로 체크 ^{Check!} 제시된 단어를 알맞은 위치에 넣으세요.

> ❶ 你 A 应该 B 这件事 C 告诉 D 大家。 （把）
>
> ❷ 我的朋友 A 要 B 我 C 做 D 中国菜。 （给）

정답 ❶ B ❷ B

2. 시험에 자주 출제되는 개사

按照 ànzhào ~에 따라	기준과 근거를 제시할 때 사용되며 1음절 명사를 가질 수 없다.
	按照规定，你们不能带这些东西。규정에 따라 당신들은 이 물건들을 가져갈 수 없습니다.
按 àn ~에 따라	기준과 근거를 제시할 때 사용되며 1음절, 2음절 명사를 모두 가질 수 있다.
	按计划完成任务。계획에 따라 임무를 완성한다.
把 bǎ ~을	대상의 처치를 강조하는 데 사용된다.
	我**把**房间收拾干净了。나는 방을 깨끗하게 치웠다.
被 bèi ~에 의해	피동을 나타내는 데 사용된다.
	他**被**外面的声音吵醒了。그는 바깥 소리에 놀라 깼다.
比 bǐ ~보다	비교문을 만드는 데 사용된다.
	打针**比**吃药效果快。주사 맞는 것이 약 먹는 것보다 효과가 빠르다.
从 cóng ~로부터	장소, 시간, 범위 등의 시작점을 이끈다.
	她**从**美国来了。그녀는 미국에서 왔다. 我们**从**八点开始上课。우리는 8시부터 수업을 시작한다.
除了 chúle ~을 제외하고	범위의 포함 여부를 나타낼 때 사용된다.
	除了手机以外，什么**都**没带。휴대 전화 외에 아무것도 가져오지 않았다. **除了**星期六外，星期天**也**要上班。토요일 외에 일요일도 출근해야 한다.
到 dào ~까지	장소, 시간, 범위 등의 종점을 나타낸다.
	从韩国**到**中国坐飞机去。한국에서 중국까지 비행기를 타고 간다. **到**八点在家读书。8시까지 집에서 책을 읽는다.
对 duì ~에 대하여	동작이나 평가의 대상을 이끄는 데 쓰인다.
	爷爷**对**下棋很感兴趣。할아버지께서는 바둑 두는 것에 흥미가 있다.
给 gěi ~에게	행동을 받는 대상을 이끄는 데 쓰인다.
	我**给**他们介绍一个朋友。나는 그들에게 친구를 한 명 소개한다.
跟 gēn ~에게, ~와	동작의 대상을 이끄는 데 쓰인다.
	我**跟**他学汉语。나는 그에게 중국어를 배운다.
根据 gēnjù ~을 근거로	동작이 이루어지는 근거와 기초를 이끄는 데 쓰인다.
	根据他的报告，情况不太严重。그의 보고에 근거하면 상황이 그다지 심각하지 않다.
关于 guānyú ~에 관하여	관련이 있거나 혹은 설명하려는 범위를 이끄는 데 쓰인다.
	关于这个问题，我们已经讨论了。이 문제에 관해. 우리는 이미 토론했다.
离 lí ~로부터	장소와 시간의 간격이나 거리를 나타내는 데 쓰인다.
	大使馆**离**这里多远？대사관은 여기에서 얼마나 떨어져 있니? **离**出发时间还有半个小时。출발 시간까지 아직 30분이 남았다.
连 lián ~조차	최소한의 범위와 정도를 이끄는 데 쓰인다.
	他**连**钱包都没有带。그는 지갑조차도 가져오지 않았다.

随着 suízhe ~에 따라	동작이나 상황이 변화하게 된 근거를 이끄는 데 쓰인다.
	随着科学技术的发展，地球变得越来越小。 과학 기술의 발전에 따라 지구는 점점 작아지고 있다.
替 tì ~을 대신하여	도움을 받는 대상을 이끄는 데 쓰인다.
	王先生替我当翻译。 왕 선생이 나 대신 통역한다.
往 wǎng ~쪽으로	장소의 방향을 나타내는 데 쓰인다.
	往右拐。 우회전하세요. 往上看。 위쪽을 보세요.
为了 wèile ~을 위하여	동작의 목적을 설명하는 데 쓰인다.
	他们都为了祝贺小王来了。 그들은 모두 샤오왕을 축하하기 위해 왔다.
向 xiàng ~을 향하여	동작을 받는 대상이나 방향을 이끄는 데 쓰인다.
	他向门口走了。 그는 입구 쪽으로 걸어갔다. 你应该向大家道歉。 너는 반드시 모두에게 사과해야 한다.
以 yǐ ~로서	근거나 자격 등을 이끄는 데 쓰인다.
	她以代表的身份参加这次会议。 그녀는 대표의 신분으로 이번 회의에 참가한다.
由 yóu ~가	동작의 주체를 이끄는 데 쓰인다.
	这个问题由谁来解决呢? 이 문제는 누가 해결하지?
与 yǔ ~와	跟과 마찬가지로 대상을 이끄는 데 쓰인다.
	与日本人相比，韩国人更喜欢吃辣的。 일본인과 비교했을 때, 한국인이 매운 것을 더 좋아한다.
在 zài ~에서, ~때에	장소, 시간 등을 이끄는 데 쓰인다.
	他在银行工作。 그는 은행에서 일한다. 这件事发生在1970年。 이 일은 1970년에 발생했다.

예제 1

난이도 中 공략 Key 대상을 이끄는 개사

A 被　　　B 对　　　C 根据　　　D 随着　　　E 由　　　F 比

每天吃一两个新鲜的苹果(　　　)皮肤很有好处。

정답&공략

해석
A 被　　　B 对　　　C 根据　　　A ~에 의해　　B ~에 대하여　　C ~을 근거로
D 随着　　E 由　　　F 比　　　D ~에 따라　　E ~가　　F ~보다

每天吃一两个新鲜的苹果(B 对)皮肤很　　매일 한두 개의 신선한 사과를 먹는 것은 피부(B 에)
有好处。　　　　　　　　　　　　　　　많은 장점이 있다.

공략　사과가 피부에 좋다는 장점을 이야기하고 있기 때문에 정답은 대상을 이끌며 '~에 대하여'라는 의미를 가지고 있는 개사 对가 된다.

어휘　★随着 suízhe 깨 ~에 따라 | ★由 yóu 깨 ~가 | ★新鲜 xīnxian 혱 신선하다 | ★皮肤 pífū 뎽 피부 | ★好处 hǎochu 뎽 장점

예제 2

난이도 上　공략 Key 목적어를 전치시키는 개사

독해
제1부분

> | A 把 | B 到 | C 连 | D 在 | E 替 | F 向 |
> |---|---|---|---|---|---|
>
> A: 你快(　　　)不用的东西收拾收拾，别到处乱扔。
> B: 知道了，这个节目马上就结束了，先看完，再弄。

정답&공략

해석　
A 把	B 到	C 连
D 在	E 替	F 向

A ~을	B ~까지	C ~조차
D ~에서	E ~을 대신하여	F ~을 향하여

A: 你快(A 把)不用的东西收拾收拾，别到处乱扔。
B: 知道了，这个节目马上就结束了，先看完，再弄。

A: 너 빨리 사용하지 않는 물건(A 을) 좀 치워. 아무 데나 버려두지 말고.
B: 알았어. 이 프로그램은 곧 끝나니까, 다 보고 나서 치울게.

공략　중국어는 일반적으로 '주어＋술어＋목적어'의 어순을 갖지만, 빈칸이 속한 문장은 '주어＋목적어＋술어'의 어순을 갖고 있다. 때문에 '~을'의 의미를 가지고 있는 把가 정답이 된다.

어휘　★连 lián 깨 ~조차 | 收拾 shōushi 뚱 정리하다 | ★到处 dàochù 뷘 도처에, 곳곳에 | ★乱扔 luànrēng 뚱 함부로 버리다 | ★节目 jiémù 뎽 프로그램 | ★结束 jiéshù 뚱 끝나다 | 弄 nòng 뚱 하다

> **Tip** 乱
>
> 乱이 동사와 결합하면 '함부로 ~하다'의 의미를 갖는다.
> 乱说 함부로 말하다 | 乱想 함부로 생각하다 | 乱动东西 물건을 함부로 만지다

양사는 사람이나 사물 등 수를 세는 단위로, 주로 지시대사(这/那)나 수사 뒤에 놓여 명사를 꾸미는 관형어 역할을 하지만, 중첩할 경우에는 단독으로 쓰일 수 있다.

1. 양사의 특징

양사는 단독으로 쓰일 수 없기 때문에 일반적으로 지시대사나 수사 뒤에 놓여 다음과 같은 역할을 한다.

这家饭馆的菜很好吃。 이 식당의 음식은 정말 맛있다. (관형어 역할)
你帮我拿一瓶吧。 네가 한 병 들어줘. (목적어 역할)
这份写得很不错。 이건 정말 잘 썼다. (주어 역할)
个个都很活泼。 모두들 다 활발하다. (양사 중첩 → '매, 모든'의 의미)

2. 시험에 자주 출제되는 양사

양사	결합 명사
把 bǎ 자루	자루가 있는 기구나 힘, 기능 따위를 세는 데 쓰인다. 剪刀 jiǎndāo 가위 | 刀 dāo 칼 | 椅子 yǐzi 의자 | 钥匙 yàoshi 열쇠 | 雨伞 yǔsǎn 우산 | 力气 lìqi 힘
杯 bēi 잔, 컵	잔을 세는 데 쓰인다. 可乐 kělè 콜라 | 咖啡 kāfēi 커피 | 牛奶 niúnǎi 우유 | 茶 chá 차
部 bù 편	서적, 영화를 세는 데 쓰인다. 电视剧 diànshìjù 드라마 | 小说 xiǎoshuō 소설 | 电影 diànyǐng 영화
串 chuàn 꿰미, 줄	꿰미나 줄처럼 한 줄로 이어진 것을 세는 데 쓰인다. 钥匙 yàoshi 열쇠 | 羊肉串 yángròuchuàn 양고기 꼬치 | 珠子 zhūzi 구슬 | 葡萄 pútáo 포도
对 duì 짝, 쌍	짝을 이룬 것을 세는 데 쓰인다. 情人 qíngrén 애인 | 恋人 liànrén 연인 | 鸳鸯 yuānyāng 원앙
朵 duǒ 송이	꽃이나 구름을 세는 데 쓰인다. 云 yún 구름 | 花 huā 꽃
份 fèn 벌, 부, 통	일, 세트, 문건을 세는 데 쓰인다. 套餐 tàocān 세트 음식 | 工作 gōngzuò 일 | 资料 zīliào 자료 | 报告 bàogào 보고서
幅 fú 폭	종이나 그림 따위를 세는 데 쓰인다. 画 huà 그림 | 作品 zuòpǐn 작품 | 地图 dìtú 지도
个 gè 개	사람은 물론 거의 모든 사물을 세는 데 쓰인다. 人 rén 사람 | 手机 shǒujī 휴대 전화 | 教室 jiàoshì 교실

盒 hé 갑, 통	작은 상자에 담긴 물건을 세는 데 쓰인다.
	烟 yān 담배 │ 茶 chá 차 │ 蛋糕 dàngāo 케이크
壶 hú 주전자	주전자나 단지를 세는 데 쓰인다.
	水 shuǐ 물 │ 茶 chá 차 │ 酒 jiǔ 술
家 jiā 집	가정이나 기업, 가게 따위를 세는 데 쓰인다.
	公司 gōngsī 회사 │ 百货商店 bǎihuò shāngdiàn 백화점 │ 餐厅 cāntīng 식당
间 jiān 칸	방이나 상점 따위를 세는 데 쓰인다.
	房子 fángzi 집 │ 浴室 yùshì 욕실 │ 厨房 chúfáng 주방 │ 卧室 wòshì 침실
件 jiàn 건, 벌	의복이나 일, 사건을 세는 데 쓰인다.
	衣服 yīfu 의복 │ 物品 wùpǐn 물품 │ 行李 xíngli 짐 │ 事 shì 일
棵 kē 그루, 포기	그루나 포기 등 식물을 세는 데 쓰인다.
	树 shù 나무 │ 白菜 báicài 배추 │ 草 cǎo 풀
块 kuài 조각, 덩어리	덩어리나 조각을 세는 데 쓰인다.
	香皂 xiāngzào 비누 │ 肉 ròu 고기 │ 面包 miànbāo 빵 │ 布 bù 천 │ 手表 shǒubiǎo 시계 │ 玻璃 bōli 유리 │ 饼干 bǐnggān 과자
辆 liàng 대	차량을 세는 데 쓰인다.
	自行车 zìxíngchē 자전거 │ 汽车 qìchē 자동차
门 mén 과목, 가지	수업, 학문, 기술 등을 세는 데 쓰인다.
	课 kè 수업 │ 艺术 yìshù 예술 │ 技术 jìshù 기술
面 miàn 개, 폭	평평한 물건을 세는 데 쓰인다.
	镜子 jìngzi 거울 │ 国旗 guóqí 국기 │ 画像 huàxiàng 화상, 초상화
盘 pán 판, 그릇	판이나 그릇처럼 표면이 넓은 것을 세는 데 쓰인다.
	磁带 cídài 테이프 │ 菜 cài 요리
篇 piān 편, 장	문장을 세는 데 쓰인다.
	文章 wénzhāng 글 │ 报表 bàobiǎo 보고서 │ 论文 lùnwén 논문
瓶 píng 병	병을 세는 데 쓰인다.
	啤酒 píjiǔ 맥주 │ 醋 cù 식초 │ 牛奶 niúnǎi 우유
束 shù 묶음, 다발	묶음이나 다발을 세는 데 쓰인다.
	花 huā 꽃 │ 玫瑰 méigui 장미
双 shuāng 쌍, 매, 켤레	쌍을 이루고 있는 것을 세는 데 쓰인다.
	筷子 kuàizi 젓가락 │ 鞋 xié 신발 │ 袜子 wàzi 양말
所 suǒ 채, 동	집이나 학교 등 건축물을 세는 데 쓰인다.
	学校 xuéxiào 학교 │ 图书馆 túshūguǎn 도서관
台 tái 대	기계를 세는 데 쓰인다.
	电视 diànshì 텔레비전 │ 洗衣机 xǐyījī 세탁기

套 tào 벌, 세트	세트를 세는 데 쓰인다.
	沙发 shāfā 소파 | 家具 jiājù 가구
条 tiáo 개, 항목, 줄기	가늘고 긴 물건이나 항목으로 나뉘어진 것을 세는 데 쓰인다.
	裤子 kùzi 바지 | 裙子 qúnzi 치마 | 河 hé 강 | 路 lù 길 | 新闻 xīnwén 뉴스
箱 xiāng 상자, 박스	상자나 박스를 세는 데 쓰인다.
	啤酒 píjiǔ 맥주 | 苹果 píngguǒ 사과 | 饮料 yǐnliào 음료수
项 xiàng 가지, 항목	항목이나 임무를 세는 데 쓰인다.
	任务 rènwu 임무 | 工作 gōngzuò 업무 | 制度 zhìdù 제도
页 yè 페이지, 면	페이지나 면을 세는 데·쓰인다.
	书 shū 책 | 纸 zhǐ 종이
张 zhāng 장, 개	종이나 넓은 표면을 가진 것을 세는 데 쓰인다.
	纸 zhǐ 종이 | 床 chuáng 침대 | 桌子 zhuōzi 책상
阵 zhèn 번, 바탕	짧은 시간, 잠시 동안 지속되는 일이나 동작을 세는 데 쓰인다.
	大雨 dàyǔ 큰 비 | 雪 xuě 눈 | 大风 dàfēng 큰 바람 | 暴雨 bàoyǔ 폭우 | 雷电 léidiàn 천둥과 번개 | 噪音 zàoyīn 소음, 잡음
只 zhī 짝, 마리, 개	짝을 이루는 물건이나 동물을 세는 데 쓰인다.
	袜子 wàzi 양말 | 脚 jiǎo 발 | 眼睛 yǎnjing 눈 | 鸟 niǎo 새
支 zhī 자루, 개피	가늘고 긴 물건을 세는 데 쓰인다.
	笔 bǐ 필기 도구 | 铅笔 qiānbǐ 연필 | 钢笔 gāngbǐ 만년필 | 圆珠笔 yuánzhūbǐ 볼펜 | 毛笔 máobǐ 붓 | 烟 yān 담배
座 zuò 좌, 동, 채	산이나 건축물, 교량처럼 비교적 큰 물건을 세는 데 쓰인다.
	工厂 gōngchǎng 공장 | 山 shān 산 | 城市 chéngshì 도시 | 桥 qiáo 다리

 빈칸에 들어갈 알맞은 단어를 고르세요.

❶ 这＿＿＿＿云很像辆车。 （朵 / 束）

❷ 你看这＿＿＿＿沙发怎么样？ （套 / 双）

정답 ❶ 朵 ❷ 套

 **예제 1**

난이도 上 공략 Key 임무를 세는 양사

A 朵　　　B 支　　　C 项　　　D 只　　　E 箱　　　F 篇

这(　　　)任务对我们公司来说非常重要，你一定要准时完成。

정답&공략

해석

A 朵	B 支	C 项
D 只	E 箱	F 篇

A 송이	B 자루	C 항목
D 짝, 마리	E 상자, 박스	F 편, 장

这(**C 项**)任务对我们公司来说非常重要，你一定要准时完成。

이(**C 번**) 임무는 우리 회사에 있어 굉장히 중요하니, 너는 반드시 제때에 완성해야 한다.

공략　빈칸은 대사와 명사 사이에 있으므로 양사가 위치해야 한다. 양사 项은 업무나 임무, 항목 등을 세는 단위이므로 정답은 C가 된다.

어휘　★项 xiàng 양 항목, 임무 | ★准时 zhǔnshí 부 제때에 | 完成 wánchéng 동 완성하다

> **Tip**　조동사와 시간부사
>
> 일반적으로 부사는 조동사 앞에 위치하지만 당위를 나타내는 조동사 应该, 得, 要 등이 시간부사 准时, 按时, 及时, 马上, 常常 등과 함께 쓰이는 경우에는 반드시 '조동사＋시간부사'의 순서로 나열된다.
>
> 你**应该常常**给我打电话。 너는 반드시 나에게 전화를 자주 걸어야 한다.
> 你**得按时**吃药。 너는 반드시 제때에 약을 먹어야 한다.
> 你**要及时**跟我联系。 너는 즉시 나에게 연락을 해야 한다.

예제 2

난이도 上　**공략 Key** 음료수를 세는 양사

A 份	B 棵	C 辆	D 束	E 箱	F 条

A: 这(　　　　)饮料太重了，估计你搬不动，还是我帮你吧。
B: 太好了，谢谢你。

정답&공략

해석

A 份	B 棵	C 辆
D 束	E 箱	F 条

A 부	B 그루	C 대
D 다발	E 상자, 박스	F 조, 항목

A: 这(**E 箱**)饮料太重了，估计你搬不动，还是我帮你吧。
B: 太好了，谢谢你。

A: 이 음료수 (**E 상자**)는 너무 무거워서, 아마 너 혼자 운반하지 못할 거야. 내가 도와줄게.
B: 잘됐다. 고마워.

공략　음료수는 일반적으로 '杯(잔), 瓶(병), 盒(통), 箱(박스, 상자)' 등의 양사로 센다. 음료수가 너무 무거워 들 수 없다고 했으므로 의미적으로 箱이 가장 적절하다.

어휘　★饮料 yǐnliào 명 음료수 | ★估计 gūjì 동 예측하다 | ★搬不动 bān bu dòng 운반할 수 없다

第 1–5 题：选词填空。

| A 按照 | B 束 | C 比 | D 坚持 | E 片 | F 连 |

例如：她每天都(**D**)走路上下班，所以身体一直很不错。

1. 我男朋友非常浪漫，每到我生日一定送蛋糕和一(　　　)花。

2. 他当上经理以后太忙了，甚至(　　　)节假日都不能休息。

3. 医院后面有一(　　　)小树林，我们去那儿散散步吧。

4. 小王虽然(　　　)我们小，但是他的工作经验更丰富。

5. 不用担心，我们总是(　　　)规定的计划进行工作。

第 6-10 题：选词填空。

A 条　　　　B 往　　　　C 温度　　　　D 幅　　　　E 离　　　　F 把

例如：A: 今天真冷啊，好像白天最高(C)才2℃。

　　　B: 刚才电视里说明天更冷。

6. A: 你穿这(　　　)连衣裙看起来又瘦又高，就买这个吧。

　　B: 但是价格太贵了，我买不起。

7. A: 我在教室里捡到了这(　　　)钥匙。有没有人丢?

　　B: 啊，是我的，谢谢你。

8. A: 这儿(　　　)大使馆比较远，走路大概要一个小时。

　　B: 那咱们还是打车去吧。

9. A: 如果大厅墙上挂 一(　　　)画就好了。

　　B: 好主意，就找合适的吧。

10. A: 我们是不是开错了，去世界公园不是这个方向吧?

　　B: 恐怕你搞错了，去世界公园应该(　　　)这个方向开。

＋정답 및 해설_ 해설집 46쪽

구와 절을 잇는 징검다리
― 접속사

학습목표

✓1 독해 제1부분에 자주 출제되는 접속사를 완벽하게 마스터하자

✓2 접속사의 의미에 따라 호응되는 짝꿍을 찾아보자

✓3 서로 비슷하게 생긴 접속사를 확실히 구분하자

접속사는 독해뿐 아니라 듣기·쓰기 영역에도 출제되고 있으므로 접속사의 종류와 의미 그리고 가장 중요한 호응 구조에 철저히 대비해야 한다.

기초 실력 테스트 TEST

1 빈칸에 들어갈 알맞은 단어를 〈보기〉에서 고르세요.

| 보기 | 不但……还……　　　如果……那么……　　　虽然……但是…… |

❶ 他________喜欢学数学，________喜欢学英语。

❷ ________我没有钱，________还要买一个。

❸ ________他不同意，________怎么办？

2 다음 문장의 의미로 알맞은 것을 고르세요.

> 这条裙子不是妈妈买的，而是姐姐买的。

❶ 这件衣服是妈妈买的。

❷ 这件衣服是姐姐买的。

❸ 妈妈、姐姐都买衣服了。

❹ 妈妈、姐姐都没有买衣服。

4급 **기출문제** 맛보기

 **맛보기 1**

난이도 中　공략 Key 역접 관계 접속사 可是

독해
제1부분

| A 可是 | B 甚至 | C 如果 | D 虽然 | E 不仅 | F 而且 |

我本来已经把那件事放弃了，（　　　）他的鼓励让我改变了想法。

정답&공략

해석

| A 可是 | B 甚至 | C 如果 | | A 하지만 | B 심지어 | C 만약 |
| D 虽然 | E 不仅 | F 而且 | | D 비록 ~이지만 | E ~일 뿐 아니라 | F 게다가 |

我本来已经把那件事放弃了，（ **A 可是** ）他的鼓励让我改变了想法。

나는 원래 이미 그 일을 포기했었다. （ **A 하지만** ）그의 격려가 내 생각을 바꿨다.

공략　원래 그 일을 포기했지만 뒤에 와서 그의 말이 생각을 바꾸게 했다고 했으므로 빈칸에는 역접의 접속사가 들어가는 것이 적절하다.

어휘　甚至 shènzhì 쩝 심지어 | 虽然 suīrán 쩝 비록 ~이지만 | 不仅 bùjǐn 쩝 단지 ~일 뿐 아니라 | ★放弃 fàngqì 통 포기하다 | ★鼓励 gǔlì 통 격려하다 | 改变 gǎibiàn 통 바꾸다 | ★想法 xiǎngfa 명 생각

 **맛보기 2**

난이도 上　공략 Key 인과 관계 접속사 由于

| A 就是 | B 还是 | C 既 | D 由于 | E 即使 | F 只要 |

A: 他最近怎么那么没有劲儿？发生什么事了？

B: （　　　）家庭经济情况很紧张，不得不放弃读硕士了。

정답&공략

해석

| A 就是 | B 还是 | C 既 | | A 설령 ~라도 | B 아니면 | C 또 ~하고 |
| D 由于 | E 即使 | F 只要 | | D ~때문에 | E 설령 ~라도 | F ~하기만 하면 |

A: 他最近怎么那么没有劲儿? 发生什么事了?

B: (D 由于)家庭经济情况很紧张, 不得不放弃读硕士了。

A: 그는 요새 왜 그렇게 기운이 없니? 무슨 일이라도 있어?

B: 가정 형편이 좋지 않기 (D 때문에) 할 수 없이 석사 과정을 포기했어.

공략 그가 석사 과정을 포기한 것은 가정 형편이 좋지 않기 때문이므로 원인을 이끄는 접속사 由于가 정답이 된다.

어휘 就是 jiùshì 젭 설령 ~일지라도 | 即使 jíshǐ 젭 설령 ~일지라도 | 只要 zhǐyào 젭 ~하기만 하면 | 劲儿 jìnr 몡 기운 | 家庭 jiātíng 몡 가정 | 经济 jīngjì 몡 경제 | 紧张 jǐnzhāng 혱 긴박하다 | ★不得不 bùdébù 틧 어쩔 수 없이 | ★读硕士 dú shuòshì 석사 과정을 밟다

4급 **독해 공략** 하기

공략 1. 연결고리가 필요할 땐 접속사를 기억하라

접속사란 의미적으로 서로 관련 있는 두 개 이상의 구나 절을 하나의 문장으로 이어주는 연결고리를 말한다. 의미는 물론 짝꿍이 되는 접속사나 부사를 잘 숙지해야 한다.

〈 시험에 자주 출제되는 접속사 〉

★既 jì / 又 yòu……又 yòu　～하기도 하고, 또 ～하기도 하다
这家饭馆的菜既好吃又便宜。이 식당의 요리는 맛있고 가격도 저렴하다. 这件衣服又旧又脏，快扔了吧。이 옷은 낡고 더러우니, 빨리 버려라.
不但 búdàn / 不仅 bùjǐn……而且 érqiě / 并且 bìngqiě……　단지 ～일 뿐 아니라 게다가 ～이다
他不但喜欢学汉语，而且喜欢学英语。그는 중국어뿐 아니라 영어 공부하는 것도 좋아한다. 不仅他不同意，并且他父母也不同意。그가 동의하지 않을 뿐 아니라 그의 부모님도 반대하신다.
★甚至 shènzhì……都 dōu / 也 yě　심지어 ～하다
这本书太难，甚至老师都看不懂。이 책은 너무 어려워서 선생님도 이해하지 못하신다.
虽然 suīrán / ★尽管 jǐnguǎn……但是 dànshì / 可是 kěshì / 不过 búguò / 只是 zhǐshì / 就是 jiùshì…… 비록 ～지만, 그러나 ～
虽然天气不好，但是我们还要坚持做。날씨가 좋지 않지만 우리는 계속 해야만 한다. 他的成绩尽管挺高，不过自己不满意。그의 성적은 매우 높다지만 스스로 만족하지 못한다.
如果 rúguǒ……的话 dehua，那么 nàme……就 jiù……　만약 ～라면, 곧 ～하다
如果你来负责的话，那么我就放心了。만일 네가 책임진다면, 나는 안심이 된다. 如果可以放一周假，我就去旅游。만일 일주일 동안 휴가를 얻을 수 있다면, 나는 바로 여행을 갈 것이다.
即使 jíshǐ……也 yě　설령 ～일지라도
即使失败也不能放弃。설사 실패하더라도 포기해서는 안 된다. 即使他不同意，我们也要去。설령 그가 동의하지 않을지라도 우리는 갈 것이다.
★无论 wúlùn / 不论 búlùn / 不管 bùguǎn……都 dōu / 也 yě　～을 막론하고 ～하다
无论大家怎么说，我都相信他。모두 어떻게 말하든 상관없이 나는 그를 믿는다. 不论工资多高，也不能浪费钱。월급이 얼마나 많든 상관없이 돈을 낭비해서는 안 된다. 不管你成不成功，我们也永远支持你。네가 성공하든 안 하든 상관없이 우리는 영원히 너를 지지할 것이다.
★只有 zhǐyǒu……才 cái……　오직 ～해야만 비로소 ～하다
只有赢这场比赛，我们才能进入决赛。이번 경기를 이겨야지 우리는 비로소 결승에 진입할 수 있다. 只有做完作业，才能出去玩儿。숙제를 마쳐야 나가 놀 수 있다.

★只要 zhǐyào······就 jiù······ ～하기만 하면 바로 ～하다	
只要**赢**这场比赛，我们**就**能进入决赛。 이번 경기를 이기기만 하면 우리는 바로 결승에 진입할 수 있다. 只要你满意**就**行了。 너만 만족하면 돼.	

因为 yīnwèi······所以 suǒyǐ······ ～이기 때문에 그래서 ～하다	
因为今天下大雪，**所以**所有的航班都取消了。 오늘 폭설이 쏟아져서 모든 항공편이 취소되었다. **因为**他生病了，**所以**今天不能来参加。 그가 병이 나서 오늘 참가하러 올 수 없다.	

★由于 yóuyú······所以 suǒyǐ / 因而 yīn'ér / 因此 yīncǐ······ ～이기 때문에 그래서 ～하다	
由于他不会说汉语，**所以**找翻译了。 그는 중국어를 못하기 때문에 통역사를 찾았다. **由于**他不太适应当地的饮食习惯，**因而**提前回国了。 그는 현지 음식 문화에 적응하지 못해서 일정을 앞당겨 귀국했다. **由于**大家都反对，**因此**不得不放弃了。 모두들 반대하는 바람에 할 수 없이 포기했다.	

★既然 jìrán······那么 nàme······就 jiù 기왕 ～한 바, 곧 ～하다	
既然来了，**就**买一个吧。 기왕 왔으니 하나 사자. **既然**他已经道歉了，**那么**你**就**原谅他吧。 기왕에 그가 이미 사과했으니 너는 그를 용서해라.	

★不是 búshì······就是 jiùshì······ ～이 아니면 ～이다	
这**不是**爸爸买的，**就是**妈妈买的。 이것은 아빠가 산 것 아니면 엄마가 산 것이다. 周末我**不是**看电视，**就是**睡觉。 주말에 나는 텔레비전 보는 것 아니면 잠을 잔다.	

★不是 búshì······而是 érshì······ ～이 아니고 ～이다	
这**不是**爸爸买的，**而是**妈妈买的。 이것은 아빠가 산 것이 아니라 엄마가 산 것이다. 那**不只是**我的看法，**而是**大家的看法。 그것은 단지 내 견해가 아니라 모두의 견해이다.	

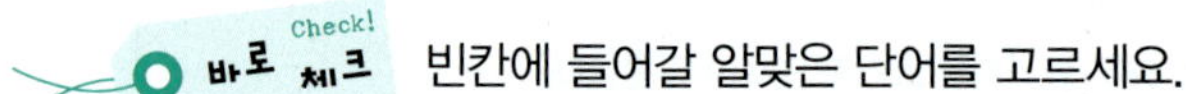

빈칸에 들어갈 알맞은 단어를 고르세요.

> ❶ 虽然他们都不同意，＿＿＿＿＿我不能放弃。 （那么 / 但是）
>
> ❷ 他不仅学英语，＿＿＿＿＿学日语。 （还 / 再）

정답 ❶ 但是 ❷ 还

 **예제**

난이도 下　공략 Key 병렬 관계 접속사 既

A 既　　　B 不过　　　C 即使　　　D 只有　　　E 因为　　　F 无论

这套沙发样子(　　　)好看，质量又不错就定这套吧。

정답&공략

해석　A 既　　　B 不过　　　C 即使
　　　D 只有　　　E 因为　　　F 无论

A ～할 뿐 아니라　B 그러나　　C 설령 ～라도
D 오직 ～해야만　E ～때문에　F ～을 막론하고

这套沙发样子(A 既)好看，质量又不错
就定这套吧。

이 소파는 디자인이 예쁠 (A 뿐 아니라) 품질도 좋
으니, 바로 이걸로 결정하자.

공략　소파의 두 가지 특징을 병렬하면서 부사 又와 호응이 되어야 하므로 정답은 既가 된다.

어휘　★既 jì 쥅 ～할 뿐 아니라 | ★不过 búguò 쥅 그러나 | ★即使 jíshǐ 쥅 설령 ～일지라도 | 套 tào 앵 세트 | ★沙发
shāfā 몡 소파 | ★质量 zhìliàng 몡 품질 | 定 dìng 튕 결정하다

Tip　既……又……와　一边……一边……

① 既……又…… : '～하기도 하고, 또 ～하기도 하다'라는 의미로 형용사와 동사 모두 병렬할 수 있다.
　　他们既唱歌又跳舞。그들은 노래도 하고 춤도 춘다.
　　这个菜既好看又好吃。이 요리는 보기도 좋고 맛도 있다.

② 一边……一边…… : '한편으로 ～하고 한편으로 ～하다'라는 의미로 동사만 병렬할 수 있다.
　　他们一边唱歌一边跳舞。(O) 그들은 노래도 하고 춤도 춘다.
　　这个菜一边好吃一边好看。(X)

공략 2. 생김새가 비슷한 접속사에 주의하라

의미는 전혀 다르지만 생김새가 비슷하여 혼란을 주는 접속사들이 있다. 이러한 혼란을 일으키지 않기 위해서는 서로 호응되는 접속사를 함께 연결지어 암기하는 것이 좋다.

· 即使你做错了事，他们也会原谅你的。 설령 네가 잘못을 해도 그들은 너를 용서할 것이다.
· 既然这样了，那你就忘了吧。 기왕 이렇게 된 이상, 너는 그냥 잊어라.
· 尽管他已经毕业了，但是还不想工作。 비록 그는 이미 졸업했지만 여전히 일하고 싶어 하지 않는다.
· 不管多贵，我也要买。 얼마나 비싸든 상관없이 나는 살 것이다.

바로 체크 빈칸에 들어갈 알맞은 답을 고르세요.

❶ ________天气不好，我也要去。 (即使 / 既然)

❷ ________多便宜，我都不买。 (尽管 / 不管)

정답 ❶ 即使 ❷ 不管

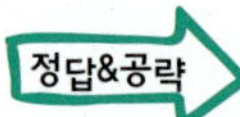

예제

난이도 中　공략 Key 양보 관계 접속사 尽管

A 不管　　B 不仅　　C 尽量　　D 尽管　　E 即使　　F 由于

A: 你为什么要换个公司？现在的公司不是很好吗？
B: (　　　)工资很高，但是每天要加班，太累了。

정답&공략

해석
A 不管　　B 不仅　　C 尽量
D 尽管　　E 即使　　F 由于

A: 你为什么要换个公司？现在的公司不是很好吗？
B: (D 尽管)工资很高，但是每天要加班，太累了。

A ～에 상관없이　B ～일 뿐 아니라　C 가능한
D 비록 ～이지만　E 설령 ～라도　F ～때문에

A: 너 왜 회사를 바꾸려고 하는 거니? 지금 회사는 좋지 않아?
B: (D 비록) 월급은 높(지만) 매일 야근을 해야 해서 너무 피곤해.

공략 월급은 높지만 너무 피곤해서 이직을 결심했으므로 빈칸에 '비록 ～이지만'의 의미를 나타내는 접속사가 위치해야 한다.

어휘 ★不管 bùguǎn 젭 ～을 막론하고, ～에 상관없이 | ★尽量 jǐnliàng 囝 가능한 | ★尽管 jǐnguǎn 젭 비록 ～이지만 | ★即使 jíshǐ 젭 설령 ～일지라도 | 换 huàn 통 바꾸다 | ★工资 gōngzī 몡 월급

> **Tip** 不是……吗?
>
> '不是……吗?'는 '～인 것 아니니?' 즉 '그렇다'라는 긍정의 어기를 강조할 때 쓰는 반어적 표현이다.
>
> 这个作业**不是**你的**吗**? 怎么让你的姐姐做? 이 숙제 네 것 아니니? 왜 누나한테 하라고 하는 거야?
> 今天**不是**星期一**吗**? 你怎么还在睡觉? 오늘 월요일 아니니? 왜 아직도 자고 있는 거야?

☑ 因为와 由于의 짝꿍이 다르다?

因为와 由于 모두 '～이기 때문에, ～로 인하여'라는 의미를 나타내는 인과 관계 접속사이지만,
뒤 절에 호응되는 접속사는 다르다.

① 因为는 오직 所以와 호응하며, 因而, 因此와는 함께 쓰이지 않는다.

因为他最近很忙，所以没时间看电影。(O) 그는 요즘 바빠서 영화를 볼 시간이 없다.
因为他最近很忙，因而(因此)没时间看电影。(X)

② 由于는 所以, 因而, 因此와 호응된다.

由于他最近很忙，所以(因而/因此)没时间看电影。(O)
그는 요즘 바빠서 영화를 볼 시간이 없다.

☑ 无论, 不论, 不管은 반드시 의문을 이끈다?

无论, 不论, 不管은 '～을 막론하고, ～에 상관없이'라는 의미로 뒤 절의 也, 都와 호응한다. 无
论, 不论, 不管이 이끄는 절에는 반드시 의문형이나 선택이 가능한 병렬 구조가 와야 한다.

无论他来，我们都要开始。(X) → 无论他来不来，我们都要开始。(O)
그가 오든 안 오든, 우리는 시작할 것이다.

不管男的，都来看比赛。(X) → 不管男女老小，都来看比赛。(O)
남녀노소에 관계없이 모두 경기를 보러 온다.

第 1–5 题：选词填空。

A 即使　　B 既然　　C 而且　　D 坚持　　E 只要　　F 但是

例如：她每天都（ **D** ）走路上下班，所以身体一直很不错。

1. （　　　）你报名，就能参加比赛。

2. 王师傅的身体最近不好，（　　　）他仍然坚持工作。

3. 上海不仅是中国的经济中心城市，（　　　）是文化中心城市。

4. （　　　）你做错了事请，我们也会永远支持你的。

5. 你（　　　）已经买了，那不用后悔了。

第 6-10 题：选词填空。

A 不管　　B 如果　　C 温度　　D 只有　　E 因此　　F 甚至

例如：**A**：今天真冷啊，好像白天最高(　C　)才2℃。

　　　B：刚才电视里说明天更冷。

6. **A**：你获得了冠军，你父母肯定很高兴吧?

　　B：是的，他们激动得(　　　)流泪了。

7. **A**：(　　　)你有什么困难，我们都愿意帮助你。

　　B：谢谢你们的关心和帮助。

8. **A**：你不是说要把你的房子卖出去吗?

　　B：对，但是一直没有人要买，(　　　)只好把它出租了。

9. **A**：(　　　)自己试试，才能知道是不是适合自己。

　　B：好吧。我就试这双吧。

10. **A**：对不起，我今天突然有了急事儿，不能陪你去了。

　　B：(　　　)你不能去，那么我也不去了。改天再去吧。

15 day 논리적 흐름을 따르자

+정답_ 해설집 173쪽

학습목표

✓ 1 글의 가장 포괄적 개념인 대전제를 찾자

✓ 2 비유 · 묘사 · 예시 · 결과를 이끄는 표현을 암기하자

✓ 3 느낌이 아닌 논리에 근거해 단문을 나열하자

하나의 완벽한 글을 완성하고자 한다면 단순히 어휘들의 연속과 나열에만 의지할 수는 없다. 특히 중국어는 각각의 문장들이 서로 연결되어 하나의 글을 완성하는 데 있어 여러 가지 규칙이 존재한다. 그 중 가장 대표적인 특징이 바로 추상적인 것에서 구체적인 것으로 이어진다는 점이다.

기초 실력 테스트 TEST

1 〈보기〉를 읽고 다음 문제에 답하세요.

> | 보기 |　A 米小姐的爱好非常广泛
> 　　　　　B 游泳、乒乓球、篮球没有她不喜欢的
> 　　　　　C 特别是在体育方面

❶ B의 대사 她는 누구인가?

❷ 다음 중 범위를 정확하게 설명하고 있는 것은?

　A 体育方面 ＜ 游泳、乒乓球、篮球　　　B 体育方面 ＞ 游泳、乒乓球、篮球

❸ 의미에 맞게 A, B, C를 순서대로 나열하세요.

2 범위가 큰 것부터 순서대로 나열하세요.

❶ 足球 / 爱好 / 运动　　　　　__________ → __________ → __________

❷ 交通工具 / 地铁、公交车 / 科学、技术

　　　　　__________ → __________ → __________

4급 기출문제 맛보기

 **맛보기 1**

난이도 上　공략 Key 대전제 문장 파악

A 在原有的基础上，加上了市场调查的结果

B 刘经理，我按照你的要求

C 把这篇总结稍微修改了一点

정답&공략

해석　B刘经理，我按照你的要求C把这篇总结稍微修改了一点。A在原有的基础上，加上了市场调查的结果。

B류 사장님, 사장님의 요구에 따라, C총결산을 약간 수정했습니다. A원래의 기초 위에 시장 조사 결과를 첨부했습니다.

공략　B(주어) 我　➡　C(술부) 修改了　➡　A(세부 설명) 基础上，加上了

'큰 개념에서 작은 개념으로' 이어지는 논리적 흐름에 대한 이해가 필요한 문제이다. 주어와 개사 按照가 있는 B가 맨 앞에 나오며, 나머지는 큰 개념에서 세부적 내용으로 연결된다.

어휘　★按照 ànzhào 개 ～에 따라 | 要求 yāoqiú 명 요구 | 总结 zǒngjié 명 총결산 | ★稍微 shāowēi 부 조금, 약간 | 修改 xiūgǎi 동 수정하다 | ★基础 jīchǔ 명 기초 | 加上 jiāshang 동 더하다 | 调查 diàochá 동 조사하다

 **맛보기 2**

난이도 中　공략 Key 예시를 이끄는 例如

A 就会相应地梦到什么情况

B 例如，屋里很热，出一身汗的时候会梦到自己在沙漠里

C 人在睡觉时，要是身体感到什么

정답&공략

해석　C人在睡觉时，要是身体感到什么，A就会相应地梦到什么情况。B例如，屋里很热，出一身汗的时候会梦到自己在沙漠里。

C사람이 잠을 잘 때 만일 몸에 무엇인가 느껴진다면, A바로 그에 상응한 어떤 상황을 꿈꾸게 된다. B예를 들어 방 안이 너무 더워 온몸에 땀이 날 때, 자신이 사막에 있는 꿈을 꾸게 된다.

   C(가정) 要是   ➡   A(결과) 就   ➡   B(예시) 例如

○ 例如는 구체적 예시를 이끄는 대표적인 표현이며 절대 맨 앞에 위치할 수 없다. C와 A는 접속사 호응 구조로 가설, 가정의 접속사 要是와 부사 就가 '만약 ~라면 바로 ~하다'라는 의미를 나타낸다.

어휘 相应 xiāngyìng 통 상응하다 | ★情况 qíngkuàng 명 상황 | ★例如 lìrú 통 예를 들다 | 汗 hàn 명 땀 | 沙漠 shāmò 명 사막

독해 제2부분 문제를 풀다 보면 한국어가 정말 전지전능한 언어라는 느낌이 자주 듭니다. 한국어로는 순서를 이렇게 해도 맞고 저렇게 해도 맞고 다 맞는 것 같으니까요. 때문에 독해 제2부분을 정확하게 해결하기 위해서는 단순히 어휘만 암기하는 것으로는 충분하지 않아요. '큰 개념에서 작은 개념으로'라는 중국어를 완성하는 논리적 흐름과 규칙들을 반드시 이해해야만 문제를 쉽게 해결할 수 있습니다.

4급 **독해 공략** 하기

공략 1. 주술목이 완벽한 문장을 찾아라

동작 주체의 행동이나 상황을 설명하는 문장이 대전제가 된다. 일반적으로 대전제는 주어, 술어, 목적어가 완벽한 문장이다.

독해
제2부분

最近　京剧　不太受　年轻人的　欢迎。 최근 경극은 젊은이들에게 별로 인기가 없다.
부사어　주어　부사어+술어　관형어　목적어

管理　是　一门艺术。 관리는 하나의 예술이다.
주어　술어　목적어

 **바로 Check! 체크** 다음 문장의 문장 성분을 쓰세요.

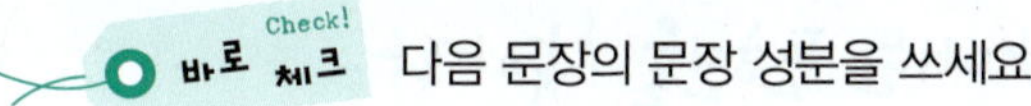

❶ 父母　是　孩子最好的　教师。　❷ 这部电影的　内容　非常　精彩。

정답 ❶ 주어 / 술어동사 / 관형어 / 목적어　❷ 관형어 / 주어 / 부사어 / 술어

예제

난이도 上　공략 Key 대전제 문장 파악

A 我们怎么对待对方，对方就会怎么对待我们

B 你笑，里面的人也笑，你哭，里面的人也哭

C 这就像你站在镜子前照自己的样子一样

정답&공략

해석 A我们怎么对待对方，对方就会怎么对待我们。C这就像你站在镜子前照自己的样子一样。B你笑，里面的人也笑，你哭，里面的人也哭。

A우리가 상대방을 그렇게 대하면, 상대방도 바로 그렇게 우리를 대할 것이다. C이는 마치 당신이 거울 앞에 서서 자신의 모습을 비춰보는 것과 마찬가지이다. B당신이 웃으면 안에 있는 사람도 웃고, 당신이 울면 안에 있는 사람도 운다.

⊙ 중국어 문장은 의미적으로 큰 개념에서 작은 개념으로 흐르기 때문에 예시와 비유의 표현은 절대 앞부분에 위치할 수 없다. 주술목이 확실한 A가 대전제가 되며 나머지는 대전제에 대한 비유와 부연 설명이다. 거울을 보는 동작이 먼저 제시되어야 거울 안의 사람이 울고 웃는 것을 볼 수 있으므로 C가 B보다 앞에 온다.

어휘   对待 duìdài 통 대하다 | ★对方 duìfāng 명 상대방 | 镜子 jìngzi 명 거울 | 照 zhào 통 비추다 | 样子 yàngzi 명 모습 | ★笑 xiào 통 웃다 | ★哭 kū 통 울다

> **Tip 의문대사 병렬**
>
> 앞뒤 절로 같은 의문대사가 병렬되면 '~하는대로 ~한다'라는 의미를 갖는다.
>
> 你怎么用，我们就怎么用。네가 사용하는 대로 사용한다.
> 你想什么时候去，我们就什么时候去。네가 가고 싶을 때 간다.

공략 2. 비유나 묘사, 예시 등을 나타내는 표현을 찾아라

'比如, 例如, 像……一样' 등은 대전제에 대한 비유나 묘사, 예시 등을 나타내는 데 사용된다. 이러한 표현들이 포함된 문장은 일반적으로 맨 앞에 위치하지 않는다.

我很喜欢中国菜。(대전제)   ➡   比如鱼香肉丝、西红柿炒鸡蛋等。(예시)

⊙ 나는 중국 요리를 좋아한다. 예를 들면 위샹러우쓰, 토마토계란볶음 요리 등이다.

他唱歌唱得很好听。(대전제)   ➡   就像歌手一样。(비유)

⊙ 그는 노래를 잘 부른다. 마치 가수 같다.

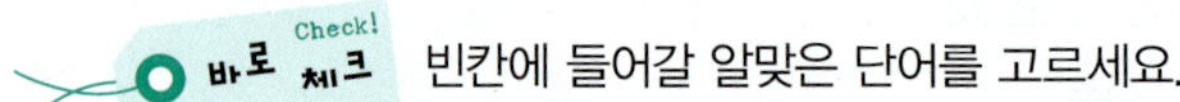

바로 체크 Check!   빈칸에 들어갈 알맞은 단어를 고르세요.

❶ 他们都特别喜欢做运动，__________踢球、游泳等。 (例如 / 如果)

❷ 她们的关系特别好，__________姐妹一样。 (正 / 像)

정답 ❶ 例如 ❷ 像

예제

난이도 下　공략 Key 예시를 이끄는 例如

> A　对身体很有好处
>
> B　例如，每天吃一到两个新鲜的苹果
>
> C　每天吃苹果对解决一些健康问题有很大的帮助

정답&공략

해석　C 每天吃苹果对解决一些健康问题有很大的帮助。B 例如，每天吃一到两个新鲜的苹果 A 对身体很有好处。

C 매일 사과를 먹는 것은 몇몇 건강 문제를 해결하는 데 많은 도움이 된다. B 예를 들어 매일 한두 개의 신선한 사과를 먹으면 A 건강에 이로운 점이 있다.

공략　C(대전제) 每天吃苹果……很大的帮助　➡　B(예시) 例如　➡　A(술부) 对身体很有好处

○ 例如는 예시를 들 때 사용하는 표현으로 대표적으로 작은 개념을 이끄는 어휘이다. C는 대전제로 맨 앞에 위치하고, B는 예시를 이끄는 문장으로 의미적으로 불완전하기 때문에 A가 뒤에서 B의 의미를 보충하는 술부 역할을 한다.

어휘　解决 jiějué 통 해결하다 | 健康 jiànkāng 명 건강 | 帮助 bāngzhù 명 도움 | ★例如 lìrú 통 예를 들다 | 新鲜 xīnxian 형 신선하다 | ★好处 hǎochu 명 장점, 이로운 점

> **Tip**　对＋대상＋술부 : ～에 대해 ～하다
>
> 抽烟对身体没有好处。흡연은 건강에 이로운 점이 없다.
> 她对汉语很感兴趣。그녀는 중국어에 매우 흥미를 느낀다.
> 游泳对健康很好。수영은 건강에 좋다.

공략 3. 결과를 이끄는 말들을 기억하라

삼단논법에 따라 결과는 가장 마지막에 놓는다. 结果, 总之, 总而言之, 由此可见 등이 결과를 이끄는 대표적인 표현들이다.

- 结果就来了一个人。 결국 겨우 한 명만 왔다.
- 总之，每个人都有各自的爱好。 한마디로 모든 사람들은 다 각자의 취미가 있다.

바로 체크 Check! 빈칸에 들어갈 알맞은 단어를 고르세요.

> ❶ __________，这件事情不像我们想象得那么简单。 (总而言之 / 结果)
>
> ❷ 今天睡懒觉了，__________，没赶上飞机。 (总而言之 / 结果)

정답 ❶ 总而言之 ❷ 结果

예제

난이도 下　**공략 Key** 결론을 이끄는 总之

> A 并不是总能受到别人的欢迎
>
> B 总之，我们有时也要学会拒绝
>
> C 对他人的任何要求都无条件答应的人

정답&공략

해석　C 对他人的任何要求都无条件答应的人 A 并不是总能受到别人的欢迎。B 总之，我们有时也要学会拒绝。

C 다른 사람의 모든 요구를 무조건 수락하는 사람이 A 결코 늘 다른 사람에게 인기가 있는 것은 아니다. B 결론적으로 우리는 때로 거절하는 법도 배워야 한다.

공략　C (주어) ……的人 ➡ A (술부) 并不是 ➡ B (결론) 总之

➡ B의 总之는 '결론적으로'라는 의미로 결론을 도출하는 데 사용되므로 맨 뒤에 위치한다. A는 주어가 빠져 있으므로 맨 앞에 놓일 수 없으며, 주어 역할을 하는 C 뒤에 위치해야 한다.

어휘　★任何 rènhé 때 어떠한, 모든 | 无条件 wútiáojiàn 통 무조건적이다 | ★答应 dāying 통 수락하다 | 欢迎 huānyíng 통 환영하다 | ★拒绝 jùjué 통 거절하다

> **Tip** 并
>
> 부사 并은 위치에 따라 의미가 다르다.
>
> ① 并＋부정부사 : 并이 부정부사 앞에 위치하면 '결코, 절대'라는 의미를 갖는다.
>
> 　这并不是他的责任。이는 결코 그의 책임이 아니다.
> 　我们并没有别的意见。우리는 절대 다른 의견이 없다.
>
> ② 并＋구/절 : 并은 접속사로 '게다가, 또한'의 의미를 갖는다.
>
> 　她们并研究了办法。그녀들은 또한 방법을 연구했다.
> 　他并告诉我他要去中国的消息。그는 또한 나에게 그가 곧 중국에 간다는 소식을 알려주었다.

독해
제2부분

 전공략 **비법 플러스**

 **대사도 문장 맨 앞에 올 수 있다?**

① 구체적인 인명이나 직업, 호칭 등 행동 주체가 제시되어 있지 않고 인칭대사가 단독으로 나올 경우 맨 앞에 올 수 있다.

| 她是很优秀的学生 | ➡ | 不但她的成绩不错 | ➡ | 而且她总是喜欢帮助别人 |

　○ 그녀는 우수한 학생이다. 그녀는 성적이 뛰어날 뿐 아니라, 늘 다른 사람을 돕는 것을 좋아한다.

② 상황이나 환경이 아닌 방향을 지시하는 경우 지시대사 这나 那도 맨 앞에 위치할 수 있다.

　• 방향을 지시하는 경우

| 这台电脑不但样子不错 | ➡ | 而且速度也很快 | ➡ | 所以最近很受欢迎 |

　○ 이 컴퓨터는 디자인이 좋을 뿐 아니라 게다가 속도도 빠르다. 그래서 최근 큰 인기를 얻고 있다.

　• 상황이나 환경을 지시하는 경우

| 今天的比赛他们队又输了 | ➡ | 这让所有的观众 | ➡ | 又失望又生气 |

　○ 오늘 경기에서 그들 팀은 또 졌다. 이는 모든 관중을 실망케 하고 화나게 만들었다.

第 1–10 题：排列顺序。

1.　**A**：是每个年轻女人都会考虑的问题

　　B：冬季皮肤容易干燥

　　C：怎样能让皮肤变得更湿润　　　　　　　＿＿＿＿＿＿＿＿

2.　**A**：最好先弄清楚到底怎么回事

　　B：有很多误会是由没说清楚引起的

　　C：因此当发生一些误会的时候　　　　　　＿＿＿＿＿＿＿＿

3.　**A**：是参加国数最多的一次

　　B：这次学术节吸引了70多个国家代表参加

　　C：亚洲学术节于10月15日在上海举办　　　＿＿＿＿＿＿＿＿

4.　**A**：张师傅是个体育爱好者

　　B：他喜欢踢足球、打篮球、游泳

　　C：最近还报名参加了乒乓球比赛　　　　　＿＿＿＿＿＿＿＿

5.　**A**：大熊猫是深受中国人喜爱的动物

　　B：圆圆的脑袋和圆圆的身子像两个圆球

　　C：他们的样子非常可爱　　　　　　　　　＿＿＿＿＿＿＿＿

6. **A**: 对很多事情的想法发生变化

   B: 有可能和以前的看法完全不一样

   C: 随着年龄的增长，人们　　　　　　　　　　　　　

7. **A**: 另外价格也比在商场买更便宜

   B: 最近网上购物深受购买者的欢迎

   C: 卖家把你购买的东西寄到你的家里　　　　　　　　　

8. **A**: 每天都吸引着大量的游客

   B: 国际动物园里的许多种动物

   C: 在寒暑假的时候，来参观的游客尤其多　　　　　　　

9. **A**: 太极拳和乒乓球是很好的运动

   B: 你选择其中任何一个，并且坚持下去的话

   C: 就能收到很理想的效果　　　　　　　　　　　　　

10. **A**: 教育是一门艺术

   B: 例如，批评孩子的时候要考虑用适当的方法

   C: 让被批评的孩子不觉得难过，而且能感觉到是在帮助自己

　　　　　　　　　　　　　　　　　　　

16 day 시간의 흐름을 따르자

+ 정답_ 해설집 173쪽

학습목표

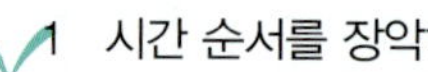

- ✓1 시간 순서를 장악하자
- ✓2 시간사 없이도 문맥으로 시제를 정확하게 파악하자
- ✓3 以后와 后来의 의미와 용법을 명확히 구분하자

한국어와 달리 중국어는 시간의 흐름을 중요하게 생각한다. 문장 배열 문제에서 시간은 반드시 '과거 → 현재 → 미래'의 순서를 지켜야 한다. 한국어 해석을 근거로 문제를 해결한다면 가장 크게 오류를 범할 수 있는 부분이므로 시간의 흐름을 반드시 기억하도록 하자.

기초 실력 테스트 TEST

1 〈보기〉를 읽고 다음 문제에 답하세요.

보기	A 昨天下了一场大雪 B 这里的交通受到了很大的影响 C 今天很多人都无法正常上班了

❶ 什么时候下大雪了?

❷ 什么时候很多人不能正常上班了?

❸ 의미에 맞게 A, B, C를 순서대로 나열하세요.

2 빈칸에 들어갈 알맞은 단어를 〈보기〉에서 고르세요.

보기	以前	这样	现在

________大家都到商店去买东西，然而________更多的年轻人喜欢在网上购买，

________不仅不用出门，而且能便宜点儿。

4급 기출문제 맛보기

 **맛보기 1**

난이도 上　공략 Key 시간의 흐름 파악

A 今年秋天有很多不能穿了

B 我女儿个子长得非常快

C 去年秋天打折的时候给她买了衣服

정답&공략

해석　B我女儿个子长得非常快。C去年秋天打折的时候给她买了衣服，A今年秋天有很多不能穿了。

B우리 딸은 굉장히 빨리 자란다. C작년 가을에 세일할 때 옷을 사 주었는데, A올해 가을에 입지 못하는 것이 많아졌다.

공략　B(대전제) 我女儿　➡　C(과거) 去年秋天　➡　A(현재) 今年秋天

시간의 흐름을 파악하는 것이 키포인트이다. 해석을 근거로 문제를 해결한다면 여러 가지의 문장 순서가 가능하다. 하지만 '큰 것 → 작은 것', '과거 → 현재 → 미래'의 흐름에 근거하면 문제를 쉽게 해결할 수 있다.

어휘　秋天 qiūtiān 명 가을 | ★打折 dǎzhé 통 세일하다

 **맛보기 2**

난이도 中　공략 Key 시간의 흐름 파악

A 我一直在电视前等着看

B 你说你去参加演出了

C 怎么没有看到你呢

정답&공략

해석　B你说你去参加演出了，A我一直在电视前等着看，C怎么没有看到你呢?

B네가 공연에 출연한다고 말해서, A나는 계속 텔레비전 앞에서 기다리며 보고 있었는데, C어째서 네가 보이지 않았지?

공략　B(과거 1) 你说了　➡　A(과거 2) 我等着看　➡　C(과거 3) 没有看到你

⊙ 텔레비전 앞에 앉아 있던 이유는 상대방이 공연에 참여한다고 말했기 때문이다. 때문에 B → A의 순서가 되며, C는 텔레비전을 다 보고 난 후의 물음으로 가장 최근에 발생한 사건이기 때문에 A 뒤에 위치한다.

어휘 　★参加 cānjiā 통 참여하다 | ★演出 yǎnchū 명 공연

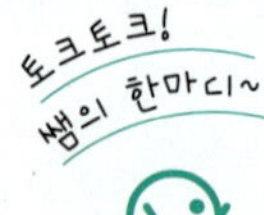

1. "어제 같이 참여하겠다고 하고서, 이제 와 말을 바꾸면 어떻게 해요. 우리 팀은 아마 질 거예요."

2. "이제 와 말을 바꾸면 어떻게 해요. 어제 같이 참여하겠다고 하고서, 우리 팀은 아마 질 거예요."

여러분, 어떤 문장이 정확한 문장일까요? 한국어로는 그 말이 그 말 같고 아리송하기만 하죠? 순서를 다르게 바꿔 말해도 다 맞게만 느껴질 거예요. 하지만 중국어로는 정답이 하나랍니다. '과거 → 현재 → 미래'의 순서를 따른 문장이지요. 이렇듯 시간의 흐름이라는 개념은 문제 해결에 결정적 역할을 한다는 것! 잊지 마세요.

4급 독해 공략하기

공략 1. '과거, 현재, 미래' 시간 순서를 파악하라

중국어는 시간적으로 '과거 → 현재 → 미래'의 순서를 따른다. 시간과 관련된 문제를 한국 학생들이 가장 어려워하는데, 그 이유는 한국어로는 과거, 현재, 미래의 순서에 상관없이 어떻게 문장을 나열해도 의미가 다 통한다는 느낌이 들기 때문이다. 그러므로 반드시 시간 흐름의 순서를 기억하고 있어야 한다.

과거	以前 yǐqián 이전 ｜ 过去 guòqù 과거 ｜ 后来 hòulái 나중에
현재	现在 xiànzài 현재 ｜ 目前 mùqián 현재
미래	以后 yǐhòu 이후에 ｜ 未来 wèilái 미래 ｜ 将来 jiānglái 장래 ｜ 往后 wǎnghòu 앞으로

바로 체크 (Check!) 다음 단어의 의미를 쓰세요.

❶ 将来 __________　　　❷ 后来 __________　　　❸ 目前 __________

정답 ❶ 장래　❷ 나중에　❸ 현재

예제　　　　　　　　　난이도 下　공략 Key 사건 시간의 흐름 파악

A 会议结束后记得要全部收回来

B 请把这份申请表复印50份

C 下午会议时发给各位职员，请他们填一下

정답&공략

해석　B 请把这份申请表复印50份，C 下午会议时发给各位职员，请他们填一下，A 会议结束后记得要全部收回来。

B 이 신청서를 50부 복사하세요. C 오후 회의 때 모든 직원들에게 배부하고, 그들에게 작성해달라고 하세요. A 회의가 끝난 이후에 모두 거둬오는 것을 명심하세요.

공략　B(동작 1) 复印　➡　C(동작 2) 发给职员　➡　A(동작 3) 收回来

어휘 ★申请表 shēnqǐngbiǎo 명 신청서 | ★复印 fùyìn 통 복사하다 | ★份 fèn 양 부(문서 등을 세는 단위) | ★会议 huìyì 명 회의 | 各位 gèwèi 명 여러분 | 职员 zhíyuán 명 직원 | ★填 tián 통 채우다 | ★结束 jiéshù 통 끝나다 | 记得 jìde 통 기억하다 | 全部 quánbù 명 전부 | 收 shōu 통 받다

Tip 份

양사 份은 新HSK 4급 시험에 자주 출제되므로 반드시 기억해야 한다.

① 음식점, 상점 등에서 제공하는 음식물의 양을 세는 데 쓰인다.

一份儿菜 요리 하나 | 一份儿饭 식사 1인분

② 어울려서 그룹을 이루는 물건을 세는 데 쓰인다.

一份工作 하나의 업무 | 一份职业 하나의 직업 | 一份礼物 하나의 선물

③ 신문, 간행물, 문서 등을 세는 데 쓰인다.

一份报告 리포트 한 부 | 一份文件 문서 한 부 | 一份杂志 잡지 한 권

공략 2. 以后와 后来를 구분하라

以后와 后来는 생김새와 해석은 비슷하지만 각각의 의미와 사용이 다르다. 짧은 한 단어이지만 정답을 찾는 데 결정적인 역할을 할 수 있으므로 그 의미와 사용에 대해 정확하게 이해해야 한다.

1. 시제의 제한 : 以后는 시제의 제한 없이 사용할 수 있지만 后来는 과거 시제에만 사용할 수 있다.

8点以后来了。(O) 8시 이후에 왔다. (과거)
8点以后来吧。(O) 8시 이후에 와라. (미래)
后来回来了。(O) 후에 왔다. (과거)
后来回来吧。(X)

2. 위치 및 단독 사용 여부 : 以后는 시간이나 사건 뒤에 쓰이며 단독으로 사용하기도 하지만, 后来는 단독으로만 사용할 수 있다.

以后再来吧。(O) 이후에 다시 와라.
下课以后再来吧。(O) 수업 후에 다시 와라.
后来当医生了。(O) 후에 의사가 되었다.
毕业后来当医生了。(X) → 毕业以后当医生了。(O) 졸업 후에 의사가 되었다.

 **바로 ^{Check!} 체크**　빈칸에 들어갈 알맞은 단어를 고르세요.

> ❶ 他打算毕业＿＿＿＿＿去中国留学。　（以后 / 后来）
>
> ❷ 下课＿＿＿＿＿我们一起去踢球吧。　（以后 / 后来）

정답 ❶ 以后　❷ 以后

독해
제2부분

예제

난이도 中　**공략 Key** 后来를 활용한 동작의 순서 파악

> A 连公司经理都有一个
>
> B 我刚上班时就发现大部分职员都用这种杯子
>
> C 后来才知道这种杯子有很多好处

정답&공략 ➡

해석　**B**我刚上班时就发现大部分职员都用这种杯子，**A**连公司经理都有一个。**C**后来才知道这种杯子有很多好处。

B내가 막 회사에 다니기 시작했을 때, 대부분의 직원들이 이 컵을 사용하는 것을 발견했다. **A**회사 사장님조차도 한 개 가지고 계셨다. **C**나중에야 이 컵이 많은 장점을 가지고 있다는 것을 알았다.

공략　B(과거 1) 刚上班时　➡　A(부연 설명) 连……都　➡　C(과거 2) 后来才知道

○ 시간명사 后来의 활용에 주의해야 한다. 后来는 '나중에, 그 후'라는 의미로 과거 시제에 사용되며, 后来 앞 절에는 반드시 더 이전의 사건이 존재해야 한다.

어휘　★发现 fāxiàn 통 발견하다 | 大部分 dàbùfen 명 대부분 | 职员 zhíyuán 명 직원 | ★连 lián 개 ～조차 | 后来 hòulái 명 나중에, 그 후

第 1–10 题：排列顺序。

1. **A**: 从5月20号到6月底

   B: 这大概可以提供5000多个工作机会

   C: 将在国际体育馆举办招聘会　　　＿＿＿＿＿＿＿＿

2. **A**: 所以今天早上才通知你们

   B: 可是又怕打扰你们休息

   C: 我其实本来想昨天晚上就通知大家的　　　＿＿＿＿＿＿＿＿

3. **A**: 先在国内深受欢迎

   B: 这本小说讲的是一个普通女人的爱情故事

   C: 后来被翻译成了许多种语言　　　＿＿＿＿＿＿＿＿

4. **A**: 因此第二天就感冒了，又是咳嗽，又是流鼻涕

   B: 所以在外边玩了很长时间

   C: 她来这儿之前从来没看过这么大的雪　　　＿＿＿＿＿＿＿＿

5. **A**: 上个星期天，你就说儿子生日时，要带他去动物园

   B: 他一定会失望的

   C: 现在忽然改变主意　　　＿＿＿＿＿＿＿＿

6. **A**: 所有的计划都在顺利进行着

   B: 没有出现任何问题，接下来的一个星期

   C: 还要继续辛苦大家 ________________

7. **A**: 现在人们常用的交流方式就是电话和电脑

   B: 从前只靠写信或者见面沟通

   C: 目前人与人沟通的方式变得越来越多样 ________________

8. **A**: 飞机起飞时，我紧紧握住同事们的手

   B: 同事们都笑话我，以后常常拿这件事跟我开玩笑

   C: 我第一次坐飞机去出差的时候非常害怕 ________________

9. **A**: 学会接受别人的批评

   B: 然后才会变得更优秀

   C: 才能发现自己的缺点 ________________

10. **A**: 后来他终于实现了这个梦想

    B: 长大后他也没有放弃

    C: 他小时候有一个当导演的梦想 ________________

✦ **정답 및 해설**_ 해설집 54쪽

17 day 이럴 땐 반드시 맨 앞에 온다

+ 정답_ 해설집 173쪽

학습목표

✓ 1 주어 앞에 놓일 수 있는 성분을 파악하자

✓ 2 시간 부사어를 정확하게 익히자

✓ 3 주어 앞에 자주 나오는 개사구를 완벽하게 암기하자

독해 제2부분의 A, B, C 단문 배열 문제를 해결할 때 반드시 기억해야 할 점은 원래 이 단문들은 서로 연결된 하나의 문장이라는 것이다. 때문에 시간 부사어나 개사(구)가 주어 앞뒤에 모두 놓일 수 있다는 중국어 문장의 특징을 잘 숙지하고 있다면 문제 해결에 큰 힌트를 얻을 수 있다.

기초 실력 테스트 TEST

1 〈보기〉를 읽고 다음 문제에 답하세요.

> |보기| A 平时我心情不愉快的时候
>
> B 总是会选个好看的电影看
>
> C 这样心情会变得好起来，感到轻松

❶ C의 这样이 가리키는 것은?

　A 心情不愉快　　　　　　　　　B 选个好看的电影看

❷ 의미에 맞게 A, B, C를 순서대로 나열하세요.

2 제시된 단어를 알맞은 위치에 넣으세요.

❶ A 爸爸 B 经常 C 带我去动物园 D 看老虎。 （小时候）

❷ A 时间的流逝，B 他们的关系 C 越来越 D 不好了。 （随着）

❸ A 你过马路 B 的时候，C 要注意 D 安全。 （当）

4급 기출문제 맛보기

 **맛보기 1**

난이도 上 ｜ 공략 Key 시간 부사어의 위치

> A 学生在学习中遇到问题的时候
>
> B 其实，留出时间让他们自己解决问题是会更好的
>
> C 许多老师会直接告诉他们正确答案

정답&공략

해석 A学生在学习中遇到问题的时候，C许多老师会直接告诉他们正确答案。B其实，留出时间让他们自己解决问题是会更好的。

A학생들이 학습 과정 중 문제에 부딪혔을 때, C대부분의 교사들은 직접 그들에게 정확한 답을 알려주곤 한다. B사실, 시간을 좀 주고 학생들 스스로 문제를 해결하게 하는 것이 더 좋다.

공략 A(시간 부사어) ……的时候 ➡ C(대전제) 许多老师告诉…… ➡ B(부연 설명) 其实

○ 시간 부사어는 주어 앞뒤에 모두 놓일 수 있다. 이 글의 주어는 C의 '许多老师'이므로 시간 부사절 A는 글 전체의 주어인 C 앞에 위치해야 한다. B의 其实는 일반적으로 맨 끝에 놓여 화자의 의도를 이끈다.

어휘 ★许多 xǔduō 형 매우 많다 ｜ 直接 zhíjiē 형 직접적인 ｜ ★正确 zhèngquè 형 정확하다 ｜ 答案 dá'àn 명 답안 ｜ ★其实 qíshí 부 사실 ｜ 解决 jiějué 동 해결하다

 **맛보기 2**

난이도 中 ｜ 공략 Key 주어 앞에 놓이는 개사구

> A 这是因为他们看起来更成熟
>
> B 根据调查结果
>
> C 结了婚的人更容易获得好工作

정답&공략

해석 B根据调查结果，C结了婚的人更容易获得好工作。A这是因为他们看起来更成熟。

B조사 결과에 따르면, C결혼한 사람들이 더욱 쉽게 좋은 일을 찾을 수 있다. A이는 그들이 훨씬 더 성숙해 보이기 때문이다.

| B(개사구 부사어) 根据…… | ➡ | C(대전제) 结了婚的人…… | ➡ | A(부연 설명) 这是因为…… |

◐ 根据는 개사구를 이루어 주어 앞뒤에 놓일 수 있다. 개사구는 원래 주어와 술어 사이에 놓이는데, 만일 주어 앞에 놓이는 경우라면 콤마(,)를 찍어야 한다. C는 대전제로 주어를 가지고 있으며 A의 这는 상황을 대신하는 대사로 의미적으로 C의 내용을 대신한다.

어휘 ★根据 gēnjù 개 ~을 근거로 | 调查 diàochá 동 조사하다 | 获得 huòdé 동 획득하다 | ★成熟 chéngshú 형 성숙하다

말을 할 때는 반드시 두서가 있어야 하지요. 뜬금없이 말을 시작한다거나 "그가 결정을 내렸어, 통계를 근거로"처럼 순서를 바꾸어 말한다면 듣는 사람도 말하는 사람도 어색하고 의사소통이 잘 안 될 수 있어요. 중국어 문장에도 당연히 문장을 구성하는 순서가 있고, 정해진 약속처럼 문장 앞에 위치하는 표현들이 있습니다. 이 약속들만 잘 기억하고 있다면 문제 해결에 중요한 열쇠를 하나 더 얻게 될 거예요.

4급 **독해 공략** 하기

공략 1. 시간 부사어가 단독으로 이끄는 구나 절은 맨 앞에 위치한다

시간명사 외에 동작이나 상황을 활용한 시간 부사어는 주어 앞뒤에 모두 놓일 수 있다. A, B, C 순서 배열 문제의 경우 시간 부사어는 주어가 있는 문장 사이에 삽입될 수 없다. 때문에 시간 부사어가 단독으로 올 경우, 주어 앞 즉 대전제 앞에 위치하게 된다. 다음은 시험에 자주 출제되는 시간 부사어들이므로 반드시 암기하도록 하자.

독해
제2부분

(当)+동작/상황+(以)前 ～하기 전

上课前，他总是喝一杯咖啡。 수업 전에 그는 항상 커피 한 잔을 마신다.
当他发现以前，你把它放回原来的地方吧。
그가 발견하기 전에, 너는 그것을 원래 장소에 가져다 놓아라.

동작/상황+中 ～하는 중

开会中，你要把手机关上。 회의 중에, 너는 휴대 전화를 꺼야 한다.
学习过程中，我们会遇到很多难题。 학습 과정 중에, 우리는 많은 난제에 부딪힐 수 있다.

(当)+동작/상황+(以)后 ～한 이후

当爸爸回来以后，我们再吃饭吧。 아빠가 돌아온 후에 다시 먹자.
先把那本书看完后再买别的书。 먼저 그 책을 다 읽은 후에 다른 책을 사라.

(当)……时 ～할 때

当你打电话时，我已经睡着了。 네가 전화를 걸었을 때, 나는 이미 잠이 들었다.
逛街时，钱包丢了。 쇼핑할 때 지갑을 잃어버렸다.

(当)……的时候 ～할 때

当我要出去的时候，朋友来了。 나가려고 할 때 친구가 왔다.
过马路的时候，一定要注意安全。 길을 건널 때 안전에 주의해야 한다.

 제시된 단어를 알맞은 위치에 넣으세요.

> ❶ 孩子 A 在睡觉 B 最好 C 不要大声说话 D 。 （时）
>
> ❷ 吃饭 A 不要 B 吃 C 甜食 D 。 （前）

정답 ❶ B ❷ A

예제

난이도 下　공략 Key 시간 부사어의 위치

> A 只有少数人关心你做得累不累
>
> B 当大家都在关心你做得好不好时
>
> C 这少数人，才是你的朋友

정답&공략

해석 **B**当大家都在关心你做得好不好时，**A**只有少数人关心你做得累不累。**C**这少数人，才是你的朋友。

B모두 당신이 잘했는지 못했는지 관심을 둘 때, **A**단지 소수의 사람들만이 당신이 피곤한지 아닌지에 관심을 갖는다. **C**이 소수의 사람들이야말로 비로소 당신의 친구이다.

공략 ┌ B(시간 부사어) 当……时 ┐ ➡ ┌ A(대전제) 只有少数人 ┐ ➡ ┌ C(부연 설명) 这少数人 ┐

➲ '当……时'는 시간을 이끄는 표현으로 글의 맨 앞에 위치한다. C의 대사 这가 이끄는 '这少数人'은 의미상 A의 사람들을 가리키는 것이므로 C는 A 뒤에 위치해야 한다.

어휘 ★关心 guānxīn 통 관심을 가지다

Tip 在

① 동사 : '~에 있다'라는 의미로 在 뒤에 장소 목적어가 온다.

他在图书馆。그는 도서관에 있다.　　　　　钱包在这儿。지갑은 여기 있다.

② 개사 : '~에서'라는 의미로 명사와 함께 개사구를 만들어 동사 앞에 위치한다.

他在图书馆看书。그는 도서관에서 책을 본다.　　我在银行取钱呢。나는 은행에서 돈을 찾고 있다.

③ 부사 : '~하는 중이다'라는 의미로 동사 앞에 위치하며 동작의 진행을 나타낸다.

他在看书。그는 책을 보는 중이다.　　　　　我在查资料呢。나는 자료를 검색 중이다.

공략 2. 단독 개사구는 맨 앞에 위치한다

개사는 주어와 술어 사이에 위치한다. 하지만 그 의미를 강조하기 위해 주어 앞에 놓여 부사 역할을 하기도 하는데, 이때 주어 앞에는 콤마(,)를 찍어 분리된 느낌을 준다. 그러므로 A, B, C 배열 문제에 개사구가 단독으로 제시될 경우, 주어 앞 즉 대전제 앞에 놓으면 된다.

1. 개사구의 위치

독해
제2부분

❶ 주어와 술어 사이

他们　　　**对这件事**　　　很感兴趣。 그들은 이 일에 대해 매우 흥미를 가지고 있다.
주어　　　개사구(개사+명사)　　술어

他们　　　**根据调查结果**　　改变　　原来的计划。 그들은 조사 결과에 근거하여 원래의 계획을 바꾼다.
주어　　　개사구(개사+명사)　　술어　　목적어

❷ 개사구, 주어

对这件事,　　　他们　　　很感兴趣。 이 일에 대해, 그들은 매우 흥미를 가지고 있다.
개사구(개사+명사)　　주어　　　술어

根据调查结果,　　　他们　改变　　原来的计划。 조사 결과에 근거하여, 그들은 원래의 계획을 바꾼다.
개사구(개사+명사)　　　주어　동사　　목적어

2. 주어 앞에 자주 오는 개사구

按照 ànzhào ~에 따라	**按照**大家的意见，我们要办事。 모두의 의견에 따라, 우리는 일을 처리할 것이다.
根据 gēnjù ~을 근거로	**根据**你们的意见，我打算重新安排时间。 여러분의 의견을 근거로, 저는 다시 시간을 조정할 계획입니다.
随着 suízhe ~에 따라	**随着**科学技术的发展，我们的生活水平大大地提高了。 과학 기술의 발전에 따라, 우리의 생활 수준이 크게 향상되었다.
为了 wèile ~을 위하여	**为了**让父母满意，他每天努力学习。 부모님을 만족시켜드리기 위해, 그는 매일 열심히 공부한다.
跟/和/与 gēn/hé/yǔ ~와	**跟(和/与)**成功比起来，幸福还是更重要。 성공과 비교하자면 행복이 그래도 더 중요하다.

 제시된 단어를 알맞은 위치에 넣으세요.

❶ A 提前 B 完成任务，C 所有职员 D 都要加班。 （为了）

❷ A 我们 B 大家的要求 C 改变 D 计划。 （按照）

정답 ❶ A ❷ B

예제

난이도 上　공략 Key 개사구의 위치

A 网络已经进入到千家万户

B 成为人们生活中最重要的必需品

C 随着科学技术的发展、生活水平的提高

정답&공략

해석　**C**随着科学技术的发展、生活水平的提高，**A**网络已经进入到千家万户，**B**成为人们生活中最重要的必需品。

C과학 기술의 발전과 생활 수준의 향상에 따라, **A**인터넷은 이미 많은 가정에 들어와, **B**사람들의 생활 속에 가장 중요한 필수품이 되었다.

공략　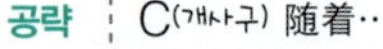 C^(개사구) 随着……　➡　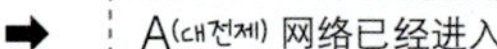 A^(대전제) 网络已经进入　➡　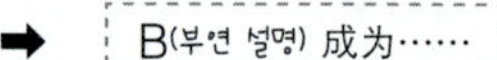 B^(부연 설명) 成为……

◯ 随着가 이끄는 개사구 C는 주어 앞뒤에 모두 위치할 수 있다. 전체의 주어는 A의 网络인데 이미 뒤에 술어가 있으므로 C는 A 앞에 놓여야 한다. B는 A의 의미를 보충 설명하고 있으므로 A 뒤에 온다.

어휘　★科学技术 kēxué jìshù 몡 과학 기술 | 提高 tígāo 통 향상시키다 | ★网络 wǎngluò 몡 인터넷 | 千家万户 qiān jiā wàn hù 솅 아주 많은 집들 | 必需品 bìxūpǐn 몡 필수품

 전공략 비법 플러스

 **경우의 수를 생각하자!**

① 시간 부사어가 주어와 함께 나오는 경우에는 바로 뒤에 술부를 찾아야 한다.

> 每到春节的时候＋很多人　➡　都愿意回老家过年

> ○ 매년 설에 많은 사람들이 모두 고향에 돌아가 설을 쇠기를 원한다.

> 他＋每当吃饭时　➡　一定要吃肉

> ○ 그는 밥을 먹을 때마다 반드시 고기를 먹으려고 한다.

② 개사구가 주어와 함께 나오는 경우에는 바로 뒤에 술부를 찾아야 한다.

> 你们＋根据从小到大的顺序　➡　排列这些数字

> ○ 너희는 작은 것에서부터 큰 것의 순서에 따라 이 숫자들을 나열해라.

> 按照经理的要求，＋我们　➡　就完成这些任务了

> ○ 사장님의 요구에 따라, 우리는 이 임무들을 완성했다.

독해
제2부분

第 1–10 题：排列顺序。

1. **A**: 活动结束后

   B: 校长走到研究生代表前

   C: 与他们握手并向他们表示祝贺　　　　　＿＿＿＿＿＿＿＿＿＿

2. **A**: 人们更愿意坐飞机去旅游

   B: 原因主要是飞机速度更快，而且更舒服

   C: 与船比起来　　　　　＿＿＿＿＿＿＿＿＿＿

3. **A**: 他们每天至少要工作15个小时

   B: 这段时间，商场里的客人比平时几乎多了两倍

   C: 为保证让所有的客人感到满意　　　　　＿＿＿＿＿＿＿＿＿＿

4. **A**: 跟寒假相比，我还是喜欢暑假

   B: 并且我的生日在暑假

   C: 因为我最喜欢去海边游泳　　　　　＿＿＿＿＿＿＿＿＿＿

5. **A**: 小白每个月发了工资和奖金后

   B: 除了自己留一小部分外

   C: 把大部分都交给了母亲　　　　　＿＿＿＿＿＿＿＿＿＿

6. **A**: 未成年办信用卡不再像以前那么容易了

   B: 没有稳定收入的

   C: 根据银行业务管理法 ________________

7. **A**: 一边喝咖啡一边看书

   B: 当心情不愉快或觉得累时

   C: 我喜欢找个安静的地方 ________________

8. **A**: 因为红色保护皮肤的作用更大

   B: 但有研究证明，其实穿红色的更好了

   C: 按照经验，许多人认为夏天穿白色的衣服对皮肤好 ________________

9. **A**: 当别人有不同的看法或意见时

   B: 因为人是有点儿怀疑精神的

   C: 你应该勇敢地说出你自己的判断 ________________

10. **A**: 跟别人对话的时候

   B: 不要不停地看自己的手机

   C: 这样会让人觉得你没有礼貌 ________________

18day 이럴 땐 절대 맨 앞에 올 수 없다

학습목표

1 순서 배열에 유용하게 활용되는 대사와 부사를 100% 암기하자

2 대사가 맨 앞에 오지 못하는 경우를 정확하게 판단하자

3 문장 중간에 숨어 있는 부사를 찾아 문장의 위치를 파악하자

문장 순서 배열하기 문제에서 가장 먼저 오는 것을 찾는 것도 중요하지만 그렇지 않은 것을 찾는 것도 문제 해결에 있어 큰 도움이 된다. 대표적으로, 일부 경우에 대사와 부사는 절대 맨 앞에 위치할 수 없기 때문에 이를 구분하는 능력을 길러야 한다.

기초 실력 테스트 TEST

1 〈보기〉를 읽고 다음 문제에 답하세요.

> | 보기 |　A 大家都觉得张红各方面都很优秀
> 　　　　　B 这一点是她很受大家的欢迎的原因
> 　　　　　C 首先是脾气、性格很好

❶ B의 她는 누구인가?

❷ 의미에 맞도록 A, B, C를 순서대로 나열하세요.

2 〈보기〉를 읽고 다음 문제에 답하세요.

> | 보기 |　A 王阿姨来北京已经10年了
> 　　　　　B 一到冬季，(她 / 我)就觉得皮肤非常干燥、不舒服
> 　　　　　C 可是还是不太适应(这 / 这里)的气候

❶ A의 내용을 근거로 B와 C의 알맞은 답을 고르세요.

❷ 의미에 맞도록 A, B, C를 순서대로 나열하세요.

4급 기출문제 맛보기

 맛보기 1

난이도 中 ｜ 공략 Key 대사의 지시 대상 찾기

A 当然对那个地方很熟悉

B 请他给我们当导游保证没问题

C 我这个同事是在西安出生、长大的

정답&공략

해석　C 我这个同事是在西安出生、长大的，A 当然对那个地方很熟悉。B 请他给我们当导游保证没问题。

C 내 동료는 시안에서 태어나고 자랐다. A 당연히 그 지역에 대해 아주 잘 알고 있다. B 그를 우리의 가이드로 청해도 분명히 문제없다.

공략

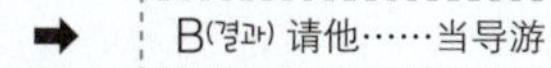

○ C는 전체 글의 대전제이다. 그러므로 A에서 말하는 장소는 C의 西安이고, B의 他는 C의 '我这个同事'가 된다. A는 동료에 대한 구체적인 부연 설명이므로 C 다음에 바로 위치하여 전체의 원인이 되고, B는 전체 문장의 결과가 된다.

어휘　西安 Xī'ān 고유 시안 ｜ 长大 zhǎngdà 동 자라다 ｜ ★熟悉 shúxī 형·동 익숙하다; 잘 알다 ｜ 当 dāng 동 되다 ｜ ★导游 dǎoyóu 명 관광 가이드 ｜ ★保证 bǎozhèng 동 확신하다

 맛보기 2

난이도 上 ｜ 공략 Key 부사 也의 용법

A 因此养成一个好习惯需要坚持

B 习惯并不是一两天之内养成的

C 并且改掉一个坏习惯也需要坚持

정답&공략

해석　B 习惯并不是一两天之内养成的，A 因此养成一个好习惯需要坚持，C 并且改掉一个坏习惯也需要坚持。

B 습관은 결코 하루 이틀에 길러지는 것이 아니다. A 그러므로 좋은 습관을 기르는 데도 유지가 필요하다. C 게다가 나쁜 습관을 고치는 것 역시 유지가 필요하다.

➲ 也는 '또한, 역시'라는 의미로 부연 설명하는 데 사용되며, 똑같거나 비슷한 느낌의 술어 뒤에 위치한다. C는 也 뒤에 '需要坚持'가 있으므로 이와 같은 술어가 있는 A 뒤에서 와야 한다.

어휘   ★养成 yǎngchéng 통 기르다 | 因此 yīncǐ 접 이리하여 | ★坚持 jiānchí 통 유지하다 | 并且 bìngqiě 접 게다가

왜 대사가 필요할까요?
'나는 작년에 나이아가라 폭포에 다녀온 적이 있다. 나이아가라 폭포는 굉장히 아름다웠다. 비록 나이아가라 폭포는 아주 먼 곳에 있지만, 기회가 있다면 나는 나이아가라 폭포에 다시 한번 다녀왔으면 좋겠다.'
어떠세요? 말을 하는 사람도 힘들 뿐더러 말을 듣는 상대방도 나이아가라 폭포 외에는 다른 말이 들리지 않을 것 같죠? 만일 '그곳'이나 '거기'라는 말로 대신하여 지칭한다면 말하는 사람도 듣는 사람도 훨씬 편할 거예요. 이렇게 말의 길이가 길거나 중복되는 대상을 간단하게 줄여 칭하는 말을 대사라고 합니다. 당연히 대사는 구체적인 대상 뒤에 위치해야 하겠죠!

4급 **독해 공략** 하기

공략 1. 대사의 위치에 주의하라

대사는 구체적 대상이나 장소 상황 등을 간단하게 대신하여 부르는 말로 인칭대사, 지시대사 등이 있다. 대사는 대신 부르는 말이기 때문에, 앞에 구체적인 대상이 있다는 것을 전제하고 있다. 그러므로 순서 배열 문제에서 특수한 상황을 제외하고, 대사는 맨 앞에 위치할 수 없다.

1. 대사 它는 절대 맨 앞에 올 수 없다.

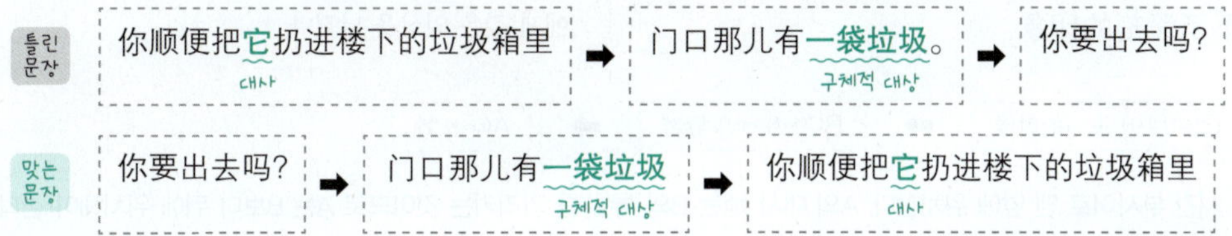

➜ 너 나가려고 하니? 현관에 쓰레기 봉투가 하나 있어. 나가는 김에 그것 좀 아래층 쓰레기통에 버려줘.

2. 구체적 대상이 있는 경우 인칭대사는 맨 앞에 위치할 수 없다.

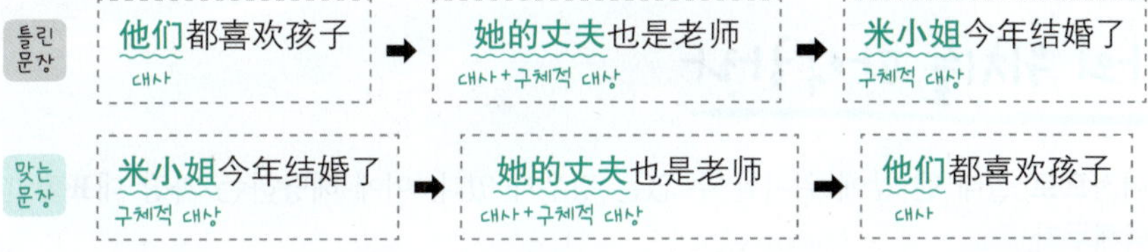

➜ 미 샤오제는 올해 결혼했다. 그녀의 남편 역시 선생님이다. 그들은 모두 아이를 좋아한다.

3. 지시대사가 상황을 가리키는 경우 맨 앞에 올 수 없다.

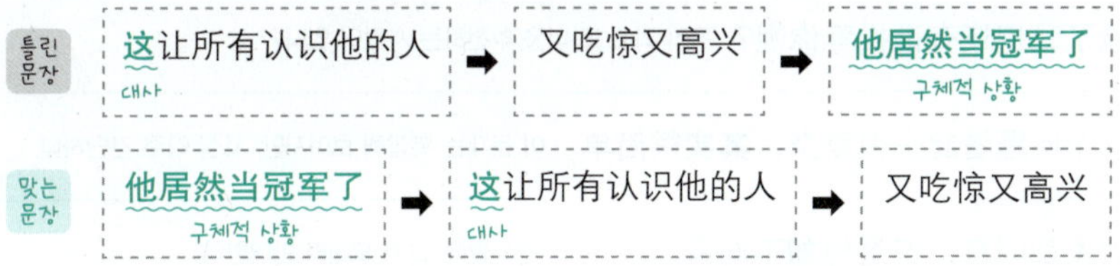

➜ 그가 뜻밖에도 챔피언이 되었다. 이는 그를 아는 모든 사람들을 깜짝 놀라게 하고 기쁘게 했다.

A 她给我留下了深刻的印象

B 遇到一个特别热情、聪明的导游

C 去年暑假，我去北京旅游的时候

정답&공략

해석 C去年暑假，我去北京旅游的时候，B遇到一个特别热情、聪明的导游。A她给我留下了深刻的印象。

C작년 여름 방학에, 내가 베이징으로 여행 갔을 때, B굉장히 친절하고 똑똑한 가이드를 만났다. A그녀는 나에게 깊은 인상을 남겼다.

공략   C(시간부사 ……)的时候 ➡ B(구체적 대상) 导游 ➡ A(대사) 她

○ C는 시간 부사어로 맨 앞에 위치한다. A의 대사 她는 B의 导游를 가리키는 것이므로 A는 B보다 뒤에 위치해야 한다.

어휘   暑假 shǔjià 몡 여름 방학 | ★热情 rèqíng 휑 친절하다 | ★导游 dǎoyóu 몡 관광 가이드 | 深刻 shēnkè 툉 깊다 | ★印象 yìnxiàng 몡 인상

공략 2. 부사의 위치를 파악하라

몇몇 부사들은 의미적으로 절대 맨 앞에 위치할 수 없는 경우가 있다. 이에 해당하는 가장 대표적인 부사들을 반드시 기억해두자.

〈 절대 맨 앞에 올 수 없는 부사 〉

也 yě 역시	大家都喜欢她的小说。我**也**很喜欢。 모두들 그녀의 소설을 좋아한다. 나도 좋아한다.
还 hái 또	除了我们**还**有谁推荐你呢？ 우리 외에 또 너를 추천하는 사람이 있니?
其实 qíshí 사실	这个问题看起来很复杂，**其实**很简单。 이 문제는 복잡해 보이지만, 사실 아주 간단하다.
却 què 오히려	大家都同意，但是他**却**不同意。 모두들 다 동의한다. 그가 오히려 반대한다.
终于 zhōngyú 결국, 마침내	他考虑了很长时间，**终于**决定了。 그는 한참 동안 생각해서 마침내 결정했다.
顺便 shùnbiàn ～하는 김에	我要出去散步，**顺便**买杯咖啡吧。 나는 산책하러 나가려고 하는데, 나간 김에 커피 한 잔을 살게.

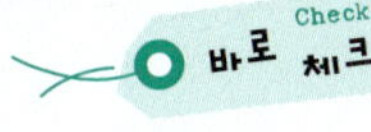 **바로 Check! 체크** 빈칸에 들어갈 알맞은 단어를 고르세요.

---

❶ 明天我去中国，________要去看看朋友。 （终于 / 顺便）

❷ 我们等了半天，________能看到他了。 （终于 / 顺便）

정답 ❶ 顺便 ❷ 终于

독해
제2부분

 **예제**

난이도 中　공략 Key 부사 还의 용법

A 还写过很多封

B 你说你给我写过信

C 为什么我从来没有收到

정답&공략

해석　**B**你说你给我写过信，**A**还写过很多封，**C**为什么我从来没有收到。　┃　**B**너는 말했다. 나에게 편지를 쓴 적이 있다고, **A**또 여러 통을 쓴 적이 있다고. **C**어째서 나는 이제껏 받아보지 못했을까?

공략　B(대전제) 写过信 ➡ A(부연 설명) 还写过 ➡ C(대상이 생략된 의문) 从来没收到

○ 부사 还는 어떤 정도나 범위에 대해 다시 보충하는 역할을 한다. 의미적으로 '편지를 쓰고 또한 여러 통을 쓴 적이 있다'고 보충하는 것이 자연스럽기 때문에 A는 B 뒤에 놓인다. C가 맨 끝에 오는 이유는 '어째서 받아보지 못했지?'라고 의문만 제기할 뿐 구체적으로 무엇을 받았는지 말하고 있지 않기 때문이다. 즉 앞에서 구체적인 대상을 언급했으므로 목적어가 생략 가능한 것이다. 그러므로 맨 끝에 위치해야 한다.

어휘　★信 xìn 몡 편지 | 封 fēng 영 통(편지를 세는 단위)

Tip **收**

동사 收는 가질 권리가 있는 물건이나 원래 자기 것을 받거나 거둬들일 때 사용한다.

收工资 월급을 받다 | **收**信 편지를 받다 | **收**通知 통보를 받다 | **收**礼物 선물을 받다

第 1-10 题：排列顺序。

1. **A**: 这真是件让人头疼的事

   B: 我们每天打开邮箱，总会收到垃圾邮件

   C: 其实用简单的办法可以拒绝接受垃圾邮件 __________

2. **A**: 北京人很热情

   B: 每次遇到问题都有人愿意帮助我

   C: 对外国人也很友好 __________

3. **A**: 能不能获得冠军并不是最重要的

   B: 关键是你要从比赛中得到经验和提高

   C: 这才是参加比赛的真正目的 __________

4. **A**: 每天午饭的时候都玩儿

   B: 我们公司的同事喜欢玩儿电子游戏

   C: 下班了也玩儿一会儿再回家 __________

5. **A**: 春秋季皮肤容易干燥

   B: 这是让许多爱美的女人烦恼的问题

   C: 为了远离这个烦恼，我们要尽量多喝水 __________

6. **A**: 实在是因为考试题太奇怪了

   B: 也不是在我的学习方法上有问题

   C: 考不好不是我不努力　　　　　　　　　　_______________

7. **A**: 它通过三国的各个人物

   B: 介绍了当时的社会、政治情况

   C:《三国志》是中国著名的长篇小说　　　　_______________

8. **A**: 如果有一本书放在我的面前

   B: 我一定选择看书

   C: 同时也有一张DVD放在我的面前　　　　　_______________

9. **A**: 或者提供超过人体需要的热量

   B: 这样的食品就叫垃圾食品

   C: 有些食品仅仅提供一些热量　　　　　　　_______________

10. **A**: 还有绿色的草地

    B: 这所大学的校园非常漂亮

    C: 有红色的教学楼　　　　　　　　　　　　_______________

+ **정답 및 해설_** 해설집 60쪽

19 day 병렬·선후·점층 관계를 완성하는 접속사

정답_ 해설집 174쪽

학습목표

1. 동작이나 상태의 병렬 구조 접속사를 암기하자
2. 동작의 선후 관계를 나타내는 여러 가지 표현을 익히자
3. 동작과 상태에 살을 붙이는 점층 관계 접속사를 암기하자

독해 제2부분의 가장 큰 핵심은 접속사이다. 접속사의 호응을 아는가 모르는가에 따라 문제를 정확하고 빠르게 해결할 수 있는지가 결정되기 때문이다. 동작이나 상태의 동시 진행과 선후 관계, 점층 구조를 표현하는 접속사 호응 구조를 알아보자.

기초 실력 테스트 TEST

1 빈칸에 들어갈 알맞은 단어를 〈보기〉에서 고르세요.

| 보기 | 既……又…… | 有时……有时…… | 一……就…… |

❶ 他________回家，________打开电脑了。

❷ 他上课的态度________好，________坏。

❸ 他个子________高，长得________帅。

2 주어진 어휘를 사용하여 다음을 중작하세요.

❶ 그녀는 전화를 받자마자 울었다. (一……就……)

____

❷ 나는 때로는 미국에 가고 싶고, 때로는 중국에 가고 싶다. (有时……有时……)

____

4급 기출문제 맛보기

맛보기 1

난이도 下　공략 Key 병렬 관계 접속사

독해
제2부분

A 它流传的时间既长
B 《西游记》是中国四大名著文学之一
C 文学水平又挺高的

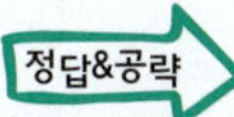

정답&공략

해석 B《西游记》是中国四大名著文学之一。A它流传的时间既长，C文学水平又挺高的。

B『서유기』는 중국 4대 유명 문학 작품 가운데 하나이다. A그 작품은 오랫동안 전해져 왔으며, C문학 수준 역시 매우 높다.

공략 B(대전제) 《西游记》是 ➡ A(부연 설명 1) 它……既…… ➡ C(부연 설명 2) 又……

➡ B는 대전제이며, A의 它는 B의 서유기를 가리킨다. A와 C는 '～하기도 하고, 또 ～하기도 하다'라는 의미의 '既……又……' 병렬 구조로 서유기의 특징을 구체적으로 설명하는 역할을 한다.

어휘 西游记 Xīyóujì 몡 서유기｜名著 míngzhù 몡 명서｜文学 wénxué 몡 문학｜★之一 zhīyī 몡 ～의 하나｜流传 liúchuán 동 전하다｜★既 jì 젭 또 ～하고, ～할 뿐만 아니라｜★水平 shuǐpíng 몡 수준

맛보기 2

난이도 中　공략 Key 점층 관계 접속사

A 还需要了解各个方面的专门知识
B 一名优秀的公司翻译
C 不仅要能准确、流利地说两种语言

정답&공략

해석 B一名优秀的公司翻译C不仅要能准确、流利地说两种语言，A还需要了解各个方面的专门知识。

B우수한 회사 통역사는 C정확하고 유창하게 두 종류의 언어를 구사할 줄 알아야 할 뿐 아니라 A각 방면에 대한 전문 지식도 알고 있어야 한다.

 B(주어) 公司翻译　➡　C(술부 1) 不仅要……　➡　A(술부 2) 还需要……

○ B는 주어이며 나머지 A와 C는 주어에 대한 술부이다. A와 C는 점층 구조 접속사인 '不仅……还……(단지 ~일 뿐 아니라 또한 ~이다)'로 연결되어 C 다음에 A가 온다.

어휘 ★优秀 yōuxiù 휑 우수하다 | 翻译 fānyì 명 통(번)역사 | ★准确 zhǔnquè 형 정확하다 | ★流利 liúlì 형 유창하다 | 语言 yǔyán 명 언어 | 了解 liǎojiě 동 알다 | 各个 gègè 대 각각 | 专门 zhuānmén 형 전문적이다

토크토크!
쌤의 한마디~

접속사란 두 개의 문장을 의미상 자연스럽게 연결해주는 연결 고리 역할을 해요. 그렇기 때문에 의미에 맞게 순서를 배열하는 독해 제2부분에서 접속사의 역할을 아무리 강조해도 지나치지 않죠. 접속사는 독해 제2부분뿐 아니라 듣기 및 다른 독해 부분에서도 핵심적인 역할을 하고 있으니 반드시 의미와 호응 구조를 암기하세요.

4급 **독해 공략** 하기

공략 1. 병렬 관계에 주의하라

1. 동작·상태의 병렬

❶ 一边……一边…… 한편으로 ~하고 한편으로 ~하다

두 가지 이상의 동작이나 상황이 동시에 발생하는 것을 가리킨다. 형용사는 병렬할 수 없다.

不要**一边**开车，**一边**接电话，太危险了。 운전하면서 전화를 받지 마. 너무 위험해.

他**一边**写论文，**一边**找工作。 그는 논문을 쓰면서 직장을 찾고 있다.

❷ 既……又…… ~하기도 하고, 또 ~하기도 하다

두 개의 성질이나 상황이 동시에 발생하는 것을 가리키며, 동사와 형용사 모두 병렬할 수 있다.

这种产品**既**便宜**又**实用。 이 상품은 싸고 실용적이다.

这周围**既**干净**又**安静。 이 주변은 깨끗하고 조용하다.

2. 시간의 병렬

❶ 一会儿……一会儿…… 한편으로는 ~하고, 한편으로는 ~하다

짧은 시간 내에 두 가지 상황이 번갈아 나타남을 가리킨다.

这个录音机坏了，声音**一会儿**大，**一会儿**小。 이 라디오는 고장 났다. 소리가 커졌다가 작아졌다 한다.

他怎么**一会儿**说去，**一会儿**说不去？ 그는 왜 간다고 했다가 안 간다고 했다가 하는 거야?

❷ 有时……有时…… 때로는 ~하고, 때로는 ~하다

어느 정도의 시간 간격을 두고 두 가지 상황이 번갈아 나타남을 가리킨다.

我**有时**想当空姐，**有时**想当老师。 나는 때로는 스튜어디스가 되고 싶고, 때로는 교사가 되고 싶다.

有时去他家玩儿，**有时**来我家玩。 때로는 그의 집에 놀러 가고, 때로는 우리 집에 놀러 온다.

바로 체크 Check! 빈칸에 들어갈 알맞은 단어를 고르세요.

> **❶** 他的笔记本电脑________贵________重。 （一边……一边…… / 既……又……）
>
> **❷** 他的比赛成绩________好________坏。 （一会儿……一会儿…… / 有时……有时……）

정답 ❶ 既……又…… **❷** 有时……有时……

 **예제**

A 学生每周玩儿电脑的时间超过30个小时的话

B 既可能耽误学习

C 又可能影响身体健康

정답&공략

해석　A学生每周玩儿电脑的时间超过30个小时的话，B既可能耽误学习，C又可能影响身体健康。

A학생들이 매주 컴퓨터를 하는 시간이 30시간을 넘는다면, B공부를 망칠 수 있을 뿐 아니라 C또한 신체 건강에 영향을 미칠 수 있다.

공략　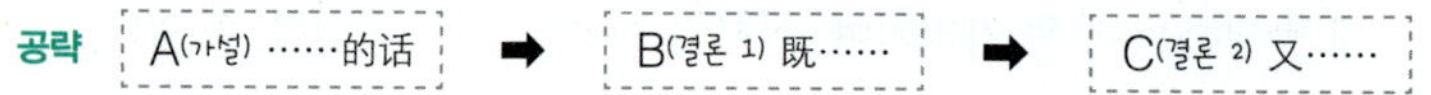

A(가정) ……的话　➡　B(결론 1) 既……　➡　C(결론 2) 又……

○ A 맨 끝에 위치한 '……的话'는 접속사 如果와 마찬가지로 '만약 ～라면'이라는 의미를 나타내므로 가정을 의미하는 A가 맨 앞에 위치한다. B와 C는 결론으로 A 뒤에 위치하는데, 둘은 '既……又……'의 호응 구조이므로 B가 C 앞에 위치한다.

어휘　★超过 chāoguò 통 초과하다 | ★既 jì 접 ～할 뿐 아니라 | 耽误 dānwu 통 그르치다

> **Tip** 的
>
> 구조조사 的는 명사를 꾸미는 관형어 역할을 하며 '～한, ～의'로 해석된다. 的 앞에는 일반적으로 명사, 동사, 형용사, 개사구 등이 올 수 있다.
> ① 명사+的+명사 : 我的衣服 나의 옷
> ② 동사+的+명사 : 今天买的衣服 오늘 산 옷
> ③ 형용사+的+명사 : 很漂亮的衣服 아주 예쁜 옷
> ④ 개사구+的+명사 : 关于中国历史的书 중국 역사에 관한 책

공략 2. 선후 연속 관계에 주의하라

1. 一来……二来…… | 一是……二是…… 첫째는~, 둘째는~

一来没有时间，二来没有钱。첫째 시간도 없고, 둘째 돈도 없다.

他去中国一是参加会议，二是旅游。

그가 중국에 가는 건 첫째 회의에 참석하기 위해서이고, 둘째 여행하기 위해서이다.

2. 一方面……(另)一方面…… 한 측면은 ~하고, 또 다른 측면은 ~하다

서로 연관성 없는 두 가지 동작이나 상태가 동시에 존재하는 상황을 병렬할 때 쓴다.

留学一方面可以学好语言，另一方面可以交到很多朋友。

유학은 언어를 잘 배울 수 있고, 또 다른 측면으로는 많은 친구를 사귈 수 있다.

这样做一方面可以引起大家的注意，另一方面可以挣很多钱。

이렇게 하면 모두의 이목을 끌 수 있을 뿐 아니라, 또 다른 측면으로는 많은 돈을 벌 수 있다.

3. (首)先……然后(再)/接着/其次…… 먼저 ~하고, 그다음(이어서)

先解决这个问题，然后再进行下一个计划。먼저 이 문제를 해결하고, 그다음에 다시 다음 계획을 진행해라.

先让他看完，接着你看吧。먼저 그가 다 보게 하고, 이어서 네가 봐라.

先参观动物园，其次参观海洋馆。먼저 동물원 관람을 하고, 그다음 해양관을 관람한다.

4. 一……就…… ~하자마자 바로 ~한다, ~하기만 하면 바로 ~한다

두 가지 동작이나 상황의 발생이 긴밀함을 나타낼 때 쓴다.

我今天身体不舒服，一回家就睡觉了。나는 오늘 몸이 좋지 않아서 집에 오자마자 잤다.

邻居家的孩子一看我就哭。이웃집 아이는 나만 보면 운다.

바로 체크 ^{Check!} 빈칸에 들어갈 알맞은 단어를 고르세요.

❶ 他＿＿＿＿收工资＿＿＿＿给妻子。 (一……就…… / 一来……二来……)

❷ ＿＿＿＿给家打电话，＿＿＿＿玩吧。 (一……就…… / 先……再……)

정답 ❶ 一……就…… ❷ 先……再……

A 其次是公司的发展可能性

B 然后才是工作地点

C 找工作的时候，我最先考虑的是工资

정답&공략

해석　C找工作的时候，我最先考虑的是工资，A其次是公司的发展可能性，B然后才是工作地点。

　　　　C직장을 찾을 때 내가 가장 먼저 고려하는 것은 월급이다. A그다음이 회사의 발전 가능성이고, B그다음이 근무하는 장소이다.

공략　C(가장 처음) 最先　➡　A(둘째) 其次　➡　B(마지막) 然后才

◯ C는 순서상 가장 먼저 발생하는 사건이므로 맨 앞에 위치한다. 其次는 '그다음, 둘째로'라는 의미를 가지고 있으므로 두 번째 위치하고, 마지막으로 '그런 다음에야 비로소'라는 의미의 '然后才'가 맨 끝에 위치한다.

어휘　考虑 kǎolǜ 동 고려하다 | ★工资 gōngzī 명 월급 | ★其次 qícì 대 그다음 | 发展 fāzhǎn 동 발전하다 | 然后 ránhòu 접 그다음 | ★地点 dìdiǎn 명 지점

> **Tip**　……的时候
>
> '~할 때'라는 뜻으로 술어 뒤에 놓인다. '……时'로 바꿔 쓸 수 있다.
>
> 休息的时候，他常常去那个地方。쉴 때 그는 자주 그곳에 간다.
> 我要走的时候，他就来了。내가 떠나려고 할 때, 그가 바로 왔다.

공략 3. 점층 관계에 주의하라

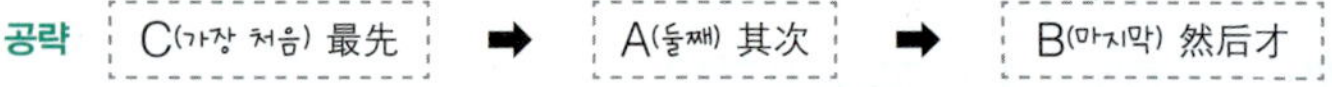

1. 不但……而且…… 단지 ~일 뿐 아니라 게다가

不但 대신 不仅(仅), 不只, 不光, 不单을 쓸 수 있으며 而且 대신 并且, 还, 也를 쓸 수 있다.

这本书不但很有趣，而且还有很多教育意义。이 책은 재미있을 뿐 아니라 많은 교육적 의의를 담고 있다.
不但质量不错，并且价格也很合算。품질이 좋을 뿐 아니라 가격도 합리적이다.

2. 甚至 심지어

사실 또는 극단적인 사례 등을 강조하여 정도나 상황이 지나침을 나타낼 때 쓰이며, 일반적으로 뒷

절에 위치한다.

他**甚至**连画画的基本技法都没学过。 그는 심지어 그림 그리는 기본 기법도 배운 적이 없다.

甚至他自己都没发现这一点。 심지어 그 자신조차도 이 점을 발견하지 못했다.

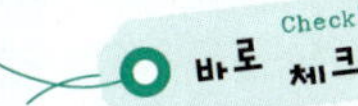 **바로 체크** 빈칸에 들어갈 알맞은 단어를 고르세요.

❶ 他＿＿＿＿连一口饭也没吃。 (不仅 / 甚至)

❷ 今天＿＿＿＿很热，而且没有一点风。 (不但 / 甚至)

정답 ❶ 甚至 ❷ 不但

독해
제2부분

 **예제**

난이도 **上**　공략 Key 점층 관계 접속사

A 还能看到河底绿绿的水草

B 不仅能看到很多小鱼在河里自由地游来游去

C 那儿的河水非常干净，坐在河边

정답&공략

해석　C那儿的河水非常干净，坐在河边，B不仅能看到很多小鱼在河里自由地游来游去，A还能看到河底绿绿的水草。

C그곳의 강물은 매우 깨끗하다. 강가에 앉아 있으면 B많은 물고기가 강에서 자유로이 이리저리 헤엄치는 것을 볼 수 있을 뿐 아니라, A또한 강바닥의 푸른 수초도 볼 수 있다.

공략　C(대전제) 那儿的河水……　➡　B(술부 1) 不仅……　➡　A(술부 2) 还……

❍ C는 대전제로 맨 앞에 위치한다. 또한 C 맨 끝부분의 '坐在河边'은 단독으로 쓰기에 의미적으로 불완전하기 때문에 반드시 다음에 이어지는 내용이 와야 한다. A와 B는 접속사 '不仅……还……'의 관계만 알고 있다면 쉽게 배치할 수 있다.

어휘　★干净 gānjìng 형 깨끗하다 ｜ ★自由 zìyóu 형 자유롭다 ｜ 河底 hédǐ 명 강바닥 ｜ 水草 shuǐcǎo 명 수초

> **Tip**　……来……去 이리저리 ～하다, 여기저기 ～하다
>
> 하나의 동작을 병렬하는 구조로 동작이 연속적으로 발생하는 것을 나타낸다.
>
> 想来想去 이렇게 저렇게 생각하다 ｜ 问来问去 여기저기 물어보다 ｜ 踢来踢去 이리저리 차고 다니다

第 1–10 题：排列顺序。

1.　**A**：有的人却会以为是批评而十分生气

　　B：有的人会因为听到了实话而感到满意

　　C：直接说出反对想法或意见　　　　　　　_____________

2.　**A**：不但能让人富有浪漫的感觉

　　B：艺术给我们的生活带来许多好作用

　　C：还能使精神世界变得更丰富　　　　　　_____________

3.　**A**：这是我新买的手机

　　B：而且通话质量也很不错

　　C：它的特点是有很多功能　　　　　　　　_____________

4.　**A**：而且交通、饮食和住宿等都不太贵

　　B：我家乡的风景一年四季都很美

　　C：因此每年都吸引着成千上万的游客来这儿旅游　_____________

5.　**A**：一来每天要预习、复习当天学的东西

　　B：怎样才能提高汉语水平呢

　　C：二来上课时还要尽量多开口　　　　　　_____________

6. **A**: 想起我姐姐的笑脸

   B: 一见到红老师

   C: 我就想起我的姐姐　　　　　　　　　＿＿＿＿＿＿＿＿＿＿

7. **A**: 在新的一年里，我有很多的希望

   B: 第一是希望大家身体都很健康

   C: 其次是希望大家的事业都有很大的进步　　＿＿＿＿＿＿＿＿＿＿

8. **A**: 我上大学的第一年就拿到了奖学金

   B: 因此上大学的四年里，我都没从家里要钱

   C: 并且找到了一份可以在周末做的工作　　　＿＿＿＿＿＿＿＿＿＿

9. **A**: 你想和我一起去旅游的话

   B: 然后一起准备好旅游用品

   C: 就先一起去买机票　　　　　　　　　　＿＿＿＿＿＿＿＿＿＿

10. **A**: 更是因为她热情的性格

    B: 不仅是因为她长得很漂亮

    C: 那个女孩子深受男生们的欢迎　　　　　＿＿＿＿＿＿＿＿＿＿

✦ **정답 및 해설**_ 해설집 63쪽

20 day 인과·가설·가정 관계를 완성하는 접속사

학습목표

✓1 대표적인 인과 관계 접속사를 암기하자

✓2 인과 관계 접속사의 위치와 의미를 이해하자

✓3 가설·가정 관계 접속사의 차이를 구분하고 호응 구조를 암기하자

원인과 결과를 나타내는 '인과 관계 접속사'와 상황이나 상태의 가설·가정을 나타내는 가설·가정 관계 접속사는 시험에 단골로 출제되는 표현으로 전·후 호응 구조는 물론 해당 접속사의 위치적 특징을 정확히 알고 있어야 한다.

기초 실력 테스트 TEST

1 빈칸에 들어갈 알맞은 단어를 〈보기〉에서 고르세요.

| 보기 | 因为　　　　即使　　　　要不然 |

❶ ________需要很长时间，也不能放弃。

❷ 你先给妈妈打个电话，________妈妈会生气的。

❸ 我最喜欢这本书，________这是我爸爸送我的。

2 다음 문장의 의미로 알맞은 것을 고르세요.

即使父母都反对他自己去旅游，他也要去。

❶ 他的想法没有一点变化。

❷ 他的想法有了很大变化。

❸ 他不愿意去。

❹ 他父母让他自己去旅游。

+ 정답_ 해설집 174쪽

4급 기출문제 맛보기

 ## 맛보기 1

난이도 中　공략 Key 인과 관계 접속사

A 大学三年级，我参加了全国大学生演讲比赛

B 那种既兴奋又紧张的感觉到现在仍然难以忘记

C 由于那是我第一次参加大赛

정답&공략

해석　A 大学三年级，我参加了全国大学生演讲比赛。C 由于那是我第一次参加大赛，B 那种既兴奋又紧张的感觉到现在仍然难以忘记。

A 대학 3학년에 나는 전국 대학생 웅변 대회에 참가했다. C 그것은 내가 맨 처음 참가한 큰 경기였기 때문에, B 그렇게 흥분되고 긴장되는 느낌을 지금까지 여전히 잊기 어렵다.

공략　A(대전제) 大学三年级，我…… ➡ C(원인) 由于…… ➡ B(결과) 那种……

시간 부사어와 주어, 술어, 목적어가 확실하게 존재하는 A가 전체의 대전제가 된다. 由于는 원인을 이끄는 접속사로 所以, 因而, 因此 등의 접속사와 호응된다. 만일 문제에 因而, 因此 등의 접속사가 함께 출현하지 않았다면 의미적으로 결론이 되는 내용을 찾아 뒷부분에 위치시켜야 한다.

어휘　年级 niánjí 몡 학년 | 演讲比赛 yǎnjiǎng bǐsài 몡 웅변 대회 | ★由于 yóuyú 젭 ~이기 때문에 | 大赛 dàsài 몡 큰 경기 | 既 jì 젭 ~일 뿐 아니라 | 兴奋 xīngfèn 혱 흥분하다 | ★紧张 jǐnzhāng 혱 긴장하다 | ★仍然 réngrán 円 여전히 | 难以 nányǐ 혱 ~하기 어렵다 | 忘记 wàngjì 동 잊다

 ## 맛보기 2

난이도 中　공략 Key 가설 관계 접속사

A 即使只是带他们吃吃饭、散散步

B 他们也会感到很幸福

C 有空你应该多陪孩子

해석 C有空你应该多陪孩子。A即使只是带他们吃吃饭、散散步，B他们也会感到很幸福。

C틈이 나는 대로 당신은 반드시 아이와 함께 많은 시간을 보내야 한다. A설령 단순히 그들을 데리고 밥을 먹거나 산책을 하는 것일 뿐이라도, B그들은 행복해 할 것이다.

공략 [C(대전제) 你应该多陪孩子] ➡ [A(가설) 即使······] ➡ [B(결론) 他们也······]

○ 即使는 '설령 ～일지라도'라는 의미를 가진 접속사로 어떤 가설에도 결과가 변하지 않음을 나타내며, 부사 也와 호응한다. A와 B의 대사 他们은 C의 孩子를 가리킨다. 그러므로 C가 전체 문장의 대전제가 되어 맨 앞에 위치해야 한다.

어휘 ★有空 yǒu kòng 틈이 나다 | ★陪 péi 통 동반하다 | ★即使 jíshǐ 접 설령 ～일지라도 | 散步 sànbù 통 산책하다 | 幸福 xìngfú 형 행복하다

토크토크! 쌤의 한마디~

1. 만일 그가 오지 않는다면 바로 연락하겠다.
2. 설령 그가 오지 않는다 해도 연락하겠다.
이 두 문장의 가장 큰 차이점이 무엇일까요? 바로 '변화'입니다.
첫 번째 문장은 '만일 그가 온다면 연락하지 않고 오지 않으면 연락하겠다'는 의미로 상황에 따라 변화가 발생하는 반면 두 번째 문장은 '어떤 상황이나 조건일지라도 연락은 변함없이 할 것이다'라는 의미로 변화가 없음을 나타내죠.
많은 학습자들이 如果와 即使의 활용에 어려움을 느끼는데요, 만일 변화가 발생하면 如果를, 변화가 없다면 即使를 사용한다는 것을 꼭 기억하세요!

4급 독해 공략 하기

공략 1. 인과 관계 접속사의 호응 구조를 주의하라

1. 因为……, 所以…… ~이기 때문에 그래서 ~하다

❶ 因为는 뒤 절에 所以와만 호응하고, 因而, 因此와는 호응하지 않는다.

因为没时间, 所以我不能去参加。시간이 없어서, 나는 참여하러 갈 수 없다.

因为我的电脑坏了, 所以不能发材料。내 컴퓨터가 고장이 나서, 자료를 발송할 수 없다.

❷ 因为는 뒤 절에 위치할 수 있으며, 이 경우 '왜냐하면'이라고 해석된다.

他最近非常努力学英语, 因为他下个月去美国旅游。

그는 최근 굉장히 열심히 영어 공부를 한다. 왜냐하면, 그는 다음 달에 미국으로 여행 가기 때문이다.

2. 由于……, 所以/因而/因此…… ~이기 때문에 그래서 ~하다

❶ 由于는 뒤 절에 所以, 因而, 因此와 모두 호응된다.

由于身体不舒服, 所以我提前回来了。몸이 좋지 않아서, 나는 앞당겨 돌아왔다.

由于天气不好, 因此所有的航班都取消了。날씨가 좋지 않아서, 모든 노선이 취소되었다.

❷ 由于는 항상 앞 절에 위치한다.

这里禁止抽烟, 由于这里有孩子。(X)

→ 这里禁止抽烟, 因为这里有孩子。(O) 이곳은 흡연을 금지한다. 왜냐하면 이곳에 아이들이 있기 때문이다.

3. 既然(이미 발생한 사건), **那么＋주어＋就**(아직 발생하지 않은 사건) 기왕 ~한 바, 곧 ~하다

今天这家商店开展一个活动, 买一送一, 既然来了, 就买一个吧。

오늘 이 상점에 '1+1' 행사가 있다. 기왕 왔으니 하나 사자.

既然这样, 以后就别再想了。기왕 이렇게 됐으니 앞으로는 더 생각하지 마라.

바로 체크 Check! 빈칸에 들어갈 알맞은 단어를 고르세요.

❶ 因为我没有带手机, ＿＿＿＿＿＿不能跟你联系。 (所以 / 因而)

❷ 他今天很高兴, ＿＿＿＿＿＿今天发工资。 (因为 / 由于)

정답 ❶ 所以 ❷ 因为

 **예제**

> A 遇到难题就回来找我们，我们永远都支持你
>
> B 既然你已经下决心了
>
> C 那我们尊重你的选择

정답&공략

해석　B既然你已经下决心了，C那我们尊重你的选择。A遇到难题就回来找我们，我们永远都支持你。

B기왕 네가 이미 결심을 내렸으니, C그럼 우리는 너의 선택을 존중하겠다. A어려운 문제에 부딪히면 바로 돌아와 우리를 찾아라. 우리는 영원히 너를 응원할 것이다.

공략　B(원인) 既然……　➡　C(결과) 那……　➡　A(미래) 遇到难题就回来找我们

❍ 접속사 既然은 이미 발생한 일이나 사건을 이끈다. 의미적으로 那, 那么, 就 등과 다음 절에서 호응한다. B와 C는 의미상으로 하나의 묶음이 되고, A는 시간 흐름상 B와 C 다음에 발생하는 미래 사건이므로 맨 마지막에 위치한다.

어휘　既然 jìrán 졥 기왕 ~한 이상 | 决心 juéxīn 몡 결심 | ★尊重 zūnzhòng 됭 존중하다 | 选择 xuǎnzé 몡 선택 | 遇到 yùdào 됭 만나다 | 难题 nántí 몡 어려운 문제 | ★永远 yǒngyuǎn 혱부 영원하다; 영원히, 늘 | ★支持 zhīchí 됭 지지하다

공략 2. 가설·가정 관계 접속사의 호응 구조를 주의하라

가설과 가정을 나타내는 접속사는 독해 제2부분 문제에 단골로 출제되므로 반드시 암기해야 한다. 일반적으로는 호응 관계를 묻는 문제가 주를 이루지만, 간혹 구조가 아닌 의미를 묻는 문제가 출제되기 때문에 호응 어휘를 비롯하여 구체적 의미를 완벽하게 이해해야 한다.

1. 如果/要是/假如/假使/万一…… 的话，那么……就 만약 ~라면, 곧 ~하다

如果你明天没时间，那么我就帮你去接客人吧。
만약 네가 내일 시간이 없다면, 내가 네 대신 손님을 마중하러 가겠다.
假如我是你，我就抓住这么好的机会。만약 내가 너라면, 나는 이렇게 좋은 기회를 잡을 것이다.

2. 即使/即便/就是/就算/哪怕，……也/都 설령 ~일지라도

即使他向我道歉，我也不会原谅他的。설령 그가 나에게 사과한다 해도, 나는 그를 용서하지 않을 것이다.
就算大家都反对，我也要坚持做。설령 모두가 다 반대한다 해도, 나는 계속할 것이다.

哪怕你不去，我也要去。 설령 네가 가지 않는다 해도, 나는 갈 것이다.

3. 要不然/要不/不然/否则 그렇지 않으면(뒤 절에 위치함)

你先跟他商量吧，要不然会引起他的误会的。
너는 먼저 그와 상의해라. 그렇지 않으면 그의 오해를 살 수 있다.

应该提前准备好，否则会迟到。 반드시 사전에 준비를 잘해야 한다. 그렇지 않으면 늦을 것이다.

 빈칸에 들어갈 알맞은 단어를 고르세요.

❶ 要是没有钱，________不要买。　（就 / 也）

❷ ________他不去，我也要去。　（如果 / 即使）

정답 ❶ 就 ❷ 即使

 **예제**

난이도 下　공략 Key 가설 관계 접속사

A 即使是普普通通的经历
B 马大夫是一个很幽默的人
C 从他嘴里说出来也会变得十分有趣

정답&공략

해석　B 马大夫是一个很幽默的人。A 即使是普普通通的经历，C 从他嘴里说出来也会变得十分有趣。

B 마 의사 선생님은 매우 재미있는 분이다. A 설령 아주 평범한 경험일지라도, C 그의 입을 통해 나오면 굉장히 재미있어진다.

공략　B(대전제) 马大夫是…… ➡ A(가설) 即使…… ➡ C(결과) 也……

◐ B는 주어, 술어, 목적어가 확실하게 존재하는 대전제로 맨 앞에 위치한다. C의 他는 바로 B의 马大夫를 가리키고, A의 即使는 '설령 ~일지라도'라는 의미의 접속사로 C의 也와 호응된다.

어휘　★幽默 yōumò 형 유머러스하다 | 即使 jíshǐ 접 설령 ~일지라도 | 普通 pǔtōng 형 평범하다 | 经历 jīnglì 명 경험 | 嘴 zuǐ 명 입 | ★十分 shífēn 부 매우 | ★有趣 yǒuqù 형 재미있다

第 1-10 题：排列顺序。

1.　**A**: 不要随便乱放

　　B: 否则下次找起来会比较麻烦

　　C: 书读完后最好放回原来的地方　　　　　________

2.　**A**: 现在很多爱美的女孩子都认为瘦才是漂亮的

　　B: 其实健康才是最重要的

　　C: 于是她们都努力减肥　　　　　________

3.　**A**: 首先要学会尊重他人

　　B: 如果你希望获得别人的尊重

　　C: 这就是人们常说的相互尊重　　　　　________

4.　**A**: 那么发生了问题就一定要及时解释清楚

　　B: 可惜大部分人还不明白这一点

　　C: 既然许多误会是由于缺少沟通而引起的　　　　　________

5.　**A**: 人们在一起，总会出现一些误会

　　B: 这种情况下，就要想办法解释清楚

　　C: 否则误会就可能越来越难以解决了　　　　　________

6. **A**: 因此，只要积极地向前走

   B: 困难只是暂时的，一切都会好起来的

   C: 就能看到希望　　　　　　　　　　　_______________

7. **A**: 因为在整理过程中，会让我回忆起过去许多美好的事情

   B: 但我还是觉得它能给我带来很多惊喜

   C: 有时候整理书架很麻烦　　　　　　　_______________

8. **A**: 也许是因为看了那部反映农村生活的电影

   B: 也喜欢上了那里简单的生活

   C: 他发现自己爱上了那儿的蓝天白云　　_______________

9. **A**: 就要学会互相接受和尊重

   B: 你们俩既然已经决定一起生活

   C: 不能乱说话、乱发脾气　　　　　　　_______________

10. **A**: 他是我的老朋友，他从小就想当一名教师

   B: 所以他现在决定，一定要找一个当老师的妻子

   C: 然而由于各种原因，他没能当上老师　_______________

✚ **정답 및 해설_** 해설집 66쪽

21 day

선택·역접·조건 관계를 완성하는 접속사

학습목표

✓ 1 전·후 선택을 나타내는 접속사 구조를 정확하게 이해하자

✓ 2 역접의 접속사를 암기하자

✓ 3 조건 관계 접속사가 완성될 수 있는 조건을 파악하자

다른 접속사도 마찬가지이지만 무엇보다도 호응 구조가 중요한 접속사들이 바로 선택·역접·조건 관계 접속사이다. 호응 구조만 제대로 알고 있다면 문장을 정확하게 해석하지 못해도 호응에 따라 순서대로 나열할 수 있기 때문이다.

기초 실력 테스트 TEST

1 빈칸에 들어갈 알맞은 단어를 〈보기〉에서 고르세요.

| 보기 |　虽然……可是……　　　如果……就……　　　不仅……而且……

❶ 这条裙子________很流行，________适合你的身材。

❷ 经理________没有批评我，________我心理还是不舒服。

❸ ________你有空，________来我们这儿玩儿吧。

2 의미상 호응이 되는 문장을 찾아 연결하세요.

❶ 只要相信自己的能力　·　　　　　·　A　但是一点儿也不困

❷ 他不是喝酒　　　　　·　　　　　·　B　就是玩儿游戏

❸ 尽管我昨晚没睡好　·　　　　　·　C　就能成功

+ **정답**_ 해설집 174쪽

4급 기출문제 맛보기

맛보기 1

난이도 下　공략 Key '只要……就……' 호응

A 只要稍微花点儿时间教教它

B 它就能学会说话

C 叔叔的那只小鸟真聪明

정답&공략

해석　C叔叔的那只小鸟真聪明。A只要稍微花点儿时间教教它，B它就能学会说话。

C삼촌의 그 작은 새는 정말 똑똑하다. A약간 시간을 내서 그것을 가르치면, B그것은 바로 말을 따라 할 수 있다.

공략　C(대전제) 叔叔的那只小鸟　➡　A(조건) 只要……　➡　B(결과) 就……

'只要……就……'는 '~하기만 하면 바로 ~하다'라는 의미로 조건 결과를 이끄는 접속사 호응 구조이다. 하지만 A와 B 모두 대사 它가 있어 모두 맨 앞에 위치하지 못하므로 C가 대전제가 된다.

어휘　★叔叔 shūshu 명 삼촌 | 鸟 niǎo 명 새 | ★稍微 shāowēi 부 조금, 약간 | 花 huā 동 사용하다

맛보기 2

난이도 下　공략 Key '尽管……但……' 호응

A 但学拍照的小米还是拒绝新闻社的邀请

B 尽管新闻社的收入不低

C 她的理想是拥有一个自己的空间

정답&공략

해석　B尽管新闻社的收入不低，A但学拍照的小米还是拒绝新闻社的邀请，C她的理想是拥有一个自己的空间。

B비록 신문사의 수입이 낮은 것은 아니지만, A하지만 사진을 공부하는 샤오미는 여전히 신문사의 요청을 거절했다. C그녀의 꿈은 자신만의 공간을 갖는 것이다.

○ 尽管은 虽然과 같은 의미의 접속사로 역접의 접속사 但과 호응된다. C의 她는 A의 小米를 가리키는 것이므로 C는 맨 앞에 위치할 수 없다.

어휘 ★尽管 jǐnguǎn 접 비록 ~이지만 | 新闻社 xīnwénshè 명 신문사 | 低 dī 형 낮다 | 拍照 pāizhào 동 촬영하다 | ★拒绝 jùjué 동 거절하다 | ★邀请 yāoqǐng 동 초청하다, 요청하다 | 理想 lǐxiǎng 명 이상, 꿈 | 拥有 yōngyǒu 동 소유하다 | 空间 kōngjiān 명 공간

4급 **독해 공략** 하기

공략 1. 선택 관계 접속사의 호응 구조를 주의하라

선택 관계 접속사는 두 가지의 상황이나 동작 가운데 하나를 선택하는 표현으로, 둘 중 어느 것을 선택하느냐에 따라 사용하는 호응 구조와 표현이 다르다. 특히 독해 제2부분에서는 접속사 호응 표현을 알고 있는지를 묻는 문제가 많이 출제되므로 의미는 물론 호응 구조를 정확하게 암기하자.

> **不是 A, 就是 B** A가 아니면, B이다 (→ A, B 둘 중 하나이다)
> **不是 A, 而是 B** A가 아니라, B이다 (→ A가 아니고 B이다)

'不是A, 就是B'와 '不是A, 而是B'는 구조와 의미상 가장 혼동하기 쉬운 호응 구조이다. 특히 '不是A, 就是B'를 'A가 아니고 B이다'라고 해석하지 않도록 주의해야 한다.

这件事**不是**他告诉的，**就是**你告诉的。 이 일은 그가 알린 것이 아니면 네가 알린 것이다.
你别误会了，那**不是**我想的办法，**而是**他想的办法。
너는 오해하지 마라. 그건 내가 생각한 방법이 아니고, 그가 생각한 방법이다.

> **(或者) A 或者 B** 혹은 A, 혹은 B (→ A, B 둘 중에 하나, 평서문에 쓰임)
> **A 还是 B** A 아니면 B (→ A, B 둘 중에 하나를 선택, 의문문에 쓰임)

或者와 还是는 '혹은, 또는'이라는 의미를 가지고 있으나, 或者는 평서문에, 还是는 선택 의문문에 사용된다는 것을 반드시 기억해야 한다.

或者同意，**或者**不同意，你应该早决定。 동의하든 동의하지 않든, 너는 반드시 빨리 결정해야 한다.
买这个好**还是**买那个好？ 이걸 사는 것이 좋을까 아니면 저걸 사는 것이 좋을까?

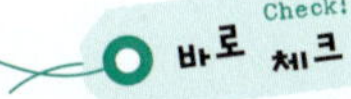

바로 체크 Check! 빈칸에 들어갈 알맞은 단어를 고르세요.

---

❶ 周末她去逛街________看电影。　(或者 / 就是)

❷ 今天去________明天去？　(还是 / 而是)

정답 ❶ 或者　❷ 还是

A 而是从实际生活中学到的

B 因此父母应该让孩子在生活中积累更多经验

C 大部分的知识不是在书本上学到的

정답&공략

해석　C大部分的知识不是在书本上学到的，A而是从实际生活中学到的。B因此父母应该让孩子在生活中积累更多经验。

C대부분의 지식은 책에서 배우는 것이 아니라, A실제 생활 속에서 배우는 것이다. B그래서 부모는 마땅히 아이가 생활 속에서 더욱 많은 경험을 쌓도록 해야 한다.

공략　C(선택 1) 不是……　➡　A(선택 2) 而是……　➡　B(결과) 因此……

○ '不是……而是……'는 '~이 아니라 ~이다'라는 의미의 선택 관계를 나타내는 접속사 호응 구조로, 뒤 절을 선택한다는 의미가 있다. B의 因此는 '이리하여'라는 의미로 결과를 이끄는 접속사이다.

어휘　大部分 dàbùfen 몡 대부분 | ★知识 zhīshi 몡 지식 | 实际 shíjì 혱 실제의 | 因此 yīncǐ 젭 이리하여, 그러므로 | 父母 fùmǔ 몡 부모 | ★积累 jīlěi 동 쌓이다, 축적하다 | ★经验 jīngyàn 몡 경험

Tip 让

사역동사 让은 '~로 하여금 ~하게 시키다'의 의미로 '주어+让(동사 1)+겸어+동사 2'의 순서로 나열된다.

他让我完成任务。그는 나에게 임무를 완성하게 시킨다.

妈妈让我做作业。엄마는 나에게 숙제를 시킨다.

공략 2. 역접 관계 접속사에 주의하라

역접을 나타내는 접속사로는 可是와 但是가 가장 대표적이다. 하지만 그 외에 역접을 표현하는 다양한
접속사가 시험에 출제되고 있으므로 반드시 모두 암기해야 한다. 특히 역접의 접속사와 호응되는 접속사
가운데 尽管의 출제 빈도수가 점차 증가하고 있는 추세이다.

虽然……可(是) / 但(是)……
尽管……然而　　　　　　　　＋却　　　비록 ~지만, 그러나
　　　……不过/可(是)/但(是)

독해
제2부분

양보절을 이끄는 虽然과 尽管은 모두 주어 앞뒤에 다 놓일 수 있다. 역접의 접속사 但是와 可是는
是를 생략한 但 혹은 可로 쓸 수 있다.

他的收入虽然不算高，可是他喜欢帮助穷人。
비록 그의 수입이 높지 않지만, 그는 가난한 사람을 돕는 것을 좋아한다.
尽管今天的比赛输了，但谁也不放弃希望。
비록 오늘의 경기는 졌지만, 누구도 희망을 포기하지 않는다.

 바로 Check! 체크　빈칸에 들어갈 알맞은 단어를 고르세요.

❶　这个汤很好喝，＿＿＿＿有点咸。　（只是 / 所以）

❷　＿＿＿＿很贵，但是我很想买。　（尽管 / 不管）

정답 ❶ 只是 ❷ 尽管

 예제

난이도 中　공략 Key '尽管…………但' 호응

A 尽管这次任务失败了

B 而且大家还年轻，一切都能重新开始

C 但过程比结果更重要

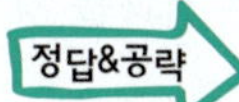 정답&공략

해석　A 尽管这次任务失败了，C 但过程比结果更
重要，B 而且大家还年轻，一切都能重新开
始。

A 비록 이번 임무는 실패했지만, C 하지만 과정이 결과
보다 훨씬 더 중요합니다. B 게다가 여러분은 아직 젊
으니, 모든 것을 다시 시작할 수 있습니다.

- 尽管은 虽然과 마찬가지로 역접의 접속사 但是, 可是와 호응하여 '비록 ~이지만 그러나 ~이다'라는 의미를 가진다. B의 而且는 점층 구조 접속사로 C 뒤에서 부연 설명을 하는 역할을 한다.

어휘 尽管 jǐnguǎn 젭 비록 ~이지만 | ★任务 rènwu 몡 임무 | 失败 shībài 됭 실패하다 | 过程 guòchéng 몡 과정 | 而且 érqiě 젭 게다가, 또한 | 年轻 niánqīng 혱 젊다 | ★一切 yíqiè 때 전부 | 重新 chóngxīn 뷔 다시, 재차

> **Tip** 比
>
> 비교문을 만드는 比는 'A＋比＋B＋술어'의 구조로 쓰여 'A는 B보다 ~하다'의 의미를 나타낸다.
>
> 今天比昨天更冷。 오늘이 어제보다 더 춥다.
>
> 这本书比那本更详细。 이 책이 저것보다 더 상세하다.

공략 3. 조건 관계 접속사의 조건을 파악하라

조건 관계 접속사란 조건에 따라 결과에 변화가 있는지 없는지와 그 조건이 유일한 것인지 아닌지를 설명하는 접속사를 말한다. 독해 제2부분은 물론이고, 독해 제3부분에서도 자주 출제된다.

> 不管
> 不论 ＋ 의문/병렬, 都/也   ~을 막론하고, ~에 상관없이
> 无论

不管, 不论, 无论은 조건에 따라 결과가 변하지 않음을 나타내는 접속사이다. 결과가 변하지 않을 때 일반적으로 부사 都나 也와 호응된다는 것을 반드시 기억하자.

不管发生什么事情，你都不要吃惊。 어떤 일이 생기든지 너는 놀라지 마라.

不论多热，也去看足球比赛。 얼마나 덥든 상관없이 축구 경기를 보러 간다.

无论男女老小，都喜欢他。 남녀노소를 불문하고 그를 좋아한다.

> 只有······才······   ~해야만, 비로소 ~하다
> 只要······就······   ~하기만 하면, 곧 ~할 수 있다

'只有······才······'는 유일한 조건을 강조하는 표현이며, '只要······就······'는 조건보다는 결과를 강조할 때 사용하는 표현이다.

你只有自己决定，以后才不会后悔。 네 스스로 결정해야만 비로소 나중에 후회하지 않을 것이다.

只要你需要，我就可以把这本词典借给你。
네가 필요하기만 하면 나는 이 사전을 너에게 빌려줄 수 있다.

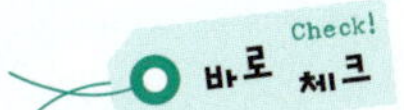 **빈칸에 들어갈 알맞은 단어를 고르세요.**

❶ ________打电话，他就来帮我。　(只有 / 只要)

❷ 不管________忙，你一定要来。　(多 / 多少)

정답 ❶ 只要 ❷ 多

 **예제**

난이도 下　　공략 Key '不管……都' 호응

A 不管哪个同学遇到困难

B 她确实是个很热情的人

C 红小姐都会主动去帮助

정답&공략

해석　A不管哪个同学遇到困难，C红小姐都会主动去帮助，B她确实是个很热情的人。

A어느 친구가 어려움에 부딪히든 상관없이, C홍 샤오제는 적극적으로 도움을 주러 간다. B그녀는 분명 친절한 사람이다.

공략　A(조건) 不管……　➡　C(결과) 都……　➡　B(부연 설명) 她确实是……

● '不管……都'는 '~에 상관없이 ~하다'라는 의미의 조건 관계를 완성하는 접속사 호응 구조이다. 비록 주어가 红小姐 이지만 문제 해결에 있어서는 접속사 호응 구조가 우선이다. B의 她는 C의 红小姐를 가리키는 대사이므로 B는 반드시 C 뒤에 위치해야 한다.

어휘　不管 bùguǎn 젭 ~에 관계없이 | 困难 kùnnan 명 곤란, 어려움 | ★主动 zhǔdòng 형 주동적이다, 적극적이다 | 帮助 bāngzhù 동 돕다 | ★确实 quèshí 형 확실하다, 틀림없다 | 热情 rèqíng 형 친절하다

第 1–10 题：排列顺序。

1. **A**：不过由于受地理的限制

   B：这种植物在南方很容易找到

   C：不适合在北方生长

2. **A**：因此她肯定不会放弃

   B：尽管这次有许多人竞争

   C：不过她还是对自己充满信心

3. **A**：但我知道我的姐姐肯定来了

   B：因为我在厨房里听到了她的笑声

   C：尽管还没看到人

4. **A**：然而，要把复杂的事情解释简单

   B：却不是容易做到的

   C：把简单的事情说复杂并不难

5. **A**：才会真正成熟起来，成为一个优秀的人

   B：人的一生都会经历酸、甜、苦、辣

   C：只有走过这样的过程

6. **A**: 游泳和爬山是很好的运动

   B: 就能收到很理想的效果

   C: 你只要选择其中任何一个，并且坚持下去　　　___________

7. **A**: 但不知大家是不是知道

   B: 很多人爱看描述一代英雄的小说

   C: 有时候普通人的故事却更能让人感动　　　___________

8. **A**: 我们公司的工资虽然不算高

   B: 但是每月都有奖金

   C: 所以总的来说收入还不错　　　___________

9. **A**: 世界上没有完美的人

   B: 但只要发现自己的缺点并及时改过来

   C: 就会变得越来越优秀　　　___________

10. **A**: 而是表示新的开始

   B: 因此为了成功，应该放弃一些不重要的东西

   C: 放弃并不是代表承认失败　　　___________

22 day 다양한 특수 문장을 익혀라

+ 정답_ 해설집 174쪽

학습목표

✓ 1 다양한 도입 형식을 파악하자

✓ 2 의문문 구조의 특징을 마스터하자

✓ 3 병렬 구조의 종류와 순서를 이해하자

독자의 관심과 궁금증을 유발하기 위해 일부 글에서는 첫머리에 의문형의 문장을 제시하는 방식을 사용하는데, 이러한 특수 형태를 이용하여 문장의 순서를 배열하는 문제가 간혹 출제되기도 한다. 또한 병렬된 문장의 순서를 배열하는 문제가 출제되기도 하는데 이를 정확하게 해결하기 위해서는 병렬 구조의 특징과 위치를 정확히 파악해야 한다.

기초 실력 테스트 TEST

1 빈칸에 들어갈 알맞은 단어를 〈보기〉에서 고르세요.

보기	的话　　　　首先　　　　吗

想要成功＿＿＿＿？ 我觉得想要成功＿＿＿＿，＿＿＿＿一定要敢去想。

2 빈칸에 들어갈 알맞은 단어를 〈보기〉에서 고르세요.

보기	还是　　　　什么　　　　多

❶ 不管＿＿＿＿忙，你也要去看病。

❷ 这两张画有＿＿＿＿区别吗？

❸ 你说我穿红的好＿＿＿＿穿黄的好？

4급 기출문제 맛보기

 **맛보기 1**

난이도 上　공략 Key 의문대사 병렬

A 谁在规定的时间内拿到的数量最多

B 谁就赢这场比赛

C 这个游戏十分简单

정답&공략

해석　C 这个游戏十分简单。A 谁在规定的时间内拿到的数量最多，B 谁就赢这场比赛。

C 이 게임은 굉장히 간단하다. A 누군가 규정된 시간 내에 수량을 가장 많이 얻어낸다면, B 그 사람이 이번 경기에서 이긴다.

공략　C(대전제) 这个游戏十分简单 ➡ A(술부 1) 谁…… ➡ B(술부 2) 谁就……

● C는 대전제로 맨 앞에 위치해야 한다. 이 문제는 의문대사 병렬에 따른 조건·결과에 관한 것으로, 의문대사 谁만 있는 A가 조건으로 앞에 위치하고, 의문대사 谁와 부사 就가 함께 있는 B가 결과로 그 뒤에 위치한다.

어휘　游戏 yóuxì 명 게임 | ★十分 shífēn 부 매우, 굉장히 | 简单 jiǎndān 형 간단하다 | 规定 guīdìng 명 규정 | 数量 shùliàng 명 수량 | ★赢 yíng 동 이기다

 **맛보기 2**

난이도 下　공략 Key 전화형 도입

A 您要的那些检查材料，我刚才给你传真过去了

B 喂！蓝大夫，您好！

C 请您查收一下

정답&공략

해석　B 喂！蓝大夫，您好！ A 您要的那些检查材料，我刚才给你传真过去了，C 请您查收一下。

B 여보세요, 란 선생님, 안녕하세요! A 요청하신 검사 자료들을 제가 조금 전에 팩스로 보내드렸습니다. C 확인해보십시오.

◯ 전화를 걸어 이야기를 이끄는 형태의 문제이다. 우선 喂가 있는 B가 맨 앞에 위치하고, 나머지 A와 C는 동작의 선후 관계에 따라 '팩스를 보낸' A가 먼저 놓이고 그 뒤에 '확인하는' C가 위치한다.

어휘   检查 jiǎnchá 동 검사하다, 조사하다 | ★材料 cáiliào 명 자료 | ★传真 chuánzhēn 동 팩스로 보내다 | 查收 cháshōu 동 검사해서 받다

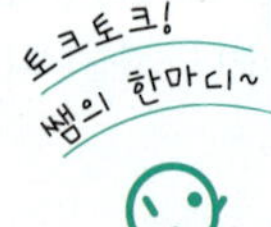

"어떻게 하면 일 년 안에 10억을 벌 수 있을까?"
"어떻게 하면 일주일만 공부하고 新HSK 4급 시험을 통과할 수 있을까?"
만약 책이나 잡지에서 이러한 문장으로 시작되는 글을 보게 된다면 내용을 믿지는 않아도 한번 읽어보고 싶다는 마음이 들지 않으세요? 이렇듯 독자의 관심을 끌기 위해 첫 문장을 의문형으로 제시하는 문장 구성이 있습니다. 중국어도 마찬가지예요. 만일 A, B, C 문장 가운데 의문형의 문장이 있다면 강조를 위한 것이니 얼른 맨 앞에 놓아주세요!

4급 독해 공략 하기

공략 1. 다양한 도입부를 주목하라

글의 도입부는 일반적으로 주어, 술어, 목적어가 확실한 문장이 대전제로 위치한다. 하지만 이 외에도 의문형 도입이나 혹은 전화를 걸었을 경우 등 다양한 도입을 활용한 문제가 출제되고 있으므로 그 종류와 위치를 잘 이해하자.

독해
제2부분

1. 의문형 도입

의문형으로 글을 시작하는 경우 글을 읽는 독자들의 관심과 궁금증을 크게 불러일으키는 장점이 있다. 독해 제2부분 문제 가운데 간혹 이러한 의문형 도입을 사용한 문제가 출제되고 있으며 특별한 경우를 제외하고는 의문형 문장이 맨 앞에 위치한다는 점을 기억하자.

❶ 의문문 : 평서문 끝에 吗를 쓴다.

他的意见有道理吗? 그의 의견은 이치에 맞는 것입니까?

西方人也常用筷子吗? 서양 사람들도 젓가락을 자주 사용하나요?

❷ 정반 의문문 : 동사, 조동사, 형용사를 '긍정형＋부정형'으로 병렬한다.

每天喝酒会不会影响到健康? 매일 술을 마시면 건강에 영향을 미칠 수 있나요 없나요?

没有太阳，人类能不能活下去? 태양이 없다면 인류는 계속 존재할 수 있을까요 없을까요?

❸ 선택 의문문 : 술어 사이에 还是를 쓴다.

先有鸡还是先有蛋? 닭이 먼저입니까 아니면 달걀이 먼저입니까?

喝茶好还是喝咖啡好? 차를 마시는 것이 좋나요 아니면 커피를 마시는 것이 좋나요?

❹ 의문대사 : '谁(누가), 什么时候(언제), 哪儿(어디서), 什么(무엇을), 怎么(어떻게), 为什么(왜)' 등의 의문대사를 쓴다.

第一届奥运会是什么时候举行的? 제1회 올림픽은 언제 개최되었나요?

这种鸟是从哪儿飞来的? 이 종류의 새는 어디에서 날아온 것입니까?

❺ 多＋형용사 : 多 뒤에 형용사를 연결하여 의문문을 완성한다.

那座山有多高? 저 산은 높이가 얼마나 되나요?

上海离这儿多远? 상하이는 여기에서 얼마나 떨어져 있나요?

2. 전화를 걸은 상황

전화를 걸었을 때는 일반적으로 '喂(wéi 여보세요)'와 간단한 인사 및 호칭으로 시작한다. 喂는 원래 4성이지만, 실제 회화에서는 일반적으로 2성으로 부드럽게 말한다.

喂，张老师在吗？ 여보세요, 장 선생님 계신가요?

喂！ 您好！ 是金先生吗？ 여보세요! 안녕하세요! 김 선생님이신가요?

빈칸에 들어갈 알맞은 단어를 고르세요.

❶ 你弟弟个子________高？　 (多 / 什么)

❷ 你__________喝茶？　 (想不想 / 想没想)

정답 ❶ 多　❷ 想不想

예제

난이도 中　공략 Key 의문형 도입

A　每个人都有自己的答案

B　甚至有人说成功就是一种感觉，没有什么标准

C　成功的标准到底是什么

정답&공략

해석　C成功的标准到底是什么？ A每个人都有自己的答案，B甚至有人说成功就是一种感觉，没有什么标准。

C성공의 기준은 도대체 무엇인가？ A모든 사람들은 모두 자신만의 정답이 있다. B심지어 어떤 사람은 성공은 단지 일종의 감정일 뿐, 어떤 기준이 없다고 말한다.

공략　C(의문형 도입) ……到底是什么 ➡ A(답변 1) 每个人都有…… ➡ B(답변 2) 甚至有人……

○ '성공의 기준이란 무엇인가?'라는 의문형 도입이 있는 C가 맨 앞에 위치되며 A와 B 가운데 접속사 甚至가 있는 B가 점층 구조를 형성하므로 뒤 절에 위치해야 한다.

어휘　标准 biāozhǔn 몡 표준, 기준 | ★到底 dàodǐ 뿐 도대체 | ★答案 dá'àn 몡 정답 | 感觉 gǎnjué 몡 감정, 느낌

Tip　什么

의문대사 什么는 동사 뒤에 위치하면 '무엇'이라는 의미로 쓰이고, 명사 앞에 위치하면 '어떤, 무슨' 이라는 의미로 쓰여 명사를 꾸미는 관형어 역할을 한다.

你想看什么？ 너는 무엇을 보고 싶니?
你想看什么电影？ 너는 어떤 영화를 보고 싶니?

공략 2. 병렬 구조에 주목하라

1. 전후 병렬

대상, 시간, 사건 등은 일반적으로 '전 → 후'의 순서로 병렬된다.

대상 | 工作和爱情都很重要 ➡ 前者能让我们实现自己的梦想 ➡ 后者能让我们感到幸福

➲ 일과 사랑 모두 중요하다. 전자는 자신의 꿈을 실현시켜주고, 후자는 행복을 느끼게 한다.

순서 | 大家注意一下 ➡ 我们先去参观故宫 ➡ 然后再去爬长城

➲ 모두 주목해주십시오. 우리는 먼저 고궁에 견학을 가고, 그다음 만리장성에 갑니다.

2. 有的……有的……

'有的……有的……'는 '어떤 것은 ~하고 어떤 것은 ~하다'라는 의미로 대표적인 병렬 구조이다. 둘 사이에는 선·후의 뉘앙스는 없지만, 문장 속에 '相反(그와 반대로), 却(오히려), 甚至(심지어)'와 같은 어휘가 있다면 이러한 어휘가 있는 보기가 뒤쪽에 위치한다.

有的人同意一个人去旅游，相反有的人不同意。
어떤 사람은 혼자 여행 가는 것을 동의하고, 이와 반대로 어떤 사람은 동의하지 않는다.
有的好，有的却坏。 어떤 것은 좋지만 어떤 것은 오히려 나쁘다.

3. 의문대사 병렬

앞 절과 뒤 절에 같은 의문대사를 병렬하면 조건 결과문이 되는데, 일반적으로 결과를 나타내는 뒤 절에 부사 就가 온다.

你想跟谁一起来，就跟谁一起来。 네가 같이 오고 싶은 사람이랑 같이 와.
你想买什么，就买什么。 네가 사고 싶은 것을 사.
你什么时候有空，就什么时候来。 네가 시간 있을 때 와.
你决定去哪儿，我们就去哪儿。 우리는 네가 결정한 곳으로 가겠다.
你怎么样，我们就怎么样。 우리는 네가 하는 대로 하겠다.

바로 체크 Check! **빈칸에 들어갈 알맞은 단어를 고르세요.**

❶ 你想看什么电影，我们就看＿＿＿＿＿电影。 （有的 / 什么）

❷ 你们先刷牙，＿＿＿＿＿睡觉。 （就 / 再）

정답 ❶ 什么 ❷ 再

 예제

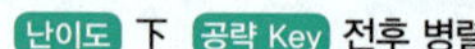

A　预习和复习其实都很重要

B　前者能让我们对要学的内容提前做好准备

C　后者能让我们对已学过的知识深深地理解

정답&공략

해석　A预习和复习其实都很重要，B前者能让我们对要学的内容提前做好准备，C后者能让我们对已学过的知识深深地理解。

A예습과 복습은 사실 모두 아주 중요하다. B전자는 우리에게 배울 내용에 대해 미리 준비를 잘 할 수 있도록 해주며, C후자는 우리에게 이미 배운 지식을 더욱 깊이 이해할 수 있도록 해준다.

공략　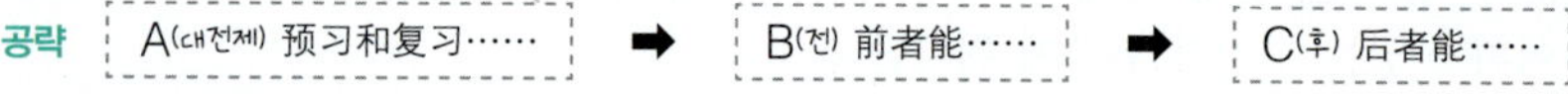

A(대전제) 预习和复习······　➡　B(전) 前者能······　➡　C(후) 后者能······

○ A는 의미상 대전제로 맨 앞에 위치한다. B와 C의 前者와 后者는 각각 A의 예습과 복습을 가리키는 것으로 순서상 병렬을 이룬다. 일반적으로 '전 → 후', '상 → 하'의 단계로 병렬된다.

어휘　★其实 qíshí 뿐 사실 | 前者 qiánzhě 명 전자 | ★提前 tíqián 동 앞당기다 | 后者 hòuzhě 명 후자 | 知识 zhīshi 명 지식 | 深深地 shēnshēn de 깊이

Tip　好

好는 동사 뒤에 위치되어, 완성은 물론 결과가 만족스러움을 나타내는 결과보어로 쓰인다.

做好准备 준비를 잘 하다　　　　　　洗好衣服 옷을 잘 세탁하다
发好材料 자료를 잘 보내다　　　　　整理好房间 방을 잘 정리하다

전공략 비법 플러스

✓ 의문대사가 꼭 의문을 나타내는 것은 아니다?

중국어의 대표 의문대사는 谁, 什么, 什么时候, 哪儿, 怎么, 为什么 등으로, 어기조사 吗, 정반
의문문, 선택 의문문과 함께 의문문을 완성하는 대표 주자이다. 하지만 이러한 의문대사가 때로는
의문이 아닌 단순한 대사의 의미로 사용되는 경우가 있으므로, 문장에 의문대사가 있다고 해서 의
문문이라고 판단하는 고정 관념은 버려야 한다.

① 의문문으로 쓰이는 경우

- 谁 → 谁参加今天比赛? 누가 오늘 경기에 참여하니?
- 什么 → 你买什么了? 너는 무엇을 샀니?
- 什么时候 → 我什么时候可以去? 내가 언제 가면 되겠니?
- 哪儿 → 他去哪儿买东西? 그는 물건을 사러 어디로 가니?
- 怎么 → 这个菜怎么吃? 이 요리는 어떻게 먹는 거니?
- 为什么 → 他为什么生气? 그는 왜 화를 내는 거니?

② 대사로 쓰이는 경우

- 谁 → 谁都不愿意参加比赛。 누구도 경기에 참가하기를 원하지 않는다.
- 什么 → 没有什么可买的。 살 만한 것이 없다.
- 什么时候 → 你什么时候都可以来。 넌 언제든 와도 괜찮아.
- 哪儿 → 他哪儿都不去。 그는 어디에도 안 간다.
- 怎么 → 我怎么也不懂。 나는 어떻게 해도 모르겠다.
- 为什么 → 我不知道为什么。 나는 왜인지 모르겠다.

독해
제2부분

第 1-10 题：排列顺序。

1. **A**: 要不要给她报个名

   B: 我记得你妹妹基础挺好的

   C: 喂，我打算放暑假后去学画画儿　　　＿＿＿＿＿＿＿＿＿＿

2. **A**: 不仔细看的话

   B: 这就是你姐？你们俩长得像双胞胎一样像

   C: 真的看不出来你们俩有什么区别　　　＿＿＿＿＿＿＿＿＿＿

3. **A**: 想赢就不会紧张，怕输才紧张

   B: 中国著名的选手邓亚萍回答

   C: 你经历了这么多场比赛，比如这个，你会紧张吗？　＿＿＿＿＿＿＿＿＿＿

4. **A**: 一定要按照公开、公平、公正的原则严肃处理事情

   B: 如何成为一个合格的管理者

   C: 甚至是管理者自己的事情也不能例外　　　＿＿＿＿＿＿＿＿＿＿

5. **A**: 学生一遇到难题，有的老师直接告诉学生答案

   B: 认为应该给孩子更多自己解决问题的时间

   C: 有的老师正好相反　　　＿＿＿＿＿＿＿＿＿＿

6. **A**: 越能显示出旅行的价值

  B: 很多长途旅行者认为

  C: 旅行的过程越劳累　　　　　　　　　　　____________

7. **A**: 友情到底是什么

  B: 还能帮你轻易地走出人生的苦海

  C: 它可以让你在失望、伤心的时候变得高兴起来　　____________

8. **A**: 怎样才能学好英语呢

  B: 首先要培养对英语的兴趣，"兴趣是最好的老师"

  C: 然后要慢慢积累英语的基础　　　　　　　　____________

9. **A**: 绝对不要到处乱扔东西

  B: 吃好了就把水果皮、饼干箱子、塑料袋都扔到垃圾桶里

  C: 大家都吃好了吗?　　　　　　　　　　　　____________

10. **A**: 你决定怎么处理这个问题

  B: 我们就怎么弄

  C: 这个问题很难解决　　　　　　　　　　　____________

23 day 문제만 정확히 파악해도 절반은 성공이다

정답_ 해설집 174쪽

학습목표

1 원인과 당위성을 나타내는 문제에 주의하자

2 답으로 연결되는 원인 관련 표현을 암기하자

3 문제만 보고 정답이 숨겨진 곳을 찾는 능력을 기르자

독해 제3부분은 어휘와 시간에 승패가 갈린다 해도 과언이 아니다. 시간 내에 문제를 해결하기 위한 가장 기본적인 법칙은 지문을 읽기 전에 문제를 정확하게 파악하는 것이다. 문제를 통해 출제자의 출제 의도와 문제 해결의 실마리를 찾을 수 있기 때문이다. 정답을 찾는 길잡이가 되는 출제 유형을 정확하게 파악하도록 하자.

○ 기초 실력 테스트 TEST

1 자연스러운 대화가 되도록 알맞은 답을 고르세요.

❶ A: 你为什么又买不到机票呢？

B: (即使 / 因为)现在是旅游旺季。

❷ A: 他怎么买裙子了？

B: (为了 / 原因)送给女朋友。

2 다음 문장의 의미로 알맞은 것을 고르세요.

> 我们应该好好利用这个机会提前完成任务。

❶ 必须好好找借口。

❷ 该及时完成事情。

❸ 要用这次机会早完成任务。

❹ 应该向别人借东西。

4급 기출문제 맛보기

 맛보기 1

난이도 上　공략 Key 목적 찾기

　　足球比赛时间一般是90分钟，分上半场、下半场各45分钟，中场休息15分钟，如果90分钟以后还是0:0的话，还要有30分钟加时，通过加时赛决定胜负。

★　为什么进行加时赛？

A　跑90分钟不够　　　　　　　　B　是国际比赛标准
C　需要输赢结果　　　　　　　　D　中场休息15分钟

정답&공략

해석　　足球比赛时间一般是90分钟，分上半场、下半场各45分钟，中场休息15分钟，如果90分钟以后还是0:0的话，还要有30分钟加时，通过加时赛决定胜负。

★　为什么进行加时赛？

A　跑90分钟不够
B　是国际比赛标准
C　需要输赢结果
D　中场休息15分钟

축구 경기 시간은 일반적으로 90분으로, 전반전과 후반전 각각 45분으로 나뉘며, 경기 중간에 15분을 쉰다. 만약 90분 이후에 여전히 0:0이면, 30분 동안 연장전을 갖고, 연장전을 통해 승패를 가린다.

★　왜 연장 경기를 하는가？

A　90분 동안 뛰어도 부족해서
B　국제 경기 기준이라서
C　승패 결과가 필요해서
D　경기 중간에 15분 쉬어서

공략　为什么로 시작되는 문제는 연장 경기를 하는 목적을 묻고 있다. 우선 본문에서 加时赛가 출현하는 곳에서 목적이나 원인을 이끄는 표현을 중심으로 답을 찾으면 되는데, 여기서는 개사 通过가 있는 문장이 답을 찾는 힌트가 된다.

어휘　足球 zúqiú 명 축구 | ★比赛 bǐsài 명 경기 | 一般 yìbān 형 일반적이다, 마찬가지이다 | 通过 tōngguò 개 ~을 통해서 | 加时赛 jiāshísài 명 연장전 | ★决定 juédìng 동 결정하다 | 胜负 shèngfù 명 승부

跟亲戚朋友借钱的时候，应该按时还给他们，否则他们不愿意再借钱给你，这就叫"好借好还，再借不难"。向银行借钱也是一样。

★ 向银行借钱应该：

A 讲信用　　　　B 按时借钱　　　　C 需要身份证　　　　D 填写密码

정답&공략

해석　跟亲戚朋友借钱的时候，<u>应该按时还给他们</u>，否则他们不愿意再借钱给你，这就叫"好借好还，再借不难"。<u>向银行借钱也是一样。</u>

★ 向银行借钱应该：

Ⓐ 讲信用　　　　B 按时借钱
C 需要身份证　　　D 填写密码

친척이나 친구에게 돈을 빌릴 때, <u>반드시 제때 그들에게 돌려줘야 한다.</u> 그렇지 않으면 그들은 당신에게 다시 돈을 빌려주길 원하지 않을 것이다. 이것을 바로 '잘 빌리고 잘 갚아야, 다시 빌릴 때 어렵지 않다'라고 한다. <u>은행에서 돈을 빌리는 것 역시 마찬가지이다.</u>

★ 은행에서 돈을 빌릴 때 반드시 어떻게 해야 하는가?

Ⓐ 신용을 중시한다　　B 제때 돈을 빌린다
C 신분증이 필요하다　　D 비밀번호를 기입한다

공략　应该는 '반드시 ~해야 한다'는 의미의 조동사로 문제에 应该가 출현하면, 정답 역시 본문 가운데 应该, 要, 得 등과 같은 조동사가 제시된 부분을 찾으면 된다. 본문에는 친척이나 친구에게 돈을 빌리는 경우와 은행에서 돈을 빌리는 경우가 나오는데, 은행에서 돈을 빌리는 것 역시 친척이나 친구에게 돈을 빌릴 때와 동일해야 한다고 언급했다.

어휘　亲戚 qīnqī 圆 친척 | 借钱 jièqián 图 돈을 빌리다 | ★按时 ànshí 图 규정된 시간에 따라 | 还给 huángěi 图 ~에게 돌려주다 | ★否则 fǒuzé 젭 만약 그렇지 않으면 | 愿意 yuànyì 图 희망하다 | ★讲 jiǎng 图 중시하다

만약 독해 제3부분의 모든 문제를 한 글자씩 꼼꼼하게 읽으면서 푼다면, 한 번 보면 의미를 이해하는 원어민이 아닌 이상 정해진 시간 내에 모든 문제를 해결하기란 쉽지 않을 거예요. 독해 제3부분은 어휘와의 시간 싸움이에요. 평소 다양한 어휘들을 광범위하게 암기하는 것은 물론 시간을 효율적으로 활용할 수 있는 기술을 다양하게 익혀야 정해진 시간 내에 여유롭게 문제를 해결할 수 있답니다.

4급 **독해 공략** 하기

공략 1. 원인을 설명하는 주요 어휘를 암기하라

원인을 묻는 문제인 경우 일반적으로 질문 유형에 为什么, 原因, (是)因为, 由于, 为了 등의 어휘가 제시된다. 이 경우 문제를 확인한 후 본문에서 원인을 설명하는 핵심 어휘를 중심으로 정답을 찾으면 된다.

- 这里**为什么**禁止停车? 이곳은 왜 주차를 금지하는가?
  　　원인　　핵심 어휘

- 他生气的**原因**是? 그가 화가 난 원인은?
  　핵심 어휘　　원인

- 我们没参加会议**是因为**? 우리가 회의에 참가하지 않은 원인은?
  　핵심 어휘　　　원인

❶ 원인을 묻는 대표적인 질문 유형

他**为什么**没有参加比赛? 그는 왜 경기에 참가하지 않았는가?
他**怎么**没有参加比赛? 그는 어째서 경기에 참가하지 않았는가?
他没有参加比赛的**原因**是: 그가 경기에 참가하지 않은 원인은?
他没有参加比赛**是因为**: 그가 경기에 참가하지 않은 원인은?
他没有参加比赛是**什么原因**? 그가 경기에 참가하지 않은 것은 어떤 이유인가?

❷ 원인을 설명하는 대표적 표현

★**因为** ~이기 때문에, 왜냐하면	**因为**他工作很忙，所以没时间来。 그는 일이 바빠서 올 시간이 없다.
★**由于** ~이기 때문에	**由于**这家餐厅的菜最地道，因此每天来很多客人。 이 식당의 요리가 가장 정통이라서, 매일 많은 손님이 온다.
★**为(了)** ~을 위해서	他**为了**提高水平，他每天付出努力。 수준을 높이기 위해, 그는 매일 노력을 기울인다.
以(便) ~하기 위해서	应该多穿点儿衣服，**以便**预防感冒。 감기를 예방하기 위해 옷을 많이 입어야 한다.
免得 ~하지 않도록	你要解释清楚，**免得**引起误会。 오해를 사지 않기 위해, 너는 분명하게 설명해야 한다.
省得 ~하지 않도록	你先给家打电话，**省得**妈妈担心我们。 엄마가 우리를 걱정하지 않도록, 너는 먼저 집에 전화를 걸어라.
以免 ~하지 않도록	问清楚点，**以免**迷路。 길을 잃어버리지 않도록 정확하게 물어봐라.

 **바로 Check! 체크** 빈칸에 들어갈 알맞은 단어를 고르세요.

❶ 今天他没有上班，＿＿＿＿＿身体不好。 （因为 / 如果）

❷ ＿＿＿＿＿祝贺他的生日，大家都来了。 （为了 / 原因）

정답 ❶ 因为 ❷ 为了

예제

난이도 下 공략 Key 목적 찾기

> 到冬天大部分鸟类都会飞到南方去，因为它们受不了这里寒冷的气候，而且在北方很难找到食物，但是到春天它们再飞回到这里来。
>
> ★ 冬季鸟类为什么飞向南方？
>
> A 害怕寒冷　　　　　　　　B 想吃南方的食物
> C 受不了南方的气候　　　　D 快春节了

정답&공략

해석　　到冬天大部分鸟类都会飞到南方去，因为它们受不了这里寒冷的气候，而且在北方很难找到食物，但是到春天它们再飞回到这里来。

　　★ 冬季鸟类为什么飞向南方？

Ⓐ 害怕寒冷
B 想吃南方的食物
C 受不了南方的气候
D 快春节了

겨울이 되면 대부분의 조류는 남방으로 날아간다. 왜냐하면 그들은 이곳의 추운 기후를 견디지 못할 뿐 아니라, 북방에서는 먹이를 찾기가 어렵기 때문이다. 하지만 봄이 되면 그들은 다시 이곳으로 날아온다.

★ 겨울에 조류들은 왜 남방으로 날아가는가?

Ⓐ 추위가 무서워서
B 남방의 먹이가 먹고 싶어서
C 남방의 기후를 참을 수가 없어서
D 곧 설이 되어서

공략　문제에서 새들이 남쪽으로 날아가는 원인을 묻고 있다. 원인을 묻는 경우 정답은 일반적으로 因为, 为了 등이 이끄는 구절에서 찾을 수 있다. 여기에서도 역시 접속사 因为 뒤에서 원인을 설명하고 있으므로 정답은 A가 된다.

어휘　★大部分 dàbùfen 명 대부분 | 鸟类 niǎolèi 명 조류 | ★受不了 shòubuliǎo 통 참을 수 없다 | 寒冷 hánlěng 형 춥다 | 气候 qìhòu 명 기후 | 食物 shíwù 명 음식물 | ★害怕 hàipà 통 두려워하다

| Tip | **来**와 **去** |

방향보어 来와 去는 술어 뒤에서 술어의 방향성을 보충하는 역할을 한다. 만일 장소 목적어가 있을 경우 来와 去는 장소 목적어 뒤에 위치한다.

快**跑进**教室**来**。 빨리 교실로 뛰어와라.

他**飞回**中国**去**。 그는 중국으로 날아간다.

독해
제3부분

공략 2. 문제에서 *应该*를 찾아라

'마땅히 ~해야 한다'라는 의미의 조동사 应该가 질문 유형으로 제시되면, 일반적으로 본문에 제시된 조동사 要, 得, 必须 등에서 정답을 찾을 수 있다. 즉, 당위성을 나타내는 조동사에 주의해서 답을 찾아야 한다.

- 迷路时，**应该** 　길을 잃었을 때, 마땅히 ~
- 这段话主要告诉我们，**应该**…… 　이 글은 우리에게 마땅히 ~라고 알려준다
- 我们不能改变环境时，**应该**…… 　우리가 환경을 바꿀 수 없을 때, 마땅히 ~
- 为了提高学习效果，**应该**…… 　학습 효과를 향상시키기 위해 마땅히 ~

○ **바로 체크** ^{Check!} 제시된 문장과 같은 의미가 되도록 빈칸에 들어갈 알맞은 단어를 고르세요.

❶ 过马路的时候，应该注意安全。

　→ 过马路的时候，________注意安全。 　(必须 / 肯定)

❷ 我得好好利用这个机会。

　→ 我________好好利用这个机会。 　(确实 / 应该)

정답 ❶ 必须 ❷ 应该

 **예제**

人们应该学会认识自己。不但要看到自己的优点，也要了解自己的缺点，并且努力改掉自己的缺点，只有这样，人才能变得更成熟。

★ 根据这段话，人们应该：

A 努力学习　　　　　　　　B 改变自己
C 了解情况　　　　　　　　D 正确认识自己

 **정답&공략**

해석　人们应该学会认识自己。不但要看到自己的优点，也要了解自己的缺点，并且努力改掉自己的缺点，只有这样，人才能变得更成熟。

★ 根据这段话，人们应该：

A 努力学习
B 改变自己
C 了解情况
Ⓓ 正确认识自己

사람들은 자신을 잘 아는 법을 터득해야 한다. 자신의 장점을 발견하는 동시에 자신의 단점도 잘 알아야 하며, 나아가 자신의 단점을 고치도록 노력해야 한다. 이렇게 해야만, 사람은 비로소 더욱 성숙하게 될 것이다.

★ 이 글을 통해 사람은 반드시 어떻게 해야 하는가?

A 열심히 공부해야 한다
B 스스로를 바꿔야 한다
C 상황을 이해해야 한다
Ⓓ 스스로를 정확하게 알아야 한다

공략　질문에 应该가 출현하면 정답도 일반적으로 应该와 같은 의미를 가지고 있는 조동사 뒤에 제시된다. 본문 도입부가 질문과 동일하게 '人们应该'로 시작하고 있기 때문에 정답을 쉽게 찾을 수 있다.

어휘　★优点 yōudiǎn 몡 장점 | ★缺点 quēdiǎn 몡 단점 | 并且 bìngqiě 젭 또한, 나아가 | 成熟 chéngshú 혱 익다, 성숙하다

Tip　学会

学会는 '터득하다, 배워서 할 줄 알다'라는 의미의 동사로, 뒤에 동사를 목적절로 갖는다.

你们必须**学会**耐心。너희는 반드시 인내심을 가져야 한다.
先应该**学会**帮助别人。먼저 반드시 다른 사람을 도울 줄 알아야 한다.

  **전공략 비법 플러스**

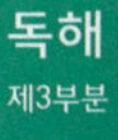

☑ <u>목적을 이끄는 为了</u>

개사 为了는 '～하기 위해서'라는 의미로, 만일 두 개의 구나 절이 연속되는 문장이라면 반드시 앞의 구나 절에 위치한다.

为了考上大学，孩子努力学习。 대학에 합격하기 위해 아이는 열심히 공부한다.

为了参加比赛，他每天锻炼身体。 경기에 참여하기 위해 그는 매일 몸을 단련한다.

☑ <u>뒤 절에 오는 免得와 省得</u>

접속사 免得, 省得는 '～하지 않도록, ～을 면하기 위해'라는 의미로 반드시 뒤 절에 위치한다. 앞 절에서는 어떻게 해야 하는지를 설명하고 뒤 절에는 발생하지 않기를 바라는 상황이 온다.

这件事我打算自己准备，**免得**麻烦你们。
너희를 귀찮게 하지 않기 위해, 나는 이 일을 혼자 준비할 계획이다.

多穿点儿衣服，**省得**感冒。 감기에 걸리지 않게 옷을 많이 입어라.

第 1-8 题：请选出正确答案。

1. 当我们去新的环境的时候，会有两种选择。一是选择改变环境，二是选择适应环境。当我们发现无法改变环境，就适应它是最好的选择。

   ★ 我们不能改变环境时最好：

   A 选两种选择　　**B** 去适应它　　**C** 换个地方　　**D** 保护环境

2. 人们常说"机会只留给有准备的人"，这句话虽然不是假的，然而光有准备是不够的，我们还要积极寻找机会，因为机会永远都不是主动来的。

   ★ 这段话主要告诉我们，应该：

   A 主动做好准备　　　　**B** 等着机会来
   C 留出时间准备　　　　**D** 自己去找机会

3-4.
　　每到春节，我们总能看到很多商场举行打折、降价等活动。这就是为了吸引很多顾客来购物，但是我们购买东西时，不能只顾着价格，要考虑购买的东西是不是适合自己，是不是必须买。如果不适合自己，不是必须买的话，就算价格再低也是一种浪费。

   ★ 到了春节很多商场为什么降低价格？

   A 提供服务　　**B** 快过时了　　**C** 防止浪费　　**D** 吸引顾客

   ★ 根据本文，购买时要注意哪方面？

   A 有没有用　　**B** 时间够不够　　**C** 打不打折　　**D** 是否流行

5-6.

　　一位大夫不满意地对病人说："你一定又喝了很多酒，是不是？你每天到底喝几瓶？"

　　"两瓶。"病人愉快地回答道。

　　医生极其生气地说："我难道没告诉你吗？每天只允许喝一瓶。"

　　"是的，但在您之前给我看病的那位大夫也告诉我每天可以喝一瓶。"

★ 这位医生为什么生气？

A 病人没有付钱　　　　　　**B** 病人没准时吃药
C 病人没请医生喝酒　　　　**D** 病人没听他的话

★ 关于病人，我们可以知道：

A 不喜欢医生　　**B** 讨厌喝酒　　**C** 每天都喝酒　　**D** 非常听话

7-8.

　　喝酒时，人们为什么喜欢干杯呢？那是因为眼睛能看到酒的颜色，鼻子可以闻到酒的香气，嘴能尝到酒的味道，只有耳朵没事干。一干杯，杯子就发出好听的声音，耳朵听到了，就高兴起来了。

★ 人们喝酒时为什么喜欢干杯？

A 让人激动　　　　　　**B** 有好听的声音
C 能闻到酒味儿　　　　**D** 能提高酒的质量

★ 本文主要谈论什么？

A 选出好酒的方法　　　　**B** 喝酒的好处
C 为什么要干杯　　　　　**D** 酒能满足人

✦ **정답 및 해설**_ 해설집 75쪽

24 day
문장 부호를 읽는 힘이 필요하다

학습목표

✓ 1 문장의 연속과 단절을 구분 짓는 문장 부호를 암기하자

✓ 2 정답의 길잡이가 되는 문장 부호를 익히자

✓ 3 다양한 문장 부호의 쓰임새와 차이를 구분하자

중국어의 문장 부호의 종류와 역할은 한국어와 거의 비슷하기 때문에 문장 부호 자체를 이해하거나 암기하는 것은 어렵지 않다. 하지만 중국어 문장에서 문장 부호는 훨씬 더 중요한 역할을 한다. 문장 부호를 통해 정답이 위치한 곳을 찾을 수도 있고, 문장의 연결과 단절에 대한 힌트를 얻을 수도 있기 때문이다.

기초 실력 테스트 TEST

1 빈칸에 들어갈 알맞은 문장 부호를 고르세요.

| 보기 |　　【 、】　　　　【 。】　　　　【 ; 】

현재越来越多的人有了环保的想法________有些人已经不开车，开始坐地铁

________有些人去郊区种树；有些人开始研究节约水________电的新方法。

2 다음 중 알맞은 문장 부호를 고르세요.

❶ 桌子上有杯子(， / 、)书和手机。

❷ 如果大家都不同意(， / 、)那么放弃吧。

4급 **기출문제** 맛보기

 **맛보기 1**

> 广告几乎无处不在，街头、杂志、电视甚至公交车里也能看得到。随着广告数量的增多，对人们生活的影响也越来越大了，现在即使你不想知道，都没有办法了。
>
> ★ 现在广告：
>
> A 数量多 B 影响范围窄
> C 不想看，就能不看 D 几乎没变化

정답&공략

해석 广告几乎无处不在，街头、杂志、电视甚至公交车里也能看得到。随着广告数量的增多，对人们生活的影响也越来越大了，现在即使你不想知道，都没有办法了。

★ 现在广告：

Ⓐ 数量多
B 影响范围窄
C 不想看，就能不看
D 几乎没变化

광고가 없는 곳은 거의 없다. 길거리, 잡지, 텔레비전 심지어 버스 안에서도 볼 수 있다. 광고의 양이 증가함에 따라, 사람들의 생활에 미치는 영향력 역시 점점 커지고 있어서, 이제는 설령 당신이 알고 싶지 않다고 하더라도 방법이 없다.

★ 현재 광고는?

Ⓐ 수량이 많다
B 영향을 끼치는 범위가 좁다
C 보고 싶지 않으면 안 볼 수 있다
D 거의 변화가 없다

공략 질문의 '现在广告：'의 의미는 '现在广告'를 주어로 하여 본문과 같은 내용을 보기에서 찾으라는 뜻이므로 정답은 A가 된다. '无处不在'의 无는 没有의 의미로 '없는 곳이 없다'는 뜻이다.

어휘 ★无处不在 wú chù bú zài 없는 곳이 없다 | 街头 jiētóu 圐 길거리 | ★增多 zēngduō 图 늘어나다

快乐的人好像太阳，他们走到哪里，哪里就有阳光；伤心的人好像一朵云，他们走到哪里，哪里阴雨不断。积极、主动的人能给人幸福和快乐；无聊、伤心的人给人带来麻烦。

★ 根据这段话，可以知道什么？

A 到处都有阳光
B 做人要积极
C 不能给别人麻烦
D 现在阴雨不断

정답&공략

해석　　快乐的人好像太阳，他们走到哪里，哪里就有阳光；伤心的人好像一朵云，他们走到哪里，哪里阴雨不断。积极、主动的人能给人幸福和快乐；无聊、伤心的人给人带来麻烦。

★ 根据这段话，可以知道什么？

A 到处都有阳光
Ⓑ 做人要积极
C 不能给别人麻烦
D 现在阴雨不断

유쾌한 사람은 마치 태양과 같아서, 그들이 어디를 가든지 햇빛이 있다. 슬퍼하는 사람은 마치 구름과 같아서, 그들이 어느 곳을 가든지 끊임없이 날씨가 흐려지고 비가 내린다. 적극적이고 주동적인 사람은 사람에게 행복과 즐거움을 주지만, 따분해 하고 슬퍼하는 사람은 다른 사람에게 번거로움을 준다.

★ 이 글에 근거하여 알 수 있는 것은 무엇인가?

A 모든 곳에 햇빛이 있다
Ⓑ 적극적인 사람이 되어야 한다
C 다른 사람에게 번거로움을 주어서는 안 된다
D 현재 계속 날이 흐리고 비가 그치지 않는다

공략　[;]는 分号, 즉 '쌍반점'으로 서로 병렬되거나 대비되는 절 사이에 위치한다. 일반적으로 예를 들어 설명하거나 설명을 추가하여 덧붙이는 경우에 쓰인다. 여기서는 유쾌한 사람과 슬퍼하는 사람을 쌍반점으로 서로 대비하고 있으며, 이러한 대비는 유쾌한 사람의 긍정적인 측면을 더욱 부각시키는 역할을 한다. 화자는 대비를 통해 적극적이고 유쾌한 사람이 되기를 바라고 있는 것이다.

어휘　★阳光 yángguāng 몡 햇빛 | ★朵 duǒ 양 송이, 점(꽃, 구름 등을 세는 단위) | 阴雨 yīnyǔ 통 흐리고 비가 오다 | ★不断 búduàn 통 끊임없다 | 幸福 xìngfú 몡형 행복(하다) | 无聊 wúliáo 통 무료하다, 지루하다 | 伤心 shāngxīn 통 슬퍼하다

4급 독해 공략 하기

공략 1. [:]의 의미를 정확하게 파악하라

질문에 제시되는 쌍점([:] 冒号 màohào)은 문제와 A, B, C, D 보기 가운데 하나를 연결시켜 본문의 내용과 완벽히 일치하는 답을 찾으라는 의미이다. 이 경우 본문에 제시된 내용을 보기에서 선택하면 된다.

- 根据这段话，可以知道大夫：　이 글을 근거로 의사가 ~인 것을 알 수 있다
- 阅读会使学生：　독서는 학생이 ~하게 한다
- 他孙子：　그의 손자는 ~

  서로 의미가 이어지도록 연결하세요.

❶ 现在很多人喜欢：·		· A 内容丰富	
❷ 弟弟觉得停车：·		· B 上网、看电视	
❸ 这本书：·		· C 让人麻烦	

정답 ❶ B ❷ C ❸ A

예제

난이도 上　　공략 Key [:]의 용법 파악

　　这本书的作者是医院的一位护士。她通过这本书告诉我们发生在医院的很有趣的故事，还介绍医生和护士的工作和生活，让我们更能了解他们。

★ 这本书：

A 介绍医院　　　　　　　　B 治疗病人
C 很有趣　　　　　　　　　D 很受欢迎

해석 这本书的作者是医院的一位护士。她通过这本书告诉我们发生在医院的很有趣的故事，还介绍医生和护士的工作和生活，让我们更能了解他们。

이 책의 저자는 병원에서 근무하는 한 간호사이다. 그녀는 이 책을 통해 우리에게 병원에서 생기는 재미있는 이야기를 전해준다. 또한 의사와 간호사의 일과 생활을 소개하여, 우리가 그들을 더욱 잘 이해할 수 있도록 해준다.

★ 这本书:

A 介绍医院　　　　B 治疗病人
Ⓒ 很有趣　　　　　D 很受欢迎

★ 이 책은?

A 병원을 소개한다　　B 환자를 치료한다
Ⓒ 재미있다　　　　　D 인기 있다

공략 문제에 제시된 쌍점은 본문 가운데 '这本书'에 관한 설명을 찾으라는 의미이다. 먼저 본문의 내용을 정확히 읽고 보기의 내용과 하나씩 대조하는 과정이 필요하다. 의미적으로 정답은 C가 된다.

어휘 作者 zuòzhě 몡 작가 | 通过 tōngguò 동 통과하다 | ★有趣 yǒuqù 혱 흥미롭다 | ★故事 gùshi 몡 이야기

Tip 반드시 기억해야 하는 문장 부호

부호	명칭	설명 · 예문
[。]	句号 jùhào 마침표	평서문의 끝에 쓰여 문장의 마침을 나타낸다. 今天天气很凉快。 오늘 날씨는 정말 시원하다.
[，]	逗号 dòuhào 쉼표	단문이나 복문 사이에서 쓰여 짧은 쉼을 나타낸다. 好看是好看，但是太贵。 예쁘긴 예쁜데, 너무 비싸다.
[、]	顿号 dùnhào 모점	동등한 관계의 단어나 구를 병렬하는 데 사용된다. 包里有钱包、手机、书和笔。 가방 안에 지갑, 휴대 전화, 책 그리고 펜이 있다.
[；]	分号 fēnhào 쌍반점	병렬 혹은 대비되는 절 사이에 위치하며 예를 들어 설명하거나 설명을 추가하여 덧붙이는 경우에 사용된다. 年轻人喜欢想将来；老年人喜欢想过去。 젊은이는 미래를 생각하는 것을 좋아하고, 노인은 과거를 생각하는 것을 좋아한다.
[：]	冒号 màohào 쌍점	대사나 인용문, 예시 등을 이끌 때 사용된다. 他十分生气地说：“原来是你！” 그는 굉장히 화가 나서 말했다. "너였구나!"
[《 》]	书名号 shūmínghào 책 이름표	책이나 논문 제목, 잡지, 작품 등의 명칭 등을 표시하는 데 사용된다. 我很想读《三国志》。 나는 『삼국지』를 읽고 싶다.

공략 2. [《 》]는 '제목'이라는 것만 기억하라

문제와 본문에 나오는 책 이름표(《 》书名号 shūmínghào)는 책이나 논문 제목, 잡지, 작품 등의 명칭 등을 표시하는 데 쓰인다. 책이나 작품 등의 이름이다 보니 《 》 안의 내용은 비교적 어려운 것이 많다. 하지만 《 》가 나오는 문제는 절대 그 안의 의미를 묻는 것이 아니므로 내용을 고민할 필요는 없다.

- 《老虎墙》: 『담쟁이넝쿨』은?
- 《三国志》: 『삼국지』는?
- 《青年新生活》: 『청춘 신생활』은?

예제

난이도 中 공략 Key 〖《 》〗의 용법 파악

> 孩子眼中的世界又美丽又奇特，《千万个为什么》吸引着他们不断的追问。《千万个为什么》是一部百科全书，用一问一答的形式介绍了各种各样的科学知识。它包括数学、动物、植物、交通、科技、社会与文化等方面，以简单易懂的语言在增长孩子科学知识方面起了很大的作用。
>
> ★ 关于《千万个为什么》，下面哪项正确？
>
> A 是一本长篇小说　　　　　　B 学生难懂
> C 内容丰富　　　　　　　　　D 只给学生介绍科学技术
>
> ★ 本文主要谈什么？
>
> A 社会现象　　　　　　　　　B 孩子的看法
> C 科学的作用　　　　　　　　D 千万个为什么

정답&공략

해석　孩子眼中的世界又美丽又奇特，《千万个为什么》吸引着他们不断的追问。《千万个为什么》是一部百科全书，用一问一答的形式介绍了各种各样的科学知识。它包括数学、动物、植物、交通、科技、社会与文化等方面，以简单易懂的语言在增长孩子科学知识方面起了很大的作用。

아이들 눈 속의 세상은 아름답고 신비롭다. 『천만 개의 왜』는 그들의 끊임없는 궁금증을 불러일으키고 있다. 『천만 개의 왜』는 백과사전으로 일문일답의 형식을 통해 다양한 과학 지식을 소개하고 있다. 이 책은 수학, 동물, 식물, 교통, 과학 기술, 사회 그리고 문화 등 다양한 분야를 다루고 있으며, 간단하고 알기 쉬운 언어로 아이들이 과학 지식을 쌓는 데 아주 큰 역할을 하고 있다.

어휘 奇特 qítè 〔형〕 기묘하다 | ★吸引 xīyǐn 〔동〕 끌어당기다 | 追问 zhuīwèn 〔동〕 추궁하다 | ★包括 bāokuò 〔동〕 포함하다 | 易懂 yìdǒng 〔형〕 알기 쉽다 | ★增长 zēngzhǎng 〔동〕 성장하다

★ 关于《千万个为什么》，下面哪项正确？

A 是一本长篇小说
B 学生难懂
Ⓒ 内容丰富
D 只给学生介绍科学技术

『천만 개의 왜』에 관해 다음 중 옳은 것은?

A 한 권의 장편 소설이다
B 학생들은 이해하기 어렵다
Ⓒ 내용이 풍부하다
D 학생들에게 과학 기술만 소개한다

공략 《千万个为什么》의 어휘는 쉽지만 의미를 파악하기는 까다롭다. 하지만 문제는 《千万个为什么》의 의미를 묻는 것이 아니라 그 특징을 묻는 것이므로 본문에서 해당 내용을 언급한 부분을 찾으면 된다. 『천만 개의 왜』는 다양한 분야를 다루고 있다고 언급했으므로 정답은 C가 된다.

★ 本文主要谈什么？

A 社会现象　　B 孩子的看法
C 科学的作用　Ⓓ 千万个为什么

본문에서 주로 말하고 있는 것은 무엇인가?

A 사회 현상　　B 아이들의 관점
C 과학의 작용　Ⓓ 천만 개의 왜

공략 본문은 처음부터 끝까지 책의 내용과 특징, 역할 등을 설명하고 있으므로 정답은 D가 된다.

공략 3. [、]에서는 '쉬지 않는다'는 것을 기억하라

모점([、] 顿号 dùnhào)은 동등한 관계의 어휘를 병렬하는 데 쓰인다. 병렬을 나타내는 대표적 접속사는 和이다. 하지만 세 개 이상이 병렬될 경우 모든 단어 사이마다 和를 넣을 수 없다. 이때 和의 의미를 가지며 병렬을 나타내는 부호인 [、]를 쓰면 된다. 문장 중간에 [、]가 나올 경우 문장이 끝난 것이 아니라 '그리고'로 연결된다는 점을 반드시 기억하자.

- 我家有爸爸、妈妈、弟弟和我。 우리 집에는 아빠, 엄마, 남동생 그리고 내가 있다.
- 只有互相尊重、互相接受，才能真正理解。 서로 존중하고 서로 인정해야지 진정으로 이해할 수 있다.
- 关于国际社会、经济情况，他什么都不懂。 국제 사회와 경제 상황에 대해 그는 아무것도 모른다.

바로 체크 Check! 빈칸에 들어갈 알맞은 문장 부호를 쓰세요.

❶ 虽然汉语很难学＿＿＿但是很有意思。

❷ 我家有爸爸＿＿＿妈妈和我。

정답 ❶ [,] ❷ [、]

 **예제**

난이도 上　공략 Key [、]의 용법 파악

독해
제3부분

世界上许多动植物为了适应环境、保护自己，会随着周围环境的变化而改变自己的颜色和样子，成为自然环境的一部分。

★ 它们变化的目的是什么?

A 互相帮助　　　B 不被发现　　　C 保护环境　　　D 引起关注

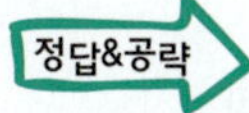 **정답&공략**

해석　世界上许多动植物为了适应环境、保护自己，会随着周围环境的变化而改变自己的颜色和样子，成为自然环境的一部分。

★ 它们变化的目的是什么?

A 互相帮助
Ⓑ 不被发现
C 保护环境
D 引起关注

세상의 많은 동식물들이 환경에 적응하고 자신을 보호하기 위해 주위 환경의 변화에 따라 자신의 색과 모양을 바꿔 자연 환경의 일부분이 된다.

★ 그들이 변화하는 목적은 무엇인가?

A 서로 돕기 위해
Ⓑ 발견되지 않기 위해
C 환경을 보호하기 위해
D 관심을 사기 위해

공략　문제에서 그들이 변화하는 목적을 질문하고 있으므로 '～하기 위해서'라는 의미의 개사 为了 뒷부분에 힌트가 있다. 하지만 여기서 한 가지 주의할 점은 '为了适应环境'까지 읽는 것이 아니라 병렬을 나타내는 [、] 뒷부분까지 파악해야 한다는 것이다. 따라서 정답은 '保护自己'와 같은 의미를 가지고 있는 B가 된다.

어휘　★许多 xǔduō 휑 매우 많다 | 动植物 dòngzhíwù 명 동식물 | ★适应 shìyìng 동 적응하다 | ★环境 huánjìng 명 환경 | 周围 zhōuwéi 명 주위 | 变化 biànhuà 동 변화하다 | 颜色 yánsè 명 색

> **Tip** 而
>
> 접속사 而의 위치는 비교적 자유로우며, '그러나, 그리고' 등 역접과 순접의 의미를 동시에 가지고 있다.
> 看起来好看而没有用。 보기에는 예쁘지만 쓸모가 없다.
> 为获得冠军而不断努力。 챔피언이 되기 위해 끊임없이 노력한다.

第 1-8 题：请选出正确答案。

1. 他是一名著名的记者。5年来，他走遍了亚洲各个国家，尝过了各地的美食。回国后，他用一年的时间整理好了那段时间的经历，于是就有了这本书。

   ★ 这位记者：

   A 喜欢走路　　**B** 喜欢美食　　**C** 喜欢读书　　**D** 喜欢美国

2. 随着科学技术的发展，很多问题我们都可以解决了。但是仍然有无法回答的。比如，生命究竟是从哪儿来的，是先有蛋还是先有鸡。

   ★ 根据这段话，可以知道科学不能：

   A 改善周围环境　　　　　　　　**B** 拉近人与人的距离
   C 解释所有问题　　　　　　　　**D** 扩大生活范围

3. 有共同语言指的是两个人因为有共同的兴趣、爱好，能很好地互相交流。如果一对夫妻没有共同语言的话，那么问题就会变得更严重了。

   ★ 根据这段话，一对夫妻需要：

   A 互相帮助　　　　　　　　　　**B** 了解对方的情况
   C 有共同语言　　　　　　　　　**D** 永远支持信任

4. 5月6日下午在餐厅，我丢失了我的包，粉红色，里面有我的电子词典、钱包、笔记本，如有捡到的人请尽快与我联系，非常感谢。

   ★ 这段话是关于什么的?

   A 学校通知　　**B** 报名活动　　**C** 找自己的东西　**D** 申请奖学金

5-6.

　　有些调查结果证明，原谅他人就会使自己的心情变得更舒服一些，如果总是想着他人不好的地方，那么你和他的关系就会变得越来越紧张，也会因为一直担心对方对你有什么不好的想法而无法高兴起来。

★ 总是想着别人不好，会：

A 让你高兴　　　　　　　　B 影响心情
C 保持愉快的心情　　　　　D 跟他吵架

★ 这段话主要谈什么？

A 人际关系的重要性　　　　B 不要影响别人
C 一定有自己的看法　　　　D 原谅的好处

7-8.

　　开车时大家应该注意以下三点：第一是方向，只有自己知道往哪儿走，才不会迷路；第二是方法，只有自己知道怎么开，才能安全地到达目的地；最后是要注意速度，开得太快的话，就会发生危险的事情。

★ 开车时首先要注意哪方面？

A 方法　　　　B 方向　　　　C 速度　　　　D 安全

★ 根据本文，下面哪项正确？

A 开车时要系安全带　　　　B 开车时不能打电话
C 开车时速度不能太快　　　　D 开车时不能吸烟

✦ **정답 및 해설_** 해설집 78쪽

25 day 작가의 의도를 파악하라

학습목표

1 일반적 견해를 이끄는 표현을 찾아내자

2 작가의 의견과 생각을 도출하는 어휘를 암기하자

3 접속사의 관계 속에서 작가의 의견을 찾는 능력을 기르자

작가의 의도를 묻는 문제는 일반적으로 작가 외의 다른 사람들의 견해나 평가가 함께 본문에 제시되고 그중 작가의 생각이나 견해를 찾는 유형이 주를 이룬다. 작가의 의도는 认为, 觉得, 我的意思是 등의 어휘나 但是와 같은 역접의 접속사를 사용하여 나타낸다.

기초 실력 테스트 TEST

1 다음을 읽고 알맞은 답을 고르세요.

> 我很喜欢看演出，话剧、唱歌、跳舞都喜欢。很多人觉得电影比演出好看，但是我还是觉得演出更真实，更能体现演员的水平。

❶ 作者觉得(电影 / 演出)更真实。

❷ 作者觉得(电影 / 演出)更能体现演员的水平。

2 다음을 읽고 알맞은 답을 고르세요.

> 现在很多人喜欢上网、看电视，每天都花大量的时间来看电视或上网，却不愿意花一点时间来读书，可是我正好相反。

❶ 现在很多人：

    A 不愿意看电视　B 花很多时间读书　　C 每天看大量的书　D 爱上网、看电视

❷ 我：

    A 喜欢上网　　B 花大量的时间看电视　C 喜欢读书　　　D 不愿意花钱

+ 정답_ 해설집 174쪽

4급 기출문제 맛보기

 맛보기 1

난이도 上　공략 Key 작가의 의도 파악

　　很多年轻人为找份好工作的问题烦恼，但是我觉得更重要的不是找到好工作，而是应该先考虑好自己以后真正想做什么事情。这是因为方向比速度更重要的原因。

★ 作者认为先要想好什么？

A 工作条件
C 是否让人羡慕

B 速度快不快
D 自己想做什么

정답&공략

해석　　　很多年轻人为找份好工作的问题烦恼，但是我觉得更重要的不是找到好工作，而是应该先考虑好自己以后真正想做什么事情。这是因为方向比速度更重要的原因。

★ 作者认为先要想好什么？

A 工作条件
B 速度快不快
C 是否让人羡慕
Ⓓ 自己想做什么

　　많은 젊은이들이 좋은 일자리를 찾는 문제 때문에 괴로워한다. 하지만 내 생각에 더 중요한 것은 좋은 일자리를 찾는 것이 아니라, 먼저 자신이 앞으로 진정으로 무슨 일을 하고 싶은지 잘 생각해야 한다는 점이다. 이는 방향이 속도보다 훨씬 중요한 원인이기 때문이다.

★ 저자는 우선 무엇을 잘 생각해야 한다고 여기는가?

A 근무 조건
B 속도가 빠른지 아닌지 여부
C 사람들이 부러워할 만한 것인지 여부
Ⓓ 자신이 무엇을 하고 싶은가

공략　문제는 다수의 젊은이들의 의견이 아닌 저자의 생각을 묻고 있다. 그러므로 정답은 '但是我觉得' 이후에 있다. 여기서 주의할 점은 접속사 '不是……而是……' 호응 구조이다. '不是……而是……'는 '～이 아니라 ～이다'라는 의미로 而是 뒷부분의 내용을 선택하는 것을 의미한다. 그러므로 정답은 D가 된다.

어휘　份 fèn 몡 전체 중의 일부분 | ★烦恼 fánnǎo 톙 걱정스럽다 | ★考虑 kǎolǜ 통 고려하다 | 原因 yuányīn 몡 원인

他说自己喜欢看书，可是这一本书，这个月他才看了5页，也许他太忙没时间看书吧，但是如果是真正喜欢看书的人的话，总会找时间看的。

★ 说话人觉得他：

A 每天看书　　　　　　　B 不太忙
C 总会找时间看　　　　　D 不一定爱看书

정답&공략

해석　他说自己喜欢看书，可是这一本书，这个月他才看了5页，也许他太忙没时间看书吧，<u>但是如果是真正喜欢看书的人的话，总会找时间看的。</u>

★ 说话人觉得他：

A 每天看书
B 不太忙
C 总会找时间看
Ⓓ **不一定爱看书**

그는 자신이 독서를 좋아한다고 말하지만, 이 책 한 권을 그는 이번 달에 겨우 5쪽을 봤다. 아마도 그는 너무 바빠 읽을 시간이 없었을 것이다. <u>하지만 만약 정말 독서를 좋아하는 사람이라면 어쨌든 시간을 내서 봤을 것이다.</u>

★ 화자가 느끼기에 그는?

A 매일 책을 본다
B 그다지 바쁘지 않다
C 자주 시간을 내서 본다
Ⓓ 반드시 독서를 좋아하는 것은 아니다

공략　글의 전반부는 '그'의 관점에서 설명한 것이라면, 但是 이후는 화자의 견해를 설명한 것이다. 문제는 화자의 평가를 묻는 것이므로 뒷부분 내용에 근거하면 D가 정답이 된다.

어휘　★页 yè 명 페이지, 쪽 | 也许 yěxǔ 부 어쩌면 | 总 zǒng 부 늘, 항상

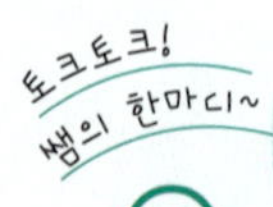

작가의 의도를 묻는 문제는 보통 일반적인 견해나 다른 사람의 의견을 함께 대비하여 작가의 의견을 더욱 강조하죠. 그렇기 때문에 두 가지 의견을 병렬하거나 대비하는 표현들을 먼저 익힌다면 문제를 더욱 쉽게 해결할 수 있을 거예요.

4급 독해 공략 하기

공략 1. 일반적인 의견과 작가의 의도를 찾아내라

작가의 의견이나 의도를 찾는 것은 글을 쓴 목적이나 글의 주제를 파악하는 것을 말한다. 일반적으로 글의 주제는 글의 처음이나 마지막 부분에 위치한다. 하지만 이와 함께 작가의 의도 혹은 그와 대비되는 일반적인 의견이나 평가를 이끄는 표현들을 암기한다면 조금 더 쉽게 답을 찾을 수 있다.

- ……我**认为**记者应该：　내 생각에 기자는 마땅히 어떠해야 하는가?
- ……说话人**觉得**他：　화자 생각에 그는 어떠한가?
- ……关于现代教育，**我的意思是**：　현대 교육에 대한 나의 뜻은?

 **바로 체크** Check!　다음 중 알맞은 답을 고르세요.

> (大多数人 / 少数人)觉得所有的动植物离不开太阳，但(有一些 / 大部分)植物不需要太阳也能活着。

정답 大多数人 / 有一些

예제　　난이도 上　공략 Key 작가의 견해 찾기

> 　　人们常说"熟悉的地方没有风景"。那是因为他们觉得越是熟悉的地方，越是没有新鲜感。但是草绿了，处处充满生命力。鲜花是大自然的礼物。因此我们身边不是缺少美，重要的是我们的心态。
>
> ★ 这段话告诉我们：
>
> A 熟悉的地方没有风景　　　B 身边缺少美
> C 美需要发现　　　　　　　D 绿色充满生命力

해석   人们常说"熟悉的地方没有风景"。那是因为他们觉得越是熟悉的地方，越是没有新鲜感。但是草绿了，处处充满生命力。鲜花是大自然的礼物。<u>因此我们身边不是缺少美，重要的是我们的心态。</u>

사람들은 자주 '익숙한 곳은 풍경이 없다'라고 말한다. 이는 익숙한 곳일수록 신선함이 떨어지기 때문이다. 하지만 풀이 푸르러지면 곳곳에 생명력이 가득하게 된다. 꽃은 대자연의 선물이다. <u>이렇기 때문에 우리 주변에 아름다움이 부족한 것이 아니라, 중요한 것은 우리의 마음가짐이다.</u>

★ 这段话告诉我们：

A 熟悉的地方没有风景
B 身边缺少美
Ⓒ **美需要发现**
D 绿色充满生命力

★ 이 글이 우리에게 알려주고자 하는 것?

A 익숙한 곳은 풍경이 없다
B 주변에는 아름다움이 부족하다
Ⓒ **아름다움은 발견이 필요하다**
D 녹색은 생명력이 충만하다

공략   '熟悉的地方没有风景'은 일반적인 사람들의 통념이다. 작가가 말하고자 하는 내용은 但是 이후에 있다. 대자연의 아름다움은 여전히 존재한다는 예시를 들면서 미(美)를 바라보는 우리의 마음가짐이 가장 중요하다고 말하고 있으므로 정답은 C가 된다.

어휘   ★熟悉 shúxī [형][동] 익숙하다; 잘 알다 | 草 cǎo [명] 풀 | 处处 chùchù [명] 도처에 | 充满 chōngmǎn [형] 가득 차다 | ★缺少 quēshǎo [동] 부족하다

Tip   越 A 越 B

'A할수록 B하다'라는 의미로 점층 구조를 나타낸다.

越吃**越**想吃。먹을수록 먹고 싶다.
越多**越**好。많을수록 좋다.

공략 2. 양보와 역접 표현에 주의하라

두 사람의 의견이나 생각을 대조하는 경우 일반적으로 양보와 역접의 표현을 활용한다. 문장 구조를 보는 힘을 키운다면 작가의 의도를 찾는 문제는 쉽게 해결할 수 있다.

- **虽然**大家都觉得⋯⋯，**但是**我想⋯⋯　비록 모두들 ~라 여기지만, 나는 ~라 생각한다
- 冬天人们常穿厚厚的大衣，**其实**⋯⋯　겨울에 사람들은 두꺼운 코트를 입지만, 사실~

바로 체크 Check! 빈칸에 들어갈 알맞은 단어를 고르세요.

---

❶ 他＿＿＿＿＿拒绝了我们的帮助。　（却 / 但是）

❷ ＿＿＿＿＿我也不太清楚。　（一般 / 其实）

정답 ❶ 却　❷ 其实

예제

난이도 下　공략 Key 일반적 의견과 작가의 의견 구분하기

　　很多年轻人觉得流行的衣服才是最好的。但是我觉得这是不成熟的看法，我们应该选适合自己的服装，这样更能表现出自己的个性。

★ 人们选衣服最重要的是：

A 成不成熟　　　B 流行的　　　　C 适合自己　　　D 表现能力

정답&공략

해석　很多年轻人觉得流行的衣服才是最好的。但是我觉得这是不成熟的看法，<u>我们应该选适合自己的服装</u>，这样更能表现出自己的个性。

많은 젊은이들은 유행하는 옷이 가장 좋은 것이라고 생각한다. 하지만 나는 이것은 성숙하지 못한 관점이라고 생각한다. <u>우리들은 자신에게 맞는 의복을 선택해야 하고</u>, 이렇게 해야 자신의 개성을 더욱 잘 드러낼 수 있다.

★ 人们选衣服最重要的是：

A 成不成熟
B 流行的
Ⓒ 适合自己
D 表现能力

★ 사람들이 옷을 고를 때 가장 중요한 것은?

A 성숙한지 아닌지
B 유행하는 것인지
Ⓒ 자기에게 어울리는 것인지
D 능력을 드러내는 것인지

공략 사람들이 옷을 고를 때 가장 중요하게 생각해야 하는 조건을 묻는 것은 의복을 고르는 작가의 의견을 묻는 것과 같다. 글의 전반부에서는 대다수 젊은이들의 생각을 설명하고 있고, 但是 이후부터는 작가의 의견을 설명하고 있다.

어휘 ★成熟 chéngshú 휑 성숙하다 | ★适合 shìhé 동 어울리다 | 服装 fúzhuāng 몡 복장 | 表现 biǎoxiàn 동 나타내다

> **Tip** 견해·생각·의견을 나타내는 어휘
>
> - 看法 kànfǎ 견해, 생각 : 这不只是我们的**看法**。 이는 단지 우리만의 견해가 아니다.
> - 想法 xiǎngfa 견해, 생각 : 应该有自己的**想法**。 마땅히 자신의 생각이 있어야 한다.
> - 意见 yìjiàn 의견 : 我想听你们的**意见**。 나는 너희의 의견을 듣고 싶다.
> - 意思 yìsi 뜻 : 你是什么**意思**? 네 말은 무슨 뜻이니?
> - 角度 jiǎodù 각도 : 我们看问题的**角度**不一样。 우리가 문제를 보는 각도는 다르다.

 전공략 비법 플러스

 很多와 不少도 명사를 꾸밀 수 있다?

很多와 不少는 형용사로 술어 역할을 하지만, 동시에 명사 앞에 놓여 명사를 꾸미는 관형어 역할을 한다. 이때 구조조사 的를 써도 무방하다.

① 술어로 쓰이는 경우

他的问题**很多**。 그의 문제는 매우 많다.
他们之间的误会**不少**。 그들 사이의 오해는 적지 않다.

② 관형어로 쓰이는 경우

很多问题都解决了。 많은 문제들이 해결되었다.
给她添了**不少**(的)麻烦。 그녀에게 많은 번거로움을 주었다.

전공략 비법 노트

〈 일반·다수의 의견을 이끄는 표현 〉

★一般来说 일반적으로 말해서	一般来说，骑自行车的人身体很健康。 일반적으로 말해서 자전거를 타는 사람은 몸이 아주 건강하다.
大多数人觉得 대다수의 사람들은 ~라고 여긴다	大多数人觉得多吃蔬菜对身体好。 대다수의 사람들은 채소를 많이 먹는 것이 건강에 좋다고 생각한다.
人们往往 사람들은 종종	人们往往认为网上报道更迅速。 사람들은 종종 인터넷 보도가 훨씬 신속하다고 여긴다.
一般人 일반 사람들	一般人不敢想那么做。 일반 사람들은 그렇게 하는 것을 감히 생각하지 못한다.
★大部分人 대부분의 사람	大部分人不愿意付钱。 대부분의 사람들은 돈을 지불하는 것을 원하지 않는다.
★许多人 많은 사람들	许多人喜欢他的作品。 많은 사람들이 그의 작품을 좋아한다.
很多人 많은 사람들	很多人喜欢住在大城市。 많은 사람들이 대도시에 사는 것을 좋아한다.
不少人 적지 않은 사람들	不少人使用这种工具。 적지 않은 사람들이 이 도구를 사용한다.

〈 양보와 역접의 표현 〉

虽然……但是…… 비록 ~이지만, 그러나	虽然那件事还没解决，但是大家都相信我。 비록 그 일은 아직 해결되지 않았지만 모두들 나를 믿는다.
尽管……但是…… 비록 ~이지만, 그러나	尽管他没考上，但是不失望。 비록 그는 합격하지 못했지만 실망하지 않는다.
却 오히려	这么做却能让人生气。 이렇게 하면 오히려 다른 사람을 화나게 할 수 있다.
竟然 뜻밖에	他竟然没有答应我们的要求。 그는 뜻밖에도 우리의 요구를 수락하지 않았다.
相反 반대로	相反，给大家添麻烦了。 반대로 모두에게 번거로움만 더했다.
★其实 사실	其实并不难。사실 결코 어렵지 않다.

第 1-8 题：请选出正确答案。

1. 点菜的时候，很多人喜欢点"随便菜"。饭桌上，即使他们不点菜，由于别
   人点，他们仍然有美味的饭菜可以吃，但是在实际生活中，不选择的人，
   往往什么也得不到。

   ★ 这段话要告诉我们：

   A 不用点菜　　　　　　　　B 可以随便选择
   C 应该主动选择　　　　　　D 实际生活更复杂

2. 把窗户关上，阳光就进不来。心也像窗户一样，不打开的话，就不能看到
   外边的美丽和热闹。这样就会感到很孤单。

   ★ 作者想告诉我们什么？

   A 让阳光进来　　　　　　　B 保持心情愉快
   C 把窗户关上　　　　　　　D 把心门打开

3. 幸福的标准是什么？大多数人希望房子再大一些，车子再高级一些。就像只
   要有钱，就很幸福。然而很多富人过得并不愉快，有时有些穷人过得更愉
   快。幸福不是只要有钱就能买到的，而且不同人的幸福标准也并不一样。

   ★ 根据这段话，可以知道幸福：

   A 需要很多钱　　　　　　　B 是买不到的
   C 是有标准的　　　　　　　D 有希望的人才能感到

4. 在教育孩子的过程中，鼓励比批评更好。然而，在鼓励孩子时，也要注意
   方法。否则起不到理想的作用，会让孩子失去信心、怀疑自己的能力。

★ 根据这段话，我们可以知道什么？

A 不应该鼓励孩子　　　　B 鼓励孩子要注意方法
C 不能批评孩子　　　　　D 鼓励没有批评重要

5-6.

　　"冬天到了，春天还会远吗？"这句话代表了一种积极、勇敢的精神。它告诉我们，所有的失败都只是暂时的，我们只要不放弃希望，不怀疑自己的能力，那么问题将被解决，困难将会离去，我们将迎来一个新季节。

★ 这段话告诉我们要：

A 原谅自己　　　B 相信自己　　　C 适应变化　　　D 学会安排时间

★ "冬天到了，春天还会远吗？"的意思是：

A 失败是永远的　　　　B 冬天不长
C 季节的变化快　　　　D 困难是暂时的

7-8.

　　工作中遇到困难，去跟同事交流，他会帮你解决。朋友之间发生了一些不愉快的事，不去跟他交流的话，会引起不必要的误会。公司经常交流，那家公司的竞争力也会得到提高，朋友之间经常交流，我们的生活会变得更幸福。

★ 说话人觉得交流能：

A 解决问题　　　B 缓解压力　　　C 提高成绩　　　D 让人生气

★ 本文主要谈什么？

A 交流的坏处　　　B 减少误会　　　C 交流的作用　　　D 提高竞争力

26 day 독해

옳고 그름을 판단하는 문제는 꼼꼼함이 필수이다

+정답_ 해설집 174쪽

학습목표

✓1 보기와 본문의 내용을 정확하게 대조하자

✓2 의미가 비슷한 어휘를 암기하자

✓3 숫자, 계절, 날씨 등 눈에 뜨이는 것을 먼저 찾아내자

옳고 그름을 판단하는 문제는 보기의 내용과 본문의 내용이 일치하는지 혹은 일치하지 않는지를 묻는 유형으로 나눌 수 있다. 이 유형의 문제는 보기와 본문의 내용을 하나씩 모두 확인해야 하므로 시간이 비교적 오래 걸린다. 그러므로 글을 읽는 동시에 간단히 메모를 하는 것이 시간 단축에 도움이 된다.

기초 실력 테스트 TEST

1 다음을 읽고 알맞은 답을 고르세요.

> 北京有一座山，名字叫香山，很有名。每到秋天满山都是红红的，因此吸引成千上万的人来观看。有的人每到这个时候特意来香山，欣赏这儿美丽的风景。

❶ 香山在(南京 / 北京)。

❷ 很多(游客 / 观众)来香山玩儿。

2 다음을 읽고 알맞은 답을 고르세요.

> 过去，自行车被当做交通工具，现在自行车除了做交通工具以外，还能拿来锻炼身体。骑自行车不受时间的限制，而且锻炼效果也比较大。

❶ 以前自行车被当做什么？   A 交通工具   B 锻炼手段

❷ 现在能用自行车做什么？   A 旅游   B 运动

4급 기출문제 맛보기

 맛보기 1

난이도 下　공략 Key 대조를 통해 정답 찾기

　　春节是中国最重要的传统节日之一。到了这个节日，在外地工作、读书的子女都要开车或乘坐汽车、火车回家看望自己的父母。

★ 根据这段话，下列哪项是对的?

A 春节时玩传统游戏　　　　　B 春节时人们去外地工作
C 春节时人们回家过年　　　　D 春节时送父母礼物

정답&공략

해석　　　春节是中国最重要的传统节日之一。到了这个节日，在外地工作、读书的子女都要开车或乘坐汽车、火车<u>回家看望自己的父母</u>。

★ 根据这段话，下列哪项是对的?

A 春节时玩传统游戏
B 春节时人们去外地工作
Ⓒ **春节时人们回家过年**
D 春节时送父母礼物

　　설은 중국의 가장 중요한 전통 명절 중 하나이다. 이 명절이 되면, 타지에서 일하거나 공부하는 자녀들은 직접 운전을 하거나 혹은 버스나 기차를 타고 <u>집에 돌아와 자신의 부모를 찾아뵙는다</u>.

★ 이 글을 근거로 다음 중 옳은 것은?

A 설에 전통 놀이를 한다
B 설에 사람들은 타지로 일하러 간다
Ⓒ **설에 사람들은 집으로 돌아와 설을 보낸다**
D 설에 부모에게 선물을 드린다

공략　중국의 설에 대한 올바른 설명을 고르는 문제로, 내용과 보기를 각각 하나씩 대조하는 작업이 필요하다. A와 D는 본문에 나오지 않으므로 정답이 될 수 없고, 설에 타지에서 집으로 돌아온다고 했으므로 B 역시 정답이 될 수 없다. 그러므로 본문의 내용과 일치하는 C가 정답이 된다.

어휘　★传统 chuántǒng 몡 전통 | 节日 jiérì 몡 기념일 | ★乘坐 chéngzuò 동 (자동차, 기차 등에) 타다 | 看望 kànwàng 동 방문하다 | 游戏 yóuxì 몡 오락, 놀이

最近很多超市免费提供一些食品，顾客们尝到他们提供的食品以后，本来不打算买，但是买回去。这样的推销方式深受广泛消费者的欢迎。

★ 关于最近的超市，下列哪项正确?

A 买到很便宜的食品 B 推销外国食品
C 免费尝东西 D 看到很受欢迎的明星

정답&공략

해석
最近很多超市免费提供一些食品，顾客们尝到他们提供的食品以后，本来不打算买，但是买回去。这样的推销方式深受广泛消费者的欢迎。

★ 关于最近的超市，下列哪项正确?

A 买到很便宜的食品
B 推销外国食品
Ⓒ 免费尝东西
D 看到很受欢迎的明星

최근 많은 슈퍼마켓에서는 몇몇의 식품을 무료로 제공하고 있다. 고객들은 그들이 제공한 식품을 시식한 후 원래 살 계획이 없었지만 사가지고 간다. 이러한 판매 방식은 많은 소비자들에게 큰 인기가 있다.

★ 최근 슈퍼마켓에 관해 다음 중 옳은 것은?

A 저렴한 식품을 살 수 있다
B 외국 식품을 판매한다
Ⓒ 무료로 시식할 수 있다
D 인기 스타를 볼 수 있다

공략 최근 슈퍼마켓에서 무료로 식품을 제공하고 있다는 내용이므로 '값이 저렴한 식품을 구매한다'는 A는 정답이 될 수 없으며 B와 D는 본문에 전혀 언급되지 않은 내용이므로 C가 정답이 된다.

어휘 ★免费 miǎnfèi 통 무료로 하다 | ★提供 tígōng 통 제공하다 | 顾客 gùkè 명 고객 | 推销 tuīxiāo 통 팔다, 마케팅하다 | 广泛 guǎngfàn 형 보편적이다

토크토크!
쌤의 한마디~

독해 제3부분은 어느 영역보다도 1초가 아쉬워요. 그래서 급히 서두르다 보면 실수를 많이 저지를 수 있죠. 특히나 옳고 그름을 판단하는 유형은 보기를 하나하나 대조하는 작업을 해야 하므로 더욱 그렇습니다. 때문에 보기를 먼저 읽고 의미를 간단히 한국어로 적어둔 후, 본문을 읽으며 대조하는 것이 시간 단축에 큰 도움이 될 수 있어요. 본문을 읽고 보기와 대조할 때마다 해석할 필요가 없으니 그만큼 시간이 단축될 수 있죠. 하지만 메모를 너무 자세하고 꼼꼼하게 할 필요는 없다는 건, 다 알고 있겠죠?

4급 독해 공략 하기

공략 1. 옳고 그름 판단 문제는 질문 파악이 필수이다

옳고 그름 판단 문제는 본문을 읽고 보기의 내용 가운데 옳은 것 혹은 틀린 것을 찾는 유형으로 마음에
여유를 갖고 꼼꼼하게 읽는 것이 필수이다. 특히 응시자들에게 혼란을 주기 위해 본문과 비슷한 표현을
보기에 사용하는 경우도 있으므로 비슷한 표현들에 대한 학습이 필요하다.

독해
제3부분

- 根据这段话，下列哪项是对的? 이 글을 근거로 다음 중 옳은 것은?
- 关于现代科学，哪个是正确的? 현대 과학에 관하여 옳은 것은?
- 下列哪项不正确? 아래 항목 가운데 틀린 것은?

〈 자주 출제되는 비슷한 표현들 〉

나쁘다	★差 chà ｜ 不好 bù hǎo
매우 많다	成千上万 chéng qiān shàng wàn ｜ ★许多 xǔduō
어쩔 수 없이	★不得不 bùdébù ｜ 只好 zhǐhǎo ｜ 没办法 méi bànfǎ
심하지 않다	不要紧 búyàojǐn ｜ 不严重 bù yánzhòng
별로 좋지 않다	★不怎么样 bù zěnmeyàng ｜ 马马虎虎 mǎmǎhūhū
기운이 없다	没劲儿 méi jìnr ｜ 没力气 méi lìqi
힘들다	吃力 chīlì ｜ 费力 fèilì ｜ 很累 hěn lèi
정통의	地道 dìdao ｜ 正宗 zhèngzōng
갈수록	★一天比一天 yì tiān bǐ yì tiān ｜ 越来越 yuèláiyuè
뛰어나다	出色 chūsè ｜ ★优秀 yōuxiù
시작하다	动手 dòngshǒu ｜ 开始 kāishǐ
거짓말하지 않다	★说话算数 shuō huà suàn shù ｜ 不说假话 bù shuō jiǎhuà ｜ 不骗人 bú piànrén
마음에 들다	★看中 kànzhòng ｜ 喜欢 xǐhuan
대단하다	★了不起 liǎobuqǐ ｜ 厉害 lìhai
공부하다	读书 dúshū ｜ 学习 xuéxí
종종	★往往 wǎngwǎng ｜ 常常 chángcháng ｜ 动不动 dòngbudòng
얼마든지 있다	有的是 yǒudeshì ｜ 很多 hěn duō
밤을 세우다	★开夜车 kāi yèchē ｜ ★熬夜 áoyè

바로 ^{Check!} 체크 의미가 유사한 어휘끼리 연결하세요.

---

❶ 了不起　·　　　　　·　马马虎虎

❷ 不怎么样　·　　　　·　没办法

❸ 只好　·　　　　　　·　厉害

예제

난이도 中　공략 Key 정확한 상황 판단

> 　　小美的父母经营一家面包店，刚开始还好一些，但是不知道为什么生意一天比一天差了。最近一天就来5个客人，究竟是哪儿有问题呢?
>
> ★ 关于面包店，下列哪项是对的?
>
> A 客人一天比一天多　　　　B 很赚钱
> C 生意不好　　　　　　　　D 同时来5个客人

정답&공략

해석

　　小美的父母经营一家面包店，刚开始还好一些，但是不知道为什么生意一天比一天差了。最近一天就来5个客人，究竟是哪儿有问题呢?

★ 关于面包店，下列哪项是对的?

A 客人一天比一天多
B 很赚钱
Ⓒ 生意不好
D 同时来5个客人

　　샤오메이의 부모님은 빵 가게를 경영하신다. 처음 시작했을 때는 그럭저럭 괜찮았지만, 무슨 이유인지 장사가 갈수록 안되었다. 최근에는 하루에 손님이 5명밖에 오지 않는다. 도대체 어디에 문제가 있는 것일까?

★ 빵 가게에 관해, 다음 중 옳은 것은?

A 손님이 나날이 많아진다
B 돈을 잘 번다
Ⓒ 장사가 잘 안 된다
D 동시에 5명의 손님이 온다

공략 장사는 나날이 안되고 손님 역시 계속 줄어들고 있기 때문에 A는 정답이 아니다. 손님이 줄었다는 것은 돈을 잘 벌지 못한다는 의미이므로 B도 정답이 될 수 없다. 손님이 동시에 5명 오는 것이 아니라 하루에 오는 손님의 수가 모두 5명이라고 했으므로 D 역시 정답이 아니다.

어휘 经营 jīngyíng 통 경영하다 | 究竟 jiūjìng 부 도대체 | ★赚钱 zhuànqián 통 돈을 벌다

> **Tip**　一天比一天
>
> '나날이, 점차'라는 의미로 '一天比一天＋술어' 형태로 쓰인다.
>
> 我的汉语水平**一天比一天**好。 내 중국어 능력이 나날이 좋아지고 있다.
>
> 她最近**一天比一天**瘦。 그녀는 최근 점점 말라가고 있다.

공략 2. 숫자, 계절, 날씨 등 눈에 띄는 것을 먼저 공략하라

보기를 대조할 때 반드시 A, B, C, D 순서에 따를 필요는 없다. 대조가 비교적 쉬운 시간, 금액, 날짜를 나타내는 숫자와 계절, 날씨 등을 먼저 확인하는 것도 문제를 빠르게 푸는 요령이다.

- **每年9–12月**是最适合去旅游的时间。 매년 9~12월은 여행을 가기에 가장 좋은 시기이다.
  날짜

- 北京**秋天**天气**凉快**。 베이징의 가을은 날씨가 시원하다.
  계절　　날씨

- 有些大公司的总收入超过**一百亿元**。 몇몇 대기업의 총 수입은 백 억 위안을 넘는다.
  금액

바로 체크 _Check!_　빈칸에 알맞은 단어를 쓰세요.

> ❶ 季节 → ＿＿＿＿＿季、夏季、秋季、冬季
>
> ❷ 1980元 → 一千＿＿＿＿＿八十元
>
> ❸ 08:05 → 八点＿＿＿＿＿五分

정답 ❶ 春 ❷ 九百 ❸ 零

예제

학生坐火车从学校回家凭学校开的证明可以买学生票。可是出门旅游是不行的。如果身高在1.4米以下，可以买儿童票，但儿童票是要和成人票一起买，因为铁路不接受儿童单独旅行。

★ 下列哪项是正确的?

A 学生总能买到学生票　　B 身高在1.4米以上，可以买儿童票

C 儿童票可以单独买　　D 儿童不能自己去旅游

정답&공략

해석　学生坐火车从学校回家凭学校开的证明可以买学生票。可是出门旅游是不行的。如果身高在1.4米以下，可以买儿童票，但儿童票是要和成人票一起买，<u>因为铁路不接受儿童单独旅行。</u>

★ 下列哪项是正确的?

A 学生总能买到学生票
B 身高在1.4米以上，可以买儿童票
C 儿童票可以单独买
Ⓓ 儿童不能自己去旅游

학생이 기차를 타고 학교에서 집으로 갈 때, 학교에서 발급한 증명서로 학생 표를 살 수 있다. 하지만 여행 가는 것은 안 된다. 만약 키가 140cm 이하라면 어린이 표를 살 수 있지만, 어린이 표는 성인 표와 함께 사야만 한다. <u>철도에서는 아이가 혼자 여행하는 것을 허락하지 않기 때문이다.</u>

★ 다음 중 옳은 것은?

A 학생은 언제든 학생 표를 살 수 있다
B 키가 140cm 이상이면 어린이 표를 살 수 있다
C 어린이 표는 단독으로 살 수 있다
Ⓓ 어린이 혼자 여행갈 수 없다

공략　학생은 학교에서 발급한 증명서를 가지고 집에 돌아가는 기차표를 살 때만 학생 표를 살 수 있으므로 언제든 표를 살 수 있다는 A는 정답이 될 수 없다. B는 140cm 이하일 경우 살 수 있으므로 답이 될 수 없다. 어린이 표는 성인 표와 함께 사야 하므로 C도 정답이 될 수 없다. 본문에서 아이가 혼자 여행 가는 것을 철도국에서 허락하지 않는다고 했으므로 D가 정답이 된다.

어휘　凭 píng 통 의지하다 | 证明 zhèngmíng 통 증명하다 | 身高 shēngāo 명 신장 | ★儿童 értóng 명 아동 | ★接受 jiēshòu 통 받다 | ★单独 dāndú 부 단독으로

Tip　因为

접속사 因为는 위치에 따라 의미가 다르다. 앞 절에 위치하는 경우 '～이기 때문에'라는 의미가 되고, 뒤 절에 위치하는 경우 '왜냐하면'이라는 의미가 된다.

因为工资太低了，所以想换个公司。월급이 너무 낮아서 회사를 바꾸고 싶다.

他已经换公司了，**因为**以前的公司工资很低。
그는 이미 회사를 바꿨다. 왜냐하면 이전 회사의 월급이 너무 낮았기 때문이다.

 **전공략 비법 플러스**

✔ 의미가 같아도 쓰임은 다르다?

① 常常과 往往 그리고 动不动은 '자주'라는 의미의 부사들이지만 구체적인 의미와 쓰임에는 차이가 있다.

- 常常 chángcháng 자주, 빈번하게
  동작이 연속적으로 발생하는 것을 말한다. (→ 현재와 미래 상황에 쓰임)

  他平时**常常**迟到。그는 평소에 자주 지각한다.
  我们以后**常常**见面聊天儿。우리 앞으로 자주 만나서 이야기하자.

- 往往 wǎngwǎng 자주, 빈번히, 왕왕
  동작이나 상황이 어떤 상황이나 조건에서 이따금 발생하거나 존재하는 것을 말한다. (→ 현재와 과거 사건에 쓰임)

  他的预测**往往**很准确。그의 예측은 왕왕 아주 정확하다.
  这么做**往往**会失败。이렇게 하면 왕왕 실패할 수 있다.

- 动不动 dòngbudòng 걸핏하면, 툭하면
  동작이 빈번히 발생하는 것을 나타내며, 부정적인 뉘앙스를 띤다.

  孩子**动不动**感冒。아이가 걸핏하면 감기에 걸린다.
  他**动不动**发脾气。그는 걸핏하면 화를 낸다.

② 开夜车와 熬夜는 모두 '밤을 새다'라는 의미이지만, 开夜车는 공부하거나 일하며 밤을 새우는 경우에만 쓰고, 熬夜는 목적에 상관없이 밤을 새우는 경우에는 모두 쓸 수 있다.

他每天**开夜车**准备考试。그는 매일 밤을 새우며 시험 준비를 한다.
他昨天**熬夜**喝酒了。그는 어제 밤을 새며 술을 마셨다.

新HSK **4급 따기**
실전 테스트

第 1–8 题：请选出正确答案。

1. 这种植物在地球生长已经一亿年了。叶子又长又细，它不需要很多太阳和
空气，在当地到处都可以看见它。

   ★ 关于这种植物的说明中，下面哪项是正确的?

A 不需要太阳	**B** 在地球生长的时间不算长
C 没有叶子	**D** 在当地很普遍

2. 会议室里的空调突然坏了，你先打电话把它修好，然后赶快给大家打电话
通知会议室换了，换到207号了。

   ★ 根据这段话，正确的是：

   A 空调修好了　　**B** 会议取消了　　**C** 换地方了　　**D** 突然停电了

3. 爬山虎，又叫爬墙虎，是非常有意思的植物，只要有墙，它就向上爬上去。
它喜欢阴暗、湿润的环境，但并不怕阳光，它能适应所有的环境，所以我们
到处都可以看见它。

   ★ 关于爬山虎，下面哪项正确?

A 很常见	**B** 一种动物
C 喜欢干燥的环境	**D** 喜欢爬山

4. 3月15日早上9点，将在体育馆举行招聘会，这次招聘会将提供大约1000多
个工作机会，请大家积极参加活动。

   ★ 关于招聘会，下面哪项正确?

A 3月15号举行了　　　　　　　B 提供学习资料
C 应该提前报名　　　　　　　D 在体育馆举行

5–6.
　　我爱人结婚以后没有辞职继续工作，今年终于当上了管理部门的经理。她当上经理以后非常忙，特别忙的时候甚至连节假日也不能休息，但是这让所有的人肯定了她的工作能力，而且每次开会时她都受到大家的表扬。她忙在工作也乐在工作。

★ 下面哪项是正确的？

A 爱人讨厌工作　　　　　　　B 爱人更忙了
C 爱人周日能休息　　　　　　D 爱人想当经理

★ 关于爱人，可以知道什么？

A 要辞职了　　　B 身体很差　　　C 表扬职员　　　D 喜欢工作

7–8.
　　邀请别人吃饭时应该注意什么？首先至少提前一天告诉对方，其次告诉对方明确的地点和时间，最后应该考虑好对方的饮食习惯。这样不仅能对被邀请的人表示尊重、能让他感到方便，而且还能方便自己做好安排。

★ 邀请别人时，提前告诉别人：

A 仅为自己方便　　　　　　　B 是一种礼貌
C 可以省时间　　　　　　　　D 可以提醒对方

★ 邀请别人吃饭时，不用考虑：

A 时间　　　B 地点　　　C 菜　　　D 服装

27 day 정보 획득에 눈을 떠라

+ 정답_ 해설집 174쪽

학습목표

✓ 1 문제와 보기를 먼저 읽는 습관을 기르자

✓ 2 문제에서 핵심 어휘를 찾아내자

✓ 3 주요 토픽 관련 어휘를 암기하자

본문에서 정보를 캐내어 문제를 해결하는 유형은 다른 유형에 비해 비교적 긴 시간이 요구된다. 촉박한 시간 내에 정확하고 빠르게 문제를 해결하기 위해서는 기본 어휘를 정확하게 암기하는 것은 물론 핵심 키워드를 파악하는 능력을 기르는 것이 중요하다.

기초 실력 테스트 TEST

1 다음을 읽고 맞으면 O, 틀리면 X를 표시하세요.

> 小马来上海以前，已经学过一段时间汉语，所以对他来说，一年级的汉语课比较容易，只是觉得语法有点儿难。

❶ 他常常练书法。 ________   ❷ 他学过汉语。 ________

❸ 他是上海人。 ________   ❹ 他不上一年级的课了。 ________

2 다음을 읽고 알맞은 답을 고르세요.

> 长江是亚洲第一长河，全长6300多公里，它经过四川、西藏、云南等11个省区，从高空往下看，像一个巨大的"几"字。

❶ 长江是(世界 / 亚洲)第一长河。

❷ 长江经过(许多省区 / 四川、西藏、云南 3个省区)。

❸ 从高空往下看，长江像一个(巨大的龙 / 巨大的"几"字)。

4급 **기출문제** 맛보기

 **맛보기 l**

난이도 下　공략 Key 핵심 어휘 파악

　　做事情有计划，这是一种很好的习惯，更重要的是，这还反映你做事情的态度。许多人会成功，他们成功的重要原因之一就是他们事前有计划。

★ 成功的重要条件是：

A 有良好的习惯　　　　　　　B 要坚持诚实
C 向成功人学习　　　　　　　D 做事有计划

정답&공략

해석　　　做事情有计划，这是一种很好的习惯，更重要的是，这还反映你做事情的态度。许多人会成功，他们成功的重要原因之一就是他们事前有计划。

★ 成功的重要条件是：

A 有良好的习惯
B 要坚持诚实
C 向成功人学习
Ⓓ 做事有计划

　　일을 할 때에는 계획이 있어야 한다. 이것은 일종의 좋은 습관이다. 더욱 중요한 것은 이는 당신의 일하는 태도를 반영한다는 점이다. 많은 사람들이 성공을 하는데, 그들이 성공을 하는 중요한 원인 중의 하나가 바로 그들이 일을 하기 전에 계획을 세운다는 것이다.

★ 성공의 중요한 조건은?

A 좋은 습관이 있다
B 계속 성실해야 한다
C 성공한 사람한테서 배운다
Ⓓ 일을 할 때에는 계획이 있어야 한다

공략　마지막 부분에 성공의 중요한 조건으로 '일하기 전에 반드시 계획을 세워야 한다'는 것을 설명하고 있다. 문제의 핵심 어휘는 '重要条件'이며 이를 통해 답을 쉽게 찾을 수 있다. 成功, 计划, 诚实 등의 어휘와 자주 함께 출현하므로 반드시 외워두자.

어휘　★计划 jìhuà 명 계획 | 反映 fǎnyìng 통 반영하다 | ★态度 tàidu 명 태도 | 原因 yuányīn 명 원인

맛보기 2

云南在中国的西南部，是一个很有名的旅游胜地。它除了美丽的风景外，迷人的文化环境每年吸引很多游客去那儿旅游。

★ 对云南的说明中，下列哪项是对的?

A 禁止吸烟　　　B 在中国东南部　　C 风景漂亮　　　D 历史很长

정답&공략

해석　云南在中国的西南部，是一个很有名的旅游胜地。它除了美丽的风景外，迷人的文化环境每年吸引很多游客去那儿旅游。

★ 对云南的说明中，下列哪项是对的?

A 禁止吸烟
B 在中国东南部
Ⓒ 风景漂亮
D 历史很长

원난성은 중국의 서남부에 있는 매우 유명한 관광 명소이다. 그곳은 아름다운 풍경 외에도 매력적인 문화 환경으로 매년 아주 많은 여행객들을 매료시켜 그곳에 여행 가게 한다.

★ 원난성에 대한 설명 중 옳은 것은?

A 흡연을 금지한다
B 중국 동남부에 있다
Ⓒ 풍경이 아름답다
D 역사가 길다

공략　관광이나 관광 명소 소개에 관한 글에는 '旅游胜地, 美丽的风景, 吸引游客' 등의 표현이 자주 출제된다. '它除了 美丽的风景外' 부분에서 정답이 C임을 쉽게 알 수 있다. 반면 D의 '历史很长'은 본문에 출현하지 않기 때문에 개인적인 견해나 상식으로 답을 선택해서는 안 된다.

어휘　云南 Yúnnán 고유 원난성 | 胜地 shèngdì 명 명승지 | ★迷人 mírén 형 매혹적이다 | ★吸引 xīyǐn 동 매료시키다 | ★游客 yóukè 명 여행객

토크토크!
쌤의 한마디~

보물섬 지도와 나침반이 있다고 보물을 찾을 수 있을까요?
어떻게 보면 지도와 나침반은 일종의 도구일 뿐, 더욱 중요한 것은 그 사람의 끈기와 노력이겠죠. 문제 해결을 위해 많은 공략과 방법이 제시되지만 사실 더욱 중요한 것은 그 문제를 끝까지 풀어보겠다는 여러분의 마음입니다. 시간이 너무 오래 걸린다고, 하나하나 맞춰보기 까다롭고 귀찮다고 포기하지 마세요. 당장에 눈에 보이지 않아도 그런 노력이 실력이라는 멋진 보물로 보상해줄 테니까요.

4급 **독해 공략** 하기

공략 1. 먼저 문제와 보기를 철저히 분석하라

정보 획득 관련 문제는 일반적으로 글의 세부 사항이나 글을 읽고 알 수 있는 내용을 묻는 형식으로, 독해력을 묻는 가장 대표적인 문제 유형이다. 이러한 유형은 A, B, C, D 보기를 먼저 읽고 간단하게 한국어로 메모한 후 본문을 읽는 것이 효과적이다. 또한 문제에서 요구하는 핵심 어휘를 먼저 파악하여 그 단어를 중심으로 답을 찾는다면 훨씬 더 정답을 빠르게 찾아낼 수 있다.

독해
제3부분

1. 정보 획득 관련 문제의 대표적인 질문 유형

这段话**主要谈什么**? 이 글은 주로 무엇을 말하고 있는가?

根据这段话，可以**知道什么**? 본문을 근거로 무엇을 알 수 있는가?

2. 문제에서 핵심 어휘 파악

这篇文章主要谈**阅读**的: 이 글은 주로 독서의 어떤 것을 말하고 있는가?
　　　　　　　핵심어

根据这段话，**友情**: 이 글의 근거로 우정이란?
　　　　　핵심어

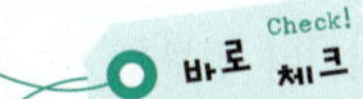 다음 중 알맞은 답을 고르세요.

> ❶ (按照 / 关于)这件事，作者认为? 　　　❷ (随着 / 根据)这段话，可以知道什么?

정답 ❶ 关于　❷ 根据

예제　　　난이도 下　공략 Key 핵심 어휘 파악

> 　　张师傅平时爱穿白色的衬衫和黑色的裤子，但要参加公司会议时，他一定会穿很正式的西装，皮鞋都擦得亮亮的。服装穿得非常正式。
>
> ★ 开会时，张师傅：
>
> A 喜欢擦鞋子　　　　　　　　B 爱穿休闲服
> C 购买正式的西装　　　　　　D 穿得很正式

해석　　　张师傅平时爱穿白色的衬衫和黑色的裤子，但要参加公司会议时，他一定会穿很正式的西装，皮鞋都擦得亮亮的。服装穿得非常正式。

　　★ 开会时，张师傅：

A 喜欢擦鞋子
B 爱穿休闲服
C 购买正式的西装
Ⓓ 穿得很正式

장 사부는 평소에 흰색 셔츠와 검은색 바지를 즐겨 입는다. 하지만 회사 회의에 참석할 때는 반드시 잘 갖춰진 양복을 입고 구두는 반짝반짝하게 닦는다. 옷을 굉장히 잘 갖춰 입는다.

★ 회의할 때, 장 사부는?

A 신발 닦는 것을 좋아한다
B 캐주얼을 즐겨 입는다
C 잘 차려진 정장을 구매한다
Ⓓ 잘 갖춰 입는다

공략　문제의 핵심 어휘는 开会이다. A는 신발 닦는 것을 좋아한다고 했는데 본문에서는 좋아한다고는 언급하지 않았고, B는 캐주얼을 즐겨 입는다고 했지만 본문에서는 정장을 즐겨 입는다고 했으므로 정답이 아니다. C는 본문에서는 언급하지 않았다.

어휘　衬衫 chènshān 몡 셔츠 | 裤子 kùzi 몡 바지 | ★正式 zhèngshì 혱 정식적인 | ★西装 xīzhuāng 몡 양복 | ★擦 cā 동 닦다 | 亮 liàng 혱 환하다

공략 2. 정보와 관련된 주요 어휘들을 암기하라

정보 획득 관련 문제는 일반적으로 생활 속에 쓰이는 단순한 회화 표현이 아닌 전문적인 지식이나 정보를 제공하는 글이 대다수이며, 이 때문에 학습자들이 가장 어려워한다. 이러한 난점을 해결하기 위해서는 시험에 자주 출제되는 영역별 어휘를 먼저 마스터하는 것이 필수적이다.

| 주요 토픽 관련 어휘 | 关系 guānxi 관계 | ★广告 guǎnggào 광고 | 健康 jiànkāng 건강 | 表演 biǎoyǎn 공연 | ★教育 jiàoyù 교육 | 交通 jiāotōng 교통 | ★新闻 xīnwén 뉴스 | 能力 nénglì 능력 | 缺点 quēdiǎn 단점 | 城市 chéngshì 도시 | 名牌 míngpái 명품 | ★节日 jiérì 명절, 기념일 | ★广播 guǎngbō 방송 | ★法律 fǎlǜ 법률 | 富翁 fùwēng 부자 | 爱情 àiqíng 사랑 | 世界 shìjiè 세계 | 报纸 bàozhǐ 신문 | 信用 xìnyòng 신용 | ★压力 yālì 스트레스 | 习惯 xíguàn 습관 | 旅游 lǚyóu 여행 | ★历史 lìshǐ 역사 | ★网站 wǎngzhàn 웹 사이트 | 饮食 yǐnshí 음식 | 故事 gùshi 이야기 | ★网络 wǎngluò 인터넷 | ★任务 rènwu 임무 | 优点 yōudiǎn 장점 | 座位 zuòwèi 좌석 | 年轻 niánqīng 젊음 | 爱好 àihào 취미 | 质量 zhìliàng 품질 | ★环境 huánjìng 환경 | ★活动 huódòng 행사 | 会议 huìyì 회의 | 放假 fàngjià 휴가 | ★抽烟 chōuyān 흡연 |

예제

난이도 中 공략 Key 핵심 어휘 파악

年轻指的不仅仅是年龄，更是人的精神。一个70岁还有梦的老人，仍然年轻；一个20岁就放弃理想的年轻人，心已经老了。

★ 根据这段话，年轻：

A 让人兴奋   B 会使人放弃梦想
C 与年龄无关   D 鼓励人前进

정답&공략

해석

年轻指的不仅仅是年龄，更是人的精神。一个70岁还有梦的老人，仍然年轻；一个20岁就放弃理想的年轻人，心已经老了。

★ 根据这段话，年轻：

A 让人兴奋
B 会使人放弃梦想
C 与年龄无关
D 鼓励人前进

젊음은 단순히 나이를 가리키는 것이 아니라 사람의 정신을 가리킨다. 70세에 아직 꿈을 갖고 있는 노인은 여전히 젊지만, 20세에 꿈을 포기한 젊은이는 마음이 이미 늙은 것이다.

★ 이 글을 근거로 젊음은?

A 사람을 흥분시킨다
B 꿈을 포기하게 할 것이다
C 나이와 상관없다
D 사람이 앞으로 나아가도록 격려한다

공략 문제에서 핵심 어휘는 年轻이다. 그러므로 본문에서 年轻에 대한 정보를 찾으면 된다. 본문 첫 부분에 핵심 어휘가 출현하고 이 부분에서 젊음은 단순히 나이를 가리키는 것이 아닌 사람의 정신을 가리키는 것이라고 했으므로 정답이 C임을 알 수 있다.

어휘 年龄 niánlíng 명 연령 | ★精神 jīngshén 명 정신 | ★放弃 fàngqì 동 포기하다 | 理想 lǐxiǎng 명 이상

> **Tip** 不仅仅是……更是……
>
> '단지 ~일 뿐 아니라 더욱이 ~이다'라는 점층의 의미를 가진 호응 구조이다.
>
> 学校不仅仅是学习知识的地方，更是养成人才的地方。
> 학교는 단순히 지식을 공부하는 곳이 아니다. 더욱이 인재를 양성하는 장소이다.

第 1-8 题：请选出正确答案。

1. 小时候我身体虚弱，于是每天跑步锻炼身体，长大后谁都想不到，我不仅身体健康了，而且成了优秀的长跑运动员。

   ★ 关于他，我们可以知道什么?

   A 小时候非常喜欢运动　　　　B 长大后谁都不想见面
   C 现在身体还很虚弱　　　　　D 成为了运动员

2. 哭并不是坏事，心情伤心难过的时候，哭一哭心情会变好一些，而且生活、工作上有压力的时候，哭一哭可以缓解压力。

   ★ 哭有什么作用?

   A 让人难过　　　　　　　　　B 减轻压力
   C 增加生活上的压力　　　　　D 生活变丰富

3. 米小姐重新给你打印了一张申请书，这次一定要根据要求写，小心点儿，千万不要再填错了。

   ★ 根据这段话，可以知道前一张:

   A 丢了　　　　B 扔了　　　　C 填错了　　　　D 送人了

4. 男人和女人在很多方面是不相同的，比如在工作中遇到不愉快的事，男人回到家，不喜欢跟妻子说，而女人正好相反。

   ★ 女人遇到不高兴的事，会:

   A 不回家　　　　B 跟丈夫说　　　　C 自己处理　　　　D 找人帮助

5-6.

　　结果和过程哪个重要？我的答案是都很重要。过程能给你丰富的经验，结果能给你深刻的影响。只要过程的话，永远都只活在一个问号中；只要结果的话，永远不会成长。这就好像你看体育比赛，你不仅会看输赢结果，还会看运动员流下的汗水和泪水。

★ 通过这段话，可以知道什么？

A 不用看输赢结果　　　　　B 好的结果让人兴奋
C 结果不如过程重要　　　　D 过程也很重要

★ 过程给人什么？

A 深刻的影响　　　　　　　B 汗水和泪水
C 丰富的经验　　　　　　　D 输赢结果

7-8.

　　听一位专家说过的一句话："最好的大夫是自己，最好的药物是时间，最好的运动是骑自行车。"前两条我懂得不深，但最后一条我完全同意。骑自行车是日常生活中容易做的运动。骑自行车既可以锻炼身体，又可以改善心情，而且和别的运动相比没有那样辛苦，比较容易坚持。

★ 坚持骑自行车，有什么好处？

A 身体健康　　　B 减肥　　　C 睡觉更香　　　D 忘记烦恼

★ 和其他运动相比，骑自行车有什么特点？

A 更专业　　　B 不会出汗　　　C 容易坚持　　　D 可以看风景

28 day

감정과 태도 그리고 숨겨진 의도를 파악하라

학습목표

✓ 1 글의 스토리를 정확하게 이해하자

✓ 2 등장인물의 행동이나 대화의 의도를 파악하자

✓ 3 감정과 태도를 나타내는 어휘와 비유의 역할을 하는 속담을 암기하자

화자의 감정이나 태도 그리고 숨겨진 의도를 파악하는 문제는 일반적으로 스토리를 가지고 있다. 때문에 단순히 단어 하나하나에 집중하기보다는 글 전체의 이야기나 등장인물의 대화와 행동 등에 더욱 집중해야 한다. 동시에 감정과 태도를 나타내는 어휘와 비유적 표현에 많이 쓰이는 속담 등을 암기하여 문제를 정확하게 파악하자.

기초 실력 테스트 TEST

1 다음 문장을 읽고 문장 속에 담긴 감정이나 태도를 고르세요.

보기	后悔	鼓励	激动

❶ 父母看到儿子的信后流泪了。 ___________

❷ 加油! 我们相信你肯定能成功。 ___________

❸ 我真没想到老师这么生气，我该怎么办啊？ ___________

2 의미가 유사한 것끼리 연결하세요.

❶ 高兴 ·　　　　　　　　　· 难过

❷ 伤心 ·　　　　　　　　　· 表扬

❸ 称赞 ·　　　　　　　　　· 开心

+ **정답**_ 해설집 175쪽

4급 **기출문제** 맛보기

 **맛보기 1**

난이도 下　공략 Key 감정 관련 어휘 파악

朋友是什么？朋友是在你得意时，提醒你不要骄傲的人；朋友是在你失败时，帮助你继续前进的人。

★ 说话人觉得，友谊能：

A 让人得意　　　B 让人骄傲　　　C 鼓励朋友　　　D 批评朋友

정답&공략

해석　朋友是什么？朋友是在你得意时，提醒你不要骄傲的人；朋友是在你失败时，<u>帮助你继续前进的人。</u>

　★ 说话人觉得，友谊能：

A 让人得意　　B 让人骄傲
Ⓒ **鼓励朋友**　　D 批评朋友

친구란 무엇인가? 친구란 당신이 만족하고 있을 때, 당신이 교만하지 않도록 일깨워주는 사람이다. 친구란 당신이 실패했을 때, <u>당신이 계속 전진하도록 도와주는 사람이다.</u>

★ 화자는 우정이 무엇을 할 수 있다고 생각하는가?

A 만족하게 한다　　B 교만하게 한다
Ⓒ **친구를 격려한다**　　D 친구를 비평한다

공략　본문에서 친구란 교만하지 않도록 일깨워주고 힘들 때 도와주는 사람이라고 했으므로 정답은 C이다.

어휘　得意 déyì 〔형〕 대단히 만족하다 | 提醒 tíxǐng 〔동〕 일깨우다 | 骄傲 jiāo'ào 〔형〕 교만하다 | ★失败 shībài 〔동〕 패배하다 | ★鼓励 gǔlì 〔동〕 격려하다

 **맛보기 2**

난이도 中　공략 Key 不怎么样에 숨겨진 감정 읽기

由于没好好准备，今天考得不怎么样。有几个填空题没做，有几个选择题，实在不知道该选什么，只好随便选。以前考试，从来没有猜过答案，今天是第一次。

★ 这次考试，他认为：

A 很有希望　　　B 感觉不好　　　C 很有自信　　　D 感到满意

해석　　由于没好好准备，<u>今天考得不怎么样</u>。有几个填空题没做，有几个选择题，实在不知道该选什么，只好随便选。以前考试，从来没有猜过答案，今天是第一次。

제대로 준비하지 못해 <u>오늘 시험을 잘 보지 못했</u>다. 주관식 문제 가운데 몇 개는 풀지 못했고, 객관식 문제 중 몇 개는 정말 무엇을 선택해야 할지 몰라서 어쩔 수 없이 아무거나 선택했다. 예전 시험에서는 답을 찍어본 적이 없었고, 오늘이 처음이다.

★ 这次考试，他认为：

A　很有希望　　　**Ⓑ 感觉不好**
C　很有自信　　　D　感到满意

★ 이번 시험은 그가 생각하기에?

A　희망이 있다　　　**Ⓑ 느낌이 좋지 않다**
C　자신 있다 •　　　D　만족감을 느낀다

공략　不怎么样는 '그저 그렇다'라는 의미로 정도가 마음에 들지 않은 상태를 의미한다. 그러므로 '今天考得不怎么样'을 통해 오늘 시험에 대한 화자의 느낌이 좋지 않다는 것을 알 수 있다.

어휘　★填空 tiánkòng 통 빈 곳을 채우다 | 选择题 xuǎnzé tí 명 객관식 문제 | 只好 zhǐhǎo 부 어쩔 수 없이 | ★猜 cāi 통 추측하다

남자 친구와 함께 쇼핑할 때 마음에 드는 옷을 발견했는데 만약 돈이 없다면 어떻게 하겠어요? 그저 만지작거리며 "괜찮네, 요즘 입으면 딱 좋을 것 같아. 색도 나한테 잘 어울리는 것 같고." 계속 이렇게 돌려 말할 때가 있죠? 만약 센스 있는 남자 친구라면 속뜻을 바로 알아차리고 사주겠지만, 그렇지 않은 경우라면 "별로인 것 같은데"라는 얄미운 소리만 할 거예요.
이렇듯 사람의 생각은 단순히 직접적인 말을 통해서만 알 수 있는 것은 아니죠. 비유나 은유 혹은 동작을 통해서 사람의 생각을 예측할 수 있습니다. 상대방의 정확한 의도를 파악하기 위해서는 말과 행동 그리고 분위기 등 다각도로 꼼꼼히 살펴야 한답니다.

4급 독해 공략 하기

공략 1. 감정과 태도 그리고 숨겨진 의도를 파악하라

감정이나 태도 그리고 숨겨진 작가의 의도를 묻는 유형은 본문에서 직접적으로 감정이나 의견을 표현하지 않는 경우가 대다수이므로 문제를 정확하게 해결하기 위해서 사건의 전개나 등장인물들 간의 대화 내용을 정확히 파악해야 한다.

- 对那件事，他有**什么态度**? 그 일에 대해 그는 어떤 태도를 가지고 있는가?
- 作者有**什么看法**? 작가는 어떠한 견해가 있는가?
- 这次面试，**他觉得**? 이번 시험을 그는 어떻게 생각하는가?

 **바로 체크** Check!　다음 문장을 읽고 문장 속에 담긴 감정을 고르세요.

---

❶ 他真厉害! 才看了一遍都记住了。　(吃惊 / 麻烦)

❷ 我今天又被老板批评了，真不想去上班。　(难过 / 兴奋)

정답 ❶ 吃惊 ❷ 难过

예제

난이도 上　공략 Key 함축적 의미 파악

俗话说"笨鸟先飞早入林"。这句话说的是，能力不高不成问题，做任何事情，只要能比别人早一些开始，我们就能比别人获得更多机会，同样能成功。所以人可以不那么聪明，但不能懒。

★ "笨鸟"指的是：

A 容易成功的人　　　　　　B 总受骗的人

C 很懒的人　　　　　　　　D 不聪明的人

해석　　俗话说"笨鸟先飞早入林"。这句话说的是，能力不高不成问题，做任何事情，只要能比别人早一些开始，我们就能比别人获得更多机会，同样能成功。<u>所以人可以不那么聪明，但不能懒</u>。

'멍청한 새가 먼저 날아 숲에 일찍 들어간다'라는 속담이 있다. 이 말은 능력이 낮은 것은 문제가 되지 않으며, 어떠한 일을 하든지 다른 사람보다 조금 더 일찍 시작하기만 한다면, 우리는 다른 사람보다 훨씬 많이 기회를 얻을 수 있으며 또한 성공할 수 있다는 것을 의미한다. <u>그렇기 때문에 사람은 그렇게 똑똑하지 않아도 되지만, 게을러서는 안 된다.</u>

★ "笨鸟"指的是：

A　容易成功的人
B　总受骗的人
C　很懒的人
Ⓓ　不聪明的人

★ '멍청한 새'가 의미하는 것은?

A　쉽게 성공하는 사람
B　자주 사기를 당하는 사람
C　게으른 사람
Ⓓ　똑똑하지 않은 사람

공략　속담을 통해 멍청한 새가 일찍 일어나 숲 속에 들어가듯 똑똑하지 않은 사람이 남보다 일찍 일을 시작한다면 성공할 수 있다는 것을 비유하며 설명하고 있다. 그러므로 문제에서 말하는 멍청한 새는 똑똑하지 않은 사람이다.

어휘　★俗话 súhuà 명 속담 | 笨鸟先飞早入林 bèn niǎo xiān fēi zǎo rù lín 성 멍청한 새가 먼저 날아 숲에 일찍 들어온다 | 不成 bùchéng 동 이루지 못하다, 맞지 않다 | ★任何 rènhé 대 무엇 | ★懒 lǎn 형 게으르다

> Tip　懒과 懒得
>
> ① 懒 lǎn 형 게으르다
>
> 你怎么还在睡懒觉。너는 왜 아직도 늦잠을 자고 있는 거야?
> 我家孩子真懒！우리 집 아이는 정말 게으르다.
>
> ② 懒得 lǎnde 형 ～하기 귀찮다
>
> 我懒得预习。나는 예습하는 것이 귀찮다.
> 我懒得跟他联系。나는 그와 연락하는 것이 귀찮다.

공략 2. 감정과 태도 관련 어휘를 암기하라

이야기를 이끄는 화자나 이야기 속 주인공의 감정과 태도를 나타내는 어휘는 新HSK 4급 시험에서는 출제 범위가 비교적 한정적이다. 스토리를 정확하게 이해하는 것은 물론 감정 및 태도 관련 어휘들과 주요 속담 등을 함께 암기해야 정확한 답을 선택할 수 있다.

· 감정 관련 어휘

만족, 즐거움, 긍정 ➲ 满意 mǎnyì 만족하다 | 快乐 kuàilè 즐겁다 | 幸福 xìngfú 행복하다

실망, 불만, 부정적 ➡ 失望 shīwàng 실망하다 | 不满 bùmǎn 불만이다 | 生气 shēngqì 화나다
관심, 존중 ➡ 关心 guānxīn 관심을 갖다 | 尊重 zūnzhòng 존중하다

• 주요 속담

说话没脚走千里　발 없는 말이 천리 간다
千里之行，始于足下　천리 길도 한 걸음부터
功夫不负有心人　하늘은 스스로 돕는 자를 돕는다

〈 알아두면 유용한 속담 〉

가는 날이 장날	来得早，不如来得巧 lái de zǎo, bùrú lái de qiǎo
길이 아니면 가지 말고 말이 아니면 듣지 마라	路不像路不要走，话不像话别去理 lù bú xiàng lù bú yào zǒu, huà bú xiàng huà bié qù lǐ
귀한 자식 매 한 대 더 때린다	不打不成材 bù dǎ bù chéng cái
나 먹자니 싫고 개 주자니 아깝다	自己吃了怕牙痛，送给别人又心痛 zìjǐ chī le pà yá tòng, song gěi biéren yòu xīn tòng
낮말은 새가 듣고 밤말은 쥐가 듣는다	没有不透风的墙 méiyǒu bú tòu fēng de qiáng
너 죽고 나 죽고 해보자	你死我活 nǐ sǐ wǒ huó
느린 것을 두려워하지 말고 멈출까 두려워하라	不怕慢，只怕站 bú pà màn, zhǐ pà zhàn
도토리 키 재기	★半斤八两 bàn jīn bā liǎng
친구 따라 강남 간다	随友江南往 suí yǒu Jiāngnán wǎng
들으면 병, 안 들으면 약	耳不闻，心不烦 ér bú wén, xīn bù fán
등잔 밑이 어둡다	灯下不明 dēng xià bù míng
둔한 새가 먼저 날아 숲에 일찍 들어오고, 작은 배가 먼저 떠나 부두에 일찍 들어온다	★笨鸟先飞早入林，小船早开先到岸 bèn niǎo xiān fēi zǎo rù lín, xiǎo chuán zǎo kāi xiān dào àn
뛰는 놈 위에 나는 놈	人上有人，天外有天 rén shàng yǒu rén, tiān wài yǒu tiān
뜻이 있다면 반드시 일을 이룬다	有志者事竟成 yǒu zhì zhě shì jìng chéng
말 한마디에 천냥 빚 갚는다	一语值千金 yì yǔ zhí qiānjīn
못 올라갈 나무는 쳐다보지도 마라	人要量力而行 rén yào liàng lì ér xíng
물속에서 사는 고기 물 귀한 줄 모른다	★身在福中不知福 shēn zài fú zhōng bù zhī fú
매도 먼저 맞는 놈이 낫다	早挨打，早松心 zǎo ái dǎ, zǎo sōng xīn
벌레도 밟으면 꿈틀한다	是人都有三分火 shì rén dōu yǒu sān fēn huǒ
손뼉도 마주쳐야 소리가 난다	孤掌难鸣 gū zhǎng nán míng
봄에 씨를 뿌려야 가을에 거둔다	春天播了种，秋天才能有收获 chūntiān bō le zhǒng, qiūtiān cái néng yǒu shōuhuò
아니 땐 굴뚝에 연기 나랴	无风不起浪 wú fēng bù qǐ làng
백문이 불여일견이다	百闻不如一见 bǎi wén bùrú yí jiàn

세월이 유수 같다	岁月如流水 suìyuè rú liúshuǐ
작은 고추가 더 맵다	人不可貌相 rén bùkě màoxiàng
젊어서 고생은 사서도 한다	少年吃苦花钱买 shàonián chīkǔ huāqián mǎi
쥐도 새도 모르게	神不知，鬼不觉 shén bù zhī, guǐ bù jué
첫술에 배부를까	胖子不是一口吃的 pàngzi bú shì yì kǒu chī de
하늘 높은 줄 모른다	不知天高地厚 bù zhī tiān gāo dì hòu
하늘이 무너져도 솟아날 구멍이 있다	天无绝人之路 tiān wú jué rén zhī lù
하나만 알고 둘은 모른다	只知其一，不知其二 zhǐ zhī qí yī, bù zhī qí èr

 다음 단어를 긍정 의미와 부정 의미로 구분하세요.

❶ 表扬 __________ ❷ 粗心 __________ ❸ 难受 __________ ❹ 热情 __________

정답 ❶ 긍정 ❷ 부정 ❸ 부정 ❹ 긍정

예제

난이도 中　공략 Key 작가의 태도 찾기

最近许多父母都认为孩子出国留学越早越好，所以有些孩子很小就被送到国外留学，但我的想法跟他们不一样。孩子太小自己去国外留学，不会照顾自己，也不能好好地适应国外的学习和生活。

★ 关于孩子出国留学，作者有什么态度?

A 同意　　　　B 表扬　　　　C 反对　　　　D 赞成

정답&공략

해석　最近许多父母都认为孩子出国留学越早越好，所以有些孩子很小就被送到国外留学，<u>但我的想法跟他们不一样。</u>孩子太小自己去国外留学，不会照顾自己，也不能好好地适应国外的学习和生活。

최근 많은 부모들은 아이의 해외 유학이 빠르면 빠를수록 좋다고 생각한다. 그래서 일부 아이들은 아주 어릴 때부터 바로 외국으로 유학을 간다. <u>하지만 내 생각은 그들과 다르다.</u> 아이들이 너무 어릴 때 혼자 외국으로 유학을 가게 되면, 자신을 돌보지 못할 뿐더러 외국에서의 공부와 생활에도 잘 적응할 수 없다.

★ 关于孩子出国留学，作者有什么态度？ | ★ 아이가 해외로 유학 가는 것에 대해, 작가는 어떤 태도인가?

A 同意　　　　　B 表扬 | A 동의한다　　　　　B 칭찬한다
C 反对　　　　　D 赞成 | C 반대한다　　　　　D 찬성한다

공략　전반부는 최근 많은 부모들이 아이들을 일찍 외국에 유학 보내는 현상을 설명하고 있으며, 뒷부분에는 작가의 의견이 그들과 다르다는 것을 언급하고 있다. 즉 해외로 아이를 유학 보내는 것에 대해 화자는 반대하는 입장임을 알 수 있다.

독해
제3부분

어휘　★许多 xǔduō 〔형〕 매우 많다 | ★越……越…… yuè……yuè…… ~하면 ~할수록 | 照顾 zhàogù 〔통〕 돌보다 | ★适应 shìyìng 〔통〕 적응하다 | 同意 tóngyì 〔통〕 동의하다 | ★表扬 biǎoyáng 〔통〕 칭찬하다 | ★反对 fǎnduì 〔통〕 반대하다 | 赞成 zànchéng 〔통〕 찬성하다

> **Tip**　大, 小, 高, 矮
>
> 사람의 특징을 설명할 때 가장 헷갈리기 쉬운 형용사가 바로 大, 小, 高, 矮이다. 사람의 나이를 이야기할 때는 大, 小를 사용하고, 키를 말할 때는 高, 矮를 사용한다.
>
> - 大 dà (나이가) 많다 : 我比你大5岁。 내가 너보다 5살 많다.
> - 小 xiǎo (나이가) 어리다 : 从小应该养成好习惯。 어릴 때부터 좋은 습관을 길러야 한다.
> - 高 gāo (키가) 크다 : 姐姐比我高一点。 언니가 나보다 약간 크다.
> - 矮 ǎi (키가) 작다 : 个子矮不成问题。 키가 작은 것은 문제가 되지 않는다.

 전공략 비법 플러스

> ✓ **满意와 满足의 의미가 다르다?**
>
> 생김새가 비슷한 满意와 满足는 의미상으로도 비슷한 듯하지만 서로 다른 의미를 가지고 있다.
>
> ① 满意
> '만족하다'라는 의미의 형용사로 일반적으로 对와 호응을 이루어 '对……(不)满意'의 형식으로 쓰인다.
>
> 父母对孩子的成绩不太满意。 부모는 아이의 성적에 만족하지 못했다.
> 经理对他的回答十分满意。 사장은 그의 대답에 매우 만족했다.
>
> ② 满足
> '만족하다'라는 의미와 함께 '만족시키다'라는 의미를 동시에 가지고 있는 동사로 목적어를 가질 수 있다.
>
> 大家都已经很满足了。 모두들 이미 매우 만족하고 있다.
> 我们应该满足客人的要求。 우리는 마땅히 고객의 요구를 만족시켜야 한다.

第 1–8 题：请选出正确答案。

1. 每个孩子都有一本书，孩子不同的性格、兴趣、环境，决定了每本"书"不同的内容，想要成为合格的父母，必须仔细阅读、真正读懂弄通孩子这本"书"。

 ★ 要想成为合格的父母应该：

  A 常常读书 **B** 多给孩子买书
  C 多与孩子交流 **D** 和孩子一起看书

2. 关小姐喜欢跟熟悉的人讲笑话，但是水平不高。每次她讲的时候，话还没讲完，关小姐自己却笑起来，所以别人都不知道她到底为什么笑。

 ★ 她讲笑话时，别人：

  A 很伤心 **B** 听不懂 **C** 觉得麻烦 **D** 很生气

3. 中国有句老话，叫做"千里之行，始于足下"，比喻事情的成功，是从小到大逐渐积累起来的，并且懂得坚持下去。

 ★ 老话告诉我们，做事情：

  A 需要坚持 **B** 必须做大事 **C** 应该懂事 **D** 请别人教

4. 世上有些人爱说"差不多"。他们做事情往往很马虎，比如：工作上总是很差不多，这样积累最后差得很多了。

 ★ 对于爱说"差不多"的人，作者有什么态度？

  A 担心 **B** 同情 **C** 着急 **D** 批评

5–6.

有一位老太太很着急地给医生打电话。

"关大夫在家吗?"

关大夫的妻子接电话说道:"对不起,老关不在,有什么事吗?"

"我家的小狗把一块手表吃到肚子里了! 关大夫什么时候回来呢?"

"大概三个小时。"关大夫的妻子回答说。

"天哪! 那这段时间我们该怎么办呢?"

"您恐怕只能先看另一块手表了。"

★ 老太太的小狗怎么了?

A 把手表吃到肚子里了　　　**B** 不让老太太看手表
C 很愿意看关大夫　　　**D** 被老太太批评了

★ 老太太的心情是:

A 激动　　　**B** 担心　　　**C** 怀疑　　　**D** 警告

7–8.

马经理的妻子拿来茶和报纸后就出门了,中午她回来就发现自己的丈夫仍然坐在沙发上看着报纸。她就急着问"你怎么还没去上班啊?"丈夫就跳起来说"你怎么不提醒我呢? 我还以为我去上班了呢。"

★ 妻子回来后发现自己的丈夫在做什么?

A 准备出门　　　**B** 正在看报纸　　　**C** 等着爱人回来　　　**D** 睡着了

★ 回家看到丈夫后,妻子会觉得怎么样?

A 吃惊　　　**B** 讨厌　　　**C** 冷静　　　**D** 紧张

쓰기

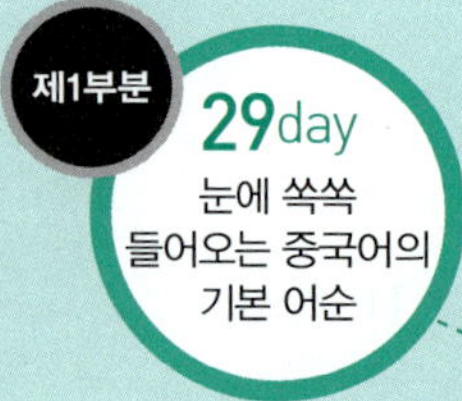

제1부분
29day
눈에 쏙쏙
들어오는 중국어의
기본 어순

30day
개성 만점!
여러 가지
술어문

31day
존재나 출현은
존현문에
맡겨라

32day
한방 승부!
是……的 강조 구문
과 특수 구문

33day
술어의 든든한
보좌관
– 보어

34day
상황 정리의
달인!
– 부사

35day
두 개의 얼굴
– 개사

36day
시험의 단골손님
– 把자문과 被자문

37day
이보다 더
쉬울 수 없다!
– 비교문과 겸어문

제2부분

38day
내 몸에 가까운
명사

39day
그림으로 읽는
동사 의미

40day
분위기 메이커
형용사

29 day

눈에 쏙쏙 들어오는 중국어의 기본 어순

+ 정답_ 해설집 175쪽

학습목표

✓ 1 중국어의 기본 어순을 속속들이 파헤치자

✓ 2 술어를 앞뒤로 꾸미는 부사어와 보어를 이해하자

✓ 3 범위를 제한하는 관형어를 이해하자

술어가 동사일 경우 일반적으로 중국어는 '주어＋술어＋목적어'의 어순을 갖는다. 하지만 이는 기본 뼈대일 뿐 문장을 구성하는 데 살을 붙여주는 여러 가지 수식어에 대한 이해가 필요하다. 중국어의 기본 구조를 묻는 문제는 시험마다 빠짐없이 출제되고 있으므로 반드시 숙지하도록 하자.

기초 실력 테스트 TEST

1 다음 단어를 어순에 맞게 배열하여 완전한 문장을 만드세요.

❶ 喜欢　叔叔　每天　做运动

____

❷ 明年　小李　旅游　决定　去中国

____

❸ 丢了　他　手机　昨天刚买的

____

2 제시된 단어를 알맞은 위치에 넣으세요.

❶ 我 A 买 B 一件大衣。　(想)

❷ A 我 B 去中国留学。　(跟朋友)

❸ 我买了一个 A 很便宜 B 手机。　(的)

4급 기출문제 맛보기

맛보기 1

난이도 下　공략 Key 명사를 꾸미는 구조조사 的

注意　　　那条新闻　　　许多人的　　　引起了

정답&공략

공략
- 1단계　동사 찾기 　　　　　　　　　　　　　　　　　引起了
- 2단계　的+명사 　　　　　　　　　　　　　　　许多人的+注意
- 3단계　주어+술어+목적어 　　　　　　　那条新闻+引起了+许多人的注意

∴ 那条新闻引起了许多人的注意。 그 뉴스는 많은 사람들의 관심을 불러일으켰다.

▶ 명사 앞에 놓여 명사를 꾸며주는 구조조사 的는 관형어를 연결하는 역할을 한다. 注意는 '주의하다'라는 의미의 동사이기도 하지만 여기서는 명사로 사용되었다.

어휘　★新闻 xīnwén 몡 뉴스 | ★引起 yǐnqǐ 통 불러일으키다 | 许多 xǔduō 혱 매우 많다 | 注意 zhùyì 몡통 관심, 주목; 주의하다

쓰기
제1부분

맛보기 2

난이도 上　공략 Key 부정부사의 위치

公司的　　　不　　　这么安排　　　规定　　　符合

정답&공략

공략
- 1단계　동사 찾기 　　　　　　　　　　　　　　　　　符合
- 2단계　부정부사+동사 　　　　　　　　　　　　　不+符合
- 3단계　的+명사 　　　　　　　　　　　　　　　公司的+规定
- 4단계　주어+술어+목적어 　　　　　这么安排+不符合+公司的规定

∴ 这么安排不符合公司的规定。 이렇게 안배하는 것은 회사 규정에 부합하지 않는다.

▶ 부정부사 不는 술어 앞에 위치한다. 명사를 꾸미는 구조조사 的는 관형어를 연결하는 역할을 하므로 뒤에 명사가 와야 한다. '这么安排'는 주어의 역할이므로 '이렇게 안배하는 것'이라고 해석된다.

어휘　安排 ānpái 통 안배하다 | ★符合 fúhé 통 부합하다 | 规定 guīdìng 몡 규정

공략 1. '주술목'을 기억하라

중국어의 기본 어순은 '주어+술어+목적어'이다. '주어+목적어+술어'의 어순을 갖는 한국어와 다르기 때문에 한국어 해석에 기대어 단어를 나열하다 보면 잘못된 문장을 완성할 수 있다. 기본 어순을 묻는 문제는 매번 출제되고 있으므로 반드시 정확하게 이해하도록 하자.

■ **중국어 어순은 기본적으로 '주어+술어+목적어'이다.**

他　看　书。그는 책을 본다.
주어　술어　목적어

❶ 문장의 주인이 되는 주어(主语) : 문장의 주체로 서술의 대상을 말하며 일반적으로 명사나 대사가 그 역할을 한다.

❷ 주인의 행동과 상태를 설명하는 술어(谓语) : 술어는 주어에 대한 서술과 설명을 담당한다. 일반적으로 형용사나 동사가 술어 역할을 하므로 '~이다, ~하다' 등으로 해석된다.

❸ 행동의 대상을 말하는 목적어(宾语) : 술어가 동사일 경우 동사 뒤에 나오는 명사를 목적어라고 하며, 일반적으로는 '~을' 등으로 해석된다.

바로 체크 Check! 다음 문장을 중작하세요.

❶ 그는 신문을 본다. → ________________________________

❷ 그녀는 커피를 마신다. → ________________________________

정답 ❶ 他看报纸。 ❷ 她喝咖啡。

예제

난이도 下　공략 Key 조동사 可以의 위치

可以　　　推动　　　经济发展　　　鼓励竞争

정답&공략

공략

1단계	동사 찾기	推动
2단계	조동사＋동사	可以＋推动
3단계	주어＋술어＋목적어	鼓励竞争＋可以推动＋经济发展

∴ 鼓励竞争可以推动经济发展。 경쟁을 장려하면 경제 발전을 촉진할 수 있다.

쓰기
제1부분

조동사는 동사 앞에 위치하는 부사어이므로 可以는 推动 앞에 놓인다. 술어는 주절과 목적절의 개념으로 사용할 수 있으므로 鼓励竞争이 주절로 맨 앞에 위치한다.

어휘 ★鼓励 gǔlì 동 격려하다, 장려하다 | ★竞争 jìngzhēng 명 경쟁 | 推动 tuīdòng 동 촉진하다 | 经济发展 jīngjì fāzhǎn 명 경제 발전

Tip 조동사 可以

可以는 능력이나 조건 그리고 허가를 통한 가능성을 나타낼 때 사용되며, 부정형인 不可以는 허가의 뉘앙스만 있다. 만일 능력이나 조건 때문에 불가능함을 나타낼 때에는 不能을 사용한다.

① 능력

他已经可以教别人了。 그는 이미 다른 사람을 가르칠 수 있게 되었다. (긍정)
他还不能教别人。 그는 아직 다른 사람을 가르칠 수 없다. (부정)

② 조건

这儿可以刷卡。 여기서는 카드를 긁을 수 있다. (긍정)
这儿不能刷卡。 여기서는 카드를 긁을 수 없다. (부정)

③ 허가

你可以用我的词典。 너는 내 사전을 사용해도 된다. (긍정)
你不可以用我的词典。 너는 내 사전을 사용해서는 안 된다. (부정)

중국어의 기본 어순도 중요하지만 문제를 해결하는 데는 이 외에 문장을 구성하는 각각의 성분들과 위치를 정확하게 이해해야 한다.

1. 술어를 앞에서 수식하는 부사어(状语)

술어 앞에 놓여 술어가 발생하는 상황이나 분위기를 꾸며주는 성분을 부사어라고 한다.

> **주어 + 부사 + 동사**

我**也**看。 나도 본다.　　　　　　他们**没有**看。 그들은 보지 않았다.
我们**一起**看。 우리는 같이 본다.

> **주어 + 조동사 + 동사**

我**想**看。 나는 보고 싶다.　　　　　我**能**看。 나는 볼 수 있다.
我**应该**看。 나는 봐야 한다.

> **주어 + 개사구 + 동사**

我**在家**看。 나는 집에서 본다.　　　我**跟她**看。 나는 그녀와 본다.
我**给你**看。 나는 너에게 보여준다.

> **주어 + 형용사 + 地 + 동사**

他们**高高兴兴**地唱歌。 그들은 매우 즐겁게 노래를 부른다.
他们**马马虎虎**地做事。 그들은 대충대충 일을 한다.

주의 만일 부사어들이 함께 출현할 때는 일부 예외의 상황을 제외하고는 일반적으로 '부사＋조동사＋개사구'의 순서로 위치한다.

我　很　想　给她　看　这本书。　나는 그녀에게 이 책을 정말 보여주고 싶다.
주어　부사　조동사　개사구　동사　목적어

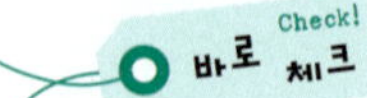

바로 체크 Check! 제시된 단어를 알맞은 곳에 넣으세요.

> ❶ 我 A 弟弟 B 在 C 银行 D 工作。　(不)
>
> ❷ A 他 B 每天 C 去 D 爬山。　(想)

정답 ❶ B　❷ C

2. 술어 뒤에서 의미를 보충하는 보어(补语)

술어 뒤에 놓여 술어의 정도, 결과, 방향, 가능성, 시간과 동작의 양 등을 보충하는 성분을 보어라고 한다.

- 술어+6개의 대표 보어

정도보어	看得很多 많이 본다
방향보어	看起来 보아하니
결과보어	看完了 다 봤다 | 看错了 잘못 봤다 | 看懂了 보고 이해했다
가능보어	看得懂 보고 이해할 수 있다 | 看不懂 보고 이해할 수 없다
시량보어	看5个小时 5시간 동안 보다 | 看一会儿 잠깐 보다
동량보어	看一次 한 번 보다 | 看一下 잠깐 보다

쓰기
제1부분

3. 주어와 목적어를 꾸며주는 관형어(定语)

명사의 범위를 한정하는 성분을 관형어라고 하며 일반적으로 주어와 목적어 앞에 온다. 관형어로는 보통 구조조사 的나 수량사가 사용된다.

我　看　一本很有意思的　书。나는 아주 재미있는 책을 한 권 본다.
주어　동사　관형어(수량사+……的)　목적어

今天买的　书　很　有意思。오늘 산 책은 굉장히 재미있다.
관형어(……的)　주어　부사　술어

- 반드시 외워야 하는 관형어 순서

소유 관계 성분의 명사나 대사	지시대사	수량사구	……的		명사
我(的)	这	一件	新买	的	衣服
他(的)	那	一个	聪明	的	朋友

바로체크 Check! 다음 단어를 어순에 맞게 배열하여 완전한 문장을 만드세요.

❶ 想　爷爷　英语　学习　　　→ ____________________

❷ 一个　这是　行李箱　新买的　→ ____________________

정답 ❶ 爷爷想学习英语。　❷ 这是一个新买的行李箱。

拉近了　　　电脑　　　　人与人之间的　　　　　距离

정답&공략

공략
- 1단계 동사 찾기　　　　　　　　　　　　　　　　拉近了
- 2단계 的+명사　　　　　　　　　　　　　　人与人之间的+距离
- 3단계 주어+술어+목적어　　　　　电脑+拉近了+人与人之间的距离

∴ 电脑拉近了人与人之间的距离。 컴퓨터는 사람과 사람 사이의 거리를 가깝게 했다.

▶ 이 문장의 술어는 拉近이다. 의미적으로 '컴퓨터가 사람과 사람 사이의 거리를 가깝게 했다'는 뜻이므로 구조조사 的가 이끄는 관형어 '人与人之间的'는 距离 앞에 위치하여 목적어가 된다.

어휘　★拉近 lājìn 동 끌어당기다 | 与 yǔ 개 ~와 | 之间 zhījiān 명 사이 | ★距离 jùlí 명 거리

> **Tip** 与
>
> 개사 与는 跟, 和와 같이 '~와'라는 의미로 일반적으로 서면어에 자주 사용된다.
> 现在的情况与过去完全不同。 현재의 상황은 과거와 완전히 다르다.
> 他说此事与自己无关。 그는 이 일이 자신과 관련이 없다고 말한다.

 전공략 비법 플러스

✓ 술어가 주어나 목적어로 쓰일 수 있다?

주어와 목적어 자리에는 일반적으로 명사나 대사가 위치한다. 하지만 중국어에는 '주절', '목적절'의 개념이 동시에 존재하여 술어도 주어나 목적어로 사용될 수 있다.

做菜　　很有意思。 요리하는 것은 아주 재미있다.
주절　　　술어

学外语　　不容易。 외국어 공부는 쉽지 않다.
주절　　　술어

爷爷　喜欢　画画儿。 할아버지께서는 그림 그리는 것을 좋아하신다.
주어　술어　목적절

我　觉得　我的老师很漂亮。 나는 우리 선생님이 예쁘다고 생각한다.
주어　술어　　목적절

第 1–10 题：完成句子。

1. 小妹妹　　　　打针　　　　邻居家的　　　　害怕

2. 我们的　　　　已经　　　　好几倍　　　　扩大了　　　　活动范围

3. 相信　　　　吗　　　　咱们俩　　　　马校长会

4. 要求　　　　符合　　　　不　　　　他们的条件

5. 你们不要　　　　自己的　　　　怀疑　　　　能力

6. 最好　　　　你们　　　　打扰　　　　爷爷　　　　不要

7. 人　　　　很羡慕　　　　她　　　　钢琴的　　　　会弹

8. 准时　　　　任务　　　　保证　　　　我们　　　　完成

9. 招聘　　　　一名　　　　公司　　　　管理人员　　　　决定

10. 超过了　　　　已经　　　　1000　　　　报名人数

30 day 개성 만점! 여러 가지 술어문

+ **정답_** 해설집 175쪽

학습목표

✓ 1 어휘를 몰라도 해결할 수 있는 형용사 술어문의 특징을 이해하자

✓ 2 '주어＋술어'가 술어로 사용되는 주술 술어문의 독특한 특징을 이해하자

✓ 3 시험에 자주 출제되는 是자 술어문의 특징을 이해하자

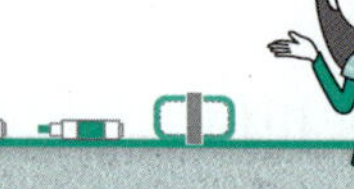

중국어 문장의 기본 어순을 묻는 문제 외에 형용사 술어문, 주술 술어문, 是자 술어문이 시험에 자주 출제되고 있다. 중국어 기본 문장을 이해하고 자유자재로 활용할 수 있는 능력을 기른다면 쓰기 제1부분의 문제는 쉽게 해결할 수 있다.

기초 실력 테스트 TEST

1 다음 중 옳은 문장을 고르세요.

❶ A 她漂亮自己。　　　　　B 她打扮自己。

❷ A 我喜欢你。　　　　　　B 我好你。

❸ A 我干净房间。　　　　　B 我打扫房间。

2 다음 문장을 중작하세요.

❶ 우리 언니는 키가 크다.

____

❷ 이것은 우리 아빠가 만든 요리이다.

____

4급 기출문제 맛보기

 ## 맛보기 1

난이도 上　공략 Key 형용사 술어문 이해

确实　　　那个售货员的　　　态度　　　诚实

정답&공략

공략
- 1단계　술어 찾기　　　　　　　　　　　　　　　　　诚实
- 2단계　부사+형용사 술어　　　　　　　　　　　确实+诚实
- 3단계　的+명사　　　　　　　　　　　那个售货员的+态度
- 4단계　주어+술어　　　　　　　那个售货员的态度+确实诚实

∴ 那个售货员的态度确实诚实。 그 판매원의 태도는 정말 성실하다.

○ 형용사 술어는 반드시 앞에 부사를 수반해야 한다. 确实는 형용사이면서 부사이지만, 诚实는 형용사로만 사용되므로 确实를 부사 역할로 사용해야 한다.

어휘　售货员 shòuhuòyuán 명 판매원 | ★态度 tàidu 명 태도 | ★确实 quèshí 부 확실히 | ★诚实 chéngshí 형 성실하다

 ## 맛보기 2

난이도 下　공략 Key 관형어 순서

一位　　　是　　　记者　　　他哥哥　　　当地的

정답&공략

공략
- 1단계　동사 찾기　　　　　　　　　　　　　　　　　是
- 2단계　수량사+的+명사　　　　　　　　　一位+当地的+记者
- 3단계　주어+술어+목적어　　　他哥哥+是+一位当地的记者

∴ 他哥哥是一位当地的记者。 그의 형은 현지 기자이다.

○ 是가 술어인 경우 주어는 사람, 목적어는 직업을 나타낸다. 관형어는 '수량사+的+명사'의 순서로 나열된다.

어휘　★当地 dāngdì 명 현지 | ★记者 jìzhě 명 기자

공략 1. 부사와는 단짝! 목적어는 멀리!
형용사 술어문의 특징을 기억하라

형용사 술어문이란 상태나 상황을 말하는 형용사가 술어를 담당하는 문장을 말한다.

1. 형용사 술어는 단독으로 사용하지 않고 반드시 부사의 꾸밈을 받는다.

他忙。(X) → 他**很**忙。(O) 그는 바쁘다.
天气冷。(X) → 天气**很**冷。(O) 날씨가 춥다.

2. 형용사 술어는 동사와 달리 목적어를 가질 수 없다.

我好你。(X) → 我**喜欢**你。(O) 나는 너를 좋아한다.
她漂亮自己。(X) → 她**打扮**自己。(O) 그녀는 자기를 꾸민다.

바로 체크 Check! 제시된 단어를 알맞은 위치에 넣으세요.

---

❶ A 今天 B 买的 C 新包 D 好看。 （很）

❷ 他 A 写的 B 文章 C 写得 D 精彩。 （非常）

정답 ❶ D ❷ D

예제

난이도 中 공략 Key 형용사 술어문에서 부사의 위치

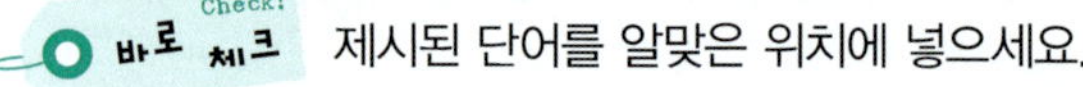

相反　　　我们俩的　　　完全　　　想法

정답&공략

공략
1단계	술어 찾기	相反
2단계	부사+형용사	完全+相反
3단계	的+명사	我们俩的+想法
4단계	주어+술어	我们俩的想法+完全相反

∴ 我们俩的想法完全相反。 우리 둘의 견해는 완전히 다르다.

○ 구조조사 的는 명사 앞에 놓여 명사를 꾸며주며 관형어를 연결시키는 역할을 한다. 完全은 부사이면서 형용사이지만 相反은 형용사와 접속사로 사용되므로 完全이 相反 앞에 놓여 부사 역할을 한다.

어휘　想法 xiǎngfa 명 생각 | ★完全 wánquán 부 완전히 | ★相反 xiāngfǎn 형 상반되다

공략 2. '주어+술어'도 술어라는 것을 기억하라

'주어+술어'가 결합하여 술어를 담당하는 문장을 주술 술어문이라고 하는데, '∼은 ∼이 ∼하다'라고 해석되며 중간에 구조조사 的가 필요 없다는 특징이 있다.

• 주술 술어문과 기타 술어문의 비교

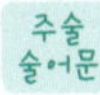
我弟弟　头发　很短。 내 남동생은 머리카락이 짧다.
주어　　술어(주어+술어)

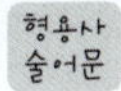
我弟弟的头发　很短。 내 남동생의 머리카락은 짧다.
주어　　　술어

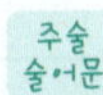
北京　冬天　很干燥。 베이징은 겨울이 매우 건조하다.
주어　　술어(주어+술어)

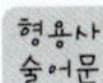
北京的冬天　很干燥。 베이징의 겨울은 매우 건조하다.
주어　　　술어

바로 Check! 체크　다음 문장에서 술어를 찾아 쓰세요.

❶ 我肚子不舒服。　　　　❷ 这本书内容很丰富。

정답 ❶ 肚子不舒服 ❷ 内容很丰富

예제

난이도 上　공략 Key 주술 술어문 이해

效果　　这种药　　最快　　确实

공략
- **1단계** 술어 찾기 　　　　　　　　　　　　最快
- **2단계** 부사＋술어 　　　　　　　　　　　确实＋最快
- **3단계** 호응 구조 　　　　　　　　　　效果＋确实最快
- **4단계** 주어＋술어 　　　　　　　这种药＋效果确实最快

∴ **这种药效果确实最快。** 이 약은 효과가 확실히 가장 빠르다.

○ 의미적으로 '확실히 가장 빠른' 것은 약이 아니라 효과이므로 '确实最快'는 效果 뒤에 위치한다. 술어가 '주어＋술어'로 이루어진 주술 술어문이므로 구조조사 的가 없어도 문장이 완성된다.

어휘 药 yào 몡 약 | 效果 xiàoguǒ 몡 효과 | ★确实 quèshí 튄 확실히

Tip 确实

① 부사일 경우 : 확실히, 분명히

今天**确实**很冷。 오늘은 확실히 춥다.
这**确实**是你的责任。 이건 확실히 너의 책임이다.

② 형용사일 경우 : 확실하다

我已经找到了**确实**的证据。 나는 이미 확실한 증거를 찾았다.
这个消息很**确实**。 이 소식은 확실하다.

공략 3. 결코 만만치 않은 是자 술어문을 꽉 잡아라

是는 영어의 be동사처럼 '~이다'라는 의미를 갖는 동사로 주어의 정의나 특징을 설명할 때 쓰이는 기본 동사이다. 是자문은 일반적으로 동등, 서술, 귀속의 세 가지 의미를 가지고 있다.

1. 동등 : 가장 기본적으로 '주어＝목적어'라는 의미가 있으며, 주어와 목적어의 위치는 바뀔 수 있다.

这个手机**是**他送给我的。 이 휴대 전화는 그가 나에게 선물해준 것이다.
＝ 他送给我的**是**这个手机。 그가 나에게 선물해준 것이 이 휴대 전화이다.

这儿**是**开会的地方。 이곳은 회의하는 장소이다.
＝ 开会的地方**是**这儿。 회의하는 장소가 이곳이다.

2. 서술 : 是 뒤의 목적어가 주어의 일부분이거나 그 특징을 설명하는 것을 말한다. 어순 배열 문제에서 주어는 확정적인 것, 목적어는 불확실한 것, 그리고 목적어의 범위가 주어의 범위보다 더 크다는 점이 중요하다.

北京大学**是**中国最有名的大学。 베이징대학교는 중국에서 가장 유명한 대학이다.
这首歌**是**最近非常受欢迎的。 이 노래는 최근 굉장히 인기 있는 노래이다.

3. 귀속 : 일반적으로 是 다음의 목적어가 주어의 직업을 서술하는 문장을 말한다. 때문에 이 문장의 주어는 반드시 사람이며 목적어는 그 사람의 직업을 나타낸다.

我妈妈<u>是</u>一位优秀的老师。우리 어머니는 우수한 선생님이다.
他<u>是</u>医术高超的医生。그는 의술이 뛰어난 의사이다.

 제시된 단어를 알맞은 위치에 넣으세요.

❶ 这 A 我的 B 咖啡。你的 C 在 D 那儿。　(是)

❷ 他 A 很 B 受欢迎的 C 电影 D 明星。　(是)

정답 ❶ A ❷ A

 **예제 1**

난이도 下　공략 Key 的를 활용하여 명사구 만들기

父亲　　给我　　都是　　　的　　　这些西装

정답&공략

공략
1단계	술어 찾기	都是
2단계	복수 주어+都是	这些西装+都是
3단계	목적어가 될 명사구 만들기	父亲+给我+的
4단계	주어+술어+목적어	这些西装+都是+父亲给我的

∴ 这些西装都是父亲给我的。 이 양복들은 모두 아버지께서 나에게 주신 것이다.

○ 부사 都는 주어가 복수이면 주어 바로 뒤에 위치한다. 형용사나 동사(구) 뒤에 的가 놓이면 명사구로 바뀌어 주어나 목적어로 쓰일 수 있다.
예 我买 나는 산다 → 我买的 내가 산 것　　　　很长 길다 → 很长的 긴 것

어휘　西装 xīzhuāng 명 양복

Tip 些

명사를 세는 단위인 양사는 수사와 함께 명사 앞에 위치한다. 만일 수사 없이 단독으로 쓰이는 경우는 일반적으로 '한 개'를 나타내지만, '조금, 약간, 몇'이라는 의미인 些를 쓰면 복수를 나타낸다. 또한 些는 一 외의 수사와는 결합할 수 없다.

这儿有**本**书。이곳에 책 한 권이 있다. → 这儿有**些**书。이곳에 몇 권의 책이 있다.
他有**个**意见。그는 의견이 하나 있다. → 他有**些**意见。그는 몇 개의 의견이 있다.
他要买**件**衣服。그는 옷을 한 벌 사려고 한다. → 他要买**些**衣服。그는 몇 벌의 옷을 사려고 한다.

 **예제 2**

最受欢迎的　　　　她是　　　　20世纪　　　　电影演员

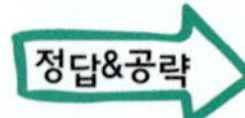 정답&공략

공략
1단계	술어 찾기	是
2단계	的+명사	最受欢迎的+电影演员
3단계	주어+술어+목적어	她+是+20世纪最受欢迎的电影演员

∴ 她是20世纪最受欢迎的电影演员。 그녀는 20세기 가장 인기 있는 영화배우이다.

○ '20世纪'는 의미적으로 '电影演员'을 꾸미는 관형어 자리에 위치해야 한다.

어휘　世纪 shìjì 명 세기 | ★受欢迎 shòu huānyíng 인기 있다 | ★演员 yǎnyuán 명 연기자

> **Tip** 受欢迎
>
> 受欢迎은 '인기 있다'라는 의미이다. 만일 '~에게 인기가 있다'라고 나타낼 경우, 受와 欢迎 사이에 대상을 넣으면 되는데, 이때 구조조사 的는 생략할 수 있다.
>
> 这种游戏很受儿童们(的)欢迎。 이 게임은 아이들에게 인기 있다.
> 这本小说深受女孩儿们(的)欢迎。 이 소설은 여자아이들에게 매우 인기가 있다.

第 1-10 题：完成句子。

1. 讲的　　　我家邻居　　　很有趣　　　都　　　笑话

2. 很　　　速度　　　电脑　　　快　　　她刚买的

3. 儿童医院的　　　他　　　是　　　当地　　　大夫

4. 湿润　　　洗澡后　　　皮肤　　　很

5. 质量　　　这家商场卖的　　　不错　　　产品

6. 合格的父母　　　爱心　　　最需要的　　　是

7. 的　　　他　　　答案　　　正确　　　完全

8. 养成的　　　都是　　　慢慢　　　所有的习惯

9. 影响范围　　　大　　　这次活动　　　的　　　非常

10. 需要　　　是　　　积累的　　　慢慢　　　经验

+ 정답 및 해설_ 해설집 98쪽

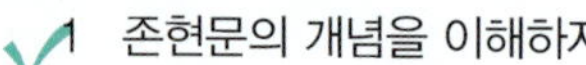

31 day 

존재나 출현은 존현문에 맡겨라

학습목표

✓ 1 존현문의 개념을 이해하자

✓ 2 존현문에서 장소와 시간 주어를 파악하자

✓ 3 존현문에 자주 사용되는 술어와 구조를 완벽하게 암기하자

일반적으로 주어는 사람이나 기타 다른 명사들이 역할을 담당한다. 하지만 존현문은 장소나 시간이 주어가 되어 어떤 불특정한 대상의 존재나 출현, 소실 등을 나타낸다. 존현문의 구조를 이해하고, 존현문에 주로 쓰이는 동사를 파악해 문제 해결 능력을 기르자.

기초 실력 테스트 TEST

1 다음 중 옳은 문장을 고르세요.

❶ A 在冰箱里放着水果。　　　　B 冰箱里放着水果。

❷ A 前天来了一个新学生。　　　　B 从前天来了一个新学生。

2 다음 문장을 중작하세요.

❶ 소파 위에 한 사람이 누워 있다. (躺着)

____

❷ 교실 안에 5개의 책상이 있다. (有)

____

❸ 앞에 한 학생이 앉아 있다. (坐着)

____

+ 정답_ 해설집 175쪽

4급 **기출문제** 맛보기

맛보기 1

난이도 上　공략 Key 존현문의 주어 찾기

老虎　　　　住着　　　　森林里　　　　一群

정답&공략

공략
- 1단계　동사 찾기　　　　　　　　　　　　　　住着
- 2단계　수량사+명사　　　　　　　　　　　一群+老虎
- 3단계　주어+술어+목적어　　　森林里+住着+一群老虎

∴ 森林里住着一群老虎。 숲 속에 한 무리의 호랑이가 살고 있다.

➡ 장소가 주어가 되는 존현문의 경우, 목적어로 사람이나 사물 등이 온다. 그러므로 '一群老虎住着森林里'는 틀린 표현이다.

어휘　★森林 sēnlín 阅 숲 | ★一群 yìqún 한 무리 | 老虎 lǎohǔ 阅 호랑이

맛보기 2

난이도 下　공략 Key 존현문의 어순 파악

红色的花　　　　有　　　　窗台上　　　　一盆

정답&공략

공략
- 1단계　동사 찾기　　　　　　　　　　　　　　有
- 2단계　수량사+명사　　　　　　　　　　一盆+红色的花
- 3단계　주어+술어+목적어　　　窗台上+有+一盆红色的花

∴ 窗台上有一盆红色的花。 창턱에 빨간 꽃 화분이 하나 있다.

➡ 장소가 주어가 되는 존현문은 '장소+술어+사물'의 어순을 갖는다.

어휘　★窗台 chuāngtái 阅 창턱 | 盆 pén 阅 화분이나 대야 등을 세는 단위

공략 1. 존현문의 주어! 장소와 시간을 찾아라

1. 존현문의 기본 어순

주어(장소, 시간)＋술어＋목적어(사람, 동식물, 사물)

墙上　挂着　一幅画。 벽에 그림이 하나 걸려 있다.
주어(장소)　술어　목적어(사물)

昨天　来了　几位代表。 어제 몇 분의 대표자들이 오셨다.
주어(시간)　술어　목적어(사람)

2. 존현문의 특징

❶ 개사 사용 유무 : 장소와 시간 앞에는 절대 在, 到, 从과 같은 개사를 쓸 수 없다.

在门前站着一个人。(X) → 门前站着一个人。(O) 문 앞에 한 명이 서 있다.
从前边来了几辆汽车。(X) → 前边来了几辆汽车。(O) 앞에 몇 대의 차가 왔다.

❷ 목적어 형식 : 목적어는 불특정한 존재로, 일반적으로 '수사＋양사＋명사'의 구조를 갖는다.

上午10点来过张经理。(X) → 上午10点来过三个人。(O) 오전 10시에 세 명이 왔었다.
教室里有小李。(X) → 教室里有几个学生。(O) 교실에 학생이 몇몇 있다.

❸ 동사 뒤의 성분 : 동사 뒤에는 동태조사(了 / 着 / 过) 혹은 방향보어나 결과보어 등이 온다.

昨天来了一位客人。 어제 손님 한 분이 오셨다.
桌子上放着一本杂志。 책상 위에 잡지 한 권이 놓여 있다.
前边跑过来几个孩子。 앞에 아이들이 몇몇 달려온다.

바로 체크 Check! 다음 문장을 바르게 고치세요.

❶ 在前边有一辆车。　→ _______________________

❷ 从昨天丢了几个东西。　→ _______________________

정답 ❶ 前边有一辆车。 ❷ 昨天丢了几个东西。

예제

난이도 中ㅣ공략 Key 존현문의 어순 파악

一朵朵　　　天空中　　　白云　　　出现了

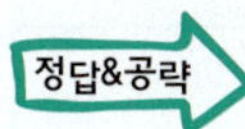

정답&공략

공략
- 1단계　동사 찾기　　　　　　　　　　　　　　　　　出现了
- 2단계　수량사+명사　　　　　　　　　　　　　　一朵朵+白云
- 3단계　주어+술어+목적어　　　　　　天空中+出现了+一朵朵白云

∴ 天空中出现了一朵朵白云。 하늘에 한 조각조각의 구름이 나타났다.

○ 天空이 주어가 되는 존현문이다. 목적어는 '一朵朵白云'이므로 동사 出现 뒤에 위치한다.

어휘　天空 tiānkōng 몡 하늘 | 出现 chūxiàn 동 출현하다 | ★朵 duǒ 양 송이, 점(꽃, 구름 등을 세는 단위) | 白云 báiyún 몡 흰 구름

쓰기
제1부분

공략 2. 존현문에 많이 쓰이는 동사를 암기하라

존현문은 어떠한 장소와 시간에 사람과 사물이 존재하거나 새롭게 출현, 혹은 소실을 나타내는 문장으로 존현문에 자주 사용되는 동사를 암기한다면 문제를 쉽게 해결할 수 있다.

〈 존현문에 자주 쓰이는 동사 〉

존재	★有 yǒu 있다	桌子上有一本书。책상 위에 책 한 권이 놓여 있다.
	放 fàng 놓다	沙发上放着一件衣服。소파 위에 옷 한 벌이 놓여 있다.
	★挂 guà 걸다	墙上挂着一张照片。벽에 사진 한 장이 걸려 있다.
	写 xiě 쓰다	书上写着几个字。책에 몇 글자가 적혀 있다.
	坐 zuò 앉다	门口坐着一个孩子。현관에 한 아이가 앉아 있다.
	★站 zhàn 서다	教室里站着几个学生。교실 안에 몇 명의 학생들이 서 있다.
	躺 tǎng 눕다	床上躺着一个人。침대에 한 사람이 누워 있다.
	住 zhù 살다	隔壁住着一个外国人。이웃에 한 외국인이 살고 있다.
출현	★来 lái 오다	今年来了一位新老师。올해 새 선생님이 한 분 오셨다.
	发生 fāshēng 발생하다	昨天发生了一起交通事故。어제 교통사고 한 건이 발생했다.
	出现 chūxiàn 출현하다	最近出现了几个问题。최근 몇몇 문제가 출현했다.

소실	死 sǐ 죽다	昨天死了很多人。어제 많은 사람이 죽었다.
	丢 diū 잃어버리다	今天丢了一本书。오늘 책 한 권을 잃어버렸다.

 **바로 체크** Check! 빈칸에 들어갈 알맞은 단어를 고르세요.

> |보기| 发生　　　站　　　挂
>
> ❶ 商店门口________着一个人。
>
> ❷ 今天________了一件奇怪的事情。
>
> ❸ 门上________着一个牌子。

정답 ❶ 站 ❷ 发生 ❸ 挂

예제

난이도 中　공략 Key 존현문의 어순 파악

> 大夫　　　昨晚　　　几位　　　走了

정답&공략

공락
- 1단계 동사 찾기 · 走了
- 2단계 수량사+명사 · · · · · · · · · · · · · · · · · · 几位+大夫
- 3단계 주어+술어+목적어 · · · · · · · · · 昨晚+走了+几位大夫

∴ 昨晚走了几位大夫。 어제저녁에 몇 분의 의사가 떠났다.

◐ 존현문은 주어가 시간이나 장소가 되고, 목적어는 불특정한 사람이나 사물이 된다. 만일 大夫를 주어 자리에 놓고 싶다면 '那个大夫昨晚走了'와 같이 특정한 존재로 바꾸어야 한다.

어휘　走 zǒu 동 떠나다 | ★大夫 dàifu 명 의사

> **Tip** **走와 去**
>
> ① 走는 '걷다'라는 의미와 함께 특정한 목적지 없이 현재의 장소를 '떠나다, 이탈하다'라는 뜻을 나타내기 때문에 走 뒤에는 장소 목적어가 오지 않는다.
>
> 我们走着去吧。우리 걸어서 가자.　　你为什么要走? 너는 왜 떠나려는 거니?
>
> ② 去는 '걷다'라는 의미는 없고 어떤 특정한 목적지를 향해 '가다'라는 뜻을 나타내므로 장소 목적어를 갖는다.
>
> 我们去图书馆看书吧。우리 도서관에 책 보러 가자.

第 1-10 题：完成句子。

1. 拿着　　　　他手里　　　　黑色的圆珠笔　　　　几支

2. 小猴子　　　　树上　　　　几只　　　　站着

3. 雨伞　　　　门口　　　　有　　　　几把　　　　那儿

4. 河里　　　　着　　　　小鱼　　　　游　　　　一群

5. 写　　　　黑板上　　　　着　　　　几个字

6. 几个　　　　站着　　　　乘客　　　　公共汽车站

7. 行李箱里　　　　巧克力　　　　几盒　　　　有

8. 躺着　　　　椅子上　　　　几个　　　　公园的　　　　外国人

9. 来了　　　　楼上　　　　新邻居　　　　一个

10. 上午　　　　一把　　　　钥匙　　　　丢了

한방 승부! 是……的 강조 구문과 특수 구문

학습목표

1 '是……的' 강조 구문이 강조하는 대상을 확실히 암기하자

2 祝로 시작하는 축하문의 어순을 확실하게 파악하자

3 请, 麻烦으로 시작하는 청유문의 어순을 확실하게 익히자

중국어에는 암기가 필요한 특수한 '구'와 '문장' 형태들이 있다. 바로 '是……的' 강조 구문과 축하문, 청유문이 그것이다. 출제 비중이 그다지 높진 않지만 중국어를 완벽하게 마스터하기 위해서는 하나라도 소홀히 해서는 안 된다.

기초 실력 테스트 TEST

1 다음 문장의 의미로 맞는 것을 고르세요.

❶ 他是8月9号去美国的。

A 他打算8月9号去美国。

B 他已经去美国了。

❷ 这个包不是在百货商店买的。

A 在别的地方买包了。

B 不想在百货商店买包。

2 빈칸에 祝 혹은 请을 넣으세요.

❶ ______大家工作顺利、身体健康。

❷ ______大家注意安全。

◆ **정답_** 해설집 175쪽

4급 **기출문제** 맛보기

 **맛보기 1**

난이도 上　공략 Key '是……的' 구문

出生	我孙女	的	去年夏天	是

정답&공략

공략
- 1단계　동사 찾기　　　　　　　　　　　　　　　　　　出生
- 2단계　주어+술어　　　　　　　　　　　　　　　我孙女+出生
- 3단계　是+시간+的　　　　　　　我孙女+是+去年夏天出生+的

∴ 我孙女是去年夏天出生的。 우리 손녀는 작년 여름에 태어났다.

➡ '是……的' 강조 구문은 '시간, 장소, 목적, 방식, 대상'을 강조하는 특수 구문으로, 시간은 반드시 是와 的 사이에 위치해야 한다.

어휘　孙女 sūnnǚ 몡 손녀 | 夏天 xiàtiān 몡 여름 | ★出生 chūshēng 동 출생하다

 **맛보기 2**

난이도 上　공략 Key 축하문 어순 파악

顺利	祝	出差	这次	一切	大家

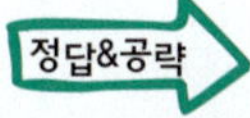 **정답&공략**

공략
- 1단계　호응 구조　　　　　　　　　　　这次出差+一切+顺利
- 2단계　祝+사람+사건　　　　　　祝+大家+这次出差一切顺利

∴ 祝大家这次出差一切顺利。 이번 출장이 모두 순조롭기를 기원합니다.

➡ 대사 一切는 '모두, 전부'라는 의미를 가지고 있으며 술어 앞에서 부사로 사용되기도 한다. 祝는 '祝+사람+사건'이라는 구조로 쓰이는데, '祝 축하문' 문제가 나오면 우선 '~는 어떠하다'라는 사건을 완성해야 문제를 쉽게 해결할 수 있다.

어휘　祝 zhù 동 기원하다 | 出差 chūchāi 몡 출장 | ★一切 yíqiè 데 일체, 모든 것 | ★顺利 shùnlì 혱 순조롭다

공략 1. '是……的' 구문이 강조하는 대상은 특별하다

'是……的' 강조 구문은 뼈대가 되는 '주어, 술어, 목적어' 외에 다른 문장 성분을 강조하는 특수 구문이다. 따라서 어떠한 대상을 강조할 수 있는지 파악하는 것이 우선이다.

1. 강조하는 대상에는 시간, 장소, 목적, 방식, 대상이 있다.

- 시간 : 他(是)**春节**来的。그는 설에 왔다.
- 장소 : 他(是)**从美国**来的。그는 미국에서 왔다.
- 목적 : 他(是)**为什么**来的? 그는 왜 왔니?
- 방식 : 他(是)**坐飞机**来的。그는 비행기를 타고 왔다.
- 대상 : 他(是)**跟朋友一起**来的。그는 친구와 함께 왔다.

2. 이미 발생한 과거 사건을 강조한다.

她(是)明天去的。(X) → 她**明天**去。(O) 그녀는 내일 간다. (→ 미래 사건은 강조할 수 없다)

3. 是는 생략 가능하며 의미상의 변화는 없다.

她(**是**)为什么送你礼物**的**? 그녀가 너에게 왜 선물했니?
他们(**是**)去年结婚**的**。그들은 작년에 결혼했다.

4. 부정형은 不是이다. 이 경우 是를 생략할 수 없다.

我**不是**跟妈妈一起来**的**。나는 엄마와 함께 오지 않았다.
我**不是**坐地铁来**的**。나는 지하철을 타고 오지 않았다.

바로 체크 Check! 다음 문장을 바르게 고치세요.

❶ 昨天他是见朋友的。　　→ ________________________

❷ 我跟朋友是一起吃饭的。　→ ________________________

정답 ❶ 他是昨天见朋友的。 ❷ 我是跟朋友一起吃饭的。

예제

난이도 上　공략 Key '是……的' 구문

为什么　　　那个导游　　　打电话的　　　是　　　给大使馆

정답&공략

공략

1단계	개사구+술어	给大使馆+打电话的
2단계	주어+술어	那个导游+给大使馆打电话的
3단계	是+목적+的	那个导游+是+为什么+给大使馆打电话的

∴ 那个导游是为什么给大使馆打电话的? 그 가이드는 왜 대사관에 전화를 걸었니?

○ 为什么는 목적을 묻는 의문대사로 '是……的' 강조 구문에서 반드시 是와 的 사이에 위치해야 한다.

어휘　★导游 dǎoyóu 명 관광 가이드 | 大使馆 dàshǐguǎn 명 대사관

> **Tip**　给+대상+打电话
>
> '给+대상+打电话'는 '~에게 전화를 걸다'라는 의미이다. 사람 외에 회사, 은행, 상점 등 장소 명사도 전화를 거는 대상이 될 수 있다.
>
> 我打算给学校打电话问问。 나는 학교에 전화를 걸어 물어볼 계획이다.
> 你快给办公室打电话吧。 너는 빨리 사무실에 전화를 걸어라.

공략 2. 축하문과 청유문의 특징을 파악하라

축하나 청유의 문장은 특정한 어순을 가지고 있으므로 고정적인 어순에 따라 단어를 배열하면 완벽한 문장을 완성할 수 있다.

1. 祝 축하문

祝는 상대방에게 기원하거나 축복하는 문장에 쓰이며, '祝+사람+사건'의 순서로 나열된다.

祝你生日快乐! 생일 축하해!
祝大家身体健康! 모두 건강하세요!

2. 请과 麻烦을 사용한 청유문

请과 麻烦은 문장 앞에 위치하여 상대방에게 무언가를 요청하거나 부탁할 때 쓰인다.

❶ **请** 청유문 : '请+주어+술어' 또는 '주어+请+술어'의 형식으로 쓰인다.

> **请**您看一下。 잠시 봐주십시오.
> 您**请**等一下。 잠시 기다려주십시오.
> **请**查一下。 검색 좀 해주십시오.

❷ **麻烦** 청유문 : '麻烦+사람+술어'의 형식으로 쓰이며, 麻烦은 주어 앞에만 올 수 있다.

> **麻烦**您给我看一下。 실례지만 저에게 좀 보여주십시오.
> **麻烦**您帮我问一下。 실례지만 저 대신 물어봐주십시오.

 빈칸에 들어갈 알맞은 답을 고르세요.

> ❶ __________你圣诞快乐。 (祝 / 请)　　❷ 您__________坐一下。 (祝 / 请)

정답 ❶ 祝 ❷ 请

예제

난이도 中　공략 Key 청유문 어순 파악

> 填写　　麻烦您　　这张申请表　　帮我

 정답&공략

공략

1단계	동사 찾기	填写
2단계	술어+목적어	填写+这张申请表
3단계	帮+사람+일	帮我+填写这张申请表
4단계	麻烦+사람+일	麻烦您+帮我填写这张申请表

∴ **麻烦您帮我填写这张申请表。** 실례지만 이 신청서 작성을 도와주십시오.

➡ 麻烦은 문장 맨 앞에 놓여 상대방에게 어떤 일을 부탁하는 청유문에 사용되는 동사이다. 麻烦과 관련된 문제를 해결할 때는 먼저 부탁할 일을 완벽하게 완성하는 것이 중요하다.

어휘 麻烦 máfan 图 귀찮게 하다, 번거롭게 하다 | ★填写 tiánxiě 图 작성하다 | 申请表 shēnqǐngbiǎo 圀 신청서

> **Tip** 帮
>
> 동사 帮은 일반적으로 '帮+사람+사건'의 어순을 가지며 '~가 ~하는 것을 돕다'라는 뜻을 나타낸다.
>
> 我**帮**你查资料吧。 네가 자료 찾는 것을 도와줄게.
> 能不能**帮**我问一下具体内容。 나 대신 구체적인 내용을 물어볼래?

第 1–10 题：完成句子。

1. 今年3月　　　　是　　　　　我孙子　　　　结婚的

2. 这个句子　　　　麻烦你　　　　翻译一下　　　　给我

3. 你们　　　活动　　　一切　　　祝　　　顺利　　　这次

4. 是　　　　我　　　　找到的　　　　今天在图书馆

5. 请你　　　这次　　　参加　　　篮球赛　　　来

6. 昨晚　　　他　　　借来的　　　是

7. 大家　　　快乐　　　祝　　　中秋节

8. 邻居的儿子　　　秋天　　　上大学的　　　2009年

9. 您的　　　麻烦您　　　联系号码　　　告诉我

10. 各位代表　　　介绍　　　请您　　　给我　　　一下

33 day 쓰기
술어의 든든한 보좌관
– 보어

✓1 여러 가지 보어의 위치를 확인하자

✓2 보어의 종류와 구조를 암기하자

✓3 시험에 자주 출제되는 보어를 완벽하게 이해하자

술어는 앞에 부사어(부사, 조동사, 개사)의 꾸밈을 받기도 하지만, 뒤에 보조 성분(보어, 동태조사)을 위치시켜 의미를 보충하기도 한다. 보어는 총 6개로 복잡한 듯 보이지만 구조적 규칙이 있기 때문에 특징만 암기한다면 어렵지 않게 해결할 수 있다.

기초 실력 테스트 TEST

1 동사 '做(만들다)'가 들어간 다음 문장을 해석하세요.

❶ 做得很多。 ______________________

❷ 做起来难。 ______________________

❸ 做完了。 ______________________

❹ 做不了。 ______________________

❺ 做了一天。 ______________________

❻ 做了一次。 ______________________

2 구조조사 得가 들어갈 알맞은 위치를 고르세요.

❶ 弟弟做 A 事 B 做 C 很慢 D 。

❷ 昨天 A 他 B 吃饭 C 吃 D 很满意。

❸ 她 A 游泳 B 游 C 不太好 D 。

❹ 你觉得 A 我 B 汉语 C 说 D 很差。

4급 **기출문제** 맛보기

맛보기 1

난이도 上　공략 Key 정도보어

> 很干净　　　擦得　　　把窗户　　　米小姐

정답&공략

공략
- **1단계** 동사 찾기　　　　　　　　　　　　　　　　擦得
- **2단계** 술어+得+정도보어　　　　　　　　　　擦+得+很干净
- **3단계** 주어+把+명사+술어+정도보어　　米小姐+把窗户+擦得很干净

∴ **米小姐把窗户擦得很干净**。미 샤오졔는 창문을 깨끗하게 닦는다.

동사 뒤에 구조조사 得가 있을 경우 정도보어 문제이므로 빨리 보어를 찾는다. 일반적으로 정도부사의 수식을 받는 형용사가 정도보어가 되므로 '擦+得+很干净'의 순서가 된다. 把는 '~을'이라는 의미의 개사로 '주어+把+명사+동사+기타 성분'의 순서로 나열된다.

어휘　★窗户 chuānghu 몡 창문 | 擦 cā 통 닦다 | ★干净 gānjìng 혱 깨끗하다

맛보기 2

난이도 中　공략 Key 방향보어

> 真希望　　　下去　　　凉快　　　天气　　　继续

정답&공략

공략
- **1단계** 继续+술어+下去　　　　　継续+凉快+下去
- **2단계** 주어+술어　　　　　　　　天气+继续凉快下去
- **3단계** 술어+목적절　　　　　　真希望+天气继续凉快下去

∴ **真希望天气继续凉快下去**。날씨가 계속 시원해졌으면 정말 좋겠다.

继续는 술어를 뒤에 연결하여 '계속 ~하다'라는 의미를 나타내며 연동문을 완성한다. '继续+동사+下去'는 '계속 ~해 나아가다'라는 의미이다.

예 **继续**讲下去。계속 말하다. | **继续**暖和下去。계속 따뜻해지다.

어휘　希望 xīwàng 통 바라다 | 天气 tiānqì 몡 날씨 | ★继续 jìxù 통 계속하다 | ★凉快 liángkuai 혱 시원하다

공략 1. 보어의 종류와 역할을 마스터하라

보어에는 정도보어, 방향보어, 결과보어, 가능보어, 시량보어, 동량보어 총 6개가 있으며, 가끔 수량사도 보어로 쓰이는 경우가 있다. 이중에서 정도보어 문제는 거의 매 시험에 출제되고 있으므로 완벽하게 이해하자.

1. 정도보어

술어(동사, 형용사) 뒤에서 상황이나 동작의 정도를 보충한다.

❶ 기본 구조 : 동사나 형용사 뒤에 놓이며 구조조사 得로 연결되어 정도를 보충한다.

> 주어＋술어(동사/형용사)＋**得**＋정도보어

他唱**得**很好听。 그는 노래를 참 잘한다.
妈妈菜做**得**很好吃。 엄마가 만든 요리는 정말 맛있다.

❷ 목적어가 있는 경우 : 목적어 뒤에 반드시 동사를 한 번 더 중복해서 써야 하며, 이 경우 앞의 동사는 생략할 수 있다.

> 주어(＋동사)＋목적어＋동사＋**得**＋정도보어

她(穿)衣服穿**得**很少。 그녀는 옷을 너무 얇게 입었다.
他(说)汉语说**得**很流利。 그는 중국어를 유창하게 한다.

❸ 부정부사와 정도부사의 위치 : 부정부사(不, 没有)와 정도부사(很, 非常, 多么, 真 등)는 보어 앞에 온다.

他睡**得不晚**。 그는 일찍 잔다.
她饭吃**得非常多**。 그녀는 밥을 굉장히 많이 먹는다.

❹ 의문형 : '평서문＋吗' 외에 '술어＋得＋怎么样?' 혹은 '술어＋得＋보어의 정반형'을 사용한다.

他平时起**得**早吗? 그는 평소에 일찍 일어나니?
说**得**怎么样? 말하는 건 어때? | 说**得**好不好? 말을 잘하니?
做**得**怎么样? 하는 건 어때? | 做**得**好不好? 잘하니?

❺ 반드시 암기해야 할 구조

- 형용사가 정도보어로 쓰이는 경우

> 술어+得+정도부사+형용사

说得很流利。 유창하게 말한다.
做得很好吃。 맛있게 만든다.

- 구나 절이 정도보어로 쓰이는 경우

> 술어+得+구/절

高兴得哭了。 기쁜 나머지 울었다.
激动得睡不着觉。 감격해서 잠을 이룰 수 없다.
饿得什么都不想干。 배가 고파서 아무것도 하고 싶지 않다.

바로 체크 Check! 다음 단어를 어순에 맞게 배열하여 완전한 문장을 만드세요.

❶ 来　很早　你　得　　→ _______________________________

❷ 打字　很快　打　得　　→ _______________________________

정답 ❶ 你来得很早。　❷ 打字打得很快。

2. 방향보어

술어 뒤에서 상황이나 동작의 방향, 추상적 의미를 보충한다.

❶ 단순 방향보어 : 동작을 통해 방향이 화자에게 가까워지는 경우 '동사+来'를, 멀어지는 경우 '동사 +去'를 사용한다.

买来/买去 사오다/사가다　　　　借来/借去 빌려오다/빌려가다
拿来/拿去 들고 오다/들고 가다

❷ 복합 방향보어 : 동작의 복합적인 방향성을 보충해주는 것은 물론 추상적인 의미를 보충하는 역할을 한다.

	上	下	进	出	回	过	起
来	上来	下来	进来	出来	回来	过来	起来
去	上去	下去	进去	出去	回去	过去	X

• 복합적 방향 제시

   拿**上来** 가지고 올라오다 / 拿**下来** 가지고 내려오다 / 拿**进来** 가지고 들어오다
   拿**出来** 가지고 나오다 / 拿**回来** 가지고 돌아오다 / 拿**过来** 가지고 건너오다

• 추상적 의미 제시

起来　最近天气冷**起来**了。 최근 날씨가 추워지기 시작했다. (시작 → 지속)
　　　说**起来**容易，做**起来**不容易。 말하기는 쉽지만 만들기는 어렵다. (평가)
　　　刚才跟你握手的人是谁，你想**起来**了? 방금 너랑 악수한 사람이 누군지 생각났니? (연상)

下来　火车慢慢停了**下来**。 기차가 천천히 멈추기 시작했다. (고정)
　　　你怎么瘦**下来**了? 在减肥吗? 너 왜 살이 빠졌니? 다이어트하는 중이야? (안정, 변화)
　　　衣服太脏了，快把它脱**下来**吧。 옷이 너무 더럽다. 얼른 벗어라. (분리)
　　　这个传统是从很久就开始传**下来**的。
　　　이 전통은 아주 옛날부터 전해 내려온 것이다. (지속 : 과거 → 현재)

下去　你唱得很好听，继续唱**下去**。 너 노래 정말 잘한다. 계속 불러봐. (지속 : 현재 → 미래)

过来　他突然转**过**身**来**找我了。 그가 갑자기 몸을 돌려 나를 찾았다. (방향을 돌리다 → 화자 쪽으로)
　　　他的病已经恢复**过来**了。 그의 병은 이미 회복되었다. (회복 : 비정상 → 정상)

过去　妹妹突然间晕了**过去**。 여동생이 갑자기 의식을 잃었다. (정상 → 비정상)
　　　妈妈转**过**头**去**叫孩子了。 엄마가 고개를 돌려 아이를 찾았다. (방향을 돌리다 → 화자 반대 쪽으로)

出来　大家都能认**出来**是谁吗? 모두들 누구인지 알아보시겠나요? (감각을 통해 판별 인식)
　　　那些计划都是他自己想**出来**的。 이 계획들은 모두 그 혼자 생각해낸 것이다. (무 → 유 : 완성)

❸ 목적어의 위치 : 목적어는 일반적으로 来 혹은 去 앞에 온다.

回**中国**来 중국으로 돌아오다 | 飞回**中国**去 중국으로 날아가다

❹ 이합동사의 위치 : 이합동사는 '술어+목적어'의 구조이기 때문에 목적어는 来 혹은 去 앞에 온다.

> 동사＋방향보어＋목적어＋**来**/**去**

睡**起**觉**来** 잠들기 시작하다 | 转**过**身**来** 몸을 (내 쪽으로) 돌리다

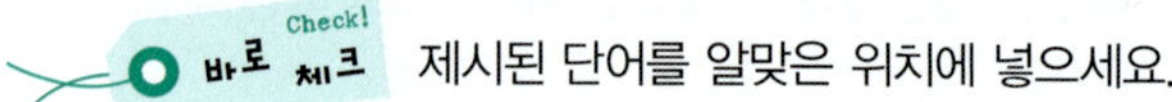

바로 체크 Check! 제시된 단어를 알맞은 위치에 넣으세요.

---

❶ 他 A 把 B 我的信 C 寄 D 。　(回来了)

❷ A 孩子一看到 B 叔叔就 C 哭 D 。　(起来了)

정답 ❶ D　❷ D

3. 결과보어

술어 뒤에서 동작의 결과를 나타내는 보어로 일반적으로 동사와 형용사가 결과보어 역할을 한다.

❶ 기본 구조 : 동사 뒤에 위치한다.

> 동사＋**결과보어**(동사/형용사)

看**完**了 다 봤다 | 看**好**了 잘 봤다
看**懂**了 보고 이해했다 | 看**错**了 잘못 봤다

❷ 동사와 결과보어는 한 몸 : 결과보어는 다른 보어들에 비해 동사와의 관계가 긴밀하기 때문에 동태조사나 목적어보다 앞에 위치한다.

> 동사＋**결과보어**＋过/了/목적어

离**开**过 떠난 적이 있다 | 找**到**了 찾아냈다 | 忘**掉**事情 일을 잊어버리다

❸ 완성형 : 결과보어만으로 과거 완료를 나타낼 수 없기 때문에 의미를 보충하기 위해서는 반드시 了와 결합해야 한다.

> 동사＋**결과보어**＋了

睡**着**了 잠이 들었다 | 洗**干净**了 깨끗이 씻었다

❹ 부정형 : 부정부사 没(有)를 사용한다.

> **没(有)**＋동사＋**결과보어**

没(有)写**完** 다 적지 못했다 | **没(有)**记**住** 기억하지 못한다

❺ 의문형 : '평서문＋了吗?' 혹은 '평서문＋了没有?'의 형식을 사용한다.

> 동사＋결과보어＋**了吗?**/**了没有?**

找到**了吗**? 찾았니? | 找到**了没有**? 찾았니 못 찾았니?

❻ 기타 구조

동사 뒤에 在, 到, 给, 成의 결과보어가 올 경우에는 결과보어 在, 到, 给, 成 뒤에 명사가 위치하는데, 把자문 문제와 함께 자주 출제되므로 꼭 그 특징을 알고 있어야 한다.

동사＋**在**＋장소 명사/시간 명사

你把我的钱包**放在**哪儿了？ 너는 내 지갑을 어디에 두었니?
这件事**发生在**20世纪。 이 일은 20세기에 발생했다.

동사＋**到**＋장소 명사/시간 명사

你把垃圾**扔到**外边儿吧。 너는 쓰레기를 밖에 버려라.
他每天**学习到**11点。 그는 매일 11시까지 공부한다.

동사＋**给**＋대상 명사

你应该把它**还给**他。 너는 반드시 그것을 그에게 돌려주어야 해.
我要把这本书**送给**朋友。 나는 이 책을 친구에게 줄 것이다.

동사＋**成**＋변화된 결과물

他把我**看成**坏人。 그는 나를 나쁜 사람으로 본다.
我把8点**看成**6点了。 나는 8시를 6시로 봤다.

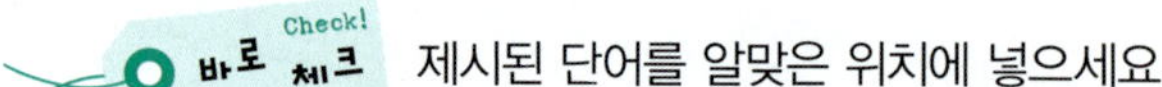

바로 체크 Check! 제시된 단어를 알맞은 위치에 넣으세요.

---

❶ A 他把 B 蛋糕吃 C 了 D 。　(光)

❷ 钱包 A 被 B 小偷 C 偷 D 了。　(走)

정답 ❶ C ❷ D

4. 가능보어

어떤 동작이 실현될 수 있는지 없는지 가능성을 보충한다.

❶ **기본 구조** : 가능보어는 동사와 결과보어 혹은 동사와 방향보어 사이에 得나 不를 삽입하면 된다. 得는 긍정의 가능성을, 不는 부정의 가능성을 나타낸다.

동사＋**得/不**＋결과보어

我听**得**懂。 나는 알아들을 수 있다.
我听**不**懂。 나는 알아들을 수 없다.

동사＋得／不＋방향보어

10点以前我回得来。10시 전에 돌아올 수 있다.
10点以前我回不来。10시 전에 돌아올 수 없다.

❷ 의문형 : '가능보어＋吗?' 혹은 '가능보어의 긍정형과 부정형'을 병렬한 형태를 사용한다.

가능보어＋吗?　또는　가능보어의 정반형

你听得懂吗?　너는 알아듣니?
你听得懂听不懂?　너는 알아듣니 못 알아듣니?

5. 시량보어

동사 뒤에서 동작이 지속된 시간을 보충한다. 동작 앞에 시간을 먼저 말하는 한국어의 어순과는 정반대이므로 주의해야 한다.

❶ **기본 구조** : 동사 뒤에 위치한다.

동사＋시량보어

我每天看一个小时。매일 한 시간씩 본다.　　想了半天。한참 동안 생각했다.

❷ **일반 목적어의 위치** : 시량보어는 동사 뒤에만 위치하기 때문에 '동사＋목적어' 뒤에 바로 올 수 없다. 시량보어 앞에 동사를 한 번 더 중복하거나 동사와 목적어 사이에 시량보어를 위치시킨다. 이 경우 목적어 앞에 구조조사 的를 첨가할 수도 있다.

동사＋목적어＋동사＋시량보어

我每天看书一个小时。(X) → 我每天看书看一个小时。(O)　나는 매일 한 시간씩 책을 본다.

동사＋시량보어(＋的)＋목적어

我每天看一个小时(的)书。나는 매일 한 시간씩 책을 본다.

❸ **인칭대사 목적어의 위치** : 일반 목적어와 달리 인칭대사가 시량보어 앞에 온다.

동사＋인칭대사＋시량보어

我找了他整整一天。나는 그를 하루 종일 찾았다.

❹ **이합동사의 위치** : 시량보어 앞에 동사를 한 번 더 중복하거나 혹은 동사와 목적어 즉, 이합동사 사이에 시량보어를 삽입한다. 이 경우 목적어 앞에 的를 첨가할 수도 있다.

> **동사+명사+동사+시량보어**

爬山爬了**5个小时**。5시간 동안 등산을 했다.

> **동사+시량보어(+的)+명사**

爬了**5个小时**(的)山。5시간 동안 등산을 했다.

❺ **了의 위치** : 시량보어를 사이에 두고 동사 뒤와 문장 끝에 了를 놓으면 '~동안 ~하는 중이며 앞으로 계속 유지할 것이다'라는 진행과 지속의 의미를 나타낸다.

> **동사+동태조사(了)+시량보어+어기조사(了)**

想**了一年了**。1년째 생각 중이다.   我等**了朋友半天了**。나는 친구를 한참 동안 기다리고 있다.

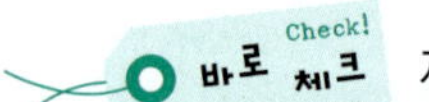

제시된 단어를 알맞은 위치에 넣으세요.

> ❶ 我 A 昨天晚上 B 看了 C 电视 D 。 (3个小时)
>
> ❷ 他 A 每天 B 跑 C 步 D 。 (一个小时)

정답 ❶ C ❷ C

6. 동량보어

동사 뒤에서 동작의 횟수를 보충한다. 한국어와 어순이 반대이므로 한국어 어순에 따라 배열하지 않도록 주의해야 한다.

❶ **기본 구조** : 동사 뒤에 위치한다.

> **동사+동량보어**

我们唱了**两遍**。우리는 두 번 불렀다.   你在这儿等**一下**。넌 여기서 잠시 기다려라.

❷ **일반 목적어의 위치** : 동량보어는 동사 뒤에 온다.

> **동사+동량보어+목적어**

我写了**三遍**生词。나는 새 단어를 3번 썼다.

我喝过**一次**中国白酒。나는 중국 바이주를 한 번 마셔봤다.

❸ 대사 목적어의 위치 : 목적어가 인칭대사 혹은 지시대사인 경우 동량보어는 대사 뒤에 온다.

> 동사＋**대사**＋**동량보어**

我见过**她好几次**。나는 그녀를 아주 여러 번 만난 적이 있다.
我去过**那儿三趟**。나는 그곳에 3번 다녀왔다.

❹ 인명, 지명이 목적어인 경우 : 목적어가 구체적인 사람이거나 지명인 경우, 목적어는 동량보어 앞뒤에 자유롭게 놓일 수 있다.

> 동사＋목적어(인명, 지명)＋**동량보어**　또는　동사＋**동량보어**＋목적어(인명, 지명)

我去过**北京一次**。/ 我去过**一次北京**。나는 베이징에 한 번 다녀온 적이 있다.
我们等**小林一下**吧。/ 我们等**一下小林**吧。우리 샤오린을 좀 기다리자.

쓰기
제1부분

〈 시험에 많이 나오는 동량사 〉

동량사	쓰임	결합 동사
次 cì	반복하는 동작의 횟수를 세는 데 쓰임	去｜找｜看
回 huí	次와 비슷하며 회화에 많이 쓰임	看｜送
趟 tàng	한차례 왕복이나 한바탕 등 동작의 횟수를 세는 데 쓰임	去｜来｜跑｜玩
遍 biàn	처음부터 끝까지 전 과정을 가리킴	看｜听｜说｜翻译
一下 yíxià	짧고 가벼운 느낌의 한번, 단시간을 나타냄	打｜等｜查
顿 dùn	식사나 욕, 질책하는 부정적인 행위 등을 세는 데 쓰임	吃｜打｜骂
场 chǎng	문예 오락 활동(영화, 연극, 스포츠), 일기 현상(눈, 비) 등을 세는 데 쓰임	下(雪/雨)｜打
阵 zhèn	갑작스럽게 단시간 내에 발생하는 상황을 나타냄	下｜刮

바로 체크 ^{Check!}　제시된 단어를 알맞은 위치에 넣으세요.

> ❶ 这个题 A 我已经 B 问 C 过好 D 。　(几次)
>
> ❷ A 请 B 你再 C 说 D 。　(一遍)

정답 ❶ D ❷ D

예제 1

英语　　　流利　　　导游的　　　很　　　说得

정답&공략

공략
- 1단계 동사 찾기 ························· 说得
- 2단계 술어+得+정도보어 ················· 说+得+很流利
- 3단계 주어+술어+정도보어 ··············· 导游的英语+说得+很流利

∴ 导游的英语说得很流利。 가이드는 유창하게 영어를 구사한다.

○ 형용사가 정도보어로 사용될 경우 정도부사의 수식을 받는다.

어휘 ★导游 dǎoyóu 명 관광 가이드 | ★流利 liúlì 형 유창하다

예제 2

把沙发上的书　　　一下　　　收拾　　　快　　　你

정답&공략

공략
- 1단계 동사 찾기 ··························· 收拾
- 2단계 동사+동량보어 ····················· 收拾+一下
- 3단계 주어+把+명사+술어 ················ 你+把+沙发上的书+收拾一下
- 4단계 주어+시간부사+把+명사+술어 ······ 你+快+把+沙发上的书+收拾一下

∴ 你快把沙发上的书收拾一下。 너 어서 소파 위의 책을 좀 정리해라.

○ 一下는 '잠시 ～하다'라는 의미의 동량보어로 반드시 동사 뒤에 위치해야 한다. 여기에서 快는 '빨리, 속히'라는 의미의 부사로 개사 把 앞에 위치한다.

어휘 ★沙发 shāfā 명 소파 | ★收拾 shōushi 동 정리하다

Tip '정리하다, 치우다' 관련 동사

① 整理 zhěnglǐ 정리하다

这些文件是谁整理好的? 이 문서는 누가 잘 정리한 것이니?

② 打扫 dǎsǎo 청소하다, 치우다

我帮妈妈打扫客厅了。 나는 엄마를 도와 거실을 청소했다.

第 1–10 题：完成句子。

1. 睡不着觉　　　兴奋　　　弟弟　　　得

2. 恢复　　　他的病　　　正在　　　过来　　　慢慢

3. 这个照相机的　　　写　　　很详细　　　得　　　说明书

4. 所有的　　　离不开　　　阳光　　　都　　　动植物

5. 很流利　　　得　　　说　　　英文　　　那位司机的

6. 关师傅　　　两年　　　住了　　　在这个城市

7. 很顺利　　　得　　　进行　　　昨天的讨论

8. 行李箱　　　好了　　　把　　　丈夫　　　收拾

9. 哭了　　　激动　　　我父亲　　　得

10. 杯子里　　　服务员　　　把　　　放在　　　我的牙刷

34 day 상황 정리의 달인!
− 부사

학습목표

✓1 주요 부사의 종류를 파악하자

✓2 시험에 자주 나오는 부사의 순서를 정확히 암기하자

✓3 부정부사를 꾸며주는 부사를 기억하자

부사는 대표적으로 술어를 꾸며주는 역할을 하는 품사로 시험에 단골로 출제되고 있다. 다양한 부사의 종류를 암기하는 것은 물론 부사와 다른 부사어들 그리고 부사들 간의 위치와 순서를 암기해야 문제를 정확하게 해결할 수 있다.

기초 실력 테스트 TEST

1 다음 문장의 구조를 파악하세요.

❶ 他　已经　跟女朋友　去　中国　了。
주어　　　　　　　동사

❷ 我　永远　不　会　忘记　这件事。
　　　부정부사　　　　　목적어

❸ 我　其实　不　想　跟他　结婚。
　　　　　　조동사　　　동사

2 제시된 단어를 알맞은 위치에 넣으세요.

❶ 他 A 能 B 来 C 帮助 D 我们。 （肯定）

❷ A 我 B 不想喝 C 酒 D 。 （一点儿也）

❸ A 我 B 考虑 C 一下 D 这件事情。 （重新）

4급 기출문제 맛보기

 **맛보기 1**

난이도 上　공략 Key 부사의 순서

| 有点 | 西红柿炒鸡蛋 | 稍微 | 咸 | 晚上的 |

정답&공략

공략

1단계	술어 찾기	咸
2단계	부사+술어	稍微+有点+咸
3단계	的+명사	晚上的+西红柿炒鸡蛋
4단계	주어+술어	晚上的西红柿炒鸡蛋+稍微有点咸

∴ 晚上的西红柿炒鸡蛋稍微有点咸。저녁의 토마토계란볶음 요리가 약간 좀 짰다.

형용사 술어는 목적어를 가질 수 없으므로 '晚上的西红柿炒鸡蛋'을 咸 뒤에 위치시키면 안 된다. 稍微와 有点은 모두 부사이지만 배열할 때는 반드시 稍微가 有点 앞에 위치해야 한다.
예 稍微有点热。약간 좀 덥다. | 稍微有点疼。약간 좀 아프다.

어휘　西红柿炒鸡蛋 xīhóngshì chǎo jīdàn 토마토계란볶음 요리 | ★稍微 shāowēi 🔤 조금 | ★咸 xián 🔤 짜다

 **맛보기 2**

난이도 下　공략 Key 부사 并의 위치

| 没有 | 成熟和年龄 | 太大关系 | 并 |

정답&공략

공략

1단계	술어 찾기	没有
2단계	부사+술어	并+没有
3단계	주어+술어+목적어	成熟和年龄+并没有+太大关系

∴ 成熟和年龄并没有太大关系。성숙과 나이는 결코 큰 관계가 없다.

부사 并은 부정부사 앞에서 부정을 강조하는 역할을 하며 부사 太는 형용사 大를 꾸미는 역할을 하지만 '太大'는 술어로 사용된 것이 아니라 명사 关系를 꾸미는 관형어로 사용되었다.

어휘　★成熟 chéngshú 🔤 성숙하다 | ★年龄 niánlíng 🔤 연령 | 并 bìng 🔤 결코 | 关系 guānxi 🔤 관계

공략 1. 부사의 위치와 종류를 마스터하라

부사는 일반적으로 술어 앞에 놓이며, 다른 부사어들과의 배열에서는 '부사+조동사+개사구'의 순서로 가장 앞에 위치한다. 부사 관련 문제는 대다수 위치를 파악하는 유형이므로, 부사의 종류는 물론 위치까지도 정확하게 암기해야 한다.

1. 기본 구조 : 부사는 술어를 꾸며주는 대표적인 품사로 술어 앞에 위치한다.

> 주어+**부사**+술어

我**也**去。 나도 간다.

> 주어+**부사**+개사구+술어

他**一直**在这儿学习。 그는 줄곧 여기에서 공부한다.
他**已经**给我打电话了。 그는 이미 나에게 전화를 걸었다.

> 주어+**부사**+조동사+개사구+술어

我**一定**要给他打电话。 나는 반드시 그에게 전화를 걸어야 한다.
他**一直**想跟我见面。 그는 계속 나와 만나고 싶어 한다.

2. 부사의 종류

❶ 어기부사 : 긍정, 추측, 강조, 의문 등 글의 각종 어투와 뉘앙스를 결정하는 부사로, 어순 배열 문제에 자주 출제되는 부사 가운데 하나이다.

必须 반드시, 꼭	你**必须**报名参加考试。 너는 반드시 등록해서 시험에 참가해야 한다.
★大约 대략, 얼추	今天的会议**大约**来了30多个人。 오늘 회의에 대략 30여 명이 왔다.
大概 아마, 대충	**大概**80%的学生要去留学。 대략 80%의 학생들이 유학을 가고 싶어 한다.
★到底 도대체	你**到底**同意不同意? 너는 도대체 동의하는 거야 안 하는 거야?
★竟然 뜻밖에도	他**竟然**把这个机会放弃了。 그는 뜻밖에도 이 기회를 포기했다.
究竟 도대체	这**究竟**是怎么回事? 이건 도대체 어떻게 된 것이니?
肯定 꼭, 반드시	这**肯定**是我的责任。 이건 분명히 나의 책임이다.

恐怕 아마도	他最近**恐怕**没有时间休息。 그는 요즘 아마 쉴 시간이 없을 것이다.
★难道 정녕 ～란 말인가?	**难道**他不是中国人吗？ 그가 정말 중국인이 아니라는 거야?
却 오히려	这个消息**却**让大家激动了。 이 소식은 오히려 모두를 감동시켰다.
其实 사실	**其实**他不是坏人。 사실 그는 나쁜 사람이 아니다.
★确实 확실히	他**确实**是我们公司的经理。 그는 확실히 우리 회사의 사장님이다.
甚至 심지어	他**甚至**忘了自己的生日。 그는 심지어 자신의 생일도 잊었다.
也许 아마	这**也许**是爸爸买的。 이는 아마도 아빠가 산 것 같다.
一定 반드시	这样**一定**能成功。 이렇게 하면 분명히 성공할 수 있을 것이다.
原来 알고 보니	**原来**他迷路了。 알고 보니 그는 길을 잃어버렸던 것이다.
只好 부득이	他**只好**去医院了。 그는 할 수 없이 병원에 갔다.
★至少 적어도	你每天**至少**要打一次电话。 너는 매일 적어도 한 번은 전화를 걸어야 한다.

쓰기
제1부분

② 시간부사 : 동작이나 상황의 시간적 상황을 보충한다.

★按时 제때에	飞机能**按时**起飞吗？ 비행기는 정시에 이륙할 수 있나요?
★及时 즉시	你要**及时**写报告。 너는 반드시 즉시 보고서를 작성해야 한다.
随时 수시로	在中国**随时**随地都能看到喝茶的人。 중국에서는 언제 어디서나 차 마시는 사람을 볼 수 있다.
才 비로소	他明天**才**能到。 그는 내일에야 비로소 도착할 수 있다.
就 곧, 바로	他明年**就**能到。 그는 내년에 바로 도착할 수 있다.
常常 자주	以后**常常**来我这儿玩儿吧。 앞으로 자주 나에게 놀러와.
往往 종종	这样的事情以前**往往**发生过。 이런 일은 이전에 종종 발생한 적이 있다.
快 서둘러	你**快**把窗户关上。 빨리 창문을 닫아.
马上 바로	会议**马上**就要开始了。 회의가 곧 바로 시작한다.
曾经 일찍이	他**曾经**学过汉语。 그는 이전에 중국어를 배운 적이 있다.
★已经 이미	他**已经**是老师了。 그는 이미 선생님이 되었다.
★从来 이제껏	他**从来**没说过假话。 그는 이제껏 거짓말을 한 적 없다.
正在 마침 ～중이다	他**正在**看电影(呢)。 그는 영화를 보고 있는 중이다.
正好 마침	**正好**在路上碰见他了。 때마침 길에서 그를 만났다.
★永远 영원히	我们**永远**不会忘记你。 우리는 영원히 너를 잊지 않을 것이다.
早晚 조만간	这个问题**早晚**会解决的。 이 문제는 조만간 해결될 것이다.
★终于 결국	我的梦想**终于**实现了。 나의 꿈이 드디어 실현되었다.

❸ 빈도부사 : 동작이나 상태의 발생 횟수나 빈도수를 나타낸다.

重新 다시	您填错了，请您**重新**填写一下。 잘못 기입하셨습니다. 다시 기입해주세요.
不断 끊임없이	中国经济**不断**发展。 중국 경제는 끊임없이 발전한다.

❹ 범위부사 : 주체자, 대상, 동작 혹은 상황의 발생 범위를 구체적으로 설명한다.

都 모두	他们**都**很积极。 그들은 모두 매우 적극적이다.
全 전부	我把这些事**全**记下来了。 나는 이 일들을 모두 기록해두었다.
一起 함께	他们**一起**去看表演。 그들은 함께 공연을 보러 간다.
只 단지 (＝ 光/仅仅/就/净/单)	这**只**是他一个人的想法。 이것은 단지 그 혼자만의 생각이다. 要参观的人不**仅仅**是他一个人。 견학하겠다는 사람이 단지 그 혼자만은 아니다.

❺ 상태부사 : 동작의 상황이나 상태의 변화를 보충한다.

★突然 갑자기	今天**突然**下雨了。 오늘 갑자기 비가 내렸다.
忽然 갑자기	**忽然**听到了孩子哭的声音。 갑자기 아이의 울음소리를 들었다.
★逐渐 점차, 점점	妹妹**逐渐**适应了当地的生活。 여동생은 점점 그곳의 생활에 적응했다.
渐渐 점차, 점점	他**渐渐**忘记了自己的责任。 그는 점점 자신의 책임을 잊었다.
★仍然 여전히	他**仍然**想着初恋。 그는 여전히 첫사랑을 그리워하고 있다.

❻ 정도부사 : 주로 형용사와 심리 활동 동사 앞에 놓여 정도를 나타낸다.

太 너무/非常 굉장히/ 挺 아주/十分 굉장히	我家孩子**非常**喜欢小猴子。 우리 집 아이는 새끼 원숭이를 굉장히 좋아한다. 这儿的环境**十分**干净。 이곳의 환경은 굉장히 깨끗하다.
最 가장	他的经验**最**丰富。 그의 경험은 굉장히 풍부하다. 我**最**喜欢吃西红柿炒鸡蛋。 나는 토마토계란볶음 요리를 가장 좋아한다.
★最好 가장 좋기로는	他工作时，**最好**不要打扰他。 그가 일할 때는 그를 방해하지 않는 것이 가장 좋다. 感冒时，**最好**多喝水。 감기에 걸렸을 때는 물을 많이 마시는 것이 가장 좋다.
真 진짜	空气**真**干燥。 공기가 정말 건조하다.
尤其 특히	这个时间**尤其**堵车。 이 시간에 유달리 차가 막힌다.
比较 비교적	办签证**比较**麻烦。 비자 발급은 비교적 번거롭다.
★几乎 거의	这个月的工资**几乎**花光了。 이번 달 월급을 거의 다 썼다.
★稍微 조금	今天**稍微**有点热。 오늘 약간 좀 덥다.
有点儿 조금, 약간	他的病**有点儿**严重。 그의 병은 약간 심각하다.

❼ **부정부사** : 주로 동사나 형용사 앞이나 다른 부사 앞뒤에 놓여, 동작이나 상황의 발생을 부정하거나 금지하는 역할을 한다.

不 아니다	我今天开始**不**抽烟了。 나는 오늘부터 담배를 피우지 않을 것이다.
没(有) 않았다	你怎么还**没(有)**做完准备呢？ 너는 어째서 아직 준비를 다 마치지 않은 거야?
别 ~하지 마라	**别**再喝酒了。 더 이상 술을 마시지 마라.
不用 ~할 필요 없다	**不用**问他，他也不知道。 그에게 물어볼 필요 없어, 그도 몰라.

❽ **비교부사** : 비교문에 쓰여 한쪽 비교 대상의 정도가 더욱 심함을 나타낸다.

| 更 더욱 | 这条路**更**窄。 이쪽 길이 더 좁다. |
| 还 더욱 | 这件事比任何事情**还**重要。 이 일이 어떤 일보다 더 중요하다. |

 제시된 단어를 알맞은 위치에 넣으세요.

❶ 我们 A 是 B 朋友。 (不)　　　❷ A 你 B 洗手，然后再吃饭吧。 (先)

정답 ❶ A ❷ B

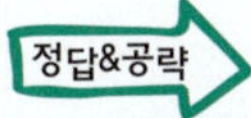

예제

난이도 下　공략 Key 부사 有点儿의 위치

不舒服　　　她觉得　　　有点儿　　　眼睛

정답&공략

공략
1단계 술어 찾기　　　　　　　　　　　　　　　不舒服
2단계 부사+술어　　　　　　　　　　　　有点儿+不舒服
3단계 의미상 호응 구조　　　　　　　眼睛+有点儿不舒服
4단계 주어+술어+목적절　　　她+觉得+眼睛有点儿不舒服

∴ 她觉得眼睛有点儿不舒服。 그녀는 눈이 조금 불편하다고 느낀다.

➡ '她觉得'는 전체 문장의 주어와 술어가 되어 맨 앞에 위치하고 나머지 어휘들은 호응되어 목적절을 이룬다. 有点儿은 정도부사로 不舒服를 꾸며주는데, 舒服는 형용사이므로 목적어를 가질 수 없기 때문에 '有点儿不舒服眼睛'이라고 쓰면 틀린 문장이 된다.

어휘 舒服 shūfu 혱 편안하다 | ★眼睛 yǎnjing 명 눈

공략 2. 시험에 자주 나오는 부사의 순서를 암기하라

두 개의 부사가 한 문장에 동시에 출현하는 경우 약속된 위치가 있으며 시험에도 자주 출제되기 때문에 반드시 암기해야 한다.

1. 부사의 순서

어기부사＋기타 부사

他**也许偶尔**去看电影。그는 아마 가끔 영화를 보러 갈 것이다.
他**确实很**忙。그는 분명 매우 바쁠 것이다.
听那个消息，我**真的很**高兴。그 소식을 들으니, 나는 정말 기쁘다.

시간부사＋상태부사

我们**已经逐渐**失去希望了。우리는 이미 점점 희망을 잃었다.
产品的质量**正在逐渐**提高。상품의 품질이 점점 향상되고 있다.

정도부사(稍微)＋정도부사(有点儿)

今天**稍微有点(儿)**热。오늘은 약간 좀 덥다.
我最近**稍微有点(儿)**忙。나는 최근에 조금 바쁘다.

2. 부정부사 앞에 놓이는 부사

可 절대, 결코	我**可不**知道是怎么回事。나는 정말 어떻게 된 일인지 모르겠다.
★并 결코	我**并不**是这个意思。나는 결코 그런 의미가 아니다.
毫 조금도	他**毫不**介意这件事。그는 이 일을 전혀 개의치 않는다.
从来 이제껏	他**从来不**偷懒。그는 한 번도 게으름을 피운 적이 없다.
一直 줄곧	到中国以后我**一直没**吃过地道的中国菜。 중국에 온 이후 나는 줄곧 진짜 중국 요리를 먹어본 적이 없다.
本来 원래	我**本来不**想请他来我家。나는 원래 그를 우리 집에 초대하고 싶지 않았다.
根本 근본적으로	那个孩子**根本不**懂事。그 아이는 전혀 철이 들지 않았다.

几乎 거의	你说的话我**几乎没**听见。네가 한 말을 나는 전혀 듣지 못했다.
★仍然 여전히	他**仍然不**喜欢跟别人说话。그는 여전히 다른 사람과 말하는 것을 싫어한다.
永远 영원히	我**永远不**可能原谅你。나는 영원히 너를 용서하지 않을 것이다.
简直 너무나	我**简直不**知道该说什么才好。나는 정말 무슨 말을 해야 할지 모르겠다.
万万 절대	咱们俩**万万不**可离开。우리 둘은 절대 떠날 수 없다.
★千万 절대	你**千万不**要忘记过去的失败。너는 절대 과거의 실패를 잊지 마라.
★绝对 절대	我看这**绝对不**是他自己做出来了。내 생각에 이것은 절대 그 혼자서 한 것이 아니다.
★一点儿也 조금도	你怎么**一点儿也不**吃呀？넌 왜 하나도 안 먹니?
★一次也 한 번도	我**一次也没**买过这么贵的名牌包。난 한 번도 이렇게 비싼 명품 가방을 산 적이 없다.
의문대사+也/都 ~도 ~하지 않는다	**什么也不**想吃。아무것도 먹고 싶지 않다. **谁都没**来。아무도 오지 않았다.

바로 체크 Check! 제시된 단어를 알맞은 위치에 넣으세요.

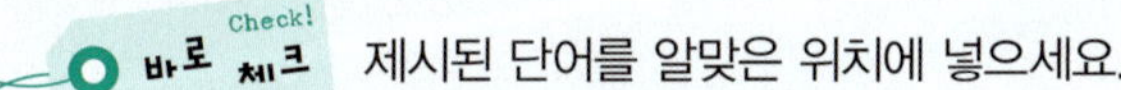

❶ A 这个月的　B 工资　C 有5000　D 多元。　（大约）

❷ A 你　B 不要　C 告诉她　D 这件事情。　（千万）

정답 ❶ C ❷ B

 **예제**

发展　　　亚洲的　　　正在　　　经济　　　逐渐

정답&공략

공략
- 1단계 술어 찾기　　　　　　　　　　　　　　　　　　　发展
- 2단계 부사+술어　　　　　　　　　　　　　　正在逐渐+发展
- 3단계 的+명사　　　　　　　　　　　　　　　亚洲的+经济
- 4단계 주어+술어　　　　　　　　亚洲的经济+正在逐渐发展

∴ 亚洲的经济正在逐渐发展。 아시아의 경제는 점점 발전 중이다.

○ 正在와 逐渐은 모두 부사이지만 시간부사 正在가 상태부사 逐渐보다 앞에 와야 한다.

어휘　亚洲 Yàzhōu 몡 아시아 | 经济 jīngjì 몡 경제 | ★逐渐 zhújiàn 뷔 점차, 점점 | ★发展 fāzhǎn 동 발전하다

> Tip 六大洲 육대주
>
> 亚洲 Yàzhōu 아시아 | 非洲 Fēizhōu 아프리카 | 欧洲 Ōuzhōu 유럽 | 大洋洲 Dàyángzhōu 오세아
> 니아 | 南美洲 Nán Měizhōu 남아메리카 | 北美洲 Běi Měizhōu 북아메리카

 **전공략 비법 플러스**

✓ 항상 '부사+조동사' 순서가 아니다?

일반적인 부사와 조동사의 순서는 '부사+조동사'이다. 하지만 다음과 같은 상황에서는 의미에 따라 부사의 순서가 바뀐다.

你应该常常给他打电话。 너는 반드시 그에게 전화를 자주 해야 한다.
你要按时完成任务。 너는 제때에 임무를 완성해야 한다.
你得先写完报告。 너는 먼저 보고서 작성을 마쳐야 한다.
我们会再见面。 우리는 다시 만날 것이다.

第 1–10 题：完成句子。

1. 准确的顺序　　　一下　　　请　　　排列　　　重新

2. 已经　　　叔叔　　　这里的环境　　　逐渐　　　适应了

3. 所有任务　　　你们　　　按时　　　完成　　　必须

4. 直接　　　拒绝别人的道歉　　　不要　　　最好

5. 让人兴奋的　　　好消息　　　是　　　这果然　　　一个

6. 呢　　　到底　　　这个月　　　开会　　　什么时候

7. 又能　　　终于　　　那台洗衣机　　　工作了　　　正常

8. 这篇报告　　　没有　　　引起　　　并　　　人们的关注

9. 正在　　　经济增长　　　提高　　　速度　　　逐渐

10. 张律师　　　不太　　　适应　　　这里的饮食　　　仍然

+ 정답 및 해설_ 해설집 112쪽

35 day 두 개의 얼굴
—개사

＋정답_ 해설집 175쪽

학습목표

✓ 1 개사의 명칭을 완벽하게 이해하자

✓ 2 개사의 위치를 정확하게 파악하자

✓ 3 쓰기 영역에 자주 출제되는 개사를 암기하자

개사는 전치사라는 이름을 하나 더 가지고 있는 독특한 품사이다. 이름이 두 개인 것은 두 개의 특징을 동시에 가지고 있기 때문이다. 즉 이름을 정확하게 이해하는 것만으로도 개사의 특징을 이해하는데 도움이 된다. 쓰기 영역에 자주 출제되는 개사의 종류와 개사만의 독특한 특징을 파헤쳐보자.

기초 실력 테스트 TEST

1 다음 중 옳은 문장을 고르세요.

❶ A 从中国她来了。　　　　　B 她从中国来了。

❷ A 我应该给他打电话。　　　B 我给他应该打电话。

❸ A 我为你做菜了。　　　　　B 我做菜了为你。

2 다음 문장을 중작하세요.

❶ 서점은 학교에서 매우 가깝다. (离)

____

❷ 이것은 저것보다 비싸다. (比)

____

❸ 나는 중국어에 매우 흥미를 느낀다. (对)

____

4급 기출문제 맛보기

맛보기 1

난이도 下 | 공략 Key 개사 为의 위치

干杯　　　　为　　　　友谊　　　　两国的

정답&공략

공략
- **1단계** 술어 찾기 　　　　　　　　　　　干杯
- **2단계** 的+명사 　　　　　　　　　　　两国的+友谊
- **3단계** 개사+명사 　　　　　　　　　　为+两国的友谊
- **4단계** 개사구+동사 　　　　　　　　为两国的友谊+干杯

∴ 为两国的友谊干杯。 양국의 우정을 위해 건배하자.

개사는 단독으로 위치할 수 없다. 뒤에 명사와 결합해 개사구가 되어 술어 앞에 위치한다.

어휘 两国 liǎngguó 명 양국 | ★友谊 yǒuyì 명 우의, 우정

맛보기 2

난이도 中 | 공략 Key 개사 对와 부사의 위치

熟悉　　　那儿　　　这位出租车的司机　　　非常　　　对

정답&공략

공략
- **1단계** 술어 찾기 　　　　　　　　　　　　　熟悉
- **2단계** 부사+술어 　　　　　　　　　　　　非常+熟悉
- **3단계** 개사+명사 　　　　　　　　　　　　对+那儿
- **4단계** 주어+개사구+술어 　　这位出租车的司机+对那儿+非常熟悉

∴ 这位出租车的司机对那儿非常熟悉。 이 택시 기사는 그곳을 잘 알고 있다.

개사 对는 뒤에 명사와 결합해 개사구가 되어 주어와 술어 사이에 위치한다. 또한 개사 对와 정도부사가 함께 쓰일 경우 정도부사는 술어 앞에 위치한다.

어휘 出租车 chūzūchē 명 택시 | ★司机 sījī 명 운전기사 | ★熟悉 shúxī 형동 익숙하다; 잘 알다

공략 1. 왜 '개사'라고 부르는지 파헤쳐라

이름만 제대로 풀면 그 특징이 다 보이는 품사가 바로 개사이다. 개사의 의미는 물론 시험에 자주 출제되는 개사를 완벽하게 마스터하자.

1. 개사는 주어와 술어 사이에 끼인 말이다.

개사(介词)의 '개(介)'는 중개소(中介所)의 '개(介)'와 같이 '끼이다'라는 의미이다. 즉, 개사는 '끼인 말'이라는 뜻으로 주어와 술어 사이에 위치하는 특징이 있다.

我　在家　看　书。나는 집에서 책을 본다.
주어　개사구　동사　목적어

我　跟朋友　去　中国。나는 친구와 중국에 간다.
주어　개사구　동사　목적어

2. 개사는 앞에 두는 말이다.

개사는 '전치사(前置词)'의 역할이 있다. 전치사는 '앞에 둔 말'이라는 의미로 이름에서도 알 수 있듯이 절대 단독으로 사용하지 않으며 뒤에 반드시 명사나 대사를 이끈다. 이렇듯 '개사＋명사'가 합쳐진 구조를 '전명구' 혹은 '개사구'라고 부른다.

他们　从　美国　来了。그들은 미국에서 왔다.
주어　개사　명사　술어

我　对　汉语　感　兴趣。나는 중국어에 흥미를 느낀다.
주어　개사　명사　동사　목적어

바로 체크 `Check!` 제시된 단어를 알맞은 위치에 넣으세요.

❶ A 他 B 每天 C 看小说 D 。　(在图书馆)

❷ A 我们 B 非常 C 感 D 兴趣。　(对音乐)

정답 ❶ C ❷ B

예제

난이도 中　공략 Key 개사구의 위치

好处　　　对青少年　　　一点儿　　　没有　　　吸烟

정답&공략

공략

1단계	술어 찾기	没有
2단계	개사구+술어	对青少年+没有
3단계	一点儿+명사	一点儿+好处
4단계	주어+부사어+술어+목적어	吸烟+对青少年+没有+一点儿好处

∴ 吸烟对青少年没有一点儿好处。 흡연은 청소년들에게 좋은 점이 조금도 없다.

쓰기
제1부분

◐ '对青少年'은 개사구로 주어와 술어 사이에 위치한다. 一点儿은 수량사로 동사 뒤 명사 앞에 위치하기 때문에 '没有+一点儿+好处'의 순서가 된다.

어휘　★吸烟 xīyān 图 흡연하다 | 青少年 qīngshàonián 명 청소년 | ★好处 hǎochu 명 장점

Tip　一点儿과 一点儿也

① 一点儿 : 수량사로 술어 뒤에서 보어 역할을 하거나 명사 앞에서 명사를 꾸미는 관형어 역할을 한다.

买一点(儿)水果　과일을 조금 사다
看一点(儿)书　책을 조금 보다
有一点(儿)问题　문제가 조금 있다

② 一点(儿)也 : 문장에서 부사 역할을 하며, 부정부사 앞에 놓여 부정의 의미를 강조한다.

一点(儿)也不累　조금도 피곤하지 않다
一点(儿)也不高兴　조금도 기쁘지 않다
一点(儿)也没有喝　조금도 마시지 않았다

공략 2. 시험에 자주 출제되는 개사를 암기하라

개사 관련 문제가 어렵다고 느끼는 것은 일반적으로 무엇이 개사인지 모르기 때문이다. 在, 到, 给와 같은 기본적인 개사 외에 시험에 자주 출제되는 개사를 암기하여 쓰기 시험에 완벽하게 대비하자.

〈 쓰기 영역에 자주 출제되는 개사 〉

- **按(照)** àn(zhào) : ～에 따라(근거)

  按(照) 顺序 排列 数字。순서에 따라 숫자를 배열하세요.
  개사　명사　동사　목적어

- **把** bǎ : ～을(대상)

  我 **把** 这本小说 看 完 了。나는 이 소설을 다 보았다.
  주어 개사　명사　동사 보어 어기조사

- **被** bèi : ～에 의해서(피동을 나타냄)

  自行车 **被** 人 偷 走 了。자전거를 누군가에게 도둑맞았다.
  주어　개사 명사 동사 보어 어기조사

- **比** bǐ : ～보다(비교)

  他 **比** 我 大 三岁。그는 나보다 3살 많다.
  주어 개사 명사 형용사　보어

- **从** cóng : ～로부터, ～때부터(장소, 시간)

  他 **从** 日本 来 了。그는 일본에서 왔다.
  주어 개사　명사　동사 어기조사

- **到** dào : ～로, ～까지(장소, 시간)

  我 **到** 晚上12点 看 电视。나는 저녁 12시까지 텔레비전을 본다.
  주어 개사　명사　　동사　목적어

- **对** duì : ～에게, ～에 대하여(대상)

  我 **对** 亚洲经济 很 感兴趣。나는 아시아 경제에 관심이 있다.
  주어 개사　명사　부사　동사

- **给** gěi : ～에게(대상)

  我 **给** 他 打 电话。나는 그에게 전화를 건다.
  주어 개사 명사 동사 목적어

- **跟** gēn : ～에게, ～와(대상)

  我 **跟** 他 看 足球比赛。나는 그와 축구 경기를 본다.
  주어 개사 명사 동사　목적어

- **根据** gēnjù : ～에 따라(근거)

　根据 这段话，　我们　可以　知道　什么？　이 글을 근거로 우리는 무엇을 알 수 있는가?
　개사　　명사　　주어　조동사　동사　　목적어

- **关于** guānyú : ～에 관하여(대상)

　关于 那个人的事情，　你们　不用　关心。그 사람의 일에 대해 너희들은 관심을 가질 필요가 없다.
　개사　　　명사　　　주어　부사어　술어

- **连** lián : ～조차(범위)

　爸爸　**连**　妈妈的生日　也　忘记　了。아빠는 엄마의 생일조차도 잊었다.
　주어　개사　　명사　　부사　동사　어기조사

쓰기
제1부분

- **替** tì : ～때문에(목적, 원인)

　王先生　**替**　他　着急。왕 선생이 그 때문에 걱정한다.
　주어　개사　명사　동사

- **往** wǎng : ～쪽으로, ～(을) 향해(장소의 방향)

　先　**往**　右　拐。먼저 우회전하세요.
　부사　개사　명사　동사

- **为** wèi : ～을 위하여(목적, 원인)

　我们　应该　**为**　大家　服务。우리는 마땅히 모두를 위해 서비스를 해야 한다.
　주어　조동사　개사　명사　동사

- **向** xiàng : ～을 향하여, ～에게(대상)

　你　应该　**向**　他　道歉。너는 반드시 그에게 사과해야 한다.
　주어　조동사　개사　명사　동사

- **以** yǐ : ～로서, ～을(대상)

　他们　**以**　大小　装箱。그들은 사이즈 별로 박스를 포장한다.
　주어　개사　명사　동사

- **由** yóu : ～로서, ～가(주체)

　这件事　应该　**由**　王大夫　负责。이 일은 마땅히 왕 닥터가 책임을 져야 한다.
　주어　조동사　개사　　명사　　동사

- **在** zài : ～에서, ～때에(장소, 시간)

　他　**在**　电脑公司　工作。그는 컴퓨터 회사에서 일한다.
　주어　개사　　명사　　동사

 **바로 Check! 체크** 빈칸에 들어갈 알맞은 단어를 고르세요.

> ❶ __________一口都没吃。　（连 / 由）
>
> ❷ 他__________中国文化很感兴趣。　（对 / 根据）

정답 ❶ 连　❷ 对

예제

난이도 上　공략 Key 개사구의 위치

> 组成　　　　这篇文章　　　　两个部分　　　　由

정답&공략

공략
1단계	술어 찾기	组成
2단계	개사＋명사	由＋两个部分
3단계	개사구＋술어	由两个部分＋组成
4단계	주어＋부사어＋술어	这篇文章＋由两个部分＋组成

∴ 这篇文章由两个部分组成。 이 글은 두 부분으로 구성된다.

⊙ 개사 由는 반드시 뒤에 명사(구)를 이끌어야 하므로 의미적으로 '两个部分'과 호응된다. 由가 이끄는 개사구 '由两个部分'은 주어와 술어 사이에 위치해야 하므로 '这篇文章＋由两个部分＋组成'의 어순을 갖게 된다.

어휘 篇 piān 양 편(문장이나 글을 세는 단위) | ★文章 wénzhāng 명 글 | ★由 yóu 개 ~로 | 部分 bùfen 명 부분 | 组成 zǔchéng 동 구성하다

Tip 文章과 句子

文章을 독음하면 '문장'이지만 文章은 '글'이라는 의미를 가지고 있으며 일반적으로 양사 篇과 함께 쓰인다. '문장'이라고 할 때는 句子를 사용해야 하며 句子는 일반적으로 양사 个와 함께 쓰인다.

① 文章 wénzhāng 명 글

这篇文章感动了很多读者。 이 글은 많은 독자를 감동시켰다.
这篇文章写得很精彩。 이 글은 굉장히 훌륭하다.

② 句子 jùzi 명 문장

这个句子没有语法错误。 이 문장은 어법적 오류가 없다.
请帮我翻译一下这个句子。 이 문장을 번역해주세요.

新HSK **4급 따기**
실전 테스트

第 1-10 题：完成句子。

1. 附近的森林　　　熟悉　　　警察　　　对　　　非常

2. 专为　　　提供的　　　这些饼干　　　儿童　　　是

3. 按　　　请　　　排列　　　从高到低的顺序　　　考生成绩

4. 这次会议　　　以　　　参加　　　他们　　　代表的身份

5. 笑话　　　一个关于　　　这是　　　记者和农夫的

6. 从左　　　500米　　　到右　　　有　　　大概

7. 在百货商店　　　调查　　　同事们　　　进行了

8. 吗　　　亚洲宾馆　　　远　　　离机场

9. 狮子　　　对　　　孙子　　　感兴趣　　　非常

10. 应该　　　由　　　负责　　　关律师

+ 정답 및 해설_ 해설집 115쪽

시험의 단골손님
– 把자문과 被자문

1 把자문과 被자문의 기본 어순을 파악하자

2 개사의 의미를 이해해 把자문과 被자문의 특징을 이해하자

3 시험에 잘 나오는 把자문과 被자문 문제 유형을 쏙쏙 골라내자

시험에 단골손님으로 출제되는 把자문과 被자문은 대부분의 학습자들이 어려워하지만, 사실 기본 구조만 잘 이해한다면 조금도 어려울 것이 없다. 把와 被가 모두 개사라는 것만 안다면 다른 개사 문제를 해결하는 것처럼 문제를 풀면 된다. 단 把자문과 被자문만이 가지는 몇몇 특징은 따로 암기해야 한다.

기초 실력 테스트 TEST

1 빈칸에 把 혹은 被를 넣으세요.

❶ 我的自行车______他骑走了。

❷ 他______我的自行车骑走了。

❸ 他______窗户关了。

❹ 窗户______他关了。

2 다음 문장을 중작하세요.

❶ 그가 내 빵을 먹었다. (把)

____

❷ 내 책은 그에 의해 가져가졌다. (被)

____

4급 기출문제 맛보기

맛보기 1

난이도 下　공략 Key 把자문의 어순 파악

把　　关了　　你　　厨房里的窗户　　吗

정답&공략

공략
1단계	동사 찾기	关了
2단계	개사(把)+명사	把+厨房里的窗户
3단계	주어+개사구+술어	你+把厨房里的窗户+关了
4단계	문장+어기조사 了	你把厨房里的窗户关了+吗

∴ 你把厨房里的窗户关了吗? 너는 주방의 창문을 닫았니?

● 把는 개사이다. 그렇기 때문에 '개사구(把+명사)' 형태로 주어와 술어 사이에 놓인다. 의문문인 경우에는 문장 맨 마지막에 물음표를 삽입한다.

어휘　厨房 chúfáng 몡 주방 | ★窗户 chuānghu 몡 창문 | ★关 guān 통 닫다

맛보기 2

난이도 上　공략 Key 被자문의 어순 파악

外面的响声　　吵醒　　女孩儿　　被　　了

정답&공략

공략
1단계	동사 찾기	吵醒
2단계	개사(被)+명사	被+外面的响声
3단계	주어+개사구+술어	女孩儿+被外面的响声+吵醒
4단계	문장+어기조사 了	女孩儿被外面的响声吵醒+了

∴ 女孩儿被外面的响声吵醒了。 딸은 바깥 소리에 시끄러워 잠이 깼다.

● 被는 개사이기 때문에 '개사구(被+명사)' 형태로 주어와 술어 사이에 놓인다. 被자문에서 행동을 하는 가해자는 被 뒤의 명사이고, 문장 맨 앞의 주어는 그 동작을 당하는 피해자이다.

어휘　★响声 xiǎngshēng 몡 소리 | ★吵醒 chǎoxǐng 통 시끄러워 잠이 깨다

공략 1. 把자문은 '처치'라는 것을 기억하라

1. 把자문의 기본 어순

把는 '~을'이라는 의미를 가지고 있는 개사로 처지를 나타낸다.

> 주어+把+명사+술어+기타 성분

我把书买了。나는 책을 샀다.
我把饭吃了。나는 밥을 먹었다.

2. 把자문의 기타 성분

❶ 기타 성분이 필요한 이유 : 把자문은 처치를 강조하는 문장 형태이다. 하지만 동사만으로는 처치의
의미가 부족하다. 때문에 동사 다음에 반드시 기타 성분이 처치에 대한 보조 역할을 해야 한다.

我把书看。(X) → 我把书看完了。(O) 나는 책을 다 보았다.
他把衣服洗。(X) → 他把衣服洗干净了。(O) 그는 옷을 깨끗하게 빨았다.

❷ 기타 성분의 형식

- 동사+동태조사 了/着(**주의** 过는 쓸 수 없다)

  他把窗户开着。그는 창문을 열어두었다.
  我把电视关了。나는 텔레비전을 껐다.

- 동사+보어(**주의** 가능보어는 쓸 수 없다)

  他把书拿出来了。그는 책을 꺼내왔다. (방향보어)
  他把碗洗得很干净。그는 그릇을 깨끗하게 씻었다. (정도보어)
  他把菜做好了。그는 요리를 다 만들었다. (결과보어)
  他把会议时间提前了一个小时。그는 회의 시간을 한 시간 앞당겼다. (시량보어)
  他把书看了两遍。그는 책을 두 번 읽었다. (동량보어)

- 동사의 중첩형

  你把这件衣服试试。너는 이 옷을 좀 입어봐라.
  你把书看看。너는 책을 좀 봐라.

- 목적어

  你把那件事告诉我。너는 그 일을 나에게 알려줘라.

你**把**衣服放**这儿**。 너는 옷을 여기에 둬.

3. 부사와 조동사의 위치 : 대부분의 부사와 부정부사 그리고 조동사는 개사인 把 앞에 놓인다.

他**竟然把**电视修好了。 그는 뜻밖에도 텔레비전을 잘 수리했다. (부사)

我**没有把**书带来。 나는 책을 가지고 오지 않았다. (부정부사)

我**想把**你的书借走。 나는 너의 책을 빌려가고 싶다. (조동사)

바로 체크 ^{Check!} 다음 단어를 어순에 맞게 배열하여 완전한 문장을 만드세요.

❶ 医院　　把　　送到　　小狗　　→ _______________________________

❷ 钱包　　出来　　请把　　拿　　→ _______________________________

정답 ❶ 把小狗送到医院。 ❷ 请把钱包拿出来。

쓰기
제1부분

예제 1

난이도 上　공략 Key 把자문의 어순 파악

提　　　　把他们的意见　　　　从来没　　　　他父母　　　　出来

정답&공략

공략

1단계	동사 찾기	提
2단계	동사+기타 성분	提+出来
3단계	주어+개사구+술어	他父母+把他们的意见+提出来
4단계	부사+把	他父母+从来没+把他们的意见提出来

∴ **他父母从来没把他们的意见提出来。** 그의 부모는 이제껏 그들의 의견을 제기한 적이 없다.

○ 이 문제에서 出来는 '~을 해내다'라는 의미로 동사 뒤에 놓여 방향보어로 쓰였다. 把가 개사이므로 부사 从来와 부정부사 没는 반드시 把 앞에 위치한다.

어휘 父母 fùmǔ 몡 부모 | ★意见 yìjiàn 몡 의견 | ★提 tí 동 제기하다

本子上　　　　自己的名字　　　　把　　　　学生　　　　写在

정답&공략

공략

1단계	동사 찾기	写在
2단계	동사+在+장소 명사	写+在+本子上
3단계	把+명사	把+自己的名字
4단계	주어+개사구+술어	学生+把自己的名字+写在本子上

∴ 学生把自己的名字写在本子上。학생은 자신의 이름을 공책에 적는다.

결과보어 在 뒤에는 장소 명사가 와야 한다. 장소 없이는 의미가 불완전하기 때문이다.

예 放在 ∼에 두다 → 放在这儿 여기에 두다 | 放在桌子上 책상 위에 두다
　 坐在 ∼에 앉다 → 坐在椅子上 의자에 앉다 | 坐在沙发上 소파 위에 앉다

어휘 ★本子 běnzi 명 공책

공략 2. 피동문의 주어는 '소극적'이라는 것을 기억하라

1. 被자문의 기본 어순

被는 '∼에게 ∼을 당하다'라는 의미를 가지고 있는 개사로 피동을 나타낸다.

주어(특정인 또는 특정 사물)+被+명사+동사+기타 성분

一个照相机被朋友借走了。(X) → 我的照相机　被　朋友　借　走了。(O) 내 카메라는 친구가 빌려갔다.
　　　　　　　　　　　　　　　　　주어　　　개사　명사　동사 기타 성분

一块面包被弟弟吃光了。(X) → 面包　被　弟弟　吃　光了。(O) 빵은 남동생이 다 먹어버렸다.
　　　　　　　　　　　　　　주어　개사　명사　동사 기타 성분

一套房子被孩子弄脏了。(X) → 房子　被　孩子　弄　脏了。(O) 집은 아이가 어지럽혔다.
　　　　　　　　　　　　　　주어　개사　명사　동사 기타 성분

2. 被자문의 기타 성분 : 일반적으로 동태조사나 각종 보어들이 사용되며, 가능보어와 동사의 중첩형은 사용할 수 없다.

你肯定被人骗得了。(X) → 你肯定被人骗了。(O) 너는 분명 사기를 당한 것이다.

家里的空调被他修修。(X) → 家里的空调被他修好了。(O) 집 안의 에어컨은 그에 의해 잘 수리되었다.

3. 被 뒤의 명사가 생략 가능한 경우

- 바로 알 수 있는 경우 : 我的手机被偷走了。 내 휴대 전화는 도둑맞았다.
- 일반적인 사람인 경우 : 长城被认为是建筑史上的奇迹。 만리장성은 건축사의 기적이라 여겨진다.
- 누군지 모르는 경우 : 门被推开了。 문이 열렸다.

4. 부사와 조동사의 위치 : 부정부사(不, 没, 别)와 조동사 및 부사는 모두 被 앞에 놓인다

酒没被她喝光。 술은 그녀가 다 마신 것이 아니다.
放在这里会被别人偷走。 여기에 두면 누군가 훔쳐갈 것이다.
蛋糕已经被他拿走了。 케이크는 벌써 그가 가져갔다.

쓰기
제1부분

바로 체크 Check! 다음 단어를 어순에 맞게 배열하여 완전한 문장을 만드세요.

❶ 被　了　我的秘密　发现　他　→ ________________________

❷ 拒绝　被　他的要求　了　→ ________________________

정답 ❶ 我的秘密被他发现了。 ❷ 他的要求被拒绝了。

예제 1

난이도 中　공략 Key 被자문의 어순 파악

发现了　　差点儿　　被　　经理　　这件事

정답&공략

공략
- 1단계 동사 찾기 ………………………… 发现了
- 2단계 개사(被)+명사 ……………………… 被+经理
- 3단계 주어+개사구+술어 ………………… 这件事+被经理+发现了
- 4단계 부사+被 …………………………… 这件事+差点儿+被经理发现了

∴ **这件事差点儿被经理发现了。** 이 일은 하마터면 사장님에게 발각될 뻔했다.

○ 被는 개사이기 때문에 부사인 差点儿은 被 앞에 온다. 被자문은 被 뒤의 명사가 그 동작을 하는 가해자임을 반드시 기억해야 한다. 만일 가해자와 피해자를 잘못 혼동하면 전혀 다른 의미의 문장이 될 수 있다.
　예 经理差点儿被这件事发现了。(X)

어휘 ★差点儿 chàdiǎnr 〔부〕 하마터면, 가까스로

예제 2

난이도 中　**공략 Key** 被자문의 어순 파악

| 美丽风景 | 被 | 他们 | 这里的 | 迷住了 |

공략

1단계	동사 찾기	迷住了
2단계	的+명사	这里的+美丽风景
3단계	개사(被)+명사	被+这里的美丽风景
4단계	주어+개사구+술어	他们+被这里的美丽风景+迷住了

∴ **他们被这里的美丽风景迷住了。** 그들은 이곳의 아름다운 풍경에 깊이 빠져들었다.

➡ '这里的'는 명사를 꾸미는 관형어이므로 '美丽风景' 앞에 위치한다. 동사 住는 迷 뒤에서 결과보어로 쓰여 '안정, 고정'의 의미를 보충한다. 그러므로 '迷住了'는 '완전히 빠지다, 깊이 빠지다' 등으로 해석된다.

어휘　美丽 měilì 혱 아름답다 | ★风景 fēngjǐng 몡 풍경 | ★迷 mí 동 빠지다, 심취하다

第 1–10 题：完成句子。

1. 那个机会　　　竟然　　　校长　　　把　　　放弃了

2. 坏了　　　衬衫　　　被　　　昨天刚买的　　　洗

3. 请把　　　塑料袋　　　苹果皮　　　扔到　　　里

4. 刘校长　　　翻译好了　　　被　　　那份申请书　　　肯定

5. 请　　　申请表　　　复印　　　把　　　一份　　　这张

6. 偷走了　　　孩子的香蕉　　　被　　　小猴子　　　忽然

7. 出去了　　　那些资料　　　张律师　　　不得不　　　把　　　寄

8. 使用　　　停止　　　了　　　被　　　我的信用卡

9. 厨房　　　把　　　干净了　　　张阿姨　　　收拾

10. 容易　　　被人　　　这样做　　　发现

37 day 이보다 더 쉬울 수 없다!

—비교문과 겸어문

+ **정답**_ 해설집 175쪽

학습목표

✓1 비교문과 겸어문의 기본 구조를 낱낱이 파헤치자

✓2 시험에 자주 출제되는 비교문 유형을 마스터하자

✓3 겸어문에 쓰이는 동사와 특징을 이해하자

비교문과 겸어문 관련 문제는 시험에 자주 출제되지는 않지만, 여전히 중요한 문장 구조 가운데 하나이다. 쓰기 제1부분뿐만 아니라 쓰기 제2부분에서도 유용하게 사용될 수 있는 구조이므로 위치와 구조를 정확하게 암기하는 것이 중요하다.

기초 실력 테스트 TEST

1 다음 중 옳은 문장을 고르세요.

❶ A 这种游戏能使学生浪费时间。

B 学生能使这种游戏浪费时间。

❷ A 你的话让他能高兴。

B 你的话能让他高兴。

❸ A 他不让我看自己的书。

B 他让我不看自己的书。

2 제시된 단어를 알맞은 위치에 넣으세요.

❶ A 我今天 B 你看电影吧。　(请)

❷ 男朋友 A 让我 B 穿迷你裙。　(不)

❸ 我 A 让他 B 进来。　(想)

4급 기출문제 맛보기

 ## 맛보기 1

난이도 上　공략 Key 비교문의 구조 파악

三分之二　　　比前年　　　参加的人数　　　增长了

정답&공략

공략

1단계	A+比+B	参加的人数+比前年
2단계	A+比+B+술어	参加的人数比前年+增长了
3단계	A+比+B+술어+구체적 수치	参加的人数比前年增长了+三分之二

∴ 参加的人数比前年增长了三分之二。 참가자 수가 재작년에 비해 3분의 2 증가했다.

➡ 비교문의 술어 뒤에 구체적 수치를 위치시키면 비교의 의미를 더욱 구체화시킬 수 있다. 한국어 어순대로 '三分之二增长了'라고 하지 않도록 주의해야 한다.

어휘　★参加 cānjiā 통 참가하다 | 人数 rénshù 명 사람 수 | 前年 qiánnián 명 재작년 | ★增长 zēngzhǎng 통 증가하다 | 三分之二 sān fēn zhī èr 3분의 2

 ## 맛보기 2

난이도 中　공략 Key 겸어문의 구조 파악

王教授　　　很感动　　　让　　　记者的话

정답&공략

공략

| 1단계 | 让+겸어+술어 | 让+王教授+很感动 |
| 2단계 | 주어+让+겸어+술어 | 记者的话+让+王教授+很感动 |

∴ 记者的话让王教授很感动。 기자의 말은 왕 교수를 감동시켰다.

➡ 겸어문은 '주어가 겸어로 하여금 ~하게 하다'라는 사역의 의미를 가지고 있다. 만일 주어와 겸어의 위치를 바꾸어 '王教授让记者的话很感动'이라고 한다면 '왕 교수는 기자의 말을 감동시켰다'라는 의미가 되므로 주의해야 한다.

어휘　记者 jìzhě 명 기자 | 教授 jiàoshòu 명 교수 | ★感动 gǎndòng 통 감동하다

공략 1. 비교문의 다양한 구조를 이해하라

1. 비교문의 기본 어순

A+**比**+B+술어 : A는 B보다 ~하다(A 〉 B)

这本书**比**那本有意思。 이 책이 저 책보다 재미있다.
她**比**我说得流利。 그녀가 나보다 유창하게 말한다.

A+**没有**+B(+这么 / 那么)+술어 : A는 B만큼 ~하지 못하다(A 〈 B)

这本书**没有**那本(那么)有意思。 이 책이 저 책만큼 (그렇게) 재미있지 않다.
她**没有**我说得(这么)流利。 그녀는 나만큼 (이렇게) 유창하지 않다.

A+**不如**+B(+술어) : A는 B만큼 ~하지 못하다(A 〈 B)

这本书**不如**那本(有意思)。 이 책이 저 책만큼 재미있지 않다.
她**不如**我(说得流利)。 그녀는 나만큼 유창하지 않다.

A+**不比**+B+술어(+多少) : A가 B보다 ~인 것은 아니다(같지 않다)(A ≒ B)

这本书**不比**那本有意思(多少)。 이 책이 저 책보다 재미있는 것은 아니다.
她**不比**我说得流利(多少)。 그녀가 나보다 유창한 것은 아니다.

A+**跟**+B(+**不**)**一样**(+술어) : A와 B는 같다(같지 않다)(A = B)

这本书**跟**那本**一样**(有意思)。 이 책은 저 책처럼 재미있다.
她**跟**我**不一样**(说得流利)。 그녀는 나처럼 유창하지 않다.

A+**有**+B(+这么 / 那么)+술어? : A는 B만큼 ~합니까?(의문)

这本书**有**那本(那么)有意思吗? 이 책이 저 책만큼 재미있나요?
她**有**我说得(这么)流利吗? 그녀가 나처럼 유창한가요?

2. 부사의 위치 : 비교부사 更, 还는 술어 앞에 위치한다.

> A+**比**+B+**비교부사**+술어

这本书**比**那本**还**有意思。 이 책이 저 책보다 더 재미있다.
她**比**我说得**更**流利。 그녀가 나보다 훨씬 더 유창하게 말한다.

3. 비교문의 기타 성분 : 술어 뒤에 기타 성분을 위치시켜 비교의 차이를 구체화시킬 수 있다.

> A+**比**+B+술어+**一点儿/一些**

他**比**我高**一点儿**。 그가 나보다 약간 크다.
他**比**我多买了**一些**。 그가 나보다 조금 더 샀다.

> A+**比**+B+술어+**得多/多了**

他**比**我高**多了**。 그가 나보다 훨씬 더 크다.
他**比**我买**得多**。 그가 나보다 훨씬 더 많이 샀다.

> A+**比**+B+술어+**구체적 수치**

他**比**我高**10公分**。 그가 나보다 10cm 더 크다.
他**比**我多买了**10个**。 그가 나보다 10개 더 샀다.

4. 부사와 조동사의 위치 : 비교부사 更, 还와 비교의 의미가 있는 조동사 要 등을 제외한 나머지 부사와 조동사는 개사 比 앞에 위치한다.

> A+**부사/조동사**+**比**+B+술어

这本书**不会比**那本有意思。 이 책이 저 책보다 재미있을리 없다.
她**肯定比**我说得流利。 그녀는 분명 나보다 유창하다.

바로 체크 빈칸에 들어갈 알맞은 단어를 고르세요.

> ❶ 他比我高＿＿＿＿＿＿。 (一点儿 / 多少)
>
> ❷ 今天比昨天＿＿＿＿热。 (挺 / 还)

정답 ❶ 一点儿 **❷** 还

쓰기
제1부분

 **예제**

好　　　跑步　　　效果　　　比走路

정답&공략

공략
　1단계 A+比+B
　2단계 A+比+B+술어

跑步+比走路
跑步比走路+效果+好

∴ **跑步比走路效果好**。 달리는 것이 걷는 것보다 효과가 좋다.

○ 비교문의 기본 어순을 묻는 문제이다. '跑步+比走路'는 두 가지 대상을 비교하는 문장으로 앞부분에 위치한다. '好+效果'는 '좋은 효과'라는 의미의 명사가 되므로 '效果+好'의 순서로 주술 술어를 완성해야 한다.

어휘 ★跑步 pǎobù 통 달리다 | 走路 zǒulù 통 걷다 | ★效果 xiàoguǒ 명 효과

공략 2. 겸어문의 고정틀을 머릿속에 그려라

겸어문은 사역문이라고도 하는데 이렇게 이름이 두 개인 것은 두 개의 특징이 있기 때문이다. 우선 겸어(兼语)라는 말은 목적어와 주어를 동시에 겸(兼)하는 명사가 있는 문장 구조를 의미하고, 사역(使役)은 상대에게 무엇인가를 시킨다는 의미이다.

1. 겸어문의 기본 어순

주어+동사 1+**겸어**(목적어 겸 주어)+동사 2(+목적어)

妈妈让**我**学习汉语。 엄마가 나에게 중국어 공부를 하게 한다.
老师叫**学生**查词典。 선생님이 학생에게 사전을 찾아보게 한다.

2. 부사와 조동사의 위치 : 부정부사와 조동사는 첫 번째 동사 앞에 놓이고, 일반부사는 대체로 첫 번째 동사 앞에 놓인다.

她**不让**我进来。 그녀가 나를 들어오지 못하게 한다.
他**没请**我吃过饭。 그는 나에게 식사를 청한 적이 없다.
你**能让**我出去吗? 당신은 나를 나가게 해줄 수 있나요?
我**想请**你喝杯酒。 나는 너에게 술 한잔 사고 싶다.
她**竟然让**我用她的东西。 그녀가 뜻밖에도 나에게 그녀의 물건을 쓰도록 했다.
她的话**却让**大家吃惊。 그녀의 말이 오히려 모두를 놀라게 했다.

주의 부사는 두 번째 동사 앞에도 놓일 수 있다. 하지만 이럴 경우 의미가 달라진다.

老师**常常让**我们读书。
선생님께서는 자주 우리에게 독서를 하라고 시키신다. (→ 선생님이 자주 시키신다는 의미)
老师**让**我们**常常**读书。
선생님께서는 우리에게 독서를 자주 해야 한다고 시키신다. (→ 우리에게 자주 독서를 하라고 시키신다는 의미)

주의 두 번째 동사가 감정동사이거나 형용사인 경우, 정도부사는 두 번째 동사 앞에 위치한다.

这个消息非常让律师激动。(X) → 这个消息让律师**非常激动**。(O)
　　　　　　　　　　　　　　　이 소식은 변호사를 굉장히 감격시켰다.
他的话很使我难过。(X) → 他的话使我**很难过**。(O)　그의 말은 나를 괴롭게 만든다.

3. 동사 1의 특징

❶ **让/叫** : 명령, 지시, 희망, 인정 등의 의미가 있으며 '~로 하여금 ~하게 시키다'라고 해석된다.
老师**让**我再读一遍。선생님이 나에게 다시 한 번 읽게 했다.
妈妈**叫**他早点回家来。엄마는 그에게 일찍 집에 돌아오라고 한다.

❷ **请** : 부탁, 요구, 초청의 의미가 있으며 '~에게 ~를 청하다'라고 해석된다.
明天我**请**你吃饭。내일 내가 너에게 식사를 대접할게.

❸ **使** : 심리 상태의 변화 등을 나타내며 명령이나 요구에는 쓰지 못한다. '~를 ~하게 하다'라고 해석된다.
这件事**使**他非常难过。이 일은 그를 굉장히 괴롭게 한다.

❹ **令** : 심리의 상태 변화나 명령 등의 의미가 있으며 '~를 ~하게 하다'라고 해석된다.
这个消息**令**人生气。이 소식은 사람을 화나게 만든다.

❺ **有** : 두 번째 동사의 상태나 동작을 설명하며, 두 번째 술어부터 해석하는 것이 자연스럽다.
我**有**一个朋友很好看。나는 아주 예쁜 친구가 하나 있다.

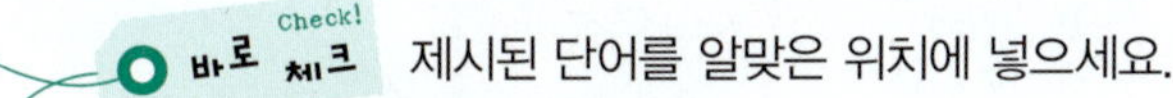

바로 체크 Check! 제시된 단어를 알맞은 위치에 넣으세요.

---

❶ A 妈妈 B 让 C 我 D 刷卡。 (不)

❷ 他 A 请 B 我看 C 一部 D 电影。 (想)

정답 ❶ B ❷ A

使　　　很吃惊　　　这个消息　　　她

정답&공략

공략
- **1단계** 使+겸어+술어 　　　　　　　　　　　使+她+很吃惊
- **2단계** 주어+使+겸어+술어 　　　　这个消息+使+她+很吃惊

∴ 这个消息使她很吃惊。 이 소식은 그녀를 깜짝 놀라게 했다.

🔵 겸어문은 '주어가 겸어로 하여금 ~하게 하다'라는 의미를 가지고 있다. 만일 주어와 겸어의 위치를 바꾸어 '她使这个消息很吃惊'이라고 한다면 '그녀는 이 소식을 깜짝 놀라게 했다'라는 의미가 되므로 주의해야 한다.

어휘 ★消息 xiāoxi 몡 소식 | 使 shǐ 동 (~에게) ~하게 하다 | ★吃惊 chījīng 동 놀라다

Tip 겸어문에 자주 쓰이는 심리동사와 형용사

- 高兴 gāoxìng 형 기쁘다 : 他的礼物使她很高兴。 그의 선물이 그녀를 기쁘게 한다.
- 难过 nánguò 형 괴롭다 : 这件事使她很难过。 이 일은 그녀를 괴롭게 만든다.
- 激动 jīdòng 형 감격하다 : 比赛结果让他们很激动。 경기 결과는 그들 모두를 감격하게 한다.
- 紧张 jǐnzhāng 형 긴장하다 : 今天的考试使我很紧张。 오늘 시험은 나를 긴장시킨다.
- 满意 mǎnyì 형 만족하다 : 他的服务态度让大家很满意。 그의 서비스 태도는 모두를 만족시킨다.
- 吃惊 chījīng 동 놀라다 : 这个消息使他们很吃惊。 이 소식은 그들을 매우 놀라게 한다.
- 生气 shēngqì 동 화내다 : 考试成绩让爸爸很生气。 시험 성적이 아빠를 매우 화나게 한다.

第 1-10 题：完成句子。

1. 火车　　　快　　　比公交车　　　速度

2. 买盐　　　去超市　　　让我　　　张阿姨

3. 没有我们制造的　　　质量优秀　　　他们的产品　　　并

4. 爷爷　　　一直不　　　大夫　　　让　　　吸烟

5. 我们想象的　　　那个问题　　　没有　　　严重

6. 刷卡　　　我　　　不让　　　买东西　　　我父母

7. 不比他　　　成绩　　　高　　　多少　　　我这个学期

8. 请米小姐　　　吃顿便饭　　　想　　　我

9. 很新鲜　　　跟　　　今天的鱼　　　上次　　　一样

10. 激动　　　肯定能　　　孩子　　　使　　　这件事

✦ **정답 및 해설**_ 해설집 123쪽

38 day 내 몸에 가까운 명사

+정답_ 해설집 175쪽

학습목표

1 생활과 밀접한 명사를 암기하자
2 장소별 대표 명사를 마스터하자
3 동사와 생김새가 비슷한 명사를 구별하는 방법을 터득하자

주어, 목적어, 관형어 등 역할이 다양한 품사인 명사는 쓰기 제2부분에 단골로 출제되고 있다. 특히나 문장의 기본 성분인 주어와 목적어로 모두 사용할 수 있으므로, 사람이나 사물은 물론 다양한 명사를 암기하고 있으면 쓰기 영역에 많은 도움이 된다.

기초 실력 테스트 TEST

1 다음 그림을 보고 빈칸에 들어갈 알맞은 단어를 고르세요.

| 보기 | 凉快　　　　椅子　　　　电脑 |

❶ 他坐在__________上。

❷ 他在玩儿__________。

❸ 今天天气很__________。

2 다음 그림을 보고 알맞은 답을 고르세요.

❶ 他是我的(阿姨 / 叔叔)。

❷ 他在(房间 / 厨房)里。

❸ 他在修理(电脑 / 电视)。

4급 기출문제 맛보기

맛보기 1

난이도 上　공략 Key 명사와 동사 구분

区别

모범 답안

1. 这两个手机没有什么区别。
   이 두 대의 휴대 전화는 어떠한 차이도 없다.

2. 这两个手机肯定有区别。
   이 두 대의 휴대 전화는 분명 차이가 있다.

3. 这两个手机有什么区别?
   이 두 대의 휴대 전화는 무슨 차이가 있나요?

4. 我不知道这两个手机有什么区别。
   나는 이 두 대의 휴대 전화에 무슨 차이가 있는지 모르겠다.

5. 告诉我这两个手机有什么区别。
   나에게 이 두 대의 휴대 전화에 무슨 차이가 있는지 알려줘.

공략　◇ 1번 문장 : 什么는 의문문을 완성하는 것 외에 명사 앞에 놓여 '어떤, 무슨'이라는 의미로 쓰여 명사를 꾸미는 관형어 역할을 하기도 한다.

◇ 2번 문장 : 부사 肯定은 동사 앞에 놓여 의미를 강조한다.

◇ 3번 문장 : 의문문을 쓸 경우 반드시 문장 끝에 물음표(问号[?])를 넣어야 한다.

◇ 4번 문장 : 동사 知道는 명사 외에 동사구나 절을 목적절로 취할 수 있으며, '~하는 것을 안다'라고 해석된다.

◇ 5번 문장 : 告诉는 목적어를 두 개 가질 수 있는 쌍빈동사로 '~에게 ~을 알리다'라는 뜻을 나타낸다. 그러므로 '给我告诉这两个手机有什么区别'라고 하면 틀린 문장이 된다.

어휘　★区别 qūbié 몡 차이, 다른 점 | 手机 shǒujī 몡 휴대 전화 | ★肯定 kěndìng 뷔 분명히 | 告诉 gàosu 통 알리다

맛보기 2

난이도 下　공략 Key 생활과 밀접한 명사

个子

모범 답안

1. 哥哥(的)个子比我更高。
   형의 키가 나보다 훨씬 더 크다.

2. 弟弟(的)个子很矮。
   동생의 키는 매우 작다.

3. 虽然年龄一样大，但是他们(的)个子差得很多。
   비록 나이는 같지만, 그들의 키는 차이가 크다.

4. 他很羡慕个子高的朋友。
   그는 키가 큰 친구를 부러워한다.

5. 他(的)个子在班里最高。
   그의 키는 반에서 가장 크다.

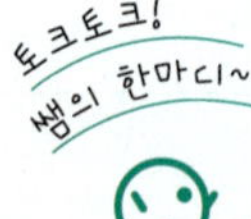

중국어로 작문을 하다 보면 자신도 모르게 한국어 어순으로 문장을 완성하는 실수를
범하게 됩니다. 특히나 기본 문장에 살을 붙이게 되는 경우는 더더욱 그렇지요. 예를
들어 '이건 내가 어제 산 책이야.'라는 문장을 만들어볼까요?
'这我昨天买的书.'어떤가요, 여러분? 그럴듯하지만 사실 이것은 동사가 빠진 문장
이에요. 동사 买가 있으니 맞지 않냐고요? 이 문장에서 买는 명사 书를 꾸미는 역
할을 하는 관형어지 술어는 아니랍니다. 올바른 문장이 되려면 '这是我昨天买的
书.'처럼 동사 是가 있어야 합니다.
실수를 하지 않는 가장 좋은 방법은 '주어+술어+목적어'를 정확하게 찾고 그다음 살을
붙이는 것이랍니다. 간단하지만 작문할 때 유용하게 활용되니 꼭 기억해두세요.

4급 **쓰기 공략** 하기

공략 1. 생활 속 밀접한 명사를 암기하라

쓰기 제2부분은 그림을 보고 작문하는 유형으로 눈에 잘 보이지 않는 추상명사가 출제되기보다는 눈으로 볼 수 있는 사물들이 시험에 자주 출제된다. 특히 우리의 생활과 밀접한 관련이 있는 기본적인 단어들이 제시된다.

예

1단계 그림 파악하기

그녀는 잡지를 본다. → 她看杂志。

2단계 활용 표현

그녀의 재미있는 한 권의 잡지
→ 她(的)那一本很有意思的杂志
그녀가 가장 좋아하는 그 한 권의 잡지
→ 那一本她最喜欢的杂志
오늘 새로 산 이 한 권의 잡지
→ 这一本今天新买的杂志

3단계 문장 완성하기

① 그녀는 누워서 한 권의 잡지를 본다. → 她躺着看一本杂志。

> **분석** 두 동사 사이에 동태조사 着가 위치하면 동작의 동시 발생을 의미한다.

② 그녀는 소파에 누워서 자기가 가장 좋아하는 잡지를 본다.
→ 她在沙发上躺着看自己最喜欢的杂志。/ 她躺在沙发上看自己最喜欢的杂志。

> **분석** 개사 在는 장소를 이끌기 때문에 '소파에 눕다'라고 할 때는 반드시 沙发 뒤에 방위사 上을 써야 한다.

③ 그녀는 누워서 오늘 새로 산 잡지를 본다. → 她躺着看今天新买的杂志。

> **분석** 1음절 형용사가 동사를 수식할 때는 구조조사를 쓰지 않고 바로 동사 앞에 위치한다. 때문에 '새로 산 잡지'는 '新地买的杂志'가 아닌 '新买的杂志'가 된다.

〈 생활 속 밀접한 명사의 활용 〉

杯子 bēizi 컵	他在帮妈妈洗杯子。 그는 엄마를 도와 컵을 씻고 있다.
桌子 zhuōzi 탁자	桌子上放着一朵花。 테이블 위에 꽃 한 송이가 놓여 있다.

★椅子 yǐzi 의자	这是专为老人提供的椅子。이것은 노인을 위해 제공된 의자입니다.
灯 dēng 전등	办公室里的灯怎么开着呢？ 사무실의 등이 왜 켜져 있지?
冰箱 bīngxiāng 냉장고	冰箱里有两瓶水。냉장고 안에 물 두 병이 있다.
★洗衣机 xǐyījī 세탁기	妈妈用洗衣机洗衣服。엄마는 세탁기로 빨래를 한다.
★空调 kōngtiáo 에어컨	热死了，快开空调吧。더워 죽겠네. 빨리 에어컨 좀 켜봐.
★袜子 wàzi 양말	一只袜子破了。양말 한 짝이 찢어졌다.
毛衣 máoyī 스웨터	他穿着一件红的毛衣。그는 빨간 스웨터를 입고 있다.
大衣 dàyī 외투	她新买的大衣很好看。그녀가 새로 산 외투는 예쁘다.
衬衫 chènshān 와이셔츠	你的衬衫太脏了，快去洗洗吧。네 셔츠가 너무 더러우니, 빨리 가서 빨아라.
裤子 kùzi 바지	这条裤子有点紧，有没有大一号的？ 이 바지는 약간 작은데, 한 사이즈 더 큰 것 있나요?
裙子 qúnzi 치마	这条裙子很适合你的身材。이 치마는 네 몸에 잘 어울린다.
手套 shǒutào 장갑	他把一只手套弄丢了。그는 장갑 한 짝을 잃어버렸다.
★毛巾 máojīn 수건	他不喜欢用宾馆里的毛巾。그는 호텔의 수건을 쓰는 걸 싫어한다.
牙膏 yágāo 치약	家里没有牙膏了。집에 치약이 다 떨어졌다.
牙刷 yáshuā 칫솔	他连牙刷都没有带。그는 칫솔도 가지고 오지 않았다.
香皂 xiāngzào 세숫비누	你要去超市吗？ 那么顺便买一块香皂。 너 슈퍼마켓에 가니? 그럼 가는 김에 세숫비누 하나 사와.
★杂志 zázhì 잡지	她在床上躺着看杂志。그녀는 침대에 누워서 잡지를 본다.
笔记本 bǐjìběn 수첩, 노트	他在笔记本上写电话号码。그는 수첩에 전화번호를 적는다.
★盒子 hézi 상자	盒子里有巧克力。상자 안에 초콜릿이 있다.
雨伞 yǔsǎn 우산	出去时别忘了带雨伞。나갈 때 우산 챙기는 것을 잊지 마라.

圆珠笔 yuánzhūbǐ 볼펜	我可以借用你的圆珠笔吗？ 네 볼펜 좀 써도 되겠니?
传真 chuánzhēn 팩스	他在收传真。 그는 팩스를 받고 있다.
★复印机 fùyìnjī 복사기	办公室里的复印机坏了。 사무실의 복사기가 고장 났다.
★打印机 dǎyìnjī 프린터	用这个打印机打印两份吧。 이 프린터로 2부 출력해라.
电梯 diàntī 엘리베이터	你坐电梯上去吧。 너는 엘리베이터를 타고 가라.
照相机 zhàoxiàngjī 사진기	这个照相机既便宜，质量又好。 이 사진기는 저렴하고 품질도 좋다.

 바로 Check! 체크 **다음 단어의 의미를 쓰세요.**

❶ 盒子 ____________ ❷ 牙刷 ____________ ❸ 裙子 ____________

❹ 电梯 ____________ ❺ 冰箱 ____________ ❻ 毛衣 ____________

정답 ❶ 상자 ❷ 칫솔 ❸ 치마 ❹ 엘리베이터 ❺ 냉장고 ❻ 스웨터

예제

난이도 中　공략 Key 생활과 밀접한 명사

冰箱

1단계 기본 문장　그녀가 냉장고 문을 연다. → 她打开冰箱。

2단계 활용 표현　1. 냉장고 문을 연다 → 打开冰箱

2. 냉장고를 닦는다 → 擦冰箱

3. 냉장고에 넣어둔다 → 放在冰箱里

3단계 문장 완성하기　1. 그녀는 냉장고 문을 열어 먹을 것을 찾는다.

→ 她打开冰箱找吃的东西。

2. 엄마는 냉장고를 깨끗하게 닦았다.

→ 妈妈擦冰箱擦得很干净。

3. 냉장고에 넣어둔 케이크가 사라졌다.

→ 放在冰箱里的蛋糕不见了。

공략　여자가 냉장고 문을 열고 있는 사진이므로 냉장고 문을 열어 음식을 찾거나 냉장고 청소를 하거나 혹은 냉장고가 비어 있는 상황을 떠올릴 수 있다. 냉장고를 깨끗하게 닦는다고 할 경우 洗가 아닌 擦를 써야 한다는 점을 기억하자.

어휘　★冰箱 bīngxiāng 명 냉장고 | 打开 dǎkāi 동 열다 | ★擦 cā 동 닦다 | ★蛋糕 dàngāo 명 케이크

> **Tip** 擦와 洗
>
> 동사 擦와 洗는 쓰기 영역에서 가장 많이 혼동하는 동사 가운데 하나이다.
>
> ① 擦 : 걸레나 수건 등을 가지고 물기나 때, 얼룩 등을 닦을 때 사용한다.
>
>   擦桌子 테이블을 닦다 | 擦地 바닥을 닦다 | 擦窗户 창문을 닦다
>
> ② 洗 : 물과 직접적으로 닿아 씻는 경우에 사용하며 '설거지하다, 빨래하다, 머리 감다' 등으로 활용된다.
>
>   洗衣服 빨래하다 | 洗碗 설거지하다 | 洗头发 머리를 감다

공략 2. 장소별 대표 명사를 암기하라

'공항' 하면 자연스럽게 '비행기, 여권, 스튜어디스' 등 공항과 연관된 대상이 떠오르게 된다. 이렇게 연상된 명사를 활용하여 '스튜어디스는 나에게 여권을 보여달라고 한다', '나는 여권을 가지고 오지 않아서 비행기를 탈 수 없다' 등의 문장을 완성할 수 있다. 이처럼 각각의 장소에는 그 장소를 대표하는 대상들이 있기 마련이고, 이러한 명사를 암기한다면 자연히 쓰기 제2부분에 큰 도움이 된다.

예

服务员

1단계 그림 파악하기

종업원이 친절하다. → **服务员**很热情。

2단계 활용 표현

식당 종업원 → 饭馆的**服务员**

매우 친절한 종업원 → 很热情的**服务员**

예의 바른 종업원 → 很有礼貌的**服务员**

3단계 문장 완성하기

① 이 식당의 종업원은 굉장히 친절하다. → 这家饭馆的**服务员**很热情。

　분석　热情은 '열정'이라는 명사의 의미 외에 '친절하다'라는 형용사로 많이 활용된다.

② 이 종업원의 서비스 태도는 굉장히 좋다. → 这个**服务员**的服务态度非常好。

　분석　술어는 형용사 好이다. 형용사 술어문은 형용사 앞에 반드시 很, 非常, 太 등과 같은 부사가 온다.

③ 모든 손님들은 이 예의 바른 종업원을 좋아한다. → 所有的客人都喜欢这个很有礼貌的**服务员**。

　분석　所有는 '모든'이라는 의미의 형용사로 명사 앞에 위치한다.

〈 장소별 대표 명사의 활용 〉

银行 yínháng 은행	银行卡 yínháng kǎ 현금 카드 ｜ ★密码 mìmǎ 비밀번호 他忘了**银行卡**的**密码**。 그는 은행 카드의 비밀번호를 잊어버렸다. 他给家打电话问**密码**。 그는 집에 전화를 걸어 비밀번호를 묻는다.
机场 jīchǎng 공항	★航班 hángbān 정기편 ｜ ★护照 hùzhào 여권 ｜ 空姐 kōngjiě 스튜어디스 ｜ 机票 jīpiào 항공권 **空姐**告诉我们今天的**航班**都取消了。 스튜어디스는 우리에게 오늘 정기편이 모두 취소됐다고 알려주었다. 他把**护照**和**机票**都丢了。 그는 여권과 항공권을 모두 잃어버렸다.
饭馆 fànguǎn 식당	服务员 fúwùyuán 종업원 ｜ ★菜单 càidān 메뉴 **服务员**的态度很热情。 종업원의 태도가 매우 친절하다. 他看着**菜单**点菜。 그는 메뉴를 보며 주문한다.
医院 yīyuàn 병원	医生 yīshēng 의사 ｜ 大夫 dàfu 의사 ｜ ★护士 hùshi 간호사 ｜ 药 yào 약 **医生**给病人开**药**。 의사는 환자에게 약을 처방한다. 那个**护士**很细心地照顾病人。 그 간호사는 매우 세심하게 환자를 돌본다.
家庭 jiātíng 가정	★沙发 shāfā 소파 ｜ ★镜子 jìngzi 거울 ｜ ★窗户 chuānghu 창문 ｜ 钥匙 yàoshi 열쇠 她坐在**沙发**上照着镜子打扮自己。 그녀는 소파에 앉아 거울을 보며 치장한다. 他没有带**钥匙**。 그는 열쇠를 챙기지 않았다.
超市 chāoshì 슈퍼마켓	塑料袋 sùliàodài 비닐봉지 ｜ ★信用卡 xìnyòngkǎ 신용 카드 最近很多超市不提供**塑料袋**。 최근 많은 슈퍼마켓에서 비닐봉지를 제공하지 않는다. 很多人用**信用卡**买东西。 많은 사람들이 신용 카드로 물건을 산다.
公交车 gōngjiāochē 버스	★司机 sījī 운전기사 ｜ 座位 zuòwèi 좌석 这公交车的**司机**车开得太慢。 이 버스의 기사는 차를 너무 천천히 운전한다. 他们都不愿意让**座位**。 그들은 모두 자리를 양보하려 하지 않는다.
火车站 huǒchēzhàn 기차역	售票处 shòupiàochù 매표소 ｜ 火车票 huǒchēpiào 열차표 她在找**售票处**。 그녀는 매표소를 찾고 있다. 我要明天去北京的**火车票**。 나는 내일 베이징으로 가는 열차표를 원한다.

바로 체크 Check! 다음 장소와 호응되는 단어를 찾아 연결하세요.

❶ 超市 ・   ・ A 护士

❷ 机场 ・   ・ B 塑料袋

❸ 医院 ・   ・ C 航班

정답 ❶ B ❷ C ❸ A

窗户

1단계 기본 문장　그녀는 창문을 연다. → 她打开**窗户**。

2단계 활용 표현
1. 창문을 연다 → 打开**窗户**
2. 창문을 닫는다 → 关**窗户**
3. 창문을 닦는다 → 擦**窗户**

3단계 문장 완성하기
1. 창문을 열어 환기를 좀 시켜라.
　→ 打开**窗户**换换空气吧。
2. 밖이 너무 시끄러우니 창문을 닫아라.
　→ 外边太吵了，把**窗户**关上。
3. 창문이 너무 더러워서 좀 닦아야겠다.
　→ **窗户**太脏了，应该擦擦。

공략　창문이 반쯤 열려 있는 상태이기 때문에 '창문을 열거나 닫다' 혹은 '창문을 닦다' 등과 같이 창문과 호응할 수 있는 표현들을 다양하게 사용할 수 있다. 또한 창문을 열고, 닫고, 닦는 이유를 덧붙여 설명한다면 좀 더 멋진 문장을 완성할 수 있다.

어휘　★窗户 chuānghu 몡 창문 | 关 guān 됭 닫다 | ★擦 cā 됭 닦다 | 换 huàn 됭 바꾸다 | ★吵 chǎo 혱 시끄럽다

공략 3. 동사와 혼동되는 명사를 기억하라

쓰기에서 학습자들이 가장 어려움을 느끼는 명사가 바로 동사와 혼동되는 명사이다. 이 부류의 명사들은 매년 반복적으로 시험에 출제되기 때문에 반드시 그 의미와 활용을 암기해야 한다.

예

演出

1단계 그림 파악하기
　공연이 멋있다. → **演出**很精彩。

2단계 활용 표현
　멋진 공연 → 精彩的**演出**
　공연 수준 → **演出**水平

3단계 문장 완성하기

① 너는 반드시 그 멋진 공연을 보러 가야 해. → 你应该去看那场精彩的**演出**。

　분석　형용사 精彩는 '우수하다, 뛰어나다'라는 의미로 공연이나 운동 경기 혹은 영화나 소설의 내용이 풍부하고 뛰어날 때 사용한다.

② 이 공연의 수준이 높다. → 这场**演出**的水平很高。

　분석　场은 공연, 운동 경기, 자연 현상 등을 세는 단위로 쓰인다.

③ 네가 공연을 보러 가지 않은 것이 정말 아쉽다. → 真可惜你没有去看**演出**。

> **분석** 可惜는 '안타깝다, 애석하다'라는 의미로 부사 真과 자주 호응된다.

〈 동사와 혼동되는 대표 명사의 활용 〉

★笑话 xiàohua 농담	他常常讲**笑话**。 그는 자주 농담을 한다.
★演出 yǎnchū 공연	今天的**演出**非常精彩。 오늘 공연은 정말 멋졌다.
信 xìn 편지	他的**信**让我感动。 그의 편지는 나를 감동시켰다.
小说 xiǎoshuō 소설	这篇**小说**很有趣。 이 소설은 정말 재미있다.
★密码 mìmǎ 비밀번호	我忘了信用卡的**密码**。 나는 신용 카드의 비밀번호를 잊어버렸다.
味道 wèidao 맛	这道菜**味道**不错。 이 요리는 맛이 일품이다.
★活动 huódòng 활동, 행사	今天的**活动**已经结束了。 오늘 행사는 이미 끝났다.
故事 gùshi 이야기	给我讲一个**故事**。 나에게 이야기 하나 들려줘.
收入 shōurù 수입	他的**收入**不太高。 그의 수입은 그다지 높지 않다.
★礼貌 lǐmào 예의	这个孩子不懂**礼貌**。 이 아이는 예의가 없다.
★信心 xìnxīn 믿음, 확신	他对这个任务很有**信心**。 그는 이번 임무에 대해 확신이 있다.
广告 guǎnggào 광고	我们不能完全相信所有的**广告**。 우리는 모든 광고를 완전히 믿어서는 안 된다.
广播 guǎngbō 방송	刚才听**广播**里说，今天下大雪。 방금 전 방송을 들었는데, 오늘 폭설이 내린다고 한다.
消息 xiāoxi 소식	你连这个**消息**都没听说过？ 너는 이 소식도 들어본 적이 없다는 거니?
★新闻 xīnwén 뉴스	这条**新闻**让大家很吃惊。 이 뉴스는 모두를 깜짝 놀라게 했다.
基础 jīchǔ 기초	你们应该好好打**基础**。 너희는 마땅히 기초를 잘 닦아야 한다.

바로 체크 Check! 다음 단어의 의미를 쓰세요.

❶ 广告 ___________ ❷ 礼貌 ___________ ❸ 味道 ___________

❹ 笑话 ___________ ❺ 收入 ___________ ❻ 新闻 ___________

정답 ❶ 광고 ❷ 예의 ❸ 맛 ❹ 농담 ❺ 수입 ❻ 뉴스

 **예제**

1단계 기본 문장 그는 중점을 적고 있다. → 他写**重点**。

2단계 활용 표현
1. 하나의 중점 내용 → 一个**重点**内容
2. 오늘 회의의 중점 → 今天会议的**重点**
3. 그 보고서의 중점 → 那篇报告的**重点**

3단계 문장 완성하기
1. 그는 노트 위에 상세하게 중점 내용을 기록한다.
   → 他在本子上详细(地)记录**重点**内容。
2. 그는 노트 위에 오늘 회의의 중점을 적는다.
   → 他在本子上写今天会议的**重点**。
3. 그 보고서는 중점이 부족하다.
   → 那篇报告缺少**重点**。

공략 종이에 무언가를 적는 사진이므로 '주어가 중점을 적는다'라는 기본 구조에 살을 붙이는 것이 가장 이상적이다. '중점, 핵심'이라는 의미의 명사 重点은 '缺少重点(중점이 부족하다), 记录重点(중점을 기록한다)' 등으로 활용된다.

어휘 ★重点 zhòngdiǎn 뗑 중점 | ★内容 nèiróng 뗑 내용 | 会议 huìyì 뗑 회의 | ★篇 piān 양 편, 장(글, 논문 등을 세는 단위) | 报告 bàogào 통 발표하다 | ★详细 xiángxì 혱 상세하다 | 记录 jìlù 통 기록하다

Tip 详细

형용사 详细는 '상세하다'라는 의미로, 술어로 사용할 수 있을 뿐 아니라 동사 앞에 놓여 부사어 역할을 할 수 있다. 부사어로 쓰이는 경우 구조조사 地를 详细와 동사 사이에 놓을 수 있다.

这篇文章写得很详细。이 글은 상세하게 적혀 있다. (형용사)
他详细(地)介绍我们这里的情况。그는 우리에게 이곳의 상황을 상세히 소개한다. (부사어)

+ **정답 및 해설_** 해설집 127쪽

第 1–5 题：看图，用词造句。

1. 主意

2. 消息

3. 信用卡

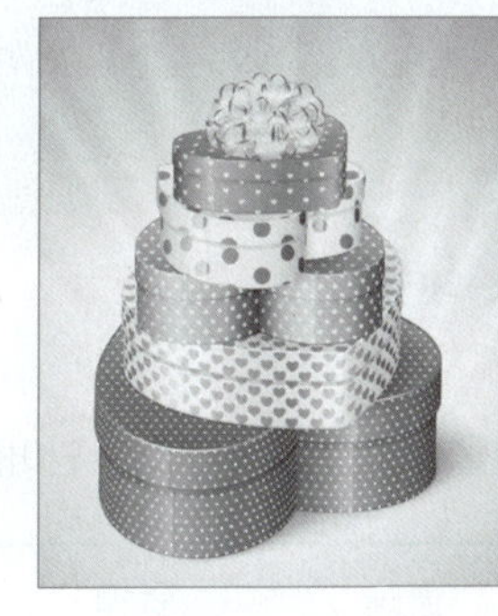

4. 盒子

5. 笔记本

39 day 그림으로 읽는 동사 의미

✓1 그림을 관찰하여 동작동사의 의미를 유추하자

✓2 동사와 자주 호응되는 표현을 암기하자

✓3 목적절을 가지는 동사를 활용하자

동사에는 움직임이나 동작을 설명하는 동작동사 외에 감정이나 심리 상태를 설명하는 심리동사, 목적어를 가질 수 없는 이합동사 등 다양한 동사가 있다. 하지만 기본적으로 동사는 사람이나 사물의 동작이나 움직임을 나타내는 말이므로 그림을 통해 충분히 그 단어의 의미를 유추할 수 있다. 동사별 쓰기 문제 대처법과 주요 동사들의 호응 표현을 암기하여 작문 실력을 업그레이드하자.

기초 실력 테스트 TEST

1 다음 그림을 보고 빈칸에 알맞은 단어를 쓰세요.

| 보기 | 游泳　　　觉得 |

❶ 她＿＿＿＿＿游得很开心。

❷ 她＿＿＿＿＿很有意思。

2 다음 그림을 보고 알맞은 답을 고르세요.

我(儿子 / 女儿)今年5岁。他喜欢(弹 / 打)钢琴。(如果 / 虽然)他(弹 / 打)得不太好。但是我(喜欢 / 好)听他(弹 / 打)钢琴。

4급 기출문제 맛보기

 **맛보기 1**

난이도 上　공략 Key 목적절을 갖는 동사

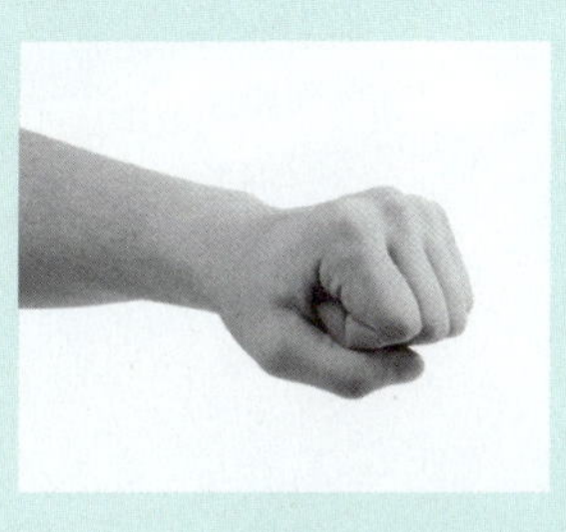

모범 답안

1. 猜(一)猜我手里有什么东西。
   내 손에 무슨 물건이 있는지 맞혀봐.

2. 你猜我手里的东西是什么。
   내 손에 있는 것이 무엇인지 네가 맞혀봐.

3. 你猜一下我要给你什么。
   내가 네게 무엇을 주려고 하는지 맞혀봐.

4. 他让我猜他的手里有什么东西。
   그는 나에게 그의 손에 무엇이 있는지 맞혀보라고 한다.

5. 我猜不出来他手里有什么。
   나는 그의 손에 무엇이 있는지 맞히지 못하겠다.

쓰기
제2부분

공략
- 1번 문장 : 1음절 동사 猜를 '잠시 ~하다'라는 의미로 활용하고 싶다면 중첩 형태인 '猜(一)猜'나 혹은 동량보어 一下를 써서 '猜一下'라고 하면 된다. 이 문장은 有를 활용하여 존재를 나타내는 표현이다. 有자 술어문은 장소가 주어가 되고 사람이나 물건이 목적어가 된다.
- 2번 문장 : 是자 술어문으로 주어와 목적어의 동등 관계 표현을 활용한 것이다.
- 3번 문장 : 给는 '~에게 ~을 주다'라는 의미로 목적어를 두 개 갖는 쌍빈동사이다.
- 4번 문장 : 让은 '~로 하여금 ~하게 하다'라는 의미의 사역동사로 '주어+让(동사 1)+사람+동사 2' 순서로 배열된다.
- 5번 문장 : 동사 有의 주어는 장소가 되어야 하므로 手가 아니라 '手里'라고 해야 한다.

어휘　★猜 cāi 통 추측하다

 **맛보기 2**

난이도 上　공략 Key 그림으로 동작 유추

모범 답안

1. 他们一起抬起沙发。
   그들은 함께 소파를 들어올린다.

2. 他帮朋友抬起沙发。
   그는 친구를 도와 소파를 들어올린다.

3. 你们为什么抬起沙发呢。
   너희는 왜 소파를 들어올리는 거니?

4. 因为这个沙发很重，所以一个人不能抬起。
   이 소파는 매우 무거워서 혼자서는 들어올릴 수 없다.

5. 他们把沙发抬起了。
   그들은 소파를 들어올렸다.

공략
- 1번 문장 : '들다'라는 의미의 동사 抬는 방향보어 起와 함께 쓰여 '들어올리다'라는 의미를 나타낸다.

◇ 2번 문장 : '~를 도와 ~하다'라는 의미는 '帮+사람+동작' 형식을 쓴다.

◇ 3번 문장 : 의문대사 为什么를 활용한 의문문으로 문장 맨 끝에 어기조사 呢를 삽입하여 의문의 뉘앙스를 더욱 강조했다.

◇ 4번 문장 : 접속사 '因为……所以……'라는 인과 관계 접속사의 호응 구조를 활용한 것이다.

◇ 5번 문장 : 把자문을 활용한 것으로 把자문을 쓸 경우 동사 다음에 반드시 기타 성분이 위치해야 한다. 만일 동사 뒤에 起来를 쓰지 않고 '他们把沙发抬'라고 한다면 이는 잘못된 표현이 된다.

어휘 ★抬 tái 图 들다 | ★沙发 shāfā 图 소파

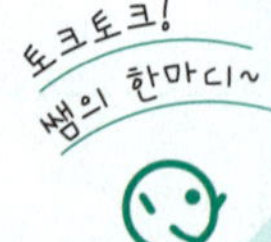

동사(动词)란, 말 그대로 움직임을 나타내는 품사입니다. 쉽게 설명하면 우리가 몸과 머리로 할 수 있는 것들이지요. 간혹 동사와 형용사를 혼동하는 분들이 있는데, 이를 구분하는 간단한 방법이 있습니다. 두 가지만 기억해볼까요?

'~하다, ~한다'라고 해석되는 것은 모두 동사입니다. 예를 들어 '출발하다, 이해하다, 정리하다, 생각하다, 걱정하다'처럼 말이지요.

다음으로는 뒤에 '~을/~를/~에' 등과 같이 목적어를 가질 수 있으면 동사입니다. 예를 들어 '마음을 이해하다, 그를 사랑하다, 중국에 가다'처럼 말입니다. 반면 '옷을 예쁘다, 성격을 활발하다'라는 표현은 어색하죠? 이유는 '예쁘다'와 '활발하다'는 목적어를 가질 수 없는 형용사이기 때문입니다. 작은 상식이지만 잘 기억해두세요!

4급 **쓰기 공략** 하기

공략 1. 사진 속 행동을 주목하라

쓰기 제2부분은 일반적으로 그림 속의 동작을 설명하는 어휘가 출제될 가능성이 가장 크다. 만약 잘 모르는 어휘가 제시될 경우 그림의 동작을 관찰하여 그 동작을 묘사하는 문장을 완성하는 것이 가장 좋다.

예

1단계 그림 파악하기

쓰레기를 버리다. → 扔垃圾。

2단계 활용 표현

쓰레기를 버리다 → 扔垃圾

물건을 함부로 버리다 → 乱扔东西

쓰레기통에 버리다 → 扔到垃圾桶里

3단계 문장 완성하기

① 그는 쓰레기를 버리고 있다. → 他在扔垃圾。

　분석　동사 앞의 在는 진행을 나타낸다.

② 우리는 함부로 쓰레기를 버려서는 안 된다. → 我们不能乱扔垃圾。

　분석　乱은 동사 앞에 놓이는 경우 부사로 쓰이며 '함부로'라는 의미를 나타낸다.

③ 너는 반드시 쓰레기를 쓰레기통에 버려야 한다. → 你应该把垃圾扔到垃圾桶里。

　분석　把자문에서 조동사 应该는 把 앞에 위치한다.

〈 주요 동작동사의 활용 〉

搬 bān 옮기다	搬家 이사하다 | 搬箱子 상자를 옮기다
★擦 cā 닦다	擦桌子 테이블을 닦다 | 擦汗 땀을 닦다
尝 cháng 맛보다	尝刚做的菜 방금 만든 음식을 맛보다 | 尝手艺 솜씨를 맛보다
★打扮 dǎban 꾸미다, 치장하다	照着镜子打扮 거울을 보며 치장하다 | 打扮得很漂亮 예쁘게 단장하다
打扫 dǎsǎo 청소하다	打扫房间 방을 청소하다 | 打扮得很干净 깨끗하게 청소하다
戴 dài 착용하다, 쓰다	戴帽子 모자를 쓰다 | 戴眼镜 안경을 쓰다
★干杯 gānbēi 건배하다	为生日干杯 생일을 위해 건배하다 | 为了祝贺他的成功干杯 그의 성공을 축하하기 위해 건배하다
挂 guà 걸다	挂镜子 거울을 걸다 | 挂一幅画 한 폭의 그림을 걸다

关 guān 닫다, (전자 제품을) 끄다	关门 문을 닫다 | 关机 휴대 전화를 끄다
逛 guàng 거닐다	逛街 쇼핑하다 | 逛公园 공원을 거닐다
画 huà 그리다	画得很像 비슷하게 그리다 | 画山水画 산수화를 그리다
寄 jì 부치다	寄信 편지를 부치다 | 寄邮包 소포를 부치다
开 kāi 열다, 운전하다, 켜다	开门 문을 열다 | 开车 운전하다 | 开电脑 컴퓨터를 켜다
★咳嗽 késou 기침하다	不停地咳嗽 줄곧 기침하다 | 咳嗽得厉害 심하게 기침하다
扔 rēng 던지다	扔垃圾 쓰레기를 버리다 | 扔衣服 옷을 던지다 | 乱扔 함부로 던지다
★收拾 shōushi 정리하다, 치우다	收拾行李 짐을 꾸리다 | 收拾房间 방을 치우다 | 收拾东西 물건을 정리하다
★抬 tái 들어올리다, 함께 들다	抬头 고개를 들다 | 抬沙发 소파를 함께 들다 | 抬床 침대를 함께 들다
弹 tán 치다	弹钢琴 피아노를 치다
★躺 tǎng 눕다	躺在床上 침대에 눕다 | 躺着看书 누워서 책을 보다
踢 tī 발로 차다	踢足球 축구를 하다 | 踢来踢去 이리저리 차다

바로 Check! 체크 빈칸에 들어갈 알맞은 단어를 고르세요.

❶ ________眼镜 （戴 / 躺）　　❷ ________垃圾 （弹 / 扔）　　❸ ________窗户 （擦 / 挂）

정답 ❶ 戴 ❷ 扔 ❸ 擦

예제

난이도 上　　공략 Key 그림으로 동작 유추

擦

1단계 기본 문장　그는 땀을 닦는다. → 他擦汗。

2단계 활용 표현
1. 땀을 닦는 중이다 → 正在擦汗呢
2. 땀을 닦고 싶어 한다 → 想擦汗
3. 가볍게 땀을 닦는다 → 轻轻地擦汗

3단계 문장 완성하기
1. 그는 앉아서 땀을 닦는 중이다.
   → 他在坐着擦汗呢。
2. 방금 전에 땀이 많이 나서, 그는 땀을 닦고 싶어 한다.
   → 刚才出了很多汗，所以他想擦汗。
3. 그는 수건으로 땀을 가볍게 닦는다.
   → 他用毛巾轻轻地擦汗。

공략　남자가 의자에 앉아 땀을 닦고 있는 사진이므로 '그는 땀을 닦는다'라는 기본 문장에 살을 붙이는 것이 가장 좋다. 동사 앞에서 동사를 꾸미는 대표적인 부사어는 부사, 조동사, 개사구 및 구조조사 地를 사용한 부사어이다. '닦다'라는 의미의 동사 擦는 일반적으로 '干净地擦(깨끗하게 닦다), 轻轻地擦(가볍게 닦다), 仔细地擦(꼼꼼하게 닦다)' 등의 부사어와 자주 호응되므로 반드시 기억해두자.

어휘　★擦 cā 동 닦다 ｜ ★汗 hàn 명 땀 ｜ 轻轻地 qīngqīng de 가볍게 ｜ ★毛巾 máojīn 명 수건

> **Tip** 正 / 在 / 正在……呢
>
> 부사 正, 在, 正在와 문장 끝에 呢를 쓰면 동작의 진행을 나타낼 수 있다. 正, 在, 正在를 쓰지 않고 문장 끝에 呢만 써도 진행의 의미가 된다.
>
> 孩子正找书包呢。 아이가 책가방을 찾고 있다.
> 他在打字呢。 그는 타자를 치고 있다.
> 我们正在考虑办法呢。 우리는 방법을 고려하고 있다.
> 我喝水呢。 나는 물을 마시는 중이다.

공략 2. 목적어를 기피하는 동사를 암기하라

동사는 기본적으로 목적어를 가질 수 있다. 하지만 이합동사는 '술어＋목적어'의 구조를 가지고 있기 때문에 뒤에 다른 목적어가 올 수 없다. 만일 제시 단어가 이합동사인 경우 동사 앞에 여러 가지 부사어를 써서 문장을 화려하게 수식하는 것이 좋다.

예

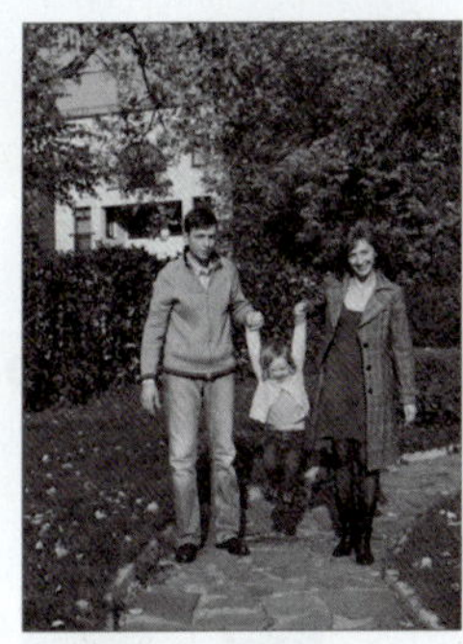

1단계 그림 파악하기

그들은 산책한다. → 他们散步。

2단계 활용 표현

공원에서 산책한다 → 在公园散步
즐겁게 산책한다 → 愉快地散步
산책하며 이야기를 나눈다
→ 一边散步一边聊天

3단계 문장 완성하기

① 그들은 매일 공원에서 산책한다. → 他们每天在公园散步。

　분석 散步는 이합동사이므로 목적어를 가질 수 없다. 그러므로 '공원을 산책하다'라고 할 때 '散步公园'이 아닌 '在公园散步'라고 해야 한다.

② 그들은 매우 즐겁게 산책한다. → 他们很愉快地散步。

　분석 구조조사 地를 활용하여 산책하는 기분을 구체적으로 묘사할 수 있다.

③ 그들은 산책하며 이야기를 나눈다. → 他们一边散步一边聊天。

　분석 '一边……一边……'은 '한편으로 ～하며, 한편으로 ～하다'라는 의미로 두 가지 동작이 동시에 발생하는 것을 나타낸다.

〈 주요 이합동사의 활용 〉

报名 bàomíng 신청하다	报名参加比赛 신청해서 경기에 참가하다 | 填写报名表 신청서를 작성하다
毕业 bìyè 졸업하다	大学毕业 대학을 졸업하다 | 参加毕业典礼 졸업식에 참석하다
★打针 dǎzhēn 주사를 놓다	害怕打针 주사 맞는 것을 무서워하다 | 给病人打针 환자에게 주사를 놓다
堵车 dǔchē 길이 막히다	堵车堵得厉害 차가 심하게 막히다 | 解决堵车问题 교통 체증 문제를 해결하다
鼓掌 gǔzhǎng 박수를 치다	鼓掌表示欢迎 박수로 환영을 표하다 | 热烈鼓掌 열렬히 박수를 치다
结婚 jiéhūn 결혼하다	跟她结婚 그녀와 결혼하다 | 参加结婚典礼 결혼식에 참석하다
★理发 lǐfà 이발하다	该理发了 이발할 때가 되다 | 理发店 이발소
★聊天 liáotiān 한담하다	和朋友聊天 친구와 이야기를 나누다 | 聊聊天 이야기를 좀 나누다
免费 miǎnfèi 무료로 하다	免费提供 무료로 제공하다 | 免费参观 무료로 관람하다
★散步 sànbù 산책하다	去公园散步 공원에 산책하러 가다 | 陪父母散步 부모님을 모시고 산책 가다
上网 shàngwǎng 인터넷을 하다	上网聊天 인터넷으로 채팅을 하다 | 上网玩游戏 인터넷으로 게임을 하다
生气 shēngqì 화내다	跟朋友生气 친구에게 화를 내다 | 让人生气 사람을 화나게 한다
★刷牙 shuāyá 이를 닦다	应该每天三次刷牙 반드시 매일 3번 양치질을 해야 한다 | 刷牙洗脸 양치질을 하고 세수하다

 바로 Check! 체크 다음 중 옳은 문장을 고르세요.

❶ A 跟朋友生气　　　B 生气朋友　　　　❷ A 结婚他　　　　B 跟他结婚

정답 ❶ A ❷ B

 **예제**

난이도 下　공략 Key 이합동사

聊天

1단계 기본 문장　그녀들은 이야기를 나눈다. → 她们聊天。

2단계 활용 표현
1. 즐겁게 이야기를 나눈다 → 高兴地聊天
2. 커피를 마시며 이야기를 나눈다
　　→ 一边喝咖啡一边聊天
3. 한참 동안 이야기를 나눈다 → 聊天聊很长时间

3단계 문장 완성하기
1. 그녀들은 매우 즐겁게 이야기를 나눈다.
　　→ 她们很高兴地聊天。
2. 그녀들은 커피를 마시며 이야기를 나눈다.
　　→ 她们一边喝咖啡一边聊天。
3. 그녀들은 한참 동안 이야기를 나누었다.
　　→ 她们聊天聊了很长时间。

공략　두 여자가 함께 차를 마시며 이야기를 나누는 사진이므로 두 가지 동작을 모두 활용하여 작문하는 것이 좋다. 또한 聊天 앞에 '高兴地'와 같은 부사어를 삽입하여 문장을 더 화려하게 수식할 수 있다. 聊天은 이합동사이므로 '한참 동안'이라는 의미의 시량보어는 聊天 뒤에 바로 올 수 없다. 동사 聊를 한 번 더 사용하여 '她们聊天聊了很长时间'이라고 하거나 동사와 목적어 사이에 시량보어를 넣어 '她们聊了很长时间天'이라고 해야 한다.

어휘　★聊天 liáotiān 통 한담하다 | ★高兴 gāoxìng 형 기쁘다 | ★咖啡 kāfēi 명 커피

공략 3. 단짝 표현은 함께 암기하라

'完成任务(임무를 완수하다), 推迟时间(시간을 늦추다), 招聘职员(직원을 채용하다)'와 같이 단짝처럼 함께 쓰이는 호응 표현이 있다. 미리 이러한 호응 구조를 암기한다면 쓰기 시험에서 한자를 쓰지 못해 쩔쩔매는 일을 줄일 수 있을 것이다.

예

1단계 그림 파악하기

그녀는 서비스를 제공한다. → 她提供服务。

2단계 활용 표현

서비스를 제공한다 → 提供服务

고객을 위해 제공한다 → 为客人提供

친절하게 서비스를 제공한다
→ 热情地提供服务

3단계 문장 완성하기

① 그 종업원은 고객을 위해 서비스를 제공한다. → 那位服务员为客人提供服务。

　분석　'~에게 서비스를 제공한다'라고 할 때 개사 为, 给, 向 등을 사용한다.

② 그녀는 매우 친절하게 서비스를 제공한다. → 她很热情地提供服务。

　분석　热情은 '친절하다'라는 의미의 형용사로 동사 앞에 놓여 동사를 수식하는 부사어로 쓰일 수 있다.

③ 고객은 종업원이 제공하는 서비스에 굉장히 만족한다. → 客人很满意服务员提供的服务。

　분석　满意는 '만족하다'라는 의미의 동사로 뒤에 목적어를 가질 수 있다. 반면 满足는 '만족시키다'라는 의미이므로 혼동하지 않도록 주의해야 한다.

< 주요 호응 표현 >

★保护 bǎohù 보호하다	保护环境 환경을 보호하다 | 保护地球 지구를 보호하다
调查 diàochá 조사하다	调查问题 문제를 조사하다 | 调查材料 자료를 조사하다
放弃 fàngqì 포기하다	放弃机会 기회를 포기하다 | 放弃计划 계획을 포기하다
★检查 jiǎnchá 검사하다	检查身体 신체를 검사하다 | 检查行李 짐을 검사하다

解决 jiějué 해결하다	解决问题 문제를 해결하다 ｜ 解决困难 어려움을 해결하다
★禁止 jìnzhǐ 금지하다	禁止吸烟 흡연을 금지하다 ｜ 禁止使用 사용을 금지하다
进行 jìnxíng 진행하다	进行会议 회의를 진행하다 ｜ 进行调查 조사를 실시하다
拒绝 jùjué 거부하다	拒绝邀请 요청을 거절하다 ｜ 拒绝要求 요구를 거절하다
★使用 shǐyòng 사용하다	使用手机 휴대 전화를 사용하다 ｜ 使用手段 수단을 사용하다
适应 shìyìng 적응하다	适应环境 환경에 적응하다 ｜ 适应新生活 새 생활에 적응하다
★讨论 tǎolùn 토론하다	讨论问题 문제를 토론하다 ｜ 讨论决定 토론으로 결정하다
★提供 tígōng 제공하다	提供服务 서비스를 제공하다 ｜ 提供方便 편의를 제공하다
提前 tíqián 앞당기다	提前时间 시간을 앞당기다 ｜ 提前完成 앞당겨 완성하다
推迟 tuīchí 뒤로 미루다	推迟时间 시간을 미루다 ｜ 推迟起飞 이륙을 미루다
增加 zēngjiā 증가하다	增加运动量 운동량을 증가시키다 ｜ 增加一倍 배로 증가하다
招聘 zhāopìn 모집하다	招聘专家 전문가를 초빙하다 ｜ 招聘会 모집 박람회
★注意 zhùyì 주의하다	注意安全 안전에 주의하다 ｜ 注意身体 건강을 주의하다
赚 zhuàn 돈을 벌다	赚钱 돈을 벌다 ｜ 赚生活费 생활비를 벌다
租 zū 임대하다	租房子 집을 임대하다 ｜ 房租 집세

제시된 단어와 호응하는 것을 고르세요.

---

❶ 拒绝 ________ (要求 / 环境)　　❷ 完成 ________ (生活费 / 计划)

❸ 提前 ________ (时间 / 面积)　　❹ 注意 ________ (地球 / 安全)

정답 ❶ 要求　❷ 计划　❸ 时间　❹ 安全

예제

난이도 中　공략 Key 동사의 호응 표현

使用

1단계 기본 문장　휴대 전화를 사용할 수 없다. → 不能使用手机。

2단계 활용 표현
1. 사용하지 않는 것이 가장 좋다 → 最好不要使用
2. 사용을 금지한다 → 禁止使用
3. 계속 사용하다 → 继续使用

3단계 문장 완성하기
1. 극장에서는 휴대 전화를 사용하지 않는 것이 가장 좋다.
　→ 电影院里最好不要使用手机。
2. 비행기에서는 휴대 전화 사용을 금지하고 있다.
　→ 飞机上禁止使用手机。
3. 이곳에서는 계속해서 휴대 전화를 사용할 수 없다.
　→ 这儿不能继续使用手机。

공략　휴대 전화 사용 금지 그림과 함께 동사 使用이 제시되어 있으므로 그림과 관련하여 '사용을 금지한다. 사용할 수 없다' 등의 기본 문장을 완성할 수 있다. 또한 비행기, 극장, 주유소 등 휴대 전화를 사용할 수 없는 장소나 상황을 고려하여 문제를 푼다면 조금 더 좋은 문장을 완성할 수 있다.

어휘　使用 shǐyòng 동 사용하다 | ★最好 zuìhǎo 형·부 가장 좋다; 제일 좋기는 | 禁止 jìnzhǐ 동 금지하다 | ★继续 jìxù 동 계속하다

공략 4. 목적절을 가지는 동사를 맘껏 활용하라

문장을 화려하게 만드는 방법 가운데 하나가 목적절을 가지는 동사를 활용하는 것이다. 일부 동사는 명사 외에 동사구나 절을 목적절로 삼기 때문에 이러한 동사를 사용하면 더욱 짜임새 있는 문장을 완성할 수 있다.

<쓰기 제2부분>

〈 목적절을 가지는 동사의 활용 〉

★觉得 juéde ~라고 느끼다	我觉得这件衣服很适合你。 나는 이 옷이 너에게 잘 어울린다고 생각해. 我觉得最近空气很干燥。 나는 최근에 공기가 너무 건조하다고 생각한다.
认为 rènwéi ~라고 여기다	他认为这个问题很严重。 그는 이 문제가 매우 심각하다고 생각한다. 我认为他不会相信我。 나는 그가 나를 믿지 않을 거라고 생각한다.
★猜 cāi 추측하다	你猜猜这是什么东西。 이것이 무엇인지 맞혀봐라. 你猜一下这里边有什么礼物。 이 안에 무슨 선물이 있는지 맞혀봐라.
担心 dānxīn 염려하다	我担心他把这件事情忘了。 나는 그가 이 일을 잊어버렸을까 걱정된다. 爸爸担心我会迷路。 아빠는 내가 길을 잃을까 걱정한다.
★害怕 hàipà 무서워하다	我害怕被妈妈发现。 나는 엄마에게 들킬까 무섭다. 他害怕受到批评。 그는 질책당하는 것을 무서워한다.
★提醒 tíxǐng 일깨우다	他提醒我早点出发。 그는 나에게 일찍 출발해야 한다고 알려준다. 我提醒爸爸今天是妈妈的生日。 나는 아빠에게 오늘이 엄마 생일이라고 알려준다.
商量 shāngliang 상의하다	大家在商量怎么处理这个问题。 모두들 이 문제를 어떻게 처리할지 상의하고 있다. 他们在商量安排时间。 그들은 시간 안배를 상의하고 있다.
喜欢 xǐhuan 좋아하다	我喜欢骑自行车。 나는 자전거 타는 것을 좋아한다. 他喜欢逛街。 그는 쇼핑하는 것을 좋아한다.
祝贺 zhùhè 축하하다	大家都祝贺他取得好成绩。 모두 그가 좋은 성적을 얻은 것을 축하한다. 我祝贺他考上大学。 나는 그가 대학에 합격한 것을 축하한다.
★准备 zhǔnbèi 준비하다	他最近在准备出国留学。 그는 최근 외국에 유학 가는 것을 준비하고 있다. 妈妈准备接待客人。 엄마는 손님 접대를 준비하고 있다.

 **바로 체크** 제시된 단어를 알맞은 위치에 넣으세요.

❶ 他 A 很 B 和同事们 C 一起 D 去爬山。 (喜欢)

❷ 我 A 结婚和年龄 B 没有 C 任何 D 关系。 (觉得)

정답 ❶ B ❷ A

예제

난이도 下 | 공략 Key 목적절 활용

1단계 기본 문장   그녀가 요리를 맛보다. → 她尝菜。

2단계 활용 표현
1. 한입 맛보다 → 尝一口
2. 맛을 좀 보다 → 尝一下 / 尝(一)尝

3단계 문장 완성하기
1. 나는 이 음식이 굉장히 맛있다고 생각한다. 그래서 엄마에게 한입 맛보라고 한다.
   → 我觉得这个菜非常好吃，所以让妈妈尝一口。
2. 엄마는 내가 만든 음식을 맛보는 걸 좋아한다.
   → 妈妈喜欢尝我做的菜。
3. 내 생각에 이 식당의 음식이 정통이고 맛도 있으니, 당신도 맛을 좀 보세요.
   → 我觉得这家饭馆的菜又地道又好吃，您也尝尝。

공략   '맛을 보다'라는 의미의 동사 尝은 일반적으로 음식의 맛을 보는데 사용되기 때문에 어떤 음식을 맛보는지 음식에 대한 묘사나 수식을 첨가하는 것이 좋다. 사람의 평가나 견해를 이끄는 觉得, 喜欢 등의 동사를 활용하면 더욱 좋다.

어휘   ★尝 cháng 동 맛보다 | ★让 ràng 동 ~로 하여금 ~하게 하다 | 地道 dìdao 형 정통의, 본고장의

+ **정답 및 해설_** 해설집 129쪽

第 1–5 题：看图，用词造句。

1. 禁止

2. 咳嗽

3. 干杯

4. 联系

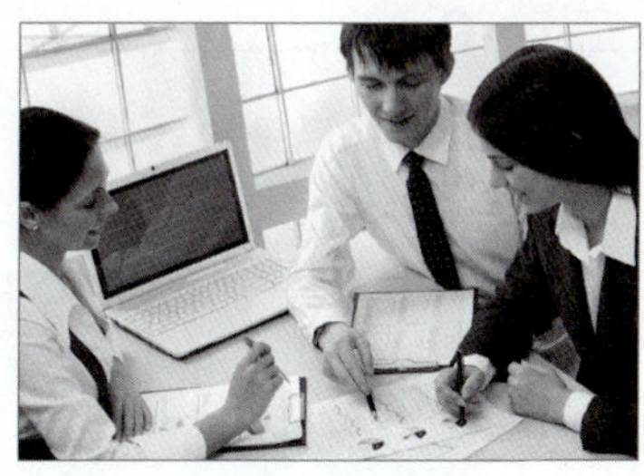

5. 讨论

40 day 분위기 메이커 형용사

1 사람의 감정이나 태도를 형용하는 어휘를 마스터하자

2 분위기와 성질 등을 나타내는 형용사를 암기하자

3 날씨와 맛은 기본! 관련 어휘를 반드시 기억하자

형용사는 사람의 감정은 물론 상황이나 상태를 묘사하고 설명하는 역할을 하며 동사와 함께 술어로 사용되는 대표적 품사이므로 구체적인 위치와 활용을 정확하게 익히도록 하자.

기초 실력 테스트 TEST

1 그림에 알맞은 단어를 〈보기〉에서 고르세요.

| 보기 | 窄　　　　新鲜　　　　紧张 |

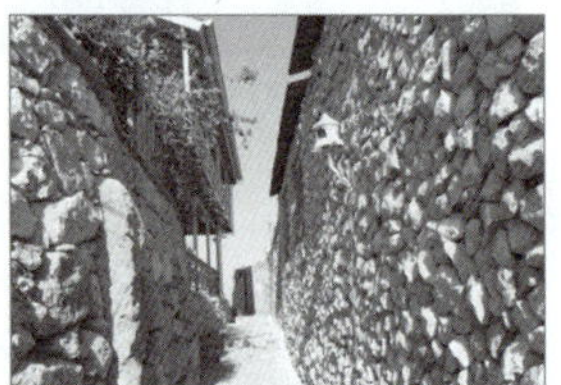

❶ _______________　　❷ _______________　　❸ _______________

2 다음 그림을 보고 알맞은 답을 고르세요.

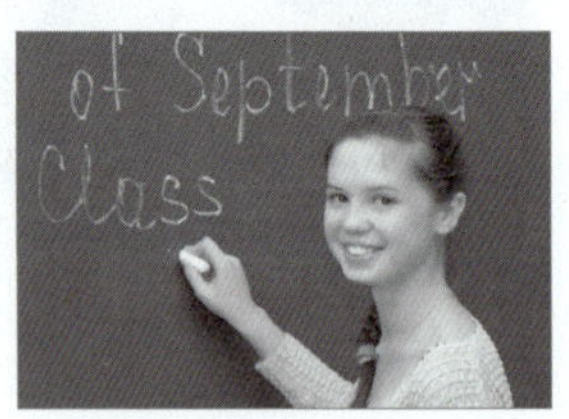

❶ 这里太(吵 / 热闹)了。　　❷ 他很(激动 / 烦恼)。　　❸ 她字写得很(麻烦 / 漂亮)。

+ 정답_ 해설집 175쪽

4급 기출문제 맛보기

 **맛보기 1**

凉快

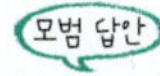 **모범 답안**

1. 秋天了，所以天气很凉快。
   가을이 되어서, 날씨가 시원하다.

2. 今天天气很凉快，我们出去玩儿吧。
   오늘은 날씨가 시원하니, 우리 나가서 놀자.

3. 今天天气很凉快，所以他们出去散步。
   오늘 날씨가 시원해서, 그들은 나가서 산책한다.

4. 今天天气很凉快，所以妈妈带孩子出去散步。
   오늘은 날씨가 시원해서, 엄마는 아이를 데리고 나가서 산책한다.

5. 天气很凉快，适合出去玩儿。
   날씨가 시원해서, 나가 놀기에 적당하다.

쓰기 제2부분

공략　◇ 1번 문장 : 형용사 凉快는 일반적으로 날씨나 바람이 시원하다고 할 때 사용되는 형용사로 사용이 비교적 제한적이다. '옷을 시원하게 입다, 성격이 시원하다' 등 한국어 습관에 따라 사용하지 않도록 주의해야 한다.

◇ 2번 문장 : 형용사 凉快가 술어로 쓰일 경우 很, 非常 등과 같은 정도부사의 수식을 받는다.

◇ 3·4번 문장 : 인과 관계를 나타내는 경우 일반적으로 '因为……所以……'를 사용하며 원인을 이끄는 因为를 생략해도 의미상에 변화는 없다.

◇ 5번 문장 : 동사 适合는 '~하기에 적당하다, 어울리다'라는 의미로 목적어를 가질 수 있다. 반면 合适는 형용사로 목적어를 가질 수 없기 때문에 '合适出去玩儿'이라고 하지 않도록 주의해야 한다.

어휘　★凉快 liángkuai 휑 서늘하다, 시원하다 | ★散步 sànbù 통 산책하다 | ★适合 shìhé 통 적당하다

 **맛보기 2**

活泼

모범 답안

1. 这个孩子很活泼，所以很受欢迎。
   이 아이는 굉장히 활발해서 인기가 있다.

2. 我家女儿很活泼。
   우리 집 딸아이는 아주 명랑하다.

3. 我朋友性格很活泼，所以有很多朋友。
   내 친구는 성격이 활발해서 많은 친구가 있다.

4. 她很活泼，所以喜欢说话。
   그녀는 매우 활발해서 말하는 것을 좋아한다.

5. 这个活泼的女孩子是谁？
   이 활발한 여자아이는 누구니?

공략   ◇ 1번 문장 : '受欢迎'은 '인기 있다'라는 표현으로 만일 '~에게 인기가 있다'라고 표현하고 싶다면 '受……(的)欢迎'
을 쓴다.

  📖 受中国人(的)欢迎。 중국인에게 인기 있다. | 受年轻人(的)欢迎。 젊은이들에게 인기 있다.

◇ 2번 문장 : 活泼는 형용사이므로 문장에서 술어로 사용되는 경우 정도부사의 수식을 받는다.

◇ 3번 문장 : 活泼는 일반적으로 '성격(性格)이 활발하다'라고 할 때 쓰는 형용사이다. 한국어 습관에 따라 '활발하게
논다, 활발하게 웃는다'라는 의미로 쓸 경우 잘못된 문장이 된다.

◇ 4번 문장 : 인과 관계 문장을 완성할 경우 일반적으로 '因为……所以……' 호응 구조를 사용하며, 因为는 생략해
도 의미상에 변화는 없다.

◇ 5번 문장 : 형용사 活泼는 명사를 꾸미는 관형어 역할을 할 수 있다.

어휘   ★活泼 huópo 阌 활발하다 | ★性格 xìnggé 阌 성격

4급 **쓰기 공략** 하기

공략 1. 사람의 감정과 태도를 암기하라

쓰기 제2부분에서 사람의 감정이나 태도와 관련된 형용사가 가장 기본적이고 핵심적인 부분이다. 新 HSK 4급에 출제되는 감정, 태도 관련 어휘는 비교적 제한적이므로 반드시 암기하자.

예 1

1단계 그림 파악하기

이 의사는 매우 유머러스하다.
→ 这个医生很**幽默**。

2단계 활용 표현

유머러스한 의사 → **幽默**的医生
성격이 유머러스하다 → 性格很**幽默**
유머 감각 → **幽默**感

3단계 문장 완성하기

① 이 유머러스한 의사는 매우 인기가 있다. → 这位**幽默**的医生很受欢迎。

> **분석** '受欢迎'은 '인기 있다'라는 의미의 동사로 '～에게 인기가 있다'라고 할 때는 '受+대상+欢迎'의 구조를 갖는다.

② 이 의사의 성격은 매우 유머러스하다. → 这个医生的性格很**幽默**。

> **분석** 位와 个 모두 사람을 세는 양사이다.

③ 이 의사는 유머 감각이 풍부하다. → 这个医生**幽默**感很丰富。

> **분석** 이 문장은 주술 술어문으로, 주어는 '这个医生'이고 '幽默感很丰富'가 '주어+술어' 구조이다.

예 2

1단계 그림 파악하기

그들은 모두 매우 우수하다.
→ 他们都很**优秀**。

2단계 활용 표현

성적이 우수하다 → 成绩**优秀**
우수한 학생 → **优秀**的学生

3단계 문장 완성하기

① 그들의 성적은 매우 우수하다. → 他们的成绩很**优秀**。

> **분석** 형용사 술어문은 형용사 앞에 很, 非常, 太 등과 같은 부사가 와야 한다.

② 그들은 모두 우수한 학생이다. → 他们都是很**优秀**的学生。

> 분석   주어가 2명 이상인 복수의 경우, 습관적으로 주어 뒤에 부사 都를 쓴다.

③ 그들은 예의가 바를 뿐 아니라 성적도 우수하다. → 他们不但很有礼貌，而且成绩也很**优秀**。

> 분석   접속사 '不但……而且……'는 '단지 ~일 뿐 아니라 게다가'라는 의미로 두 가지 이상의 상황이나 특징을 점층 구조로 나열할 때 사용된다.

〈 사람의 감정, 자세, 태도와 관련된 형용사의 활용 〉

满意 mǎnyì 만족하다	他们对会议结果很**满意**。 그들은 회의 결과에 만족한다.
愉快 yúkuài 유쾌하다	大家都玩儿得很**愉快**。 모두들 즐겁게 놀고 있다.
★兴奋 xīngfèn 흥분하다	听到那个消息后，大家都很**兴奋**。 그 소식을 들은 후, 모두들 매우 흥분했다.
★激动 jīdòng 감격하다	妹妹**激动**得哭了。 여동생은 감격한 나머지 울었다.
★着急 zháojí 조급하다	别**着急**，我们能准时到。 걱정 마, 우리는 정시에 도착할 수 있어.
★难过 nánguò 괴롭다	他跟女朋友分手了，所以很**难过**。 그는 여자 친구와 헤어져서 괴롭다.
难受 nánshòu 괴롭다	他父亲去世了，所以他很**难受**。 아버지께서 돌아가셔서, 그는 괴롭다.
★伤心 shāngxīn 속상하다	别为这件事**伤心**了。 이 일 때문에 속상해 하지 마라.
诚实 chéngshí 성실하다	他总是很**诚实**。 그는 늘 성실하다.
聪明 cōngming 똑똑하다	他家孩子都很**聪明**。 그 집 아이들은 모두 똑똑하다.
★成熟 chéngshú 성숙하다	他的看法很**成熟**。 그의 견해는 성숙하다.
★活泼 huópo 활발하다	他的性格很**活泼**。 그의 성격은 매우 활발하다.
★耐心 nàixīn 인내심이 있다	你应该**耐心**等。 너는 마땅히 인내심을 가지고 기다려야 한다.
努力 nǔlì 노력하다	他学习非常**努力**。 그는 굉장히 열심히 공부한다.
谦虚 qiānxū 겸손하다	我们应该**谦虚**地学习。 우리는 마땅히 겸손하게 배워야 한다.
★认真 rènzhēn 성실하다	他们都**认真**听讲。 그들은 모두 성실하게 강의를 듣는다.
★细心 xìxīn 세심하다	妈妈**细心**地照顾孩子。 엄마는 세심하게 아이를 돌본다.
勇敢 yǒnggǎn 용감하다	虽然他很小，但是很**勇敢**。 비록 그는 어리지만 매우 용감하다.
★幽默 yōumò 유머러스하다	女的喜欢**幽默**的人。 여자는 유머러스한 남자를 좋아한다.
★优秀 yōuxiù 우수하다	他的成绩很**优秀**。 그의 성적은 매우 우수하다.
友好 yǒuhǎo 우호적이다	他的态度很**友好**。 그의 태도는 우호적이다.
笨 bèn 멍청하다	他很**笨**，所以不懂我们的话。 그는 멍청해서 우리의 말을 이해하지 못한다.
★粗心 cūxīn 세심하지 못하다	工作时不能太**粗心**。 일할 때 너무 덤벙거리면 안 된다.
★害羞 hàixiū 부끄러워하다	我妹妹很**害羞**。 내 여동생은 매우 부끄러워한다.
骄傲 jiāo'ào 교만하다	没有人喜欢**骄傲**的人。 교만한 사람을 좋아하는 사람은 없다.
★马虎 mǎhu 덤벙거리다	你怎么这么**马虎**？ 너 왜 이렇게 덤벙거리니?

바로 체크 (Check!) 다음 단어의 의미를 쓰세요.

❶ 耐心 ___________ ❷ 勇敢 ___________ ❸ 粗心 ___________

❹ 谦虚 ___________ ❺ 笨 ___________ ❻ 活泼 ___________

정답 ❶ 인내심이 있다 ❷ 용감하다 ❸ 세심하지 못하다 ❹ 겸손하다 ❺ 멍청하다 ❻ 활발하다

예제

난이도 上 공략 Key 감정을 나타내는 형용사

激动

1단계 기본 문장 그는 매우 감격했다. → 他很**激动**。

2단계 활용 표현

1. 굉장히 감격한다 → 太**激动**了
2. 너무 감격해서 눈물을 흘렸다 → **激动**得哭了
3. 감격하기 시작했다 → **激动**起来了

3단계 문장 완성하기

1. 그는 그 소식을 들은 후 굉장히 감격했다.
   → 他听到那个消息后太**激动**了。
2. 오늘 그의 아내가 아이를 낳았다. 그래서 그는 너무 감격한 나머지 눈물을 흘렸다.
   → 今天他的爱人生了孩子，所以他**激动**得哭了。
3. 그녀의 편지를 보고 그는 또 다시 감격하기 시작했다.
   → 看到她的信以后，他又**激动**起来了。
4. 그는 너무 감격한 나머지 잠을 이룰 수 없다.
   → 他**激动**得睡不着觉。

공략 激动은 '감격하다, 흥분하다'라는 의미의 형용사로 사람의 감정, 정서를 설명하는 문장에만 사용할 수 있다. 일반적으로 사람이나 혹은 情绪를 주어로 쓴 후, 정도부사나 정도보어로 수식하여 감격한 정도나 상황을 보충하면 된다.

어휘 ★激动 jīdòng 휑 감격하다 | ★哭 kū 동 울다 | ★消息 xiāoxi 명 소식 | ★信 xìn 명 편지

Tip 이합동사 + 방향보어

방향보어는 술어 뒤에 위치하지만 이합동사의 경우 '술어+목적어'의 구조를 가지고 있기 때문에 이합동사 사이에 방향보어가 온다. 만일 복합 방향보어인 경우, 목적어는 来나 去 앞에 놓인다.

睡觉+起来 → 睡**起**觉**来** 잠이 들다   转身+过来 → 转**过**身**来** 몸을 돌리다

형용사는 사람의 성격이나 기분 외에 장소의 분위기나 대상의 성질, 수준 등을 형용하는 말이다. 간혹 동사와 많이 혼동하는데 형용사는 목적어를 가질 수 없는 품사이므로 '음식을 맛있다, 날씨를 시원하다'와 같이 '~을 ~하다'라고 해석했을 때 어색하다면 형용사라고 생각하는 것도 품사를 판단하는 좋은 방법이다.

예

干净

1단계 그림 파악하기

방이 매우 깨끗하다. → 房间很干净。

2단계 활용 표현

깨끗하게 청소한다 → 打扫得很干净

깨끗한 방 → 干净的房间

깨끗하게 청소하다 → 打扫干净

3단계 문장 완성하기

① 그녀는 매일 방을 깨끗하게 청소한다. → 她每天房间打扫得很干净。

> **분석** 형용사 干净이 정도보어로 쓰인 문장이기 때문에 반드시 형용사 앞에 很, 非常과 같은 정도부사를 써야 한다.

② 그녀의 방은 깨끗하고 쾌적하다. → 她的房间又干净又舒适。

> **분석** '又A又B'는 'A이기도 하고 B이기도 하다'라는 의미로 상태나 상황의 병렬 구조를 나타낸다.

③ 그녀는 방을 깨끗하게 청소했다. → 她把房间打扫干净了。

> **분석** 형용사 干净은 동사 바로 뒤에 위치하여 결과보어로 쓰일 수 있다.

〈 분위기, 성질, 수준과 관련된 형용사의 활용 〉

분위기	安静 ānjìng 조용하다	请安静一下，考试就要开始了。 조용히 해주십시오. 시험이 곧 시작됩니다.
	★吵 chǎo 시끄럽다	吵得不能睡觉。 시끄러워서 잠을 잘 수 없다.
	乱 luàn 어지럽다	房间太乱了，快收拾一下。 방이 너무 어지럽다. 얼른 치워라.
	★窄 zhǎi 좁다	这条路太窄，我们过不去。 이 길은 너무 좁아서, 우리는 지나갈 수 없다.
	美丽 měilì 아름답다	这儿的风景很美丽。 이곳의 풍경은 매우 아름답다.
	★危险 wēixiǎn 위험하다	喝酒后不能开车，太危险了。 술을 마신 후 운전하면 안 된다. 너무 위험하다
	热闹 rènao 떠들썩하다	快春节了，所以这里很热闹。 곧 설이다. 그래서 이곳은 매우 북적거린다.

쓰기
제2부분

분위기	★紧张 jǐnzhāng 긴장하다	他们都在紧张地等结果出来。 그들은 모두 결과가 나오기를 긴장하며 기다리고 있다.
	舒服 shūfu 편안하다	这个沙发很舒服。이 소파는 굉장히 편안하다.
	有趣 yǒuqù 재미있다	这部电影很有趣。이 영화는 매우 재미있다.
성질	★厚 hòu 두껍다	这本词典真厚！이 사전은 정말 두껍다!
	★帅 shuài 잘생기다	他长得很帅。그는 잘생겼다.
	脏 zāng 더럽다	你的运动鞋太脏了。네 운동화는 너무 더럽다.
	★困 kùn 졸리다	吃饭后总觉得困。식사 후에는 늘 졸리다.
	安全 ānquán 안전하다	开车时应该注意安全。운전할 때 반드시 안전에 주의해야 한다.
	丰富 fēngfù 풍부하다	他的经验很丰富。그의 경험은 매우 풍부하다.
	★干净 gānjìng 깨끗하다	他把桌子擦得很干净。그는 테이블을 굉장히 깨끗하게 닦았다.
	★新鲜 xīnxian 신선하다	这儿的空气很新鲜。이곳의 공기는 매우 신선하다.
	合适 héshì 적당하다	这件衣服对你很合适。이 옷은 너에게 잘 어울린다.
	奇怪 qíguài 이상하다	他的性格很奇怪。그의 성격은 이상하다.
	清楚 qīngchu 분명하다	你应该看清楚。너는 반드시 분명하게 봐야 한다.
	★详细 xiángxì 상세하다	他给大家详细介绍情况。그는 모두에게 상세히 상황을 소개한다.
	正确 zhèngquè 정확하다	他的答案都很正确。그의 답은 모두 매우 정확하다.
	★正式 zhèngshì 정식적인	他穿得很正式。그는 매우 잘 갖추어 입었다.
	★准时 zhǔnshí 시간에 맞다	我能准时完成任务。나는 제때에 임무를 완수할 수 있다.

	厉害 lìhai 대단하다	风刮得很**厉害**。 바람이 심하게 분다.
수준	★流利 liúlì 유창하다	他英语说得很**流利**。 그는 영어를 유창하게 한다.
	★精彩 jīngcǎi 뛰어나다	这个节目很**精彩**。 이 프로그램은 매우 뛰어나다.
	普遍 pǔbiàn 보편적이다	最近这种现象很**普遍**。 최근 이러한 현상은 매우 보편적이다.

바로 체크 다음 단어의 의미를 쓰세요.

❶ 危险 ＿＿＿＿＿＿＿＿＿   ❷ 流利 ＿＿＿＿＿＿＿＿＿   ❸ 安静 ＿＿＿＿＿＿＿＿＿

❹ 详细 ＿＿＿＿＿＿＿＿＿   ❺ 精彩 ＿＿＿＿＿＿＿＿＿   ❻ 正确 ＿＿＿＿＿＿＿＿＿

정답 ❶ 위험하다   ❷ 유창하다   ❸ 조용하다   ❹ 상세하다   ❺ 뛰어나다   ❻ 정확하다

예제

난이도 中   공략 Key 수준을 나타내는 형용사

流利

1단계 기본 문장

그녀의 영어 실력은 매우 유창하다.

→ 她的英语很**流利**。

2단계 활용 표현

1. 말이 가장 유창한 학급 친구

     → 说得最**流利**的同学

2. 유창하게 말하다 → **流利**地说

3. 말하는 정도가 유창하다 → 说得很**流利**

3단계 문장 완성하기

1. 그녀는 우리 반에서 가장 영어가 유창한 친구이다.

     → 她是我们班里英语说得最**流利**的同学。

2. 그녀는 유창하게 영어를 한다.

     → 她很**流利**地说英语。

3. 그녀는 영어를 하는 정도가 매우 유창하다.

     → 她的英语说得很**流利**。

공략   제시 단어인 流利는 '유창하다'라는 의미의 형용사이다. 말이나 외국어, 글솜씨가 굉장히 뛰어남을 나타낼 때 쓴다. 형용사는 술어적 용법 외에 관형어, 부사어, 보어 등으로 활용되므로 流利를 활용하여 说, 写 등이 술어를 수식하는 문장을 활용하면 된다.

어휘   ★流利 liúlì 휑 유창하다

공략 3. 날씨와 맛을 암기하라

날씨와 맛에 관련된 어휘는 우리의 일상생활과 가장 밀접한 형용사로, 쓰기 제2부분뿐 아니라 듣기, 독해, 쓰기 제1부분에서도 다양하게 활용되고 있으므로 반드시 외워두자.

예

咸

1단계 그림 파악하기

이 탕은 짜다. → 这个汤很**咸**。

2단계 활용 표현

맛이 짜다 → 味道很**咸**

너무 짜다 → **咸**得不得了

조금도 짜지 않다 → 一点也不**咸**

3단계 문장 완성하기

① 이 국은 약간 짜다. → 这个汤味道有点儿**咸**。

　　분석　有点儿은 '조금, 약간'이라는 의미의 부사로 만족스럽지 않음을 나타내며 술어 앞에 위치한다.

② 그가 만든 탕이 너무 짜다. → 他做的汤**咸**得不得了。

　　분석　不得了는 정도가 지나침을 나타내는 정도보어로 형용사나 감정동사 뒤에 위치한다.

③ 이 국은 조금도 짜지 않고 딱 맛있다. → 这个汤一点儿也不**咸**，正好喝。

　　분석　'一点儿也'는 '조금도, 전혀'라는 의미로 부정부사 不나 没有 앞에 위치하여 부정을 강조한다.

⟨ 날씨와 맛과 관련된 형용사 ⟩

暖和 nuǎnhuo 따뜻하다	天气**暖和**了，我们出去散散步吧。날씨가 따뜻해졌다. 우리 나가서 산책하자.
热 rè 덥다	太**热**了，快开空调。너무 덥다. 빨리 에어컨을 켜라.
凉快 liángkuai 서늘하다	秋天又**凉快**又舒服。가을은 시원하고 편안하다.
冷 lěng 춥다	外边很**冷**，出去时应该多穿点儿衣服。 밖이 추우니, 외출할 때 옷을 좀 많이 입어야 한다.
晴 qíng 맑다	天气一会儿**晴**一会儿阴。날이 맑았다가 흐렸다가 한다.
阴 yīn 흐리다	我不喜欢**阴**天。나는 흐린 날을 싫어한다.
湿润 shīrùn 습윤하다	下雨后空气很**湿润**。비가 내린 후 공기는 매우 촉촉하다.
干燥 gānzào 건조하다	北京冬天很**干燥**。베이징의 겨울은 매우 건조하다.
酸 suān 시다	这个橘子太**酸**了。이 귤은 너무 시다.
甜 tián 달다	这些水果又**甜**又新鲜。이 과일들은 달고 신선하다.
咸 xián 짜다	妈妈做的菜有点儿**咸**。엄마가 만든 음식은 조금 짜다.
苦 kǔ 쓰다	咖啡虽然有点**苦**，但是很好喝。커피는 비록 조금 쓰지만 맛있다.
辣 là 맵다	韩国菜**辣**是**辣**，但很好吃。한국 음식은 맵긴 맵지만 맛있다.

 빈칸에 들어갈 알맞은 단어를 고르세요.

❶ 秋天了，天气很____________。 （甜 / 凉快）

❷ 你放糖了吗? 这个汤怎么这么____________? （咸 / 甜）

정답 ❶ 凉快 ❷ 甜

예제

난이도 下　공략 Key 맛과 관련된 형용사

甜

1단계 기본 문장　초콜릿은 매우 달다. → 巧克力很甜。

2단계 활용 표현
1. 맛이 달다 → 味道很甜
2. 달콤한 초콜릿 → 甜甜的巧克力
3. 달고 쌉싸름하다 → 又甜又苦

3단계 문장 완성하기
1. 할아버지가 미국에서 가지고 오신 초콜릿은 굉장히 달콤하다.
   → 爷爷从美国带来的巧克力非常甜。
2. 나는 달콤한 초콜릿을 먹는 걸 좋아한다.
   → 我喜欢吃甜甜的巧克力。
3. 초콜릿 맛은 달고 쌉싸름하다.
   → 巧克力的味道又甜又苦。

공략　초콜릿의 일반적인 맛이 바로 '달콤함'이므로 사진을 보고 제시 단어 甜의 뜻을 유추할 수 있다. '매우 달콤하다'라고 할 때 정도부사 很이나 非常을 사용하는 것 대신 형용사 甜을 중첩할 수도 있다.

어휘　★巧克力 qiǎokèlì 몡 초콜릿 | ★甜 tián 혱 달다 | ★味道 wèidao 몡 맛 | ★苦 kǔ 혱 쓰다

第 1–5 题：看图，用词造句。

1. 帅

2. 厚

3. 脏

4. 正式

5. 困

+ 정답 및 해설_ 해설집 132쪽

JRC 북스 도서 안내

맛있는 회화 NEW	맛있는 중국어 기본서	스피킹 중국어	北京语言大学 목표 달성 중국어	비즈니스	왕초보

입문

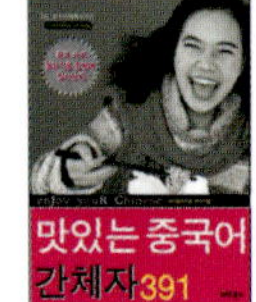
맛있는 중국어 1 上·下

맛있는 중국어 **간체자**

스피킹 중국어 **첫걸음**

스피킹 중국어 **입문**

목표 달성 중국어 1

맛있는 비즈니스 중국어 1 [첫걸음]

중국어 첫걸음 교과서 투게더

초급

맛있는 중국어 2·3

맛있는 중국어 **독해 1·작문 1**

목표 달성 중국어 2

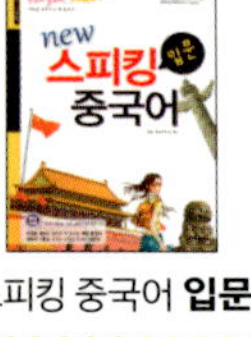
맛있는 비즈니스 중국어 2 [일상 업무]

문법

대한민국에서 가장 쉬운 중국어 문법책

초·중급

맛있는 중국어 4

맛있는 중국어 **독해 2·작문 2**

스피킹 중국어 **초급** 上·下

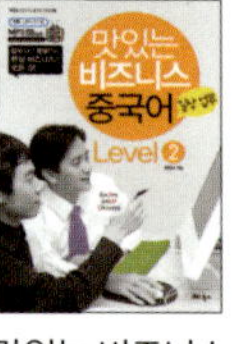
목표 달성 중국어 3

맛있는 비즈니스 중국어 3 [중국 출장]

필수 표현

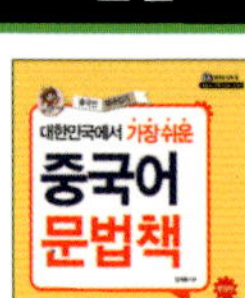
중국유학 갈 때 꼭 가져가야 할 책 필수표현 40 上

중급

맛있는 중국어 5

맛있는 중국어 **어법**

스피킹 중국어 **실력향상**

스피킹 중국어 **중급** 上·下

목표 달성 중국어 4

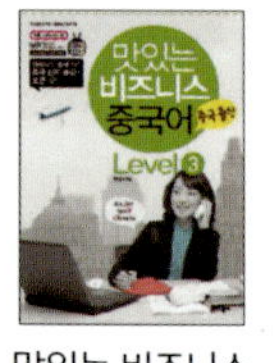
맛있는 비즈니스 중국어 4 [실전 업무]

중국유학 갈 때 꼭 가져가야 할 책 필수표현 40 下

고급

맛있는 중국어 워크북 1~5

맛있는 중국어 **듣기**

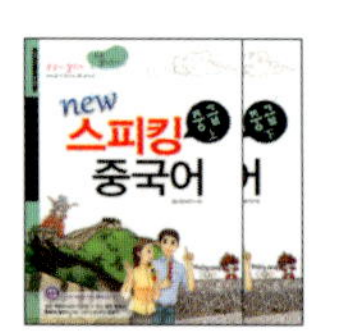
스피킹 중국어 **고급** 上·下

참 쉬운 중국어

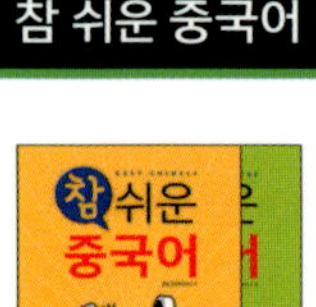
참 쉬운 중국어 1·2

비즈 회화

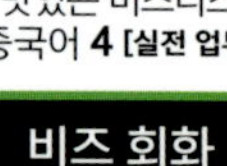
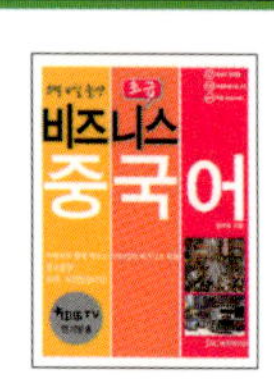
3박 4일 출장 초급 비즈니스 중국어

관광 통역

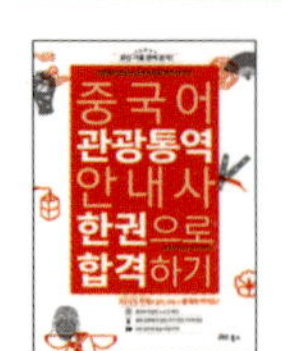
중국어 관광통역 안내사 한권으로 합격하기

JRC 북스

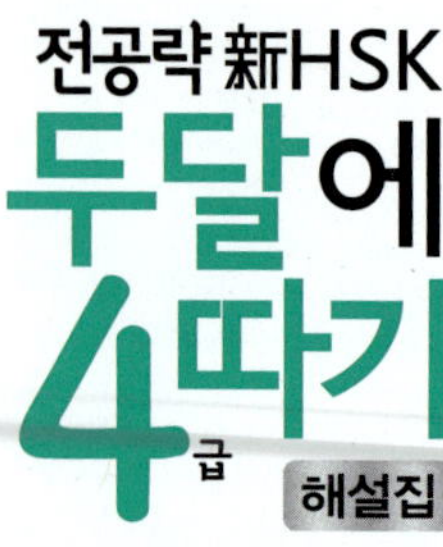

전공략 新HSK

두달에 4급 따기

해설집

개정판 1쇄 발행	2014년 6월 25일
개정판 4쇄 발행	2017년 2월 10일

저자	김미나
기획	JRC 중국어연구소
발행인	김효정
발행처	JRC 북스
등록번호	제300-2002-42호
편집	최정임	이소연	김소연
디자인	신은지	최여랑
제작	박선희
영업	김영한	강민호
홍보	이지연	박선경
웹마케팅	오준석	김희영

주소	JRC 북스 서울 강남구 테헤란로 109, 3층
전화	구입 문의 02.567.3861 / 02.567.3837
	내용 문의 02.567.3860
팩스	02.567.2471
홈페이지	www.booksJRC.com

ISBN	978-89-98444-40-2 14720
	978-89-98444-28-0 (세트)
정가	25,000원

이 도서의 국립중앙도서관 출판시도서목록(CIP)은 서지정보유통지원시스템 홈페이지(http://seoji.nl.go.kr)와
국가자료공동목록시스템(http://www.nl.go.kr/kolisnet)에서 이용하실 수 있습니다. (CIP제어번호 : CIP2014014887)

듣기

제1부분 01day~02day 실전 테스트 4

제2·3부분
대화형 03day~06day 실전 테스트 10

제3부분
단문형 07day~09day 실전 테스트 26

독해

제1부분 10day~14day 실전 테스트 38

제2부분 15day~22day 실전 테스트 51

제3부분 23day~28day 실전 테스트 75

쓰기

제1부분 29day~37day 실전 테스트 95

제2부분 38day~40day 실전 테스트 127

실전 모의고사 135

기초 실력 테스트 정답 170

📅 01 day 듣기도 암기가 필요하다

🎧 01-9 **본책_ 43쪽**

정답 1. × 2. √ 3. √ 4. √ 5. √ 6. √ 7. × 8. × 9. × 10. ×

---

1   난이도 下 공략 Key 有益의 의미 파악

天天喝一杯葡萄酒是对身体有益的，但是也不能喝太多，喝太多酒肯定对身体有坏处。

★ 每天喝葡萄酒对身体不好。(×)

날마다 포도주 한 잔씩 마시는 것은 건강에 유익하다. 그러나 또 너무 많이 마시면 안 된다. 술을 너무 많이 마시면 분명 건강에 해로운 점이 있다.

★ 매일 포도주를 마시는 것은 건강에 좋지 않다. (×)

공략 마지막 부분에 술을 마시면 건강에 해롭다고 했지만 이는 술을 너무 많이 마셨을 경우에 좋지 않다는 것이고, 본문 첫 부분에 날마다 포도주 한 잔씩 마시는 것은 건강에 좋다고 했으므로 정답은 틀린 것이다.

어휘 葡萄酒 pútáojiǔ 몡 포도주 │ 有益 yǒuyì 혭 유익하다 │ 肯定 kěndìng 틧 분명 │ ★坏处 huàichu 몡 단점, 해로운 점

---

2   난이도 中 공략 Key 유의어 활용

小周从小就养成了早睡早起的习惯，每天早上六点准时起床，晚上11点准时睡觉，这个习惯一直坚持到现在，长大以后也没有改变过。

★ 小周每天都按时睡觉。(√)

샤오저우는 어릴 때부터 일찍 자고 일찍 일어나는 습관을 길렀다. 매일 아침 6시에 일어나고 저녁 11시에 잠을 잔다. 이 습관은 지금까지 계속 유지되어 어른이 되어서도 바뀐 적이 없다.

★ 샤오저우는 매일 제시간에 잠을 잔다. (√)

공략 샤오저우는 매일 저녁 11시에 잠을 잔다고 했으므로 정답은 옳은 것이다. 부사 按时는 准时의 유의어로 '정시에, 제때에'라는 의미를 나타낸다.

어휘 养成 yǎngchéng 됭 기르다 │ 习惯 xíguàn 몡 습관 │ ★准时 zhǔnshí 틧 제때에 │ ★坚持 jiānchí 됭 견지하다

---

3   난이도 上 공략 Key 面对面의 의미 파악

网络的使用是为了方便人与人的交流，可是当人们都使用网络之后，面对面的交流却减少了。

★ 网络减少了人们面对面的交流。(√)

인터넷의 사용은 사람과 사람의 교류를 편리하게 하기 위해서이다. 하지만 사람들이 인터넷을 사용한 이후 얼굴을 마주한 교류는 오히려 줄어들었다.

★ 인터넷은 사람들의 얼굴을 마주한 교류를 감소시켰다. (√)

공략 일반적으로 역접의 접속사 可是, 但是 뒤에는 작가나 화자의 의견이 제시된다. 전반부에 인터넷은 사람들의 교류를 편리하게 만들었다고 했지만 可是 이후의 내용에서는 오히려 직접 만나는 교류가 줄어들었다고 했으므로 정답은 옳은 것이다.

어휘 ★网络 wǎngluò 몡 인터넷 │ 使用 shǐyòng 됭 사용하다 │ 交流 jiāoliú 됭 교류하다 │ 减少 jiǎnshǎo 됭 감소하다

4

顾客朋友们，你们好，欢迎大家来金牌小店。今天我们搞促销活动，<u>全场商品打9折</u>，买两件还送一件，请大家尽情选购。

고객 여러분, 안녕하십니까? 저희 금메달상점을 찾아주셔서 감사드립니다. 오늘 저희는 판촉 행사를 열고 있습니다. <u>전 상품이 10% 할인 중이며</u>, 2개를 사시면 1개를 더 드립니다. 모두들 즐거운 쇼핑 되시길 바랍니다.

★ 今天这家商店打9折。(√)

★ 오늘 이 상점은 10% 할인한다. (√)

공략　이 상점은 오늘 두 가지 할인 행사를 동시에 열고 있다. 전 상품이 10% 세일을 하고 2개를 사면 1개를 더 주는 행사이다. 문제에서는 그중 한 가지 행사를 언급하고 있으므로 정답은 옳은 것이다.

어휘　★顾客 gùkè 명 고객 | 金牌 jīnpái 명 금메달 | 小店 xiǎodiàn 명 상점 | 搞 gǎo 동 하다 | 促销活动 cùxiāo huódòng 명 판촉 행사 | 商品 shāngpǐn 명 상품 | 尽情 jìnqíng 부 마음껏 | 选购 xuǎngòu 동 구매하다

5

<u>怀疑精神对社会的发展起很大的作用。</u>因为怀疑精神不仅能让人们发现新问题，还能让人们找到解决问题的方法。

<u>의심은 사회의 발전에 큰 작용을 한다.</u> 왜냐하면 의심은 사람들이 새로운 문제를 발견할 수 있도록 하고, 또한 문제 해결의 방법을 찾게 해주기 때문이다.

★ 怀疑精神有积极作用。(√)

★ 의심은 적극적인 작용을 한다. (√)

공략　积极는 '적극적이다'라는 의미로 그 역할이 광범위하다는 것을 나타낸다. 접속사 '不仅……还……'로 나열되는 의심에 관한 여러 가지 역할들을 비추어볼 때 정답은 옳은 것이다.

어휘　★怀疑 huáiyí 동 의심하다 | 精神 jīngshén 명 정신 | ★解决 jiějué 동 해결하다 | 积极 jījí 형 적극적이다

6

<u>刘老板乘坐的航班延迟了</u>，你不用着急去机场接他，我估计两点出发也赶得上。

<u>류 사장님이 탑승한 비행기가 연착해서</u>, 서둘러 공항에 그를 마중갈 필요가 없다. 2시에 출발해도 늦지 않을 것이다.

★ 刘老板是坐飞机来的。(√)

★ 류 사장님은 비행기를 타고 온다. (√)

공략　'刘老板乘坐的航班'이라는 말을 통해 류 사장님이 비행기를 타고 온다는 것을 알 수 있다. 航班은 '항공편'이라는 뜻으로 飞机와 관련된 어휘이니, 함께 알아두자.

어휘　老板 lǎobǎn 명 사장님 | ★乘坐 chéngzuò 동 타다 | 航班 hángbān 명 항공 노선, 운항편 | 延迟 yánchí 동 연착하다 | ★着急 zháojí 형 조급하다 | 估计 gūjì 동 짐작하다 | 赶得上 gǎndeshàng 동 늦지 않다

7

小刘是性格活泼和热情的姑娘，虽然我和她只见过一面，<u>但是给我留下了很深的印象</u>，我希望近期再见到她面。

샤오류는 성격이 활발하고 친절한 아가씨이다. 비록 나는 그녀와 단 한 번 만났지만, <u>나에게 아주 깊은 인상을 남겼다.</u> 나는 빠른 시일 내에 그녀를 다시 만나고 싶다.

★ 他对小刘没什么印象。(×)

★ 그는 샤오류에 대해 아무 인상도 없다. (×)

공략 　문제 가운데 什么는 명사 印象을 꾸며주는 강조의 역할을 할 뿐 의미적으로 큰 변화를 일으키지는 않는다. 본문 가운데 나에게 깊은 인상을 남겼음을 직접적으로 말하고 있으므로 정답은 틀린 것이다.

어휘 　性格 xìnggé 몡 성격 | ★活泼 huópo 혱 활발하다 | ★热情 rèqíng 혱 친절하다 | 姑娘 gūniang 몡 아가씨 | 印象 yìnxiàng 몡 인상 | 近期 jìnqī 몡 가까운 장래

8 　　　　　　　　　　　　　　　　　　　　　　　　난이도 上　공략 Key 일반적 의견 찾기

大部分人觉得在路上唱歌很辛苦，没有多少收入，但是我觉得他们的生活真够浪漫的。天天都能做自己喜欢做的事情，肯定很开心。

★ 很多人觉得路上歌手很浪漫。(×)

대부분의 사람들은 길에서 노래 부르는 것이 힘들고 별 수입도 없다고 여긴다. 하지만 나는 그들의 생활이 정말 낭만적이라고 생각한다. 날마다 자신이 하고 싶은 일을 할 수 있으니, 틀림없이 아주 즐거울 것이다.

★ 많은 사람들은 길거리 가수들이 아주 낭만적이라고 여긴다. (×)

공략 　大部分은 '대부분'이라는 의미를 가지는 명사로 '很多'로 바꿔 표현할 수 있다. 문제에서는 많은 사람들이 낭만적으로 여긴다고 했지만, 본문에서 대부분의 사람들이 부정적으로 생각하고 있다고 했으므로 정답은 틀린 것이다.

어휘 　大部分 dàbùfen 몡 대부분 | 辛苦 xīnkǔ 혱 고생스럽다 | 收入 shōurù 몡 수입 | 真够 zhēn gòu 정말, 참 | ★浪漫 làngmàn 혱 낭만적이다 | 肯定 kěndìng 뿐 확실히, 틀림없이 | ★开心 kāixīn 혱 즐겁다

9 　　　　　　　　　　　　　　　　　　　　　　　　난이도 下　공략 Key 글의 주체 찾기

丈夫考虑了很久，终于同意让儿子和朋友去旅游，不过他要求儿子一定要注意安全，每天都要跟家人联系。

★ 丈夫要和儿子一起去。(×)

남편은 한참을 고려한 끝에, 결국 아들이 친구와 여행 가는 것을 허락했다. 하지만 그는 아들에게 반드시 안전에 주의하고 매일 가족들에게 연락해야 한다고 요구했다.

★ 남편은 아들과 함께 가려고 한다. (×)

공략 　丈夫와 儿子라는 두 인물의 출현에만 집중한다면 오류를 범하기 쉬운 문제이다. 때문에 전체적인 문장을 정확히 파악해야 한다. 본문에서 아들과 친구가 여행 간다고 했으므로 정답은 틀린 것이다.

어휘 　考虑 kǎolǜ 통 고려하다 | ★终于 zhōngyú 줩 결국 | 同意 tóngyì 통 동의하다 | ★联系 liánxì 통 연락하다

10 　　　　　　　　　　　　　　　　　　　　　　　난이도 上　공략 Key 유의어 활용

你看昨天晚上那场足球比赛了没有？一个半小时踢进了六个球。一直到最后5分钟才分出输赢，实在是太精彩了。

★ 昨天比赛不分胜败。(×)

너 어젯밤에 축구 경기 봤니? 한 시간 반 동안 6골이나 들어갔어. 마지막 5분에야 승패가 결정이 났지. 정말 대단했어.

★ 어제 경기는 승패가 나지 않았다. (×)

공략 　경기 종료 5분 전에 승패가 갈렸다고 했으므로 승패가 나지 않았다는 문제는 틀린 것이다. 输赢과 胜败는 모두 '승패'라는 의미이다.

어휘 　比赛 bǐsài 몡 경기 | ★输赢 shūyíng 몡 승패 | 实在 shízài 뿐 정말로 | ★精彩 jīngcǎi 혱 뛰어나다 | ★胜败 shèngbài 몡 승패

🎧 02-7 **본책_ 49쪽**

| 정답 | 1. × | 2. √ | 3. × | 4. × | 5. √ | 6. × | 7. √ | 8. √ | 9. × | 10. √ |

---

1 난이도 中 공략 Key 如果를 사용한 가정 표현

如果一个人真正努力过了，那么就不需要太关心结果。因为无论是成功还是失败，在努力的过程中我们能学到很多东西。

★ 成功是最重要的。(×)

만일 한 사람이 진정으로 노력을 다했다면, 결과에 너무 관심을 가질 필요는 없다. 왜냐하면 성공이든 실패이든 상관없이 노력하는 과정에서 우리는 많은 것들을 배울 수 있기 때문이다.

★ 성공이 가장 중요하다. (×)

공략 如果는 가정을 이끄는 접속사로 뒤 절의 那么就와 호응한다. 이 구문에서 노력을 강조하고 있으므로 정답은 틀린 것이다.

어휘 真正 zhēnzhèng 图 진정으로 | 关心 guānxīn 图 관심을 두다 | 结果 jiéguǒ 阅 결과 | ★无论 wúlùn 图 ~을 막론하고 | ★成功 chénggōng 阅 성공 | 失败 shībài 阅 실패 | 过程 guòchéng 阅 과정

---

2 난이도 中 공략 Key '又……又……' 병렬 표현

结婚是一件让人幸福的事，因为我们将要开始新的生活。结婚也是一件让人难过的事，因为自己享受生活的机会将变得很少。

★ 结婚让人又幸福又难过。(√)

결혼은 사람을 행복하게 만드는 일이다. 왜냐하면, 우리는 곧 새로운 생활을 시작하게 되기 때문이다. 결혼은 또한 사람을 괴롭게 만드는 일이다. 왜냐하면 혼자 생활을 즐기는 기회가 줄어들기 때문이다.

★ 결혼은 사람을 행복하게 하기도 하고 괴롭게 하기도 한다. (√)

공략 문제에 제시된 '又……又……'는 상태나 동작을 병렬하는 구조로, '또 ~하고, 또 ~하다'라는 의미이다. 본문에서 결혼의 장단점을 동시에 나열하고 있으므로 정답은 옳은 것이다.

어휘 结婚 jiéhūn 阅 결혼 | ★幸福 xìngfú 图 행복하다 | 将要 jiāngyào 图 장차(곧) ~하려고 하다 | 生活 shēnghuó 阅 생활 | ★难过 nánguò 图 괴롭다 | 享受 xiǎngshòu 图 누리다 | 机会 jīhuì 阅 기회

---

3 난이도 下 공략 Key 조동사 想의 의미 파악

大学毕业后我想出国留学，我觉得留学对年轻人来说将是一次宝贵的经历，不同的语言、历史、文化等，会让我更深地认识到这个世界。

★ 他是一个留学生。(×)

대학 졸업 후 나는 외국으로 유학을 갈 생각이다. 나는 유학이 젊은이에게 있어 장차 하나의 귀중한 경험이 되어, 다른 언어, 역사, 문화 등이 이 세계에 대해 더욱 깊이 알 수 있게 한다고 생각한다.

★ 그는 유학생이다. (×)

공략 그는 졸업 이후에 유학을 갈 생각이라고 했기 때문에 아직 졸업하지 않았다는 것을 알 수 있다. 조동사 想은 '~하고 싶다', 숲는 '~할 수 있다'라는 의미로 미래에 대한 소망과 가능성을 나타낸다.

어휘 留学 liúxué 图 유학하다 | ★对……来说 duì……lái shuō ~에 대해 말하자면 | 将 jiāng 图 장차 | 宝贵 bǎoguì 图 귀중하다 | 经历 jīnglì 阅 경험 | ★不同 bùtóng 图 다르다 | 深 shēn 图 깊다 | 世界 shìjiè 阅 세계

---

4   난이도 中   공략 Key 가정 구조 접속사

放心吧，今天的手术非常成功，现在已经没有生命危险了。如果再晚几天恐怕就来不及了。

★ 手术已经来不及了。(×)

안심하십시오, 오늘 수술은 굉장히 성공적입니다. 현재 이미 생명의 위험은 없어졌습니다. 만일 며칠 더 늦었더라면 아마도 더는 손쓸 수 없었을 것입니다.

★ 수술은 이미 시기를 놓쳤다. (×)

공략 수술은 이미 성공적으로 끝났다. 본문 가운데 来不及라는 말이 나오긴 하지만 이것은 가정 접속사 如果의 결과로 '만일 며칠 더 늦게 수술을 했더라면 늦었을 것이다'라는 추측에서 나온 것이다. 정답은 틀린 것이다.

어휘 放心 fàngxīn 휑 안심하다 | 手术 shǒushù 명 수술 | 成功 chénggōng 휑 성공적이다 | 生命 shēngmìng 명 생명 | ★危险 wēixiǎn 명 위험 | 恐怕 kǒngpà 툇 아마도 | ★来不及 láibují 동 늦다

---

5   난이도 下   공략 Key 점층 구조 접속사

世界杯比赛不但引起了很多世界观众的关注，也吸引了许多公司。那些公司相信通过赛场上的广告，能让世界各地的人了解他们。

★ 世界杯引起了很多公司的关注。(√)

월드컵 경기는 많은 세계 관중의 관심을 불러일으켰을 뿐 아니라 또한 많은 회사를 끌어당겼다. 그 회사들은 경기장의 광고를 통해 세계 각지의 사람들에게 그들을 알릴 수 있을 것이라고 믿는다.

★ 월드컵은 많은 회사의 관심을 끌어당겼다. (√)

공략 '不但……也……'는 점층 구조 접속사로 '단지 ~일 뿐 아니라 또한 ~이다'라는 의미를 가지고 있다. 본문에서 월드컵은 세계 각지 사람들뿐 아니라, 많은 회사를 끌어당긴다고 말했으므로 정답은 옳은 것이다.

어휘 引起 yǐnqǐ 동 불러일으키다 | 关注 guānzhù 명 관심 | ★吸引 xīyǐn 동 끌어당기다 | 许多 xǔduō 휑 많다 | 通过 tōngguò 개 ~을 통하여 | 赛场 sàichǎng 명 경기장 | 广告 guǎnggào 명 광고 | 各地 gèdì 명 각지 | 了解 liǎojiě 동 알다

---

6   난이도 上   공략 Key 부사 却의 의미 파악

小时候她希望自己将来成为一个有名的演员，长大后她却成为一名优秀的医生，用自己的医疗知识来帮助别人。

★ 她现在是有名的演员。(×)

어린 시절 그녀는 자신이 장차 유명 연기자가 되기를 희망했다. 어른이 된 후 그녀는 오히려 훌륭한 의사가 되어, 자신의 의료 지식을 사용하여 다른 사람을 도왔다.

★ 그녀는 현재 유명한 연기자이다. (×)

공략 본문은 화자의 어린 시절의 꿈과 어른이 된 후의 직업을 대비하고 있다. 어린 시절의 꿈은 연기자였으나, 현재는 의사가 되어 사람들을 돕고 있다고 했으므로 정답은 틀린 것이다.

어휘 成为 chéngwéi 동 ~이 되다 | 有名 yǒumíng 휑 유명하다 | 演员 yǎnyuán 명 연기자 | ★长大 zhǎngdà 동 어른이 되다 | 却 què 툇 오히려 | ★优秀 yōuxiù 휑 우수하다 | 用……来 yòng……lái ~을 사용하는 것으로써 | 医疗 yīliáo 명 의료 | 知识 zhīshi 명 지식

---

7   난이도 中   공략 Key 유사 표현 찾기

第一印象，是指在第一次见面时给别人留下的印象。第一印象往往是最深的，而且不容易改变。

★ 第一印象很难忘记。(√)

첫인상은 맨 처음 만났을 때 다른 사람에게 남기는 인상을 가리킨다. 첫인상은 종종 가장 깊고, 게다가 바꾸기 쉽지 않다.

★ 첫인상은 잊기 어렵다. (√)

공략 '不容易＋동사'는 '～하기 쉽지 않다', '很难＋동사'는 '～하기 어렵다'라는 의미를 가지고 있다. 본문에서 첫인상은 바뀌기
쉽지 않다고 했으므로 '잊기 어렵다'는 문제와 같은 의미이다.

어휘 ★印象 yìnxiàng 몡 인상 | 留下 liúxià 통 남기다 | 往往 wǎngwǎng 뷔 종종, 자주 | 深 shēn 혱 깊다 | 改变 gǎibiàn 통
바꾸다 | ★忘记 wàngjì 통 잊다

---

8   난이도 上   공략 Key 동사 羡慕의 의미 파악

　　小王是一个非常聪明的人。他上大学时
成绩非常优秀，因此每年都能拿到奖学金。
毕业后，<u>他又顺利地找到了一份让别人羡慕
的工作。</u>

★ 小王找到了很好的工作。（ √ ）

　　샤오왕은 매우 똑똑한 사람이다. 그는 대학 시절에
성적이 우수하여 매년 늘 장학금을 받을 수 있었다.
졸업 후, <u>그는 또한 순조롭게 다른 사람들이 부러워하
는 직장을 찾았다.</u>

★ 샤오왕은 좋은 직장을 찾았다. (√)

공략 샤오왕은 졸업 후 다른 사람들이 부러워하는 직장을 찾았다고 본문에서 말하고 있으므로 정답은 옳은 것이다.

어휘 奖学金 jiǎngxuéjīn 몡 장학금 | 顺利 shùnlì 혱 순조롭다 | 份 fèn 양 일을 세는 단위 | ★羡慕 xiànmù 통 부러워하다

---

9   난이도 上   공략 Key 尽管으로 화자의 의도 찾기

　　儿子昨晚一直咳嗽，我今天带他去医院，
大夫给他打了一针。<u>四岁的儿子尽管很害怕
打针</u>，不过他没有哭。

★ 儿子很愿意打针。（ × ）

　　아들이 어제저녁에 계속 기침을 해서, 나는 오늘 아
이를 데리고 병원에 갔다. 의사 선생님이 아이에게 주
사를 한 대 놓았는데, <u>네 살배기 아들은 비록 주사 맞
는 것이 무서웠지만</u> 울지 않았다.

★ 아들은 주사 맞는 것을 원한다. (×)

공략 아이가 주사 맞을 때 울지는 않았지만 주사 맞는 것을 두려워했기 때문에 정답은 틀린 것이다.

어휘 ★咳嗽 késou 통 기침하다 | 打针 dǎzhēn 통 주사 놓다 | ★尽管 jǐnguǎn 젭 비록 ～이지만 | 害怕 hàipà 통 무서워하다 |
愿意 yuànyì 통 원하다

---

10   난이도 上   공략 Key 형용사 及时의 의미 파악

　　大部分年轻人选择上网看新闻，因为他
们觉得这样很方便，<u>网站的新闻报道更及
时</u>，内容也更详细、丰富。

★ 网站的报道速度更快。（ √ ）

　　대부분의 젊은 사람은 인터넷으로 뉴스 보는 것을
선택한다. 왜냐하면 그들은 이렇게 하는 것이 편리하
고, 웹 사이트의 뉴스 보도가 훨씬 빠르며, 내용 역시
상세하고 풍부하다고 생각하기 때문이다.

★ 웹 사이트의 보도 속도가 훨씬 빠르다. (√)

공략 及时는 '시기적절하다'라는 의미로 문제에 제시된 '速度快'와 비슷한 의미를 나타낸다.

어휘 上网 shàngwǎng 통 인터넷을 하다 | ★新闻 xīnwén 몡 뉴스 | 网站 wǎngzhàn 몡 웹 사이트 | 报道 bàodào 몡 보도 |
及时 jíshí 혱 시기적절하다 | ★详细 xiángxì 혱 자세하다 | ★丰富 fēngfù 혱 풍부하다 | 速度 sùdù 몡 속도

03 day 들리는 것이 전부가 아니다 — 언제, 어디서

🔊 03-7　본책_ 57쪽

정답　1. D　2. A　3. B　4. C　5. C　6. C　7. B　8. A　9. C　10. A

1　난이도 下　공략 Key 시간사 后天

男：我刚才在网上买了运动鞋。估计后天中午送到。那天你在家吗？

女：那天没什么事儿，钱交了吧？

问：运动鞋哪天能送到？

A 周末　　B 下星期　　C 今天　　**D 后天**

남: 내가 조금 전에 인터넷에서 운동화를 샀는데, 아마 모레 점심 때 도착할 것 같아. 그때 너 집에 있을 거니?

여: 그날은 아무 일도 없어. 돈은 냈지?

질문: 운동화는 언제 도착하나?

A 주말　　B 다음 주　　C 오늘　　**D 모레**

공략　본문에서 직접적으로 后天이라고 언급하고 있으므로 정답은 D가 된다.

어휘　★网上 wǎngshàng 몡 인터넷 | 运动鞋 yùndòngxié 몡 운동화 | ★估计 gūjì 통 예측하다 | 交 jiāo 통 내다

2　난이도 中　공략 Key 시량보어

女：刚才导游说还要有多久才能到机场？

男：开十分钟就到了，我本来以为还得一个小时呢。

问：到机场还要多长时间？

A 十分钟　　　　B 一个小时
C 很长时间　　　D 几个小时

여: 방금 전 가이드가 얼마나 더 있어야 공항에 도착할 수 있다고 했니？

남: 10분 후면 바로 도착한대. 나는 원래 1시간은 걸릴 줄 알았는데 말이야.

질문: 공항에 도착하는 데 얼마나 더 걸리는가？

A 10분　　　　B 1시간
C 오랜 시간　　D 몇 시간

공략　以为는 '～라 여기다'라는 의미의 동사인데, 여기에는 '오해했다'라는 어감이 담겨 있다. 따라서 以为 뒷부분의 1시간은 혼자 오해한 것이고, 앞부분의 10분이 정답이 된다

어휘　★导游 dǎoyóu 몡 가이드 | ★机场 jīchǎng 몡 공항 | 以为 yǐwéi 통 ～라 여기다 | 得 děi 통 필요하다, 걸리다

3　난이도 中　공략 Key 동작을 통한 시간 유추

男：你有没有兴趣看看沙发？有个朋友说这家具店的沙发质量又好，价钱又便宜。

女：下午还有会议，我们下班后，再来看吧。

问：女的是什么意见？

A 以后再说　　　**B 下班后再来**
C 不买家具　　　D 下午再来

남: 너 소파 보는 데 관심 있니? 어떤 친구가 이 가구점의 소파는 품질도 좋고, 가격도 싸다고 말하더라고.

여: 오후에 회의도 있잖아. 우리 퇴근한 후에 다시 보러 오자.

질문: 여자는 어떤 의견인가？

A 나중에 다시 말하자　　**B 퇴근 후에 다시 오자**
C 가구를 사지 않는다　　D 오후에 다시 오자

공략　대화 속에 '下午, 下班后'라는 두 가지 시간이 나온다. 여자는 오후에는 회의가 있으니 퇴근한 후에 다시 오자고 했으므로

정답은 B가 된다.

어휘 沙发 shāfā 몡 소파 | 家具店 jiājùdiàn 몡 가구점 | ★质量 zhìliàng 몡 품질 | ★价钱 jiàqian 몡 가격

4   난이도 下   공략 Key   장소 관련 어휘

男: <u>家附近有没有工商银行呀?</u> 我的信用卡
    该还钱了。
女: 不是对面就有一个吗? 从窗户那儿就能
    看见。
 	
问: 男的要去哪儿?
 	
A 工厂   B 商店   Ⓒ 银行   D 家具店
	남: <u>집 근처에 공상은행이 있니?</u> 신용 카드 값을 내야
	    해.
	여: 맞은편에 하나 있지 않아? 창문 쪽에서 볼 수 있어.
	
	질문: 남자는 어디에 가려고 하는가?
	
	A 공장 B 상점 Ⓒ 은행 D 가구점

공략   남자는 집 근처에 공상은행이 있는지 없는지를 묻고 있으므로 은행에 가려고 하는 것을 쉽게 알 수 있다. 여자의 말 중 '不是对面就有一个吗?'에서 '不是……吗?'는 '~이 아닌가', 즉 '바로 ~이다'라는 반어적 표현이다.

어휘   附近 fùjìn 몡 근처 | 工商银行 Gōngshāng Yínháng 몡 공상은행 | ★信用卡 xìnyòngkǎ 몡 신용 카드 | 该……了 gāi ……le 마땅히 ~해야 한다 | 还钱 huánqián 됭 돈을 갚다 | ★窗户 chuānghu 몡 창문 | 工厂 gōngchǎng 몡 공장

5   난이도 下   공략 Key   기념일 관련 어휘

男: 怎么突然想起买蛋糕和花儿了呢? 这送
    谁啊?
女: <u>今天是母亲节。</u> 你不会忘了吧, 你也快
    去买礼物吧!
 	
问: 女的为什么准备东西了?
 	
A 妈妈过生日
B 送给父亲
Ⓒ 今天母亲节
D 今天情人节
	남: 왜 갑자기 케이크랑 꽃을 살 생각을 한 거야? 이
	    거 누구 주려고?
	여: <u>오늘은 어머니날이잖아.</u> 너 잊어버린 거 아니지?
	    너도 빨리 선물 사러 가.
	
	질문: 여자는 왜 물건을 준비하는가?
	
	A 어머니 생일이라서
	B 아버지께 드리려고
	Ⓒ 오늘이 어머니날이라서
	D 오늘이 밸런타인데이라서

공략   남자의 질문에 여자는 오늘이 어머니날이라고 대답했으므로, 정답이 C라는 것을 알 수 있다.

어휘   突然 tūrán 뷔 갑자기 | 蛋糕 dàngāo 몡 케이크 | 母亲节 Mǔqīnjié 몡 어머니날 | 情人节 Qíngrénjié 몡 밸런타인데이

6   난이도 中   공략 Key   사무실 관련 어휘

女: <u>经理, 您对刚搬的办公室环境满意吗?</u>
男: 很满意, 大家都辛苦了。
女: 没有, 都是按照您的要求设计的。
男: 你可以带我去看看别的地方吗?
 	
问: 他们可能在什么地方?
 	
A 理发店   B 餐厅   Ⓒ 公司   D 学校
	여: <u>사장님, 새로 옮긴 사무실 환경은 마음에 드십니
	    까?</u>
	남: 아주 마음에 드는군요. 모두들 수고했어요.
	여: 아닙니다. 모두 다 사장님께서 요구하신 대로 설계
	    한 것입니다.
	남: 다른 곳을 보여줄 수 있나요?
	
	질문: 그들은 아마도 어디에 있는가?
	
	A 이발소 B 식당 Ⓒ 회사 D 학교

공략   经理와 办公室라는 핵심 어휘를 통해 그들이 있는 장소가 公司라는 것을 알 수 있다.

어휘   ★搬 bān 됭 옮기다 | ★环境 huánjìng 몡 환경 | 理发店 lǐfàdiàn 몡 이발소 | 餐厅 cāntīng 몡 식당

男：这个月这种巧克力一共卖了多少？
女：大概一千多盒吧。比上个月卖得好。
男：是因为最近有"买一送一"的活动吗？
女：这是一方面。另外一个重要原因是快到情人节了。顾客比平时多了一倍。

问：顾客比平时多的主要原因是：

A 打折活动
Ⓑ 要情人节了
C 免费送巧克力
D 价格便宜

남: 이번 달에 이 종류의 초콜릿이 모두 얼마나 팔렸나요?
여: 대략 1,000여 박스입니다. 지난달보다 판매가 좋습니다.
남: 최근 '1+1' 행사를 하고 있기 때문인가요?
여: 그것도 한 이유입니다만, 더 중요한 원인은 곧 밸런타인데이라서, 고객이 평소보다 두 배 늘어났습니다.

질문: 고객이 평소보다 많은 주요 원인은?

A 할인 행사 때문이다
Ⓑ 곧 밸런타인데이이기 때문이다
C 무료로 초콜릿을 증정하기 때문이다
D 가격이 싸기 때문이다

공략 여자는 곧 밸런타인데이가 다가오는 것을 큰 원인으로 꼽고 있기 때문에 정답은 B가 된다. '快……了'와 '要……了' 모두 '곧 ~한 일이 발생한다'는 의미이다.

어휘 巧克力 qiǎokèlì 몡 초콜릿 | ★大概 dàgài 뷔 대략 | 盒 hé 양 박스 | 送 sòng 통 증정하다 | 活动 huódòng 몡 행사 | 原因 yuányīn 몡 원인 | 顾客 gùkè 몡 고객 | 平时 píngshí 몡 평소 | ★一倍 yí bèi 두 배 | ★免费 miǎnfèi 혱 무료의

女：你听到消息了吗？小刘住院了。
男：他怎么了？什么时候住院了？严重吗？
女：昨天上午，具体情况我也不太清楚。
男：那今天下午我们去看看他。

问：小刘现在在哪儿？

Ⓐ 医院　　B 餐厅　　C 大使馆　D 公园

여: 너 소식 들었니? 샤오류가 입원했대.
남: 무슨 일이야? 언제 입원했는데? 심각하니?
여: 어제 오전, 구체적인 상황은 나도 잘 모르겠어.
남: 그럼 오늘 오후에 좀 보러 가자.

질문: 샤오류는 지금 어디에 있는가?

Ⓐ 병원　　B 식당　　C 대사관　D 공원

공략 住院은 '입원하다'라는 의미의 동사로 이를 통해 샤오류가 병원에 있다는 것을 알 수 있다. 반대말은 '出院(퇴원하다)'이다.

어휘 ★消息 xiāoxi 몡 소식 | 住院 zhùyuàn 통 입원하다 | ★严重 yánzhòng 혱 심각하다 | 具体 jùtǐ 혱 구체적이다 | ★情况 qíngkuàng 몡 상황 | 清楚 qīngchu 혱 분명하다 | 大使馆 dàshǐguǎn 몡 대사관

男：黄教授，没想到在这里遇到您。您去哪儿？
女：去上海参加一个论文报告会。你要去旅游吗？
男：不是，我是来接我弟弟的。您是几点的飞机？
女：两点的。不过我刚听广播里说飞机要推迟一小时起飞。

问：飞机什么时候起飞？

남: 황 교수님, 여기서 만나 뵙게 될 줄 생각지도 못했습니다. 어디 가시나요?
여: 상하이로 논문 발표회에 참석하러 가요. 여행 가는 건가요?
남: 아니요. 전 남동생을 마중하러 왔습니다. 몇 시 비행기예요?
여: 2시요. 그런데 방금 전 방송을 들으니 비행기가 1시간 늦게 이륙한다고 하더라고요.

질문: 비행기는 언제 이륙하는가?

| A 1点　　B 2点　　**Ⓒ 3点**　　D 4点 | A 1시　　B 2시　　**Ⓒ 3시**　　D 4시 |

공략　비행기의 이륙 시간은 원래 2시이지만 방송에서 1시간 늦게 이륙한다고 했으므로 3시가 정답이 된다. '一小时'는 '1시'가 아닌 '1시간'이라는 시량을 나타낸다.

어휘　遇到 yùdào 图 우연히 만나다 | 参加 cānjiā 图 참여하다 | 论文 lùnwén 명 논문 | 报告会 bàogàohuì 명 보고회 | 旅游 lǚyóu 图 여행 가다 | 接 jiē 图 마중하다 | ★广播 guǎngbō 명 방송 | ★推迟 tuīchí 图 미루다 | ★起飞 qǐfēi 图 이륙하다

듣기
제2·3부분

10　　　　　　　　　　　　　　　　　　　　　　　 난이도 **下**　 공략 Key 동작을 통한 장소 유추

女：好了吗？你今天怎么吃得不多？ 男：本来我也不太饿，出门前我吃了几块比萨饼。 女：怪不得，<u>那剩下的我们带走吧，不能浪费</u>。 男：<u>别着急，我要先休息一会儿再吃</u>。 问：他们最可能在哪儿？ Ⓐ 餐厅　　B 酒吧　　C 办公室　　D 邮局	여：다 먹었니? 오늘은 왜 많이 안 먹니? 남：원래 별로 배고프지 않았어. 나오기 전에 피자 몇 조각을 먹었거든. 여：어쩐지. <u>그럼 남은 건 우리 싸가자. 낭비할 순 없잖아</u>. 남：<u>서두르지 마. 난 잠시 쉬었다가 다시 먹을 거니까</u>. 질문: 그들은 어디에 있을 가능성이 큰가? Ⓐ 식당　　B 술집　　C 사무실　　D 우체국

공략　여자가 남은 음식을 싸가지고 가자고 말하자 남자는 계속 먹을 것이라고 말하고 있으므로 음식을 먹는 장소임을 알 수 있다. 그러므로 정답은 餐厅이 된다.

어휘　饿 è 형 배고프다 | 出门 chūmén 图 외출하다 | 块 kuài 양 조각 | 比萨饼 bǐsàbǐng 명 피자 | ★怪不得 guàibude 부 어쩐지 | ★剩下 shèngxià 图 남다 | ★浪费 làngfèi 图 낭비하다 | ★着急 zháojí 형 조급하다 | 酒吧 jiǔbā 명 술집

04 day 인물과 행동을 주목하라 — 누가, 무엇을

🎧 04-7　본책_ 67쪽

정답　1. A　2. B　3. C　4. A　5. D　6. B　7. A　8. D　9. C　10. B

1　　　　　　　　　　　　　　　　　　　　　　　 난이도 **下**　 공략 Key 인물 간의 관계 파악

女：这条牛仔裤太脏了，<u>一起扔洗衣机里洗一洗吧</u>。 男：等一下，口袋里还有钱包和手机。 问：他们俩最可能是什么关系？ Ⓐ 夫妻　　　　　B 同事 C 师生　　　　　D 上下级	여：이 청바지는 너무 더러우니까, <u>같이 세탁기 안에 넣고 돌려</u>. 남：잠깐만. 주머니 안에 지갑이랑 휴대 전화가 있단 말이야. 질문: 이들 둘은 무슨 관계일 가능성이 큰가? Ⓐ 부부　　　　　B 동료 C 스승과 제자　　D 상급자와 하급자

공략　같이 세탁기를 돌리는 관계라는 것에서 함께 사는 부부이거나 오누이 또는 모자 사이임을 짐작할 수 있다. 보기 가운데 부

부가 있으므로 A가 정답으로 가장 적당하다.

어휘 牛仔裤 niúzǎikù 몡 청바지 | 脏 zāng 혱 더럽다 | ★扔 rēng 동 던지다 | ★口袋 kǒudai 몡 주머니 | 夫妻 fūqī 몡 부부 | 师生 shīshēng 몡 스승과 제자 | 上下级 shàngxiàjí 몡 상급자와 하급자

2　　　　　　　　　　　　　　　　　　　　난이도 中　공략 Key '联系不上'의 의미 파악

男：发生这么危险的事，你怎么没向经理反映？

女：当时他去中国出差，<u>打他的手机又一直没人接</u>。

问：女的为什么没告诉经理？

A 经理已经知道了
Ⓑ 联系不上经理
C 经理的电话关机了
D 不想告诉经理

남: 이렇게 위험한 일이 발생했는데, 왜 사장님께 보고하지 않았어요?

여: 그때 사장님은 중국에 출장 가셨고, <u>휴대 전화로 전화를 걸어도 받지 않으셨어요</u>.

질문: 여자는 왜 사장에게 알리지 않았나?

A 사장님은 이미 알고 있었다
Ⓑ 사장님과 연락이 닿지 않았다
C 사장님의 전화기는 꺼져 있었다
D 사장님께 알리고 싶지 않았다

공략　여자는 위험한 일이 발생한 후, 출장을 가신 사장님에게 휴대 전화로 연락을 취했지만 아무도 받지 않았다. 때문에 사장님과 연락이 닿지 않았다는 B가 정답이 된다. 가능보어 不上은 '~할 수 없다'라는 부정의 가능성을 나타낸다.

어휘　★危险 wēixiǎn 혱 위험하다 | 反映 fǎnyìng 동 보고하다 | ★当时 dāngshí 몡 당시 | 出差 chūchāi 동 출장 가다

3　　　　　　　　　　　　　　　　　　　　난이도 下　공략 Key 동작의 주체 찾기

女：张律师，我想让小李负责这项任务，您看合适不合适？

男：虽然他有能力，也有责任心，<u>但他经验不多</u>，你再考虑考虑别人。

问：谁缺少经验？

A 张律师　　　　B 报告的人
Ⓒ 小李　　　　　D 经理

여: 장 변호사님, 저는 샤오리에게 이번 임무를 맡기고 싶은데, 변호사님 보시기엔 괜찮은가요?

남: 그는 능력도 있고 책임감도 있지만, <u>경험이 부족하니</u>, 다른 사람을 좀 고려해보시죠.

질문: 누가 경험이 부족한가?

A 장 변호사　　　　B 보고하는 사람
Ⓒ 샤오리　　　　　D 사장

공략　여자가 담당자로 샤오리를 추천했지만 장 변호사는 샤오리의 경험이 부족하니 다른 사람을 찾아보라고 말한다. 본문에 제시된 不多와 문제에 제시된 缺少는 '부족하다'라는 의미를 나타낸다.

어휘　律师 lùshī 몡 변호사 | ★负责 fùzé 동 책임지다 | 项 xiàng 양 항목 | ★任务 rènwu 몡 임무 | 合适 héshì 혱 적합하다 | 责任心 zérènxīn 몡 책임감 | 经验 jīngyàn 몡 경험 | 考虑 kǎolǜ 동 고려하다 | ★缺少 quēshǎo 동 부족하다

4　　　　　　　　　　　　　　　　　　　　난이도 上　공략 Key 동작으로 상황 유추

男：别只知道看电视剧，快收拾桌子上的碗盘。

女：还剩最后几分钟了，你先把碗盘放那儿吧，看完了我马上洗碗。

问：女的在做什么？

남: <u>드라마만 보고 있지 말고</u>, 테이블에 있는 그릇이랑 접시들 좀 빨리 치워요.

여: 아직 마지막 몇 분이 남았어요. 당신이 먼저 그릇이랑 접시들을 저쪽에 둬요. 다 보고 바로 설거지 할게요.

질문: 여자는 지금 무엇을 하고 있는가?

| Ⓐ 看电视 | B 玩游戏 | Ⓐ 텔레비전을 본다 | B 게임을 한다 |
| C 吃饭 | D 洗碗 | C 식사를 한다 | D 설거지를 한다 |

공략 드라마만 보고 있지 말라는 남자의 말에서 여자가 현재 텔레비전을 보고 있다는 것을 알 수 있다. '只知道+동사'는 '단지 ~만 알다', 즉 '단지 ~만 하고 있다'라는 의미를 나타낸다.

어휘 ★只 zhǐ 圉 단지 | 电视剧 diànshìjù 圐 드라마 | ★收拾 shōushi 圐 정리하다 | 碗盘 wǎn pán 그릇과 접시 | 剩 shèng 圐 남다 | 洗碗 xǐwǎn 圐 설거지하다 | ★玩游戏 wán yóuxì 게임을 하다

난이도 上   **공략 Key** 동사 是의 역할

5

| 女：不知道怎么回事，复印机坏了。
男：让我看一下，没坏，<u>是没纸了</u>，你先去
　　拿些纸。

问：复印机怎么了？

A 搬走了　　　　B 卡纸了
C 坏了　　　　**Ⓓ 没纸了** | 여: 어떻게 된 일인지 모르겠는데, 복사기가 고장 났어.
남: 내가 좀 볼게. 고장 난 것이 아니라, <u>종이가 떨어진
　　거야.</u> 우선 가서 종이 좀 가져와.

질문: 복사기는 어떻게 되었는가?

A 옮겨갔다　　　　B 종이가 걸렸다
C 고장 났다　　　**Ⓓ 종이가 떨어졌다** |

공략 남자의 말에서 '没坏'와 '没纸'로 没가 연속 출현하지만, 이 문제의 열쇠는 동사 是가 쥐고 있다. 是가 이끄는 문장에서 종이가 떨어졌다고 했으므로 D가 정답이 된다.

어휘 怎么 zěnme 떼 어떻게 | ★回 huí 앵 일이나 동작을 세는 양사 | ★复印机 fùyìnjī 圐 복사기 | ★坏 huài 휑 고장 나다 | 纸 zhǐ 圐 종이 | 卡纸 kǎ zhǐ 종이가 걸리다

난이도 下   **공략 Key** 인물 간의 관계 파악

6

| 男：我刚才去洗了个澡、理了个发。你看，
　　怎么样？
女：挺好。看起来很精神，更帅了。
男：<u>希望今天能给你父母留个好印象。</u>
女：不用担心。我爸妈一定会喜欢你的。

问：男的今天去见谁？

A 女的的叔叔　　　**Ⓑ 女的的父母**
C 女的的阿姨　　　D 女的的朋友 | 남: 나 방금 전에 목욕도 하고 이발도 좀 했는데, 봐,
　　어때?
여: 좋아. 활기 넘쳐 보인다. 더 멋있어졌어.
남: <u>오늘 너희 부모님께 좋은 인상을 남겼으면 좋겠어.</u>
여: 걱정 마. 우리 아빠 엄마는 분명 너를 좋아하실 거
　　니까.

질문: 남자는 오늘 누구를 만나러 가는가?

A 여자의 삼촌　　　**Ⓑ 여자의 부모님**
C 여자의 이모　　　D 여자의 친구 |

공략 남자는 오늘 여자의 부모께 좋은 인상을 남기기를 희망하고 있으므로 여자의 부모를 만나러 간다는 사실을 쉽게 알 수 있다. 父母와 爸妈는 모두 '부모님'을 일컫는 말이다.

어휘 理发 lǐfà 圐 이발하다 | ★精神 jīngshen 휑 활기차다 | 帅 shuài 휑 잘생기다 | 希望 xīwàng 圐 바라다 | 留 liú 圐 남다 | ★印象 yìnxiàng 圐 인상 | 担心 dānxīn 圐 걱정하다 | 叔叔 shūshu 圐 삼촌 | 阿姨 āyí 圐 이모

7

女：下周我们俩都出差，那谁来照顾咱家小狗呢？
男：我想请邻居帮忙。
女：那不会给他们添麻烦吗？
男：他们家的孩子特别喜欢狗，所以很愿意帮我们照顾小狗。

问：谁帮他们照顾小狗？

Ⓐ 邻居　　　　　B 同事的孩子
C 警察　　　　　D 秘书

여：다음 주에 우리 둘 다 출장 가면, 누가 우리 집 강아지를 보살피죠?
남：이웃집에 도움을 청할 생각이야.
여：그 사람들을 괜히 번거롭게 하는 거 아니에요?
남：그 집 아이가 개를 굉장히 좋아해서, 흔쾌히 우리 강아지를 돌봐주겠데.

질문: 누가 그들의 강아지를 돌보는가?

Ⓐ 이웃　　　　　B 동료의 아이
C 경찰　　　　　D 비서

공략　두 사람 모두 출장을 가게 되어 남자는 이웃에게 강아지를 맡기려고 한다. B는 동료의 아이를 뜻하기 때문에 孩子만 듣고 정답으로 선택해서는 안 된다.

어휘　小狗 xiǎogǒu 몡 강아지 | ★邻居 línjū 몡 이웃 | 添 tiān 동 더하다 | ★麻烦 máfan 몡 귀찮은 일 | 警察 jǐngchá 몡 경찰 | 秘书 mìshū 몡 비서

8

男：小张，照片上那个男孩儿是谁啊？
女：当然是我男朋友了。
男：我猜也是，他是做什么的？
女：他在报社当记者。

问：她男朋友是做什么的？

A 司机　　　　　B 作者
C 导游　　　　　Ⓓ 记者

남：샤오장, 사진에 있는 저 남자아이는 누구니?
여：당연히 내 남자 친구지.
남：내가 그럴 줄 알았어. 뭐하는 사람이야?
여：신문사에서 기자로 일하고 있어.

질문: 여자의 남자 친구는 무엇을 하는 사람인가?

A 운전기사　　　B 작가
C 관광 가이드　　Ⓓ 기자

공략　동사 当은 '맡다, 담당하다'라는 의미로 직업을 말할 때 자주 쓰이는 표현이다. 한자가 비슷한 '记者(기자)'와 '作者(작가)'를 혼동하지 않도록 주의하자.

어휘　照片 zhàopiàn 몡 사진 | 猜 cāi 동 추측하다 | 报社 bàoshè 몡 신문사 | 当 dāng 동 ～이 되다, 담당하다 | ★记者 jìzhě 몡 기자 | ★司机 sījī 몡 운전기사 | ★作者 zuòzhě 몡 작가 | 导游 dǎoyóu 몡 관광 가이드

9

女：圣诞节马上就到了。
男：是。给孩子买个什么礼物好？你有什么好主意吗？
女：上次带她去动物园时，她非常喜欢小猴子。给她买只小猴子娃娃。
男：好。我今天逛街时看到一只，做得特别可爱。她肯定会喜欢的。

问：他们在商量什么事情？

여：곧 성탄절이네요.
남：그러게, 아이에게 어떤 선물을 사주는 게 좋을까? 무슨 좋은 아이디어 있어요?
여：지난번에 아이를 데리고 동물원에 갔을 때, 새끼 원숭이를 굉장히 좋아하던데, 새끼 원숭이 인형을 사 줘요.
남：그래. 오늘 쇼핑하다가 하나 봤는데, 정말 귀엽더라고. 딸아이가 분명히 좋아할 거야.

질문: 그들은 무엇을 상의하고 있는가?

A 逛街	B 去动物园	A 쇼핑하는 것	B 동물원에 가는 것
Ⓒ 准备礼物	D 过圣诞节	Ⓒ 선물을 준비하는 것	D 성탄절을 보내는 것

공략   두 사람은 부부 관계로 성탄절에 아이에게 어떤 선물을 하는 것이 좋을지 상의하고 있다. 동물원에 갔던 이야기는 아이가 원숭이를 좋아한다는 힌트를 얻는 장소일 뿐 대화의 중심 내용은 아니다.

어휘   ★圣诞节 Shèngdànjié 몡 성탄절 | 动物园 dòngwùyuán 몡 동물원 | 小猴子 xiǎohóuzi 몡 새끼 원숭이 | 只 zhī 먱 마리 | 娃娃 wáwa 몡 인형 | ★逛街 guàngjiē 동 쇼핑하다 | ★肯定 kěndìng 뷔 분명히 | 商量 shāngliang 동 상의하다

---

10   난이도 上   공략 Key 인물과 동작 연관 짓기

男: 你来帮我把这张床往墙那边抬一下。	남: 당신 이리 와서 이 침대를 벽 쪽으로 들어 옮기는 것 좀 도와줘요.
女: 放在这里不是挺好的吗?	여: 여기에 두는 게 좋지 않아요?
男: 床放这儿，早上太阳光直接照进来，眼睛不舒服。	남: 침대가 여기 있으니까, 아침에 햇빛이 바로 비춰서 눈이 불편해요.
女: 好吧，听你的。	여: 알겠어요. 당신 말대로 해요.
问: 男的让女的做什么?	질문: 남자는 여자에게 무엇을 하라고 시키는가?
A 晒太阳 Ⓑ 搬床	A 선탠하는 것 Ⓑ 침대를 운반하는 것
C 擦镜子 D 开窗户	C 거울을 닦는 것 D 창문을 여는 것

공략   아침에 햇빛이 눈을 따갑게 해서 남자는 침대를 벽 쪽으로 옮기려고 한다. 혼자 운반하는 것이 힘들기 때문에 여자에게 도움을 청하고 있다. 여자의 말 가운데 '不是挺好的吗?'는 '아주 좋다'라는 의미의 반어적 표현이다.

어휘   ★墙 qiáng 몡 벽 | ★抬 tái 동 들다 | 太阳光 tàiyángguāng 태양광 | 照 zhào 동 비추다 | 舒服 shūfu 혱 편안하다 | 擦 cā 동 닦다 | 镜子 jìngzi 몡 거울 | 开 kāi 동 열다 | 窗户 chuānghu 몡 창문

📅 05 day 인물의 감정과 어투에 반응하라 – 어떻게, 왜

🎧 05-7   **본책_ 75쪽**

정답	1. D	2. A	3. B	4. D	5. C	6. C	7. C	8. A	9. D	10. B

1   난이도 中   공략 Key 숨겨진 의미 파악

男: 这个餐厅的人真够多的。	남: 이 식당에 사람이 정말 많구나.
女: 是，听说这家的四川菜做得非常地道，每天有这么多客人。	여: 그래. 듣자 하니 이 식당에서 쓰촨 요리를 제대로 만들어서, 매일 손님이 이렇게 많다네.
问: 这个餐厅怎么样?	질문: 이 식당은 어떠한가?
A 非常大 B 菜味道一般	A 굉장히 크다 B 음식 맛이 보통이다
C 客人不多 Ⓓ 很热闹	C 손님이 많지 않다 Ⓓ 매일 떠들썩하다

어휘 真够……的 zhēngòu……de 정말 ~하다 | ★地道 dìdao 휑 제대로이다 | ★味道 wèidao 명 맛 | 热闹 rènao 휑 떠들썩하다

---

2 난이도 中 공략 Key 감정 관련 어휘

女：刚才广播里不是说飞机已经到了吗？都过半个钟头了，张哥怎么还不出来？ 男：他还应该去取行李箱嘛，您别着急，我给他打个电话问问。 问：女的怎么了？ Ⓐ 担心　　　　B 失望 C 后悔　　　　D 难受	여: 조금 전 방송에서 비행기가 이미 도착했다고 하지 않았나요? 벌써 30분이나 지났는데, 장 오빠는 어째서 아직도 안 나오는 거죠? 남: 짐을 찾아야 하지 않니. 걱정하지 마. 내가 전화 걸어 물어볼게. 질문: 여자는 어떠한가? Ⓐ 걱정한다　　　B 실망한다 C 후회한다　　　D 괴롭다

공략 着急는 '초조하다, 조급하다'라는 의미 외에, 担心의 의미를 가지고 있다. 도착 시간이 이미 지났는데도 아직 나오지 않아 여자가 걱정하고 있는 상황이다.

어휘 广播 guǎngbō 명 방송 | 钟头 zhōngtóu 명 시간 | ★取行李箱 qǔ xínglǐxiāng 여행 짐을 찾다 | 担心 dānxīn 동 걱정하다 | ★后悔 hòuhuǐ 동 후회하다 | 难受 nánshòu 휑 괴롭다

---

3 난이도 下 공략 Key 동작으로 상황 파악

男：小姐，您拿的这把伞是我的。 女：哦，真抱歉，我的伞也是黑色的，我拿错了。 问：女的为什么道歉？ A 忘了带雨伞 Ⓑ 拿错了伞 C 弄坏了伞 D 丢了雨伞	남: 아가씨, 가져가신 그 우산은 제 것입니다. 여: 아, 정말 죄송합니다. 제 우산도 검정색이라, 잘못 가져갔네요. 질문: 여자는 왜 사과를 하는가? A 우산을 가져오는 걸 잊어버렸다 Ⓑ 우산을 잘못 가져갔다 C 우산을 망가뜨렸다 D 우산을 잃어버렸다

공략 우산은 여자의 것이 아니라 남자의 것이므로 잘못 가져간 것에 대해 사과하는 내용이다. 동사 뒤의 错는 결과보어로 '看错了(잘못 봤다), 买错了(잘못 샀다)'처럼 동작의 결과가 잘못되었다는 의미를 나타낸다.

어휘 把 bǎ 양 자루 달린 것을 세는 단위 | 伞 명 sǎn 우산 | 哦 ò 감탄 아, 오(깨달음을 나타냄) | ★抱歉 bàoqiàn 동 미안하게 생각하다 | ★道歉 dàoqiàn 동 사과하다 | 弄坏 nònghuài 동 망가뜨리다 | 丢 diū 동 잃어버리다

---

4 난이도 上 공략 Key 분위기를 통한 상황 파악

女：祝贺你，这项任务完成得非常成功，大家都挺满意的。 男：应该感谢大家的关心和支持，谢谢大家，干杯。 问：女的为什么祝贺男的？	여: 축하합니다. 이번 임무를 굉장히 성공적으로 완성했습니다. 모두 매우 만족하고 있습니다. 남: 마땅히 여러분의 관심과 지지에 감사드려야죠. 모두 감사합니다. 건배! 질문: 여자는 왜 남자를 축하하는가?

| A 获得奖金 | B 出国进修 | A 보너스를 받는다 | B 해외로 연수를 간다 |
| C 负责任务 | D 干得不错 | C 임무를 담당한다 | D 잘 해냈다 |

공략 남자는 이번 임무를 성공적으로 완성해서 모두의 축하를 받고 있으므로 D가 정답으로 적절하다.

어휘 祝贺 zhùhè 图 축하하다 | 项 xiàng 앙 항목 | ★任务 rènwu 명 임무 | 成功 chénggōng 혱 성공적이다 | 感谢 gǎnxiè 图 감사하다 | 支持 zhīchí 图 지지하다 | ★奖金 jiǎngjīn 명 보너스 | 进修 jìnxiū 图 연수하다 | ★负责 fùzé 图 책임지다

5　　　　　　　　　　　　　　　　　　　　　난이도 下　공략 Key 숨겨진 의미 파악

男：小刘，你觉得热，就把大衣脱了吧。我给你挂起来。 女：好的，办公室里是挺暖和的。开空调啦？ 问：女的觉得办公室里怎么样？ A 很热　　　　　B 很凉快 C 暖和　　　　　D 很冷	남: 샤오류, 더우면 코트를 벗어. 내가 걸어줄게. 여: 알겠어. 사무실이 굉장히 따뜻하다. 온풍기를 켰니? 질문: 여자는 사무실 안이 어떻다고 여기는가? A 덥다　　　　　B 시원하다 C 따뜻하다　　　D 춥다

공략 남자가 더우면 코트를 벗으라고 했지만 여자는 사무실 안이 따뜻하다고 말하며 온풍기를 켰는지 물어봤다. 남자가 아닌 여자의 생각을 묻고 있으므로 정답은 C가 된다.

어휘 大衣 dàyī 명 코트 | 脱 tuō 图 벗다 | ★挂 guà 图 걸다 | ★暖和 nuǎnhuo 혱 따뜻하다 | 空调 kōngtiáo 명 에어컨디셔너, 온풍기 | ★凉快 liángkuai 혱 시원하다

6　　　　　　　　　　　　　　　　　　　　　난이도 中　공략 Key 상황별 감정 이해

女：第一次参加正式的比赛，紧张吗？ 男：有点儿紧张。 女：有压力吗？ 男：也有一点儿。不过输赢不是最重要的，主要是为了积累经验。 问：关于男的，可以知道什么？ A 经验丰富　　　B 没有压力 C 紧张　　　　　D 赢很重要	여: 정식 경기는 처음 참여하는 것인데, 긴장되지? 남: 조금 긴장돼. 여: 스트레스 받니? 남: 그것도 조금. 하지만 이기고 지는 게 가장 중요한 건 아니야. 중요한 건 경험을 쌓는 거지. 질문: 남자에 관하여 무엇을 알 수 있나? A 경험이 풍부하다　　B 스트레스가 없다 C 긴장한다　　　　　D 이기는 것이 중요하다

공략 정식 경기를 앞두고 남자는 약간 긴장을 했고 스트레스를 받고 있다. 때문에 C가 정답으로 적절하다.

어휘 参加 cānjiā 图 참여하다 | ★正式 zhèngshì 혱 정식의 | 比赛 bǐsài 명 경기 | ★紧张 jǐnzhāng 혱 긴장하다 | 压力 yālì 명 스트레스 | ★输赢 shūyíng 명 승패 | 为了 wèile 개 ~하기 위해 | ★积累 jīlěi 图 쌓다 | ★丰富 fēngfù 혱 풍부하다

7　　　　　　　　　　　　　　　　　　　　　난이도 上　공략 Key 상황별 감정 이해

男：昨晚的演唱会你没去看太可惜了。 女：大家都说不错，但一直忙着，哪有时间去看。 男：很值得一看，我想再看一遍。 女：再有什么好演唱会，你叫上我，咱们一起去。	남: 네가 어제저녁 콘서트를 같이 보러 가지 못한 게 너무 아쉬워. 여: 모두들 좋았다고 하더라고. 그런데 계속 바빠서, 어디 보러 갈 시간이 있어야지. 남: 한 번 볼 만해. 난 다시 한번 보러 가고 싶어. 여: 또 무슨 좋은 콘서트가 있으면, 날 불러줘. 우리 같이 보러 가자.

듣기 **05 day** 인물의 감정과 어투에 반응하라 – 어떻게, 왜　　**19**

问：男的觉得那个演唱会怎么样？

A 不值得看　　　　B 一般
Ⓒ 非常精彩　　　　D 很无聊

질문: 남자 생각에 그 콘서트는 어떠한가?

A 볼 가치가 없다　　　B 보통이다
Ⓒ 굉장히 멋지다　　　D 재미없다

공략　여자에게 공연에 같이 못 간 것이 아쉽다고 말하는 것과 다시 보러 가고 싶다는 것에서 C가 정답임을 알 수 있다.

어휘　演唱会 yǎnchànghuì 뗑 콘서트 | 可惜 kěxī 휑 아쉽다 | ★值得 zhídé 뙹 ~할 가치가 있다 | ★精彩 jīngcǎi 휑 뛰어나다 | 无聊 wúliáo 휑 재미없다

女：你来这儿一个多月了，还习惯吗？
男：还行，只是比较干燥，多喝水，多吃水
　　果就好了。
女：那就好，以后有什么问题就告诉我。
男：好的，很感谢您。

问：男的觉得这儿怎么样？

Ⓐ 天气干燥　　　　B 还不习惯
C 问题挺多的　　　D 水果很甜

여: 여기 온 지 한 달이 넘었는데, 좀 익숙해졌니?
남: 그럭저럭요. 조금 건조한 건 있는데, 물 좀 많이 마
　　시고, 과일 좀 많이 먹으면 괜찮아요.
여: 그럼 다행이고. 앞으로 무슨 문제가 있으면 바로
　　나에게 알려줘.
남: 네, 고맙습니다.

질문: 남자 생각에 이곳은 어떠한가?

Ⓐ 날씨가 건조하다　　B 아직 익숙하지 않다
C 문제가 굉장히 많다　D 과일이 달다

공략　남자는 이곳 생활에 비교적 익숙해졌지만 건조해서 물과 과일을 많이 먹는다고 했으므로 A가 정답으로 적당하다.

어휘　★习惯 xíguàn 뙹 습관이 되다 | 比较 bǐjiào 븻 비교적 | ★干燥 gānzào 휑 건조하다 | 问题 wèntí 뗑 문제 | 甜 tián 휑 달다

男：很多女孩子都希望找一个长得帅的男朋
　　友，你呢？
女：帅不帅关系不大。关键是两个人的感情。
男：那么没别的要求了？
女：最好还能和我有共同的爱好。

问：女的希望男朋友怎么样？

A 长得不太帅
B 能照顾女朋友
C 总爱自己
Ⓓ 有共同爱好

남: 많은 여자아이들은 잘생긴 남자 친구를 찾고 싶어
　　하는데, 너는 어때?
여: 잘생기든 못생기든 상관없어. 중요한 건 두 사람의
　　감정이야.
남: 그러면 다른 조건은 없는 거야?
여: 나랑 같은 취미가 있다면 가장 좋겠지.

질문: 여자는 남자 친구가 어떻기를 바라는가?

A 그다지 잘생기지 않기를 바란다
B 여자 친구를 잘 돌봐주기를 바란다
C 늘 자신을 사랑하기를 바란다
Ⓓ 같은 취미가 있기를 바란다

공략　여자는 남자 친구를 찾을 때 같은 취미가 있는 것이 가장 좋다고 했으므로 정답은 D가 된다.

어휘　希望 xīwàng 뙹 바라다 | 帅 shuài 휑 잘생기다 | ★关键 guānjiàn 뗑 관건 | 感情 gǎnqíng 뗑 감정 | 要求 yāoqiú 뗑 요구 사항 | 共同 gòngtóng 휑 공통의 | 爱好 àihào 뗑 취미 | ★照顾 zhàogù 뙹 돌보다

女：那份总结到周五能完成吗？ 男：您别担心，保证写完。 女：好，你写完后发到我秘书的信箱里。 男：知道了。 问：男的态度怎么样？ A 马马虎虎　　B 很有自心 C 相信秘书　　D 非常粗心	여: 그 총결산서를 금요일까지 완성할 수 있나요？ 남: 걱정 마십시오. 반드시 완성하겠습니다. 여: 좋아요. 작성을 마치면 제 비서의 메일로 보내세요. 남: 알겠습니다. 질문: 남자의 태도는 어떠한가？ A 덤벙거린다　　B 자신감이 있다 C 비서를 믿는다　　D 굉장히 부주의하다

공략 결산서를 금요일까지 마칠 수 있느냐는 질문에 남자는 상대에게 기한 내에 완성할 수 있다고 자신에 찬 대답을 하고 있다. 粗心과 马虎는 모두 '세심하지 못하다'는 의미를 나타낸다.

어휘 份 fèn 양 부(문건을 세는 단위) | 总结 zǒngjié 명 총결산서 | ★保证 bǎozhèng 동 보증하다 | 秘书 mìshū 명 비서 | 信箱 xìnxiāng 명 이메일 계정 | ★态度 tàidu 명 태도 | 马虎 mǎhu 형 덤벙거리다 | ★粗心 cūxīn 형 부주의하다

06 day 청개구리 반어문과 이중부정

🎧 06-7　**본책_ 83쪽**

정답　1. C　2. D　3. B　4. C　5. A　6. B　7. C　8. D　9. A　10. C

1

男：屋里都是烟味儿，快把窗户打开，让新鲜空气进来。 女：难道这不是你抽出来的吗？以后不要在屋里抽烟。 问：女的为什么生气？ A 男的骗女的了　　B 男的开空调了 C 男的抽烟了　　　D 男的开窗户了	남: 방 안이 온통 담배 냄새야. 빨리 창문을 열어서 신선한 공기가 들어오게 해. 여: 네가 피워서 그런 거잖아. 앞으로는 방 안에서 담배 피우지 마. 질문: 여자는 왜 화가 났는가？ A 남자가 여자를 속였다　　B 남자가 에어컨을 켰다 C 남자가 담배를 피웠다　　D 남자가 창문을 열었다

공략 어기부사 难道는 '정녕 ～란 말인가?'라는 뜻으로 반어문에 쓰인다. '难道这不是你抽出来的吗?'는 의미 그대로 해석하면 '정녕 네가 담배를 피워서 나온 것이 아니란 말이냐?'라는 뜻으로, '네가 피워서 그런 것'이라는 의미를 강조하고 있다.

어휘 屋里 wūli 명 방 안 | 烟味儿 yānwèir 명 담배 냄새 | ★窗户 chuānghu 명 창문 | ★新鲜 xīnxian 형 신선하다 | 空气 kōngqì 명 공기 | ★难道 nándào 부 정녕 ～란 말인가? | ★抽烟 chōuyān 동 담배를 피우다 | 骗 piàn 동 속이다

2

男：天都这么晚了，你还出去干什么？
女：我们明天不是去上海旅游吗？我要去买
　　一个轻一点儿的行李箱。

问：女的为什么要买行李箱？

A 不去上海旅游了
B 行李箱太难看了
C 行李箱很便宜
Ⓓ 去上海旅游

남: 날이 벌써 이렇게나 늦었는데, 너 또 뭐 하러 나가니?
여: 우리 내일 상하이로 여행 가잖아. 좀 가벼운 여행
　　가방 하나 사려고.

질문: 여자는 왜 여행 가방을 사려고 하는가?

A 상하이로 여행을 안 가기로 해서
B 여행 가방이 너무 안 예뻐서
C 여행 가방이 너무 싸서
Ⓓ 상하이로 여행을 가서

공략　'不是……吗'는 '～가 아니니?' 즉, '바로 ～이다'라는 뜻을 가진 반어문이다. '우리 내일 상하이에 가는 거 아닙니까?'라는
문장은 '우리는 내일 상하이에 간다'는 의미이므로 정답은 D가 된다.

어휘　旅游 lǚyóu 동 여행하다 | 轻 qīng 형 가볍다 | 行李箱 xínglǐxiāng 명 여행용 가방

3

女：明天的面试很重要，你非准时到不可。
男：我知道，你别担心了！我绝不会迟到的。

问：女的希望男的怎么样？

A 参加面试
Ⓑ 准时到
C 都吃完
D 坐飞机来

여: 내일 면접은 정말 중요한 것이니까, 너 반드시 정시
　　에 도착해야 해.
남: 알아. 걱정하지 마. 절대 늦지 않을 거야.

질문: 여자는 남자가 어떠하기를 바라는가?

A 면접에 참여하기를 바란다
Ⓑ 정시에 도착하기를 바란다
C 모두 다 먹기를 바란다
D 비행기 타고 오기를 바란다

공략　'非……不可'는 '～하지 않으면 안 된다'라는 이중부정 표현으로 '반드시 ～해야 한다'는 의미이다. 그러므로 '你非准时到
不可'는 '정시에 도착해야 한다'는 의미이므로 정답은 B가 된다.

어휘　★面试 miànshì 명 면접 | 重要 zhòngyào 형 중요하다 | ★准时 zhǔnshí 부 정시에 | 非……不可 fēi……bùkě ～하지
않으면 안 된다 | 绝 jué 부 결코 | 迟到 chídào 동 늦다

4

男：徐教授，我们下个月10号要结婚了。
女：你是开玩笑吧？你们才谈了一个月呀！

问：对于这个消息，女的觉得怎么样？

A 羡慕　　　　　　B 激动
Ⓒ 吃惊　　　　　　D 伤心

남: 쉬 교수님, 저희 다음 달 10일에 결혼합니다.
여: 농담하는 거지? 너희들 만난 지 겨우 한 달밖에
　　되지 않았잖아.

질문: 이 소식에 대해 여자는 어떻게 여기는가?

A 부러워한다　　　　B 감격한다
Ⓒ 놀란다　　　　　　D 상심한다

공략　여자는 남자의 결혼 소식에 농담이 아니냐고 반문하며 믿지 못하고 있으므로 정답은 C가 된다.

어휘　教授 jiàoshòu 명 교수 | 结婚 jiéhūn 동 결혼하다 | ★开玩笑 kāi wánxiào 동 농담하다 | ★消息 xiāoxi 명 소식

5

난이도 下　공략 Key 의문대사 哪儿을 활용한 반어 표현

女：我最近一直长肉，太胖了，所以我要减肥。以后不吃甜食了。
男：哪儿有那么严重啊，你胖一点更漂亮。

问：男的主要是什么意思？

Ⓐ 胖一点更好看
B 以后少吃肉
C 应该减肥
D 甜食对身体不好

여: 난 요새 계속 살이 쪄서 너무 뚱뚱해졌어. 그래서 다이어트를 해야 해. 앞으로는 단 음식을 먹지 않을 거야.
남: 그렇게 심각한 건 아니야. 넌 조금 통통한 게 더 예뻐.

질문: 남자 말의 주요 의미는 무엇인가?

Ⓐ 조금 통통한 것이 더 예쁘다
B 앞으로 고기를 조금만 먹어라
C 다이어트를 해야만 한다
D 단 음식은 건강에 좋지 않다

공략　남자의 말 가운데 '哪儿有那么严重啊'는 '그렇게 심각하지 않다'는 반어적 표현이며, 남자는 직접적으로 통통한 것이 더 예쁘다고 말하고 있으므로 정답은 A가 된다.

어휘　长肉 zhǎngròu 통 살이 찌다 | ★减肥 jiǎnféi 통 다이어트를 하다 | 甜食 tiánshí 명 단 음식 | ★严重 yánzhòng 형 심각하다

6

난이도 下　공략 Key '难道……吗' 반어 표현 파악

男：对不起，这里禁止停车。
女：难道这里不是停车场吗？
男：不是，停车场在对面，一过马路就能到。
女：好，我马上开走。谢谢你。
男：不客气。

问：关于女的，可以知道什么？

A 不会开车　　　　Ⓑ 想去停车场
C 迷路了　　　　　D 不愿意离开

남: 죄송합니다. 여기는 주차 금지입니다.
여: 여기가 주차장이 아닌가요?
남: 아닙니다. 주차장은 맞은편입니다. 길을 건너시면 바로 있습니다.
여: 알겠습니다. 바로 차를 몰고 가겠습니다. 고맙습니다.
남: 별말씀을요.

질문: 여자에 관하여 무엇을 알 수 있는가?

A 운전을 못한다　　Ⓑ 주차장에 가려고 한다
C 길을 잃었다　　　D 떠나고 싶어 하지 않는다

공략　여자는 이곳이 주차장인 줄 알고 차를 주차시켰지만, 남자에게서 주차장이 맞은편에 있다는 사실을 알고 차를 몰고 나가려고 한다. 여자는 길을 잃은 것이 아니라 장소를 혼동한 것이므로 정답은 B가 된다.

어휘　★禁止 jìnzhǐ 통 금지하다 | 停车 tíngchē 통 주차하다 | 难道 nándào 부 정말 ~란 말인가? | 停车场 tíngchēchǎng 명 주차장 | 对面 duìmiàn 명 맞은편 | 开车 kāichē 통 운전하다 | ★迷路 mílù 통 길을 잃다 | ★离开 líkāi 통 떠나다

7

난이도 上　공략 Key '非……不可' 반어 표현 파악

女：我们去对面的商店看看吧。
男：我真的受不了你了，你到底还要逛多久？
女：我们才逛了一个小时。而且明天我要参加婚礼，今天非买不可。
男：时间过得真慢，和你逛街比上班还辛苦。

여: 우리 맞은편 상점에 가서 좀 보자.
남: 정말 너 때문에 못살겠다. 넌 도대체 얼마나 더 돌아다니겠다는 거야?
여: 우리 겨우 한 시간 돌아다녔잖아. 그리고 내일 결혼식 가야 해서, 오늘 반드시 사야 해.
남: 시간 정말 안 간다. 너랑 쇼핑하는 게 출근하는 것보다 더 힘들어.

듣기 06 day 청개구리 반어문과 이중부정　23

问：女的的意思是什么？

A 肚子饿了
B 太累了
C 一定要买
D 比上班更辛苦

질문: 여자의 의미는 무엇인가?

A 배가 고프다
B 너무 피곤하다
C 반드시 사야 한다
D 출근하는 것보다 더 힘들다

공략　여자의 '今天非买不可'라는 말에서 오늘 반드시 사야 함을 강조하고 있으므로 C가 정답이 된다.

어휘　受不了 shòubuliǎo 견딜 수 없다 | ★到底 dàodǐ 图 도대체 | 逛 guàng 图 돌아다니다 | 婚礼 hūnlǐ 阌 결혼식 | 慢 màn 阌 느리다 | ★逛街 guàngjiē 图 쇼핑하다 | 辛苦 xīnkǔ 阌 고생스럽다

8　　난이도 中　공략 Key 의문대사 哪를 활용한 반어 표현

男：我们跑半个小时了，可以了吧？
女：不行，我们还要跑30分钟，这样才有效果。
男：啊？可是我现在就没力气了。
女：减肥哪能那么容易，我们先休息休息再跑。

问：女的意思是什么？

A 减肥很容易
B 跑步时不能休息
C 光跑没有效果
D 休息一会儿再跑

남: 우리 30분 동안 달렸잖아, 이제 됐지？
여: 안 돼. 우리 30분 더 달려야 돼. 그래야 효과가 있어.
남: 응？ 그런데 난 지금 힘이 없어.
여: 다이어트가 어디 그렇게 쉽니？ 우리 먼저 좀 쉬었다가 다시 달리자.

질문: 여자의 의미는 무엇인가？

A 다이어트는 쉽다
B 달릴 때에는 쉴 수 없다
C 달리기만 하는 것은 효과가 없다
D 잠시 쉬었다가 다시 달린다

공략　힘이 없다는 남자에게 여자는 좀 쉬었다가 다시 달리자라고 했으므로 D가 정답이 된다.

어휘　跑 pǎo 图 달리다 | ★效果 xiàoguǒ 阌 효과 | 力气 lìqi 阌 힘 | 减肥 jiǎnféi 图 다이어트하다 | 容易 róngyì 阌 쉽다 | 光 guāng 图 단지, 다만

9　　난이도 中　공략 Key 의문대사 哪를 활용한 반어 표현

女：八点了，你怎么还在睡懒觉？
男：昨天晚上看足球比赛，看到了三点半。
女：你再不起的话，今天难免迟到了。
男：妈，这不星期六嘛，要不哪能睡到现在啊。

问：根据对话，我们可以知道什么？

A 昨晚有足球赛
B 男的迟到了
C 今天不是星期六
D 男的常常睡懒觉

여: 8시야. 너 왜 아직도 늦잠을 자고 있는 거야？
남: 어제저녁에 축구 경기를 봤는데, 3시 반까지 봤어요.
여: 너 계속 안 일어나면, 오늘 지각을 면하기 어려울 거야.
남: 엄마, 오늘 토요일이잖아요. 그렇지 않으면 어디 지금까지 잘 수 있겠어요.

질문: 대화를 통해서 우리는 무엇을 알 수 있는가？

A 어제저녁에 축구 경기가 있었다
B 남자는 지각했다
C 오늘은 토요일이 아니다
D 남자는 자주 늦잠을 잔다

공략　여자의 물음에 남자는 어제저녁 축구 경기를 보았다고 대답했으므로 축구 경기가 있었다는 것을 알 수 있다.

10　난이도 上　공략 Key 不是를 사용한 반어 표현

男：今年冬天我去国外旅游，<u>买回来的礼物没有一件不是中国制造</u>。

女：这很正常，中国现在是世界制造大国。

男：可不是嘛。随着质量的进一步提高，相信会有更多的中国制造。

女：当然。我们还需要继续提高质量，提高竞争力。

问：他们在谈什么？

A 去国外旅游　　　B 买礼物

C 中国制造　　　　D 提高竞争力

남: 올해 겨울에 나는 외국에 여행을 갔었는데, <u>사온 선물들 중에 중국 상품이 아닌 것이 없더라고</u>.

여: 그건 당연한 거야. 중국은 지금 세계 제조 대국이잖아.

남: 누가 아니래. 품질이 한 단계 더 좋아지면서 더 많은 중국 상품들이 생길거라 믿어.

여: 당연하지. 우리는 계속 상품의 품질을 향상시키고 경쟁력을 키워야 해.

질문: 그들은 무엇을 말하고 있는가?

A 해외 여행　　　B 선물 구매

C 중국 제조　　　D 경쟁력 향상

듣기
제2·3부분

공략　남자가 해외 여행에서 사온 모든 선물이 중국 상품이라고 말하고 있으며, 여자는 계속적으로 중국 상품의 품질을 향상시켜야 한다고 말하고 있다. 즉, 두 사람의 대화 주제는 중국 제조 상품에 관한 것이다.

어휘　冬天 dōngtiān 명 겨울 | 旅游 lǚyóu 통 여행하다 | 制造 zhìzào 통 제조하다 | 正常 zhèngcháng 휑 정상이다 | ★随着 suízhe 개 ~에 따라 | ★质量 zhìliàng 명 품질 | 进一步 jìnyíbù 튀 한걸음 더 나아가 | 提高 tígāo 통 향상시키다 | 继续 jìxù 통 계속하다 | ★竞争力 jìngzhēnglì 명 경쟁력

07 day 주제 파악을 제대로 하자

🎧 07-6 본책_ 93쪽

정답 1. B 2. C 3. D 4. A 5. C 6. B 7. A 8. D 9. B 10. D

1-2

¹人生中大部分人都有过后悔的经历，其实只要我们根据自己的看法去做了，就不用后悔。因为我们不能把所有的事情全部做好。另外，²能让我们成功的，往往是我们从过去犯的错误中得到的经验。

¹인생 중 대부분의 사람들은 모두 후회를 한 경험이 있다. 사실 우리가 자신의 생각에 따라 행동했다면, 후회할 필요는 없다. 왜냐하면, 우리는 모든 일들을 다 잘 해낼 수 없기 때문이다. 그 외에도, ²우리를 성공하게 하는 것은 종종 우리가 이전에 저질렀던 잘못 가운데 얻어낸 경험이다.

어휘 大部分 dàbùfen 몡 대부분 | ★后悔 hòuhuǐ 통 후회하다 | 经历 jīnglì 몡 경험 | 根据 gēnjù 개 ~에 근거하여 | ★所有 suǒyǒu 혱 모든, 일체의 | 成功 chénggōng 통 성공하다 | 往往 wǎngwǎng 뮈 종종, 흔히 | 犯 fàn 통 저지르다 | ★错误 cuòwù 몡 잘못, 실수 | 经验 jīngyàn 몡 경험

1

난이도 中 **공략 Key** 도입부 파악

许多人都有过怎样的经历？	많은 사람들은 모두 어떠한 경험이 있는가?
A 得到肯定	A 인정을 받는다
Ⓑ 感到后悔	Ⓑ 후회를 한다
C 错过机会	C 기회를 놓친다
D 羡慕别人	D 다른 사람을 부러워한다

공략 첫 문장에서 B가 정답임을 알 수 있다. 질문의 许多는 '많은'이라는 의미를 가진 형용사로 본문에 제시된 大部分과 같은 의미이다.

2

난이도 上 **공략 Key** 사역동사 让의 역할

什么能帮助我们走向成功？	무엇이 우리들이 성공으로 가는 데 도움을 주는가?
A 别人的批评	A 다른 사람의 비평
B 老师的鼓励	B 선생님의 격려
Ⓒ 错误中的经验	Ⓒ 실수 가운데의 경험
D 朋友的帮助	D 친구의 도움

공략 让은 '~로 하여금 ~하게 시키다'라는 의미의 사역동사로 마지막 문장의 '우리를 성공하게 하는 것'에 대한 내용을 이끌고 있다. 즉 정답은 让 뒷부분에 제시된 '이전에 저지른 적이 있는 잘못'이 된다.

3-4

提到婚姻，人们会很自然而然地想起爱情，**3**爱情确实是婚姻的重要原因，但只有爱情是远远不够的，**4**两个人还应该互相支持、互相信任，只有这样，才能很幸福地生活在一起。

혼인을 말하면 사람들은 자연스럽게 사랑을 떠올리게 된다. **3**사랑은 분명 혼인의 중요한 원인이다. 하지만 단지 사랑만으로는 상당히 부족하다. **4**두 사람은 반드시 서로 지지하고 신뢰해야만, 비로소 행복하게 함께 생활할 수 있다.

어휘 提到 tídào 동 언급하다 | 婚姻 hūnyīn 명 혼인 | 自然而然 zìrán ér rán 성 자연히 | ★确实 quèshí 부 확실히 | ★不够 búgòu 형동 부족하다; 모자라다 | 支持 zhīchí 동 지지하다 | ★信任 xìnrèn 동 믿다 | 幸福 xìngfú 형 행복하다

3

난이도 下 공략 Key 부사 确实의 의미 파악

婚姻的重要原因是什么？

혼인의 중요한 원인은 무엇인가？

A 金钱　　B 健康　　C 性格　　**D 爱情**

A 금전　　B 건강　　C 성격　　**D 사랑**

공략 후반부에 사랑만으로는 충분하지 않다고 했지만 전반부에서 사랑이 분명 혼인의 중요한 원인이라고 제시하고 있기 때문에 정답은 D가 된다.

4

난이도 上 공략 Key '只有……才……' 호응

两个人怎么才能很好地一起生活？

두 사람이 어떻게 해야 함께 잘 생활할 수 있는가？

A 互相支持、互相信任
B 两个人有共同语言
C 需要耐心、坚持
D 互相帮助、互相学习

A 서로 지지하고 신뢰한다
B 두 사람에게 공통 관심사가 있어야 한다
C 인내심과 지속이 필요하다
D 서로 돕고 배워야 한다

공략 '只有……才……'는 '~해야지 비로소 ~이다'라는 호응 구조로 두 사람이 잘 지낼 수 있는 유일한 조건이 담겨 있다. 대사 이렇게은 바로 앞의 내용을 받고 있으므로 정답은 A가 된다.

5-6

他是一位非常有能力的教师。不管多么差的学生，一上他的课，都会变得非常用功。他每天都要求学生做什么，**5,6**只要学生能完成一半，他就表扬学生。然后在这个基础上，再稍微提高一点儿要求，这样能慢慢地增长学生的成就感。

그는 굉장히 유능한 교사이다. 실력이 얼마나 뒤떨어지는 학생이든 상관없이 그의 수업을 들으면 모두 굉장히 열심히 하게 된다. 그는 매일 학생에게 무언가를 하도록 요구하고, **5,6**학생이 절반만 성공해도 바로 학생을 칭찬한다. 그리고 이러한 기초 위에 다시 조금씩 요구를 높여간다. 이렇게 하면 학생의 성취감을 천천히 키워나갈 수 있다.

어휘 ★不管 bùguǎn 접 ~에 상관없이 | 多么 duōme 부 얼마나 | 差 chà 형 뒤떨어지다 | ★变得 biàn de ~하게 변하다 | 用功 yònggōng 동 열심히 공부하다 | 表扬 biǎoyáng 동 칭찬하다 | 基础 jīchǔ 명 기초 | ★稍微 shāowēi 부 조금 | 提高 tígāo 동 높이다 | 增长 zēngzhǎng 동 늘이다 | 成就感 chéngjiùgǎn 명 성취감

那位教师对差的学生怎么样?	그 선생님은 실력이 뒤떨어지는 학생에게 어떠한가?
A 不关心 B 没有任何要求	A 관심이 없다 B 어떤 요구 사항도 없다
C 表扬学生 D 批评学生	**C 학생을 칭찬하다** D 학생을 꾸짖는다

공략   '只要……就……'는 '~하기만 하면 바로~하다'라는 호응 구조로 이 문장에서 선생님은 학생이 절반만 성공해도 바로 칭찬한다는 것을 알 수 있다.

学生完成多少任务就能得到表扬?	학생이 어느 정도 임무를 완성해야 칭찬을 받을 수 있는가?
A 100% **B 50%** C 30% D 10%	A 100% **B 50%** C 30% D 10%

공략   一半은 '절반'이라는 의미를 가지고 있다. 본문에서 선생님은 학생이 '절반'만 성공해도 칭찬한다고 했으므로 정답은 B가 된다.

7-8

⁷有一种人吃苹果时一定先选最好的吃。而另一种人正好相反，把最好的苹果留到最后吃。到底谁更快乐呢? 大多数人想是第一种人，因为他吃的每一个苹果都是手里最好的。但我却觉得第二种人更快乐，因为他们先吃不好的，这样更好的总在后头。⁸于是他们总是有希望。

⁷어떤 사람들은 사과를 먹을 때 가장 먼저 좋은 것을 골라 먹는다. 하지만 또 다른 사람들은 정반대로 가장 좋은 것을 맨 뒤로 남겨두고 먹는다. 도대체 누가 더 행복할까? 대다수의 사람들은 첫 번째 종류의 사람일거라 생각한다. 왜냐하면, 그가 먹는 모든 사과는 손안에 있는 것 중 가장 맛있는 것이기 때문이다. 하지만 나는 오히려 두 번째 종류의 사람이 더욱 행복하다고 생각한다. 왜냐하면 그들은 먼저 좋지 않은 것을 먹지만, 더 좋은 것이 늘 뒤에 있어, ⁸그들에게는 항상 희망이 있기 때문이다.

어휘   选 xuǎn 통 고르다 | ★另 lìng 대 다른 | 相反 xiāngfǎn 형 서로 상반되다 | 到底 dàodǐ 부 도대체 | 快乐 kuàilè 형 즐겁다, 행복하다 | 却 què 부 오히려 | 后头 hòutou 명 뒤편 | ★于是 yúshì 접 이리하여 | ★总是 zǒngshì 부 항상

第一种人怎么吃苹果?	첫 번째 종류의 사람은 사과를 어떻게 먹는가?
A 先吃最好的	**A 가장 맛있는 것을 먼저 먹는다**
B 把最好的留到最后	B 가장 좋은 것을 가장 뒤로 남겨둔다
C 先吃最不好的	C 가장 좋지 않은 것을 먼저 먹는다
D 先不吃最好的	D 가장 좋은 것을 먼저 먹지 않는다

공략   첫 번째 부류의 사람은 가장 좋은 사과를 먼저 골라 먹는 사람으로 정답은 A가 된다.

8

关于第二种人，可以知道什么?

A 他们总是失败
B 他们工作很紧张
C 他们追求快乐
Ⓓ **他们总有希望**

두 번째 종류의 사람에 대해 무엇을 알 수 있는가?

A 그들은 늘 실패한다
B 그들은 업무가 촉박하다
C 그들은 행복을 추구한다
Ⓓ **그들은 항상 희망이 있다**

공략　于是 이후의 문장에서 두 번째 종류의 사람에게는 항상 희망이 있다는 것을 알 수 있다.

9-10

9大部分人觉得只要养成阅读的习惯，就能获得更多的知识。但这还不够。10我们还应该学会好的阅读方法。比如，提高阅读速度、扩大阅读范围、有重点有选择地阅读。这样才能使我们的知识更丰富。

9대부분의 사람들은 독서 습관을 기르기만 하면 더욱 많은 지식을 얻을 수 있다고 생각한다. 하지만 이것만으로는 충분하지 않다. 10우리는 반드시 좋은 독서 방법을 배워야 한다. 예를 들어 독서 속도를 높인다거나 독서 범위를 넓히는 것, 독서의 포인트를 가지고 선택적으로 독서를 하는 것 등이다. 이렇게 해야만이 비로소 우리의 지식을 더욱 풍부하게 할 수 있다.

어휘　★养成 yǎngchéng 통 기르다 | 阅读 yuèdú 통 읽다 | 获得 huòdé 통 획득하다 | 知识 zhīshi 명 지식 | 不够 búgòu 형 부족하다 | 比如 bǐrú 통 예를 들다 | 提高 tígāo 통 높이다 | 速度 sùdù 명 속도 | ★扩大 kuòdà 통 확대하다 | ★范围 fànwéi 명 범위 | 重点 zhòngdiǎn 명 핵심 | 选择 xuǎnzé 통 선택하다 | 丰富 fēngfù 형 풍부하다

9

人们为什么要阅读?

A 享受生活　　Ⓑ **获得知识**
C 增长了解　　D 提高成绩

사람들은 왜 독서를 하려고 하는가?

A 생활을 즐기기 위해　　Ⓑ **지식을 얻기 위해**
C 이해를 넓히기 위해　　D 성적을 높이기 위해

공략　'只要……就……'는 '~하기만 하면, ~이다'라는 조건, 결과를 나타내는 호응 구조이다. 이 문장에서 사람들은 독서를 통해 더 많은 지식을 얻을 수 있다고 생각한다고 했으므로 정답은 B가 된다.

10

这段话主要谈什么?

A 提高阅读速度
B 扩大阅读范围
C 养成阅读习惯
Ⓓ **怎样阅读**

이 글이 말하고 있는 것은?

A 독해 속도를 높이자
B 독해 범위를 넓히자
C 독해 습관을 기르자
Ⓓ **어떻게 독서를 할 것인가**

공략　글의 도입 부분에 단순히 독서를 하는 것만으로 지식을 얻는 것은 불충분하다고 언급하고 있으며 중반 이후부터 더 많은 지식을 얻기 위한 방법들을 나열하고 있다. 그렇기 때문에 이 글 전체의 주제는 독서를 하는 방법인 D가 된다.

08 day 다양한 상식을 키우자

정답 **1.** A **2.** C **3.** B **4.** D **5.** C **6.** B **7.** C **8.** A **9.** D **10.** D

1-2

1现在建一个网站越来越容易了，不但许多公司有网站，甚至很多人都有自己的网站，访问多种多样的网站已经成为人们生活的一部分，**2**网站极大地丰富了人们的文化生活。

1현재 웹 사이트를 개설하는 것이 갈수록 쉬워지고 있다. 많은 회사들이 웹 사이트를 가지고 있을 뿐 아니라, 심지어는 많은 사람들이 자신의 웹 사이트를 가지고 있다. 다양한 웹 사이트를 방문하는 것은 이미 생활의 일부분이 되었으며, **2**웹 사이트는 사람들의 문화 생활을 굉장히 풍부하게 만들었다.

어휘 建 jiàn 통 만들다 | 网站 wǎngzhàn 명 웹 사이트 | ★许多 xǔduō 형 많은 | ★甚至 shènzhì 접 심지어 | 访问 fǎngwèn 통 방문하다 | 一部分 yíbùfen 명 일부분 | 极大 jídà 형 지극히 크다 | ★丰富 fēngfù 통 풍부하게 하다

1

난이도 中 공략 Key 세부 정보 찾기

关于网站，下列哪个正确？

A 网站越来越多
B 人们都有网站
C 网上购买很方便
D 人们得访问网站

웹 사이트에 관하여 아래 보기 가운데 옳은 것은?

A 웹 사이트가 갈수록 많아지고 있다
B 사람들은 모두 웹 사이트가 있다
C 인터넷 쇼핑은 편리하다
D 사람들은 반드시 인터넷 사이트를 방문한다

공략 현재 웹 사이트 개설이 갈수록 쉬워지고 있으며 회사뿐 아니라 개인조차도 자신의 웹 사이트를 개설하고 있다는 내용을 통해 웹 사이트가 갈수록 많아지고 있다는 것을 알 수 있다.

2

난이도 下 공략 Key 화자의 태도 파악

说话人对网站是什么态度？

A 容易交很多朋友
B 他要建网站
C 网站丰富了生活
D 访问网站很有趣

화자는 웹 사이트에 대해 어떠한 태도를 가지고 있는가?

A 많은 친구를 사귀기 쉽다
B 그는 웹 사이트를 개설하고 싶어 한다
C 웹 사이트는 생활을 풍요롭게 한다
D 웹 사이트 방문은 재미있다

공략 본문 마지막 부분에 웹 사이트가 사람들의 문화 생활을 풍요롭게 만든다고 직접적으로 언급하고 있으므로 C가 정답이 된다.

3-4

口才是一种让人羡慕的能力，有这种能力的人能得到别人的肯定，**3**再难的事经过他们的嘴都有可能谈成，让人不得不佩服他的能力。**4**一个口才好的人不管走到哪里，都会表现出满满的自信，所以总是会受到关注。

말재주는 다른 사람을 부럽게 만드는 능력이다. 이런 능력이 있는 사람은 다른 사람들의 인정을 받을 수 있고, **3**아무리 어려운 일일지라도 그의 입을 통해 담판 지을 가능성이 있으니, 사람들이 어쩔 수 없이 그의 능력에 감탄한다. **4**말재주가 좋은 사람은 어디를 가든지 자신감이 넘쳐 보여서 늘 다른 사람의 관심을 받는다.

어휘 口才 kǒucái 몡 말재주 | ★羡慕 xiànmù 됭 부러워하다 | ★肯定 kěndìng 몡 인정 | ★嘴 zuǐ 몡 입 | 不得不 bùdébù 뷔 어쩔 수 없이 | 佩服 pèifú 됭 감탄하다 | 表现 biǎoxiàn 됭 나타내다 | 自信 zìxìn 몡 자신감 | 总是 zǒngshì 뷔 늘 | ★关注 guānzhù 몡 관심

3　난이도 上　공략 Key '谈成'의 의미 파악

口才好的人怎么样?

A 性格安静　　　Ⓑ 有说服力
C 喜欢说话　　　D 自信过头

말재주가 좋은 사람은 어떠한가?

A 성격이 조용하다　　Ⓑ 설득력이 있다
C 말하는 것을 좋아한다　D 자신감이 지나치다

공략 '谈成'을 직역하면 '말을 해서 그 결과 성공을 거둔다'는 의미이다. 말재주가 있는 사람이 성공적으로 담판을 지을 수 있다는 것은 설득력이 있다는 것과 같은 의미이므로 정답은 B가 된다. D의 过头는 '정도가 지나치다'는 의미이다.

4　난이도 中　공략 Key 所以를 통한 인과 관계 파악

口才好的人为什么受到关注?

A 让人羡慕
B 喜欢说话
C 缺乏自信
Ⓓ 很有自信

말재주가 좋은 사람은 왜 관심을 받는가?

A 다른 사람을 부럽게 만들기 때문에
B 말하는 것을 좋아하기 때문에
C 자신감이 부족하기 때문에
Ⓓ 자신감이 있기 때문에

공략 본문 마지막 부분에 '所以总是会受到关注'라고 했으므로 정답은 所以 앞부분에 있다. 말재주가 좋은 사람은 어디를 가든지 충만한 자신감을 보인다고 했으므로 정답은 D가 된다.

5-6

6幸福的标准是不同的。有人认为有房子有车就是幸福，有人觉得找到人生的伴侣就是幸福，有人却相信在事业上获得财富和地位才是幸福。所以，**5,6**了解自己想要的，才容易得到幸福和快乐。

6행복의 기준은 다르다. 어떤 사람은 집과 차가 있는 것이 바로 행복이라고 생각한다. 어떤 사람은 인생의 반려자를 찾는 것이 바로 행복이라고 생각한다. 어떤 사람은 오히려 사업상 재산과 지위를 얻는 것이야말로 행복이라고 생각한다. 그렇기 때문에 **5,6**자신이 원하는 것을 잘 알아야 비로소 행복과 즐거움을 얻을 수 있다.

어휘 ★幸福 xìngfú 몡 행복 | 标准 biāozhǔn 몡 기준 | 伴侣 bànlǚ 몡 반려자 | ★获得 huòdé 됭 얻다 | 财富 cáifù 몡 재산 | 地位 dìwèi 몡 지위 | ★了解 liǎojiě 됭 이해하다

怎样才更容易快乐?	어떻게 해야 더욱 쉽게 행복해질 수 있는가?
A 看很多书	A 많은 책을 봐야 한다
B 有很多钱	B 많은 돈이 있어야 한다
Ⓒ 知道要什么	Ⓒ 무엇을 원하는지 알아야 한다
D 找到爱情	D 사랑을 찾아야 한다

공략   행복을 찾을 수 있는 비결이 본문 후반부에 제시되어 있다. 모든 사람의 행복 조건이 각자 다르므로 자신이 원하는 것이 무엇인지 먼저 잘 이해해야 쉽게 행복해질 수 있다고 말하고 있으므로 정답은 C가 된다.

这段话主要谈什么?	이 글은 주로 무엇을 말하고 있는가?
A 爱情 Ⓑ 幸福 C 事业 D 婚姻	A 사랑 Ⓑ 행복 C 사업 D 혼인

공략   글 도입부에 행복의 기준이 서로 다르다는 대전제를 말하고 마지막 부분에 행복해질 수 있는 비결을 설명하고 있으므로 이 글의 주제가 행복이라는 것을 쉽게 알 수 있다.

7-8

8成熟其实不是指年龄的大小，而是指解决问题的能力。有的人就算40岁了，也不一定很成熟。也有人尽管才20岁，却可能有40岁的判断力。因此，看一个人是不是成熟，7不能只看他的年龄，而要看他在困难面前，能不能冷静地分析和解决问题。	8성숙이란 사실 나이의 많고 적음을 가리키는 것이 아니라 문제를 해결하는 능력을 가리키는 것이다. 어떤 사람은 설령 40세가 되었다 해도 반드시 아주 성숙한 것은 아니다. 또 어떤 사람은 비록 겨우 20세일지라도 오히려 40세의 판단력을 가질 수 있다. 때문에 한 사람이 성숙했는지 안 했는지는 7단지 그의 나이만을 보아서는 안 된다. 오히려 그가 어려움 앞에서 냉정하게 문제를 분석하고 해결할 수 있는지를 보아야 한다.

어휘   ★成熟 chéngshú 명형 성숙(하다) | 指 zhǐ 통 가리키다 | 大小 dàxiǎo 명 크기 | 解决 jiějué 통 해결하다 | 就算 jiùsuàn 접 설령 ~일지라도 | ★尽管 jǐnguǎn 접 비록 ~일지라도 | 判断力 pànduànlì 명 판단력 | 因此 yīncǐ 접 이리하여 | ★困难 kùnnan 명 어려움 | 冷静 lěngjìng 형 냉정하다 | 分析 fēnxī 통 분석하다

一个人是不是成熟，我们要看什么?	한 사람이 성숙했는지의 여부는 무엇을 보고 알 수 있는가?
A 生活态度 B 一个人的要求	A 생활 태도 B 한 사람의 요구
Ⓒ 解决问题的能力 D 他的年龄	Ⓒ 문제 해결 능력 D 그 사람의 나이

공략   마지막 문장의 '不能只看……, 而要看……' 부분에서 성숙했는지의 여부는 '문제 해결 능력'을 보아야 한다고 설명하고 있다.

8 난이도 下 공략 Key 주제 찾기

这段话主要谈什么?

Ⓐ 什么是成熟
B 40岁人的心理
C 年轻人的心理
D 如何保持年轻

이 글은 주로 무엇을 말하고 있는가?

Ⓐ 성숙이란 무엇인가
B 40세 사람의 심리
C 젊은이의 심리
D 어떻게 젊음을 유지하는가

공략 첫 문장에서 성숙의 정의를 내리고 있으며 뒷부분에서는 어떤 사람이 진정으로 성숙한 사람인지를 구체적으로 비교하여 설명하고 있으므로 이 글의 전체 주제는 '성숙'이다.

9-10

大学生毕业找工作以前，**9**先要了解自己想干什么。这样才能找到目标，然后还要知道自己能做什么，这样才能找到一个比较适合自己的工作。除此之外，不仅要看工资，还要考虑未来的发展。

대학생은 졸업하고 직장을 찾기 이전에 **9**먼저 자신이 무엇을 하고 싶은지 이해해야 한다. 이래야만 비로소 목표를 찾을 수 있기 때문이다. 그런 다음 자신이 무엇을 할 수 있는지 알아야 하는데, 이래야 비로소 자신에게 비교적 어울리는 일을 찾을 수 있다. 이 외에도 월급뿐만 아니라 미래의 발전에 대해서도 고려해봐야 한다.

어휘 毕业 bìyè 통 졸업하다 | 了解 liǎojiě 통 이해하다 | ★目标 mùbiāo 명 목표 | 比较 bǐjiào 부 비교적 | 适合 shìhé 통 어울리다 | ★除此之外 chú cǐ zhī wài 이 외에도 | 工资 gōngzī 명 월급 | 考虑 kǎolǜ 통 고려하다 | 未来 wèilái 명 미래

9 난이도 下 공략 Key 핵심 어휘 찾기

大学生找工作先要考虑什么?

A 自己能做什么
B 工资多少
C 未来的发展
Ⓓ 自己想做什么

대학생들이 일을 찾을 때 먼저 무엇을 고려해야 하는가?

A 자신이 무엇을 할 수 있는가
B 월급이 얼마인가
C 미래의 발전
Ⓓ 자신이 무엇을 하고 싶은가

공략 문제에서 가장 중요한 어휘는 부사 先이다. 문제는 직장을 찾을 때 가장 먼저 무엇을 고려해야 하는지를 묻고 있으므로 정답은 D가 된다.

10 난이도 中 공략 Key 글의 의도 파악

这段话最可能出现在哪儿?

A 商店广告   B 产品介绍
C 公司规定   Ⓓ 招聘网站

이 글은 어디에 나올 가능성이 가장 큰가?

A 상점 광고   B 상품 소개
C 회사 규정   Ⓓ 채용 사이트

공략 이 글은 대학생이 졸업하기 전 직장을 찾을 때 고려해야 하는 사항들을 정리하고 있는 것이므로 채용을 알선해주는 '招聘网站'이 정답으로 적절하다.

09-6 본책_ 109쪽

정답 1. D   2. C   3. A   4. B   5. B   6. B   7. C   8. D   9. A   10. C

1-2

我爸妈的性格相差很大。我妈很严肃，不太会开玩笑。有时我跟她开玩笑，她居然以为我是认真的。这可能与她的职业有关，<u>1她是一家医院的医生。</u><u>2和我妈比起来，我爸就幽默多了，喜欢说笑话，喜欢闲聊。在这方面，朋友们都说我更像我爸的性格。</u>另外，我们长得也像，都很瘦。

우리 아빠 엄마의 성격은 매우 다르다. 우리 엄마는 엄숙하고 농담을 잘하지 못하신다. 때로 내가 엄마에게 농담을 하면, 엄마는 뜻밖에도 진담으로 여기신다. 이건 아마도 엄마의 직업과도 관련이 있을 것이다. <u>1엄마는 한 병원의 의사이다.</u> <u>2엄마와 비교하자면, 아빠는 훨씬 유머러스하고, 농담하고 잡담하는 것을 좋아하신다.</u> 이러한 측면에서 친구들은 내가 아빠의 성격을 더 닮았다고 말한다. 그 밖에 우리는 외모도 닮았는데, 모두 말랐다.

어휘 性格 xìnggé 몡 성격 | ★严肃 yánsù 혱 엄격하다 | 居然 jūrán 뷔 뜻밖에 | 职业 zhíyè 몡 직업 | 有关 yǒuguān 동 관련 있다 | ★幽默 yōumò 혱 유머러스하다 | 闲聊 xiánliáo 동 잡담하다 | ★另外 lìngwài 대 그 밖에 | 长 zhǎng 동 생기다 | 像 xiàng 동 닮다 | 瘦 shòu 혱 마르다

1　　　　　　　　　　　　　　　　　　　　　　난이도 下　공략 Key 유의어 활용

妈妈是做什么工作的?

A 律师　B 售货员 C 作家　**D** 大夫

엄마의 직업은 무엇인가?

A 변호사　B 판매원　C 작가　**D** 의사

공략 본문에서 엄마의 직업이 의사라고 직접적으로 언급하고 있으므로 정답은 D가 된다. 医生과 大夫는 모두 '의사'라는 의미이다.

2　　　　　　　　　　　　　　　　　　　　　　난이도 上　공략 Key 세부 내용 파악

关于爸爸，下列哪个正确?

A 在医院工作
B 不如妈妈幽默
C 爱开玩笑
D 身材很好

아빠에 관한 설명 중 옳은 것은?

A 병원에서 일한다
B 엄마만큼 유머러스하지 않다
C 농담하는 것을 좋아한다
D 몸매가 좋다

공략 아빠는 엄마와 다르게 농담하고 잡담하는 것을 좋아한다고 했으므로 정답은 C가 된다. D는 나와 아빠의 몸매가 둘 다 말랐다는 것이지 몸매가 좋다고는 하지 않았으므로 정답이 될 수 없다.

3-4

毕业后，我很快找到了房子，**4**是跟一个朋友一起租的。我们都有自己的房间，洗手间和厨房是共用的。房租不太贵，**3**一个月1000元。但是交通不太方便，离工作的地方稍微有点儿远。

졸업 후 나는 바로 집을 찾아 **4**친구와 함께 세를 들었다. 우리는 모두 각자의 방이 있고 화장실과 주방은 공용으로 사용한다. 집세는 그다지 비싸지 않아, **3**한 달에 1,000위안이다. 하지만 교통이 그다지 편하지 않고, 일하는 곳에서 조금 멀다.

어휘　毕业 bìyè 통 졸업하다 | 房子 fángzi 명 집 | ★租 zū 통 빌리다, 세를 들다 | 洗手间 xǐshǒujiān 명 화장실 | 厨房 chúfáng 명 주방 | 共用 gòngyòng 통 공용하다 | 交通 jiāotōng 명 교통 | ★稍微 shāowēi 부 조금, 약간

3　　　　　　　　　　　　　　　　　　　　　　　난이도 下　공략 Key 수치 파악

房租一个月多少钱?

Ⓐ 1000元　　　　　B 2000元
C 3000元　　　　　D 4000元

집세는 한 달에 얼마인가?

Ⓐ 1,000위안　　　　B 2,000위안
C 3,000위안　　　　D 4,000위안

공략　이 문제에서 가장 주의할 점은 간혹 '一(yī)'를 '2'로 혼동하여 듣는다는 것이다. 2,000위안은 '两千元(liǎngqiān yuán)'이니 헷갈리지 않도록 신경 쓰자.

4　　　　　　　　　　　　　　　　　　　　　　　난이도 中　공략 Key 전체 내용 파악

关于那个房子，可以知道什么?

A 交通便利　　　　Ⓑ 住了两个人
C 房租特别贵　　　D 没有厨房

그 집에 관하여 무엇을 알 수 있는가?

A 교통이 편리하다　　　Ⓑ 두 사람이 살았다
C 집세가 굉장히 비싸다　D 주방이 없다

공략　화자는 친구와 함께 둘이서 집에 세 들어 살았다고 했으므로 정답이 B라는 것을 쉽게 알 수 있다. 便利는 方便과 마찬가지로 '편리하다'는 의미의 형용사이다. 본문에서 교통이 불편하다고 했기 때문에 A는 정답이 될 수 없다.

5-6

有个人看见一个孩子在商店哭，就问他哭什么。**5**孩子说，刚才不小心把15块钱丢了，见孩子那么难过，**6**那个人就掏出15块钱送给他。没想到，孩子哭得更伤心了，那个人很奇怪，就问："我刚才不是给你15块钱了吗？为什么还哭呢？"孩子说："如果那15块钱没丢，我现在就有30块了。"

어떤 사람이 한 아이가 상점에서 울고 있는 것을 보고 아이에게 왜 우는지 물었다. **5**아이는 방금 전 부주의하는 바람에 15위안을 잃어버렸다고 말했다. 아이가 그렇게 속상해 하는 것을 보고, **6**그 사람은 15위안을 꺼내어 아이에게 주었다. 생각지도 못하게, 아이는 더욱 속상하게 울었다. 그는 이상해서 물어보았다. "내가 방금 전에 너에게 15위안을 주지 않았니? 왜 아직도 울고 있는 거니?" 아이가 말했다. "만약 15위안을 잃어버리지 않았더라면 전 지금 30위안이 있을 테니까요."

어휘　哭 kū 통 울다 | 小心 xiǎoxīn 통 주의하다 | ★难过 nánguò 형 속상하다, 괴롭다 | 掏出 tāochū 통 꺼내다 | ★奇怪 qíguài 형 이상하게 여기다

5

那个孩子为什么哭？	그 아이는 왜 울고 있는가?
A 钱包丢了　　　B 钱丢了	A 지갑을 잃어버렸다　　B 돈을 잃어버렸다
C 肚子疼　　　　D 找不到妈妈	C 배가 아프다　　　　　D 엄마를 찾을 수 없다

공략　왜 울고 있느냐는 남자의 질문에 아이는 조심하지 않아서 돈을 잃어버렸다고 했으므로 정답은 B가 된다.

6

那个孩子现在有多少钱？	그 아이는 현재 얼마가 있는가?
A 30块　B 15块　C 100块　D 50块	A 30위안　B 15위안　C 100위안　D 50위안

공략　아이는 원래 15위안을 가지고 있었는데 잃어버렸다. 하지만 남자가 15위안을 주어서 현재 15위안을 가지고 있다. 30위안은 아이가 돈을 잃어버리지 않았을 경우를 말하므로 정답이 될 수 없다.

7-8

7,8前天女朋友让我陪她去买一双鞋。进了商店她先去看裤子，觉得有的裤子很便宜就买了一条。然后她又买了一条围巾、一顶帽子。把她钱包里的钱全花光后，我们才出来。出来以后我们吃惊地发现居然没有买鞋。

7,8엊그제 여자 친구는 나에게 그녀와 함께 신발 한 켤레를 사러 가자고 했다. 상점에 들어가서 그녀는 먼저 바지를 보았는데, 어떤 바지가 아주 싸다는 생각에 바로 한 벌을 샀다. 그런 다음 그녀는 또 스카프와 모자를 하나씩 샀다. 그녀 지갑 안의 돈을 모두 다 쓴 다음에야 비로소 우리는 상점을 나왔다. 상점에서 나온 후에 우리는 뜻밖에도 신발을 사지 않았다는 것을 알아차리고 깜짝 놀랐다.

어휘　裤子 kùzi 몡 바지｜围巾 wéijīn 몡 스카프｜顶 dǐng 양 정수리가 있는 물건을 세는 단위｜帽子 màozi 몡 모자｜★吃惊 chījīng 동 놀라다｜★居然 jūrán 부 뜻밖에

7

他们计划买什么？	그들은 무엇을 사기로 계획했는가?
A 裤子　B 衬衫　C 鞋子　D 戒指	A 바지　B 셔츠　C 신발　D 반지

공략　원래는 여자 친구가 함께 신발을 사러 가자고 해서 상점에 간 것이며, 바지는 계획하지는 않았지만 구매한 품목에 포함된다.

어휘　戒指 jièzhi 몡 반지

8

说话人是谁？	화자는 누구인가?
A 同学　B 朋友　C 丈夫　D 男朋友	A 급우　B 친구　C 남편　D 남자 친구

공략　여자 친구가 함께 가자고 해서 쇼핑했기 때문에 같이 간 사람이 남자 친구임을 알 수 있다. 男朋友는 사귀는 사이이고, 그냥 친구일 때는 '男的朋友'라고 해야 한다.

9今天是一年的第一天，忙碌的一年已经过去了，应该好好计划新一年的工作。**10**我作为公司的经理，请大家一起来吃个饭，一是对大家表示感谢，感谢大家为我们公司付出的努力；二是对大家做出激励，今年要加油，做得更好！好了，不多说了，大家举起酒杯，干杯!

9오늘은 한 해의 첫날입니다. 다사다난했던 한 해가 이미 다 지나갔으니, 새로운 한 해의 일을 잘 계획해야 하겠습니다. **10**저는 회사의 사장으로서 여러분께 식사 한 끼를 대접하고자 합니다. 첫째로는 모두에게 감사를 표하는 것입니다. 우리 회사를 위해 쏟아주신 노력에 감사드립니다. 둘째로는 여러분을 격려하고자 합니다. 올해도 힘내시고 더 잘 해주시길 바랍니다. 좋습니다. 이제 말을 마치겠습니다. 모두 잔을 들어주십시오. 건배합시다!

어휘　忙碌 mánglù 〔형〕 (정신 없이) 바쁘다 | ★计划 jìhuà 〔통〕 계획하다 | 表示 biǎoshì 〔통〕 표시하다 | 付出 fùchū 〔통〕 쏟아붓다 | 激励 jīlì 〔통〕 격려하다 | ★举起 jǔqǐ 〔통〕 들다 | 酒杯 jiǔbēi 〔명〕 술잔 | 干杯 gānbēi 〔통〕 건배하다

9　　　　　　　　　　　　　　　　난이도 下　공략 Key 날짜 파악

今天的日期是：	오늘은 몇 월 며칠인가?
Ⓐ 1月1日　　　B 12月1日 C 5月1日　　　D 12月30日	Ⓐ 1월 1일　　　B 12월 1일 C 5월 1일　　　D 12월 30일

공략　모임에서 오늘은 한 해의 첫날이며, 지난해는 이미 지나갔다고 했으므로 오늘이 1월 1일이라는 것을 알 수 있다.

10　　　　　　　　　　　　　　　　난이도 中　공략 Key 장소 파악

他们现在可能在哪里？	그들은 현재 아마도 어디에 있는가?
A 公司　　　　B 超市 Ⓒ 饭馆　　　　D 学校	A 회사　　　　B 슈퍼마켓 Ⓒ 식당　　　　D 학교

공략　오늘 신년 모임에서 사장은 모두에게 식사를 청하고 있고, 마지막에 함께 건배하자고 했으므로 이곳이 식당이라는 것을 알 수 있다.

10 day 존재하는 모든 것을 부르는 말 — 명사와 대사

본책_ 122쪽

정답 1. C 2. F 3. A 4. E 5. B 6. B 7. E 8. F 9. D 10. A

[1-5]

A 距离 jùlí 명 거리
B 怎么 zěnme 대 어떻게
C 导游 dǎoyóu 명 관광 가이드
D 坚持 jiānchí 동 지키다, 고수하다
E 食品 shípǐn 명 식품
F 礼貌 lǐmào 명 예의

1

난이도 中 공략 Key 인물의 특징

那个幽默、热情的（ C 导游 ）让我们感到十分开心。

그 유머러스하고 친절한 (C 관광 가이드)는 우리를 굉장히 즐겁게 만든다.

공략 구조조사 的 뒷사리기 빈칸이므로 명사가 답이라는 것을 알 수 있다. 유머러스하고 친절한 특징을 가지고 있는 것은 사람이기 때문에 제시 단어 가운데 사람을 가리키는 명사 导游가 정답으로 적절하다.

어휘 ★幽默 yōumò 형 유머러스하다 | ★热情 rèqíng 형 친절하다 | ★十分 shífēn 부 매우 | ★开心 kāixīn 형 즐겁다

2

난이도 下 공략 Key 懂과 호응되는 명사

他儿子不仅聪明，还很懂（ F 礼貌 ），这给所有的客人留下了很好的印象。

그의 아들은 똑똑할 뿐 아니라 (F 예의)도 바르다. 이는 모든 손님에게 좋은 인상을 남겼다.

공략 동사 다음에 빈칸이 있기 때문에 정답으로 목적어, 즉 명사가 적절하다. 손님에게 좋은 인상을 남긴다는 긍정적인 내용이므로, 동사 懂과 호응되어 '예의 바르다'라는 의미를 갖는 礼貌가 정답이 된다.

어휘 ★不仅 bùjǐn 접 ~일 뿐 아니라 | 聪明 cōngming 형 똑똑하다 | ★礼貌 lǐmào 명 예의 | ★所有 suǒyǒu 형 모든 | ★印象 yìnxiàng 명 인상

3

난이도 上 공략 Key 一段의 수식을 받는 명사

这儿离故宫还有一段（ A 距离 ），我们还是坐地铁去好。

여기는 고궁에서 어느 정도 (A 거리)가 있으니, 우리는 아무래도 지하철을 타고 가는 것이 나을 것 같아.

공략 시간이나 장소를 구분하는 一段 다음에 빈칸이 있으므로 이와 관련된 명사가 위치해야 한다. 지하철을 타고 가는 것이 더 낫다고 하는 것은 이곳으로부터 거리가 먼 것임을 나타내므로 의미적으로 距离가 정답이 된다.

어휘 ★离 lí 개 ~로부터 | 故宫 Gùgōng 고유 고궁 | ★一段 yíduàn 일부분, 한 부분(시간, 장소를 구분하는 것을 가리킴)

4

난이도 下 공략 Key 구조조사 的가 꾸미는 명사

中秋节时，最受欢迎的（ E 食品 ）是月饼，现在不少外国人也喜欢吃。

추석에 가장 인기 있는 (E 식품)은 월병이다. 현재 많은 외국인들도 즐겨 먹는다.

공략 빈칸 앞뒤에 구조조사 的와 동사 是가 있는 것으로 보아 주어가 되는 명사가 정답인 것을 알 수 있다. 내용상 月饼이 음

식인 것을 알 수 있기 때문에 자연히 음식, 식품의 의미를 가지고 있는 食品이 정답이 된다.

어휘 中秋节 Zhōngqiūjié 몡 추석 | ★受欢迎 shòu huānyíng 인기가 있다 | ★食品 shípǐn 몡 식품 | 月饼 yuèbing 몡 월병

---

5 난이도 下 공략 Key 의문대사 怎么를 활용한 반어문

| 奶奶包的饺子太多了，我一个人（B 怎么）能吃完呢？ | 할머니께서 빚으신 만두가 너무 많은데, 나 혼자（B 어떻게）다 먹을 수 있겠니? |

공략 의문대사 怎么는 '어떻게'라는 의미로 반어문에서는 '어떻게 ~할 수 있겠는가? 그럴 수 없다'라는 뜻을 나타낸다. 할머니께서 빚으신 만두가 너무 많아 혼자서는 먹을 수 없다는 반어문을 완성해야 하므로 怎么가 정답이 된다.

어휘 包 bāo 동 빚다 | 饺子 jiǎozi 몡 만두

[6-10]

A 经验 jīngyàn 몡 경험	B 任务 rènwu 몡 임무
C 温度 wēndù 몡 온도	D 重点 zhòngdiǎn 몡 핵심, 중점
E 工具 gōngjù 몡 수단	F 什么 shénme 때 어떤, 무슨

---

6 난이도 上 공략 Key 完成과 호응되는 명사

| A: 我们一定会按时完成（B 任务），保证不会让您失望的。
B: 那我就放心了，辛苦了。 | A: 우리는 반드시 제때에（B 임무）를 완성할 것입니다. 실망시켜 드리지 않을 것을 약속합니다.
B: 그럼 안심하겠네. 수고하게나. |

공략 동사 뒤에 빈칸이 있으므로 목적어가 되는 명사를 위치시켜야 한다. 동사 完成은 '완성하다, 끝내다'라는 의미로 호응되는 단어로는 任务가 적절하다.

어휘 ★按时 ànshí 부 제때에 | ★保证 bǎozhèng 동 약속하다, 보증하다 | ★失望 shīwàng 동 실망하다 | ★放心 fàngxīn 동 안심하다

---

7 난이도 上 공략 Key 交流와 호응되는 명사

| A: 语言是最重要的交流（E 工具），只记词典里的单词是不够的，应该多听多说。
B: 对，这样才能学好外语。 | A: 언어는 가장 중요한 교류（E 수단）이야. 단지 사전 안의 단어만을 암기하는 것은 부족하지. 반드시 많이 듣고 많이 말해야 해.
B: 맞아. 이래야 외국어를 잘 공부할 수 있어. |

공략 '언어는 ~이다'라는 구조로 빈칸에 목적어가 되는 명사를 위치시키는 문제이다. 工具는 '交通工具, 交流工具' 등으로 자주 호응된다.

어휘 ★语言 yǔyán 몡 언어 | ★交流 jiāoliú 몡 교류 | 记 jì 동 기억하다 | 词典 cídiǎn 몡 사전 | 单词 dāncí 몡 단어 | ★不够 búgòu 형 부족하다 | 应该 yīnggāi 조동 마땅히 ~하다 | 这样 zhèyàng 때 이렇다 | 外语 wàiyǔ 몡 외국어

---

8 난이도 中 공략 Key 관형어로 활용되는 의문대사

| A: 家里没有（F 什么）可吃的了，咱们出去吃怎么样？
B: 好吧，附近新开了家饭馆，我们去那儿吧。 | A: 집에 먹을 만한 게（F 어떤）것도 없어요. 우리 나가서 식사하는 게 어때요?
B: 그래요. 부근에 식당이 하나 생겼던데, 거기로 가요. |

공략　의문대사 什么는 의문문을 만드는 역할이 대표적이지만, 명사 앞에 놓여 명사를 수식하는 역할도 한다.

어휘　附近 fùjìn 몡 부근 | 饭馆 fànguǎn 몡 식당

9　　　　　　　　　　　　　　　난이도 上　공략 Key 缺乏와 호응되는 명사

A: 经理，那份报告放到您的桌子上了，您看了吗?

B: 大概的意思明白了，不过还不够详细，缺乏（D 重点），明天我们再讨论一下。

A: 사장님, 그 보고서를 책상 위에 두었는데, 보셨습니까?

B: 대략적인 의미는 이해했네. 하지만 아직 상세하지 않고 (D 핵심)이 빠진 것 같으니, 내일 다시 토론 좀 하세나.

공략　동사 缺乏 뒷자리에 빈칸이 있기 때문에 이에 어울리는 목적어를 찾아야 한다. 내용상 보고서에서 어떤 것이 부족한지를 찾는 문제이므로 정답은 重点이 적절하다.

어휘　报告 bàogào 몡 보고서 | 大概 dàgài 혱 대략적인 | 意思 yìsi 몡 의미 | 明白 míngbai 통 이해하다 | 不过 búguò 젭 그러나 | 不够 búgòu 혱 부족하다 | 详细 xiángxì 혱 상세하다 | 缺乏 quēfá 통 결핍되다, 결여되다 | 讨论 tǎolùn 통 토론하다

10　　　　　　　　　　　　　　난이도 中　공략 Key 丰富와 호응되는 명사

A: 小王，你看这项任务让谁负责好?

B: 我觉得还是让小李负责好。她很有责任感，而且（A 经验）也很丰富。

A: 샤오왕, 자네 생각에 누구에게 이번 임무를 맡기는 것이 좋겠는가?

B: 제 생각에 아무래도 샤오리가 책임지는 것이 좋겠습니다. 그녀는 책임감도 강하고 게다가 (A 경험)도 풍부합니다.

공략　형용사 丰富는 '풍부하다'라는 뜻으로 经验, 资源, 营养 등의 어휘와 자주 호응하여 쓰인다.

어휘　项 xiàng 몡 항목 | ★任务 rènwu 몡 임무 | ★负责 fùzé 통 책임지다 | ★责任感 zérèngǎn 몡 책임감 | ★丰富 fēngfù 혱 풍부하다

---

11 day 팔색조의 매력 – 동사

본책_ 134쪽

정답	1. E	2. C	3. F	4. B	5. A	6. B	7. E	8. A	9. F	10. D

[1-5]

A 报名 bàomíng 통 신청하다, 지원하다

B 可以 kěyǐ 조통 ~할 수 있다

C 出生 chūshēng 통 출생하다, 태어나다

D 坚持 jiānchí 통 지키다, 고수하다

E 打折 dǎzhé 통 할인하다

F 举办 jǔbàn 통 개최하다, 거행하다

난이도 中　공략 Key 가격 관련 동사

| 那条牛仔裤（E 打折）后70元，不太贵。 | 그 청바지는 (E 할인) 후 가격이 70위안입니다. 별로 비싸지 않아요. |

공략　빈칸에는 물건의 가격과 관련된 동사가 가장 적합하며, 이 동작을 거친 후 가격이 별로 비싸지 않다고 했으므로 정답은 打折가 된다.

어휘　★条 tiáo 양 가늘고 긴 물건을 세는 단위 | 牛仔裤 niúzǎikù 명 청바지

2

난이도 下　공략 Key 발생 시기 관련 동사

| 听爸爸妈妈说，他们是1980年结婚的，那时我和弟弟还没（C 出生）呢。 | 아빠 엄마께서 말씀하셨는데, 두 분은 1980년에 결혼하셨대. 그때 나와 남동생은 아직 (C 태어나지)도 않았지. |

공략　빈칸 앞의 没를 근거로 부모님께서 결혼하신 해에 나와 남동생이 아직 태어나지 않은 내용이 이어져야 자연스럽다. 의미상 出生이 가장 적합하다.

어휘　★听说 tīngshuō 통 듣자니 ~라 한다 | 那时 nàshí 대 그때, 그 당시

난이도 下　공략 Key 活动과 관련 있는 동사

| 这次活动（F 举办）得非常成功，引起了很多年轻人的关注。 | 이번 행사는 굉장히 성공적으로 (F 개최되었다). 많은 젊은이들의 관심을 불러일으켰다. |

공략　구조조사 得 앞의 빈칸에는 행사와 어울리는 동사가 위치해야 한다. 의미적으로 행사가 '개최되다'라는 举办이 적합하다.

어휘　★活动 huódòng 명 활동, 행사 | ★成功 chénggōng 통 성공하다 | ★引起 yǐnqǐ 통 불러일으키다 | ★关注 guānzhù 통 관심을 가지다

4

난이도 下　공략 Key 가능성을 나타내는 조동사

| 别着急，这个房间够大，（B 可以）放两张床。 | 걱정 마, 이 방은 충분히 커. 침대 2개는 놓을 (B 수 있어). |

공략　동사 앞에 빈칸이 있기 때문에 부사, 조동사, 개사구 등의 부사어가 정답이 될 수 있다. 의미상 침대 2개를 놓을 수 있다는 내용이 자연스럽다. 따라서 조동사 可以가 정답으로 적절하다.

어휘　★着急 zháojí 통 조급하다 | ★够 gòu 부 매우, 아주 | 放 fàng 통 놓다 | 张 zhāng 양 침대, 탁자 등을 세는 단위

난이도 中　공략 Key 比赛와 호응되는 동사

| 我打算（A 报名）参加20公里长跑比赛，你参加不? | 나는 20km 장거리 경기에 참가 (A 신청할) 계획인데, 너도 참가할래? |

공략　报名은 '등록하다, 신청하다'라는 의미의 동사로 목적어 比赛와 호응한다.

어휘　★打算 dǎsuan 통 계획하다 | ★参加 cānjiā 통 참가하다 | 长跑比赛 chángpǎo bǐsài 명 장거리 경기

[6-10]

A 扔 rēng 图 버리다	B 安排 ānpái 图 처리하다
C 温度 wēndù 图 온도	D 后悔 hòuhuǐ 图 후회하다
E 得 děi 图 ~해야 한다	F 估计 gūjì 图 예측하다, 추측하다

---

6 난이도 上 공략 Key 동사 安排의 활용

A: 希望我们的工作能让您满意。	A: 저희 업무 처리에 만족하셨으면 좋겠습니다.
B: 我非常满意，一切都（B 安排）得很好，谢谢你们。	B: 대단히 만족합니다. 모두 잘（B 처리하셨습니다）. 고맙습니다.

공략 빈칸이 구조조사 得 앞에 있다는 것에서 정답이 동사라는 것을 알 수 있다. 의미적으로 일에 대한 평가를 내리고 있으므로 정답은 '처리하다'라는 뜻의 安排가 된다.

어휘 希望 xīwàng 图 바라다 | ★满意 mǎnyì 图 만족하다 | ★一切 yíqiè 때 일체, 전부

---

7 난이도 中 공략 Key 당위성을 나타내는 조동사

A: 你们（E 得）快点儿准备，要不然赶不上飞机。	A: 너희들 빨리 서둘러 준비（E 해야 해）. 그렇지 않으면 비행기를 놓칠 거야.
B: 来得及，坐出租车半小时就能到。	B: 늦지 않았어. 택시 타고 가면 30분이면 도착할 수 있어.

공략 A는 비행기를 놓칠까 봐 걱정하고 있으므로 당위를 나타내는 조동사 得가 위치해 '반드시 서둘러야 한다'는 의미를 나타내야 한다.

어휘 ★准备 zhǔnbèi 图 준비하다 | ★要不然 yàoburán 그렇지 않으면 | ★赶不上 gǎnbushàng 图 따라잡지 못하다 | ★来得及 láidejí 图 늦지 않다 | 出租车 chūzūchē 图 택시

---

8 난이도 上 공략 Key 부사 乱과 호응하는 동사

A: 把报纸和杂志什么的收拾好，别到处乱（A 扔）。	A: 신문하고 잡지 등을 잘 정리해둬. 여기저기（A 버려두지）말고 말이야.
B: 爸爸，您说话越来越像妈妈了。	B: 아빠, 말씀하시는 게 엄마랑 점점 닮아가요.

공략 乱은 동사 앞에서 '함부로'라는 의미의 부사로 쓰인다. 신문과 잡지 등을 잘 정리하라는 말에서 A가 정답임을 알 수 있다.

어휘 什么的 shénmede ~등등 | ★收拾 shōushi 图 정리하다 | ★到处 dàochù 图 곳곳 | 乱 luàn 图图 어지럽다; 함부로, 마구 | 像 xiàng 图 같다, 닮다

---

9 난이도 中 공략 Key 예측을 나타내는 동사

A: 刘小姐，明天上午9点我们有个会议，请你给我们安排一个地方。	A: 류 샤오제, 내일 오전 9시에 우리 회의가 있는데, 장소 하나 배정해주세요.
B: 好的，您（F 估计）有多少人来参加?	B: 알겠습니다. 몇 분이 참석할 것（F 같으신가요）?

공략 회의 장소를 배정해주기 위해서는 대략적인 참석자 수를 알아야 하므로 예측을 나타내는 估计가 정답으로 적절하다.

어휘 会议 huìyì 图 회의 | ★安排 ānpái 图 배정하다 | ★参加 cānjiā 图 참석하다

A: 不知道为什么，最近我一直胃疼，吃点儿什么药好？ B: 以后别喝酒了，好不好，等身体出现问题，（D 后悔）就来不及了。	A: 왜 그런지 몰라도 요새 계속 위가 아파. 무슨 약을 먹어야 좋을까? B: 앞으로 술 마시지 마. 알겠지? 건강에 이상이 생기고 나서 （D 후회해도）돌이킬 수 없어.

공략 문장에 제시된 等은 '～을 기다리다'가 아닌 '～할 때까지 기다리다' 즉 '～한 후에'라고 해석해야 한다. 의미적으로 건강에 이상이 생기고 난 후에 후회하면 늦는다는 뜻이 되어야 하므로 정답은 后悔가 된다.

어휘 胃疼 wèiténg 몡 위통 ｜ ★药 yào 몡 약 ｜ ★来不及 láibují 통 ～할 시간이 없다

12 day 우리는 단짝 친구! – 형용사와 부사

본책_ 144쪽

정답	1. C	2. F	3. E	4. A	5. B	6. B	7. F	8. D	9. A	10. E

[1-5]

A 完全 wánquán 븻 완전히	B 及时 jíshí 븻 즉시
C 粗心 cūxīn 혱 소홀하다	D 坚持 jiānchí 통 지키다, 고수하다
E 流行 liúxíng 혱 유행하다	F 详细 xiángxì 혱 상세하다

1 　　　　　　　　　　　　　　　　난이도 中 ｜ 공략 Key 정도부사의 수식을 받는 형용사

无论做什么事情，都要认真、仔细，不要太马虎、太（C 粗心）。	무슨 일을 하든지 늘 성실하고 꼼꼼해야지, 너무 대충하거나 （C 소홀하게）해서는 안 된다.

공략 太는 '매우, 아주'라는 의미의 정도부사로 了와 호응되지 않을 경우 부정적인 뉘앙스가 있다. 긍정적인 의미의 认真, 仔细와 대조되는 부정적 의미의 술어를 찾아야 하므로 정답은 粗心이 된다.

어휘 ★认真 rènzhēn 혱 성실하다 ｜ ★仔细 zǐxì 혱 꼼꼼하다 ｜ 不要 búyào 졷통 ～하지 마라 ｜ ★马虎 mǎhu 혱 세심하지 못하다

2 　　　　　　　　　　　　　　　　　　난이도 中 ｜ 공략 Key 부사의 위치 파악

她担心会引起别人的误会，所以又向大家（F 详细）解释了一遍所有的经过。	그녀는 다른 사람의 오해를 살까 걱정했다. 그래서 또 모두에게 모든 과정을 한 번 （F 상세히）설명했다.

공략 빈칸이 동사 解释 앞에 있으므로 부사가 정답이 된다는 것을 알 수 있다. 详细는 '상세하다'라는 의미의 형용사로 자주 구조조사 地를 생략하고 동사 앞에서 부사 역할을 한다.

어휘 ★引起 yǐnqǐ 통 (주의 등을) 끌다 ｜ ★误会 wùhuì 통 오해하다 ｜ ★所有 suǒyǒu 혱 모든 ｜ 经过 jīngguò 몡 과정

3 　　　　　　　　　　　　　　　　　　　　난이도 下 　공략 Key 형용사의 위치 파악

| 这条牛仔裤是最近很（E 流行）的，我们也去买一条。 | 이 청바지는 최근에 가장 (E 유행하는) 거야. 우리도 하나 사러 가자. |

공략 　부사 很 뒤에 빈칸이 있으므로 형용사가 정답이라는 것을 알 수 있다. 옷과 관련된 어휘로는 流行이 가장 적절하다.

어휘 　★牛仔裤 niúzǎikù 몡 청바지 | ★条 tiáo 먱 치마나 바지를 세는 단위

4 　　　　　　　　　　　　　　　　　　　　난이도 下 　공략 Key 부사의 위치 파악

| 调查结果和他们想的（A 完全）不同，因此他们不得不改变原来的计划。 | 조사 결과가 그들이 생각한 것과 (A 완전히) 달라서, 그들은 부득이하게 원래의 계획을 변경할 수밖에 없었다. |

공략 　술어 不同 앞에 빈칸이 있기 때문에 부사가 와야 한다. 원래의 계획을 변경할 정도라면 조사 결과가 그들이 생각한 것과 '완전히' 다르다고 하는 것이 의미상 적절하다.

어휘 　★调查 diàochá 몡동 조사(하다) | 结果 jiéguǒ 몡 결과 | ★不得不 bùdébù 뫀 어쩔 수 없이 | 改变 gǎibiàn 동 바뀌다 | ★原来 yuánlái 몡 원래 | ★计划 jìhuà 몡 계획

5 　　　　　　　　　　　　　　　　　　　　난이도 上 　공략 Key 시간부사

| 这项任务对我们公司来说非常重要，假如发生什么问题，要（B 及时）跟我们联系。 | 이번 임무는 우리 회사에 있어 굉장히 중요하다. 만일 무슨 문제가 발생하면 (B 즉시) 우리에게 연락해야 한다. |

공략 　이번 임무는 회사에 굉장히 중요하므로 문제가 발생해서는 안 된다. 때문에 만일 문제가 발생하면 즉시 연락하라는 의미이므로 及时가 정답으로 적절하다.

어휘 　项 xiàng 먱 어떤 규칙이나 정책 등을 세는 단위 | ★假如 jiǎrú 젭 만약 | ★联系 liánxì 동 연락하다

[6-10]

A 挺 tǐng 뫀 매우, 아주	B 差不多 chàbuduō 뫀 거의
C 温度 wēndù 몡 온도	D 有趣 yǒuqù 혱 재미있다
E 恐怕 kǒngpà 뫀 아마 ~일 것이다	F 害羞 hàixiū 혱 부끄러워하다

6 　　　　　　　　　　　　　　　　　　　　난이도 下 　공략 Key 어림수를 나타내는 差不多

| A: 张阿姨，您是南方人吧？
B: 对，我是上海人，在北方（B 差不多）工作15年了。 | A: 장 아주머니, 아주머니는 남방 출신이시죠?
B: 맞아. 난 상하이 사람이야. 북방에서 (B 거의) 15년 일했지. |

공략 　'거의'라는 의미의 差不多는 어림수를 나타내는 부사로 수치, 수량, 금액 등과 자주 호응되어 사용된다.

어휘 　★阿姨 āyí 몡 아주머니

7

| A: 您的女儿真漂亮，不过好像不太喜欢跟人说话。
B: 她有点儿（F 害羞），不过等跟别人熟悉了就好了。 | A: 따님이 정말 예쁘네요. 그런데 다른 사람과 말하는 것을 그다지 좋아하지 않는 것 같군요.
B: 조금 (F 부끄러움)을 타서요. 하지만 다른 사람과 좀 친숙해지면 괜찮아져요. |

공략 '조금, 약간'이란 의미의 부사 有点儿은 일반적으로 부정적인 의미의 술어를 꾸밀 때 사용된다. 딸은 말수가 적기 때문에 有点儿 뒤에 '부끄러움을 타다'라는 의미인 害羞가 적절하다.

어휘 ★不过 búguò 접 하지만, 그러나 | 好像 hǎoxiàng 부 마치 ~과 같다 | ★熟悉 shúxī 형동 익숙하다; 잘 알다

8

| A: 这本小说很（D 有趣），我估计今天就能看完，后天见面时可以借你。
B: 那太好了，我也非常想看那本书。 | A: 이 소설 정말 (D 재미있어). 난 아마 오늘 다 볼 수 있을 것 같아. 모레 만날 때 너에게 빌려줄 수 있어.
B: 잘됐다. 나도 정말 그 책을 읽고 싶어. |

공략 정도부사 뒤에 빈칸이 있으므로 형용사가 위치해야 한다는 것을 알 수 있다. 소설의 내용이 어떠한지를 이야기하고 있으며 상대방도 그 책을 굉장히 읽고 싶어하므로 정답은 '재미있다'라는 의미의 有趣가 적절하다.

어휘 ★小说 xiǎoshuō 명 소설 | ★估计 gūjì 동 예측하다

9

| A: 这是从国外买来的巧克力，（A 挺）好吃的，你尝一下吧。
B: 谢谢，这次出差很顺利了吗？ | A: 이건 외국에서 사온 초콜릿이야. (A 아주) 맛있으니까, 너도 맛 좀 봐봐.
B: 고마워. 이번 출장은 괜찮았니? |

공략 형용사 好吃 앞에 빈칸이 있으므로 부사가 위치한다는 것을 알 수 있다. 또한 好吃 뒤에 的가 있으므로 的와 호응되는 挺이 정답으로 적절하다.

어휘 ★巧克力 qiǎokèlì 명 초콜릿 | ★出差 chūchāi 동 출장 가다 | ★顺利 shùnlì 형 순조롭다

10

| A: 今天晚上我要加班。（E 恐怕）我们的约会得推迟了。
B: 没关系，我们下星期再见面吧。 | A: 오늘 저녁에 야근해야 해. (E 아마도) 우리 약속을 미뤄야 할 것 같은데.
B: 괜찮아. 우리 다음 주에 다시 만나자. |

공략 '약속 시간을 갑자기 미루어야 한다'는 의미를 나타내야 하므로 부정적인 뉘앙스가 있는 어기부사 恐怕가 적절하다.

어휘 ★加班 jiābān 동 초과 근무를 하다 | ★约会 yuēhuì 명 약속 | ★推迟 tuīchí 동 뒤로 미루다

13 day 명사가 있는 곳에 우리가 있다! — 개사와 양사

| 정답 | 1. B | 2. F | 3. E | 4. C | 5. A | 6. A | 7. F | 8. E | 9. D | 10. B |

[1-5]

A 按照 ànzhào 개 ~에 따라
B 束 shù 양 묶음, 다발(꽃을 세는 단위)
C 比 bǐ 개 ~보다
D 坚持 jiānchí 동 지키다, 고수하다
E 片 piàn 양 얇고 작은 사물, 면적, 범위를 세는 단위
F 连 lián 개 ~조차

---

1   난이도 中   공략 Key 적합한 양사 선택

我男朋友非常浪漫，每到我生日一定送蛋糕和一（B 束）花。

내 남자 친구는 매우 낭만적이다. 내 생일 때마다 케이크와 꽃 한 （B 다발）을 꼭 선물해준다.

공략 빈칸은 수사 一와 명사 花 사이에 있으므로 꽃을 세는 양사가 정답인 것을 예측할 수 있다. 꽃을 세는 양사에는 '朵(송이)'와 '束(다발)' 등이 있고, 보기에 束가 있으므로 정답은 B가 된다.

어휘 ★浪漫 làngmàn 형 낭만적이다 | ★蛋糕 dàngāo 명 케이크

---

2   난이도 上   공략 Key '连……都……' 호응 구조

他当上经理以后太忙了，甚至（F 连）节假日都不能休息。

그는 사장이 되고 난 후 굉장히 바쁘다. 심지어 명절과 휴일（F 조차도）쉴 수 없다.

공략 连은 都 또는 也와 호응되어 '~조차도 ~하다'라는 범위를 강조하는 개사이다. '사장이 된 후 심지어 휴일조차도 쉴 수 없다'는 의미이므로 连이 정답이 된다.

어휘 ★当上 dāngshàng ~이 되다 | 经里 jīnglǐ 명 사장 | ★甚至 shènzhì 접 심지어 | 节假日 jiéjiàrì 명 명절과 휴일

---

3   난이도 上   공략 Key 적합한 양사 선택

医院后面有一（E 片）小树林，我们去那儿散散步吧。

병원 뒤편에 조그마한 숲이 （E 하나） 있으니, 우리 그곳에 잠시 산책하러 가자.

공략 빈칸에 작은 숲을 세는 양사가 위치해야 한다. 片은 필름이나 명함과 같이 얇고 작은 물건을 세는 양사이기도 하지만 땅이나 작은 면적의 지역을 세는 양사이다.

어휘 ★树林 shùlín 명 숲 | ★散步 sànbù 동 산책하다

---

4   난이도 下   공략 Key 비교를 나타내는 개사

小王虽然（C 比）我们小，但是他的工作经验更丰富。

샤오왕은 비록 우리（C 보다） 어리지만, 그의 업무 경험은 훨씬 풍부하다.

공략 샤오왕과 우리의 나이를 비교하는 것이므로 정답은 比가 된다.

어휘 ★虽然 suīrán 접 비록 ~이지만 | ★经验 jīngyàn 명 경험 | ★丰富 fēngfù 형 풍부하다

5

| 不用担心，我们总是（A 按照）规定的计划进行工作。 | 걱정하지 마십시오. 우리는 늘 규정된 계획에 (A 따라) 일을 진행하고 있습니다. |

공략　의미적으로 '규정에 따라 일을 진행한다'는 뜻이므로 '～에 따라, ～에 근거하여'라는 의미의 개사 按照가 정답이 된다.

어휘　★总是 zǒngshì 뷔 늘, 항상 | ★规定 guīdìng 통 규정하다 | ★计划 jihuà 몡 계획 | 进行 jìnxíng 통 진행하다

[6-10]

A 条 tiáo 양 가늘고 긴 것, 의복을 세는 단위	B 往 wǎng 개 ～쪽으로
C 温度 wēndù 몡 온도	D 幅 fú 양 폭(그림, 옷감을 세는 단위)
E 离 lí 개 ～에서부터	F 把 bǎ 양 자루가 있는 물건을 세는 단위

6

| A: 你穿这（A 条）连衣裙看起来又瘦又高，就买这个吧。
B: 但是价格太贵了，我买不起。 | A: 너 이 (A 한 벌의) 원피스를 입으니까, 날씬하고 키도 커 보인다. 이걸로 사.
B: 그런데 가격이 너무 비싸. 난 못 살 것 같아. |

공략　빈칸에 원피스를 세는 양사가 위치해야 한다. 条는 길이나 강처럼 긴 것을 세는 동시에 옷을 세는 양사이다.

어휘　连衣裙 liányīqún 몡 원피스 | ★瘦 shòu 혱 마르다 | ★价格 jiàgé 몡 가격 | 买不起 mǎi bu qǐ (돈이 없어서) 살 수 없다

7

| A: 我在教室里捡到了这（F 把）钥匙。有没有人丢？
B: 啊，是我的，谢谢你。 | A: 내가 교실에서 이 (F 한 개의) 열쇠를 주웠는데, 잃어버린 사람 없니?
B: 아, 내 열쇠야. 고마워. |

공략　把는 개사뿐 아니라 '칫솔, 칼, 의자, 열쇠' 등과 같은 자루가 있는 물건을 세는 양사이다.

어휘　捡 jiǎn 통 줍다 | ★钥匙 yàoshi 몡 열쇠 | ★丢 diū 통 잃어버리다

8

| A: 这儿（E 离）大使馆比较远，走路大概要一个小时。
B: 那咱们还是打车去吧。 | A: 이곳은 대사관(E 에서부터) 꽤 멀어요. 걸어서 가면 대략 1시간 정도 걸립니다.
B: 그럼 우리 택시 타고 갑시다. |

공략　离는 '～에서, ～로부터'라는 의미로 기준점을 이끌 때 쓰인다. 또한 从과 달리 到와 호응되지 않고 단독으로 쓰이는 특징이 있다. 두 지점 간의 거리를 말하는 것이므로 정답은 离가 된다.

어휘　★大使馆 dàshǐguǎn 몡 대사관 | ★大概 dàgài 뷔 대략 | 打车 dǎchē 통 택시를 타다

A: 如果大厅墙上挂一（D 幅）画就好了。
B: 好主意，就找合适的吧。

A: 로비 벽에 그림을 （D 하나） 걸면, 좋을 것 같아요.
B: 좋은 생각이군요. 바로 적당한 걸 찾아봅시다.

공략   수사 一와 명사 画 사이에 빈칸이 있으므로 명사 画를 세는 양사인 幅가 적절하다.

어휘   大厅 dàtīng 몡 홀 | ★墙 qiáng 몡 벽 | ★挂 guà 통 걸다 | ★主意 zhǔyi 몡 생각 | ★合适 héshì 혱 적당하다

A: 我们是不是开错了，去世界公园不是这个方向吧？
B: 恐怕你搞错了，去世界公园应该（B 往）这个方向开。

A: 우리 잘못 운전하고 있는 거 아니야? 세계공원에 가는 건 이 방향이 아니지?
B: 아마 네가 잘못 생각하고 있는 것 같아. 세계공원에 가려면 이 방향（B 으로） 가야 해.

공략   往은 방향을 이끄는 개사로 '~쪽으로, ~을 향하여'라는 의미를 가지고 있다. 의미적으로 이 방향으로 운전해야 한다라고 해야 자연스럽기 때문에 정답은 往이 된다.

어휘   世界公园 Shìjiè Gōngyuán 고유 세계공원 | ★方向 fāngxiàng 몡 방향 | ★恐怕 kǒngpà 뵌 아마도

📅 14day 구와 절을 잇는 징검다리 – 접속사

본책_ 166쪽

정답	1. E	2. F	3. C	4. A	5. B	6. F	7. A	8. E	9. D	10. B

[1-5]

A 即使 jíshǐ 젭 설령 ~일지라도
C 而且 érqiě 젭 게다가
E 只要 zhǐyào 젭 ~하기만 하면

B 既然 jìrán 젭 기왕
D 坚持 jiānchí 통 고수하다, 지키다
F 但是 dànshì 젭 하지만, 그러나

（E 只要）你报名，就能参加比赛。

네가 신청（E 하기만 한다면） 바로 시합에 참가할 수 있다.

공략   빈칸은 '신청만 하면 참가할 수 있다'라는 의미가 적절하므로, 부사 就와 호응되는 조건 관계 접속사가 와야 한다. 그러므로 정답은 只要가 된다.

어휘   ★报名 bàomíng 통 신청하다 | ★参加 cānjiā 통 참가하다 | ★比赛 bǐsài 몡 경기

2

| 王师傅的身体最近不好，（F 但是）他仍然坚持工作。 | 왕 선생님의 건강이 최근 좋지 않다. （F 하지만） 그는 여전히 계속 일을 한다. |

공략 왕 선생님의 건강이 좋지 않아 일을 쉬어야 하지만 여전히 일을 계속한다는 역접의 의미를 나타내야 하므로 접속사 但是가 적절하다.

어휘 师傅 shīfu 몡 아저씨, 선생 | ★仍然 réngrán 븻 여전히 | ★坚持 jiānchí 동 지속하다

독해
제1부분

3

| 上海不仅是中国的经济中心城市，（C 而且）是文化中心城市。 | 상하이는 단지 중국의 경제 중심 도시일 뿐만 아니라 （C 게다가） 문화 중심 도시이기도 하다. |

공략 不仅을 써서 상하이의 특징을 점층적으로 표현하고 있으므로 이와 호응되는 而且가 적절하다.

어휘 ★不仅 bùjǐn 젭 ~일 뿐 아니라 | ★经济 jīngjì 몡 경제 | ★城市 chéngshì 몡 도시 | 文化 wénhuà 몡 문화

4

| （A 即使）你做错了事请，我们也会永远支持你的。 | （A 설령） 네가 일을 잘못 （하더라도） 우리는 언제나 너를 지지할 것이다. |

공략 앞의 내용은 부정적이지만 긍정적인 결과를 나타내는 가설 구조이므로 가설에 따라 결과가 변하지 않는다는 '即使……也……'가 적절하다.

어휘 ★永远 yǒngyuǎn 븻 언제나, 영원히 | ★支持 zhīchí 동 지지하다

5

| 你（B 既然）已经买了，那不用后悔了。 | 너는 （B 기왕에） 이미 샀으니, 그럼 후회하지 마라. |

공략 앞의 내용은 이미 발생한 사건이고 뒤의 내용은 그에 따른 조치나 선택이므로 '既然……就……'가 적절하다.

어휘 ★后悔 hòuhuǐ 동 후회하다

[6-10]

A 不管 bùguǎn 젭 ~을 막론하고	B 如果 rúguǒ 젭 만일 ~라면
C 温度 wēndù 몡 온도	D 只有 zhǐyǒu 젭 ~해야만
E 因此 yīncǐ 젭 그래서	F 甚至 shènzhì 젭 심지어

6

| A: 你获得了冠军，你父母肯定很高兴吧？
B: 是的，他们激动得（F 甚至）流泪了。 | A: 네가 챔피언이 되었으니, 너희 부모님께서 분명 매우 기뻐하셨겠구나？
B: 네, 감격하셔서 （F 심지어） 눈물을 흘리셨어요. |

공략 '부모님께서 너무 감격하신 나머지 심지어 눈물까지 흘리셨다'는 의미이므로 점층 접속사 甚至가 적절하다.

7　　　　　　　　　　　　　　　　　　　난이도 上　공략 Key 조건 관계 접속사 不管

| A: (A 不管) 你有什么困难，我们都愿意帮助你。
B: 谢谢你们的关心和帮助。 | A: 당신에게 어떤 어려운 일이 있든 (A 상관없이), 우리는 당신을 도와줄 것입니다.
B: 여러분의 관심과 도움에 감사드립니다. |

공략　'아무리 어려운 일이 있을지라도 변함없이 너를 계속 도울 것'이라는 의미로, 부사 都와 호응되는 조건 관계 접속사 不管이 와야 한다.

어휘　★困难 kùnnan 圄 어려움 | ★愿意 yuànyì 圄 원하다 | ★关心 guānxīn 圄 관심

8　　　　　　　　　　　　　　　　　　　난이도 中　공략 Key 인과 관계 접속사 因此

| A: 你不是说要把你的房子卖出去吗?
B: 对，但是一直没有人要买，(E 因此) 只好把它出租了。 | A: 너희 집 판다고 하지 않았니?
B: 맞아. 그런데 계속 사겠다는 사람이 없어서, (E 그래서) 하는 수 없이 세를 놨어. |

공략　집을 아무도 사겠다는 사람이 없어서 그 결과 세를 놓게 되었다. 때문에 결과를 이끄는 접속사 因此가 정답이 된다.

어휘　★房子 fángzi 圄 집 | ★出租 chūzū 圄 세를 놓다

9　　　　　　　　　　　　　　　　　　　난이도 下　공략 Key 조건 관계 접속사 只有

| A: (D 只有) 自己试试，才能知道是不是适合自己。
B: 好吧。我就试这双吧。 | A: 직접 신어봐(D 야만) 자신에게 맞는지 알 수 있어요.
B: 알겠습니다. 그럼 이걸로 신어볼게요. |

공략　본인이 신어봐야 어울리는지 알 수 있다는 조건을 이끌고 있으므로, 부사 才와 호응되는 접속사 只有가 적절하다.

어휘　试 shì 圄 시도하다, 해보다 | ★适合 shìhé 圄 맞다 | ★双 shuāng 圀 켤레

10　　　　　　　　　　　　　　　　　　난이도 下　공략 Key 가설 관계 접속사 如果

| A: 对不起，我今天突然有了急事儿，不能陪你去了。
B: (B 如果) 你不能去，那么我也不去了。改天再去吧。 | A: 미안한데, 나 오늘 갑자기 급한 일이 생겨서 너랑 같이 못 갈 것 같아.
B: (B 만일) 네가 못 가면, 나도 안 갈래. 나중에 다시 가자. |

공략　원래는 가려고 하였으나, 상대방이 가지 않기로 하면서 계획이 변경되었다. 가정에 따라 결과가 변하는 '如果……那么……'가 정답이 된다.

어휘　★突然 tūrán 囝 갑자기 | ★急事 jíshì 圄 급한 일 | 陪 péi 圄 동반하다 | 改天 gǎitiān 圄 나중, 다른 날

📅 **15** day 논리적 흐름을 따르자

본책_ 176쪽

> **정답** **1.** BCA **2.** BCA **3.** CBA **4.** ABC **5.** ACB **6.** CAB **7.** BCA **8.** BAC **9.** ABC **10.** ABC

---

1   난이도 中   공략 Key 대전제 문장 파악

B冬季皮肤容易干燥。**C**怎样能让皮肤变得更湿润**A**是每个年轻女人都会考虑的问题。

B겨울철 피부는 쉽게 건조해진다. **C**어떻게 하면 피부를 더욱 촉촉하게 할 수 있는가는 **A**모든 젊은 여성들이 다 고려하는 문제이다.

공략   B(대전제) 冬季皮肤⋯⋯ ➡ C(확대 내용, 주부) 怎样能⋯⋯更湿润 ➡ A(술부) 是⋯⋯问题

○ 겨울철 피부는 쉽게 건조해진다는 대전제로 시작하여, 건조해진 피부를 어떻게 촉촉하게 변화시킬 것인지로 의미가 확대되고 있다. A는 주어가 빠져 있으므로 맨 앞에 올 수 없으며, C가 A의 주부가 된다.

어휘   ★皮肤 pífū 몡 피부 | ★干燥 gānzào 혱 건조하다 | ★湿润 shīrùn 혱 촉촉하다 | ★考虑 kǎolǜ 됭 고려하다

---

2   난이도 中   공략 Key 결과를 이끄는 접속사 因此

B有很多误会是由没说清楚引起的，**C**因此当发生一些误会的时候**A**最好先弄清楚到底怎么回事。

B많은 오해들이 말을 정확하게 하지 않아서 생긴다. **C**그렇기 때문에 몇몇 오해가 발생할 때 **A**먼저 도대체 어떻게 된 일인지 분명히 하는 것이 가장 좋다.

공략   B(대전제) 有很多误会⋯⋯ ➡ C(결과, 시간 부사어) 因此⋯⋯的时候 ➡ A(술부) 最好先弄清楚⋯⋯

○ B는 대전제로 문장 맨 앞에 위치한다. C의 因此는 결론을 도출할 때 사용하는 접속사이지만 因此가 이끄는 내용이 시간 부사어이므로 문장 맨 끝에 위치할 수 없으므로 보충 내용인 A가 맨 뒤에 위치한다.

어휘   ★误会 wùhuì 몡 오해 | ★由 yóu 깨 ~로서, ~로 인하여 | ★清楚 qīngchu 혱 분명하다 | ★最好 zuìhǎo 면 가장 좋기로는 | 弄 nòng 됭 하다 | ★到底 dàodǐ 면 도대체

---

3   난이도 上   공략 Key 대전제 문장 파악

C亚洲学术节于10月15日在上海举办。**B**这次学术节吸引了70多个国家代表参加，**A**是参加国数最多的一次。

C아시아학술제는 10월 15일 상하이에서 열린다. **B**이번 학술제는 70여 개 국가의 대표들이 참여한, **A**참여 국가수가 가장 많은 회이다.

공략   C(대전제) 亚洲学术节⋯⋯ ➡ B(작은 개념) 这次学术节 ➡ A(술부) 是⋯⋯

○ C는 주술이 완벽하게 갖춰진 대전제로 맨 앞에 위치한다. B에서 이야기하는 이번 학술제는 C의 '亚洲学术节'를 의미하기 때문에 C보다 작은 개념으로 맨 앞에 올 수 없다. 또한 의미적으로는 B가 A의 주절이 된다. A는 주어가 없기 때문에 맨 앞에 위치할 수 없다.

어휘   亚洲 Yàzhōu 몡 아시아 | 学术节 xuéshùjié 몡 학술제 | 于 yú 깨 ~에 | ★举办 jǔbàn 됭 열리다 | ★吸引 xīyǐn 됭 끌어당기다 | ★代表 dàibiǎo 몡 대표 | 参加国 cānjiāguó 몡 참가국

A张师傅是个体育爱好者。**B**他喜欢踢足球、打篮球、游泳，**C**最近还报名参加了乒乓球比赛。	**A**장 선생님은 스포츠 광이다. **B**그는 축구와 농구, 수영을 좋아하는데, **C**최근에는 또 탁구 경기에 참가 신청을 했다.

공략　[A(대전제) 张师傅是个……爱好者]　➡　[B(부연 설명 1) 他喜欢……]　➡　[C(부연 설명 2) 还报名……]

⟳ A는 전체 문장 가운데 대전제이므로 가장 앞에 위치한다. B의 대사 他는 A의 张师傅를 말하는 것으로 A 뒤에 위치해야 한다. 마지막으로 C의 还는 张师傅가 스포츠를 좋아하는 것에 대한 부연 설명을 하고 있으므로 맨 뒤에 위치한다.

어휘　★师傅 shīfu 뎽 아저씨 | 体育 tǐyù 뎽 스포츠 | 爱好者 àihàozhě 뎽 애호가 | 踢 tī 동 차다 | ★报名 bàomíng 동 신청하다

A大熊猫是深受中国人喜爱的动物。**C**他们的样子非常可爱，**B**圆圆的脑袋和圆圆的身子像两个圆球。	**A**판다는 중국인의 깊은 사랑을 받는 동물이다. **C**그들의 모습은 굉장히 귀엽다. **B**동글동글한 머리와 몸은 마치 두 개의 공 같다.

공략　[A(대전제) 大熊猫是……喜爱的动物]　➡　[C(포괄적 묘사) 他们……可爱]　➡　[B(구체적 묘사) ……像两个圆球]

⟳ 일반적으로 중국어 문장은 추상적인 것에서 구체적이고 세부적인 것으로 나열되기 때문에 C가 B보다 먼저 위치한다. 또한 A는 대전제로 가장 앞에 위치한다.

어휘　★大熊猫 dàxióngmāo 뎽 판다 | ★动物 dòngwù 뎽 동물 | ★样子 yàngzi 뎽 모습 | 圆 yuán 형 동그랗다 | 脑袋 nǎodai 뎽 머리 | 身子 shēnzi 뎽 몸 | 圆球 yuánqiú 뎽 공

C随着年龄的增长，人们**A**对很多事情的想法发生变化，**B**有可能和以前的看法完全不一样。	**C**나이가 들어감에 따라, 사람들의 **A**많은 일에 대한 생각에 변화가 발생한다. **B**이전 생각과 전혀 다르게 변할 수도 있다.

공략　[C(개사구, 주어) 随着……, 人们……]　➡　[A(큰 개념) 对……发生变化]　➡　[B(부연 설명) 有可能……]

⟳ 개사구와 주어가 있는 C가 맨 앞에 위치한다. A와 B는 개념적인 측면에서 생각해야 하는데, 많은 일에 대해 생각의 변화가 발생한다는 추상적인 개념의 A가 먼저 위치하고, '有可能'으로 가능성을 부연 설명하고 있는 B가 뒤에 위치한다.

어휘　★随着 suízhe 개 ~에 따라 | ★增长 zēngzhǎng 동 증가하다 | 变化 biànhuà 뎽 변화 | ★看法 kànfǎ 뎽 견해

B最近网上购物深受购买者的欢迎。**C**卖家把你购买的东西寄到你的家里，**A**另外价格也比在商场买更便宜。	**B**최근 인터넷 쇼핑이 구매자들에게 매우 인기가 있다. **C**판매자는 당신이 구매한 물건을 당신의 집으로 보내준다. **A**이 외에 가격 역시 백화점에서 사는 것보다 더 싸다.

공략　[B(대전제) 网上购物……受欢迎]　➡　[C(부연 설명 1) 卖家……寄到]　➡　[A(부연 설명 2) 另外……]

◑ B는 대전제로 맨 앞에 위치하고 A와 C는 대전제에 대한 부연 설명으로 뒤에 위치한다. 그중 A는 접속사 另外를 사용하여 C 이 이외에 또 다른 이유를 설명하고 있기 때문에 맨 마지막에 위치한다.

어휘　★网上购物 wǎngshàng gòuwù 몡 인터넷 쇼핑 | ★受欢迎 shòu huānyíng 인기 있다 | 购买者 gòumǎizhě 몡 구매자 | 卖家 màijiā 몡 판매자 | ★另外 lìngwài 젭 이 외에 | ★价格 jiàgé 몡 가격 | 商场 shāngchǎng 몡 백화점, 상점

8　　　　　　　　　　　　　　　　　　　　　　　　　　　　　　난이도 中　공략 Key 대전제 문장 파악

> **B**国际动物园里的许多种动物**A**每天都吸引着大量的游客。**C**在寒暑假的时候，来参观的游客尤其多。
>
> **B**국제동물원의 많은 종류의 동물들은 **A**매일 많은 관광객을 부르고 있다. **C**겨울 방학이나 여름 방학이 되면, 구경 오는 관광객이 더욱 많아진다.

공략　B(주어) 动物　➡　A(시간의 큰 범위) 每天　➡　C(시간의 작은 범위) 在寒暑假的时候

◑ B는 전체 글의 주어 역할을 하기 때문에 반드시 맨 앞에 위치해야 한다. A와 C는 시간의 범위에서 '큰 것 → 작은 것'으로의 흐름을 파악해야 한다. 每天은 寒暑假보다 시간적 범위가 더 크기 때문에 반드시 앞에 위치해야 한다.

어휘　国际 guójì 몡 국제 | 动物园 dòngwùyuán 몡 동물원 | ★许多 xǔduō 혱 매우 많다 | ★吸引 xīyǐn 통 끌어당기다 | 大量 dàliàng 혱 대량의 | ★游客 yóukè 몡 관광객 | 寒暑假 hánshǔjià 몡 겨울 방학과 여름 방학 | ★参观 cānguān 통 관람하다 | ★尤其 yóuqí 분 더욱

9　　　　　　　　　　　　　　　　　　　　　　　　　　　　　　난이도 下　공략 Key 가설을 이끄는 '……的话'

> **A**太极拳和乒乓球是很好的运动。**B**你选择其中任何一个，并且坚持下去的话，**C**就能收到很理想的效果。
>
> **A**태극권과 탁구는 아주 좋은 운동이다. **B**당신이 그 중에 아무거나 하나 선택하여 계속 지속해나간다면, **C**아주 좋은 효과를 거둘 것이다.

공략　A(대전제) ……很好的运动　➡　B(작은 개념, 가설) 其中……的话　➡　C(결론) 就能收到……

◑ A는 대전제로 맨 앞에 위치한다. B에서 말하고 있는 '그중에 하나'는 A에서 말한 태극권과 탁구를 가리키므로 B는 A 뒤에 위치해야 한다. B와 C는 '……的话, 就……'라는 가설 접속사의 호응 구조를 가지고 있다.

어휘　太极拳 tàijíquán 몡 태극권 | 乒乓球 pīngpāngqiú 몡 탁구 | ★选择 xuǎnzé 통 선택하다 | ★其中 qízhōng 때 그중 | ★任何 rènhé 때 무엇, 어느 | ★坚持 jiānchí 통 지속하다 | ★效果 xiàoguǒ 몡 효과

10　　　　　　　　　　　　　　　　　　　　　　　　　　　　　난이도 上　공략 Key 예시를 이끄는 例如

> **A**教育是一门艺术。**B**例如，批评孩子的时候要注意用适当的方法，**C**让被批评的孩子不觉得难过，而且能感觉到是在帮助自己。
>
> **A**교육은 하나의 예술이다. **B**예를 들어, 아이를 혼낼 때 적당한 방법을 사용하는 데 주의해야 한다. **C**꾸지람을 듣는 아이로 하여금 괴로움을 느끼게 하지 않고, 오히려 자신에게 도움을 주는 것이라고 느끼게 해야 한다.

공략　A(대전제) 教育是……　➡　B(예시) 例如　➡　C(구체적 예시) 让……孩子

◑ A는 대전제로 맨 앞에 위치한다. B는 例如로 대전제에 대한 예시를 이끌고 있으며, C는 B에 대한 구체적 예시를 다시 들고 있다.

어휘　教育 jiàoyù 몡 교육 | 艺术 yìshù 몡 예술 | ★例如 lìrú 통 예를 들다 | ★批评 pīpíng 통 혼내다 | ★注意 zhùyì 통 주의하다 | 适当 shìdàng 혱 적당하다 | ★难过 nánguò 혱 괴롭다

16 day 시간의 흐름을 따르자

| 정답 | 1. ACB 2. CBA 3. BAC 4. CBA 5. ACB 6. ABC 7. CBA 8. CAB 9. ACB 10. CBA |

1 　난이도 中　공략 Key 시간 부사어의 위치

> **A**从5月20号到6月底，**C**将在国际体育馆举办招聘会，**B**这大概可以提供5000多个工作机会。
>
> **A**5월 20일에서 6월 말까지 **C**국제체육관에서 채용박람회가 열린다. **B**이는 아마 5000여 개의 일자리를 제공할 수 있을 것이다.

공략　A(시간 부사어) 从……到……　➡　C(술부) 举办招聘会　➡　B(보충) 这大概可以提供

○ A는 시간 부사어로 주어 앞뒤에 놓일 수 있다. 때문에 주어는 생략됐으나 술부가 있는 C보다 앞에 위치한다. B의 대사 这는 의미적으로 招聘会를 일컫는 것이므로 반드시 C 뒤에 위치해야 한다.

어휘　底 dǐ 몡 (달, 해의) 말 | 将 jiāng 뷔 장차 | 国际体育馆 Guójì Tǐyùguǎn 몡 국제체육관 | ★举办 jǔbàn 통 개최하다 | ★招聘会 zhāopìnhuì 몡 채용 박람회 | ★大概 dàgài 뷔 대략 | ★提供 tígōng 통 제공하다

2　난이도 下　공략 Key 시간의 흐름 파악

> **C**我其实本来想昨天晚上就通知大家的，**B**可是又怕打扰你们休息，**A**所以今天早上才通知你们。
>
> **C**난 사실 어제저녁에 모두에게 알릴 생각이었습니다. **B**하지만 또 여러분이 쉬는 것을 방해하게 될까 걱정이 되었습니다. **A**그래서 오늘 아침에야 여러분에게 알린 것입니다.

공략　C(과거 1) 我……昨天晚上　➡　B(과거 2) 可是又怕……　➡　A(현재) 所以今天早上

○ 시간 흐름에 관한 문제로 '과거 → 현재 → 미래'의 순서로 나열해야 하므로, 가장 과거 사건인 C가 맨 앞에 온다. 또한 접속사와 주어의 유무를 가지고도 C가 맨 앞에 위치한다는 것을 알 수 있다.

어휘　★其实 qíshí 뷔 사실은 | 通知 tōngzhī 통 통지하다 | ★怕 pà 통 걱정하다 | ★打扰 dǎrǎo 통 방해하다

3　난이도 下　공략 Key '先……后来'를 활용한 동작의 순서 파악

> **B**这本小说讲的是一个普通女人的爱情故事。**A**先在国内深受欢迎，**C**后来被翻译成了许多种语言。
>
> **B**이 소설이 이야기하는 것은 한 평범한 여성의 러브 스토리이다. **A**국내에서 먼저 큰 사랑을 받고, **C**후에 여러 종류의 언어로 번역되었다.

공략　B(대전제) 这本小说……故事　➡　A(선) 先　➡　C(후) 后来

○ 주술목이 완벽하게 갖춰진 B가 대전제가 되어 맨 앞에 위치한다. A와 C는 선후 관계이므로 먼저 발생하는 A가 먼저 오고, 나중에 발생하는 C가 맨 뒤에 위치한다.

어휘　小说 xiǎoshuō 몡 소설 | ★讲 jiǎng 통 이야기하다 | ★普通 pǔtōng 혱 보통이다 | 故事 gùshi 몡 이야기 | ★受欢迎 shòu huānyíng 인기 있다 | 后来 hòulái 몡 후에 | ★翻译 fānyì 통 번역하다 | ★许多 xǔduō 혱 매우 많다

4

C她来这儿之前从来没看过这么大的雪，B所以在外边玩了很长时间，A因此第二天就感冒了，又是咳嗽，又是流鼻涕。

C그녀는 이곳에 오기 이전에 이렇게 많은 눈을 본 적이 없다. B그래서 밖에서 아주 오랜 시간 동안 놀았고, A이 때문에 다음 날 감기에 걸려 기침을 하고 콧물을 흘렸다.

공략　C(대전제) 她来这儿之前……　➡　B(과거 1) 所以在外边玩了很长时间　➡　A(과거 2) 因此第二天

⊙ 시간의 흐름에 관한 문제로 주어를 가지고 있으며 가장 과거 시간인 C가 맨 앞에 위치한다. 이어서 시간의 흐름에 따라 B와 A로 연결된다.

어휘　★因此 yīncǐ 접 이 때문에 | ★第二天 dì-èr tiān 명 다음 날 | ★咳嗽 késou 동 기침하다 | ★流鼻涕 liú bíti 동 콧물을 흘리다

5

A上个星期天，你就说儿子生日时，要带他去动物园，C现在忽然改变主意，B他一定会失望的。

A지난주 일요일, 당신은 아들 생일에 아이를 데리고 동물원에 가겠다고 말했잖아요. C지금 갑자기 생각을 바꾸면, B아이가 분명히 실망할 거예요.

공략　A(과거) 上个星期天　➡　C(현재) 现在　➡　B(미래) 会失望的

⊙ '上个星期天'이 제시된 A가 과거로 가장 먼저 오고, 现在가 제시된 C가 그 뒤에 위치한다. B는 C에 대한 결과로 맨 마지막에 놓인다.

어휘　动物园 dòngwùyuán 명 동물원 | 忽然 hūrán 부 갑자기 | ★主意 zhǔyi 명 생각, 의견 | ★失望 shīwàng 동 실망하다

6

A所有的计划都在顺利进行着，B没有出现任何问题，接下来的一个星期，C还要继续辛苦大家。

A모든 계획들이 순조롭게 진행 중입니다. B어떤 문제도 발생하지 않았습니다. 이어지는 한 주 동안 C모두 계속 수고해주십시오.

공략　A(현재) 顺利进行着　➡　B(시간 부사어) 接下来的一个星期　➡　C(미래) 还要继续……

⊙ 주어가 있고, 시제상 현재의 의미를 가지고 있는 A가 맨 앞에 위치한다. B의 '接下来'는 '이어지다, 연속되다'라는 뜻으로 시간적으로 '현재 → 미래'의 의미를 가지고 있다. 하지만 술어를 이야기하지 않았으므로 C가 미래에 발생하는 술어로 연결된다.

어휘　★所有 suǒyǒu 형 모든 | ★计划 jìhuà 명 계획 | ★顺利 shùnlì 형 순조롭다 | 进行 jìnxíng 동 진행하다 | ★任何 rènhé 대 어떤 | ★继续 jìxù 동 계속하다 | 辛苦 xīnkǔ 동 수고하다

7

C目前人与人沟通的方式变得越来越多样。B从前只靠写信或者见面沟通，A现在人们常用的交流方式就是电话和电脑。

C현재 사람과 사람의 소통 방식은 갈수록 다양하게 변하고 있다. B이전에는 단지 편지를 쓰거나 만나서 교류를 했지만, A현재 사람들이 자주 사용하는 교류 방식은 전화와 컴퓨터이다.

공략　C(대전제) 目前人与人……　➡　B(과거) 从前　➡　A(현재) 现在

 C와 A 문장에 모두 '현재'라는 의미의 시간사가 있다. 하지만 C는 전체 글의 주제이고 A는 B의 내용과 대조되는 현재 시점을
  나타내고 있기 때문에 C가 전체 글의 대전제가 된다. 그다음 시간의 흐름에 따라 'B → A'의 순서로 나열된다.

어휘 ★目前 mùqián 몡 현재 | ★与 yǔ 개 ~와 | ★沟通 gōutōng 통 소통하다 | 多样 duōyàng 혱 다양하다 | ★从前
  cóngqián 몡 이전 | ★靠 kào 통 의지하다 | 常用 chángyòng 통 자주 사용하다 | 交流 jiāoliú 통 교류하다

8　　　　　　　　　　　　　　　　　　　　　　　　　　　　**난이도** 下　**공략 Key** 以后를 활용한 동작의 순서 파악

C我第一次坐飞机去出差的时候非常害怕。**A**飞机起飞时，我紧紧握住同事们的手，**B**同事们都笑话我，以后常常拿这件事跟我开玩笑。	**C**나는 맨 처음 비행기를 타고 출장 갈 때 굉장히 무서웠다. **A**비행기가 이륙할 때 나는 동료들의 손을 꼭 잡았다. **B**동료들은 모두 나를 비웃었고, 이후로 자주 이 일을 가지고 나에게 농담을 했다.

공략　C(과거 1) 我第一次坐飞机　➡　A(과거 2) 飞机起飞时　➡　B(현재) 以后常常

● 시간 순서에 따라 비행기를 탄 사건이 가장 먼저 발생하고, 이륙할 때 동료들의 손을 꼭 잡은 일이 그 후에 발생한다. 마지막
  으로 이 일 이후에 동료들의 태도를 나열하면 된다.

어휘 ★害怕 hàipà 통 두려워하다 | 起飞 qǐfēi 통 이륙하다 | 紧紧 jǐnjǐn 부 바짝, 단단히 | 握 wò 통 잡다 | ★笑话 xiàohua 통
  비웃다

9　　　　　　　　　　　　　　　　　　　　　　　　　　　　**난이도** 中　**공략 Key** 선후 관계를 활용한 동작의 순서 파악

A学会接受别人的批评，**C**才能发现自己的缺点，**B**然后才会变得更优秀。	**A**다른 사람의 비평을 받아들일 줄 알아야 **C**자신의 결점을 발견할 수 있다. **B**그런 다음에야 비로소 더욱 우수해질 수 있다.

공략　A(선) 学会　➡　C(후 1) 才能发现　➡　B(후 2) 然后才会

● 선후 관계를 나타내는 부사 才와 접속사 然后가 함께 출현한 문제이다. 먼저 다른 사람의 비평을 받아들이면 비로소 자신의
  결점을 발견하게 되고 그런 다음 우수한 사람이 된다는 내용이므로 ACB 순서로 나열하면 된다.

어휘 ★学会 xuéhuì 통 배워서 터득하다 | ★批评 pīpíng 몡 비평 | ★缺点 quēdiǎn 몡 결점 | ★优秀 yōuxiù 혱 우수하다

1O　　　　　　　　　　　　　　　　　　　　　　　　　　　**난이도** 下　**공략 Key** 시간의 흐름 파악

C他小时候有一个当导演的梦想。**B**长大后他也没有放弃，**A**后来他终于实现了这个梦想。	**C**그는 어린 시절에 영화 감독이 되겠다는 꿈이 있었다. **B**어른이 된 후에도 그는 포기하지 않았다. **A**후에 그는 결국 이 꿈을 실현했다.

공략　C(어린 시절) 他小时候　➡　B(어른이 된 후) 长大后　➡　A(꿈을 성취) 后来他终于实现了

● 시간의 흐름에 따라 풀어야 하는 문제로 과거인 어린 시절이 가장 먼저 위치하고, 어른이 된 후 꿈을 잃지 않고 실현한 순서대
  로 나열하면 된다.

어휘 当 dāng 통 되다 | 导演 dǎoyǎn 몡 감독 | ★梦想 mèngxiǎng 몡 꿈 | ★长大 zhǎngdà 통 자라다 | ★放弃 fàngqì 통
  포기하다 | ★后来 hòulái 몡 후에 | ★终于 zhōngyú 부 결국 | 实现 shíxiàn 통 실현하다

---

17 day 이럴 땐 반드시 맨 앞에 온다

정답 1. ABC 2. CAB 3. BCA 4. ACB 5. ABC 6. CBA 7. BCA 8. CBA 9. ACB 10. ABC

독해 제2부분

1

난이도 中 공략 Key 동작의 발생 순서

A活动结束后，B校长走到研究生代表前，C与他们握手并向他们表示祝贺。

A행사가 끝난 후, B교장 선생님은 연구생 대표 앞으로 걸어와서, C그들과 악수를 하며 그들에게 축하를 표한다.

공략 A(시간 부사어) 活动结束后 ➡ B(주어, 동작 1) 校长走到…… ➡ C(동작 2) 与他们握手

后가 이끄는 시간 부사어는 주어가 있는 B보다 먼저 위치한다. B와 C는 교장 선생님의 행동을 설명하는 내용이므로 동작 순서에 따라 C는 B 뒤에 위치한다.

어휘 ★活动 huódòng 몡 행사 | ★结束 jiéshù 동 끝나다 | 校长 xiàozhǎng 몡 교장 선생님 | 研究生代表 yánjiūshēng dàibiǎo 몡 연구생 대표 | ★握手 wòshǒu 동 악수하다 | ★表示 biǎoshì 동 표시하다 | ★祝贺 zhùhè 몡동 축하(하다)

2

난이도 上 공략 Key 주어 앞에 놓이는 개사구

C与船比起来，A人们更愿意坐飞机去旅游。B原因主要是飞机速度更快，而且更舒服。

C배와 비교했을 때 A사람들은 비행기를 타고 여행 가는 것을 더욱 원한다. B원인은 주로 비행기의 속도가 더 빠르고, 더 편리하기 때문이다.

공략 C(개사구) 与船比起来 ➡ A(대전제) 人们 ➡ B(결론) 原因主要是

개사 与는 起来와 호응하여 '~와 ~하자면'이란 의미로 평가를 이끈다. C의 与가 이끄는 절이 맨 앞에 위치하고 그 뒤에 주어가 있는 A가, 마지막으로 원인을 설명하는 B가 맨 뒤에 위치한다.

어휘 船 chuán 몡 배 | ★比 bǐ 동 비교하다 | ★愿意 yuànyì 동 원하다 | 主要 zhǔyào 혱 주요한 | ★速度 sùdù 몡 속도 | ★舒服 shūfu 혱 편안하다

3

난이도 中 공략 Key 시간 부사어의 위치 파악

B这段时间，商场里的客人比平时几乎多了两倍。C为保证让所有的客人感到满意，A他们每天至少要工作15个小时。

B이 시기 백화점에는 고객이 평소보다 거의 2배가량 증가한다. C모든 고객을 만족시키기 위해, A그들은 매일 최소한 15시간은 일해야 한다.

공략 B(대전제) 这段时间…… ➡ C(개사구) 为保证 ➡ A(부연 설명) 他们每天……要工作

시간 부사어가 있고 주술이 완벽한 B가 대전제로 맨 앞에 위치한다. 为가 이끄는 C는 '~하기 위해서'라는 개사구로 뒤에 주어 혹은 술어가 반드시 와야 하기 때문에 A 앞에 위치한다.

어휘 平时 píngshí 몡 평소 | ★几乎 jīhū 분 거의 | ★两倍 liǎng bèi 두 배 | ★保证 bǎozhèng 동 보증하다 | ★所有 suǒyǒu 혱 모든 | ★满意 mǎnyì 혱 만족하다 | ★至少 zhìshǎo 분 최소한

A跟寒假相比，我还是喜欢暑假，**C**因为我最喜欢去海边游泳，**B**并且我的生日在暑假。

A겨울 방학과 비교해서, 나는 그래도 여름 방학을 좋아한다. **C**왜냐하면 나는 해변에 수영하러 가는 것을 가장 좋아하고, **B**게다가 내 생일도 여름 방학 때 있기 때문이다.

공략   A(대전제) 跟寒假相比…… ➡ C(원인) 因为我…… ➡ B(부연 설명) 并且……

➲ '跟……相比'는 일반적으로 맨 앞에 위치하여 비교의 내용을 이끈다. 접속사 因为는 뒷부분에 위치되어 '왜냐하면'이라는 의미로 원인을 보충하는 데 사용된다. B의 并且는 앞의 내용을 부연 설명하는 역할로 C의 내용을 보충하고 있다.

어휘   ★寒假 hánjià 뎽 겨울 방학 | ★暑假 shǔjià 뎽 여름 방학 | 海边 hǎibiān 뎽 해변 | ★并且 bìngqiě 젭 게다가

A小白每个月发了工资和奖金后，**B**除了自己留一小部分外，**C**把大部分都交给了母亲。

A샤오바이는 매달 월급과 보너스를 받은 후, **B**자신이 쓸 것을 조금 남겨두는 것 외에, **C**대부분을 모두 어머니께 드렸다.

공략   A(주어 + 시간 부사어) 小白……后 ➡ B(술부 1) 除了……外 ➡ C(술부 2) 把大部分都

➲ 주어와 시간 부사어가 함께 제시된 A가 가장 먼저 위치하고, 이어서 '除了……外'와 都의 호응 구조에 따라 B와 C의 순서로 위치한다.

어휘   ★工资 gōngzī 뎽 월급 | ★奖金 jiǎngjīn 뎽 보너스 | ★除了……外 chúle……wài ～외에

C根据银行业务管理法，**B**没有稳定收入的**A**未成年办信用卡不再像以前那么容易了。

C은행업무관리법에 따르면, **B**고정적인 수입이 없는 **A**미성년자들이 신용 카드를 발급받는 것이 이전처럼 그렇게 쉽지 않아졌다.

공략   C(개사구) 根据…… ➡ B(관형어) 没有稳定收入的 ➡ A(대전제) 未成年

➲ 根据가 있는 개사구 C가 전체 문장을 이끌어야 한다. 그다음 뒤에 주어를 연결해야 하는데, B는 A의 주어를 꾸미는 관형어 역할을 하므로 순서는 CBA가 된다.

어휘   ★根据 gēnjù 개 ～에 근거하여 | 管理法 guǎnlǐfǎ 뎽 관리법 | ★稳定 wěndìng 혱 안정적이다 | ★收入 shōurù 뎽 수입 | 未成年 wèichéngnián 뎽 미성년자 | ★办 bàn 동 발급하다 | ★信用卡 xìnyòngkǎ 뎽 신용 카드 | 像 xiàng 뷔 마치, 흡사

B当心情不愉快或觉得累时，**C**我喜欢找个安静的地方，**A**一边喝咖啡一边看书。

B기분이 좋지 않거나 피곤하다고 느낄 때, **C**나는 조용한 곳을 찾아 **A**커피를 마시며 책을 보는 것을 좋아한다.

공략   B(시간 부사어) 当……时 ➡ C(주어) 我喜欢…… ➡ A(부연 설명) 一边……一边……

➲ '当……时'의 시간 부사어가 이끄는 B가 맨 앞에 위치하며, 다음으로 주어가 있는 C가 오고 부연 설명인 A가 마지막에 위치한다.

8

> **난이도** 中　**공략 Key** 접속사 但, 因为의 위치

C按照经验，许多人认为夏天穿白色的衣服对皮肤好，**B**但有研究证明，其实穿红色的更好了。**A**因为红色保护皮肤的作用更大。	**C**경험에 따르면, 많은 사람들이 여름에 하얀색 옷을 입는 것이 피부에 좋다고 여긴다. **B**하지만 한 연구에서, 사실 빨간색을 입는 것이 더 좋다고 증명됐다. **A**왜냐하면 빨간색이 피부 보호 능력이 훨씬 더 크기 때문이다.

공략　C(대전제) 按照经验……　➡　B(전환) 但有研究证明　➡　A(부연 설명) 因为……

➡ 按照가 이끄는 개사구와 주어가 함께 있는 C가 대전제로 맨 앞에 위치한다. 나머지는 의미에 따라 B, A의 순서로 나열되는데, A의 因为는 뒤 절에 놓여 '왜냐하면'이라는 의미로 원인을 보충하는 역할을 한다.

어휘　★按照 ànzhào 개 ~에 따라 | 经验 jīngyàn 몡 경험 | ★许多 xǔduō 톙 매우 많다 | ★皮肤 pífū 몡 피부 | ★研究 yánjiū 몡 연구 | 证明 zhèngmíng 동 증명하다 | ★其实 qíshí 閈 사실 | ★保护 bǎohù 동 보호하다

9

> **난이도** 中　**공략 Key** 시간 부사어와 因为의 위치

A当别人有不同的看法或意见时，**C**你应该勇敢地说出你自己的判断，**B**因为人是有点儿怀疑精神的。	**A**다른 사람이 다른 견해나 의견을 가지고 있을 때 **C**당신은 반드시 용감하게 자신의 판단을 말해야 한다. **B**왜냐하면 사람은 의구심을 가질 수 있기 때문이다.

공략　A(시간 부사어) 当……时　➡　C(대전제) 你应该……　➡　B(부연 설명) 因为人是……

➡ 시간 부사어 '当……时'가 이끄는 A가 맨 앞에 위치하고, 뒤이어 주어가 있는 C, 因为로 원인을 보충하는 B 순서로 위치한다.

어휘　★看法 kànfǎ 몡 견해 | 或 huò 젭 혹은 | ★勇敢 yǒnggǎn 톙 용감하다 | ★判断 pànduàn 몡 판단 | 怀疑精神 huáiyí jīngshén 몡 의구심

10

> **난이도** 下　**공략 Key** 시간 부사어와 대사 这样의 위치

A跟别人对话的时候，**B**不要不停地看自己的手机，**C**这样会让人觉得你没有礼貌。	**A**다른 사람과 이야기를 나눌 때, **B**계속해서 자신의 휴대 전화를 봐서는 안 된다. **C**이렇게 하면 상대방은 당신이 예의 없다고 느낄 것이다.

공략　A(시간 부사어) ……的时候　➡　B(술부) 不要不停地看　➡　C(부연 설명) 这样会……

➡ '……的时候'가 이끄는 시간 부사어가 맨 앞에 위치하고, 그다음에 술부가 있는 B가 온다. 대사 这样이 이끄는 C가 부연 설명으로 마지막에 위치한다.

어휘　对话 duìhuà 몡 대화 | 不停地 bùtíng de 끊임없이 | 礼貌 lǐmào 몡 예의

18 day 이럴 땐 절대 맨 앞에 올 수 없다

| 정답 | **1.** BAC **2.** ACB **3.** ABC **4.** BAC **5.** ABC **6.** CBA **7.** CAB **8.** ACB **9.** CAB **10.** BCA |

---

1   난이도 下   공략 Key 대사의 지시 대상 찾기

B我们每天打开邮箱，总会收到垃圾邮件，**A**这真是件让人头疼的事。**C**其实用简单的办法可以拒绝接受垃圾邮件。

B우리는 매일 이메일함을 열어보면, 항상 스팸 메일을 받는다. **A**이는 정말 사람을 골치 아프게 하는 일이다. **C**사실 간단한 방법으로 스팸 메일 수신을 거절할 수 있다.

공략   B(대전제) 我们每天……垃圾邮件 ➡ A(부연 설명) 这…… ➡ C(결론) 其实……

➡ A의 대사 这는 방향을 가리키는 지시대사가 아니라 '매일 스팸 메일을 받는다'는 상황을 나타내는 대사이다. 때문에 B 뒤에 위치하고 C는 결론으로 맨 끝에 위치한다.

어휘   邮箱 yóuxiāng 명 이메일함 | ★垃圾邮件 lājī yóujiàn 명 스팸 메일 | ★拒绝 jùjué 동 거절하다

---

2   난이도 中   공략 Key 부사 也의 활용

A北京人很热情，**C**对外国人也很友好，**B**每次遇到问题都有人愿意帮助我。

A베이징 사람들은 친절하다. **C**외국인에 대해서도 아주 우호적이다. **B**매번 문제에 부딪혔을 때, 나를 도와주길 원하는 사람이 있다.

공략   A(대전제) 北京人很热情 ➡ C(부연 설명) ……也很友好 ➡ B(구체적 예시) 每次遇到问题……

➡ A는 대전제로 맨 앞에 위치한다. 그다음 부사 也를 사용하여 베이징 사람에 대해 부연 설명을 하고 있는 C가 위치하며, 베이징 사람의 친절에 대한 구체적 예시를 들고 있는 B가 맨 끝에 위치한다.

어휘   ★热情 rèqíng 형 친절하다 | ★友好 yǒuhǎo 형 우호적이다 | ★愿意 yuànyì 동 원하다

---

3   난이도 下   공략 Key 대사의 지시 대상 찾기

A能不能获得冠军并不是最重要的，**B**关键是你要从比赛中得到经验和提高，**C**这才是参加比赛的真正目的。

A챔피언을 차지할 수 있는지 없는지는 결코 가장 중요한 것이 아니다. **B**관건은 당신이 경기에서 경험을 쌓고 실력을 향상시킬 수 있는가에 있다. **C**이것이야말로 경기에 참여하는 진정한 목적이다.

공략   A(대전제) 能不能获得…… ➡ B(작가의 의도) 关键是…… ➡ C(결론) 这才是……

➡ A는 대전제로 맨 앞에 놓인다. B는 A에 대한 작가의 생각을 담고 있으므로 A 뒤에 놓인다. C의 지시대사 这는 방향이 아닌 상황을 가리키므로 B 뒤에 와야 한다.

어휘   ★获得 huòdé 동 획득하다 | ★冠军 guànjūn 명 챔피언 | ★并 bìng 부 결코 | ★关键 guānjiàn 명 관건 | 经验 jīngyàn 명 경험 | 提高 tígāo 동 향상시키다 | ★目的 mùdì 명 목적

4

B我们公司的同事喜欢玩儿电子游戏。A每天午饭的时候都玩儿，C下班了也玩儿一会儿再回家。

B우리 회사의 직장 동료는 전자 오락을 좋아한다. A매일 점심시간만 되면 늘 게임을 한다. C퇴근한 후에도 잠시 게임을 한 후 집에 돌아간다.

공략 B(대전제) 我们公司的同事…… ➡ A(부연 설명 1) 每天午饭的时候…… ➡ C(부연 설명 2) 下班了也……

➡ B는 대전제로 맨 앞에 위치한다. A와 C는 직장 동료가 게임을 얼마나 좋아하는지 구체적인 예시를 들고 있으므로 B보다 뒤에 위치하는데, 그중 C는 부사 也를 활용하여 앞의 내용을 점층적으로 설명하고 있기 때문에 A보다 뒤에 위치한다.

어휘 ★电子游戏 diànzǐ yóuxì 몡 전자 오락

5

A春秋季皮肤容易干燥，B这是让许多爱美的女人烦恼的问题。C为了远离这个烦恼，我们要尽量多喝水。

A봄, 가을에는 피부가 쉽게 건조해진다. B이는 아름다움을 사랑하는 많은 여자들을 고민스럽게 하는 문제이다. C이런 고민에서 멀어지기 위해, 우리는 가능한 많은 물을 마셔야 한다.

공략 A(대전제) 春秋季皮肤…… ➡ B(문제 제기) 这是…… ➡ C(해결책) 为了……这个烦恼

➡ A는 대전제로 가장 앞에 위치한다. 그다음 B와 C의 这가 가리키는 구체적인 상황이나 동작을 찾아야 한다. B는 A에서 언급한 내용을 문제라고 했으므로 A 뒤에 위치하며, C는 해결책을 제시하고 있으므로 맨 끝에 위치한다.

어휘 ★皮肤 pífū 몡 피부 | ★干燥 gānzào 혱 건조하다 | ★烦恼 fánnǎo 몡 고민 | ★尽量 jǐnliàng 뷔 가능한

6

C考不好不是我不努力，B也不是在我的学习方法上有问题，A实在是因为考试题太奇怪了。

C시험을 잘 못 본 것은 내가 노력하지 않은 것도 아니고, B또한 내 학습 방법상에 문제가 있었던 것도 아니다. A정말 시험 문제가 너무 이상했기 때문이다.

공략 C(대전제) 考不好不是…… ➡ B(부연 설명) 也不是…… ➡ A(결론) 实在是因为……

➡ B의 也는 C의 내용을 부연 설명하는 역할을 하기 때문에 C의 뒤에 위치한다. A의 因为는 '왜냐하면, ~이기 때문이다'라는 의미로 맨 끝에서 원인을 보충하는 역할을 한다.

어휘 ★实在 shízài 뷔 정말 | ★奇怪 qíguài 혱 이상하다

7

C《三国志》是中国著名的长篇小说。A它通过三国的各个人物B介绍了当时的社会、政治情况。

C『삼국지』는 중국의 저명한 장편 소설이다. A그것은 삼국의 각 인물들을 통해, B당시의 사회, 정치 상황을 소개했다.

공략 C(대전제) 《三国志》是…… ➡ A(부연 설명, 개사구) 它通过…… ➡ B(술부) 介绍了……

➡ C는 대전제로 맨 앞에 위치한다. A의 대사 它는 삼국지를 가리키기 때문에 맨 앞에 위치할 수 없다. 또한 A는 通过가 이끄는 개사구밖에 없기 때문에 B가 A 뒤에서 술부 내용을 보충해야 한다.

어휘　三国志 Sānguózhì 몡 삼국지 ｜ ★著名 zhùmíng 혱 저명하다 ｜ 长篇小说 chángpiān xiǎoshuō 몡 장편 소설 ｜ 各个 gègè 때 각각 ｜ 人物 rénwù 몡 인물 ｜ ★当时 dāngshí 몡 당시 ｜ ★社会 shèhuì 몡 사회 ｜ ★政治 zhèngzhì 몡 정치 ｜ 情况 qíngkuàng 몡 상황

8　　난이도 下　공략 Key 부사 也의 활용

A如果有一本书放在我的面前，**C**同时也有一张DVD放在我的面前，**B**我一定选择看书。	**A**만일 한 권의 책이 내 앞에 놓여 있고, **C**동시에 또 DVD 한 장이 내 앞에 놓여 있다면, **B**나는 반드시 책 보는 것을 선택할 것이다.

공략　A(가설) 如果有　➡　C(부연 설명) 同时也有　➡　B(결론) 我一定选择看书

◗ A에서 如果는 가설을 나타내므로 맨 앞에 위치하고, C의 부사 也는 A의 가설을 부연 설명하고 있기 때문에 그 뒤에 놓인다. B는 가설에 대한 결론으로 맨 끝에 위치한다.

어휘　★选择 xuǎnzé 동 선택하다

9　　난이도 中　공략 Key 접속사 或者의 용법

C有些食品仅仅提供一些热量，**A**或者提供超过人体需要的热量，**B**这样的食品就叫垃圾食品。	**C**몇몇 식품은 단지 에너지만을 공급한다. **A**혹은 인체가 필요로 하는 에너지를 초과하여 공급한다. **B**이러한 식품을 바로 정크 푸드라고 한다.

공략　C(대전제) 有些食品……热量　➡　A(동등 구조) 或者提供　➡　B(결론) 这样的食品

◗ B의 这样은 상황을 가리키는 대사로 맨 앞에 올 수 없으며 A의 或者 역시 동등 구조를 나타내는 접속사로 맨 앞에 위치할 수 없다. 따라서 C가 대전제로 맨 앞에 위치한다. 그다음 병렬 구조로 A가 위치하고 결론을 나타내는 B가 이어진다.

어휘　仅仅 jǐnjǐn 뮈 단지 ｜ 提供 tígōng 동 제공하다 ｜ 热量 rèliàng 몡 에너지 ｜ 或者 huòzhě 젭 혹은 ｜ 超过 chāoguò 동 초과하다 ｜ 垃圾食品 lājī shípǐn 몡 정크푸드

10　　난이도 下　공략 Key 부사 还의 용법

B这所大学的校园非常漂亮。**C**有红色的教学楼，**A**还有绿色的草地。	**B**이 대학의 교정은 굉장히 아름답다. **C**붉은색의 강의동이 있고, **A**또한 푸른색의 잔디밭도 있다.

공략　B(대전제) 这所大学的……　➡　C(구체적 예시 1) 有……　➡　A(구체적 예시 2) 还有……

◗ 주어가 있는 B가 대전제로 맨 앞에 위치한다. C와 A는 각각 B의 대전제를 보충해주는 역할을 하는데, A의 부사 还는 점층 관계를 나타내므로 맨 끝에 위치한다.

어휘　教学楼 jiàoxuélóu 몡 강의동 ｜ 草地 cǎodì 몡 잔디밭

# 19 day 병렬·선후·점층 관계를 완성하는 접속사

독해 제2부분

---

1 난이도 上 공략 Key 병렬 관계 접속사

C直接说出反对想法或意见，B有的人会因为听到了实话而感到满意，A有的人却会以为是批评而十分生气。

C반대 생각이나 의견을 직접적으로 말하면, B어떤 사람은 진실을 들었기 때문에 굉장히 만족하고, A어떤 사람은 비난이라고 생각하고 오히려 굉장히 화를 낸다.

공략 C(대전제) 直接说出······ ➡ B(병렬 1) 有的人会······ ➡ A(병렬 2) 有的人却会······

◐ C는 대전제로 맨 앞에 위치한다. A와 B는 대전제에 대한 각 사람들의 반응을 병렬하고 있으며 그중 부사 却가 있는 A가 맨 뒤에 위치한다.

어휘 ★反对 fǎnduì 통 반대하다 | ★想法 xiǎngfa 명 생각 | ★意见 yìjiàn 명 의견 | 实话 shíhuà 명 진실 | 满意 mǎnyì 형 만족하다 | ★却 què 부 오히려 | ★以为 yǐwéi 통 ～라 여기다 | ★批评 pīpíng 통 비평하다 | 而 ér 접 그러나 | ★十分 shífēn 부 매우

---

2 난이도 中 공략 Key '不但······还······' 점층 표현

B艺术给我们的生活带来许多好作用。A不但能让人富有浪漫的感觉，C还能使精神世界变得更丰富。

B예술은 우리의 생활에 많은 좋은 작용을 가져온다. A낭만적인 느낌을 풍부하게 할 뿐 아니라, C또한 정신 세계를 더욱 풍부하게 만들어준다.

공략 B(대전제) 艺术······好作用 ➡ A(부연 설명 1) 不但······ ➡ C(부연 설명 2) 还······

◐ B는 대전제로 맨 앞에 위치한다. A와 C는 대전제에 대한 부연 설명으로 점층 관계 접속사 '不但······还······'로 연결된다.

어휘 ★艺术 yìshù 명 예술 | ★许多 xǔduō 형 매우 많다 | 富有 fùyǒu 형 풍부하다 | ★浪漫 làngmàn 형 낭만적이다 | 感觉 gǎnjué 명 느낌 | 精神 jīngshén 명 정신 | ★丰富 fēngfù 형 풍부하다

---

3 난이도 下 공략 Key 而且를 활용한 점층 표현

A这是我新买的手机。C它的特点是有很多功能，B而且通话质量也很不错。

A이것은 내가 새로 산 휴대 전화인데, C그것의 특징은 많은 기능을 가졌다는 것이다. B게다가 통화 품질도 아주 좋다.

공략 A(대전제) 这是······手机 ➡ C(특징 1) 它······ ➡ B(특징 2) 而且······

◐ 주어, 술어, 목적어가 모두 있는 A가 대전제로 맨 앞에 위치한다. C의 它는 휴대 전화를 가리키므로 반드시 A 뒤에 위치해야 하며, 의미적으로 점층 구조를 가지고 있는 B가 C 뒤에 위치한다.

어휘 ★功能 gōngnéng 명 기능 | 通话 tōnghuà 통 통화하다 | ★质量 zhìliàng 명 품질

4

B我家乡的风景一年四季都很美，A而且交通、饮食和住宿等都不太贵。C因此每年都吸引着成千上万的游客来这儿旅游。

B우리 고향의 풍경은 1년 사계절 내내 굉장히 아름다우며, A게다가 교통, 음식 그리고 숙박 등 모두 그다지 비싸지 않다. C그래서 매년 수천수만의 관광객들이 이곳에 여행 오도록 이끈다.

공략　　B(대전제) 我家乡的……　➡　A(부연 설명) 而且……　➡　C(결론) 因此……

○ B는 대전제로 맨 앞에 위치하며, B에 대한 부연 설명인 A가 그다음에 위치한다. 마지막으로 결과 접속사 因此가 있는 C가 맨 끝에 위치한다.

어휘　家乡 jiāxiāng 몡 고향 | 风景 fēngjǐng 몡 풍경 | ★交通 jiāotōng 몡 교통 | ★饮食 yǐnshí 몡 음식 | 住宿 zhùsù 몡 숙박 | ★因此 yīncǐ 젭 그래서 | ★吸引 xīyǐn 동 끌어당기다 | ★成千上万 chéng qiān shàng wàn 셩 수천수만의 | 游客 yóukè 몡 관광객

5

B怎样才能提高汉语水平呢？A一来每天要预习、复习当天学的东西，C二来上课时还要尽量多开口。

B어떻게 하면 중국어 실력을 향상시킬 수 있을까? A첫째로는 매일 그날 공부한 것을 예습하고 복습해야 하고, C둘째로는 수업 시간에 가능한 말을 많이 해야 한다.

공략　　B(문제 제기) 怎样……　➡　A(순서 1) 一来……　➡　C(순서 2) 二来……

○ B는 문제 제기를 하는 부분으로 맨 앞에 위치하고, A와 C는 순서를 나타내는 표현인 '一来……, 二来……' 순서로 나열된다.

어휘　怎样 zěnyàng 때 어떠하다 | 提高 tígāo 동 향상시키다 | ★水平 shuǐpíng 몡 수준 | ★一来 yīlái 첫째로는 | ★当天 dàngtiān 몡 그날 | ★尽量 jǐnliàng 뵈 가능한 | 开口 kāikǒu 동 말을 하다

6

B一见到红老师，C我就想起我的姐姐，A想起我姐姐的笑脸。

B홍 선생님만 만나면, C나는 바로 우리 언니가 생각나고, A우리 언니의 웃는 얼굴이 떠오른다.

공략　　B(조건) 一……　➡　C(결과) 就……　➡　A(구체적 설명) 姐姐的笑脸

○ B와 C는 '〜하자마자 바로 〜하다'라는 의미의 '一……就……'로 연결되고, A는 떠오르는 언니의 구체적인 모습이므로 C 뒤에 위치한다.

어휘　★笑脸 xiàoliǎn 몡 웃는 얼굴

7

A在新的一年里，我有很多的希望，B第一是希望大家身体都很健康，C其次是希望大家的事业都有很大的进步。

A새로운 한 해에 저는 많은 희망이 있습니다. B첫째로 모두가 건강하기를 희망하고, C그다음은 모두의 사업이 크게 번창하기를 희망합니다.

공략　　A(대전제) 我有很多的希望　➡　B(설명 1) 第一……　➡　C(설명 2) 其次……

➡ A는 많은 희망을 가지고 있다는 내용의 대전제로 맨 앞에 위치한다. B와 C는 순서를 나타내는 第一, 其次의 순서로 구체적인 희망에 대해 나열하고 있다.

어휘 ★其次 qícì 몡 그다음 | ★事业 shìyè 몡 사업 | ★进步 jìnbù 몡 발전

---

8   난이도 中   공략 Key 점층 관계 접속사

A我上大学的第一年就拿到了奖学金，C并且找到了一份可以在周末做的工作，B因此上大学的四年里，我都没从家里要钱。	A나는 대학 1학년 때부터 장학금을 받았고, C게다가 주말에 할 수 있는 일을 찾았다. B그래서 대학을 다니는 4년 내내, 나는 집에서 돈을 받지 않았다.

공략   A(대전제) 我上大学的…… ➡ C(부연 설명) 并且…… ➡ B(결론) 因此……

➡ 주어, 술어, 목적어가 모두 있는 A가 대전제로 맨 앞에 위치한다. C의 점층 접속사 并且는 A 뒤에 놓여 의미를 부연 설명하고 결론을 이끄는 접속사 因此가 있는 B가 맨 끝에 위치한다.

어휘 ★奖学金 jiǎngxuéjīn 몡 장학금 | ★并且 bìngqiě 젭 게다가 | ★周末 zhōumò 몡 주말 | ★因此 yīncǐ 젭 그래서

---

9   난이도 下   공략 Key 선후 관계 접속사

A你想和我一起去旅游的话，C就先一起去买机票，B然后一起准备好旅游用品。	A네가 나와 함께 여행을 가고 싶다면, C먼저 비행기 표를 사고, B그다음 함께 여행 용품을 준비하자.

공략   A(대전제) ……的话 ➡ C(선) 先…… ➡ B(후) 然后……

➡ A는 가설로 맨 앞에 위치한다. B와 C에 있는 '先……然后……'는 '먼저 ~하고, 그다음 ~하다'는 의미로 선후 동작을 나타낸다. 따라서 C가 B보다 먼저 와야 한다.

어휘 ★旅游 lǚyóu 통 여행하다 | ★机票 jīpiào 몡 비행기 표 | ★准备 zhǔnbèi 통 준비하다 | 用品 yòngpǐn 몡 용품

---

10   난이도 下   공략 Key 점층 관계 접속사

C那个女孩子深受男生们的欢迎，B不仅是因为她长得很漂亮，A更是因为她热情的性格。	C그 여자아이는 남학생들에게 아주 인기가 있는데, B단지 그녀가 예쁘기 때문일 뿐만 아니라, A그녀의 친절한 성격 때문이다.

공략   C(대전제) 深受……欢迎 ➡ B(원인) 不仅是…… ➡ A(점층) 更是……

➡ C는 대전제로 맨 앞에 위치한다. A와 B는 원인을 보충하는 부분으로 '단지 ~일 뿐 아니라 더욱이 ~이다'라는 의미의 '不仅是……更是……'로 연결된다.

어휘 ★深 shēn 혱 깊다 | ★长 zhǎng 통 생기다 | ★热情 rèqíng 혱 친절하다 | ★性格 xìnggé 몡 성격

20 day 인과·가설·가정 관계를 완성하는 접속사

정답 1. CAB 2. ACB 3. BAC 4. CAB 5. ABC 6. BAC 7. CBA 8. CBA 9. BAC 10. ACB

---

1 난이도 上　공략 Key 전환을 이끄는 否则

C书读完后最好放回原来的地方，**A**不要随便乱放，**B**否则下次找起来会比较麻烦。

C책을 다 읽은 후에는 원래 장소에 다시 갖다 놓는 것이 가장 좋고, **A**아무 데나 함부로 놓지 마라. **B**그렇지 않으면 다음에 찾을 때 꽤 번거로울 것이다.

공략　C(대전제) 书读完后……　➡　A(부연 설명) 不要随便乱放　➡　B(전환) 否则……

○ C는 전체 글의 대전제로 맨 앞에 위치하고 A는 C에 대한 부연 설명이므로 뒷부분에 위치한다. B의 否则는 '그렇지 않으면'이란 뜻으로 전환의 의미를 가지고 있다. 즉 否则 앞에는 그와 반대되는 내용이 제시되어야 한다.

어휘　★随便 suíbiàn 튀 함부로 | ★乱 luàn 튀 마구 | ★否则 fǒuzé 젭 그렇지 않으면 | ★麻烦 máfan 혱 귀찮다

---

2 난이도 下　공략 Key 其实의 활용

A现在很多爱美的女孩子都认为瘦才是漂亮的，**C**于是她们都努力减肥，**B**其实健康才是最重要的。

A현재 아름다움을 사랑하는 많은 여자아이들은 몸이 마른 것을 예쁘다고 여긴다. **C**그래서 그녀들은 모두 열심히 다이어트를 한다. **B**사실 건강이 가장 중요한 것이다.

공략　A(원신) 很多爱美的女孩子　➡　C(결과) 于是……　➡　B(전환) 其实……

○ C의 于是는 '그래서'라는 의미로 앞에 원인이 위치한다. A에 다이어트를 하는 원인이 있으므로 'A → C' 순서로 놓는다. B의 其实는 '사실'이란 의미로 작가의 숨겨진 의도나 생각을 나타낸다.

어휘　★瘦 shòu 혱 마르다 | ★于是 yúshì 젭 그래서 | ★减肥 jiǎnféi 동 다이어트하다 | ★健康 jiànkāng 혱 건강하다

---

3 난이도 中　공략 Key 가설 관계 접속사

B如果你希望获得别人的尊重，**A**首先要学会尊重他人，**C**这就是人们常说的相互尊重。

B만일 당신이 다른 사람의 존중을 받고 싶다면, **A**먼저 타인을 존중할 줄 알아야 한다. **C**이것이 바로 사람들이 자주 말하는 상호 존중이다.

공략　B(가설) 如果……　➡　A(가설에 따른 결과) 首先要……　➡　C(전체의 결론) 这就是……

○ B의 접속사 如果는 '만일'의 의미를 가지고 있으며, 결과가 가설에 따라 변한다는 특징이 있다. A는 가설에 대한 결과로, B 뒤에 위치한다. C의 대사 这는 앞에 발생한 상황이나 상태를 가리키는 역할을 한다. 상황을 가리키는 대사 这는 절대 맨 앞에 위치할 수 없다.

어휘　★获得 huòdé 동 획득하다 | ★首先 shǒuxiān 튀 우선 | ★尊重 zūnzhòng 동 존중하다 | ★相互 xiānghù 뎽튀 상호(간에)

4

C既然许多误会是由于缺少沟通而引起的，A那么发生了问题就一定要及时解释清楚，B可惜大部分人还不明白这一点。

C이왕지사 많은 오해라는 것이 소통이 부족해서 발생하는 것이니, A문제가 발생하면 즉시 분명하게 해명해야 한다. B안타깝게도 대부분의 사람들이 이 점을 알지 못한다.

공략　C(원인) 既然……　➡　A(원인에 따른 결과) 那么……　➡　B(전체 결론) 不明白这一点

既然은 '기왕, 이왕'이라는 의미를 가진 접속사로 뒤 절의 那么와 호응한다. 그러므로 'C → A'의 순서가 된다. B에는 상태와 상황을 대신하는 대사 '这一点'이 있으므로 맨 앞에 위치할 수 없다. C의 '由于……而……'은 '因为……所以……'와 같은 의미이다.

어휘　误会 wùhuì 몡 오해 | 缺少 quēshǎo 통 부족하다 | 沟通 gōutōng 통 소통하다 | 引起 yǐnqǐ 통 일으키다, 야기하다

5

A人们在一起，总会出现一些误会，B这种情况下，就要想办法解释清楚。C否则误会就可能越来越难以解决了。

A사람들이 함께 있으면, 늘 몇 가지 오해가 생기게 된다. B이런 상황에서 방법을 고안해 분명하게 해명해야 하는데, C그렇지 않으면 오해는 갈수록 해결하기 어려워질 것이다.

공략　A(대전제) 人们在一起　➡　B(부연 설명) 这种情况下　➡　C(전환) 否则……

B의 '这种情况'은 앞에 이미 발생한 상황을 대사 这로 이끌고 있으므로 맨 앞에 위치할 수 없으며, 의미적으로 상응하는 상황 뒤에 위치해야 한다. 否则는 전환의 의미가 있는 접속사로 앞에 이와 반대되는 상황이 제시된다.

어휘　★总 zǒng 뫼 늘 | ★误会 wùhuì 몡 오해 | ★情况 qíngkuàng 몡 상황 | ★解释 jiěshì 통 해명하다 | ★清楚 qīngchu 톙 분명하다 | ★否则 fǒuzé 젭 그렇지 않으면 | 难以 nányǐ 톙 ~하기 어렵다 | ★解决 jiějué 통 해결하다

6

B困难只是暂时的，一切都会好起来的。A因此，只要积极地向前走，C就能看到希望。

B어려움은 단지 일시적인 것이며, 모든 것은 다 좋아질 것이다. A그러므로 적극적으로 앞을 향해 전진해 나가면 C바로 희망을 볼 수 있다.

공략　B(대전제) 困难只是……好起来的　➡　A(결론 및 조건) 因此, 只要……　➡　C(조건에 따른 결과) 就……

A의 因此는 '그러므로'라는 의미로 결과를 나타내는 접속사이다. A의 只要와 C의 就는 '~하기만 하면 바로 ~이다'라는 의미로 '조건, 결과'를 이끄는 호응 구조이다.

어휘　★困难 kùnnan 몡 곤란, 어려움 | ★暂时 zànshí 몡 잠시 | ★一切 yíqiè 몡 일체, 전부 | ★积极 jījí 톙 적극적이다

7

C有时候整理书架很麻烦，B但我还是觉得它能给我带来很多惊喜。A因为在整理过程中，会让我回忆起过去许多美好的事情。

C때로 책장을 정리하는 것은 아주 번거롭다. B하지만 나는 그래도 그것이 나에게 뜻밖의 즐거움을 많이 가져다줄 수 있다고 생각한다. A왜냐하면 정리 과정 중에 이전의 많은 아름다운 일들을 떠올려줄 수 있기 때문이다.

공략 C(대전제) 有时候 ➡ B(역접) 但…… ➡ A(원인 보충) 因为……

◐ 접속사 因为가 所以와 호응하지 않을 경우에는 문장 뒷부분에 놓여 '왜냐하면'이라는 의미로, 원인을 보충해주는 역할을 한다. B의 但은 역접 접속사로 맨 앞에 위치할 수 없다. 이를 근거로 C가 맨 앞에 위치한다는 것을 알 수 있다.

어휘 整理 zhěnglǐ 통 정리하다 | 书架 shūjià 명 책꽂이 | ★麻烦 máfan 형 번거롭다 | 惊喜 jīngxǐ 통 놀랍고 기쁘다 | ★过程 guòchéng 명 과정 | ★回忆 huíyì 통 회상하다 | ★过去 guòqù 명 과거

---

8   난이도 中   공략 Key 인과 관계 접속사

C他发现自己爱上了那儿的蓝天白云，**B**也喜欢上了那里简单的生活。**A**也许是因为看了那部反映农村生活的电影。	**C**그는 자신이 그곳의 푸른 하늘과 흰 구름을 좋아하게 된 것과 **B**또한 그곳의 간소한 생활을 좋아하게 된 것을 발견했다. **A**아마도 농촌 생활을 반영한 그 영화를 보았기 때문일 것이다.

공략 C(대전제) 他发现 ➡ B(종속절) 也喜欢上了…… ➡ A(원인 보충) 也许是因为……

◐ 주어, 술어, 목적어가 확실한 C가 대전제로 맨 앞에 위치한다. B의 也는 C의 종속절로 내용을 부연 설명하는 역할을 한다. 也许는 '아마도'라는 의미의 부사로 추측의 뉘앙스가 있으며, 뒤의 是因为와 호응되어 원인을 추측하는 역할로 문장 맨 마지막에 위치한다.

어휘 蓝天白云 lántiān báiyún 푸른 하늘과 흰 구름 | ★也许 yěxǔ 부 아마도 | ★反映 fǎnyìng 통 반영하다 | ★农村 nóngcūn 명 농촌

---

9   난이도 下   공략 Key 인과 관계 접속사

B你们俩既然已经决定一起生活，**A**就要学会互相接受和尊重。**C**不能乱说话、乱发脾气。	**B**너희 둘은 기왕 이미 함께 살기로 결정했으니, **A**서로를 인정하고 존중할 줄 알아야 한다. **C**함부로 말하거나 화를 내면 안 된다.

공략 B(원인) 既然…… ➡ A(결과) 就…… ➡ C(부연 설명) 不能……

◐ B의 既然과 A의 就는 '기왕 ~이니 바로 ~이다'라는 의미의 호응 구조로 'A → B' 순서로 나열된다. C는 부연 설명으로 맨 끝에 위치한다.

어휘 ★互相 hùxiāng 부 서로 | ★接受 jiēshòu 통 받아들이다 | ★尊重 zūnzhòng 통 존중하다 | ★发脾气 fā píqi 화내다

---

10   난이도 下   공략 Key 인과 관계 접속사

A他是我的老朋友，他从小就想当一名教师，**C**然而由于各种原因，他没能当上老师，**B**所以他现在决定，一定要找一个当老师的妻子。	**A**그는 나의 오랜 친구로, 어릴 때부터 교사가 되고 싶어 했다. **C**하지만 여러 가지 원인 때문에 그는 교사가 되지 못했고, **B**그래서 지금 그는 반드시 선생님인 아내를 찾겠다고 결심했다.

공략 A(대전제) 他是我的老朋友 ➡ C(역접, 원인) 然而由于…… ➡ B(결과) 所以……

◐ C의 然而은 '그러나, 하지만'이라는 의미의 역접 접속사로 앞에 C와 반대되는 내용이 있어야 한다. 또한 由于는 원인을 이끄는 접속사로 B의 所以와 호응되기 때문에 C가 B 앞에 위치하고 A가 맨 앞에 위치한다.

어휘 ★当 dāng 통 되다 | ★然而 rán'ér 접 하지만 | ★由于 yóuyú 접 ~이기 때문에 | 原因 yuányīn 명 원인 | ★决定 juédìng 통 결정하다

# 21 day 선택·역접·조건 관계를 완성하는 접속사

| 정답 | 1. BAC | 2. BCA | 3. CAB | 4. CAB | 5. BCA | 6. ACB | 7. BAC | 8. ABC | 9. ABC | 10. CAB |

1

난이도 下　공략 Key 역접의 不过 활용

B这种植物在南方很容易找到，A不过由于受地理的限制，C不适合在北方生长。

B이 종류의 식물은 남방에서 쉽게 찾을 수 있지만, A지리적 제한을 받기 때문에 C북방에서 생장하기에는 적합하지 않다.

공략　B(대전제) 这种植物　➡　A(역접, 원인) 不过由于……　➡　C(결과) 不适合

○ A의 由于가 단독으로 쓰일 경우, 결과에 해당하는 내용이 由于가 이끄는 절 뒤에 위치한다. 不过는 역접 접속사로 맨 앞에 위치할 수 없다.

어휘　★植物 zhíwù 몡 식물 | ★由于 yóuyú 젭 ~이기 때문에 | 地理 dìlǐ 몡 지리 | ★限制 xiànzhì 몡 제한 | ★适合 shìhé 통 적절하다 | 生长 shēngzhǎng 통 생장하다

2

난이도 下　공략 Key '尽管……不过……' 호응

B尽管这次有许多人竞争，C不过她还是对自己充满信心，A因此她肯定不会放弃。

B비록 이번에 많은 사람들의 경쟁이 있을지라도, C그녀는 여전히 자신에 대한 자신감이 충만하다. A그래서 그녀는 분명 포기하지 않을 것이다.

공략　B(양보절) 尽管……　➡　C(역접) 不过……　➡　A(결과) 因此……

○ B의 尽管은 C의 不过와 호응되어 '비록 ~이지만, 그러나 ~하다'라는 의미를 갖는다. A의 因此는 '그래서'라는 의미로 결과를 이끄는 대표적인 접속사이다. 일반적으로 글의 맨 마지막 부분에 위치한다.

어휘　★尽管 jǐnguǎn 젭 비록 ~이지만 | 竞争 jìngzhēng 통 경쟁하다 | ★充满 chōngmǎn 통 가득 차다, 충만하다 | ★信心 xìnxīn 몡 자신, 신념 | ★因此 yīncǐ 젭 그래서 | ★肯定 kěndìng 뷔 분명히 | ★放弃 fàngqì 통 포기하다

3

난이도 中　공략 Key '尽管……但……' 호응

C尽管还没看到人，A但我知道我的姐姐肯定来了，B因为我在厨房里听到了她的笑声。

C비록 아직 보지 못했지만, A하지만 나는 우리 언니가 분명 왔다는 것을 안다. B왜냐하면 나는 주방에서 언니의 웃음소리를 들었기 때문이다.

공략　C(양보절) 尽管……　➡　A(역접) 但……　➡　B(원인 보충) 因为……

○ C와 A의 '尽管……但……'은 '비록 ~이지만, 그러나 ~하다'라는 의미로 역접 관계를 완성하는 호응 구조이다. B의 因为는 所以가 없을 경우 일반적으로 '왜냐하면'이라는 의미로 맨 뒷부분에 위치해 원인을 보충한다.

어휘　厨房 chúfáng 몡 주방 | 笑声 xiàoshēng 몡 웃음소리

4

C把简单的事情说复杂并不难。**A**然而，要把复杂的事情解释简单**B**却不是容易做到的。

C간단한 일을 복잡하게 말하는 것은 절대 어렵지 않다. **A**하지만 복잡한 일을 간단하게 설명하려 하는 것은 **B**오히려 쉽지 않다.

공략　C(대전제) 把简单的事情　➡　A(역접) 然而……　➡　B(술부) 却不是……

A의 然而은 역접 접속사로 앞에 반드시 양보절이 위치해야 한다. 또한 A는 주절만 있고 술부가 없다. 그러므로 의미상 B가 술부가 되어 A 뒤에 위치해야 한다. C는 주어 없이 개사 把로 시작하지만 A의 양보절이 되어 맨 앞에 위치한다.

어휘　★复杂 fùzá 형 복잡하다 | 并 bìng 부 결코 | ★然而 rán'ér 접 하지만 | ★解释 jiěshì 동 설명하다 | ★简单 jiǎndān 형 간단하다

5

B人的一生都会经历酸、甜、苦、辣，**C**只有走过这样的过程，**A**才会真正成熟起来，成为一个优秀的人。

B사람의 일생은 모두 온갖 일들을 다 겪는다. **C**이러한 과정을 거쳐야만 **A**비로소 진정으로 성숙하게 되고 뛰어난 사람이 된다.

공략　B(대전제) 人的一生　➡　C(유일한 조건) 只有……　➡　A(결과) 才……

C와 A의 '只有……才……'는 '~해야지만 비로소 ~이다'라는 유일한 조건을 나타내는 호응 구조로 'C → A'의 순서로 위치한다. C의 '这样的过程'은 의미상 B의 '酸、甜、苦、辣'를 가리키므로 반드시 B 뒤에 위치해야 한다.

어휘　经历 jīnglì 동 겪다 | ★酸、甜、苦、辣 suān、tián、kǔ、là 성 인생에서 겪는 다양한 일들 | ★过程 guòchéng 명 과정 | ★成熟 chéngshú 형 성숙하다 | ★优秀 yōuxiù 형 우수하다

6

A游泳和爬山是很好的运动。**C**你只要选择其中任何一个，并且坚持下去，**B**就能收到很理想的效果。

A수영과 등산은 좋은 운동이다. **C**당신이 그 가운데 어떤 것을 하나 골라 지속하기만 한다면, **B**이상적인 효과를 거둘 수 있다.

공략　A(대전제) 游泳和爬山是……　➡　C(조건) 只要……　➡　B(결과) 就……

C와 B의 '只要……就……'는 '~하기만 하면 바로 ~이다'라는 조건, 결과를 이끄는 접속사 호응 구조이므로 'C → B'의 순서로 나열된다. C의 其中은 의미상 A의 游泳과 爬山 가운데 하나를 일컫는 것이므로 C는 반드시 A 뒤에 위치해야 한다.

어휘　游泳 yóuyǒng 동 수영하다 | 爬山 páshān 동 등산하다 | ★选择 xuǎnzé 동 선택하다 | ★任何 rènhé 대 무엇, 어느 | ★坚持 jiānchí 동 지속하다 | ★效果 xiàoguǒ 명 효과

7

B很多人爱看描述一代英雄的小说，**A**但不知大家是不是知道，**C**有时候普通人的故事却更能让人感动。

B많은 사람들이 영웅의 일대기를 그린 소설을 보는 것을 좋아한다. **A**그러나 모두들 알고 있는지 모르겠지만, **C**때로 보통 사람들의 이야기가 오히려 사람을 감동시킨다.

공략　B(대전제) 很多人爱看……小说　➡　A(역접) 但……　➡　C(목적절) 有时候普通人的故事

⊙ A의 但은 '그러나'라는 의미로 B의 '很多人爱看'과 역접을 이룬다. 때문에 'B → A' 순서로 위치한다. 또한, A는 목적절이 없는 불완전한 형태이므로 의미상 C가 목적절이 되어 A 뒤에 위치한다.

어휘 　描述 miáoshù 동 묘사하다 | ★英雄 yīngxióng 명 영웅 | ★小说 xiǎoshuō 명 소설 | ★普通 pǔtōng 형 일반적이다

8 　　　　　　　　　　　　　　　　　　　　　　　　난이도 下　공략 Key '虽然……但是……' 호응

| A我们公司的工资虽然不算高，B但是每月都有奖金，C所以总的来说收入还不错。 | A우리 회사의 월급이 비록 높은 편은 아니지만, B매월 보너스가 있어서, C결론적으로 말해서 수입은 그럭저럭 괜찮은 편이다. |

공략　　A(양보절) 虽然……　➡　B(역접) 但是……　➡　C(결과) 所以总的来说

⊙ A와 B의 '虽然……但是……'는 '비록 ~이지만, 그러나 ~하다'라는 역접 관계를 이루는 호응 구조로 의미상 'A → B' 순서로 놓는다. C의 '所以总的来说'는 결과를 이끄는 대표적 표현이며, 일반적으로 글의 마지막 부분에 위치한다.

어휘 　★工资 gōngzī 명 급여 | ★不算 búsuàn 동 ~인 편은 아니다 | ★奖金 jiǎngjīn 명 보너스 | ★总的来说 zǒng de lái shuō 결론적으로 말해서 | 收入 shōurù 명 수입

9 　　　　　　　　　　　　　　　　　　　　　　　　난이도 下　공략 Key '只要…… 就……' 호응

| A世界上没有完美的人，B但只要发现自己的缺点并及时改过来，C就会变得越来越优秀。 | A세상에 완벽한 사람은 없지만, B그러나 자신의 결점을 발견하고 즉시 고쳐 나간다면, C곧 점점 뛰어나게 될 것이다. |

공략　　A(대전제) 世界上没有　➡　B(역접, 조건) 但只要……　➡　C(결과) 就……

⊙ B와 C의 '只要……就……'는 '~하기만 하면 바로 ~이다'라는 조건, 결과 관계를 나타내는 접속사 호응 구조로 'B → C'의 순서가 된다. B는 역접 접속사 但으로 시작하기 때문에 앞에 양보절이 위치해야 한다.

어휘 　★完美 wánměi 형 완벽하다 | ★缺点 quēdiǎn 명 결점 | ★及时 jíshí 부 즉시, 바로 | ★优秀 yōuxiù 형 우수하다

10 　　　　　　　　　　　　　　　　　　　　　　　난이도 中　공략 Key '不是……而是……' 호응

| C放弃并不是代表承认失败，A而是表示新的开始。B因此为了成功，应该放弃一些不重要的东西。 | C포기는 결코 실패를 인정하는 것을 나타내는 것이 아니라, A새로운 시작을 나타내는 것이다. B그렇기 때문에 성공을 위해 중요하지 않은 것들을 포기해야 한다. |

공략　　C(선택 1) 不是……　➡　A(선택 2) 而是……　➡　B(결론) 因此……

⊙ C와 A의 '不是……而是……'는 '~이 아니라 ~이다'라는 선택 관계를 나타내는 접속사 호응 구조로 'C → A'의 순서가 된다. B의 因此는 결과를 이끄는 대표적 접속사로, 문장 맨 마지막에 위치한다.

어휘 　★放弃 fàngqì 동 포기하다 | 承认 chéngrèn 동 승인하다 | ★失败 shībài 동 패배하다 | 表示 biǎoshì 동 나타내다

 # 22 day 다양한 특수 문장을 익혀라

정답 1. CBA 2. BAC 3. CBA 4. BAC 5. ACB 6. BCA 7. ACB 8. ABC 9. CBA 10. CAB

1

난이도 中 공략 Key 전화형 도입

C喂，我打算放暑假后去学画画儿，**B**我记得你妹妹基础挺好的，**A**要不要给她报个名？

C여보세요, 나 여름 방학 후에 그림 배우러 다닐 계획인데, **B**내 기억으로는 네 여동생이 기본기가 좋았던 같아. **A**그녀도 신청해주지 않을래?

공략 C(대화의 시작) 喂 ➡ B(구체적 대상) 你妹妹 ➡ A(대사) 她

C의 喂는 전화를 걸 때 맨 처음 하는 말로 반드시 맨 앞에 위치해야 한다. A의 她는 B의 '你妹妹'를 가리키므로 구체적 대상이 있는 B가 A보다 앞에 온다.

어휘 暑假 shǔjià 몡 여름 방학 | 画画儿 huàhuàr 통 그림을 그리다 | ★记得 jìde 통 기억하다 | ★基础 jīchǔ 몡 기초

2

난이도 中 공략 Key 의문형 도입

B这就是你姐？你们俩长得像双胞胎一样像！**A**不仔细看的话，**C**真的看不出来你们俩有什么区别。

B이 사람이 네 언니니? 너희 둘 정말 쌍둥이처럼 닮았구나! **A**자세하게 보지 않으면, **C**너희 둘이 무슨 차이가 있는지 정말 못 알아보겠어.

공략 B(의문형 도입) 这就是你姐? ➡ A(가정) ……的话 ➡ C(결과) 真的看不出来……

질문으로 화제를 이끄는 문제 유형으로 의문형 문장인 B가 맨 앞에 위치한다. A의 '……的话'는 '만일 ~라면'의 의미로 가정을 나타내며 그 뒤에 반드시 가정의 결과가 와야 한다. 의미상 C가 결과에 해당하므로 맨 마지막에 위치한다.

어휘 双胞胎 shuāngbāotāi 몡 쌍둥이 | ★像 xiàng 통 닮다, 같다 | ★仔细 zǐxì 톙 자세하다 | 区别 qūbié 몡 차이

3

난이도 上 공략 Key 의문형 도입

C"你经历了这么多场比赛，比如这个，你会紧张吗？"**B**中国著名的选手邓亚萍回答：**A**"想赢就不会紧张，怕输才紧张。"

C"당신은 이렇게나 여러 번 경기에 참여했는데요. 예를 들면 이번 경기는, 긴장이 되시나요?" **B**중국의 유명 선수 덩야핑은 대답했다. **A**"승리를 생각하면 긴장이 되지 않고, 패배를 두려워하면 비로소 긴장됩니다."

공략 C(의문형 도입) 你会紧张吗? ➡ B(주체자) 邓亚萍回答 ➡ A(대답 내용) 想赢就不会紧张，怕输才紧张

의문형 도입으로 질문인 C가 맨 앞에 위치한다. A와 B 중에 주체자가 있는 B가 먼저 오고 질문에 대한 대답인 A가 맨 마지막에 온다.

어휘 经历 jīnglì 통 겪다 | ★紧张 jǐnzhāng 톙 긴장하다 | ★著名 zhùmíng 톙 저명하다 | 选手 xuǎnshǒu 몡 선수 | 邓亚萍 Dèng Yàpíng 고유 덩야핑 | 赢 yíng 통 이기다 | 输 shū 통 지다 | 怕 pà 통 두렵다

4

B如何成为一个合格的管理者? A一定要按照公开、公平、公正的原则严肃处理事情，C甚至是管理者自己的事情也不能例外。

B어떻게 해야 좋은 관리자가 될 수 있을까? A반드시 공개, 공평, 공정의 원칙에 따라 엄숙하게 일을 처리해야 하며, C심지어 관리자 자신의 일일지라도 예외일 수 없다.

공략 B(의문형 도입) 如何成为 ➡ A(답변 1) 一定要 ➡ C(답변 2) 甚至是

B의 如何는 怎么와 같이 '어떠하다, 어떻게'라는 의미를 가진 의문대사로 의문형 도입을 이끈다. A와 C는 질문에 대한 답변으로 '심지어'라는 의미의 접속사 甚至가 있는 C가 점층 구조를 나타내며 반드시 뒤 절에 위치한다.

어휘 ★如何 rúhé 대 어떻게 | 合格 hégé 형 표준에 부합되다 | 管理者 guǎnlǐzhě 명 관리자 | ★按照 ànzhào 개 ~에 따라 | 原则 yuánzé 명 원칙 | 严肃 yánsù 형 엄숙하다 | 处理 chǔlǐ 동 처리하다 | ★甚至 shènzhì 접 심지어 | 例外 lìwài 동 예외로 하다

5

A学生一遇到难题，有的老师直接告诉学生答案，C有的老师正好相反，B认为应该给孩子更多自己解决问题的时间。

A학생이 어려운 문제에 부딪히면, 어떤 선생님은 직접적으로 학생에게 답을 알려준다. C어떤 선생님은 정반대인데, B반드시 아이에게 스스로 문제를 해결할 시간을 더 많이 주어야 한다고 여긴다.

공략 A(조건 + 병렬 1) 学生一遇到难题，有的老师 ➡ C(병렬 2) 有的老师 ➡ B(의견 내용) 认为应该

이 문제는 '有的……有的……' 병렬 구조 문제로, 조건을 나타내는 A가 먼저 위치해야 한다. B는 C의 '어떤 선생님'의 의견이므로 자연히 B 뒤에 위치한다.

어휘 难题 nántí 명 난제 | ★正好 zhènghǎo 부 딱, 마침 | 相反 xiāngfǎn 동 상반되다 | ★解决 jiějué 동 해결하다

6

B很多长途旅行者认为C旅行的过程越劳累，A越能显示出旅行的价值。

B많은 장거리 여행자들은 생각한다. C여행 과정이 힘들수록 A여행의 가치를 더욱 잘 드러낼 수 있다고.

공략 B(주체) 很多长途旅行者认为 ➡ C(조건) 越劳累 ➡ A(결과) 越能显示出

B의 동사 认为는 '~라고 여기다'라는 의미로 뒤에 반드시 목적절이 와야 한다. A와 C는 '~할수록 ~하다'라는 점층적 의미를 가진 '越……越……'로 병렬되며, 의미상 '여행 과정이 힘들수록 여행의 가치를 더 잘 드러낸다'가 자연스럽기 때문에 'C → A'의 순서로 위치한다.

어휘 长途旅行者 chángtú lǚxíngzhě 장거리 여행자 | ★过程 guòchéng 명 과정 | ★越……越…… yuè……yuè…… ~할수록 ~하다 | 显示 xiǎnshì 동 드러내 보이다 | ★价值 jiàzhí 명 가치

7

A友情到底是什么? C它可以让你在失望、伤心的时候变得高兴起来，B还能帮你轻易地走出人生的苦海。

A우정이란 도대체 무엇일까? C그것은 당신이 실망하고 상심했을 때 기쁘게 만들어줄 수 있고, B또한 당신이 인생의 곤경에서 쉽게 빠져나올 수 있도록 도울 수 있다.

공략 A(의문형 도입) 友情到底是什么 ➡ C(설명 1) 它可以 ➡ B(부연 설명) 还能帮你

➡ A는 의문형 도입으로 맨 앞에 위치한다. C는 우정의 첫 번째 역할을 설명하고 있고, B는 부사 还로 우정의 또 다른 역할을 보충 설명하고 있다. 또한 C는 우정을 가리키는 대사 它로 시작되지만 B는 주어가 없기 때문에 앞에 위치할 수 없다.

어휘 ★友情 yǒuqíng 몡 우정 | ★到底 dàodǐ 뷔 도대체 | 苦海 kǔhǎi 몡 곤경

8

난이도 下 **공략 Key** 의문형 도입 및 선후 관계 표현

A怎样才能学好英语呢？**B**首先要培养对英语的兴趣，"兴趣是最好的老师"，**C**然后要慢慢积累英语的基础。

A어떻게 해야 영어를 잘 배울 수 있을까? **B**먼저 영어에 대한 흥미를 길러야 한다. 흥미는 가장 좋은 선생님이다. **C**그다음 천천히 영어의 기초를 쌓아야 한다.

공략 A(의문형 도입) 怎样才能学好英语呢 ➡ B(선) 首先…… ➡ C(후) 然后……

➡ A는 의문형 도입으로 맨 앞에 위치한다. B와 C는 '首先……然后……' 형태로, '먼저 ～하고, 그다음 ～한다'라는 선후 관계를 나타낸다.

어휘 ★培养 péiyǎng 통 기르다 | 兴趣 xìngqù 몡 흥미 | ★积累 jīlěi 통 쌓다 | 基础 jīchǔ 몡 기초

9

난이도 中 **공략 Key** 의문형 도입

C大家都吃好了吗？**B**吃好了就把水果皮、饼干箱子、塑料袋都扔到垃圾桶里，**A**绝对不要到处乱扔东西。

C모두들 잘 드셨나요? **B**다 드셨으면, 과일 껍질과 과자 상자, 비닐봉지를 모두 쓰레기통 안에 버리세요. **A**절대 아무 데나 물건을 버려서는 안 됩니다.

공략 C(의문형 도입) 大家都吃好了吗? ➡ B(술부 1) 吃好了就……扔到垃圾桶里 ➡ A(술부 2) 绝对不要

➡ C는 의문형 도입으로 맨 앞에 위치한다. B는 '다 드셨으면'이라는 조건을 나타내므로 C뒤에 위치하고, B의 내용을 강조하고 있는 A가 맨 마지막에 위치한다.

어휘 饼干 bǐnggān 몡 과자 | 箱子 xiāngzi 몡 박스, 상자 | 塑料袋 sùliàodài 몡 비닐봉지 | 垃圾桶 lājītǒng 몡 쓰레기통 | 绝对 juéduì 뷔 절대 | 到处 dàochù 몡 도처, 곳곳 | 乱 luàn 뷔 함부로 | 扔 rēng 통 버리다

10

난이도 中 **공략 Key** 의문대사 병렬

C这个问题很难解决，**A**你决定怎么处理这个问题，**B**我们就怎么弄。

C이 문제는 해결하기 어렵다. **A**네가 이 문제를 어떻게 처리할 것인지 결정하면, **B**우리는 바로 그렇게 하겠다.

공략 C(대전제) 这个问题 ➡ A(조건) 怎么处理 ➡ B(결론) 就怎么弄

➡ C는 대전제로 맨 앞에 위치한다. A와 B는 의문대사 怎么를 사용한 병렬 구조로 의문대사 怎么만 있는 A가 먼저 놓이고 부사 就가 함께 있는 B가 그 뒤에 위치한다.

어휘 ★解决 jiějué 통 해결하다 | ★处理 chǔlǐ 통 처리하다 | 弄 nòng 통 하다

📅 23 day 문제만 정확히 파악해도 절반은 성공이다

본책_ 250쪽

정답　1. B　2. D　3. D　4. A　5. D　6. C　7. B　8. C

1

난이도 下　공략 Key 핵심 단어 찾기

　　当我们去新的环境的时候，会有两种选择。一是选择改变环境，二是选择适应环境。当我们发现无法改变环境，<u>就适应它是最好的选择</u>。

★ 我们不能改变环境时最好：

A 选两种选择　　　Ⓑ 去适应它
C 换个地方　　　　D 保护环境

　　우리가 새로운 환경에 직면하게 되면, 두 가지 선택을 할 수 있다. 첫번째는 환경을 바꾸는 것을 선택하는 것이고, 두 번째는 환경에 적응하는 것을 선택하는 것이다. 우리가 환경을 바꿀 수 없음을 발견했을 때는 <u>그것에 적응하는 것이 가장 좋은 선택이다.</u>

★ 우리가 환경을 바꿀 수 없을 때 가장 좋은 것은?

A 두 가지 선택을 한다　　Ⓑ 그것에 적응한다
C 장소를 바꾼다　　　　　D 환경을 보호한다

공략　문제 가운데 핵심 단어는 '가장 좋은'이라는 의미의 부사 最好이다. 때문에 最好 앞에 있는 '就适应它'에서 정답을 알 수 있다.

어휘　★环境 huánjìng 명 환경 | ★选择 xuǎnzé 통 선택하다 | 改变 gǎibiàn 통 변하다 | ★适应 shìyìng 통 적응하다 | 发现 fāxiàn 통 발견하다 | ★无法 wúfǎ 통 ~할 방법이 없다

2

난이도 中　공략 Key 要를 통해 정답 찾기

　　人们常说"机会只留给有准备的人"，这句话虽然不是假的，然而光有准备是不够的，<u>我们还要积极寻找机会</u>，因为机会永远都不是主动来的。

★ 这段话主要告诉我们，应该：

A 主动做好准备
B 等着机会来
C 留出时间准备
Ⓓ 自己去找机会

　　사람들은 자주 '기회란 준비된 사람에게만 머문다'라고 말한다. 이 말이 비록 거짓말은 아니지만, 단지 준비만으로는 충분하지 않다. <u>우리는 더 적극적으로 기회를 찾아야 한다.</u> 왜냐하면 기회란 영원히 스스로 찾아오는 것이 아니기 때문이다.

★ 이 글은 주로 우리가 어떻게 해야 한다고 알려주는가?

A 주동적으로 준비를 잘해야 한다
B 기회가 오기를 기다려야 한다
C 시간적 여유를 두고 준비해야 한다
Ⓓ 자신이 기회를 찾아야 한다

공략　문제가 应该로 끝났기 때문에 정답은 같은 의미를 가진 조동사에 있다. 본문에서 조동사 要를 이용하여 '我们还要积极寻找机会'라고 말하고 있으므로 이 부분이 정답이 된다.

어휘　然而 rán'ér 접 그러나 | ★光 guāng 부 오직 | ★积极 jījí 형 적극적이다 | ★永远 yǒngyuǎn 부 영원히 | ★主动 zhǔdòng 형 주동적이다

每到春节，我们总能看到很多商场举行打折、降价等活动。**3**这就是为了吸引很多顾客来购物，但是我们购买东西时，不能只顾着价格，**4**要考虑购买的东西是不是适合自己，是不是必须买。如果不适合自己，不是必须买的话，就算价格再低也是一种浪费。

매년 설이 되면, 우리는 늘 많은 상점에서 할인이나 가격 인하 등의 이벤트를 하는 것을 볼 수 있다. **3**이 것은 많은 고객들의 구매를 촉진시키기 위한 것이다. 하지만 우리가 물건을 살 때 단지 가격만 고려해서는 안 된다. **4**사려고 하는 물건이 자신에게 적합한지 아닌지, 반드시 사야 하는 것인지 아닌지를 생각해야 한다. 만약 자신에게 적합하지도 않고 반드시 사야 하는 것도 아니라면, 설령 가격이 더없이 싸다 할지라도 낭비일 뿐이다.

어휘 ★举行 jǔxíng 통 개최하다 | ★打折 dǎzhé 통 할인하다 | 降价 jiàngjià 통 값을 내리다 | ★购物 gòuwù 통 구매하다 | ★就算 jiùsuàn 접 설령 ~이라도 | ★浪费 làngfèi 통 낭비하다

3

난이도 中　공략 Key 원인 찾기

★ 到了春节很多商场为什么降低价格?

A 提供服务　　　B 快过时了
C 防止浪费　　　**D 吸引顾客**

★ 설에 많은 상점들은 왜 가격을 내리는가?

A 서비스 제공을 위해　　B 유행이 지나려고 해서
C 낭비를 막기 위해　　　**D 고객을 끌어들이기 위해**

공략 본문에서 많은 고객들의 구매를 촉진시키기 위해 가격을 내린다고 했으므로 정답은 D가 된다.

4

난이도 上　공략 Key 要를 통해 정답 찾기

★ 根据本文，购买时要注意哪方面?

A 有没有用　　　B 时间够不够
C 打不打折　　　D 是否流行

★ 본문에 따르면, 구매할 때 어떤 것을 주의해야 하는가?

A 필요한지 아닌지　　B 시간이 충분한지 아닌지
C 세일하는지 아닌지　　D 유행하는지 아닌지

공략 '마땅히 ~해야 한다'라는 의미의 조동사 要를 이용하여 질문했기 때문에 정답은 같은 의미를 가진 조동사에 제시되어 있다. '要考虑购买的东西是不是……'를 통해 A가 정답임을 알 수 있다.

一位大夫不满意地对病人说："你一定又喝了很多酒，是不是? **6**你每天到底喝几瓶?"
"两瓶。"病人愉快地回答道。
医生极其生气地说："**5**我难道没告诉你吗? 每天只允许喝一瓶。"
"是的，但在您之前给我看病的那位大夫也告诉我每天可以喝一瓶。"

"당신 분명히 또 술 많이 마셨군요. 그렇지요? **6**도 대체 매일 몇 병을 마시는 겁니까?"라고 한 의사가 탐탁지 않은 듯 환자에게 말했다.
"2병이오."라고 환자는 즐겁게 대답했다.
"**5**제가 당신에게 말씀드리지 않았나요? 매일 1병만 마실 수 있다고요."라며 의사는 몹시 화내면서 말했다.
"맞습니다. 그런데 선생님 전에 저를 진찰해주시던 선생님도 매일 1병은 마셔도 된다고 말씀하셨거든요."

어휘 ★到底 dàodǐ 된 도대체 | 愉快 yúkuài 형 유쾌하다 | ★极其 jíqí 된 몹시 | ★允许 yǔnxǔ 통 허락하다

5

★ 这位医生为什么生气？	★ 의사는 왜 화를 내는가?
A 病人没有付钱	A 환자가 돈을 지불하지 않아서
B 病人没准时吃药	B 환자가 제때 약을 먹지 않아서
C 病人没请医生喝酒	C 환자가 의사에게 술을 사지 않아서
D 病人没听他的话	**D 환자가 의사의 말을 듣지 않아서**

공략 '我难道没告诉你吗?'에서 '难道……吗'는 '설마 ~이겠는가'라는 반어적 표현으로, 의사가 말한대로 환자가 지키고 있지 않음을 강조하고 있다. 따라서 D가 정답임을 알 수 있다.

6

★ 关于病人，我们可以知道：	★ 환자에 관해, 우리가 알 수 있는 것은?
A 不喜欢医生	A 의사를 좋아하지 않는다
B 讨厌喝酒	B 술 마시는 것을 싫어한다
C 每天都喝酒	**C 매일 술을 마신다**
D 非常听话	D 매우 말을 잘 듣는다

공략 '你每天到底喝几瓶?'이라는 의사의 말에서 환자가 매일 술을 마시고 있음을 알 수 있다. 때문에 C가 정답으로 적절하다.

7-8

8喝酒时，人们为什么喜欢干杯呢？ 那是因为眼睛能看到酒的颜色，鼻子可以闻到酒的香气，嘴能尝到酒的味道，只有耳朵没事干。7一干杯，杯子就发出好听的声音，耳朵听到了，就高兴起来了。

8술을 마실 때, 사람들은 왜 건배하는 것을 좋아할까? 그것은 눈으로는 술의 색깔을 볼 수 있고, 코로는 술의 향을 맡을 수 있으며, 입으로는 술의 맛을 맛볼 수 있지만, 귀는 아무것도 하는 것이 없기 때문이다. 7건배를 하면 잔에서 아름다운 소리가 나오기 때문에, 들으면 즐거워진다.

어휘 ★闻 wén 통 (냄새를) 맡다 ｜ 香气 xiāngqì 명 향기 ｜ ★嘴 zuǐ 명 입 ｜ ★尝 cháng 통 맛보다

7

★ 人们喝酒时为什么喜欢干杯？	★ 사람들이 술을 마실 때 왜 건배하는 것을 좋아하는가?
A 让人激动	A 사람을 감동시켜서
B 有好听的声音	**B 좋은 소리가 나서**
C 能闻到酒味儿	C 술의 향을 맡을 수 있어서
D 能提高酒的质量	D 술의 품질을 높일 수 있어서

공략 글의 마지막 문장에서 건배를 하면 컵이 부딪히는 좋은 소리를 귀로 듣고 즐길 수 있다고 했으므로 B가 정답임을 알 수 있다.

8

★ 本文主要谈论什么?	★ 본문에서 주로 논의하는 것은 무엇인가?
A 选出好酒的方法	A 좋은 술을 고르는 방법
B 喝酒的好处	B 음주의 좋은 점
C 为什么要干杯	**C 왜 건배를 하는가**
D 酒能满足人	D 술은 사람을 만족시킬 수 있다

공략　글의 도입부에 '사람들은 왜 건배하는 것을 좋아하는가?'라고 제시하고 있으므로 이 글의 주제, 즉 목적은 C가 된다.

24 day　문장 부호를 읽는 힘이 필요하다

본책_ 260쪽

정답　1. B　2. C　3. C　4. C　5. B　6. D　7. B　8. C

1

他是一名著名的记者。5年来，他走遍了亚洲各个国家，<u>尝过了各地的美食</u>。回国后，他用一年的时间整理好了那段时间的经历，于是就有了这本书。

★ 这位记者：

A 喜欢走路　　**B 喜欢美食**
C 喜欢读书　　D 喜欢美国

그는 유명한 기자이다. 5년 동안, 그는 아시아 여러 국가를 돌아다니며, <u>각지의 맛있는 음식을 맛보았다</u>. 귀국한 후에, 그는 1년이라는 시간을 들여 그 시간 동안의 경험들을 잘 정리해, 이 책을 탄생시켰다.

★ 이 기자는?

A 걷기를 좋아한다　　**B 맛있는 음식을 좋아한다**
C 독서를 좋아한다　　D 미국을 좋아한다

공략　'尝过了各地的美食'에서 '过了'는 고정 형식으로 동사 뒤에 위치하여 완성을 나타낸다. 그는 각지를 돌아다니며 맛있는 음식을 맛보았다고 했으므로 정답은 B가 된다.

어휘　著名 zhùmíng 혱 유명하다 | ★遍 biàn 통 널리 퍼져 있다 | 亚洲 Yàzhōu 몡 아시아 | ★经历 jīnglì 통 경험하다

2

随着科学技术的发展，很多问题我们都可以解决了。<u>但是仍然有无法回答的</u>。比如，生命究竟是从哪儿来的，是先有蛋还是先有鸡。

★ 根据这段话，可以知道科学不能：

과학 기술이 발전함에 따라, 우리들은 아주 많은 문제를 해결할 수 있게 되었다. <u>그러나 여전히 대답할 수 없는 것이 있다</u>. 예를 들어 '생명은 도대체 어디서 온 것인가? 알이 먼저인가 아니면 닭이 먼저인가?'이다.

★ 이 글을 통해 과학이 할 수 없는 것은?

A 改善周围环境	A 주변 환경을 개선한다
B 拉近人与人的距离	B 사람과 사람 사이의 거리를 가깝게 한다
C 解释所有问题	**C 모든 문제를 설명한다**
D 扩大生活范围	D 생활 범위를 넓힌다

공략 문제의 핵심 부분은 '科学不能'이다. 글의 전반부는 과학의 발전에 따라 가능한 것을 설명한 것이고 但是 이후부터는 과학이 할 수 없는 일들을 설명하고 있다. '仍然有无法回答的'를 근거로 C가 정답임을 알 수 있다.

어휘 ★仍然 réngrán 閉 여전히 | ★无法 wúfǎ 통 ~할 방법이 없다 | ★比如 bǐrú 젭 예를 들어 | ★究竟 jiūjìng 閉 도대체

3 난이도 中 공략 Key [:]의 용법 파악

有共同语言指的是两个人因为有共同的兴趣、爱好，能很好地互相交流。如果一对夫妻没有共同语言的话，那么问题就会变得更严重了。	공통된 화제가 있다는 것은 두 사람이 공통의 흥미와 취미가 있기 때문에 서로 잘 교류할 수 있음을 나타낸다. 만약 한 쌍의 부부가 공통된 화제가 없다면, 문제가 훨씬 더 심각해질 것이다.
★ 根据这段话，一对夫妻需要:	★ 이 글을 통해 부부 한 쌍에게 필요한 것은?
A 互相帮助	A 서로 도와주기
B 了解对方的情况	B 상대방의 상황 이해하기
C 有共同语言	**C 공통의 화제**
D 永远支持信任	D 영원히 믿고 지지하기

공략 문제의 핵심 내용은 '一对夫妻需要'이다. 본문의 '如果一对夫妻' 부분의 내용을 근거로 C가 정답이라는 것을 알 수 있다.

어휘 ★指 zhǐ 통 가리키다 | ★交流 jiāoliú 통 교류하다 | 对 duì 양 쌍 | ★严重 yánzhòng 형 심각하다

4 난이도 下 공략 Key [、]의 용법 및 捡의 의미 파악

5月6日下午在餐厅，我丢失了我的包，粉红色，里面有我的电子词典、钱包、笔记本，如有捡到的人请尽快与我联系，非常感谢。	5월 6일 오후 식당에서, 저는 제 가방을 잃어버렸습니다. 분홍색이고, 안에는 저의 전자사전과 지갑 그리고 노트가 있습니다. 만일 습득하신 분이 있다면, 가능한 빨리 저에게 연락주십시오. 감사합니다.
★ 这段话是关于什么的?	★ 이 글은 무엇에 관한 것인가?
A 学校通知　　B 报名活动	A 학교 통지　　B 활동 신청
C 找自己的东西　　D 申请奖学金	**C 자신의 물건 찾기**　　D 장학금 신청

공략 글에서 자신의 가방을 언제, 어디서 잃어버렸으며 가방 안에 어떤 물건이 있는지 구체적으로 나열하고 있다. 또한 마지막 부분에 가방을 습득한 사람이 있다면 바로 자신에게 연락해달라고 이야기하고 있으므로 정답은 C가 된다.

어휘 餐厅 cāntīng 명 식당 | ★丢失 diūshī 통 잃어버리다 | 粉红色 fěnhóngsè 명 분홍색 | ★笔记本 bǐjìběn 명 노트 | 捡 jiǎn 통 줍다 | ★尽快 jǐnkuài 閉 가능한 빨리 | ★联系 liánxì 통 연락하다

5-6

有些调查结果证明，**6**原谅他人就会使自己的心情变得更舒服一些，如果总是想着他人不好的地方，那么你和他的关系就会变得越来越紧张，**5**也会因为一直担心对方对你有什么不好的想法而无法高兴起来。

몇몇 조사 결과는 **6**다른 사람을 용서하면 자신의 기분이 좀 더 편안해진다는 것을 증명했다. 만약 늘 다른 사람의 나쁜 점만 생각하고 있다면 당신과 그의 관계는 점점 불안해지고, **5**또한 상대방이 자신에 대해 어떤 좋지 않은 생각을 가지고 있는 것은 아닐까 걱정하는 탓에 기분이 좋아질 수 없을 것이다.

어휘 ★调查 diàochá 图 조사하다 | ★证明 zhèngmíng 图 증명하다 | ★原谅 yuánliàng 图 용서하다 | ★紧张 jǐnzhāng 형 불안하다

5

난이도 下　공략 Key [:]의 용법 파악

★ 总是想着别人不好，会：

A 让你高兴
B 影响心情
C 保持愉快的心情
D 跟他吵架

★ 늘 다른 사람의 안 좋은 점만 생각하고 있으면?

A 당신을 기쁘게 한다
B 기분에 영향을 끼친다
C 유쾌한 기분을 유지한다
D 그와 말다툼한다

공략 조동사 会는 가능성을 추측하는 역할을 하며 정답 역시 会가 이끄는 절에 위치한다. '会……而无法高兴起来' 부분을 통해 B가 정답임을 알 수 있다.

6

난이도 中　공략 Key 주제 찾기

★ 这段话主要谈什么？

A 人际关系的重要性
B 不要影响别人
C 一定有自己的看法
D 原谅的好处

★ 이 글이 주로 말하는 것은?

A 인간관계의 중요성
B 다른 사람에게 영향을 끼치지 말아야 한다
C 자신의 의견이 분명히 있다
D 용서의 좋은 점

공략 일반적으로 글의 주제는 문장의 처음이나 끝에 있다. 글 앞부분에 '용서를 하면 자신의 기분을 좀 더 편안하게 할 수 있다'라는 내용이 제시되어 있다. 이를 바탕으로 정답이 D라는 것을 알 수 있다.

7-8

开车时大家应该注意以下三点：**7**第一是方向，只有自己知道往哪儿走，才不会迷路；第二是方法，只有自己知道怎么开，才能安全地到达目的地；最后是要注意速度，**8**开得太快的话，就会发生危险的事情。

운전할 때 모두들 다음 세 가지에 주의해야 한다. **7**첫째는 방향이다. 자신이 어디로 가는지 알아야지, 비로소 길을 잃지 않는다. 둘째는 방법이다. 자신이 어떻게 운전하는지 알아야만, 비로소 안전하게 목적지에 도착할 수 있다. 마지막으로 속도에 주의해야 한다. **8**너무 빠르게 운전하면, 위험한 일이 발생할 수 있다.

어휘 ★速度 sùdù 명 속도 | ★危险 wēixiǎn 형 위험하다

7

난이도 下 공략 Key [;]의 용법 파악

★ 开车时首先要注意哪方面?

A 方法　　　　　　B 方向
C 速度　　　　　　D 安全

★ 운전할 때 우선 어떤 방면에 주의해야 하나?

A 방법　　　　　　B 방향
C 속도　　　　　　D 안전

공략 문제는 운전 중 가장 먼저 주의해야 할 점을 묻고 있다. 본문의 내용은 [;]을 사용하여 주의점 세 가지를 각각 병렬하고 있다. 가장 앞부분에 위치하며 '第一(첫째로)'와 함께 제시되어 있는 '방향'이 정답이 된다.

8

난이도 中 공략 Key 가설의 '……的话……就' 호응

★ 根据本文,下面哪项正确?

A 开车时要系安全带
B 开车时不能打电话
C 开车时速度不能太快
D 开车时不能吸烟

★ 본문에 근거하여, 다음 중 옳은 것은?

A 운전할 때 안전벨트를 매야 한다
B 운전할 때 전화를 하면 안 된다
C 운전할 때 속도가 너무 빨라서는 안 된다
D 운전할 때 흡연해서는 안 된다

공략 보기는 모두 운전 중에 해서는 안 되는 일을 설명하고 있다. 그중 본문에서 언급한 것은 C이다. 정답을 찾을 때 반드시 본문에 근거하여 답을 찾아야 하며, 본인의 견해나 지식이 개입돼서는 안 된다.

25 day 작가의 의도를 파악하라

본책_ 270쪽

정답　1. C　　2. D　　3. B　　4. B　　5. B　　6. D　　7. A　　8. C

1

난이도 上 공략 Key 주제 찾기

　　点菜的时候,很多人喜欢点"随便菜"。饭桌上,即使他们不点菜,由于别人点,他们仍然有美味的饭菜可以吃,<u>但是在实际生活中,不选择的人,往往什么也得不到。</u>

★ 这段话要告诉我们:

A 不用点菜
B 可以随便选择
C 应该主动选择
D 实际生活更复杂

　　주문할 때, 많은 사람들은 '아무거나'라고 주문하길 좋아한다. 식탁에서 비록 그들은 주문하지 않았지만, 다른 사람이 주문했기 때문에 변함없이 맛 좋은 음식을 먹을 수 있다. <u>하지만 실제 생활 속에서 선택하지 않는 사람은 종종 아무것도 얻을 수 없다.</u>

★ 이 글이 우리에게 알려주고자 하는 것은?

A 주문할 필요가 없다
B 아무거나 선택할 수 있다
C 적극적으로 선택해야 한다
D 실제 생활은 더 복잡하다

공략   전반부는 많은 사람들의 일반적인 행동을 설명하고 있으며 但是 뒷부분에 작가의 의견을 제시하고 있다. '不选择的人……

……也得不到'는 반드시 스스로 선택해야 한다는 뜻이므로 C가 정답으로 적절하다.

어휘   随便 suíbiàn 📖 마음대로 | ★由于 yóuyú 📖 ~때문에 | ★仍然 réngrán 📖 여전히

---

2   난이도 中   공략 Key 비유를 통한 주제 찾기

把窗户关上，阳光就进不来。心也像窗户一样，<u>不打开的话，就不能看到外边的美丽和热闹</u>。这样就会感到很孤单。

★ 作者想告诉我们什么?

A 让阳光进来
B 保持心情愉快
C 把窗户关上
Ⓓ 把心门打开

창문을 닫으면, 햇빛이 들어올 수 없다. 마음 역시 창문과 마찬가지이다. <u>열지 않는다면 바깥의 아름다움과 활기찬 광경을 볼 수 없다. 이렇게 되면 외로움을 느낄 것이다.</u>

★ 작가가 우리에게 알려주고 싶어 하는 것은?

A 햇빛이 들어오게 해라
B 기분을 유쾌하게 유지해라
C 창문을 닫아라
Ⓓ 마음의 문을 열어라

공략   본문의 '不打开的话……很孤单'이라는 말은 마음의 문을 닫으면 안 된다고 역설하고 있는 것이므로 이를 근거로 정답이 D라는 것을 알 수 있다.

어휘   ★阳光 yángguāng 📖 햇빛 | 美丽 měilì 📖 아름답다 | ★热闹 rènao 📖 떠들썩하다 | 孤单 gūdān 📖 외롭다

---

3   난이도 中   공략 Key 주요 내용 파악

幸福的标准是什么? 大多数人希望房子再大一些，车子再高级一些。就像只要有钱，就很幸福。然而很多富人过得并不愉快，有时有些穷人过得更愉快。<u>幸福不是只要有钱就能买到的</u>，而且不同人的幸福标准也并不一样。

★ 根据这段话，可以知道幸福:

A 需要很多钱
Ⓑ 是买不到的
C 是有标准的
D 有希望的人才能感到

행복의 기준은 무엇인가? 대다수의 사람들은 집이 조금 더 커지고, 자동차가 조금 더 고급이기를 바란다. 마치 돈만 있으면 바로 행복할 수 있는 것과 같다. 하지만 많은 부자들이 결코 행복하게 지내는 것은 아니다. 때로는 가난한 사람들이 더 행복하게 지낸다. <u>행복이란 돈만 있으면 살 수 있는 것이 아니다. 그리고 사람들마다 행복의 기준 역시 결코 같지 않다.</u>

★ 이 글을 근거로 행복에 관해 알 수 있는 것은?

A 많은 돈이 필요하다
Ⓑ 살 수 없는 것이다
C 기준이 있는 것이다
D 희망이 있는 사람만이 느낄 수 있다

공략   글의 후반부에 행복이란 돈이 있어야 얻을 수 있는 것이 아니라고 했으므로 이를 근거로 B가 정답임을 알 수 있다.

어휘   ★幸福 xìngfú 📖 행복 | 高级 gāojí 📖 고급의 | 穷人 qióngrén 📖 가난한 사람 | ★愉快 yúkuài 📖 유쾌하다, 즐겁다

---

4   난이도 下   공략 Key 주요 내용 파악

在教育孩子的过程中，鼓励比批评更好。<u>然而，在鼓励孩子时，也要注意方法</u>。否则起不到理想的作用，会让孩子失去信心、怀疑自己的能力。

아이를 교육시키는 과정 중, 격려하는 것이 혼내는 것보다 훨씬 낫다. 하지만 <u>아이를 격려할 때 방법 역시 주의해야 한다.</u> 그렇지 않으면 이상적인 작용을 일으킬 수 없고, 아이로 하여금 자신감을 잃게 하며 자신의 능력을 의심하게 할 수 있다.

★ 根据这段话，我们可以知道什么？

A 不应该鼓励孩子
Ⓑ 鼓励孩子要注意方法
C 不能批评孩子
D 鼓励没有批评重要

★ 이 글을 근거로 우리는 무엇을 알 수 있는가？

A 아이를 격려하면 안 된다
Ⓑ 아이를 격려할 때 방법에 주의해야 한다
C 아이를 혼내면 안 된다
D 격려하는 것은 혼내는 것보다 중요하지 않다

공략 본문의 전반부에는 일반적인 견해를 설명하고 있으며, 然而 뒷부분에는 격려 방법에 주의해야 한다는 작가의 의견을 제시하고 있다.

어휘 过程 guòchéng 뗑 과정 | 鼓励 gǔlì 띵 격려하다 | ★然而 rán'ér 젭 하지만 | ★否则 fǒuzé 젭 그렇지 않으면 | 失去 shīqù 띵 잃어버리다 | ★怀疑 huáiyí 띵 의심하다

5-6

"冬天到了，春天还会远吗？" 这句话代表了一种积极、勇敢的精神。它告诉我们，6所有的失败都只是暂时的，我们只要不放弃希望，5不怀疑自己的能力，那么问题将被解决，困难将会离去，我们将迎来一个新季节。

'겨울이 왔는데, 봄이 아직 멀었겠는가?' 이 말은 적극적이고 용감한 정신을 나타낸다. 이 말은 우리에게 6모든 실패는 단지 일시적인 것이기 때문에, 우리가 희망을 잃지 않고 5자신의 능력을 의심하지 않으면, 문제는 곧 해결되고 어려움은 떠나갈 것이며, 우리는 새로운 계절을 맞이할 것이라고 말해준다.

어휘 代表 dàibiǎo 띵 나타내다 | ★积极 jījí 혱 긍정적인 | 勇敢 yǒnggǎn 혱 용감하다 | 精神 jīngshén 뗑 정신 | ★失败 shībài 띵 실패하다 | 暂时 zànshí 뗑 잠시 | ★放弃 fàngqì 띵 포기하다

5

난이도 中 　공략 Key 조건과 결과 파악

★ 这段话告诉我们要：

A 原谅自己
Ⓑ 相信自己
C 适应变化
D 学会安排时间

★ 이 글은 우리가 어떻게 해야 한다고 알려주는가？

A 스스로를 용서하라
Ⓑ 스스로를 믿어라
C 변화에 적응하라
D 시간 안배하는 법을 배워라

공략 이 글 후반부에 '희망을 잃지 않고 자신의 능력을 의심하지 않으면 문제는 곧 해결될 것이다'라고 말하고 있다.

6

난이도 下 　공략 Key 함축적 의미 파악

★ "冬天到了，春天还会远吗？" 的意思是？

A 失败是永远的
B 冬天不长
C 季节的变化快
Ⓓ 困难是暂时的

★ '겨울이 왔는데, 봄이 아직 멀었겠는가？'의 의미는？

A 실패는 영원한 것이다
B 겨울은 길지 않다
C 계절의 변화가 빠르다
Ⓓ 어려움은 일시적인 것이다

공략 도입부에서 앞의 내용을 가리키는 대사 它 뒤의 내용을 살펴보면, 실패는 단지 일시적인 것이라고 했으므로 답은 D가 된다.

7工作中遇到困难，去跟同事交流，他会帮你解决。朋友之间发生了一些不愉快的事，不去跟他交流的话，会引起不必要的误会。**8**公司经常交流，那家公司的竞争力也会得到提高，**8**朋友之间经常交流，我们的生活会变得更幸福。

7업무 중 어려움에 부딪혔을 때, 직장 동료와 교류하면, 그는 당신이 해결하는 데 도움을 줄 수 있다. 친구 사이에 불쾌한 일들이 발생했는데, 그와 교류하지 않는다면, 불필요한 오해를 살 수 있다. **8**회사에서 자주 교류한다면, 그 회사의 경쟁력은 높아지게 될 것이며, **8**친구 사이에 자주 교류가 있다면, 우리의 생활은 더욱 행복해질 것이다.

어휘 ★困难 kùnnan 몡 어려움 | 交流 jiāoliú 통 교류하다 | ★解决 jiějué 통 해결하다 | ★误会 wùhuì 몡 오해 | 竞争力 jìngzhēnglì 몡 경쟁력 | 幸福 xìngfú 혱 행복하다

7　　　　　　　　　　　　　　　　난이도 上　공략 Key 화자의 의도 파악

★ 说话人觉得交流能：

Ⓐ 解决问题　　　　B 缓解压力
C 提高成绩　　　　D 让人生气

★ 화자 생각에 교류는 무엇을 가능하게 하는가?

Ⓐ 문제를 해결한다　　　B 스트레스를 완화시킨다
C 성적을 높인다　　　　D 다른 사람을 화나게 한다

공략 화자는 동료 사이의 교류는 문제를 해결하는 데 도움을 주고 친구 사이의 교류는 생활을 더욱 행복하게 한다고 설명하고 있으므로 A가 정답임을 알 수 있다.

8　　　　　　　　　　　　　　　　난이도 下　공략 Key 글의 주제 찾기

★ 本文主要谈什么？

A 交流的坏处　　　　B 减少误会
Ⓒ 交流的作用　　　　D 提高竞争力

★ 이 글은 주로 무엇을 말하고 있는가?

A 교류의 단점　　　　B 오해의 감소
Ⓒ 교류의 작용　　　　D 경쟁력 제고

공략 본문은 전반적으로 교류의 장점을 나열하고 있다. B와 D는 교류를 통해 얻을 수 있는 결과물이므로 글의 주제가 될 수 없다. 그러므로 C가 정답으로 적절하다.

26 day 옳고 그름을 판단하는 문제는 꼼꼼함이 필수이다

본책_ 280쪽

정답　1. D　2. C　3. A　4. D　5. B　6. D　7. B　8. D

1　　　　　　　　　　　　　　　　난이도 中　공략 Key 普遍의 의미 파악

这种植物在地球生长已经一亿年了。叶子又长又细，它不需要很多太阳和空气，在当地到处都可以看见它。

이런 종류의 식물은 지구에서 생장한 지 이미 1억 년이 되었다. 잎은 길고 가늘며, 많은 햇빛과 공기가 필요하지 않아, 현지 곳곳에서 그것을 볼 수 있다.

★ 关于这种植物的说明中，下面哪项是正确的？	★ 이 식물에 관한 설명에서 다음 중 옳은 것은?
A 不需要太阳 B 在地球生长的时间不算长 C 没有叶子 Ⓓ 在当地很普遍	A 태양이 필요 없다 B 지구에서 생장하는 시간이 긴 편이 아니다 C 잎이 없다 Ⓓ 현지에서 매우 보편적이다

공략 到处는 '도처, 곳곳'이라는 의미로 많은 장소에 넓게 분포되어 있거나 어디에서나 볼 수 있을 때 사용되는 명사이다. 그러므로 D가 정답이 된다.

어휘 ★植物 zhíwù 몡 식물 | 地球 dìqiú 몡 지구 | 生长 shēngzhǎng 동 생장하다 | 叶子 yèzi 몡 잎 | 细 xì 형 가늘다 | 太阳 tàiyáng 몡 태양 | 空气 kōngqì 몡 공기 | 到处 dàochù 몡 곳곳

2   난이도 下   공략 Key 대조를 통해 정답 찾기

会议室里的空调突然坏了，你先打电话把它修好，然后赶快给大家打电话通知会议室换了，<u>换到207号了</u>。	회의실의 에어컨이 갑자기 고장 났습니다. 당신은 우선 전화를 걸어 에어컨을 수리하고, 그다음 빨리 모두에게 전화를 해서 회의실이 <u>207호로 변경됐다고</u> 알리세요.
★ 根据这段话，正确的是：	★ 이 글을 근거로 옳은 것은?
A 空调修好了 B 会议取消了 Ⓒ 换地方了 D 突然停电了	A 에어컨은 잘 수리됐다 B 회의가 취소되었다 Ⓒ 장소가 바뀌었다 D 갑자기 정전됐다

공략 에어컨 고장으로 인해 회의실이 207호로 변경되었음을 공지하라는 내용이므로 장소가 바뀌었다는 C가 정답이 된다.

어휘 空调 kōngtiáo 몡 에어컨 | ★突然 tūrán 형 갑작스럽다 | 修 xiū 동 수리하다 | 赶快 gǎnkuài 부 빨리 | ★取消 qǔxiāo 동 취소하다 | 停电 tíngdiàn 몡동 정전(되다)

3   난이도 中   공략 Key 到处의 의미 파악

爬山虎，又叫爬墙虎，是非常有意思的植物，只要有墙，它就向上爬上去。它喜欢阴暗、湿润的环境，但并不怕阳光，它能适应所有的环境，<u>所以我们到处都可以看见它</u>。	爬山虎(담쟁이덩굴)는 爬墙虎(담쟁이덩굴)라고도 불리는데, 굉장히 재미있는 식물이다. 그것은 담만 있으면, 위로 기어올라간다. 어둡고 습윤한 환경을 좋아하지만, 햇빛을 두려워하지 않고 모든 환경에 적응할 수 있어서, <u>우리는 곳곳에서 담쟁이덩굴을 볼 수 있다</u>.
★ 关于爬山虎，下面哪项正确？	★ 담쟁이덩굴에 관해 다음 중 옳은 것은?
Ⓐ 很常见 B 一种动物 C 喜欢干燥的环境 D 喜欢爬山	Ⓐ 자주 볼 수 있다 B 동물이다 C 건조한 환경을 좋아한다 D 등산을 좋아한다

공략 본문 마지막 부분의 '我们到处都可以看见它'를 통해서 어디서나 쉽게 담쟁이덩굴을 볼 수 있다는 것을 알 수 있다.

어휘 爬山虎 páshānhǔ 몡 담쟁이덩굴 | 爬墙虎 páqiánghǔ 몡 담쟁이덩굴 | 阴暗 yīn'àn 형 어둡다 | ★湿润 shīrùn 형 습윤하다 | ★适应 shìyìng 동 적응하다 | 干燥 gānzào 형 건조하다

3月15日早上9点，<u>将在体育馆举行招聘会</u>，这次招聘会将提供大约1000多个工作机会，请大家积极参加活动。

3월 15일 아침 9시, <u>체육관에서 채용 박람회가 열립니다.</u> 이번 채용 박람회에서는 대략 1,000여 개가 넘는 일자리 기회를 제공할 것입니다. 여러분들은 적극적으로 행사에 참여해주시기 바랍니다.

★ 关于招聘会，下面哪项正确？

★ 채용 박람회에 관해 다음 중 옳은 것은?

A 3月15号举行了　　B 提供学习资料
C 应该提前报名　　D 在体育馆举行

A 3월 15일에 열렸다　　B 학습 자료를 제공한다
C 미리 신청해야 한다　　D 체육관에서 열린다

공략 부사 将은 일이 곧 발생할 것임을 나타내는 부사이다. 본문에서 '将在体育馆举行招聘会'라고 했으므로 '이미 열렸다'는 의미의 A는 정답이 될 수 없고 '체육관에서 열린다'는 D가 정답이 된다.

어휘 将 jiāng 男 장차 | ★举行 jǔxíng 图 개최하다 | ★提供 tígōng 图 제공하다 | ★积极 jījí 형 적극적이다 | 活动 huódòng 명 행사

5-6

我爱人结婚以后没有辞职继续工作，今年终于当上了管理部门的经理。<u>6她当上经理以后非常忙，特别忙的时候甚至连节假日也不能休息</u>，但是这让所有的人肯定了她的工作能力，而且每次开会时她都受到大家的表扬。<u>5她忙在工作也乐在工作。</u>

내 아내는 결혼 후에도 일을 그만두지 않고 계속 일해, 올해 마침내 관리 부서의 매니저가 되었다. <u>6그녀는 매니저가 된 이후에 굉장히 바쁘다. 유달리 바쁠 때에는 심지어 명절이나 휴일에도 쉴 수 없다.</u> 하지만 이는 모든 사람들로 하여금 그녀의 업무 능력을 인정하게 했고, 또한 매번 회의할 때, 그녀는 늘 모두의 칭찬을 받는다. <u>5그녀는 일 때문에 바쁘고 일 때문에 즐거워한다.</u>

어휘 辞职 cízhí 图 사직하다 | ★终于 zhōngyú 男 마침내 | 管理部门 guǎnlǐ bùmén 관리 부서 | ★甚至 shènzhì 접 심지어 | 节假日 jiéjiàrì 명 명절과 휴일 | ★肯定 kěndìng 图 인정하다 | ★表扬 biǎoyáng 图 칭찬하다

★ 下面哪项是正确的？

★ 다음 중 옳은 것은?

A 爱人讨厌工作
B 爱人更忙了
C 爱人周日能休息
D 爱人想当经理

A 아내는 일하기 싫어한다
B 아내는 훨씬 바빠졌다
C 아내는 주말에는 쉴 수 있다
D 아내는 매니저가 되고 싶어 한다

공략 본문에서 부인은 매니저가 된 후 일이 더 바빠져서 명절이나 휴일에도 쉴 수 없다고 설명하고 있으므로 정답은 B가 된다.

어휘 ★讨厌 tǎoyàn 图 싫어하다

★ 关于爱人，可以知道什么？

★ 아내에 관해 무엇을 알 수 있는가？

A 要辞职了　　B 身体很差
C 表扬职员　　D 喜欢工作

A 곧 사직하려 한다　　B 건강이 나쁘다
C 직원을 칭찬한다　　D 일을 좋아한다

7-8

　邀请别人吃饭时应该注意什么？首先至少提前一天告诉对方，其次**8**告诉对方明确的地点和时间，最后**8**应该考虑好对方的饮食习惯。这样**7**不仅能对被邀请的人表示尊重、能让他感到方便，而且还能方便自己做好安排。

다른 사람을 식사에 초대할 때 마땅히 무엇을 주의해야 하는가? 먼저 최소한 하루 전에 상대방에게 알려야 한다. 그다음 **8**상대방에게 정확한 장소와 시간을 알려야 한다. 마지막으로 **8**상대방의 음식 습관을 잘 고려해야 한다. 이렇게 하면 **7**초대 받은 사람에 대해 존중을 표시할 수 있을 뿐 아니라 상대방에게 편리함을 느끼게 할 수 있다. 또한 자신이 스케줄을 짜는 데도 편리할 수 있다.

독해 제3부분

어휘 邀请 yāoqǐng 통 초대하다 | ★至少 zhìshǎo 분 적어도 | 提前 tíqián 통 앞당기다 | 安排 ānpái 명 안배, 배치

7　　　　　　　　　　　　　　　　　　　　　난이도 中　공략 Key 정확한 상황 판단

★ 邀请别人时，提前告诉别人：

A 仅为自己方便
B 是一种礼貌
C 可以省时间
D 可以提醒对方

★ 다른 사람을 초대할 때, 상대방에게 미리 알려주는 이유는?

A 단지 자신의 편의를 위해
B 일종의 예의라서
C 시간을 절약할 수 있어서
D 상대방을 일깨워줄 수 있어서

공략 '被邀请的人'의 被는 '~에 의해 ~을 당하다'라는 의미의 개사로 '초대를 당하는 사람', 즉 '초대를 받는 사람'으로 해석된다 '这样对被邀请的人表示尊重'은 '이렇게 하면 초대 받는 사람에 대해 존중을 표하는 것이다'라는 의미를 갖는다. 이를 통해 B가 정답임을 알수 있다.

어휘 省 shěng 통 아끼다 | ★提醒 tíxǐng 통 깨우치다

8　　　　　　　　　　　　　　　　　　　　　난이도 下　공략 Key 대조를 통한 정답 찾기

★ 邀请别人吃饭时，不用考虑：

A 时间　　　　　B 地点
C 菜　　　　　　**D** 服装

★ 다른 사람을 식사에 초대할 때 고려하지 않아도 되는 것은?

A 시간　　　　　B 장소
C 음식　　　　　**D** 의복

공략 손님을 초대할 경우 최소 하루 전에 초대를 하고 정확한 시간과 장소를 알려주어야 하며, 상대방의 음식 습관을 고려해야 한다고 했으므로 본문 가운데 언급하지 않는 D가 정답이 된다.

27 day 정보 획득에 눈을 떠라

정답	1. D	2. B	3. C	4. B	5. D	6. C	7. A	8. C

---

1 난이도 下　공략 Key 而且의 의미 파악

小时候我身体虚弱，于是每天跑步锻炼身体，长大后谁都想不到，我不仅身体健康了，而且成了优秀的长跑运动员。

어렸을 때 나는 몸이 허약해서 매일 달리기를 하며 신체를 단련했다. 성인이 된 후, 내가 건강해졌을 뿐 아니라 게다가 뛰어난 장거리 선수가 될 줄 아무도 생각지 못했다.

★ 关于他，我们可以知道什么?

A 小时候非常喜欢运动
B 长大后谁都不想见面
C 现在身体还很虚弱
D 成为了运动员

★ 그에 관해 알 수 있는 것은 무엇인가?

A 어렸을 때 운동을 굉장히 좋아했다
B 성장한 후 누구도 만나고 싶어 하지 않는다
C 현재 몸이 아직 매우 허약하다
D 운동선수가 되었다

공략 어린 시절에 운동을 한 이유는 몸이 허약했기 때문이므로 A는 정답이 될 수 없다. 맨 마지막 줄에 '而且成了……运动员'이라고 했으므로 정답은 D가 된다.

어휘 虚弱 xūruò 형 연약하다 | ★锻炼 duànliàn 동 단련하다 | ★优秀 yōuxiù 형 우수하다 | 长跑 chángpǎo 명 장거리 경주

---

2 난이도 中　공략 Key 핵심 어휘 파악

哭并不是坏事，心情伤心难过的时候，哭一哭心情会变好一些，而且生活、工作上有压力的时候，哭一哭可以缓解压力。

우는 것은 결코 나쁜 일이 아니다. 기분이 속상하고 괴로울 때, 잠시 울면 기분이 좋아질 수 있다. 게다가 생활과 일에서 스트레스가 있을 때, 잠시 울면 스트레스를 풀 수 있다.

★ 哭有什么作用?

A 让人难过
B 减轻压力
C 增加生活上的压力
D 生活变丰富

★ 우는 것은 어떤 효과가 있나?

A 사람을 괴롭게 만든다
B 스트레스를 줄일 수 있다
C 생활 속의 스트레스를 증가시킨다
D 생활이 풍부하게 된다

공략 마지막 문장에 잠시 울면 스트레스를 풀 수 있다고 했으므로 정답은 B가 된다. A의 让은 '~로 하여금 ~하게 하다'라는 의미로 '사람을 더욱 괴롭게 한다'는 뜻이므로 정답이 되지 않는다.

어휘 伤心 shāngxīn 동 상심하다 | ★压力 yālì 명 스트레스 | ★缓解 huǎnjiě 동 풀리다

---

3 난이도 下　공략 Key 핵심 어휘 파악

米小姐重新给你打印了一张申请书，这次一定要根据要求写，小心点儿，千万不要再填错了。

미 샤오제가 너에게 신청서 한 장을 다시 프린트해 줬어. 이번에는 반드시 요구에 따라 쓰도록 해. 조심해서 말이야. 절대 다시 잘못 기입하면 안 돼.

★ 根据这段话，可以知道前一张:

★ 이 글에 근거하면, 이전 신청서는 어떠했는가?

| A 丢了 | B 扔了 | | A 잃어버렸다 | B 버렸다 |
| ⒸＣ 填错了 | D 送人了 | | ⒸＣ 잘못 기입했다 | D 다른 사람에게 줬다 |

공략 마지막 부분의 '千万不要再填错了'를 통해 앞에 작성한 신청서가 잘못 쓰여졌음을 알 수 있다. 填은 '(신청서나 서류의 빈칸을) 기입하다, 채우다'라는 의미의 동사이다.

어휘 重新 chóngxīn 뷔 다시 | 打印 dǎyìn 동 프린트하다 | ★千万 qiānwàn 뷔 반드시 | ★填 tián 동 기입하다, 채우다

---

4 ‖ 난이도 中 ‖ 공략 Key 相反을 통한 의미 추론

　　男人和女人在很多方面是不相同的，比如在工作中遇到不愉快的事，男人回到家，不喜欢跟妻子说，<u>而女人正好相反</u>。

남자와 여자는 아주 많은 면에서 서로 다르다. 예를 들어 일을 하다가 불쾌한 일이 있으면, 남자는 집에 가서 부인과 대화하길 좋아하지 않지만, <u>여자는 그와 정반대이다.</u>

★ 女人遇到不高兴的事，会：

| A 不回家 | Ⓑ 跟丈夫说 |
| C 自己处理 | D 找人帮助 |

★ 여자는 유쾌하지 않은 일이 생기면?

| A 집에 가지 않는다 | Ⓑ 남편에게 이야기한다 |
| C 스스로 처리한다 | D 도와줄 사람을 찾는다 |

공략 남자는 불쾌한 일이 생기면 아내에게 말하지 않지만, 아내는 그와 정반대라고 했으므로 B가 정답이 된다.

어휘 相同 xiāngtóng 형 서로 같다 | ★相反 xiāngfǎn 형 상반되다 | 丈夫 zhàngfu 명 남편 | ★处理 chǔlǐ 동 처리하다

5-6

⁵结果和过程哪个重要？我的答案是都很重要。⁶过程能给你丰富的经验，结果能给你深刻的影响。只要过程的话，永远都只活在一个问号中；只要结果的话，永远不会成长。这就好像你看体育比赛，你不仅会看输赢结果，还会看运动员流下的汗水和泪水。

⁵결과와 과정 중 어느 것이 중요할까? 나의 답은 '모두 중요하다'이다. ⁶과정은 당신에게 풍부한 경험을 줄 수 있고, 결과는 당신에게 깊은 영향을 줄 수 있다. 과정만을 원한다면 영원히 의문 속에서 살게 될 것이고, 결과만을 원한다면 영원히 성장할 수 없다. 이는 마치 당신이 스포츠 경기를 보는 것과 마찬가지이다. 당신은 승패의 결과를 볼 수 있을 뿐 아니라 또한 운동선수들이 흘리는 땀과 눈물을 볼 것이다.

어휘 ★过程 guòchéng 명 과정 | ★答案 dá'àn 명 답안 | ★丰富 fēngfù 형 풍부하다 | ★深刻 shēnkè 형 깊이가 있다 | 问号 wènhào 명 의문 | ★输赢 shūyíng 명 승패 | ★汗水 hànshuǐ 명 땀 | ★泪水 lèishuǐ 명 눈물

---

5 ‖ 난이도 中 ‖ 공략 Key 대조를 통한 정답 찾기

★ 通过这段话，可以知道什么？

A 不用看输赢结果
B 好的结果让人兴奋
C 结果不如过程重要
Ⓓ 过程也很重要

★ 이 글을 통해 알 수 있는 것은 무엇인가?

A 승패의 결과를 볼 필요 없다
B 좋은 결과는 사람을 흥분하게 한다
C 결과는 과정만큼 중요하지 않다
Ⓓ 과정 역시 매우 중요하다

공략 본문 첫 도입 부분에 화자는 결과와 과정이 모두 중요하다고 했으므로 D가 정답임을 알 수 있다. C의 不如는 '~만 못하다'라는 비교의 뉘앙스가 있다. 그러므로 '结果不如过程重要'는 '결과는 과정만큼 중요하지 않다'라는 의미가 되기 때문에 정답이 될 수 없다.

6

★ 过程给人什么?	★ 과정은 사람에게 무엇을 주는가?
A 深刻的影响	A 깊은 영향
B 汗水和泪水	B 땀과 눈물
Ⓒ 丰富的经验	Ⓒ 풍부한 경험
D 输赢结果	D 승패의 결과

공략　문제에 제시된 给는 이합동사로 '~에게 ~을 주다'라는 뜻이다. 본문에서 과정은 사람에게 풍부한 경험을 주고 결과는 사람에게 깊은 영향을 준다고 했으므로 정답은 C가 된다.

7-8

听一位专家说过的一句话："最好的大夫是自己，最好的药物是时间，最好的运动是骑自行车" 前两条我懂得不深，但最后一条我完全同意。骑自行车是日常生活中容易做的运动。**7**骑自行车既可以锻炼身体，又可以改善心情，而且和别的运动相比没有那样辛苦，**8**比较容易坚持。

한 전문가가 '가장 좋은 의사는 자신이고, 가장 좋은 약품은 시간이며, 가장 좋은 운동은 자전거 타기이다'라고 말한 것을 들은 적이 있다. 앞의 두 줄은 잘 모르겠지만, 마지막 한 줄에 나는 완전히 동의한다. 자전거 타기는 일상생활 속에서 쉽게 할 수 있는 운동이다. **7**자전거 타기는 신체를 단련할 수 있고, 기분을 전환할 수도 있다. 또한 다른 운동과 비교해봐도 그렇게 힘들지 않고, **8**비교적 쉽게 꾸준히 할 수 있다.

어휘　★专家 zhuānjiā 몡 전문가 | 药物 yàowù 몡 약물 | 条 tiáo 양 줄(문장을 세는 단위) | 深 shēn 혱 깊다 | ★坚持 jiānchí 동 견지하다

7

坚持骑自行车，有什么好处?	자전거 타기를 꾸준히 하면, 어떤 좋은 점이 있는가?
Ⓐ 身体健康　　B 减肥	Ⓐ 몸이 건강해진다　　B 다이어트가 된다
C 睡觉更香　　D 忘记烦恼	C 잠을 더 잘 잔다　　D 걱정을 잊어버린다

공략　본문 가운데 병렬을 나타내는 '既……又……' 문장을 살펴보면, 자전거 타기는 신체를 단련할 수 있고 기분을 전환할 수도 있다고 했으므로 정답은 A가 된다.

8

和其他运动相比，骑自行车有什么特点?	다른 운동과 비교해서, 자전거 타기는 어떤 특징이 있는가?
A 更专业　　B 不会出汗	A 훨씬 전문적이다　　B 땀이 나지 않는다
Ⓒ 容易坚持　　D 可以看风景	Ⓒ 쉽게 유지할 수 있다　　D 풍경을 볼 수 있다

공략　문제의 핵심 부분은 '和其他运动相比'이다. 본문 마지막 부분의 '和别的运动相比'의 내용을 근거로 자전거 타기는 비교적 쉽게 꾸준히 할 수 있다는 것을 알 수 있다. 따라서 C가 정답이 된다.

28 day 감정과 태도 그리고 숨겨진 의도를 파악하라

정답 1. C 2. B 3. A 4. D 5. A 6. B 7. B 8. A

---

1 난이도 上 | 공략 Key 숨겨진 의도 파악

독해 제3부분

每个孩子都有一本书，孩子不同的性格、兴趣、环境，决定了每本"书"不同的内容，想要成为合格的父母，**必须仔细阅读、真正读懂弄通孩子这本"书"**。

★ 要想成为合格的父母应该：

A 常常读书
B 多给孩子买书
Ⓒ 多与孩子交流
D 和孩子一起看书

모든 아이는 각자 한 권의 책을 가지고 있다. 아이들의 서로 다른 성격, 흥미, 환경은 모든 '책'의 서로 다른 내용을 결정한다. 좋은 부모가 되고 싶다면, 아이라는 이 '책'을 꼼꼼하게 읽고 진정으로 이해하고 정통해야 한다.

★ 좋은 부모가 되고 싶다면?

A 자주 독서한다
B 아이에게 책을 많이 사준다
Ⓒ 아이와 많이 교류한다
D 아이와 함께 책을 읽는다

공략 화자는 아이를 책으로 비유하고 있으며 좋은 부모가 되기 위해서는 아이라는 책을 꼼꼼하게 읽고 이해해야 한다고 말하고 있다. 이는 아이를 잘 알아야 한다는 뜻이므로 아이와 많이 교류해야 한다는 C가 정답이 된다.

어휘 ★成为 chéngwéi 图 ~가 되다 | 合格 hégé 혱 표준에 부합되다 | ★仔细 zǐxì 혱 자세하다 | 阅读 yuèdú 图 읽다

---

2 난이도 中 | 공략 Key 의미 추론

关小姐喜欢跟熟悉的人讲笑话，但是水平不高。每次她讲的时候，话还没讲完，关小姐自己却笑起来，**所以别人都不知道她到底为什么笑**。

★ 她讲笑话时，别人：

A 很伤心　　　Ⓑ 听不懂
C 觉得麻烦　　　D 很生气

관 샤오제는 잘 아는 사람에게 농담하는 것을 좋아하지만, 수준이 높은 것은 아니다. 매번 그녀가 이야기를 할 때, 이야기가 아직 끝나지 않았는데도, 관 샤오제는 오히려 혼자 웃기 시작한다. 그래서 다른 사람들은 그녀가 도대체 왜 웃는지 모른다.

★ 그녀가 농담할 때, 다른 사람은?

A 상심한다　　　Ⓑ 듣고 이해하지 못한다
C 귀찮다고 생각한다　　　D 화를 낸다

공략 본문 마지막 부분에 그녀는 이야기가 끝나기도 전에 혼자 웃기 시작해서 다른 사람들은 그녀가 왜 웃는지 알지 못한다고 했으므로 정답이 B라는 것을 쉽게 알 수 있다.

어휘 ★熟悉 shúxī 혱图 익숙하다; 잘 알다 | ★讲笑话 jiǎng xiàohua 재미있는 이야기를 하다 | 水平 shuǐpíng 명 수준 | 却 què 图 오히려 | ★到底 dàodǐ 图 도대체 | 伤心 shāngxīn 图 상심하다 | 麻烦 máfan 혱 귀찮다

---

3 난이도 下 | 공략 Key 동사 懂得의 의미 파악

中国有句老话，叫做"千里之行，始于足下"，比喻事情的成功，是从小到大逐渐积累起来的，**并且懂得坚持下去**。

중국에 '천리 길도 한 걸음부터 시작된다'라는 속담이 있다. 즉, 일의 성공은 작은 것에서 큰 것으로 점점 누적되어 가는 것이며, 계속 유지할 줄 알아야 함을 비유한다.

★ 老话告诉我们，做事情：

Ⓐ 需要坚持
B 必须做大事
C 应该懂事
D 请别人教

★ 속담은 일을 할 때 우리가 어떻게 해야 한다고 알려 주는가?

Ⓐ 유지해야 한다
B 큰일을 해야 한다
C 철이 들어야 한다
D 다른 사람에게 가르침을 청한다

공략 먼저 속담이 비유하는 것이 무엇인지 정확히 파악해야 한다. 글 마지막 부분에 '계속 유지할 줄 알아야 함'을 비유한다고 했으므로 정답은 A가 된다.

어휘 千里之行，始于足下 qiānlǐ zhī xíng, shǐ yú zú xià 천리 길도 한 걸음부터 시작된다, 큰일은 눈앞의 작은 일에서부터 시작한다 | 比喻 bǐyù 图 비유하다 | ★逐渐 zhújiàn 图 점점 | ★积累 jīlěi 图 누적하다 | ★懂事 dǒngshì 图 철이 들다

4

世上有些人爱说"差不多"。他们做事情往往很马虎，比如：工作上总是很差不多，这样积累最后差得很多了。

★ 对于爱说 "差不多" 的人，作者有什么态度？

A 担心　　　　B 同情
C 着急　　　　Ⓓ 批评

세상에 어떤 사람들은 '대충'이라는 말을 즐겨 한다. 그들은 일할 때 종종 덤벙거리는데, 예를 들어 업무에 있어 늘 대충대충 하기 때문에, 이렇게 누적되다 보면 결국에는 차이가 많이 벌어지게 된다.

★ '대충'이라는 말을 즐겨 하는 사람에 대해, 작가는 어떠한 태도를 가지고 있는가?

A 걱정한다　　　　B 동정한다
C 안타까워한다　　Ⓓ 비평한다

공략 작가는 글 후반부에 '这样积累最后差得很多了'라고 했으므로, 이를 통해 작가가 差不多라는 말을 자주하는 사람에 대해 반대하거나 비평하는 태도를 가지고 있음을 짐작할 수 있다.

어휘 ★马虎 mǎhu 图 덤벙거리다 | 担心 dānxīn 图 걱정하다 | 同情 tóngqíng 图 동정하다 | ★着急 zháojí 图 조급해하다

5-6

⁶有一位老太太很着急地给医生打电话。"关大夫在家吗？"

关大夫的妻子接电话说道："对不起，老关不在，有什么事吗？"

"⁵我家的小狗把一块手表吃到肚子里了！关大夫什么时候回来呢？"

"大概三个小时。"关大夫的妻子回答说。

"天哪！那这段时间我该怎么办呢？"

"您恐怕只能先看另一块手表了。"

⁶어떤 한 노부인이 매우 조급하게 의사에게 전화를 했다. "관 선생님 계신가요?"

관 의사의 부인이 전화를 받아 말했다. "죄송합니다. 관 선생님은 안 계시는데요, 무슨 일이시죠?"

"⁵우리 집 강아지가 손목시계를 삼켰어요. 관 선생님은 언제 돌아오시나요?"

"대략 3시간 후요." 관 선생의 부인은 대답했다.

"세상에나! 그러면 그때까지 저는 어떻게 해야 하나요?"

"아마도 우선 다른 손목시계를 보셔야 할 것 같은데요."

어휘 手表 shǒubiǎo 图 손목시계 | ★肚子 dùzi 图 배 | ★大概 dàgài 图 대략 | ★恐怕 kǒngpà 图 아마도 | 块 kuài 图 개, 조각(덩어리나 조각으로 된 것을 세는 단위)

5

老太太的小狗怎么了?	노부인의 강아지는 어떻게 되었는가?
Ⓐ 把手表吃到肚子里了	**Ⓐ 손목시계를 삼켰다**
B 不让老太太看手表	B 노부인이 손목시계를 보지 못하게 한다
C 很愿意看关大夫	C 관 의사를 보고 싶어 한다
D 被老太太批评了	D 노부인에게 혼났다

공략　강아지의 상태를 묻는 문제로 글 중반부에 강아지가 손목시계를 삼켜 의사를 찾고 있다고 했으므로 정답은 A가 된다.

6

老太太的心情是:	노부인의 심정은?
A 激动　　　**Ⓑ 担心**	A 감격한다　　　**Ⓑ 걱정한다**
C 怀疑　　　D 警告	C 의심한다　　　D 경고한다

공략　글의 도입 부분에 노부인이 조급해하며 전화를 걸었다고 했으므로 担心이 정답임을 알 수 있다. 着急는 '초조하다, 조급하다' 외에 '걱정하다'라는 의미를 가지고 있다.

7-8

| 马经理的妻子拿来茶和报纸后就出门了，**7**中午她回来就发现自己的丈夫仍然坐在沙发上看着报纸。她就急着问"你怎么还没去上班啊?"丈夫就跳起来说"你怎么不提醒我呢? 我还以为我去上班了呢。" | 마 사장의 부인은 차와 신문을 가져다놓은 후 바로 외출했다. **7**정오에 그녀가 돌아와 남편이 여전히 소파에 앉아 신문을 보고 있는 걸 발견하고는 다급하게 물었다. "어째서 아직도 출근하지 않았어요?" 남편은 벌떡 일어나며 말했다. "당신은 왜 알려주지 않은 거야? 나는 또 내가 출근하러 간 줄 알았잖아." |

어휘　★仍然 réngrán 倶 여전히 | 跳起来 tiào qǐlai 뛰어오르다 | ★提醒 tíxǐng 동 일깨우다 | 以为 yǐwéi 동 ~라고 여기다

7

妻子回来后发现自己的丈夫在做什么?	부인은 돌아온 후에 자기 남편이 무엇을 하고 있는 것을 발견했는가?
A 准备出门	A 나갈 준비를 하고 있다
Ⓑ 正在看报纸	**Ⓑ 신문을 보고 있다**
C 等着爱人回来	C 부인이 돌아오길 기다리고 있다
D 睡着了	D 잠들었다

공략　본문에 부인이 정오에 집에 돌아와 여전히 소파에 앉아 신문을 보고 있는 남편을 발견했다고 했으므로 정답은 B가 된다. 본문 마지막 부분에 나오는 提醒은 '깨우다'가 아니라 '(도리나 이치를) 일깨우다, 깨우쳐주다'라는 의미이다.

回家看到丈夫后，妻子会觉得怎么样?

Ⓐ 吃惊   B 讨厌   C 冷静   D 紧张

집에 돌아와 남편을 본 후 아내의 심정은?

Ⓐ 놀라다   B 혐오하다   C 냉정하다   D 긴장하다

공략 집에 돌아와 남편이 여전히 집에 있는 것을 보고 아내가 다급하게 물었다는 내용을 통해 吃惊이 정답이라는 것을 알 수 있다.

📅 29 day 눈에 쏙쏙 들어오는 중국어의 기본 어순

본책_ 309쪽

정답 1. 邻居家的小妹妹害怕打针。| 2. 我们的活动范围已经扩大了好几倍。| 3. 马校长会相信咱们俩吗? | 4. 他们的条件不符合要求。| 5. 你们不要怀疑自己的能力。| 6. 你们最好不要打扰爷爷。| 7. 她很羡慕会弹钢琴的人。| 8. 我们保证准时完成任务。| 9. 公司决定招聘一名管理人员。| 10. 报名人数已经超过了1000。

---

1 난이도 中 공략 Key 목적절을 갖는 동사

| 小妹妹 | 打针 | 邻居家的 | 害怕 |

공략
- 1단계 동사 찾기 — 害怕
- 2단계 的+명사 — 邻居家的+小妹妹
- 3단계 주어+술어+목적어 — 邻居家的小妹妹+害怕+打针

∴ 邻居家的小妹妹害怕打针。 이웃집 여동생은 주사 맞는 것을 무서워한다.

◐ 打针은 '주사를 놓다'라는 술어이다. 하지만 중국어에서는 술어가 주절이나 목적절로도 사용될 수 있으며, 목적절로 쓰일 경우 '~하는 것을'이라고 해석된다.

어휘 ★邻居 línjū 몡 이웃 | 妹妹 mèimei 몡 여동생 | ★害怕 hàipà 통 무서워하다 | ★打针 dǎzhēn 통 주사를 놓다

---

2 난이도 上 공략 Key 수량보어의 위치

| 我们的 | 已经 | 好几倍 | 扩大了 | 活动范围 |

공략
- 1단계 동사+수량보어 — 扩大了+好几倍
- 2단계 부사+동사 — 已经+扩大了好几倍
- 3단계 的+명사 — 我们的+活动范围
- 4단계 주어+술어 — 我们的活动范围+已经扩大了好几倍

∴ 我们的活动范围已经扩大了好几倍。 우리의 활동 범위는 이미 아주 여러 배 확대되었다.

◐ 好는 양사 앞에서 수량이 많음을 강조하는 역할을 하며 '아주, 매우'라고 해석된다. 또한 수량사는 동사 뒤에 놓여 보어 역할을 한다.

어휘 ★活动范围 huódòng fànwéi 몡 활동 범위 | ★扩大 kuòdà 통 확대하다 | 倍 bèi 양 배

---

3 난이도 下 공략 Key 조동사의 위치

| 相信 | 吗 | 咱们俩 | 马校长会 |

공략
- 1단계 동사 찾기 — 相信
- 2단계 조동사+동사 — 马校长会+相信
- 3단계 주어+술어+목적어+어기조사 — 马校长+会相信+咱们俩+吗

∴ 马校长会相信咱们俩吗? 마 교장 선생님께서 우리를 믿으시겠니?

○ 조동사 会는 반드시 동사 앞에 위치한다.

어휘　★校长 xiàozhǎng 몡 교장 선생님 | ★相信 xiāngxìn 동 믿다 | ★俩 liǎ 주 두 사람

4　　　　　　　　　　　　　　　　　　　　　　　난이도 上　공략 Key 동사 符合의 위치

要求　　符合　　不　　他们的条件

공략
1단계 동사 찾기　　　　　　　　　　　　　　　　符合
2단계 부정부사 不+동사　　　　　　　　　　　　不+符合
3단계 주어+술어+목적어　　　　　　　他们的条件+不符合+要求

∴ 他们的条件不符合要求。그들의 조건은 요구에 부합하지 않는다.

○ 符合는 '~에 부합하다'라는 의미의 동사로 일반적으로 要求, 条件, 法律, 规定 등의 목적어와 호응된다.

어휘　★要求 yāoqiú 몡 요구 | 符合 fúhé 동 부합하다 | ★条件 tiáojiàn 몡 조건

5　　　　　　　　　　　　　　　　　　　　　　　난이도 上　공략 Key 조동사의 위치

你们不要　　自己的　　怀疑　　能力

공략
1단계 동사 찾기　　　　　　　　　　　　　　　　怀疑
2단계 조동사+동사　　　　　　　　　　　　你们不要+怀疑
3단계 的+명사　　　　　　　　　　　　　　自己的+能力
4단계 주어+술어+목적어　　　　你们+不要怀疑+自己的能力

∴ 你们不要怀疑自己的能力。너희들은 자신의 능력을 의심하지 마라.

○ 금지의 의미가 있는 조동사 不要는 반드시 동사 앞에 위치해야 한다.

어휘　★怀疑 huáiyí 동 의심하다 | ★能力 nénglì 몡 능력

6　　　　　　　　　　　　　　　　　　　　　　　난이도 上　공략 Key 부사의 위치

最好　　你们　　打扰　　爷爷　　不要

공략
1단계 동사 찾기　　　　　　　　　　　　　　　　打扰
2단계 부사+조동사+동사　　　　　　　　　最好+不要+打扰
3단계 주어+부사어+술어+목적어　　你们+最好+不要打扰+爷爷

∴ 你们最好不要打扰爷爷。너희는 할아버지를 귀찮게 하지 않는 게 제일이다.

○ 술어 앞에 놓이는 부사어는 대표적으로 부사, 조동사, 개사가 있으며, 만일 술어 앞에 함께 위치할 경우 일반적으로 '부사+조동사+개사' 순서가 된다.

어휘　★最好 zuìhǎo 부 가장 좋기는 | ★打扰 dǎrǎo 동 귀찮게 하다

7

| 人 | 很羡慕 | 她 | 钢琴的 | 会弹 |

공략

1단계	동사 찾기	很羡慕
2단계	弹＋호응 목적어	会弹＋钢琴的
3단계	的＋명사	会弹钢琴的＋人
4단계	주어＋술어＋목적어	她＋很羡慕＋会弹钢琴的人

∴ 她很羡慕会弹钢琴的人。그녀는 피아노를 칠 줄 아는 사람을 부러워한다.

● 羡慕는 '부러워하다'라는 의미의 동사로 뒤에 부러워하는 대상이나 상황을 목적절로 가진다.

어휘　★羡慕 xiànmù 图 부러워하다 | 弹 tán 图 치다 | 钢琴 gāngqín 명 피아노

8

| 准时 | 任务 | 保证 | 我们 | 完成 |

공략

1단계	完成＋호응 목적어	完成＋任务
2단계	부사 准时＋술어	准时＋完成任务
3단계	주어＋술어＋목적어	我们＋保证＋准时完成任务

∴ 我们保证准时完成任务。우리는 제때에 임무를 완수할 것이라고 확신한다.

● 准时는 부사이므로 동사인 保证과 完成 앞에 모두 놓일 수 있다. 하지만 의미적으로 准时는 保证과 호응되어 쓰이지 않는다.

어휘　★保证 bǎozhèng 图 보증하다 | ★准时 zhǔnshí 뷔 제때에 | 完成 wánchéng 图 완성하다 | ★任务 rènwu 명 임무

9

| 招聘 | 一名 | 公司 | 管理人员 | 决定 |

공략

1단계	수량사＋명사	一名＋管理人员
2단계	招聘＋호응 목적어	招聘＋一名管理人员
3단계	주어＋술어＋목적어	公司＋决定＋招聘一名管理人员

∴ 公司决定招聘一名管理人员。회사는 한 명의 관리자를 채용하기로 결정했다.

● 决定은 명사를 목적어로 가질 뿐 아니라, 다른 술어를 목적절로 가진다. 决定이 제시되면, 반드시 다른 술어가 있는지 살펴보고 决定 뒤에 위치시키도록 한다.

어휘　★决定 juédìng 图 결정하다 | ★招聘 zhāopìn 图 채용하다 | 管理人员 guǎnlǐ rényuán 명 관리자

超过了	已经	1000	报名人数

공략

1단계	동사 찾기	超过了
2단계	부사 已经+동사	已经+超过了
3단계	동사+보어	已经超过了+1000
4단계	주어+술어	报名人数+已经超过了1000

∴ 报名人数已经超过了1000。 신청자 수가 이미 천 명을 넘었다.

○ 超过는 '~을 넘어서다, 초과하다'라는 의미의 동사로, 뒤에 수치나 수량을 이끈다.

어휘　★报名人数 bàomíng rénshù 圐 신청자 수 | ★超过 chāoguò 통 초과하다

---

30 day 개성 만점! 여러 가지 술어문

본책_ 317쪽

정답　1. 我家邻居讲的笑话都很有趣。| 2. 她刚买的电脑速度很快。| 3. 他是当地儿童医院的大夫。| 4. 洗澡后皮肤很湿润。| 5. 这家商场卖的产品质量不错。| 6. 合格的父母最需要的是爱心。| 7. 他的答案完全正确。| 8. 所有的习惯都是慢慢养成的。| 9. 这次活动的影响范围非常大。| 10. 经验是需要慢慢积累的。

讲的	我家邻居	很有趣	都	笑话

공략

1단계	술어 찾기	很有趣
2단계	부사+술어	都+很有趣
3단계	的+명사	讲的+笑话
4단계	의미적 호응	我家邻居+讲的笑话
5단계	주어+술어	我家邻居讲的笑话+都很有趣

∴ 我家邻居讲的笑话都很有趣。 우리 집 이웃이 이야기해주는 유머는 모두 재미있다.

○ 有趣는 有意思와 마찬가지로 '재미있다'라는 의미의 형용사이다. 형용사 술어는 부사의 꾸밈을 받는다는 특징이 있으므로 부사 都와 很은 모두 有趣 앞에 위치한다.

어휘　★邻居 línjū 圐 이웃 | ★讲 jiǎng 통 말하다 | ★笑话 xiàohua 圐 유머 | ★有趣 yǒuqù 圐 재미있다

2

| 很　　速度　　电脑　　快　　她刚买的 |

공략
- **1단계** 술어 찾기 　　　　　　　　　　　　　　快
- **2단계** 부사 很＋형용사 　　　　　　　　　很＋快
- **3단계** 의미적 호응 　　　　　　　　　　速度＋很快
- **4단계** 的＋명사 　　　　　　　　　她刚买的＋电脑
- **5단계** 주어＋술어 　　　　　她刚买的电脑＋速度很快

∴ 她刚买的电脑速度很快。 그녀의 새로 산 컴퓨터는 속도가 빠르다.

➡ 술어가 '주어＋술어'로 이루어진 주술 술어문이므로 电脑와 速度 사이에 구조조사 的 없이도 '速度很快'가 주술 술어가 된다.

어휘　电脑 diànnǎo 명 컴퓨터｜★速度 sùdù 명 속도

3

| 儿童医院的　　他　　是　　当地　　大夫 |

공략
- **1단계** 술어 찾기 　　　　　　　　　　　　　是
- **2단계** 的＋명사 　　　　　　　　　儿童医院的＋大夫
- **3단계** 주어＋술어＋목적어 　　他＋是＋当地儿童医院的大夫

∴ 他是当地儿童医院的大夫。 그는 현지 아동 병원의 의사이다.

➡ 직업을 나타내는 是자문일 경우 목적어 자리에는 주어의 직업을 나타내는 어휘가 온다.

어휘　★当地 dāngdì 명 현지｜★儿童 értóng 명 아동｜★大夫 dàifu 명 의사

4

| 湿润　　洗澡后　　皮肤　　很 |

공략
- **1단계** 술어 찾기 　　　　　　　　　　　　　湿润
- **2단계** 정도부사 很＋형용사 　　　　　　　很＋湿润
- **3단계** 호응 연결 　　　　　　　　　　皮肤＋很湿润
- **4단계** 선후 연결 　　　　　　　洗澡后＋皮肤很湿润

∴ 洗澡后皮肤很湿润。 샤워 후 피부는 아주 촉촉하다.

➡ 정도부사는 주로 묘사하는 술어(형용사) 앞에 놓여 그 정도를 나타낸다. 따라서 '很＋湿润' 순서로 나열된다.

어휘　★洗澡 xǐzǎo 동 샤워하다｜★皮肤 pífū 명 피부｜★湿润 shīrùn 형 촉촉하다

5

| 质量 | 这家商场卖的 | 不错 | 产品 |

공략
- **1단계** 술어 찾기 …… 不错
- **2단계** 的＋명사 …… 这家商场卖的＋产品
- **3단계** 의미적 호응 …… 质量＋不错
- **4단계** 주어＋술어(주어＋술어) …… 这家商场卖的产品＋质量不错

∴ **这家商场卖的产品质量不错。** 이 상점에서 파는 상품들의 품질은 매우 좋다.

➲ '质量不错'는 '품질이 우수하다'라는 의미의 '주어＋술어' 구조인데, 만일 구조조사 的가 첨가된다면 '产品的质量不错' 형식으로 문장이 완성되고 质量이 주어가 된다.

어휘　商场 shāngchǎng 圐 상점 | 产品 chǎnpǐn 圐 상품 | ★质量 zhìliàng 圐 품질

6

| 合格的父母 | 爱心 | 最需要的 | 是 |

공략
- **1단계** 술어 찾기 …… 是
- **2단계** 의미적 호응 …… 合格的父母＋最需要的
- **3단계** 주어＋술어＋목적어 …… 合格的父母最需要的＋是＋爱心

∴ **合格的父母最需要的是爱心。** 좋은 부모에게 가장 필요한 것은 사랑하는 마음이다.

➲ 동사 是는 '주어는 목적어이다'라는 의미이므로 주어로 쓰이는 명사(구)와 목적어로 쓰이는 명사(구)가 각각 필요하다. 여기서 '合格的父母'는 '합격한 부모'가 아니라 '우수한, 좋은 부모'라고 해석된다.

어휘　★合格 hégé 휑 우수하다 | 父母 fùmǔ 圐 부모 | 需要 xūyào 통 필요하다 | 爱心 àixīn 圐 사랑하는 마음

7

| 的 | 他 | 答案 | 正确 | 完全 |

공략
- **1단계** 술어 찾기 …… 正确
- **2단계** 부사＋형용사 …… 完全＋正确
- **3단계** 的＋명사 …… 他＋的＋答案
- **4단계** 주어＋술어 …… 他的答案＋完全正确

∴ **他的答案完全正确。** 그의 답은 완전히 정확하다.

➲ 형용사 술어는 반드시 부사의 수식을 받으며 구조조사 的는 명사 앞에 놓여 명사를 꾸미는 역할을 한다.

어휘　答案 dá'àn 圐 답안 | ★完全 wánquán 튀 완전히 | ★正确 zhèngquè 휑 정확하다

8

| 养成的 | 都是 | 慢慢 | 所有的习惯 |

공략
- **1단계** 술어 찾기 → 都是
- **2단계** 복수 주어+부사 都 → 所有的习惯+都是
- **3단계** 부사+술어 → 慢慢+养成的
- **4단계** 주어+술어+목적어 → 所有的习惯+都是+慢慢养成的

∴ 所有的习惯都是慢慢养成的。 모든 습관은 천천히 길러지는 것이다.

➡ 부사 都는 복수 주어 뒤에 놓인다. 부사 慢慢은 반드시 술어 바로 앞에 위치하며, '慢慢都是'라고는 할 수 없다.

어휘 ★所有 suǒyǒu 형 모든 | ★慢慢 mànmān 부 천천히 | ★养成 yǎngchéng 동 기르다

9

| 影响范围 | 大 | 这次活动 | 的 | 非常 |

공략
- **1단계** 술어 찾기 → 大
- **2단계** 부사+술어 → 非常+大
- **3단계** 관형어+的+명사 → 这次活动+的+影响范围
- **4단계** 주어+술어 → 这次活动的影响范围+非常大

∴ 这次活动的影响范围非常大。 이번 행사의 영향 범위는 상당히 크다.

➡ 형용사 술어는 반드시 부사의 수식을 받으며, 구조조사 的는 명사 앞에 놓여 관형어 역할을 하며 '~의'로 해석된다.

어휘 ★活动 huódòng 명 활동, 행사 | ★影响范围 yǐngxiǎng fànwéi 명 영향 범위

10

| 需要 | 是 | 积累的 | 慢慢 | 经验 |

공략
- **1단계** 술어 찾기 → 是
- **2단계** 부사+술어 → 慢慢+积累的
- **3단계** 의미적 호응 → 需要+慢慢积累+的
- **4단계** 주어+술어+목적어 → 经验+是+需要慢慢积累的

∴ 经验是需要慢慢积累的。 경험은 천천히 쌓아야 하는 것이다.

➡ '需要+술어+的'는 '~가 요구되는 것, ~가 필요한 것'이라는 의미를 나타낸다.
　　예 成功是需要付出努力。 성공은 노력을 쏟아붓는 것이 필요하다.

어휘 ★经验 jīngyàn 명 경험 | 需要 xūyào 동 필요하다 | ★慢慢 mànmān 부 천천히 | ★积累 jīlěi 동 쌓다

31 day 존재나 출현은 존현문에 맡겨라

정답 1. 他手里拿着几支黑色的圆珠笔。｜ 2. 树上站着几只小猴子。｜ 3. 门口那儿有几把雨伞。｜ 4. 河里游着一群小鱼。｜ 5. 黑板上写着几个字。｜ 6. 公共汽车站站着几个乘客。｜ 7. 行李箱里有几盒巧克力。｜ 8. 公园的椅子上躺着几个外国人。｜ 9. 楼上来了一个新邻居。｜ 10. 上午丢了一个钥匙。

1　난이도 下　공략 Key 존현문의 주어 찾기

| 拿着 | 他手里 | 黑色的圆珠笔 | 几支 |

공략
- **1단계** 동사 찾기 — 拿着
- **2단계** 양사+명사 — 几支+黑色的圆珠笔
- **3단계** 주어+술어+목적어 — 他手里+拿着+几支黑色的圆珠笔

∴ 他手里拿着几支黑色的圆珠笔。 그의 손에 검정색 볼펜이 몇 자루 들려 있다.

○ '他手里'가 장소 주어로 문장 앞에 위치하고, 수량사가 있는 불특정 명사인 '几支黑色的圆珠笔'가 목적어가 되어 술어 뒤에 위치한다.

어휘 ★拿 ná 통 들다 | ★支 zhī 양 자루 | 黑色 hēisè 명 검정색 | 圆珠笔 yuánzhūbǐ 명 볼펜

2　난이도 中　공략 Key 존현문의 주어 찾기

| 小猴子 | 树上 | 几只 | 站着 |

공략
- **1단계** 동사 찾기 — 站着
- **2단계** 양사+명사 — 几只+小猴子
- **3단계** 주어+술어+목적어 — 树上+站着+几只小猴子

∴ 树上站着几只小猴子。 나무 위에 새끼 원숭이 몇 마리가 앉아 있다.

○ 장소 '树上'이 주어로 맨 앞에 위치하고, '수사+양사+명사' 구조의 '几只小猴子'가 목적어가 된다.

어휘 ★树 shù 명 나무 | ★只 zhī 양 마리 | ★猴子 hóuzi 명 원숭이

3　난이도 上　공략 Key 존현문의 주어 찾기

| 雨伞 | 门口 | 有 | 几把 | 那儿 |

공략
- **1단계** 동사 찾기 — 有
- **2단계** 양사+명사 — 几把+雨伞
- **3단계** 명사+那儿 — 门口+那儿
- **4단계** 주어+술어+목적어 — 门口那儿+有+几把雨伞

∴ 门口那儿有几把雨伞。입구 쪽에 우산 몇 개가 있다.

○ '명사+那儿'은 '~쪽'이라는 의미로 장소를 만들 때 쓰이는 표현이다. 따라서 '门口那儿'이 장소 주어로 맨 앞에 위치하고, '几把雨伞'이 목적어가 된다.

어휘 ★门口 ménkǒu 몡 입구 | ★把 bǎ 양 개(손잡이, 자루가 있는 것을 세는 단위) | 雨伞 yǔsǎn 몡 우산

4 난이도 上 공략 Key 존현문의 어순 파악

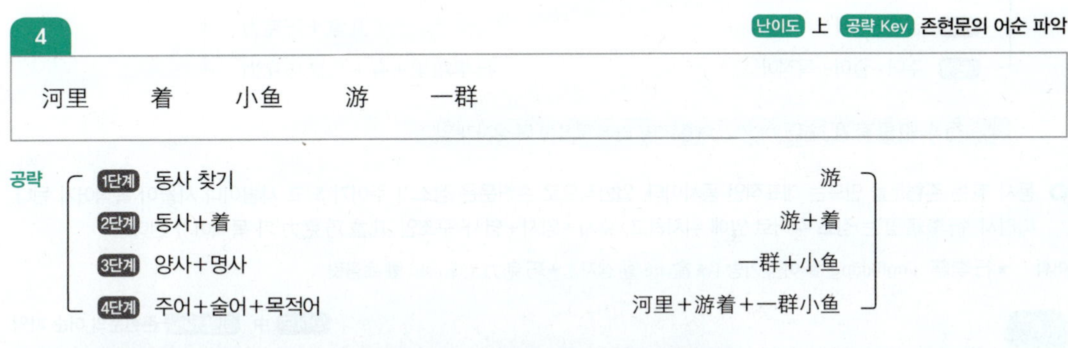

공략
1단계 동사 찾기　游
2단계 동사+着　游+着
3단계 양사+명사　一群+小鱼
4단계 주어+술어+목적어　河里+游着+一群小鱼

∴ 河里游着一群小鱼。강 안에 한 무리의 작은 물고기들이 헤엄치고 있다.

○ 구조조사 着는 '진행, 지속'을 나타내며 반드시 동사 뒤에 위치한다. 一群은 명사 小鱼를 꾸미며 '一群小鱼'는 목적어로 동사 뒤에 위치한다.

어휘 河 hé 몡 강 | ★游 yóu 동 헤엄치다 | ★群 qún 양 무리 | 鱼 yú 몡 물고기

5 난이도 中 공략 Key 존현문의 어순 파악

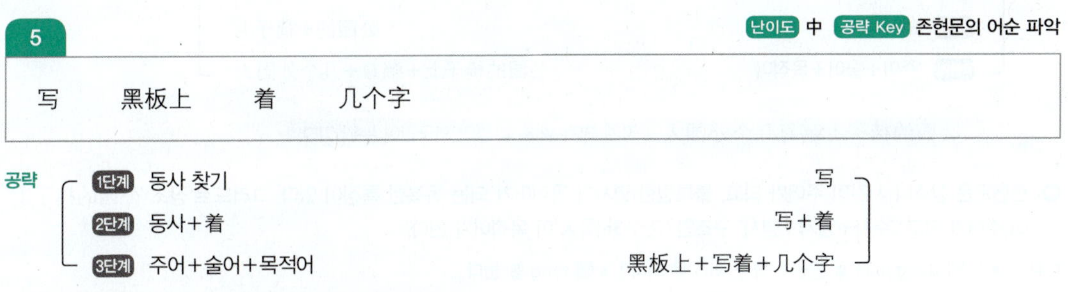

공략
1단계 동사 찾기　写
2단계 동사+着　写+着
3단계 주어+술어+목적어　黑板上+写着+几个字

∴ 黑板上写着几个字。칠판에 몇 글자가 적혀 있다.

○ 구조조사 着는 '진행, 지속'을 나타내며 반드시 동사 뒤에 위치한다. 黑板이라는 명사에 방위사 上을 붙인 '黑板上'이 장소 주어로 앞에 위치하고, '수사+양사+명사' 구조인 '几个字'가 목적어가 된다.

어휘 ★黑板 hēibǎn 몡 칠판 | 字 zì 몡 글자

6 난이도 上 공략 Key 존현문의 어순 파악

공략
1단계 동사 찾기　站着
2단계 양사+명사　几个+乘客
3단계 주어+술어+목적어　公共汽车站+站着+几个乘客

∴ 公共汽车站站着几个乘客。버스 정류장에 몇 명의 승객이 서 있다.

○ 公共汽车站이 장소 주어로 앞에 위치하고, '수사+양사+명사' 구조인 '几个乘客'가 목적어가 된다.

어휘 公共汽车站 gōnggòng qìchē zhàn 몡 버스 정류장 | 站 zhàn 동 서다 | ★乘客 chéngkè 몡 승객

7

行李箱里　　巧克力　　几盒　　有

공략
- 1단계 동사 찾기 ………………………………………… 有
- 2단계 양사+명사 ……………………………………… 几盒+巧克力
- 3단계 주어+술어+목적어 …………………… 行李箱里+有+几盒巧克力

∴ **行李箱里有几盒巧克力。** 여행 가방 안에 초콜릿 몇 상자가 있다.

● 동사 有는 존현문을 만드는 대표적인 동사이다. 일반적으로 존현문은 장소가 주어가 되고 사람이나 사물이 목적어가 된다. 따라서 '行李箱里'는 장소 주어로 앞에 위치하고, '수사+양사+명사' 구조인 '几盒巧克力'가 목적어가 된다.

어휘　★行李箱 xínglǐxiāng 명 여행 가방 | ★盒 hé 양 상자 | ★巧克力 qiǎokèlì 명 초콜릿

8

躺着　　椅子上　　几个　　公园的　　外国人

공략
- 1단계 동사 찾기 ………………………………………… 躺着
- 2단계 양사+명사 ……………………………………… 几个+外国人
- 3단계 的+명사 ………………………………………… 公园的+椅子上
- 4단계 주어+술어+목적어 ……………… 公园的椅子上+躺着+几个外国人

∴ **公园的椅子上躺着几个外国人。** 공원 의자 위에 몇 명의 외국인이 누워 있다.

● 존현문은 장소나 시간이 주어가 되고, 불특정한 명사가 목적어가 되는 독특한 특징이 있다. 그러므로 장소 '公园的椅子上'이 주어가 되고, '수사+양사+명사' 구조인 '几个外国人'이 목적어가 된다.

어휘　★公园 gōngyuán 명 공원 | 椅子 yǐzi 명 의자 | ★躺 tǎng 동 눕다

9

来了　　楼上　　新邻居　　一个

공략
- 1단계 동사 찾기 ………………………………………… 来了
- 2단계 양사+명사 ……………………………………… 一个+新邻居
- 3단계 주어+술어+목적어 …………………… 楼上+来了+一个新邻居

∴ **楼上来了一个新邻居。** 위층에 새 이웃이 한 명 왔다.

● 来는 '출현'을 나타내는 존현문의 대표적인 동사이다. 장소 楼上이 주어로 동사 앞에 위치하고, '수사+양사+명사' 구조인 '一个新邻居'가 목적어가 된다.

어휘　★楼上 lóushàng 명 위층 | ★邻居 línjū 명 이웃

10

上午　　一把　　钥匙　　丢了

공략
- **1단계** 동사 찾기 — 丢了
- **2단계** 양사+명사 — 一把+钥匙
- **3단계** 주어+술어+목적어 — 上午+丢了+一把钥匙

∴ 上午丢了一把钥匙。 오전에 열쇠 하나를 잃어버렸다.

➡ 丢는 소실을 나타내는 존현문의 대표적인 동사이다. 따라서 시간 주어인 上午가 문장 맨 앞에 위치하고, '수사+양사+명사' 구조인 '一把钥匙'가 목적어가 된다.

어휘 上午 shàngwǔ 몡 오전 | ★丢 diū 동 잃어버리다 | ★钥匙 yàoshi 몡 열쇠

🗓 32 day 한방 승부! 是……的 강조 구문과 특수 구문

본책_ 329쪽

정답 1. 我孙子是今年3月结婚的。| 2. 麻烦你给我翻译一下这个句子。| 3. 祝你们这次活动一切顺利。| 4. 我是今天在图书馆找到的。| 5. 请你来参加这次篮球赛。| 6. 他是昨晚借来的。| 7. 祝大家中秋节快乐。| 8. 邻居的儿子2009年秋天上大学的。| 9. 麻烦您告诉我您的联系号码。| 10. 请您给我介绍一下各位代表。

1　　　　　　　　　　　　　　　　　　　난이도 中　공략 Key '是……的' 구문

今年3月　　是　　我孙子　　结婚的

공략
- **1단계** 동사 찾기 — 结婚的
- **2단계** 주어+술어 — 我孙子+结婚的
- **3단계** 주어+是+시간+的 — 我孙子+是+今年3月+结婚的

∴ 我孙子是今年3月结婚的。 우리 손자는 올해 3월에 결혼했다.

➡ 이 문제는 시간 '今年3月'를 강조하는 문장이므로 반드시 是와 的 사이에 시간이 위치해야 한다. 또한 의미적으로 '是……的' 강조 구문은 과거 사실을 강조하기 때문에 了가 없어도 된다.

어휘 ★孙子 sūnzi 몡 손자

2　　　　　　　　　　　　　　　　　　　난이도 上　공략 Key 청유문 어순 파악

这个句子　　麻烦你　　翻译一下　　给我

공략
- **1단계** 의미상 호응 — 翻译一下+这个句子
- **2단계** 개사구+동사 — 给我+翻译一下这个句子
- **3단계** 麻烦+사람+일 — 麻烦+你+给我翻译一下这个句子

∴ 麻烦你给我翻译一下这个句子。 실례지만 저에게 이 문장을 해석해주세요.

◐ 翻译는 '번역하다'라는 의미의 동사이므로 '这个句子'가 목적어로 뒤에 위치한다. 개사구 '给我'는 동사인 翻译 앞에 위치
하여 의미상 호응을 이룬다.

어휘 麻烦 máfan 동 번거롭게 하다 | ★翻译 fānyì 동 번역하다 | ★句子 jùzi 명 문장

3   난이도 上   공략 Key 축하문 어순 파악

你们	活动	一切	祝	顺利	这次

공략

1단계	술어 찾기	顺利
2단계	의미상 호응	这次活动＋一切＋顺利
3단계	祝＋사람＋사건	祝＋你们＋这次活动一切顺利

∴ 祝你们这次活动一切顺利。이번 행사가 모두 순조롭게 진행되길 기원합니다.

◐ 这次는 명사를 꾸미는 '지시대사＋양사' 구조이므로 명사 活动 앞에 위치한다. 一切는 대사이지만 술어 앞에서 부사적으
로 사용된다.

어휘 ★祝 zhù 동 기원하다 | ★活动 huódòng 명 행사 | ★一切 yíqiè 대 모든 | ★顺利 shùnlì 형 순조롭다

4   난이도 下   공략 Key '是……的' 구문

是	我	找到的	今天在图书馆

공략

1단계	동사 찾기	找到的
2단계	주어＋술어	我＋找到的
3단계	주어＋是＋시간/장소＋的	我＋是＋今天在图书馆＋找到的

∴ 我是今天在图书馆找到的。나는 오늘 도서관에서 찾아냈다.

◐ 시간과 장소를 모두 강조하는 문장이므로 반드시 '今天在图书馆'은 '是……的' 사이에 위치해야 한다.

어휘 图书馆 túshūguǎn 명 도서관 | 找到 zhǎodào 찾아내다

5   난이도 中   공략 Key 청유문 어순 파악

请你	这次	参加	篮球赛	来

공략

1단계	来＋동사	来＋参加
2단계	동사＋목적어	来参加＋这次篮球赛
3단계	请＋사람＋일	请＋你＋来参加这次篮球赛

∴ 请你来参加这次篮球赛。이번 농구 경기에 참석하러 와주십시오.

◐ 来 혹은 去 뒤에 또 다른 동사가 위치할 경우 뒤의 동사가 술어가 되어 '～하기 위해서'라는 의미를 갖게 된다. '지시대사＋
양사' 구조인 '这次'는 명사 篮球赛를 꾸미는 관형어이다.

어휘 ★参加 cānjiā 동 참여하다 | 篮球赛 lánqiúsài 명 농구 경기

| 昨晚 | 他 | 借来的 | 是 |

공략

- **1단계** 동사 찾기   借来的
- **2단계** 주어＋술어   他＋借来的
- **3단계** 주어＋是＋시간＋的   他＋是＋昨晚＋借来的

∴ 他是昨晚借来的。 그는 어제저녁에 빌려왔다.

➲ 了가 없지만 '是……的' 강조 구문은 이미 발생한 과거 사실을 강조하는 특수 구문이므로 '어제저녁에 빌려왔다'라고 해석된다. 문장의 昨晚은 '昨天晚上'을 줄인 말이다.

어휘 昨晚 zuówǎn 몡 어제저녁 | ★借来 jièlái 빌려오다

| 大家 | 快乐 | 祝 | 中秋节 |

공략

- **1단계** 술어 찾기   快乐
- **2단계** 주어＋술어   中秋节＋快乐
- **3단계** 祝＋사람＋사건   祝＋大家＋中秋节快乐

∴ 祝大家中秋节快乐。 모두 즐거운 추석 보내시길 바랍니다.

➲ 快乐는 형용사로 목적어를 가질 수 없기 때문에 '快乐中秋节'는 잘못된 표현이다. 祝 기원문은 '祝＋사람＋사건'의 구조를 갖기 때문에 '中秋节快乐'가 사건이 되어 뒷부분에 위치한다.

어휘 ★祝 zhù 통 기원하다 | ★中秋节 Zhōngqiūjié 몡 한가위, 추석 | 快乐 kuàilè 혱 즐겁다

| 邻居的儿子 | 秋天 | 上大学的 | 2009年 |

공략

- **1단계** 술어 찾기   上大学的
- **2단계** 주어＋술어   邻居的儿子＋上大学的
- **3단계** 주어＋(是)＋시간＋的   邻居的儿子＋2009年秋天＋上大学的

∴ 邻居的儿子2009年秋天上大学的。 이웃집의 아들은 2009년 가을에 대학에 진학했다.

➲ 이 문장은 원래 문장 끝에 的가 아닌 了가 있어야 한다. 하지만 的가 있는 것으로 보아 '是……的' 강조 구문에서 是가 생략된 형태임을 알 수 있다. 강조 대상인 시간은 반드시 주어 뒤에 위치해야 한다.

어휘 ★邻居 línjū 몡 이웃 | 秋天 qiūtiān 몡 가을 | ★上大学 shàng dàxué 대학에 진학하다

| 您的 | 麻烦您 | 联系号码 | 告诉我 |

공략
- **1단계** 동사 찾기   告诉我
- **2단계** 동사+목적어   告诉我+您的联系号码
- **3단계** 麻烦+사람+일   麻烦+您+告诉我您的联系号码

∴ 麻烦您告诉我您的联系号码。 실례지만 당신의 연락처를 알려주세요.

➡ 告诉는 '~에게 ~을 알리다'라는 의미로 목적어를 2개 갖는 쌍빈동사이다.

어휘 ★麻烦 máfan 통 번거롭게 하다 | 告诉 gàosu 통 알리다 | ★联系号码 liánxì hàomǎ 명 연락처

---

10   난이도 中   공략 Key 청유문 어순 파악

各位代表   介绍   请您   给我   一下

공략
- **1단계** 동사 찾기   介绍
- **2단계** 개사구+술어+보어   给我+介绍+一下
- **3단계** 술어+목적어   给我介绍一下+各位代表
- **4단계** 请+사람+일   请+您+给我介绍一下各位代表

∴ 请您给我介绍一下各位代表。 저에게 각 대표님들을 소개해주십시오.

➡ 给我는 개사구로 동사인 介绍 앞에 위치하며, 一下는 동량보어로 반드시 동사 介绍 뒤에 위치해야 한다.

어휘 介绍 jièshào 통 소개하다 | ★各位 gèwèi 대 각각 | ★代表 dàibiǎo 명 대표

📅 33 day 술어의 든든한 보좌관 – 보어

본책_ 341쪽

정답 **1.** 弟弟兴奋得睡不着觉。| **2.** 他的病正在慢慢恢复过来。| **3.** 这个照相机的说明书写得很详细。| **4.** 所有的动植物都离不开阳光。| **5.** 那位司机的英文说得很流利。| **6.** 关师傅在这个城市住了两年。| **7.** 昨天的讨论进行得很顺利。| **8.** 丈夫把行李箱收拾好了。| **9.** 我父亲激动得哭了。| **10.** 服务员把我的牙刷放在杯子里。

---

1   난이도 上   공략 Key 정도보어

睡不着觉   兴奋   弟弟   得

공략
- **1단계** 술어 찾기   兴奋
- **2단계** 술어+得+정도보어   兴奋+得+睡不着觉
- **3단계** 주어+술어   弟弟+兴奋得睡不着觉

∴ 弟弟兴奋得睡不着觉。 남동생은 너무 감격해서 잠을 이룰 수 없다.

○ 구조조사 得 앞에는 동사, 형용사 외에 기타 다른 보어나 목적어가 올 수 없다. '睡不着觉'의 睡觉는 이합동사로 '잠을 이룰 수 없다'는 의미의 가능보어 형태이다. 맨 끝의 觉는 목적어이기 때문에 '睡不着觉＋得＋兴奋'은 구조적으로나 의미적으로 모두 불가능하다.

어휘　★兴奋 xīngfèn 동 흥분하다, 감격하다 | ★睡不着觉 shuì bu zháo jiào 잠을 이룰 수 없다

2　　　　　　　　　　　　　　　　　　　　　　　　　난이도 上　공략 Key 방향보어

| 恢复　　　他的病　　　正在　　　过来　　　慢慢 |

공략
1단계　동사 찾기　　　　　　　　　　　　　　　　　　　恢复
2단계　동사＋보어　　　　　　　　　　　　　　　　　　恢复＋过来
3단계　시간부사＋慢慢＋동사　　　　　　　　　　正在＋慢慢＋恢复过来
4단계　주어＋술어　　　　　　　　　他的病＋正在慢慢恢复过来

∴　他的病正在慢慢恢复过来。그의 병은 점점 회복되는 중이다.

○ 방향보어 过来는 '비정상에서 정상의 상태'로 회복되는 방향보어로 술어 뒤에 위치한다. '慢慢(地)'은 술어 바로 앞에 놓이는 부사어이기 때문에 동사 가까이에 위치해 '正在＋慢慢＋恢复' 순서로 나열된다.

어휘　病 bìng 명 병, 질병 | ★慢慢 mànmān 부 천천히 | ★恢复 huīfù 동 회복하다

3　　　　　　　　　　　　　　　　　　　　　　　　　난이도 中　공략 Key 정도보어

| 这个照相机的　　　写　　　很详细　　　得　　　说明书 |

공략
1단계　동사 찾기　　　　　　　　　　　　　　　　　　　写
2단계　동사＋得＋정도보어　　　　　　　　　　　　写＋得＋很详细
3단계　的＋명사　　　　　　　　　　　　　　　这个照相机的＋说明书
4단계　주어＋술어　　　　　　　　　这个照相机的说明书＋写得很详细

∴　这个照相机的说明书写得很详细。이 사진기의 설명서는 아주 상세하게 적혀져 있다.

○ 구조조사 得는 술어 뒤에서 정도보어를 이끄는 역할을 하며, 형용사가 정도보어로 쓰일 경우에는 형용사 앞에 정도부사가 위치한다. 구조조사 的는 명사를 꾸미는 관형어 역할을 하기 때문에 명사 说明书가 '这个照相机的'의 꾸밈을 받는다.

어휘　★照相机 zhàoxiàngjī 명 사진기 | 说明书 shuōmíngshū 명 설명서 | ★详细 xiángxì 형 상세하다

4　　　　　　　　　　　　　　　　　　　　　　　　　난이도 中　공략 Key 가능보어

| 所有的　　　离不开　　　阳光　　　都　　　动植物 |

공략
1단계　동사 찾기　　　　　　　　　　　　　　　　　　　离不开
2단계　부사＋동사　　　　　　　　　　　　　　　　　都＋离不开
3단계　주어＋술어＋목적어　　　　　所有的动植物＋都离不开＋阳光

∴　所有的动植物都离不开阳光。모든 동식물은 태양을 떠날 수 없다.

○ '离不开'는 离와 开 사이에 부정의 가능성을 나타내는 不가 삽입되어 '동사＋가능보어'의 구조를 가지며 '떠날 수 없다'라는 의미를 나타낸다.

---

5   난이도 下   공략 Key 정도보어

> 很流利   得   说   英文   那位司机的

공략
- **1단계** 동사 찾기 — 说
- **2단계** 동사+得+정도보어 — 说+得+很流利
- **3단계** 的+명사 — 那位司机的+英文
- **4단계** 주어+술어 — 那位司机的英文+说得很流利

∴ 那位司机的英文说得很流利。 그 운전기사의 영어 실력은 유창하다.

➡ 구조조사 得가 있는 정도보어는 '술어+得+정도보어'의 구조를 가지며, 형용사가 정도보어로 쓰이는 경우 일반적으로 정도부사의 꾸밈을 받는다.

어휘   ★司机 sījī 몡 운전기사 | 英文 Yīngwén 몡 영어 | ★流利 liúlì 혱 유창하다

---

6   난이도 下   공략 Key 시량보어

> 关师傅   两年   住了   在这个城市

공략
- **1단계** 동사 찾기 — 住了
- **2단계** 동사+시량보어 — 住了+两年
- **3단계** 개사구+동사 — 在这个城市+住了两年
- **4단계** 주어+술어 — 关师傅+在这个城市住了两年

∴ 关师傅在这个城市住了两年。 관 사부는 이 도시에서 2년 동안 살았다.

➡ 시간의 양을 보충하는 시량보어는 반드시 동사 뒤에 위치해야 한다.

어휘   ★师傅 shīfu 몡 아저씨, 사부 | ★城市 chéngshì 몡 도시

---

7   난이도 下   공략 Key 정도보어

> 很顺利   得   进行   昨天的讨论

공략
- **1단계** 동사 찾기 — 进行
- **2단계** 동사+得+정도보어 — 进行+得+很顺利
- **3단계** 주어+술어 — 昨天的讨论+进行得很顺利

∴ 昨天的讨论进行得很顺利。 어제의 토론은 굉장히 순조롭게 진행되었다.

➡ 구조조사 得가 있는 정도보어는 '술어+得+정도보어'의 구조를 가지며, 형용사가 정도보어로 쓰일 경우 일반적으로 형용사 앞에 정도부사가 위치한다.

어휘   ★讨论 tǎolùn 몡동 토론(하다) | ★进行 jìnxíng 동 진행하다 | ★顺利 shùnlì 혱 순조롭다

行李箱   好了   把   丈夫   收拾

공략

1단계	동사 찾기	收拾
2단계	동사＋보어	收拾＋好了
3단계	주어＋把＋명사＋술어	丈夫＋把＋行李箱＋收拾好了

∴ 丈夫把行李箱收拾好了。 남편이 여행 가방을 잘 꾸렸다.

➡ '好了'는 동사 뒤에 위치하여 결과가 만족스러움을 나타내는 결과보어로 쓰인다. 개사 把는 '把＋명사'의 구조로 주어와 술어 사이에 위치한다.

어휘   丈夫 zhàngfu 명 남편 | ★行李箱 xínglǐxiāng 명 여행 가방 | ★收拾 shōushi 동 꾸리다

哭了   激动   我父亲   得

공략

1단계	동사 찾기	激动
2단계	동사＋得＋정도보어	激动＋得＋哭了
3단계	주어＋술어	我父亲＋激动得哭了

∴ 我父亲激动得哭了。 아버지께서는 너무 감격하신 나머지 눈물을 흘리셨다.

➡ 구조조사 得 앞에는 동사나 형용사만 올 수 있고, 보어나 동태조사(了/着/过) 또는 목적어 등은 올 수 없다. 형용사 외에 동사구나 절도 정도보어로 나타낼 수 있다.

예 高兴得唱歌了。 기쁜 나머지 노래를 불렀다.

高兴得睡不着觉。 기쁜 나머지 잠을 잘 수 없다.

高兴得给我买手机了。 너무 기뻐서 나에게 휴대 전화를 사줬다.

어휘   父亲 fùqīn 명 부친, 아버지 | ★激动 jīdòng 동 감격하다

杯子里   服务员   把   放在   我的牙刷

공략

1단계	동사 찾기	放在
2단계	동사＋在＋장소 명사	放＋在＋杯子里
3단계	주어＋把＋명사＋동사	服务员＋把＋我的牙刷＋放在杯子里

∴ 服务员把我的牙刷放在杯子里。 종업원이 내 칫솔을 컵 안에 넣었다.

➡ 동사 뒤의 在는 개사의 성질을 가지고 있는 결과보어로 반드시 뒤에 장소나 시간 명사가 와야 한다. '放在'는 '~에 두다'라는 뜻으로 뒤에 장소 목적어 '杯子里'를 위치시켜야 의미적으로 자연스럽다.

어휘   ★服务员 fúwùyuán 명 종업원 | ★牙刷 yáshuā 명 칫솔 | 杯子 bēizi 명 컵

34 day 상황 정리의 달인! — 부사

정답 **1.** 请重新排列一下准确的顺序。| **2.** 叔叔已经逐渐适应了这里的环境。| **3.** 你们必须按时完成所有任务。| **4.** 最好不要直接拒绝别人的道歉。| **5.** 这果然是一个让人兴奋的好消息。| **6.** 这个月到底什么时候开会呢? | **7.** 那台洗衣机终于又能正常工作了。| **8.** 这篇报告并没有引起人们的关注。| **9.** 经济增长速度正在逐渐提高。| **10.** 张律师仍然不太适应这里的饮食。

1

난이도 中　공략 Key 부사 重新의 위치

| 准确的顺序 | 一下 | 请 | 排列 | 重新 |

공략

1단계	동사 찾기	排列
2단계	동사＋동량보어	排列＋一下
3단계	부사＋동사	重新＋排列一下
4단계	술어＋목적어	重新排列一下＋准确的顺序
5단계	기타 성분	请＋重新排列一下准确的顺序

∴ 请重新排列一下准确的顺序。 정확한 순서로 다시 배열해주세요.

동사 请은 주어 앞뒤에 놓여 상대방에게 무엇인가를 부탁할 때 사용된다. 이 문장에는 주어가 없기 때문에 请이 맨 앞에 위치한다.

어휘 ★重新 chóngxīn 튄 다시 | ★排列 páiliè 튕 배열하다 | ★准确 zhǔnquè 혱 정확하다 | ★顺序 shùnxù 圀 순서

2

난이도 上　공략 Key 부사 已经과 逐渐의 순서

| 已经 | 叔叔 | 这里的环境 | 逐渐 | 适应了 |

공략

1단계	동사 찾기	适应了
2단계	부사＋동사	已经逐渐＋适应了
3단계	주어＋술어＋목적어	叔叔＋已经逐渐适应了＋这里的环境

∴ 叔叔已经逐渐适应了这里的环境。 삼촌은 이미 이곳 환경에 점점 적응했다.

已经과 逐渐은 모두 부사이지만 그중에서 시간부사인 已经이 상태부사 逐渐보다 더 앞에 위치한다.

어휘 叔叔 shūshu 圀 삼촌, 아저씨 | ★逐渐 zhújiàn 튄 점차, 점점 | ★适应 shìyìng 튕 적응하다 | ★环境 huánjìng 圀 환경

3

난이도 下　공략 Key 어기부사 必须와 시간부사 按时의 위치

| 所有任务 | 你们 | 按时 | 完成 | 必须 |

공략

1단계	술어 찾기	完成
2단계	부사＋술어	必须按时＋完成
3단계	주어＋술어＋목적어	你们＋必须按时完成＋所有任务

∴ 你们必须按时完成所有任务。 너희는 반드시 제때에 임무를 완수해야 한다.

➋ 必须와 按时는 모두 부사이지만 어기부사 必须가 시간부사 按时 보다 앞에 위치한다. 所有는 형용사로 구조조사 的와 연결
되어 명사를 꾸밀 수도 있고 단독으로 명사를 수식할 수도 있다.

어휘 必须 bìxū 閅 반드시 | ★按时 ànshí 閅 제때에 | 完成 wánchéng 통 완성하다 | ★所有 suǒyǒu 톙 모든

4　　　　　　　　　　　　　　　　　　　　　　　　　　　**난이도** 上　**공략 Key** 부사로 활용되는 最好

| 直接　　　　拒绝别人的道歉　　　　不要　　　　最好 |

공략
- **1단계** 동사 찾기 — 拒绝
- **2단계** 부사어+동사 — 直接+拒绝别人的道歉
- **3단계** 부사+조동사 — 最好+不要
- **4단계** 문장 완성 — 最好+不要+直接+拒绝别人的道歉

∴ 最好不要直接拒绝别人的道歉。 다른 사람의 사과를 직접적으로 거절하지 않는 것이 제일이다.

➋ 直接는 '직접적인'이라는 의미의 형용사로 동사를 가장 가까이에서 꾸미는 부사어 역할을 한다. 最好는 '부사+조동사+개
사'의 순서에 따라 조동사 不要 앞에 위치한다.

어휘 ★最好 zuìhǎo 閅 가장 좋기로는 | ★直接 zhíjiē 톙 직접적인 | ★拒绝 jùjué 통 거절하다 | ★道歉 dàoqiàn 통 사과하다

5　　　　　　　　　　　　　　　　　　　　　　　　　　　**난이도** 上　**공략 Key** 어기부사 果然의 위치

| 让人兴奋的　　　　好消息　　　　是　　　　这果然　　　　一个 |

공략
- **1단계** 술어 찾기 — 是
- **2단계** 관형어+명사 — 一个+让人兴奋的+好消息
- **3단계** 주어+술어+목적어 — 这果然+是+一个让人兴奋的好消息

∴ 这果然是一个让人兴奋的好消息。 이것은 정말 사람을 흥분시키는 좋은 소식이다.

➋ 果然은 자신이 예상한 대로 결과가 나왔음을 강조하는 어기부사로 주어 앞뒤에 위치할 수 있다. 관형어는 '수량사+구조조
사 的+명사'의 어순이므로 '一个+让人兴奋的+好消息'의 순서로 나열된다.

어휘 ★果然 guǒrán 閅 과연, 생각한 대로 | ★兴奋 xīngfèn 톙 흥분하다 | ★消息 xiāoxi 명 소식

6　　　　　　　　　　　　　　　　　　　　　　　　　　　**난이도** 上　**공략 Key** 부사 到底의 위치

| 呢　　　　到底　　　　这个月　　　　开会　　　　什么时候 |

공략
- **1단계** 술어 찾기 — 开会
- **2단계** 의문대사+동사 — 什么时候+开会
- **3단계** 到底+의문대사 — 到底+什么时候开会
- **4단계** 시간명사는 문장 맨 앞 — 这个月+到底什么时候开会
- **5단계** 呢는 문장 맨 끝 — 这个月到底什么时候开会+呢

∴ 这个月到底什么时候开会呢? 이번 달은 도대체 언제 회의를 하지?

○ 부사 到底는 의문문에 쓰여 불만족스러운 뉘앙스를 나타낸다. 문장 가운데 의문대사가 있을 경우에는 '到底＋의문대사'의 순서로 위치한다. '这个月'는 시간명사이므로 주어 앞뒤에 모두 위치할 수 있으나, 이 문장에는 주어가 없기 때문에 문장 맨 앞에 위치한다.

어휘 ★到底 dàodǐ 📖 도대체 | ★开会 kāihuì 📖 회의하다

| 7 | | 난이도 上 공략 Key 부사 终于의 위치 |

| 又能 | 终于 | 那台洗衣机 | 工作了 | 正常 |

공략
- 1단계 술어 찾기 .... 工作了
- 2단계 正常＋술어 .... 正常＋工作了
- 3단계 부사＋조동사＋술어 .... 终于＋又能＋正常工作了
- 4단계 주어＋술어 .... 那台洗衣机＋终于又能正常工作了

∴ 那台洗衣机终于又能正常工作了。 그 세탁기는 결국 다시 정상적으로 작동하게 되었다.

○ 형용사 正常은 부사는 아니지만 일반적으로 동사 바로 앞에 놓여 부사어 역할을 하며 구조조사 地와 함께 쓰일 수 있다. 시간부사 终于는 '부사＋조동사' 구조인 '又能' 앞에 위치한다.

어휘 ★台 tái 📖 대(전자 제품을 세는 단위) | ★终于 zhōngyú 📖 결국 | ★正常 zhèngcháng 📖 정상적이다

| 8 | | 난이도 下 공략 Key 부사 并의 위치 |

| 这篇报告 | 没有 | 引起 | 并 | 人们的关注 |

공략
- 1단계 술어 찾기 .... 引起
- 2단계 并＋부정부사＋술어 .... 并＋没有＋引起
- 3단계 주어＋술어＋목적어 .... 这篇报告＋并没有引起＋人们的关注

∴ 这篇报告并没有引起人们的关注。 이 보고서는 결코 사람들의 관심을 끌지 못했다.

○ 부사 并은 부정을 강조하는 부사로 부정부사 不나 没有 앞에 위치한다.

어휘 篇 piān 📖 편(글을 세는 단위) | ★报告 bàogào 📖 보고서 | ★并 bìng 📖 결코 | ★引起 yǐnqǐ 📖 이끌다 | ★关注 guānzhù 📖 관심

| 9 | | 난이도 上 공략 Key 부사 正在와 逐渐의 위치 |

| 正在 | 经济增长 | 提高 | 速度 | 逐渐 |

공략
- 1단계 술어 찾기 .... 提高
- 2단계 부사＋술어 .... 正在逐渐＋提高
- 3단계 의미상 호응 .... 经济增长＋速度
- 4단계 주어＋술어 .... 经济增长速度＋正在逐渐提高

∴ 经济增长速度正在逐渐提高。 경제 성장 속도는 점점 향상 중이다.

○ 正在와 逐渐은 모두 부사이지만 시간부사인 正在가 상태부사인 逐渐보다 앞에 위치한다. 经济增长과 速度는 호응 관계로 의미상 한 묶음이 되어 주어 역할을 한다.

10　　　　　　　　　　　　　　　　　　　　　　난이도 中　공략 Key 상태부사 仍然과 부정부사 不의 위치

| 张律师　　　不太　　　适应　　　这里的饮食　　　仍然 |

공략
- 1단계　술어 찾기　　　　　　　　　　　　　　　　　　适应
- 2단계　부사＋술어　　　　　　　　　　　　仍然＋不太＋适应
- 3단계　주어＋술어＋목적어　　　　张律师＋仍然不太适应＋这里的饮食

∴　张律师仍然不太适应这里的饮食。장 변호사는 여전히 이곳의 음식에 잘 적응하지 못하고 있다.

○ 상태부사 仍然은 부정부사 不와 정도부사 太보다 앞에 위치한다. 适应은 '～에 적응하다'라는 동사로 뒤에 '这里的饮食'가 목적어로 위치한다.

어휘 　律师 lùshī 몡 변호사 | ★仍然 réngrán 뷔 여전히 | ★适应 shìyìng 동 적응하다 | ★饮食 yǐnshí 몡 음식

쓰기
제1부분

📅 35 day 두 개의 얼굴 – 개사

본책_ 359쪽

정답　1. 警察对附近的森林非常熟悉。| 2. 这些饼干是专为儿童提供的。| 3. 请按从高到低的顺序排列考生成绩。| 4. 他们以代表的身份参加这次会议。| 5. 这是一个关于记者和农夫的笑话。| 6. 从左到右大概有500米。| 7. 同事们在百货商店进行了调查。| 8. 亚洲宾馆离机场远吗？| 9. 孙子对狮子非常感兴趣。| 10. 应该由关律师负责。

1　　　　　　　　　　　　　　　　　　　　　　난이도 中　공략 Key 개사 对와 부사의 위치

| 附近的森林　　　熟悉　　　警察　　　对　　　非常 |

공략
- 1단계　술어 찾기　　　　　　　　　　　　　　　　　　熟悉
- 2단계　부사＋술어　　　　　　　　　　　　　　　非常＋熟悉
- 3단계　개사 对＋명사　　　　　　　　　　　　　对＋附近的森林
- 4단계　주어＋개사구＋술어　　　警察＋对附近的森林＋非常熟悉

∴　警察对附近的森林非常熟悉。경찰은 부근의 숲에 대해 잘 알고 있다.

○ 개사 对와 정도부사가 한 문장에 같이 출현하면 정도부사는 '부사＋조동사＋개사' 순서를 벗어나 술어 바로 앞에 위치한다. '附近的森林对警察非常熟悉(부근의 숲은 경찰에게 익숙하다)'라는 문장은 한국어로는 그럴듯하게 들린다. 하지만 이 문장은 '숲이 경찰에 대해 잘 안다'는 의미이므로 반드시 사람을 주어로 위치시켜야 한다.

어휘 　警察 jǐngchá 몡 경찰 | ★附近 fùjìn 몡 부근 | ★森林 sēnlín 몡 숲 | ★熟悉 shúxī 혱동 익숙하다; 잘 알다

2

| 专为 | 提供的 | 这些饼干 | 儿童 | 是 |

공략
- **1단계** 부사＋개사 为＋명사＋술어　　　专＋为＋儿童＋提供的
- **2단계** 주어＋술어＋목적어　　　这些饼干＋是＋专为儿童提供的

∴ 这些饼干是专为儿童提供的。 이 과자들은 오직 아이들을 위해 제공한 것이다.

➡ 为는 '～을 위하여'라는 의미의 개사로 '为＋대상＋술어'의 구조를 갖는다. 专은 '단지, 오직'이라는 의미의 부사로 개사 为 앞에 위치되어 '오로지 ～을 위하여'라는 뜻을 나타낸다.

어휘　饼干 bǐnggān 몡 과자 | 专 zhuān 뮈 단지, 오직 | ★儿童 értóng 몡 아동 | ★提供 tígōng 동 제공하다

3

| 按 | 请 | 排列 | 从高到低的顺序 | 考生成绩 |

공략
- **1단계** 개사 按＋명사＋술어　　　按＋从高到低的顺序＋排列
- **2단계** 술어＋목적어　　　按从高到低的顺序排列＋考生成绩
- **3단계** 请＋구, 절　　　请＋按从高到低的顺序排列考生成绩

∴ 请按从高到低的顺序排列考生成绩。 높은 것에서 낮은 순으로 수험생 성적을 배열해주세요.

➡ 개사 按은 '按＋명사'의 구조로 술어 앞에 놓여 '～에 따라 ～하다'라는 의미를 갖는다. 请은 주어 앞뒤에 놓여 상대방에게 무엇인가를 요구하거나 부탁할 때 쓰인다. 이 문장에서는 주어가 생략되어 있으므로 문장 맨 앞에 위치한다.

어휘　★按 àn 게 ～에 따라 | ★低 dī 혱 낮다 | ★顺序 shùnxù 몡 순서 | 考生 kǎoshēng 몡 수험생 | ★成绩 chéngjì 몡 성적

4

| 这次会议 | 以 | 参加 | 他们 | 代表的身份 |

공략
- **1단계** 술어 찾기　　　参加
- **2단계** 개사 以＋명사＋술어　　　以＋代表的身份＋参加
- **3단계** 주어＋부사어＋술어＋목적어　　　他们＋以代表的身份＋参加＋这次会议

∴ 他们以代表的身份参加这次会议。 그들은 대표자의 신분으로 이번 회의에 참석한다.

➡ 개사 以는 '以＋명사'의 구조로 술어 앞에 놓여 '～로서 ～하다'라는 의미를 갖는다.

어휘　★以 yǐ 게 ～로서 | ★代表 dàibiǎo 몡 대표 | 身份 shēnfen 몡 신분 | ★参加 cānjiā 동 참가하다 | ★会议 huìyì 몡 회의

5

| 笑话 | 一个关于 | 这是 | 记者和农夫的 |

공략
- **1단계** 술어 찾기 — 这是
- **2단계** 개사 关于+명사 — 一个关于+记者和农夫的
- **3단계** 관형어+명사 — 一个关于记者和农夫的+笑话
- **4단계** 주어+술어+목적어 — 这+是+一个关于记者和农夫的笑话

∴ 这是一个关于记者和农夫的笑话。이것은 기자와 농부에 관한 유머이다.

○ 一个와 구조조사 的는 명사를 꾸미는 관형어로 명사 笑话를 꾸민다. 개사 关于는 단독으로 사용될 수 없으며 반드시 뒤에 명사가 위치되어야 한다.

어휘 ★关于 guānyú 깨 ~에 관하여 | ★记者 jìzhě 몡 기자 | 农夫 nóngfū 몡 농부 | ★笑话 xiàohua 몡 유머

6 　　　　　　　　　　　　　 난이도 下　공략 Key 개사 从의 위치

从左　　　500米　　　到右　　　有　　　大概

공략
- **1단계** 술어 찾기 — 有
- **2단계** 부사+동사 — 大概+有
- **3단계** 의미상 호응 — 从左+到右
- **4단계** 주어+술어+목적어 — 从左到右+大概有+500米

∴ 从左到右大概有500米。왼쪽에서 오른쪽까지는 대략 500미터 정도 된다.

○ 동사 有 뒤에 구체적인 시간이나 거리가 목적어로 오면 有는 '된다, 남다'로 해석된다.
　예 离结婚还有一个月。결혼까지 아직 한 달 남았다.

어휘 左 zuǒ 몡 왼쪽 | 右 yòu 몡 오른쪽 | ★大概 dàgài 뿐 대략 | ★米 mǐ 양 미터

7 　　　　　　　　　　　　　 난이도 下　공략 Key 개사구의 위치

在百货商店　　　调查　　　同事们　　　进行了

공략
- **1단계** 술어 찾기 — 进行了
- **2단계** 주어+개사구+술어 — 同事们+在百货商店+进行了
- **3단계** 주어+개사구+술어+목적어 — 同事们+在百货商店+进行了+调查

∴ 同事们在百货商店进行了调查。동료들은 백화점에서 조사를 실시했다.

○ 중국어 개사구는 반드시 주어와 술어 사이에 위치해야 한다. 调查는 목적어이므로 동사인 '进行了' 뒤에 위치해야 한다.

어휘 ★同事 tóngshì 몡 동료 | 百货商店 bǎihuò shāngdiàn 몡 백화점 | ★进行 jìnxíng 동 진행하다 | ★调查 diàochá 몡동 조사(하다)

8 　　　　　　　　　　　　　 난이도 中　공략 Key 개사 离와 远의 호응 관계

吗　　　亚洲宾馆　　　远　　　离机场

공략
- **1단계** 개사 离+명사+술어 — 离+机场+远
- **2단계** 주어+개사구+술어 — 亚洲宾馆+离机场+远
- **3단계** 구, 절+吗? — 亚洲宾馆离机场远+吗?

∴ 亚洲宾馆离机场远吗？ 아시아호텔은 공항에서 먼가요?

➡ 离는 '~로부터'라는 의미로 기준점을 이끌며 술어 远이나 近과 자주 호응된다.

어휘　亚洲 Yàzhōu 뎽 아시아 | 宾馆 bīnguǎn 뎽 호텔 | ★离 lí 깨 ~로부터 | ★机场 jīchǎng 뎽 공항 | 远 yuǎn 혱 멀다

9		난이도 下　공략 Key 개사 对와 부사의 위치

狮子　　对　　孙子　　感兴趣　　非常

공략
1단계	술어 찾기	感兴趣
2단계	부사+술어	非常+感兴趣
3단계	개사 对+명사+술어	对+狮子+非常感兴趣
4단계	주어+개사구+술어	孙子+对狮子+非常感兴趣

∴ 孙子对狮子非常感兴趣。 손자는 사자에 대해 흥미를 가지고 있다.

➡ 개사 对와 정도부사 非常이 함께 쓰이는 경우 非常은 술어 앞에 위치한다.

어휘　★孙子 sūnzi 뎽 손자 | ★狮子 shīzi 뎽 사자

10		난이도 上　공략 Key 개사 由의 위치

应该　　由　　负责　　关律师

공략
1단계	술어 찾기	负责
2단계	개사 由+명사+술어	由+关律师+负责
3단계	조동사+개사구+술어	应该+由关律师+负责

∴ 应该由关律师负责。 반드시 관 변호사가 책임을 져야 한다.

➡ 조동사가 있으면 개사는 조동사 뒤에 온다. 따라서 조동사 应该는 개사 由보다 앞에 위치한다.

어휘　★由 yóu 깨 ~가 | 律师 lǜshī 뎽 변호사 | ★负责 fùzé 둉 책임지다

정답 1. 校长竟然把那个机会放弃了。| 2. 昨天刚买的衬衫洗坏了。| 3. 请把苹果皮扔到塑料袋里。| 4. 那份申请书肯定被刘校长翻译好了。| 5. 请把这张申请表复印一份。| 6. 孩子的香蕉忽然被小猴子偷走了。| 7. 张律师不得不把那些资料寄出去了。| 8. 我的信用卡被停止使用了。| 9. 张阿姨把厨房收拾干净了。| 10. 这样做容易被人发现。

---

1   난이도 中   공략 Key 把자문의 어순 파악

| 那个机会 | 竟然 | 校长 | 把 | 放弃了 |

공략
- **1단계** 동사 찾기   放弃了
- **2단계** 개사 把+명사   把+那个机会
- **3단계** 주어+개사구+술어   校长+把那个机会+放弃了
- **4단계** 주어+부사 竟然+개사구+술어   校长+竟然+把那个机会+放弃了

∴ 校长竟然把那个机会放弃了。교장 선생님이 뜻밖에도 그 기회를 포기했다.

➡ 부사가 있으면 개사구는 부사 뒤에 위치한다. 때문에 '~을'이라는 의미를 가진 개사 把는 부사 뒤에 위치한다.

어휘 ★竟然 jìngrán 뛴 뜻밖에 | ★机会 jīhuì 뗭 기회 | ★放弃 fàngqì 뚱 포기하다

쓰기 제1부분

---

2   난이도 上   공략 Key 被자문의 어순 파악

| 坏了 | 衬衫 | 被 | 昨天刚买的 | 洗 |

공략
- **1단계** 동사+기타 성분   洗+坏了
- **2단계** 的+명사   昨天刚买的+衬衫
- **3단계** 개사 被+술어   被+洗坏了
- **4단계** 주어+개사 被+술어   昨天刚买的衬衫+被+洗坏了

∴ 昨天刚买的衬衫被洗坏了。어제 새로 산 블라우스는 잘못 세탁해서 망가졌다.

➡ 가해자가 확실하거나 혹은 반대로 불분명할 경우 被 뒤의 명사를 생략할 수 있다. '坏了'는 결과보어로, 동사 뒤에 놓여 피동의 의미를 강조하는 역할을 한다.

어휘 ★衬衫 chènshān 뗭 블라우스 | ★坏 huài 뚱 망가지다, 고장 나다

---

3   난이도 上   공략 Key 把자문의 어순 파악

| 请把 | 塑料袋 | 苹果皮 | 扔到 | 里 |

공략　|1단계| 동사 찾기　　　　　　　　　　　　　　　　　　　　　　扔到

|2단계| 동사+到+장소 목적어　　　　　　　　　　　　　　　扔+到+塑料袋里

|3단계| 개사 把+명사　　　　　　　　　　　　　　　　　　　请把+苹果皮

|4단계| 개사구+술어　　　　　　　　　　　　　请把+苹果皮+扔到+塑料袋里

∴　请把苹果皮扔到塑料袋里。 사과 껍질을 비닐봉지 안에 버려라.

○ 동사 뒤에 결과보어 到가 오면 뒤에 반드시 목적어가 와야 한다. 장소는 '명사(사람 혹은 사물)+방위사(上 / 下 / 前 / 后 / 里 / 外 등)'의 형식으로 나타낸다.

　　예 扔到(~에 버리다)+塑料袋里(비닐봉지 안)

어휘　苹果皮 píngguǒpí 몡 사과 껍질 | ★扔 rēng 통 버리다 | ★塑料袋 sùliàodài 몡 비닐봉지

4　　　　　　　　　　　　　　　　　　　　　　　　　　난이도 中　공략 Key 被자문의 어순 파악

| 刘校长 | 翻译好了 | 被 | 那份申请书 | 肯定 |

공략　|1단계| 동사 찾기　　　　　　　　　　　　　　　　　　　　　　翻译好了

|2단계| 개사 被+명사　　　　　　　　　　　　　　　　　　　被+刘校长

|3단계| 주어+개사구+술어　　　　　　　　那份申请书+被刘校长+翻译好了

|4단계| 주어+부사+개사구+술어　　　　那份申请书+肯定+被刘校长+翻译好了

∴　那份申请书肯定被刘校长翻译好了。 그 신청서는 분명 류 교장 선생님에 의해 번역되었다.

○ 被 다음 명사는 가해자이며, 바로 뒤에 제시된 동작의 주체이기도 하다. 부사는 개사보다 앞에 놓이기 때문에 부사 肯定은 동사 翻译가 아닌 개사 被 앞에 위치한다.

어휘　★份 fèn 얭 부(문서를 세는 단위) | ★申请书 shēnqǐngshū 몡 신청서 | 肯定 kěndìng 뷔 분명 | ★翻译 fānyì 통 번역하다

5　　　　　　　　　　　　　　　　　　　　　　　　　　난이도 上　공략 Key 把자문의 어순 파악

| 请 | 申请表 | 复印 | 把 | 一份 | 这张 |

공략　|1단계| 동사 찾기　　　　　　　　　　　　　　　　　　　　　　复印

|2단계| 동사+수량보어　　　　　　　　　　　　　　　　　　　复印+一份

|3단계| 관형어+명사　　　　　　　　　　　　　　　　　　　这张+申请表

|4단계| 개사 把+명사　　　　　　　　　　　　　　　　　　把+这张申请表

|5단계| 개사구+술어　　　　　　　　　　　　把这张申请表+复印一份

|6단계| 请+청유 내용　　　　　　　　　　请+把这张申请表复印一份

∴　请把这张申请表复印一份。 이 신청서를 한 부 복사해주세요.

○ 양사는 두 개를 동시에 쓸 수 없기 때문에 '这张一份申请表'라고 할 수 없다.

　　예 这张+申请表 (관형어) | 复印+一份 (수량보어)

어휘　★申请表 shēnqǐngbiǎo 몡 신청서 | ★复印 fùyìn 통 복사하다

6

| 偷走了 | 孩子的香蕉 | 被 | 小猴子 | 忽然 |

공략

1단계 동사 찾기 · 偷走了
2단계 개사 被+명사 · 被+小猴子
3단계 주어+개사구+술어 · 孩子的香蕉+被小猴子+偷走了
4단계 주어+부사+개사구+술어 · · · · · · · · · · · · · 孩子的香蕉+忽然+被小猴子+偷走了

∴ 孩子的香蕉忽然被小猴子偷走了。새끼 원숭이가 아이의 바나나를 순식간에 훔쳐갔다.

🟢 被 다음 명사는 가해자이며, 뒤에 제시된 동작의 주체이기도 하다. 개사보다 부사가 앞에 놓이기 때문에 부사 忽然은 개사 被 앞에 위치한다.

어휘 ★香蕉 xiāngjiāo 명 바나나 | ★忽然 hūrán 부 별안간, 갑자기 | ★小猴子 xiǎohóuzi 명 새끼 원숭이 | 偷 tōu 동 훔치다

7

| 出去了 | 那些资料 | 张律师 | 不得不 | 把 | 寄 |

공략

1단계 동사 찾기 · 寄
2단계 동사+기타 성분 · 寄+出去了
3단계 개사 把+명사 · 把+那些资料
4단계 주어+개사구+술어 · 张律师+把那些资料+寄出去了
5단계 주어+부사+개사구+술어 · · · · · · · · · · · · 张律师+不得不+把那些资料+寄出去了

∴ 张律师不得不把那些资料寄出去了。장 변호사는 어쩔 수 없이 그 자료들을 부쳐서 보냈다.

🟢 '出去了'는 '나갔다'라는 의미의 동사로 볼 수 있다. 하지만 出는 把자문의 동사로 쓰일 수 없으므로, 방향보어로 쓰여 寄 뒤에서 기타 성분의 역할을 한다. 不得不는 부사로 把 앞에 위치한다.

어휘 律师 lǜshī 명 변호사 | ★不得不 bùdébù 부 부득이하게 | ★资料 zīliào 명 자료 | 寄 jì 동 부치다

8

| 使用 | 停止 | 了 | 被 | 我的信用卡 |

공략

1단계 동사 찾기 · 停止
2단계 동사+목적어 · 停止+使用
3단계 주어+개사 被+술어 · 我的信用卡+被+停止使用
4단계 기타 성분 · 我的信用卡被停止使用+了

∴ 我的信用卡被停止使用了。내 신용 카드는 사용이 금지되었다.

🟢 被 다음 명사는 가해자가 불분명하거나 혹은 명확한 경우에 생략할 수 있다.

어휘 ★信用卡 xìnyòngkǎ 명 신용 카드 | ★停止 tíngzhǐ 동 정지하다 | ★使用 shǐyòng 동 사용하다

9

| 厨房 | 把 | 干净了 | 张阿姨 | 收拾 |

공략
- **1단계** 동사 찾기 … 收拾
- **2단계** 동사+기타 성분 … 收拾+干净了
- **3단계** 개사 把+명사 … 把+厨房
- **4단계** 주어+개사구+술어 … 张阿姨+把厨房+收拾干净了

∴ 张阿姨把厨房收拾干净了。장 아주머니는 주방을 깨끗하게 치웠다.

➡ 把자문은 처치를 강조하는 문장으로 반드시 동사 뒤에 기타 성분이 있어야 한다. 형용사 '干净了'는 결과보어로 동사 收拾 뒤에 위치한다.

어휘 阿姨 āyí 몡 아주머니, 이모 | 厨房 chúfáng 몡 주방 | ★收拾 shōushi 됭 치우다, 정리하다 | ★干净 gānjìng 혱 깨끗하다

10

| 容易 | 被人 | 这样做 | 发现 |

공략
- **1단계** 동사 찾기 … 发现
- **2단계** 개사+술어 … 被人+发现
- **3단계** 容易+술어 … 容易+被人发现
- **4단계** 주어+술어 … 这样做+容易被人发现

∴ 这样做容易被人发现。이렇게 하면 다른 사람에게 발견되기 쉽다.

➡ '容易+술어'는 '~하기 쉽다'라는 의미를 갖고 있다.
  예 容易学 배우기 쉽다 | 容易记 기억하기 쉽다 | 容易买 사기 쉽다
  명사나 대사만 주어가 되는 것은 아니다. 술어도 주절의 개념으로 주어의 역할을 할 수 있다.
  学汉语最有意思。중국어 배우는 것이 가장 재미있다. | 做饭很麻烦。밥하는 것은 번거롭다.

어휘 ★容易 róngyì 혱 쉽다 | ★发现 fāxiàn 됭 발견하다

# 37 day 이보다 더 쉬울 수 없다! — 비교문과 겸어문

> **정답**　1. 火车比公交车速度快。| 2. 张阿姨让我去超市买盐。| 3. 他们的产品并没有我们制造的质量优秀。| 4. 大夫一直不让爷爷吸烟。| 5. 那个问题没有我们想象的严重。| 6. 我父母不让我刷卡买东西。| 7. 我这个学期成绩不比他高多少。| 8. 我想请米小姐吃顿便饭。| 9. 今天的鱼跟上次一样很新鲜。| 10. 这件事肯定能使孩子激动。

1

난이도 中　**공략 Key** 비교문의 구조 파악

火车	快	比公交车	速度

공략
- **1단계** A+比+B　　火车+比+公交车
- **2단계** A+比+B+술어　　火车+比+公交车+速度快

∴ 火车比公交车速度快。기차가 버스보다 속도가 빠르다.

➡ 비교문의 기본 어순은 'A+比+B+술어'로 '火车+比公交车'가 문장 앞부분에 위치한다. 그다음 술어를 위치시켜야 하는데 '快+速度'는 '빠른 속도'라는 의미의 명사가 되므로, '速度+快' 순서의 주술 술어문을 완성해야 한다.

어휘　★公交车 gōngjiāochē 몡 버스 | ★速度 sùdù 몡 속도

2

난이도 下　**공략 Key** 让 겸어문의 구조 파악

买盐	去超市	让我	张阿姨

공략
- **1단계** 去+장소+동사　　去+超市+买盐
- **2단계** 让+겸어+술어　　让+我+去超市买盐
- **3단계** 주어+让+겸어+술어　　张阿姨+让+我+去超市买盐

∴ 张阿姨让我去超市买盐。장 아주머니께서 나에게 슈퍼마켓에 가서 소금을 사오라고 시키셨다.

➡ 겸어문은 '주어가 겸어로 하여금 ～하게 하다'라는 사역의 의미를 가지고 있으므로 주어인 张阿姨가 맨 앞에 위치한다. 去 뒤에 술어가 올 경우, 뒤의 술어는 목적이 되어 '～하러 가다'라고 해석되며, 장소는 去 바로 뒤에 위치한다.

어휘　阿姨 āyí 몡 아주머니 | ★超市 chāoshì 몡 슈퍼마켓 | ★盐 yán 몡 소금

3

난이도 上　**공략 Key** 没有 비교문의 구조 파악

没有我们制造的	质量优秀	他们的产品	并

공략
- **1단계** 주어+술어　　质量+优秀
- **2단계** 부사 并+부정부사　　并+没有我们制造的
- **3단계** A+没有+B+술어　　他们的产品+并没有+我们制造的+质量优秀

∴ 他们的产品并没有我们制造的质量优秀。그들의 상품은 결코 우리가 제조한 것보다 품질이 좋지 않다.

◐ 没有를 사용한 비교문으로 'A+没有+B+술어'의 구조를 갖는다. '质量优秀'는 '주어+술어'의 구조이지만 이 문장에서는
주술 술어문 형태로 술어 자리에 위치한다. 부사 并은 부정부사 앞에서 부정의 의미를 강조하는 데 사용된다.

어휘　★产品 chǎnpǐn 뗑 상품 | ★并 bìng 뛴 결코 | 制造 zhìzào 뙝 제조하다 | ★质量 zhìliàng 뗑 품질 | ★优秀 yōuxiù 뼝 우수하다

4　　　　　　　　　　　　　　　　　　　　　　　　　　　난이도 中　공략 Key 让 겸어문의 구조 파악

| 爷爷 | 一直不 | 大夫 | 让 | 吸烟 |

공략

1단계	부사+부정부사+让	一直+不+让
2단계	让+겸어+술어	一直不让+爷爷+吸烟
3단계	주어+让+겸어+술어	大夫+一直不让+爷爷+吸烟

∴　大夫一直不让爷爷吸烟。 의사는 줄곧 할아버지께 담배를 끊도록 했다.

◐ 겸어문에서 일부 부사와 부정부사는 반드시 让 앞에 위치한다. 의미적으로 의사가 할아버지에게 흡연을 금지하는 것이므
로 주어는 大夫가 되고 겸어는 爷爷가 된다.

어휘　大夫 dàifu 뗑 의사 | 爷爷 yéye 뗑 할아버지 | ★吸烟 xīyān 뙝 담배를 피우다

5　　　　　　　　　　　　　　　　　　　　　　　　　　　난이도 上　공략 Key 没有 비교문의 구조 파악

| 我们想象的 | 那个问题 | 没有 | 严重 |

공략

| 1단계 | A+没有+B | 那个问题+没有+我们想象的 |
| 2단계 | A+没有+B+술어 | 那个问题+没有+我们想象的+严重 |

∴　那个问题没有我们想象的严重。 그 문제는 우리가 상상한 것처럼 심각하지 않다.

◐ 没有를 사용한 비교문으로 'A+没有+B+술어'의 구조를 갖는다. '我们想象的'는 '我们想象+구조조사 的'가 결합된
구조로 대사가 된다.

어휘　问题 wèntí 뗑 문제 | ★想象 xiǎngxiàng 뙝 상상하다 | ★严重 yánzhòng 뼝 심각하다

6　　　　　　　　　　　　　　　　　　　　　　　　　　　난이도 下　공략 Key 让 겸어문의 구조 파악

| 刷卡 | 我 | 不让 | 买东西 | 我父母 |

공략

1단계	연동문 호응	刷卡+买东西
2단계	让+겸어+술어	不让+我+刷卡买东西
3단계	주어+让+겸어+술어	我父母+不让+我+刷卡买东西

∴　我父母不让我刷卡买东西。 우리 부모님은 카드로 물건을 못 사게 하신다.

◐ 동사가 연달아 출현하는 연동문의 경우 발생하는 시간 순서에 따라 위치시킨다. 즉, '카드를 긁어 물건을 산다'라는 의미로
'刷卡+买东西' 순서가 된다. 의미적으로 부모님이 내가 카드를 긁어 물건을 사는 것을 금지하는 것이므로, 주어는 父母가
되고 겸어는 我가 된다.

어휘　父母 fùmǔ 뗑 부모 | ★刷卡 shuākǎ 뙝 카드를 긁다 | ★东西 dōngxi 뗑 물건

7

| 不比他 | 成绩 | 高 | 多少 | 我这个学期 |

공략
- **1단계** 의미상 호응 　　　　　　　　　　　　　我这个学期+成绩
- **2단계** A+不比+B 　　　　　　　　　　　我这个学期成绩+不比+他
- **3단계** A+不比+B+술어 　　　　　　　我这个学期成绩+不比+他+高
- **4단계** A+不比+B+술어+多少 　　我这个学期成绩+不比+他+高+多少

∴ 我这个学期成绩不比他高多少。 나의 이번 학기 성적은 그보다 얼마 높지 않다.

❍ 不比를 사용한 비교문으로 'A+不比+B+술어'의 구조를 가지며, 多少는 不比와 호응되는 표현으로 반드시 술어 뒤에 위치한다. 不比 비교문은 두 비교 대상의 차이가 비슷하다는 의미를 나타내므로, '이번 학기 성적은 둘 다 비슷하다'는 속뜻을 가지고 있다.

어휘　★成绩 chéngjì 몡 성적 | ★学期 xuéqī 몡 학기

8

| 请米小姐 | 吃顿便饭 | 想 | 我 |

공략
- **1단계** 请+사람+동사 　　　　　　　　　　　请+米小姐+吃顿便饭
- **2단계** 조동사+请+사람+동사 　　　　　想+请+米小姐+吃顿便饭
- **3단계** 주어+조동사+请+사람+동사 　我+想+请+米小姐+吃顿便饭

∴ 我想请米小姐吃顿便饭。 나는 미 샤오제에게 간단한 식사를 대접할 생각이다.

❍ 겸어문에서 조동사는 첫 번째 동사 뒤에 위치하므로 '想+请米小姐' 순서가 된다.

어휘　★顿 dùn 양 끼니(식사·질책·권고 등을 세는 단위) | 便饭 biànfàn 몡 간단한 식사

9

| 很新鲜 | 跟 | 今天的鱼 | 上次 | 一样 |

공략
- **1단계** A+跟+B+一样 　　　　　　　今天的鱼+跟+上次+一样
- **2단계** A+跟+B+一样+술어 　今天的鱼+跟+上次+一样+很新鲜

∴ 今天的鱼跟上次一样很新鲜。 오늘 생선은 지난번처럼 매우 신선하다.

❍ 동등 비교문에서 주어는 구체적이고 확실한 대상이어야 한다. 때문에 불확실한 대상인 上次는 주어로 사용될 수 없다. 또한 구체적인 비교 내용을 설명하는 술어는 一样 뒤에 위치한다.

어휘　鱼 yú 몡 생선 | 上次 shàngcì 몡 지난번 | ★新鲜 xīnxian 혱 신선하다

10

| 激动 | 肯定能 | 孩子 | 使 | 这件事 |

공략

- **1단계** 使＋겸어＋술어 　　　　　　　　　　使＋孩子＋激动
- **2단계** 부사＋조동사＋使 　　　　　　　　肯定＋能＋使孩子激动
- **3단계** 주어＋부사어＋使＋겸어＋술어 　　这件事＋肯定能＋使＋孩子＋激动

∴ 这件事肯定能使孩子激动。 이 일은 분명 아이를 감격시킬 것이다.

◐ 겸어문에서 부사와 조동사는 첫 번째 동사 앞에 위치하므로 '肯定能＋使' 순서로 나열된다. 겸어문은 '주어가 겸어로 하여금 ~하게 시키다'라는 의미이므로, '这件事'가 주어가 되고 孩子가 겸어가 된다.

어휘 ★肯定 kěndìng 凰 분명히 ｜ ★激动 jīdòng 동 감격하다

38 day 내 몸에 가까운 명사

1

난이도 上 ｜ 공략 Key 동사와 비슷한 명사 구분

主意

모범 답안

1. 他想不起**主意**来。
   그는 아이디어가 생각나지 않는다.

2. 他应该想出好**主意**。
   그는 반드시 좋은 생각을 생각해내야 한다.

3. 老板让他出**主意**。
   사장님이 그에게 아이디어를 내라고 시켰다.

4. 为了解决那个问题，他需要好**主意**。
   그 문제를 해결하기 위해, 그는 좋은 방법이 필요하다.

5. 他没有任何**主意**。 / 他什么**主意**也没有。
   그는 어떠한 아이디어도 없다.

공략　◇ 명사 主意는 '아이디어를 내다, 아이디어를 생각하다' 등의 의미로 활용이 가능하며, 동사 '出, 想起, 想出' 등과 자주 호응한다.

◇ 1음절 형용사 好가 명사를 꾸밀 때는 구조조사 的를 사용하지 않는다. 的를 사용할 경우에는 '很好的主意'처럼 2음절 이상의 관형어가 위치해야 한다.

어휘　★主意 zhǔyi 몡 방법, 생각, 아이디어 ｜ ★解决 jiějué 용 해결하다 ｜ ★任何 rènhé 때 어떠한

2

난이도 中 ｜ 공략 Key 동사와 비슷한 명사 구분

消息

모범 답안

1. 朋友告诉她一个**消息**。
   친구가 그녀에게 소식 하나를 알려준다.

2. 朋友说的**消息**让她很吃惊。
   친구가 말한 소식은 그녀를 놀라게 만든다.

3. 我有一个好**消息**，我告诉你吧。
   오늘 좋은 소식이 하나 있어. 내가 너에게 알려줄게.

4. 我不能相信朋友说的**消息**。
   난 친구가 말해준 소식을 믿을 수 없다.

5. 不要告诉别人这个**消息**。 / 不要把这个**消息**告诉别人。
   이 소식을 다른 사람에게 말하지 마라.

공략　◇ 명사 消息는 '소식을 전하다, 말하다' 등의 의미로 활용 가능하며, 동사 告诉, 说 등과 자주 호응한다.

◇ '～에게 ～을 알리다'라는 의미의 쌍빈동사 告诉는 개사 给, 对 등과 함께 사용할 수 없다. '给他告诉一个消息'는 틀린 문장이므로 주의하도록 하자.

어휘　★消息 xiāoxi 몡 소식 ｜ ★吃惊 chījīng 용 놀라다

信用卡

모범 답안

1. 她用信用卡买了很多东西。
   그녀는 신용 카드를 사용해서 많은 물건을 샀다.

2. 她逛街的时候总是使用信用卡。
   그녀는 쇼핑할 때 늘 신용 카드를 사용한다.

3. 使用信用卡购物很方便。
   신용 카드를 사용해서 물건을 사는 것은 아주 편리하다.

4. 用信用卡买东西会浪费钱。
   신용 카드로 물건을 사면 돈을 낭비할 수 있다.

5. 明天是圣诞节，所以她用信用卡买了很多礼物。
   내일은 성탄절이다. 그래서 그녀는 신용 카드로 많은 선물을 샀다.

공략　◇ '신용 카드를 쓰다, 사용하다'라고 할 때 使用과 用 모두 사용할 수 있다. '카드를 긁다'라고 표현할 때는 동사 刷를 사용한다.
　　　　◇ '물건을 사다'라고 표현할 때 '买东西, 购物' 모두 사용할 수 있다.

어휘　★信用卡 xìnyòngkǎ 몡 신용 카드 | ★购物 gòuwù 통 쇼핑하다 | ★浪费 làngfèi 통 낭비하다 | 圣诞节 Shèngdànjié 몡 성탄절

盒子

모범 답안

1. 这些盒子里有什么(东西)?
   이 상자들 안에 무엇이 있니?

2. 这些盒子里有送(给)你的礼物。
   이 상자들 안에 너에게 줄 선물이 있다.

3. 谁把这些盒子放在这里了?
   누가 이 상자들을 여기에 두었지?

4. 我要把这些盒子送给朋友。
   나는 이 상자들을 친구에게 주려고 한다.

5. 我可以打开这些盒子吗? / 我可以把这些盒子打开吗?
   제가 이 상자들을 열어봐도 되나요?

공략　◇ 여러 개의 상자가 있으므로 복수를 나타내는 양사 些를 사용하는 것이 적당하다.
　　　　◇ 쌍빈동사를 제외하고 동사는 한 개의 목적어만을 가질 수 있다. '放在这里'는 이미 这里라는 장소 목적어를 이끌고 있기 때문에 뒤에 '这些盒子'를 놓을 수 없다. 그러므로 把자문을 사용해야 한다.
　　　　　예 谁放在这里这些盒子了? (×) → 谁把这些盒子放在这里了? (O)

어휘　★盒子 hézi 몡 상자, 박스 | ★礼物 lǐwù 몡 선물

5

笔记本

모범 답안

1. 她在**笔记本**上写我的电话号码。/ 她把我的电话号码写在**笔记本**上。
   그녀는 노트에 나의 전화번호를 적는다.

2. 秘书在**笔记本**上写经理的话。/ 秘书把经理的话写在**笔记本**上。
   비서는 사장님의 말을 노트에 적는다.

3. 她在**笔记本**上写这里的情况。/ 她把这里的情况写在**笔记本**上。
   그녀는 이곳의 상황을 노트에 적는다.

4. 她在**笔记本**上写自己的想法。/ 她把自己的想法写在**笔记本**上。
   그녀는 자신의 아이디어를 노트에 적는다.

5. 她在**笔记本**上写什么?
   그녀는 노트에 무엇을 적고 있니?

쓰기
제2부분

공략
◇ 개사 在는 '∼에'라는 의미로 장소 목적어를 이끈다. 笔记本은 장소가 아닌 사물이므로 반드시 방위사 上을 써야 한다.

◇ '동사＋在'는 장소 목적어를 이끈다. 쌍빈동사를 제외하고 동사는 하나의 목적어만을 가질 수 있기 때문에 목적어는 把 자로 처치해야 한다.

예 她写在笔记本上自己的想法。(×) → 她**把**自己的想法写在笔记本上。(O)

어휘
★笔记本 bǐjìběn 명 노트, 공책 | 秘书 mìshū 명 비서 | ★情况 qíngkuàng 명 상황 | ★想法 xiǎngfa 명 방법

39 day 그림으로 읽는 동사 의미

본책_ 399쪽

1

禁止

모범 답안

1. 这里**禁**止抽烟。
   이곳은 흡연을 금지합니다.

2. 公共场所应该**禁**止抽烟。
   공공장소에서는 반드시 흡연을 금지해야 한다.

3. 这里为什么**禁**止抽烟?
   이곳은 왜 흡연을 금지합니까?

4. 抽烟对孩子不好，所以学校里应该**禁**止抽烟。
   흡연은 아이들에게 좋지 않다. 그래서 학교에서는 반드시 흡연을 금지해야 한다.

5. 为了保护森林，应该**禁**止抽烟。
   숲을 보호하기 위해서 반드시 흡연을 금지해야 한다.

 禁止는 '~하는 것을 금지하다'라는 동사로 '抽烟禁止, 使用禁止'라고 하는 것은 잘못된 표현이다. 반드시 禁止 뒤에 목적절로 다른 동사를 위치시켜야 한다.

어휘 ★禁止 jìnzhǐ 동 금지하다 | ★抽烟 chōuyān 동 담배를 피우다 | ★保护 bǎohù 동 보호하다

2

咳嗽

모범 답안

1. 他感冒了，所以一直咳嗽。
   그는 감기에 걸려서 계속 기침을 하고 있다.

2. 他咳嗽很严重。
   그는 기침이 심하다.

3. 他一直咳嗽，但是不想吃药。
   그는 계속 기침을 하지만 약을 먹고 싶지 않다.

4. 他又咳嗽又发烧。
   그는 기침도 하고 열도 난다.

5. 这几天他一直咳嗽，所以睡不着觉。
   요 며칠 그는 계속 기침을 해서 잠을 이룰 수 없다.

공략 '계속 기침을 했다'라는 의미를 나타낼 때는 了를 문장 끝에 위치시킬 수 없다. 了는 완성을 나타내는 어기조사이므로 지속의 느낌이 있는 一直와 함께 사용될 수 없다.

어휘 ★咳嗽 késou 동 기침하다 | ★严重 yánzhòng 형 위급하다, 심각하다 | ★发烧 fāshāo 동 열이 나다

3

干杯

모범 답안

1. 为他(她)的生日干杯。
   그(그녀)의 생일을 위해 건배한다.

2. 为了祝贺他(她)的成功干杯。
   그(그녀)의 성공을 축하하기 위해 건배한다.

3. 喝酒的时候，人们喜欢干杯。
   술을 마실 때 사람들은 건배하는 것을 좋아한다.

4. 大家都举起杯子干杯。
   모두들 잔을 들어 건배합시다.

5. 晚会时他们都干杯。
   저녁 모임 때 그들은 모두 건배한다.

공략 ◇ '~을 위해 건배하다'라고 표현할 때 개사 为(了)를 쓴다.

◇ '축하하다'라는 의미의 동사는 祝贺이고 祝는 '祝＋사람＋사건'의 구조로 '~를 기원하다, 바라다'라는 의미로 사용된다. 그러므로 '为了祝他的成功干杯'라고 하면 잘못된 문장이다.

어휘 ★干杯 gānbēi 동 건배하다 | ★祝贺 zhùhè 동 축하하다 | ★晚会 wǎnhuì 명 저녁 모임

4

联系

모범 답안

1. 她常常给朋友打电话**联系**。
   그녀는 자주 친구에게 전화를 걸어 연락한다.

2. 很长时间没有**联系**的朋友突然来电话了。
   오랫동안 연락이 없던 친구가 갑자기 전화를 걸어왔다.

3. 她一有时间就**联系**朋友。
   그녀는 시간이 나면 바로 친구에게 연락을 한다.

4. 你应该常常给妈妈**联系**。
   너는 반드시 엄마에게 자주 연락을 해야 한다.

5. **联系**朋友时她最高兴。
   친구에게 연락할 때 그녀는 가장 즐겁다.

공략   '연락하다'라는 의미의 동사 联系는 뒤에 목적어를 가질 수 있으며 개사 给 등과 호응하여 대상을 앞에 위치시킬 수도 있다.

예 给朋友联系。= 联系朋友。 친구에게 연락하다.

어휘   ★联系 liánxì 동 연락하다 | ★突然 tūrán 부 갑자기

5

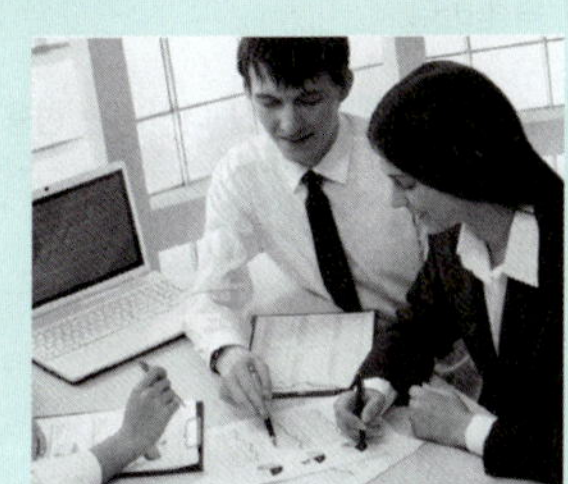

讨论

모범 답안

1. 他们今天开会**讨论**。
   그들은 오늘 회의를 열어 토론을 한다.

2. **讨论**时大家都发表自己的意见。
   토론을 할 때 모두들 자신의 의견을 발표한다.

3. 他们已经**讨论**了很长时间。
   그들은 이미 한참 동안 토론을 했다.

4. 他们为了解决那件事开会**讨论**。
   그들은 그 일을 해결하기 위해서 회의를 열어 토론한다.

5. 他们**讨论**工资问题。
   그들은 월급 문제를 토론한다.

공략   '토론하다'라는 의미의 동사 讨论은 개사 对와 함께 호응되어 토론하는 대상을 이끌거나 뒤에 토론하는 목적어를 바로 위치시키기도 한다.

예 我们对那个问题讨论。 우리는 그 문제에 대해 토론한다.

어휘   ★讨论 tǎolùn 동 토론하다 | ★发表 fābiǎo 동 발표하다 | ★解决 jiějué 동 해결하다 | ★工资 gōngzī 명 월급

쓰기
제2부분

🗓 **40**_{day} 분위기 메이커 형용사

1

`난이도` 中 `공략 Key` 생김새를 나타내는 형용사

帅

`모범 답안`

1. 他很**帅**。/ 他长得很**帅**。
   그는 잘생겼다.

2. 这很**帅**的男孩儿就是我男朋友。
   이 잘생긴 남자아이가 바로 내 남자 친구이다.

3. 他长得很**帅**，所以很受欢迎。
   그는 잘생겨서 아주 인기가 있다.

4. 他又**帅**又聪明。
   그는 잘생기고 똑똑하다.

5. 他长得很**帅**，但是没有女朋友。
   그는 잘생겼지만, 여자 친구가 없다.

공략 '〜하게 생기다'라고 표현할 때는 구조조사 得를 사용하여 '长得很漂亮(예쁘게 생기다), 长得很难看(못생기다), 长得很帅(잘생겼다)' 등으로 나타낸다.

어휘 ★帅 shuài 휑 잘생기다 | ★受欢迎 shòu huānyíng 인기가 있다 | ★聪明 cōngming 휑 똑똑하다

2

`난이도` 下 `공략 Key` 성질을 나타내는 형용사

厚

`모범 답안`

1. 这本书太**厚**了。
   이 책은 너무 두껍다.

2. 这本书太**厚**，所以今天看不完。
   이 책은 너무 두꺼워서, 오늘 다 볼 수 없다.

3. 这本很**厚**的书是谁的?
   이 두꺼운 책은 누구 것이니?

4. 这本书既**厚**又重。
   이 책은 두껍고 무겁다.

5. 我从来没看过这么**厚**的书。
   나는 여태껏 이렇게 두꺼운 책을 본 적이 없다.

공략 병렬 구조의 대표적 접속사 既는 '〜하면서 〜하다'라는 의미로 부사 又나 也와 호응을 이룬다. 형용사를 병렬할 경우 '一边……一边……'은 사용할 수 없다.

어휘 ★厚 hòu 휑 두껍다 | ★从来 cónglái 휑 여태껏

3

脏

모범 답안

1. 这件衣服太脏了。
   이 옷은 너무 더럽다.

2. 衣服太脏了，快洗洗吧。
   옷이 너무 더러우니, 빨리 좀 세탁해라.

3. 你还要穿这么脏的衣服吗？
   너는 이렇게 더러운 옷을 다시 입겠다는 거니?

4. 衣服怎么这么脏了？
   옷이 왜 이렇게 더러워진 거야?

5. 衣服太脏了，换别的衣服吧。
   옷이 너무 더러우니, 다른 옷으로 갈아입어라.

공략 脏은 형용사이기 때문에 목적어를 가질 수 없다. 그러므로 만일 '옷을 더럽혔다'라고 할 때는 弄, 掉 등과 같은 동사와 함께 사용되어 '他把衣服弄脏了'라고 해야 한다.

어휘 ★脏 zāng 형 더럽다 | ★别的 biéde 명 다른 것

4

正式

모범 답안

1. 他今天衣服穿得很正式。
   그는 오늘 옷을 정식으로 잘 차려입었다.

2. 他喜欢穿很正式的衣服。
   그는 정식으로 잘 갖춰진 옷을 입는 걸 좋아한다.

3. 他今天见女朋友的父母，所以衣服穿得很正式。
   그는 오늘 여자 친구의 부모님을 만난다. 그래서 옷을 잘 차려입었다.

4. 今天他参加面试，所以衣服穿得很正式。
   오늘 그는 면접을 본다. 그래서 옷을 잘 차려입었다.

5. 他穿很正式的衣服，看起来更帅。
   그는 정식으로 잘 갖춰진 옷을 입으니, 더욱 잘생겨 보인다.

공략 '정식으로 잘 차려입다, 갖추어 입다'를 중국어로는 '옷을 입는 정도가 아주 정식이다'라는 의미로 표현해야 하므로 구조조사 得를 사용하여 '衣服穿得很正式'라고 해야 한다.

어휘 ★正式 zhèngshì 형 정식의 | ★面试 miànshì 명 면접 시험

困

모범 답안

1. 他昨天没睡好，所以很困。
   그는 어제 잠을 잘 못 잤다. 그래서 매우 졸린다.

2. 他刚才吃了感冒药，所以很困。
   그는 방금 전에 감기약을 먹었다. 그래서 매우 졸린다.

3. 他很困，所以想睡一会儿。
   그는 매우 졸려서 잠시 자고 싶다.

4. 他昨天熬夜了，所以很困。
   그는 어제 밤을 새서, 매우 졸린다.

5. 他刚吃午饭，所以很困。
   그는 막 점심을 먹어서 매우 졸린다.

공략　一会儿은 '잠시 후, 곧'이라는 의미와 '잠시 동안'이라는 의미를 동시에 가지고 있다. 만일 '잠시 후, 곧'이라는 의미로 사용될 경우에는 술어 앞에 위치하며, '잠시 동안'이라는 의미로 사용될 경우에는 시량보어로 쓰여 술어 뒤에 위치한다.

어휘　★困 kùn 형 졸리다 | ★熬夜 áoyè 동 밤새다

정답

듣기									
1. ×	2. √	3. ×	4. ×	5. √	6. ×	7. √	8. ×	9. ×	10. √
11. C	12. D	13. A	14. B	15. D	16. C	17. A	18. C	19. D	20. B
21. A	22. C	23. D	24. C	25. B	26. B	27. A	28. D	29. B	30. C
31. A	32. B	33. D	34. C	35. A	36. B	37. B	38. C	39. D	40. A
41. C	42. D	43. D	44. B	45. A					

독해									
46. E	47. A	48. F	49. C	50. D	51. B	52. F	53. C	54. A	55. E
56. BCA		57. CAB		58. ACB		59. BAC		60. CBA	
61. ABC		62. CAB		63. ACB		64. CAB		65. BCA	
66. A	67. B	68. D	69. C	70. C	71. D	72. A	73. B	74. C	75. B
76. D	77. D	78. D	79. C	80. A	81. D	82. D	83. D	84. C	85. C

쓰기

86. 对面墙上挂着两张世界地图。

87. 北京的空气很干燥。

88. 邻居家的孩子给老云出了一个好主意。

89. 孙子把办公室的钥匙丢失了。

90. 左阿姨被外面的敲门声吵醒了。

91. 今晚的表演真的很精彩。

92. 那个消息让黄博士非常激动。

93. 他的这句话竟然引起了警察的注意。

94. 他们还在继续进行讨论。

95. 这篇报告写得很仔细。

96. ① 这个男人对自己的想法很有信心。

② 这个很有信心的人就是这家公司的老板。

③ 他很有信心地说出了自己的想法。

④ 他对这个任务很有信心。

⑤ 他很有信心，所以经理信任他。

97. ① 护士给女孩子打针。

② 女孩子不喜欢打针。

③ 女孩子害怕打针。

④ 女孩子感冒了，所以给她打针。

⑤ 女孩子害怕打针，但是没有哭。

98. ① 到底怎么解决这个问题？

② 他不知道到底怎么回事。

③ 他到底在想什么？

④ 我的钱包到底在哪儿？

⑤ 他到底为什么这么难过？

99. ① 女的误会了男的的意思。

② 你别误会了，我不是那个意思。

③ 女的误会了，所以他们俩吵架了。

④ 别人误会的时候要及时解释。

⑤ 我误会你了，对不起。

100. ① 这本书你看过几遍？

② 她已经把这本书看过三遍了。

③ 她很喜欢这本书，所以打算再读一遍。

④ 她已经把这本书看过好几遍了，但是还是看不懂。

⑤ 这本书我以前看过一遍。

1　　　　　　　　　　　　　　　　　　난이도 下　공략 Key 감정 관련 어휘

我是第一次遇到那种情况，如果当时张师傅没陪着我，我可不知道应该怎么做好，<u>真是太感谢他了</u>。

★ 我觉得很可惜。（ × ）

저는 그런 상황에 처음 맞닥뜨린 거라, 만일 그때 장 사부께서 저와 함께 계시지 않았더라면, 저는 정말 어떻게 해야 할지 몰랐을 겁니다. <u>장 사부님께 정말로 감사드립니다</u>.

★ 나는 매우 애석하다고 생각한다. （ × ）

공략　화자는 이 상황을 도와준 장 사부에게 감사의 뜻을 표하고 있다. 문제 중의 觉得는 '～라고 여기다'라는 의미로 감정이나 평가를 이끈다.

어휘　遇到 yùdào 동 맞닥뜨리다, (우연히) 만나다 ｜ ★情况 qíngkuàng 명 상황 ｜ ★当时 dāngshí 명 당시 ｜ ★可惜 kěxī 형 애석하다

2　　　　　　　　　　　　　　　　　　난이도 中　공략 Key '受欢迎'의 의미 파악

<u>现在网上购物非常流行</u>。年轻人尤其喜欢在网站买书、衣服、包等东西，因为在网站上买东西比去商店买更便宜。

★ 网上购物很受欢迎。（ √ ）

지금 인터넷 쇼핑이 굉장히 유행하고 있다. 젊은 사람들은 웹 사이트에서 책과 옷, 가방 등의 물건을 사는 것을 특히 좋아한다. 왜냐하면 웹 사이트에서 물건을 사는 것이 상점에 가는 것보다 더욱 저렴하기 때문이다.

★ 인터넷 쇼핑은 매우 인기 있다. （ √ ）

공략　'很受欢迎'은 '환영을 받다' 즉 '인기가 있다'라는 의미를 담고 있다. 현재 젊은이들 사이에서 인터넷 쇼핑이 유행하고 있다고 했으므로 정답은 옳은 것이다.

어휘　★网上购物 wǎngshàng gòuwù 인터넷 쇼핑 ｜ 尤其 yóuqí 부 특히 ｜ ★受欢迎 shòu huānyíng 인기가 있다

3　　　　　　　　　　　　　　　　　　난이도 下　공략 Key 행동의 목적 찾기

马先生当时并不是故意的，那天的事情太突然了。他也没想到事情会弄成这样。<u>今天他要来向你道歉</u>。你就原谅他吧。

★ 马先生要来表示祝贺。（ × ）

마 선생은 그때 결코 고의가 아니었어. 그날 일은 너무 갑작스러웠어. 마 선생도 일이 이렇게 될 줄은 전혀 생각지도 못했대. <u>오늘 마 선생이 너에게 사과하러 온다니까 용서해줘</u>.

★ 마 선생은 축하하러 온다. （ × ）

공략　본문에서 마 선생이 오늘 사과하러 온다고 했으므로 '축하하러 온다'는 문제는 틀린 것이다. 道歉은 이합동사로 '～에게 사과하다'라는 의미로 사용될 때는 개사 向과 호응한다.

어휘　故意 gùyì 부 고의로 ｜ ★突然 tūrán 형·부 갑작스럽다; 갑자기 ｜ 弄 nòng 동 하다 ｜ ★道歉 dàoqiàn 동 사과하다 ｜ 原谅 yuánliàng 동 용서하다 ｜ ★祝贺 zhùhè 동 축하하다

4 　난이도 上　공략 Key 임박태

今天是6.1儿童节，许多父母带着自己的孩子来动物园看猴子、大熊猫。动物园里真是热闹极了。

★ 快到儿童节了。（ × ）

오늘은 6.1 어린이날이다. 많은 부모들은 자신의 아이를 데리고 원숭이와 판다를 보러 동물원에 온다. 동물원은 정말 떠들썩하다.

★ 곧 어린이날이 다가온다. （ × ）

공략　'快到……了'는 '곧 ～이 된다'라는 의미로 임박태를 나타낸다. 문제에는 곧 어린이날이 된다고 제시되어 있지만, 본문에서는 오늘이 바로 어린이날이라고 했으므로 정답은 틀린 것이다.

어휘　儿童节 Értóngjié 명 어린이날 | ★猴子 hóuzi 명 원숭이 | ★大熊猫 dàxióngmāo 명 판다 | ★热闹 rènao 형 번화하다

5 　난이도 中　공략 Key '既然……就……' 호응

我们现在可以放心了，一共有30个人同意这个计划，超过2/3，既然大部分人觉得没问题，那我们就通过了。

★ 计划获得了通过。（ √ ）

우리는 이제 안심해도 되겠어. 모두 30명의 사람들이 이 계획에 동의했고, 2/3가 넘었어. 기왕 대부분의 사람들이 문제없다고 했으니, 그럼 우리는 통과한 거야.

★ 계획이 통과되었다. （ √ ）

공략　본문에서 2/3를 넘는 사람들이 이미 이 계획에 동의했다고 했으므로 '계획이 통과되었다'는 문제는 옳은 것이다.

어휘　放心 fàngxīn 동 안심하다 | ★同意 tóngyì 동 동의하다 | 计划 jìhuà 명 계획 | ★超过 chāoguò 동 초과하다 | ★既然 jìrán 접 기왕 | 获得 huòdé 동 얻다

6 　난이도 上　공략 Key 구체적 의미 파악

舞会上直接拒绝别人的邀请是没有礼貌的。如果不得不拒绝，你可以告诉对方我有些累了想休息休息，相反也不要很快就接受别人的邀请。

★ 不要接受别人的邀请。（ × ）

무도회에서 다른 사람의 요청을 직접적으로 거절하는 것은 예의 없는 것이다. 만일 어쩔 수 없이 거절해야 한다면, 당신은 상대방에게 좀 피곤해서 잠시 쉬고 싶다고 말해도 된다. 이와 반대로 다른 사람의 요청을 바로 받아들여서도 안 된다.

★ 다른 사람의 요청을 받아들이지 마라. （ × ）

공략　본문에서 다른 사람의 요청을 직접적으로 거절하지 말아야 하는 동시에 너무 쉽게 받아들여서는 안 된다고 했으므로 정답은 틀린 것이다.

어휘　舞会 wǔhuì 명 무도회 | ★拒绝 jùjué 동 거절하다 | ★邀请 yāoqǐng 동 초청하다 | 相反 xiāngfǎn 접 반대로

7 　난이도 中　공략 Key 키와 관련된 형용사

马经理个子矮，他不说话的时候给人的感觉很普通，但他一说话就好像换了一个人一样，马上就能吸引住别人的注意。

★ 马经理个子不高。（ √ ）

마 사장은 키가 작다. 그가 말을 하지 않을 때에는 다른 사람에게 특별한 인상을 주지 못한다. 하지만 그가 말을 시작하면 마치 다른 사람이 된 듯해서 다른 사람의 주의를 바로 끌어당긴다.

★ 마 사장은 키가 크지 않다. （ √ ）

공략　矮는 '不高'와 마찬가지로 '키가 작다'라는 의미이다. 그러므로 정답은 옳은 것이다.

어휘　★矮 ǎi 형 키가 작다 | ★普通 pǔtōng 형 보통이다 | ★吸引 xīyǐn 동 흡인하다, 끌어당기다 | ★注意 zhùyì 명 주의

我和王律师认识差不多30年了，这么多年来，我们俩几乎没为什么事情红过脸，周围人都羡慕我们俩。

★ 他们俩是同事。（ × ）

나는 왕 변호사와 알고 지낸 지 거의 30년이 되었다. 이렇게 오랜 시간 동안, 우리 둘은 어떤 일 때문에 거의 얼굴을 붉힌 적이 없다. 주위 사람들은 모두 우리 둘을 부러워한다.

★ 그들 둘은 직장 동료이다. （ × ）

공략 나와 왕 변호사가 어떤 사이인지는 언급하지 않았으므로 정답은 틀린 것이다.

어휘 俩 liǎ ㉟ 두 사람 | ★几乎 jīhū ㈜ 거의 | 周围 zhōuwéi ㈐ 주위 | ★羡慕 xiànmù ㈌ 부러워하다

小王每天早上在电梯里遇到她，可能她也在这座大楼里上班。但是他们从来没有说过话，只是看着很熟悉。

★ 他们俩经常聊天。（ × ）

샤오왕은 매일 아침 엘리베이터 안에서 그녀를 만난다. 아마도 그녀 역시 이 건물에서 일을 하는 것 같다. 하지만 그들은 이제껏 말을 나눈 적이 없다. 단지 봐서 익숙할 뿐이다.

★ 그들 둘은 자주 이야기를 나눈다. （ × ）

공략 문제 중의 聊天은 '이야기를 나누다'라는 의미로 说话와 같다. 본문에서 이제껏 말을 나눈 적이 없다고 했으므로 정답은 틀린 것이다.

어휘 电梯 diàntī ㈐ 엘리베이터 | ★大楼 dàlóu ㈐ 빌딩 | ★只是 zhǐshì ㈜ 단지 | ★熟悉 shúxī ㈎ 익숙하다

有些人很粗心，直接用自己的生日或电话号码做银行卡的密码。其实这样做很危险。

★ 最好不要拿生日做密码。（ √ ）

몇몇 사람들은 부주의해, 자신의 생일이나 전화번호를 은행 카드의 비밀번호로 직접 사용한다. 사실 이렇게 하는 것은 매우 위험하다.

★ 생일로 비밀번호를 만들지 않는 것이 제일 좋다. （ √ ）

공략 본문에서 자신의 생일이나 전화번호로 비밀번호를 만드는 것은 위험한 일이라고 했으므로 정답은 옳은 것이다.

어휘 ★粗心 cūxīn ㈎ 부주의하다 | 号码 hàomǎ ㈐ 번호 | ★银行卡 yínhángkǎ ㈐ 은행 카드 | ★密码 mìmǎ ㈐ 비밀번호 | ★其实 qíshí ㈜ 사실은 | ★危险 wēixiǎn ㈎ 위험하다

男：家里的牙膏快用完了。一会儿去超市别忘了买新的。
女：好，顺便买瓶醋。醋也快没了。

★ 他们一会儿要去哪儿？

A 牙科　　　　　B 银行
C 超市　　　　　D 餐厅

남: 집에 치약이 다 떨어져가네. 조금 이따가 슈퍼마켓에 갈 때 새것 사는 거 잊지 마.
여: 알겠어. 간 김에 식초도 한 병 사야겠어. 식초도 다 떨어져가네.

★ 그들은 잠시 후 어디에 가려고 하는가?

A 치과　　　　　B 은행
C 슈퍼마켓　　　D 식당

12 난이도 下 공략 Key 행동 관련 어휘

女：下午跟我去逛街怎么样？最近百货商店在打折。我想去买个包。
男：今天不行。公司加班。明天再去吧。

★ 男的要做什么？

A 逛街　　　　　B 打折
C 买包　　　　　D 加班

여: 오후에 나랑 쇼핑 가는 거 어때? 요새 백화점에서 세일하거든. 가방 하나 사고 싶어.
남: 오늘은 안 돼. 회사에서 야근해. 내일 가자.

★ 남자는 무엇을 하려고 하는가?

A 쇼핑　　　　　B 세일
C 가방 구입　　　D 야근

공략 A와 C는 여자와 관련된 동작이고, B는 백화점과 관련된 내용이다. 문제는 남자가 무엇을 해야 하는지 묻고 있으므로 정답은 D가 된다.

어휘 ★逛街 guàngjiē 동 거리 구경을 하다 | ★打折 dǎzhé 동 세일하다

실전
모의고사

13 난이도 中 공략 Key 장소 관련 어휘

男：你在干什么呢？需要我帮助你吗？
女：我想在这面墙上挂一张画儿，在那面墙上挂一张中国地图。

★ 他们最可能在哪儿？

A 家　　　　　　B 飞机上
C 公园　　　　　D 森林

남: 너 지금 뭐하고 있니? 내가 도와줄까?
여: 이쪽 벽에 그림 하나 걸고, 저쪽 벽에 중국 지도를 걸려고.

★ 그들은 어디에 있을 가능성이 큰가?

A 집　　　　　　B 비행기 안
C 공원　　　　　D 숲

공략 직접적인 장소를 언급하고 있지 않기 때문에 대화의 내용과 분위기를 통해 장소를 유추해야 한다. 벽에 지도를 걸고 있으므로 정답은 A가 된다.

어휘 ★墙 qiáng 명 벽 | ★挂 guà 동 걸다 | 地图 dìtú 명 지도 | ★森林 sēnlín 명 숲

14 난이도 中 공략 Key 장소 관련 어휘

女：我想暂时请小毛来负责酒店的工作。你看有问题没？
男：他最近在忙另一件事。您还是考虑其他人吧。

★ 女的想请小毛负责哪方面的工作？

A 药店　　　　　B 酒店
C 服装店　　　　D 修理店

여: 나는 샤오마오에게 호텔 일을 잠시 맡기고 싶은데, 자네 생각은 어때?
남: 그는 요새 다른 일로 바쁜 것 같습니다. 다른 사람을 고려해보시는 것이 좋겠습니다.

★ 여자는 샤오마오에게 어떤 일을 맡길 생각인가?

A 약국　　　　　B 호텔
C 옷 가게　　　　D 수리점

공략 여자는 대화 첫 부분에 호텔 일을 샤오마오에게 맡기고 싶다고 했으므로 정답은 B가 된다.

어휘 ★暂时 zànshí 명 잠시 | ★负责 fùzé 동 책임을 지다 | ★另 lìng 대 다른 | 考虑 kǎolǜ 동 고려하다 | ★其他 qítā 대 기타 | 药店 yàodiàn 명 약국 | 服装店 fúzhuāngdiàn 명 옷 가게

男：听说你和小王一起新租的房子离海很近。
女：是的。这儿空气既新鲜又湿润。你下星
　　期抽空来玩儿吧。

★ 关于女的，下列哪个正确？

A 皮肤湿润　　　　B 喜欢海鲜
C 一个人住　　　　D 搬家了

남: 듣자 하니, 너와 샤오왕이 새로 임대한 집이 바다
　　에서 가깝다면서.
여: 응. 거긴 공기가 상쾌하고 촉촉해. 다음 주에 시간
　　내서 놀러 와.

★ 여자에 관해 다음 중 옳은 것은?

A 피부가 촉촉하다　　　B 해산물을 좋아한다
C 혼자 살고 있다　　　　D 이사했다

공략　남자는 여자와 샤오왕이 새로 이사 간 집이 바다와 가깝다고 말하고 있으므로 여자가 이사간 것을 알 수 있다.

어휘　★租 zū 동 임대하다 | 空气 kōngqì 명 공기 | ★新鲜 xīnxiān 형 신선하다 | ★湿润 shīrùn 형 촉촉하다 | ★抽空 chōukòng 동 시간을 내다 | ★皮肤 pífū 명 피부 | 海鲜 hǎixiān 명 해산물

女：老关要请我们俩去他家做客。你说我们
　　带点儿什么礼物好呢？
男：他家有孩子，我们去买个蛋糕吧。

★ 关于男的，下列哪个正确？

A 喜欢孩子
B 请老关吃饭
C 要买蛋糕
D 不愿意去

여: 라오관이 우리 둘을 집에 초대하고 싶다는데. 어떤
　　선물을 사가는 것이 좋을까?
남: 집에 아이가 있으니까, 케이크를 사가자.

★ 남자에 관해 다음 중 옳은 것은?

A 아이를 좋아한다
B 라오관에게 식사를 초대한다
C 케이크를 사려고 한다
D 가기 싫어한다

공략　남자는 집에 아이가 있으니 선물로 케이크를 사가자고 했으므로 정답은 C가 된다.

어휘　做客 zuòkè 동 방문하다, 손님이 되다 | ★礼物 lǐwù 명 선물 | ★蛋糕 dàngāo 명 케이크 | ★正确 zhèngquè 형 정확하다

男：你以前不是养过一只猫吗？怎么不见了？
女：我明天要去外地出差，所以暂时请我弟
　　弟照顾它几天。

★ 关于那只猫，可以知道什么？

A 在女的弟弟家
B 暂时休息
C 去外地出差
D 以后不养猫了

남: 너 예전에 고양이 한 마리 기르지 않았니? 왜 안
　　보이는 거야?
여: 내가 내일 다른 지방으로 출장을 가거든. 그래서
　　남동생에게 며칠 보살펴달라고 부탁했어.

★ 그 고양이에 관해 무엇을 알 수 있는가?

A 여자의 남동생 집에 있다
B 잠시 쉰다
C 타지로 출장 간다
D 앞으로 고양이를 기르지 않는다

공략　'请＋사람＋동작'은 '~에게 ~하기를 청하다'라는 의미이다. 여자는 마지막 부분에 고양이를 며칠 보살펴달라고 남동생에게 부탁했다고 했으므로 정답은 A가 된다.

어휘　★养 yǎng 동 기르다 | ★猫 māo 명 고양이 | ★照顾 zhàogù 동 돌보다

女：下午有什么安排吗？去打乒乓球吧。好
　　久没去运动呢。
男：行，我下课后给你打电话。

★ 他们下午有什么安排？

A 打网球　　　　　　　B 打篮球
C 打乒乓球　　　　　　D 打羽毛球

여: 오후에 무슨 계획 있니? 탁구 치러 가자. 오랫동안
　　운동을 안 했잖아.
남: 좋아. 내가 수업 끝나고 너에게 전화할게.

★ 그들은 오후에 무슨 계획이 있나?

A 테니스를 친다　　　　B 농구를 한다
C 탁구를 친다　　　　　D 배드민턴을 친다

공략　行이 단독으로 쓰이는 경우 '좋다, 괜찮다'라는 의미를 나타낸다. 여자의 제안에 남자가 行이라고 답했으므로, 두 사람이
　　　탁구를 치러 간다는 것을 알 수 있다.

어휘　★安排 ānpái 몡 스케줄 | ★乒乓球 pīngpāngqiú 몡 탁구 | ★网球 wǎngqiú 몡 테니스 | ★篮球 lánqiú 몡 농구 |
　　　★羽毛球 yǔmáoqiú 몡 배드민턴

男：今天的表演太精彩了，我们都很感动。
女：谢谢你们能来看我们的演出。

★ 根据对话，下列哪个正确？

A 表演时间很长
B 表演都取消了
C 表演就开始了
D 演出很精彩

남: 오늘 공연 너무 멋졌어요. 우리는 모두 감동했어요.
여: 저희 공연을 보러 와주셔서 감사합니다.

★ 대화를 근거로 다음 중 옳은 것은?

A 공연 시간이 매우 길다
B 공연이 모두 취소되었다
C 공연이 곧 시작된다
D 공연이 뛰어나다

공략　공연이 멋졌다는 남자의 말을 통해 D가 정답임을 알 수 있다. 表演과 演出는 모두 '공연'이라는 의미를 나타낸다.

어휘　★表演 biǎoyǎn 몡 공연 | ★精彩 jīngcǎi 혱 뛰어나다 | 感动 gǎndòng 동 감동하다 | ★取消 qǔxiāo 동 취소하다 | ★演出
　　　yǎnchū 몡 공연

女：你平时常来这儿买菜吗？
男：不，我一般在我们家旁边的一个超市里
　　买，偶尔来这里。

★ 他们最可能在哪儿？

A 医院　　　　　　B 市场
C 饭店　　　　　　D 大使馆

여: 너는 평소에 자주 여기에 와서 채소를 사니?
남: 아니, 나는 보통 우리 집 부근에 있는 슈퍼마켓에
　　서 사고, 가끔 이곳에 와.

★ 그들은 어디에 있을 가능성이 큰가?

A 병원　　　　　　B 시장
C 호텔　　　　　　D 대사관

공략　남자에게 자주 이곳에서 채소를 사는지 묻는 여자의 질문을 통해 두 사람이 채소를 살 수 있는 시장에 있다는 것을 알 수
　　　있다.

어휘　★偶尔 ǒu'ěr 뷔 가끔 | ★大使馆 dàshǐguǎn 몡 대사관

21

男：真奇怪，这花的叶子是黄的。<u>你知道这叫什么花吗？</u>

女：我也不知道。上个星期我住院时同事送的。

★ 他们在谈什么？

A 花　　　　　　B 名字
C 住院　　　　　D 同事

남: 정말 이상하네. 이 꽃 잎사귀가 노란색이야. <u>이 꽃 이름이 뭔지 아니?</u>

여: 나도 몰라. 지난주에 입원했을 때 동료가 보내준 거야.

★ 그들은 무엇에 대해 말하고 있는가?

A 꽃　　　　　　B 이름
C 입원　　　　　D 동료

공략　남자와 여자는 꽃 잎사귀와 이름에 대해 이야기를 나누고 있으므로 A가 정답임을 알 수 있다.

어휘　★奇怪 qíguài 형 이상하다 | ★叶子 yèzi 명 잎 | 住院 zhùyuàn 동 입원하다

22

女：你不是早就出发了？你怎么路上花了这么长时间？

男：对不起，<u>我是先送我父母去机场的，所以晚了一点儿。</u>

★ 男的为什么迟到了？

A 路上堵车
B 迷路了
C 送父母去机场
D 买了一束鲜花

여: 너 일찍 출발한 거 아니니? 왜 이렇게 오래 걸린 거야?

남: 미안해. <u>부모님을 먼저 공항에 모셔다 드리느라 조금 늦었어.</u>

★ 남자는 왜 늦었는가?

A 길이 막혔다
B 길을 잃었다
C 부모님을 공항에 모셔다 드렸다
D 꽃 한 다발을 샀다

공략　所以는 결과를 이끄는 대표적인 접속사로 앞부분에 원인이 온다. 남자는 부모님을 모셔다 드리느라 늦었다고 했으므로 정답은 C가 된다.

어휘　★花 huā 동 쓰다 | ★堵车 dǔchē 동 차가 막히다 | ★迷路 mílù 동 길을 잃다 | 鲜花 xiānhuā 명 꽃

23

男：还没准备好呀，不早了。咱们别迟到了。

女：<u>别急，8点走也不迟。</u>正常情况下20分钟内肯定能到。

★ 女的是什么意思？

A 很着急　　　　B 迟到了
C 不吃饭　　　　D 来得及

남: 아직도 준비가 다 안 됐어? 시간 다 돼가. 우리 늦으면 안 된다고.

여: 서둘지 마. 8시에 가도 늦지 않아. 특별한 일이 없으면, 20분 안에 반드시 도착할 수 있어.

★ 여자의 의미는 무엇인가?

A 조급하다　　　B 늦었다
C 식사를 안 한다　　D 제시간에 도착할 수 있다

공략　急는 着急와 같은 의미이고 迟는 迟到와 같은 의미이다. 여자는 조급해할 필요가 없으며 늦지 않았다고 말하고 있으므로 정답은 D가 된다.

어휘　★情况 qíngkuàng 명 상황 | ★肯定 kěndìng 부 반드시, 틀림없이

24

女：今天辛苦了，晚上我请客。我最近发现一家又好吃又便宜的饭馆。
男：你怎么不早说，我今天已经有约会了。

★ 男的是什么意思？

A 身体不舒服
B 不想和女的吃饭
C 已经有别的事情
D 今天要请客

여: 오늘 수고했어. 저녁에 내가 한턱낼게. 내가 최근에 맛있고 싼 식당을 한 군데 찾았거든.
남: 왜 일찍 말하지 않았어. 나 오늘 이미 약속이 있어.

★ 남자의 의미는 무엇인가?

A 몸이 좋지 않다
B 여자와 식사하고 싶지 않다
C 이미 다른 일이 있다
D 오늘 한턱내겠다

공략 约会는 '데이트'라는 의미 외에 '약속'이라는 의미를 가지고 있다. 남자가 이미 다른 약속이 있다고 한 것은 다른 일이 있다는 것과 같은 의미이므로 정답은 C가 된다.

어휘 ★约会 yuēhuì 몡 약속

25

男：所有的航班都推迟了。刚才听广播说，还要等两三个小时才能起飞。
女：那我们去楼上喝杯咖啡。

★ 他们最可能在哪儿？

A 咖啡厅　　　B 机场
C 宾馆　　　　D 商场

남: 모든 항공편이 다 연기됐어. 방금 방송에서 그러는데, 2~3시간은 더 기다려야 이륙할 수 있대.
여: 그럼 우리 위층에 가서 커피 한 잔 하자.

★ 그들은 어디에 있을 가능성이 큰가?

A 카페　　　　B 공항
C 호텔　　　　D 상점

공략 그들은 비행기 이륙 시간이 연기되어 기다리는 동안 커피를 마시러 가는 것이기 때문에 현재 있는 장소는 공항이다. '정기편, 항공편'이라는 의미의 航班을 통해서도 그들이 공항에 있다는 것을 알 수 있다.

어휘 ★所有 suǒyǒu 혱 모든 | ★航班 hángbān 몡 항공편 | ★推迟 tuīchí 동 연기하다 | ★楼上 lóushàng 몡 위층

26

男：听说你大学三年级的时候就开始在贸易公司工作了？
女：是的，这让我积累了丰富的工作经验。
男：这样做不会影响你的学习吗？
女：我认为实际工作能让我更理解书本上的知识。

★ 女的对参加工作怎么看？

A 反对　　　　B 同意
C 批评　　　　D 表扬

남: 듣자 하니, 너 대학교 3학년 때부터 무역 회사에서 일하기 시작했다며?
여: 응, 덕분에 풍부한 업무 경험을 쌓았지.
남: 그렇게 하면 네 공부에 영향을 미치지는 않니?
여: 난 실제 업무가 책의 지식을 더욱 잘 이해하게 해 준다고 생각해.

★ 여자는 일을 하는 것에 대해 어떻게 생각하는가?

A 반대한다　　　B 동의한다
C 비평한다　　　D 칭찬한다

공략 남자의 질문에 여자는 책 속의 지식을 더욱 잘 이해할 수 있게 도와준다고 했으므로 긍정적인 관점을 가지고 있다는 것을 알 수 있다. 따라서 정답은 B가 된다.

어휘 ★积累 jīlěi 동 쌓이다 | 实际 shíjì 몡 실제 | ★反对 fǎnduì 동 반대하다 | ★批评 pīpíng 동 비판하다 | 表扬 biǎoyáng 동 칭찬하다

27

女：先生，这是您的房卡，请拿好。
男：谢谢。是304号吗？
女：是的，我们一会儿把您的行李箱直接送到您的房间。
男：好的。麻烦你们了。
女：不客气。

★ 女的最可能是做什么的？

Ⓐ 服务员　　　　B 司机
C 空姐　　　　　D 护士

여: 선생님, 여기 방 열쇠입니다. 가지고 가십시오.
남: 고맙습니다. 304호인가요?
여: 그렇습니다. 저희가 잠시 후에 짐을 손님 방으로 바로 보내드리겠습니다.
남: 알겠습니다. 번거롭게 해드리는군요.
여: 별말씀을요.

★ 여자의 직업은 무엇일 가능성이 큰가?

Ⓐ 종업원　　　　B 운전기사
C 스튜어디스　　D 간호사

공략 여자는 남자에게 방 열쇠를 주며 짐을 방으로 가져다주겠다고 했으므로 A가 정답으로 적절하다. 服务员은 식당 종업원뿐만 아니라 호텔 직원도 가리킨다.

어휘 房卡 fángkǎ 뎽 방 열쇠 | ★行李箱 xínglǐxiāng 뎽 트렁크, 여행 가방 | ★司机 sījī 뎽 운전기사 | ★空姐 kōngjiě 뎽 스튜어디스

28

男：你好！我想订明天早上8点到北京的机票。
女：好的，您要几张？
男：一张，有没有窗户旁边的座位呢？
女：我查一下。抱歉，您乘坐的这个航班没有窗户边的座位了。
男：好吧，没关系。

★ 男的想要什么样的座位？

A 最前边的　　　　B 最后边的
C 通道边的　　　　Ⓓ 窗户边的

남: 안녕하세요. 내일 아침 8시에 베이징에 가는 비행기 티켓을 예약하고 싶은데요.
여: 알겠습니다. 몇 장을 원하시나요？
남: 한 장이오. 창가 쪽 좌석이 있나요？
여: 찾아보겠습니다. 죄송합니다만, 탑승하시는 이 항공편의 창가 좌석은 모두 매진되었습니다.
남: 알겠습니다. 괜찮습니다.

★ 남자는 어떤 좌석을 원하는가？

A 가장 앞부분　　　　B 가장 뒷부분
C 통로 쪽　　　　　　Ⓓ 창가 쪽

공략 남자가 여자에게 창가 쪽에 좌석이 있는지 묻고 있으므로 D가 정답임을 알 수 있다.

어휘 ★订 dìng 됭 예약하다 | ★窗户 chuānghu 뎽 창문 | ★查 chá 됭 찾아보다 | ★抱歉 bàoqiàn 됭 죄송합니다

29

女：先生您好，您预定的座位在这儿。
男：谢谢，我先点菜吧。请把菜单给我。
女：给您，这就是我们餐厅的特色菜。
男：我不吃羊肉，我再看看其他的菜吧。

★ 关于男的，可以知道什么？

여: 손님, 안녕하세요. 예약하신 자리는 이쪽입니다.
남: 고맙습니다. 먼저 주문하겠습니다. 메뉴판을 주세요.
여: 여기 있습니다. 이것이 바로 저희 식당의 추천 메뉴입니다.
남: 저는 양고기를 먹지 않아서요. 다른 요리를 보겠습니다.

★ 남자에 관해 알 수 있는 것은 무엇인가？

A 没有预定	A 예약을 하지 않았다
B 不吃羊肉	**B 양고기를 먹지 않는다**
C 要特色菜	C 추천 메뉴를 원한다
D 常来这家	D 이 식당에 자주 온다

공략 대화 마지막 부분에 남자는 자신이 양고기를 먹지 않기 때문에 다른 요리를 보겠다고 했으므로 정답은 B가 된다.

어휘 ★预定 yùdìng 동 예약하다 | ★点菜 diǎncài 동 요리를 주문하다 | ★菜单 càidān 명 메뉴 | 特色菜 tèsècài 명 추천 메뉴

30 난이도 上 공략 Key 유사 표현 찾기

男：你换运动服干什么呀？又要出去呀？
女：去打乒乓球。我约了小王。他打乒乓球很厉害，你敢和他打吗？
男：当然敢。
女：那一起去，看看你究竟是赢还是输。

★ 小王的乒乓球打得怎么样？

A 一般　　　　　B 普通
C 不错　　　　　D 不好

남: 너 트레이닝복으로 갈아입고 뭘 하려고? 또 나가려고?
여: 탁구 치러 갈 거야. 샤오왕이랑 약속했거든. 샤오왕은 탁구를 정말 잘 쳐. 너 걔랑 쳐서 이길 수 있겠니?
남: 당연하지.
여: 그럼 같이 가자. 네가 정말 이기는지 지는지 한번 보자.

★ 샤오왕의 탁구 실력은 어떠한가?

A 일반적이다　　　　B 보통이다
C 좋다　　　　　D 나쁘다

공략 厉害는 '심각하다'라는 부정적 의미 외에 '대단하다'라는 긍정적 의미를 가지고 있으므로 정답은 C가 된다.

어휘 敢 gǎn 형·부 용기가 있다; 감히, 대담하게 | 究竟 jiūjìng 부 도대체 | ★赢 yíng 동 이기다 | ★输 shū 동 지다 | ★普通 pǔtōng 형 보통이다

31 난이도 上 공략 Key 문장의 숨은 뜻 찾기

女：外面雨下得很大。你把雨伞带上吧。
男：不用。我就去楼下超市买牛奶，马上就回来。
女：那你顺便买袋盐吧。
男：没问题。

★ 根据对话，可以知道什么？

A 超市离家很近
B 外面在下雪
C 今天风很大
D 男的带雨伞了

여: 밖에 비가 많이 내리니까, 우산 가져가.
남: 괜찮아. 아래층 슈퍼마켓에 우유 사러 가는 거야. 바로 돌아올 거야.
여: 그럼 가는 김에 소금 한 봉지 사와.
남: 알겠어.

★ 대화를 통해 무엇을 알 수 있는가?

A 슈퍼마켓이 집에서 가깝다
B 밖에 눈이 내리고 있다
C 오늘 바람이 세다
D 남자는 우산을 챙겨갔다

공략 남자는 아래층 슈퍼마켓으로 우유를 사러 간다고 했으므로 슈퍼마켓이 집에서 가깝다는 것을 알 수 있다.

어휘 ★顺便 shùnbiàn 부 ～하는 김에 | ★袋 dài 양 봉지(주머니 등에 넣는 물건을 세는 단위) | ★盐 yán 명 소금

男：今晚的演唱会你要不要去看?
女：我当然想去，可惜票早就卖光了。
男：正好我同事多给了我一张，我们一起去
　　吧。我去接你。
女：真的假的，你不会是在开玩笑骗我吧?
男：怎么会呢，晚上6点公司门口见。

★ 今天晚上他们在哪儿见面?

A 电影院　　　　　　B 公司门口
C 音乐厅　　　　　　D 机场

남: 오늘 저녁 콘서트 보러 갈래?
여: 당연히 가고 싶지. 아쉽게도 티켓이 일찌감치 다
　　팔렸대.
남: 마침 내 동료가 한 장 더 줬는데. 우리 같이 가자.
　　내가 데리러 갈게.
여: 진짜야, 가짜야? 너 농담으로 나 속이는 거 아니
　　지?
남: 그럴 리가. 저녁 6시에 회사 입구에서 만나자.

★ 오늘 저녁에 그들은 어디에서 만나는가?

A 극장　　　　　　　B 회사 입구
C 콘서트홀　　　　　D 공항

공략　'시간+见'은 그 시간에 만나자는 의미이고, '장소+见'은 그 장소에서 만나자는 의미이므로, 그들은 회사 입구에서 만난다
　　　는 것을 알 수 있다.

어휘　★可惜 kěxī 휑 아쉽다 | ★假的 jiǎ de 가짜 | ★开玩笑 kāi wánxiào 농담하다 | 骗 piàn 동 속이다

女：打了一上午网球，肚子有点儿饿了!
男：稍等一会儿，饭马上就好了。
女：真香，今天吃什么?
男：你鼻子真好，今天我们吃西红柿炒鸡蛋。

★ 根据对话，可以知道什么?

A 她要打网球
B 饭做好了
C 菜有点咸
D 女的饿了

여: 오전 내내 테니스를 쳤더니, 배가 좀 고프네.
남: 조금만 기다려. 밥이 거의 다 됐어.
여: 냄새 좋은데. 오늘 뭐 먹어?
남: 넌 정말 개코야. 오늘 우리 토마토계란볶음을 먹
　　을 거야.

★ 대화를 통해 무엇을 알 수 있는가?

A 그녀는 테니스를 치려고 한다
B 밥이 다 되었다
C 음식이 조금 짜다
D 여자는 배가 고프다

공략　여자는 오전 내내 테니스를 치고 와서 배가 고프다고 했으므로 정답은 D가 된다.

어휘　★网球 wǎngqiú 몡 테니스 | ★肚子 dùzi 몡 배 | 稍 shāo 甼 잠깐 | 香 xiāng 휑 맛있다, 향기롭다 | ★西红柿 xīhóngshì 몡
　　　토마토 | 炒 chǎo 동 볶다 | ★鸡蛋 jīdàn 몡 달걀

男：这些箱子还有用吗?
女：没用了。
男：没用的东西就放垃圾桶里吧。别到处乱
　　扔。
女：好吧，那我一会儿把房间整理一下。

★ 女的是什么态度?

남: 이 상자들 계속 쓸 거니?
여: 아니.
남: 필요 없는 물건은 쓰레기통에 버려. 아무데나 함부
　　로 버리지 말고.
여: 알겠어. 조금 이따가 방을 정리할게.

★ 여자의 태도는 어떠한가?

| A 批评 | B 生气 | A 비평한다 | B 화낸다 |
| Ⓒ 同意 | D 鼓励 | Ⓒ 동의한다 | D 격려한다 |

공략 물건을 함부로 버리지 말라는 남자의 말에 여자는 '好吧'라고 답했으므로 정답은 C가 된다.

어휘 ★箱子 xiāngzi 똉 상자 | ★垃圾桶 lājītǒng 똉 쓰레기통 | ★到处 dàochù 똉 도처 | ★乱 luàn 児 함부로 | ★扔 rēng 똥 던지다 | ★鼓励 gǔlì 똥 격려하다

35　　　　　　　　　　　　　　　　　　　　　　　**난이도** 中　**공략 Key** 인물의 행동 파악

女：小马，这页上有几个词打错了。
男：对不起。我马上去改。
女：<u>已经改完了</u>，你给我重新打印一份吧。
男：好的，我一会儿给您送过去。

★ 女的怎么了？

Ⓐ 改好了　　　　　B 打印了
C 印错了　　　　　D 打错了

여: 샤오마, 이 페이지에 오타가 몇 개 있던데.
남: 죄송합니다. 바로 수정하겠습니다.
여: <u>이미 수정했어.</u> 한 부 다시 프린트를 해줘.
남: 알겠습니다. 잠시 후에 가져다 드리겠습니다.

★ 여자는 어떠한가?

Ⓐ 수정을 했다　　　B 프린트를 했다
C 잘못 프린트했다　D 오타를 쳤다

공략 동사 뒤의 完과 好는 동작이 완성되었음을 나타내는 대표적인 결과보어이다. 본문에서 여자는 이미 수정했다고 했으므로 정답은 A가 된다.

어휘 ★页 yè 똉 페이지 | ★重新 chóngxīn 児 다시 | ★打印 dǎyìn 똥 프린트하다

36-37

　　有三个人参加长跑比赛，虽然他们很努力，但却都没有得第一，那这就说明他们都失败了吗？肯定不是。因为他们有自己的目的。**36**<u>第一个人是想通过跑步锻炼锻炼</u>；第二个人以前参加过比赛，只要得到一个更好的成绩，那他就很高兴；第三个人是第一次参加，只要能跑完，就很满意。**37**<u>这样看来，三个人都成功了。</u>

　　어떤 세 사람이 장거리 달리기에 참가했다. 비록 그들은 모두 열심히 달렸지만, 아무도 일등하지 못했다. 그럼 이것은 그들이 모두 실패했다는 것을 의미하는 것일까? 분명 아니다. 왜냐하면 그들은 자신의 목적을 가지고 있었기 때문이다. **36**<u>첫 번째 사람은 달리기를 통해 단련을 하려고 했다.</u> 두 번째 사람은 이전에 경기에 참여한 적이 있어, 더 좋은 성적을 거두기만 해도, 그는 기뻤다. 세 번째 사람은 처음 경기에 참여한 것이기 때문에 완주하는 것만으로도 만족했다. **37**<u>이렇게 보면 세 사람 모두 성공한 것이다.</u>

어휘 长跑比赛 chángpǎo bǐsài 똉 장거리 달리기 | ★失败 shībài 똥 패배하다 | ★目的 mùdì 똉 목적 | 锻炼 duànliàn 똥 단련하다 | ★成绩 chéngjì 똉 성적 | 成功 chénggōng 똥 성공하다

36　　　　　　　　　　　　　　　　　　　　　　　**난이도** 下　**공략 Key** 인물과 동작 연관 짓기

第一个人为什么参加比赛？

A 积累经验
Ⓑ 锻炼身体
C 跑完比赛
D 得到好成绩

첫 번째 사람은 왜 경기에 참여했는가?

A 경험을 쌓기 위해
Ⓑ 신체를 단련하기 위해
C 완주하기 위해
D 좋은 성적을 거두기 위해

공략 본문에서 첫 번째 사람은 달리기를 통해 신체를 단련하는 것이 목적이라고 했으므로 정답은 B가 된다.

37　난이도 上　공략 Key 세부 정보로 주제 찾기

说话人认为这三个人怎么样？	화자는 이 세 사람이 어떻다고 생각하는가？
A 都失败了　　**B 都成功了**	A 모두 실패했다　　**B 모두 성공했다**
C 都很幽默　　D 都很优秀	C 모두 유머러스하다　　D 모두 우수하다

공략　세 사람 모두 일등은 못했지만 자신만의 목적을 이루었기 때문에 모두 성공한 것이라고 했으므로 정답은 B가 된다.

어휘　★幽默 yōumò 혱 유머러스하다 | ★优秀 yōuxiù 혱 우수하다

38-39

| 今天在机场遇到了大学同学，**38**他2008年毕业后就去北京发展了，到现在已经差不多5年了，他是来出差的，他们公司下个月**39**要在上海举行5场招聘会，他是这次活动的负责人。 | 오늘 공항에서 대학 동창을 만났다. **38**그는 2008년에 졸업한 후 바로 베이징에 가서 자리를 잡았고, 지금까지 거의 5년이 되었다. 그는 출장차 왔는데, 그가 다니는 회사는 다음 달에 **39**상하이에서 채용 박람회를 다섯 차례 연다고 한다. 그는 이번 행사의 책임자이다. |

어휘　★发展 fāzhǎn 동 발전하다, 확대하다 | ★招聘会 zhāopìnhuì 명 채용 박람회 | ★负责人 fùzérén 명 책임자

38　난이도 上　공략 Key 숨겨진 의미 파악

关于那个同学，可以知道什么？	그 동창에 대해 무엇을 알 수 있는가？
A 在上海上班	A 상하이에서 직장을 다닌다
B 就要毕业了	B 곧 졸업한다
C 毕业以后就工作了	**C 졸업 후 바로 일을 시작했다**
D 常去外地出差	D 자주 타지로 출장을 다닌다

공략　본문에 제시된 发展은 '발전하다'라는 의미로 '사람이 어느 장소에 가서 발전하다'로 직역할 수 있다. 즉, '일자리를 찾아 자리를 잡았다'는 의미이므로 정답은 C가 된다.

39　난이도 上　공략 Key 관련 문장 파악

那个同学来上海干什么？	그 동창은 상하이에 무슨 일로 왔는가？
A 来见朋友	A 친구를 만나기 위해
B 来找负责人	B 책임자를 찾기 위해
C 来找工作	C 일자리를 찾기 위해
D 来招人	**D 사람을 모집하기 위해**

공략　招聘会에서 招는 '사람을 모집하다'라는 의미의 동사이다. 때문에 정답은 D가 된다.

어휘　★招 zhāo 동 (직원을) 모집하다

40-41

40老王和司机约好每天早上8点前来接老王上班，可是司机总是迟到，老王对这点很不满意。这天司机又迟到了，他感到很抱歉，于是向老王解释说自己的闹钟又出问题了。老王回答说："41恐怕你得换一个闹钟了，要不我要换一个司机了。"

40 라오왕은 운전기사와 매일 아침 8시 전에 와서 자신을 데리고 출근할 것을 약속했다. 하지만 운전기사는 매일 지각을 했고, 라오왕은 이 점이 불만스러웠다. 이날도 운전기사가 또 지각을 했다. 그는 미안한 마음에, 라오왕에게 자신의 알람 시계가 또 고장 났다고 해명했다. 라오왕은 "41아마도 당신은 알람 시계를 바꿔야 할 것 같군요. 아니면 제가 다른 기사로 바꾸든지요."라고 대답했다.

어휘 ★抱歉 bàoqiàn 통 미안해하다 | ★解释 jiěshì 통 해명하다 | 闹钟 nàozhōng 명 알람 시계

40　　난이도 中　공략 Key 관련 문장 파악

关于司机，可以知道什么?

A 应该8点前到
B 对老王不满意
C 闹钟又坏了
D 每天准时到

운전기사에 대해 무엇을 알 수 있는가?

A 8시 전에 도착해야 한다
B 라오왕에 대해 불만을 가지고 있다
C 알람 시계가 또 고장 났다
D 매일 정시에 도착한다

공략 문장 첫 부분에 운전기사가 라오왕을 매일 아침 8시 전에 데리러 와야 한다고 했으므로 정답은 A가 된다. 알람 시계가 고장 났다고 한 것은 운전기사의 변명일 뿐이므로 C는 정답이 될 수 없다.

41　　난이도 下　공략 Key 숨겨진 의미 파악

老王的话是什么意思?

A 送给司机闹钟
B 不想换司机
C 不允许再迟到
D 以后不用解释

라오왕의 말은 무슨 뜻인가?

A 운전기사에게 알람 시계를 선물하겠다
B 운전기사를 바꾸고 싶지 않다
C 다시는 늦는 것을 허락하지 않겠다
D 앞으로 변명할 필요 없다

공략 라오왕은 운전기사에게 계속 지각을 하면 다른 기사로 바꾸겠다고 말했으므로 정답은 C가 된다.

어휘 ★允许 yǔnxǔ 통 허락하다

42-43

很多外国人都认为每个中国人都会正确使用筷子，但那就错了。使用筷子吃饭，42看起来容易做起来难，有个专家进行过调查，结果发现，大约20%的人不会正确使用筷子，43如果想正确使用筷子，那就好好练习吧。

많은 외국인들은 모든 중국인이 젓가락을 정확하게 사용할 수 있을 것이라 생각한다. 하지만 그것은 틀렸다. 젓가락을 사용해서 밥을 먹는 것은 42보기에는 쉬워도, 하기는 어렵다. 한 전문가가 조사를 실시한 적이 있는데, 대략 20%의 사람이 젓가락을 정확하게 사용하지 못한다는 결과가 나왔다. 43만약 젓가락을 정확하게 사용하고 싶다면, 열심히 연습해라.

어휘 ★正确 zhèngquè 형 정확하다 | ★使用 shǐyòng 통 사용하다 | 专家 zhuānjiā 명 전문가 | ★调查 diàochá 통 조사하다

说话人对使用筷子怎么看?	화자는 젓가락 사용에 대해 어떻게 생각하는가?
A 很容易 B 很麻烦 C 很正确 Ⓓ 很难	A 쉽다 B 번거롭다 C 정확하다 Ⓓ 어렵다

공략   화자는 젓가락질이 보기에는 쉬워도 하기에는 어렵다고 했으므로 정답은 D가 된다.

怎样才能正确使用筷子?	어떻게 해야 젓가락을 정확하게 사용할 수 있는가?
A 要用右手 B 要研究方法 C 要问专家 Ⓓ 要多练习	A 오른손을 써라 B 방법을 연구해라 C 전문가에게 물어라 Ⓓ 많이 연습해라

공략   화자는 마지막 부분에서 젓가락을 정확하게 사용하고 싶다면 열심히 연습하라고 했으므로 정답은 D가 된다.

44-45

44随着现代技术的发展，笔记本电脑的价格大大降低，现在它已经成为了人们特别是年轻人普遍使用的生活必需品，45而且它使人们的生活发生了很大的变化。

44현대 기술의 발전에 따라, 노트북의 가격이 큰 폭으로 떨어졌다. 현재 노트북은 이미 사람들, 특히 젊은이들이 보편적으로 사용하는 생활 필수품이 되었고, 45게다가 사람들의 생활에 큰 변화를 주었다.

어휘   ★随着 suízhe 깨 ~에 따라 | 技术 jìshù 몡 기술 | ★价格 jiàgé 몡 가격 | 降低 jiàngdī 동 내려가다 | ★普遍 pǔbiàn 혱 보편적이다 | 必需品 bìxūpǐn 몡 필수품

笔记本电脑的价格降低的原因是什么?	노트북의 가격이 떨어진 원인은 무엇인가?
A 质量不错 Ⓑ 技术发展 C 最近打折 D 购买方便	A 품질이 좋다 Ⓑ 기술이 발전했다 C 최근 할인한다 D 구매가 편리하다

공략   문장에 제시된 随着는 '~에 따라서'라는 의미로 사건의 근거를 이끄는 역할을 한다. 때문에 이 부분에서 가격이 떨어진 원인을 찾을 수 있다. 현대 기술의 발전에 따라 가격이 떨어진다고 했으므로 정답은 B가 된다.

关于笔记本电脑，可以知道什么?	노트북에 관해 알 수 있는 것은 무엇인가?
Ⓐ 改变生活 B 影响性格 C 使人满意 D 技术发展	Ⓐ 생활을 바꾼다 B 성격에 영향을 준다 C 사람을 만족시킨다 D 기술이 발전한다

공략   사역동사 使는 '使+사람+술어'의 구조를 가지며 '~로 하여금 ~하게 하다'라는 의미를 나타낸다. 마지막 부분에서 노트

북은 사람들의 생활에 큰 변화를 주었다고 했으므로 정답은 A가 된다.

어휘　★影响 yǐngxiǎng 〔통〕 영향을 주다

📋 독해

[46-50]

A 公里 gōnglǐ 〔양〕 킬로미터	B 坚持 jiānchí 〔통〕 지키다, 고수하다
C 数字 shùzì 〔명〕 숫자	D 情况 qíngkuàng 〔명〕 상황
E 态度 tàidu 〔명〕 태도	F 永远 yǒngyuǎn 〔부〕 항상, 영원히

46　　난이도 上　공략 Key 태도와 관련된 술어

一般来说，(E 态度) 认真、积极的人更容易感觉到满意。

일반적으로 말해서 (E 태도)가 성실하고 적극적인 사람이 더욱 쉽게 만족감을 느낀다.

공략　认真과 积极는 사람의 성격과 태도를 설명하는 대표적인 형용사이므로 态度와 자주 호응된다.

어휘　★认真 rènzhēn 〔형〕 성실하다 | ★积极 jījí 〔형〕 적극적이다

47　　난이도 中　공략 Key '离……有……' 호응

这儿离火车站还有20多 (A 公里)，至少还要半小时。

여기에서 기차역까지 아직 20여 (A 킬로미터) 떨어져 있다. 적어도 30분은 더 걸린다.

공략　离는 동사 有와 호응되어 구체적인 시간이나 거리를 목적어로 갖는다. 시간을 목적어로 갖는 경우에는 '~까지 ~정도의 시간이 남았다'라고 해석되고, 거리를 목적어로 갖는 경우에는 '~에서 ~정도 떨어져 있다'라고 해석된다.

어휘　★至少 zhìshǎo 〔부〕 적어도

48　　난이도 下　공략 Key 부사의 위치 파악

人的一生，总会有各种各样的烦恼，不可能 (F 永远) 顺利。

사람의 일생에서 늘 갖가지 걱정이 생길 수 있다. (F 항상) 순조로울 수 없다.

공략　永远은 '항상'이라는 의미의 부사로 의미에 따라 조동사 앞뒤에 다 놓일 수 있다.

어휘　★烦恼 fánnǎo 〔명〕 걱정 | ★顺利 shùnlì 〔형〕 순조롭다

49　　난이도 下　공략 Key 어휘 호응

写99.9元，不写100元，这难道不是在玩儿 (C 数字) 游戏吗？

99.9위안이라고 쓰고, 100위안이라고 쓰지 않는 것은 (C 숫자)로 장난치는 것이 아니겠는가?

공략　앞부분에서 99.9위안과 100위안이라는 구체적인 금액을 이야기했으므로 의미상 '숫자 놀이'라고 하는 것이 적절하다.

어휘　★游戏 yóuxì 명 장난

50 ｜ 난이도 上 ｜ 공략 Key 反映과 관련 있는 명사

小毛反映的这个（D 情况）很重要，我现在就安排人去工厂调查。	샤오마오가 보고한 이 （D 상황）은 아주 중요하다. 우리는 지금 바로 사람을 안배하여 공장으로 조사하러 보내도록 하겠다.

공략　反映은 '반영하다'라는 의미 외에 '(상태·상황을) 보고하다'라는 의미를 가지고 있다.

어휘　★反映 fǎnyìng 동 보고하다 ｜ ★安排 ānpái 동 안배하다 ｜ 工厂 gōngchǎng 명 공장 ｜ ★调查 diàochá 동 조사하다

[51-55]

A 剩 shèng 동 남다	B 从来 cónglái 부 지금까지
C 差不多 chàbuduō 형 비슷하다, 그럭저럭 되다	D 温度 wēndù 명 온도
E 暖和 nuǎnhuo 형 따뜻하다	F 适应 shìyìng 동 적응하다

51 ｜ 난이도 下 ｜ 공략 Key 부정을 강조하는 부사

A: 张师傅果然是一个非常准时的人。 B: 是的，我们还（B 从来）没有见他迟到过呢。	A: 장 사부는 정말 시간을 잘 지켜. B: 맞아. 우리는 （B 지금까지） 그가 지각한 걸 본 적이 없어.

공략　부정부사 没有 앞에 빈칸이 있으므로 부정을 강조하는 부사가 올 수 있다. 주어진 단어 중 '지금까지'라는 의미의 从来가 가장 적절하다.

어휘　★果然 guǒrán 부 과연 ｜ ★准时 zhǔnshí 부 정시에, 제때에

52 ｜ 난이도 中 ｜ 공략 Key 生活와 호응되는 동사

A: 你能（F 适应）北方的生活吗? B: 没问题，我已经在哈尔滨上了两年大学了。	A: 너는 북방 생활에 （F 적응할） 수 있니? B: 문제없어. 나는 벌써 하얼빈에서 2년째 대학에 다니고 있어.

공략　适应은 '적응하다'라는 의미의 동사로 环境, 生活, 要求 등의 어휘와 호응된다.

어휘　哈尔滨 Hā'ěrbīn 고유 하얼빈

53 ｜ 난이도 上 ｜ 공략 Key 差不多의 의미 파악

A: 你把那些材料整理好了没? B: （C 差不多）了，我再检查一遍以后就直接给您送过去。	A: 그 자료들은 모두 다 정리했는가? B: （C 거의 다 됐습니다）. 다시 한 번 검토한 후, 바로 가져다드리겠습니다.

공략　差不多는 '거의'라는 의미의 부사 외에 '거의 다 완성되다'라는 의미의 형용사로도 쓰인다. 술어로 쓰일 경우 '거의 다 되었다'라고 해석된다.

어휘　★材料 cáiliào 명 자료 ｜ ★整理 zhěnglǐ 동 정리하다 ｜ 检查 jiǎnchá 동 검사하다

54

A: 老公，我的钱包里只（A 剩）300多块钱，好像不够吧。
B: 没问题，我这儿有，还不够的话，我们可以刷信用卡。

A: 여보, 지갑에 300여 위안만（A 남아서）, 부족할 것 같아요.
B: 괜찮아. 나한테 있어. 또 부족하면, 카드를 긁으면 돼.

공략　동사 剩은 '돈이나 음식 등이 남다'라는 의미로 방향보어 下와 자주 호응된다. 의미상 돈이 조금밖에 남지 않았다는 뜻이므로 정답은 剩이 된다.

어휘　★够 gòu 휑 충분하다 | 刷 shuā 통 긁다 | ★信用卡 xìnyòngkǎ 뗑 신용 카드

A: 你收到我寄给你的礼物了吗？
B: 收到了，谢谢爷爷。帽子非常漂亮，戴着很（E 暖和）。

A: 내가 보내준 선물은 받았니?
B: 받았어요. 고맙습니다, 할아버지. 모자가 정말 예뻐요. 쓰고 있으면 정말（E 따뜻해요）.

공략　빈칸 앞에 정도부사 很이 있기 때문에 빈칸에 형용사가 와야 한다. 의미상 暖和가 적절하다.

어휘　寄 jì 통 부치다 | ★帽子 màozi 뗑 모자 | ★戴 dài 통 착용하다

실전
모의고사

B喂，你好! 是蓝教授吗？C你要的那些报告材料，我已经把它传真过去了。A请你查收一下。

B여보세요, 안녕하세요! 란 교수님이십니까？C요구하신 보고 자료들을 팩스로 보내드렸습니다. A확인하고 받아보시기 바랍니다.

공략　B(특수 도입) 喂　➡　C(전) 传真过去了　➡　A(후) 查收一下

🔘 전화를 걸어 이야기를 시작하는 특수 도입 관련 문제로, 喂가 있는 B가 맨 앞에 위치한다. 다음은 동작의 발생 순서에 따라 팩스를 보냈다는 C가 놓이고 그것을 확인하라는 A가 맨 마지막에 위치한다.

어휘　★报告 bàogào 뗑 보고 | ★材料 cáiliào 뗑 자료 | ★传真 chuánzhēn 통 팩스를 보내다 | ★查收 cháshōu 통 확인하고 받다

C冬季应该注意室内空气的质量，A常常打开窗户让新鲜的空气进入室内B也可以使我们的心情变得更好。

C겨울철에는 반드시 실내 공기의 질에 주의해야 한다. A자주 창문을 열어 신선한 공기를 실내로 들어오게 하면, B우리들의 기분 또한 더욱 좋아질 것이다.

공략　C(대전제) 冬季应该　➡　A(주부) 常常打开窗户　➡　B(술부) 也可以……

🔘 겨울철 실내 공기를 주의해야 한다는 C는 대전제로 맨 앞에 위치한다. A와 B는 의미상 각각 주부와 술부로 'A → B' 순서가 된다.

어휘　★空气 kōngqì 뗑 공기 | ★质量 zhìliàng 뗑 질, 품질 | ★窗户 chuānghu 뗑 창문 | ★新鲜 xīnxian 휑 신선하다

난이도 下　공략 Key 접속사 '由于……因此' 호응

A小红新开的那家饭馆儿尽管地方不大，C但由于离公交车站很近，B因此生意一直很不错。

A샤오훙이 새로 개업한 그 식당은 비록 장소가 크지는 않다. C하지만 버스 정류장에서 가깝기 때문에, B그래서 장사가 계속 잘된다.

공략　A(양보절) 尽管……　➡　C(역접과 원인) 但由于……　➡　B(결과) 因此……

A의 尽管은 '비록 ～이지만'이라는 의미의 접속사로 역접의 접속사 但是, 可是 등과 호응한다. C의 由于는 '～이기 때문에'라는 의미로 원인을 이끌며 所以, 因而, 因此 등의 접속사와 호응된다. 이를 근거로 정답이 ACB라는 것을 알 수 있다.

어휘　★尽管 jǐnguǎn 쥅 비록 ～이지만 | ★由于 yóuyú 쥅 ～로 인하여 | ★因此 yīncǐ 쥅 그래서 | ★生意 shēngyi 몡 장사

59

난이도 下　공략 Key 再의 활용

B你过了这个百货商店，A再往前走三四百米，C就能看到工商银行。

B당신은 이 백화점을 지나 A앞으로 300~400미터 걸어가면 C바로 공상은행을 볼 수 있습니다.

공략　B(주어) 你　➡　A(선) 再往前走　➡　C(후) 就能看到

누군가에게 길을 알려주는 내용으로, 주어가 있는 B가 가장 먼저 오고, 그다음 再가 있는 A가, 목적지에 도착하는 C가 마지막에 위치한다.

어휘　工商银行 Gōngshāng Yínháng 몡 공상은행

난이도 中　공략 Key 但을 활용한 표현

C有时候真是受不了小毛的脾气，B但是他确实很诚实，从来没说过假话，A是个值得信任的人。

C때로는 샤오마오의 성격을 정말 참을 수 없다. B하지만 그는 정말로 진실해서, 이제껏 거짓말을 한 적이 없는 A믿을 만한 사람이다.

공략　C(구체적 대상) 小毛　➡　B(원인) 他确实很诚实　➡　A(결과) 值得信任的人

B의 他는 C의 小毛를 가리키므로 구체적 대상이 있는 C가 가장 앞에 놓인다. B는 A의 근거가 되므로 'B → A'의 순서가 된다.

어휘　★脾气 píqi 몡 성격 | ★确实 quèshí 뷔 확실히 | ★诚实 chéngshí 혱 진실하다, 성실하다 | ★假话 jiǎhuà 몡 거짓말 | ★值得 zhíde 툉 ～할 만한 가치가 있다 | ★信任 xìnrèn 툉 신임하다

61

난이도 中　공략 Key 역접 관계 접속사

A虽然现在才10月，B天气已经开始冷起来了。C穿厚厚的衣服的人也逐渐多了起来。

A비록 지금 겨우 10월이지만, B날씨가 이미 추워지기 시작했다. C두꺼운 옷을 입은 사람도 점점 많아졌다.

공략　A(양보절) 虽然……　➡　B(역접 및 원인) 冷起来了　➡　C(결과) 穿厚厚的衣服

虽然은 '비록 ～이지만'이라는 의미로 양보절을 이끌며 맨 앞에 위치한다. 그다음 역접의 의미를 나타내는 B가 오고, 앞 문장의 결과를 나타내는 C가 마지막에 온다.

어휘　★厚 hòu 혱 두껍다 | ★逐渐 zhújiàn 뷔 점점

62

C今天上午的会议上，A超过2/3的医生都表示反对，B关大夫他们只好放弃了这个计划。

C오늘 오전 회의에서 A2/3를 넘는 의사들이 반대의 뜻을 표했다. B관 닥터 팀은 어쩔 수 없이 이번 계획을 포기했다.

공략 C(조건) 会议上 ➡ A(원인) 表示反对 ➡ B(결과) 只好放弃了

⭕ B에 关大夫라는 구체적 대상이 있지만, 내용상 이 팀이 계획을 포기한 원인이 A에 있으므로 B가 A 뒤에 위치한다.

어휘 ★超过 chāoguò 통 초과하다 | ★表示 biǎoshì 통 표시하다 | ★放弃 fàngqì 통 포기하다 | ★计划 jìhuà 명 계획

63

A成为一个成绩优秀的人容易，但要想成功，C除了聪明、认真、积极外，B机会也不可缺少。

A성적이 우수한 사람이 되는 것은 쉽다. 하지만 성공하고 싶으면, C똑똑하고 성실하고 적극적인 것 외에, B기회도 반드시 있어야 한다.

공략 A(대전제) 成绩优秀的人 ➡ C(조건 1) 除了……外 ➡ B(조건 2) 也……

⭕ A는 대전제로 맨 앞에 위치하고, C와 B는 '除了……外……也' 호응 구조로 A 뒤에서 의미를 보충하는 역할을 한다.

어휘 ★优秀 yōuxiù 형 우수하다 | ★认真 rènzhēn 형 성실하다 | ★积极 jījí 형 적극적이다 | ★缺少 quēshǎo 통 부족하다

64

C被人批评时，先不要忙着为自己解释，A而是应该想想你为什么受到批评，B并从中改正缺点。

C다른 사람에게 비난을 받을 때, 먼저 다급하게 자신을 위해 해명하지 마라. A오히려 당신이 왜 비난을 받는지 생각해봐야 한다. B그리고 그중에서 잘못을 고쳐야 한다.

공략 C(대전제) 被人批评时 ➡ A(전환) 而是应该…… ➡ B(부연 설명) 并……

⭕ 접속사 而는 '오히려'라는 의미로 앞쪽보다는 뒤쪽을 선택한다는 뉘앙스를 가지고 있다. 그러므로 의미상 C 뒤에 위치해야 한다. B에 제시된 并은 '그리고'라는 뜻을 가진 점층 접속사로 A 뒤에 위치한다.

어휘 ★批评 pīpíng 명통 비난; 나무라다 | ★解释 jiěshì 통 해명하다 | 改正 gǎizhèng 통 시정하다 | ★缺点 quēdiǎn 명 결점

65

B预习就是预先学习，具体而言C是指学生在上课前自学有关新知识的学习过程。A它是学习成功的关键一步。

B예습은 미리 공부하는 것이다. 구체적으로 말하면, C학생이 수업 전에 관련된 새로운 지식을 스스로 공부하는 학습 과정이다. A그것은 학습 성공의 가장 중요한 하나의 과정이다.

공략 B(대전제) 预习 ➡ C(부연 설명) 是指…… ➡ A(결론) 它是……

⭕ B 마지막 부분의 '具体而言' 뒤에는 반드시 구체적인 설명이 제시되어야 한다. 의미상 구체적으로 부연 설명을 하고 있는 C가 뒤에 와야 한다. A의 대사 它는 B의 预习를 가리키며 전체 내용의 결론이 된다.

어휘 预先 yùxiān 부 미리 | ★具体 jùtǐ 형 구체적이다 | ★过程 guòchéng 명 과정 | ★关键 guānjiàn 명 관건

世界上有一种肯定买不到的药。那就是"后悔药"。所有的事过去了就过去了，绝不能回头。既然不能重新来过，那么就别把它放在自己的心上，当成一种回忆，然后勇敢地抬起头往前看，走好以后的路。

세상에는 절대 살 수 없는 약이 있다. 그것은 바로 '후회 약'이다. 지나간 모든 일은 지나간 것이다. 절대 다시 돌아오지 않는다. 기왕 다시 오지 않는다면, 그것을 자신의 마음속에 두지 마라. 하나의 추억으로 생각하고, 용감하게 고개를 들어 앞을 보며, 이후의 길을 잘 걸어가자.

★ 关于"后悔药"，我们可以知道：

★ '후회 약'에 대해, 우리는 무엇을 알 수 있는가?

(A) 买不到　　　　　B 效果很大
C 没有人要　　　　D 很受欢迎

(A) 살 수 없다　　　　B 효과가 크다
C 원하는 사람이 없다　D 인기가 있다

공략　'买不到'는 '买(동사)＋到(결과보어)' 사이에 不가 삽입된 가능보어로 '살 수 없다'는 의미를 가지고 있다. 본문 첫 부분에 '세상에는 절대 살 수 없는 약이 있다. 그것은 바로 '후회 약'이다'라고 했으므로 답이 A라는 것을 알 수 있다.

어휘　★药 yào 몡 약 | ★后悔 hòuhuǐ 몡동 후회(하다) | ★既然 jìrán 젭 기왕 | ★回忆 huíyì 몡 추억 | 勇敢 yǒnggǎn 톙 용감하다 | 抬 tái 동 들다

"上有老，下有小"是指很多中年人的生活：因为自己的父母还在，他们还能做一个父母眼中还没长大的孩子；因为孩子还小，需要他们的照顾，这样有努力的方向。因此他们应该感到幸福。

'위로는 어른이 계시고, 아래로는 아이가 있다'는 말은 많은 중년들의 생활을 가리킨다. 그들의 부모님께서 아직 살아 계시기 때문에, 여전히 부모님 눈에는 아직 다 자라지 않은 아이가 될 수 있다. 자식이 아직 어려 그들의 보살핌이 필요하기 때문에, 노력할 방향이 존재한다. 따라서 그들은 행복을 느낄 것이다.

★ 这段话主要讲，中年人：

★ 이 글은 중년이 어떻다는 것을 주로 설명하는가?

A 需要照顾
(B) 感到幸福
C 生活压力大
D 还没长大

A 보살핌이 필요하다
(B) 행복을 느낀다
C 생활 속 스트레스가 크다
D 아직 어른이 되지 않았다

공략　본문에서 말하고 있는 대상은 中年人으로, 본문의 他们은 모두 中年人을 가리킨다. 마지막 문장에서 그들은 행복을 느끼게 된다고 했으므로 답이 B임을 알 수 있다.

어휘　照顾 zhàogù 동 돌보다 | 幸福 xìngfú 톙 행복하다 | ★讲 jiǎng 동 이야기하다 | ★压力 yālì 몡 스트레스

三十多亿年前，当空中还不适合出现生命的时候，海洋里已经出现了生命。这是因为海洋对生命有保护作用，它们在水里很难接受周围环境的危害。

30여 억 년 전, 공중에 아직 생명이 출현하는 것이 적합하지 않았을 때, 바닷속에는 이미 생명이 출현했다. 이는 바다에 생명을 보호하는 작용이 있어서, 생명들이 물속에서 주위 환경의 공격을 쉽게 받지 않았기 때문이다.

★ 先在海洋里出现生命的原因是：

★ 바다에 생명이 먼저 출현한 원인은?

A　海洋面积大	A　해양 면적이 넓기 때문에
B　水里很危险	B　물속이 위험하기 때문에
C　不适合生活	C　생활에 적합하지 않아서
D　有保护作用	D　보호 작용이 있기 때문에

공략　'바다에 먼저 생명이 출현한 원인'을 묻고 있으므로 원인을 이끄는 因为나 为了 등의 접속사가 있는지 확인한다. 바다는 생명을 보호하는 작용이 있다고 했으므로 D가 정답임을 알 수 있다.

어휘　亿 yì ㉰ 억｜空中 kōngzhōng 몡 공중｜★海洋 hǎiyáng 몡 해양｜★保护 bǎohù 동 보호하다｜作用 zuòyòng 몡 작용｜
★危害 wēihài 몡 위해, 손상｜面积 miànjī 몡 면적

69　난이도 上　공략 Key 대조를 통해 정답 찾기

握手的动作虽然很简单，但通过这一动作，却能起到增进双方亲密感的作用。一般情况下，主动与对方握手，表示友好、感激或尊重。有时，握手还代表支持和鼓励。	악수의 동작은 비록 간단하지만, 이 동작을 통해 쌍방의 친밀감을 증진시키는 작용을 불러일으킬 수 있다. 일반적인 상황에서, 주동적으로 상대방과 악수를 하면, 우호와 감격 혹은 존중을 표시하는 것이다. 때로 악수는 지지와 격려를 상징하기도 한다.
★握手：	★악수는?
A　表示原谅	A　용서를 나타낸다
B　会让人紧张	B　사람을 긴장시킨다
C　有积极作用	C　적극적인 작용이 있다
D　会引起误会	D　오해를 일으킬 수 있다

공략　전반적으로 악수의 긍정적인 면을 설명하고 있다. '악수는 친밀감을 증진시키는 작용이 있다'는 내용을 통해 악수의 적극적인 역할을 알 수 있다.

어휘　★握手 wòshǒu 몡동 악수(하다)｜★增进 zēngjìn 동 증진하다｜亲密感 qīnmìgǎn 몡 친밀감｜主动 zhǔdòng 혱 주동적인｜
★友好 yǒuhǎo 혱 우호적이다｜感激 gǎnjī 동 감격하다｜★尊重 zūnzhòng 동 존중하다｜★支持 zhīchí 동 지지하다｜★鼓励
gǔlì 동 격려하다

70　난이도 中　공략 Key 정확한 정보 파악

"80后"原来是指1980-1989年出生的年轻作者。后来，它的范围扩大了，指整个20世纪80年代出生的年轻人。	'바링 허우'는 원래 1980~1989년에 출생한 젊은 작가들을 가리키는 것이었다. 후에 그것의 범위가 확대되어, 20세기 80년대에 출생한 모든 젊은이들을 가리킨다.
★根据这段话，"80后"的意思：	★이 글을 근거로 '바링 허우'의 의미는?
A　值得怀疑　　　B　范围变窄了	A　의심할 만하다　　　B　범위가 좁아졌다
C　发生了变化　　　D　不符合意义	C　변화가 발생했다　　　D　의의에 맞지 않다

공략　'바링 허우'가 가리키는 대상이 처음에는 일부 소수였지만 나중에 범위가 확대되었다는 내용이므로, 이 같은 의미를 가지고 있는 C가 정답이 된다.

어휘　★范围 fànwéi 몡 범위｜★扩大 kuòdà 동 확대하다｜整个 zhěnggè 몡 모든 것｜世纪 shìjì 몡 세기｜★怀疑 huáiyí 동
의심하다｜★符合 fúhé 동 맞다｜意义 yìyì 몡 의의

人们常说"便宜无好货，好货不便宜"，意思就是产品的质量和价格有很大的关系。<u>一般情况下，你花的钱越多，买的东西也就越好</u>。

★ 一般来说，贵东西：

A 越来越多
B 广告多
C 赚得更多
Ⓓ 质量有保证

사람들은 자주 '싸면 좋은 물건이 없고, 좋은 물건은 싸지 않다'고 말한다. 의미는 바로 상품의 품질과 가격에는 큰 관련이 있다는 것이다. <u>일반적인 상황에서, 당신이 돈을 많이 쓸수록 산 물건도 좋다.</u>

★ 일반적으로 비싼 물건은 어떠한가?

A 갈수록 많아지고 있다
B 광고가 많다
C 돈을 더 많이 번다
Ⓓ 품질을 보증할 수 있다

공략   문제의 '一般来说'와 본문에 제시된 '一般情况下'는 모두 일반적인 견해나 상황을 이끄는 표현이다. 즉 '一般情况下' 뒷부분을 근거로 D가 정답임을 알 수 있다.

어휘   货 huò 몡 물건 | ★质量 zhìliàng 몡 품질 | ★广告 guǎnggào 몡 광고 | 赚 zhuàn 동 벌다 | ★保证 bǎozhèng 몡 보증

过去，自行车被当做交通工具，现在自行车除了做交通工具外，还能拿来锻炼身体。<u>骑自行车不受时间的限制，而且锻炼效果也比较大。</u>

★ 骑自行车当做运动：

Ⓐ 挺方便   B 效果很低
C 受到限制   D 很有意思

과거에 자전거는 교통수단으로 여겨졌다. 현재 자전거는 교통수단 외에, 운동 수단으로도 쓰인다. <u>자전거 타기는 시간의 제한을 받지 않고, 게다가 운동 효과도 비교적 크다.</u>

★ 자전거 타기를 운동으로 삼는 것은?

Ⓐ 매우 편리하다   B 효과가 낮다
C 제한을 받는다   D 재미있다

공략   본문 후반부에 자전거 타기의 장점을 설명하고 있다. 자전거 타는 것이 시간의 제한을 받지 않는다는 것은 자전거를 편리하게 탈 수 있다는 의미이므로 정답이 A임을 알 수 있다.

어휘   ★过去 guòqù 몡 과거 | ★交通工具 jiāotōng gōngjù 몡 교통수단 | 限制 xiànzhì 몡 제한

我再提醒大家一下，原定明早9点半的<u>总结大会时间提前，改到8点半了</u>。这次白校长也要来参加，所以请大家注意不要迟到。

★ 根据这段话，可以知道什么？

A 要推迟时间
Ⓑ 时间提前了
C 提醒白校长
D 会议取消了

다시 한번 여러분께 말씀드리겠습니다. 원래 내일 아침 9시 반으로 정해졌던 <u>총결산회 시간이 앞당겨져 8시 반으로 변경되었습니다.</u> 이번에는 바이 교장 선생님께서도 참석하신다고 하니, 모두들 늦지 않도록 주의하시기 바랍니다.

★ 이 글을 통해 알 수 있는 것은?

A 시간을 늦추려고 한다
Ⓑ 시간이 앞당겨졌다
C 바이 교장 선생님을 일깨워준다
D 회의가 취소되었다

공략   동사 뒤의 결과보어 到는 장소, 시간, 범위 등의 목적어를 이끄는데, '改到8点半'은 '8시 반으로 변경되다'라는 의미이다.

따라서 정답은 B가 된다. 提前과 推迟는 비행 시간, 회의 시간 등과 관련하여 자주 출제되는 어휘이다.

어휘 ★提醒 tíxǐng 图 일깨우다 | 总结 zǒngjié 명 총결산 | ★提前 tíqián 图 앞당기다 | ★推迟 tuīchí 图 미루다

74

当你心情不好的时候，不要自己坐在房间里，也不要躺在床上睡觉，更不要自己喝酒，<u>你应该找朋友一起聊天，去逛商场</u>，这样你的心情会更快好起来。

★ 心情不好时，我们应该：

A 在家喝酒
B 整天睡觉
Ⓒ 找人聊聊
D 玩儿电脑

기분이 좋지 않을 때, 혼자 방에 앉아 있거나 침대에 누워 잠을 자지 마라. 더욱이 혼자 술을 마셔서는 안 된다. <u>당신은 반드시 친구를 찾아 함께 이야기를 나누거나 쇼핑을 가야 한다.</u> 이렇게 해야 당신의 기분이 좋아질 것이다.

★ 기분이 좋지 않을 때, 우리는 반드시 어떻게 해야 하는가?

A 집에서 술을 마신다
B 하루 종일 잔다
Ⓒ 누군가와 이야기를 나눈다
D 컴퓨터를 한다

공략 문제에 应该, 得, 要 등 당위성을 나타내는 조동사가 나오면, 본문에서 이러한 조동사가 제시된 부분을 찾아야 한다. '친구를 찾아 함께 이야기를 나누라'는 부분을 통해 C가 정답임을 알 수 있다.

어휘 ★躺 tǎng 图 눕다 | ★整天 zhěngtiān 명 하루 종일

75

在很多情况下，<u>明白做什么比怎么做更重要</u>。做什么指的是方向，而怎么做指的是方法。要是方向不正确，那么方法还可能对吗？

★ 这段话想告诉我们什么？

A 要有理想
Ⓑ 方向更重要
C 要相信自己
D 方法的区别

많은 상황에서 <u>무엇을 해야 하는지를 아는 것이 어떻게 해야 하는지를 아는 것보다 더 중요하다.</u> '무엇을 하는가'가 가리키는 것은 방향이고, '어떻게 하는가'가 가리키는 것은 방법이다. 만일 방향이 정확하지 않다면, 방법 또한 정확할 수 있을까?

★ 이 글이 우리에게 알려주고 싶은 것은 무엇인가?

A 꿈이 있어야 한다
Ⓑ 방향이 더욱 중요하다
C 자신을 믿어야 한다
D 방법의 차이

공략 본문에서 '무엇을 하는가?'는 '방향'이고, '어떻게 하는가?'는 '방법'이며 둘 중 방향이 더 중요하다고 설명하고 있다. 때문에 B가 정답으로 적절하다.

어휘 ★明白 míngbai 图 알다 | ★要是 yàoshi 집 만일 ～이라면 | ★正确 zhèngquè 혱 정확하다 | ★区别 qūbié 명 차이

76

当事情没有按照原来的计划进行的时候，最好不要太担心、太着急，<u>应该冷静、积极地找到解决问题的办法</u>。

일이 원래 계획대로 진행되지 않을 때, 너무 근심하거나 조급해 하지 말고, <u>냉정하고 적극적으로 문제 해결의 방법을 찾아야 한다.</u>

★ 遇到困难时，我们应该：	★ 어려움에 부딪혔을 때, 우리는 마땅히 어떻게 해야 하는가?
A 积累经验　　B 担心着急 C 暂时放弃　　**D 冷静下来**	A 경험을 쌓는다　　B 근심하고 조급해 한다 C 잠시 포기한다　　**D 냉정해진다**

공략 조동사 应该로 질문할 경우 본문에서 이러한 조동사가 제시된 부분을 찾도록 한다. 应该 뒷부분을 살펴보면, 냉정하고 적극적으로 문제 해결 방법을 찾아야 한다고 했으므로 D가 정답이 된다.

어휘 ★按照 ànzhào 〔개〕 ～에 따라 | ★冷静 lěngjìng 〔형〕 냉정하다 | ★积极 jījí 〔형〕 적극적이다 | 暂时 zànshí 〔명〕 잠시

77　　　　　　　　　　**난이도** 上　**공략 Key** '只要……那(么)就……' 호응

职业不应该受到年龄的限制。不管是年轻人还是老年人，只要能在自己工作中，取得很好的成绩，那就应该赢得尊重。	직업은 나이의 제한을 받아서는 안 된다. 젊은이건 노인이건 상관없이, 자신의 일에서 좋은 성과를 거둔다면 마땅히 존중을 받아야 한다.
★ 根据这段话，值得重视的是：	★ 이 글을 근거로 중시해야 할 것은?
A 年龄大小　　B 兴趣爱好 C 阅读能力　　**D 工作成绩**	A 나이의 많고 적음　　B 흥미와 취미 C 독서 능력　　**D 업무 성과**

공략 '值得重视'는 '중시할 만하다'라는 의미로, 본문에서 중요한 조건이나 근거를 정답으로 찾으면 된다. '只要……那(么)就……'는 접속사 호응 구조로 '자신의 일에서 좋은 성과를 거둔다면 마땅히 존중을 받아야 한다'라는 의미를 나타내므로 D가 정답이 된다.

어휘 职业 zhíyè 〔명〕 직업 | ★限制 xiànzhì 〔명〕 제한 | ★不管 bùguǎn 〔접〕 ～에 관계없이 | 赢得 yíngdé 〔동〕 얻다 | ★尊重 zūnzhòng 〔동〕 존중하다 | ★兴趣 xìngqù 〔명〕 흥미 | 阅读 yuèdú 〔동〕 읽다

78　　　　　　　　　　**난이도** 中　**공략 Key** 작가의 의도 파악

塑料袋给现代人们的生活带来了很大的方便，因此受到了大家的普遍欢迎。但是同时给环境带来的严重的污染。	비닐봉지는 현대인의 생활에 많은 편리를 가져다주었다. 이리하여 모두에게 보편적인 환영을 받았다. 하지만 동시에 환경에 심각한 오염을 초래했다.
★ 这段话告诉我们应该：	★ 이 글은 우리에게 마땅히 어떻게 해야 하는지 말하는가?
A 提高塑料袋的质量 B 学好使用方法 C 推荐别人使用 **D 少用塑料袋**	A 비닐봉지의 품질을 향상시켜야 한다 B 사용 방법을 잘 배우도록 한다 C 다른 사람이 사용하도록 추천한다 **D 비닐봉지를 적게 사용하도록 한다**

공략 일반적으로 역접의 접속사 但是 뒤에 작가의 의도가 숨겨져 있다. '환경에 심각한 오염을 초래했다'고 말하고 있으므로 D가 정답이 된다.

어휘 ★塑料袋 sùliàodài 〔명〕 비닐봉지 | ★普遍 pǔbiàn 〔형〕 보편적이다 | ★严重 yánzhòng 〔형〕 심각하다 | 污染 wūrǎn 〔명〕 오염 | 推荐 tuījiàn 〔동〕 추천하다

79

事情的原因和结果往往是互相联系的。如果有一定的原因，那就有一定的结果。有时候，有的事情的结果也能当另一个事情的原因。

★ 根据这段话，事情的发生：

A 是突然的
B 是没有结果的
C 是有原因的
D 是往往推迟的

일의 원인과 결과는 종종 서로 연관된다. 만일 일정한 원인이 있다면, 반드시 일정한 결과가 있다. 때로 어떤 일의 결과가 또한 다른 일의 원인이 될 수도 있다.

★ 이 글을 근거로 일의 발생은?

A 갑작스럽다
B 결과가 없다
C 원인이 있다
D 종종 미루어진다

공략 문제 중의 '事情的发生'은 본문 중의 '결과'를 의미한다. 따라서 '결과에는 반드시 그 원인이 있다'는 내용에서 정답이 C임을 알 수 있다.

어휘 ★互相 hùxiāng 閉 서로 | ★联系 liánxì 통 연관 짓다

80-81

随着社会、经济的发展，人们的生活也丰富起来了。只要有钱，可以买到自己想要的东西。81但是教育孩子时，父母必须让孩子从小就知道，不是想要的所有的东西都会得到，80更不是一哭就能得到。如果孩子一哭，爸爸妈妈就给他们想要的糖果或者饼干，就会让孩子养成不良的习惯。

사회 경제의 발전에 따라 사람들의 생활 역시 풍부해지기 시작했다. 돈만 있다면, 자신이 원하는 물건을 살 수 있다. 81하지만 아이를 교육할 때, 부모는 반드시 어릴 때부터 아이에게 원하는 모든 것을 얻을 수 있는 것은 아니며, 80더욱이 운다고 바로 얻을 수 있는 것은 아니라는 점을 알게 해야 한다. 만일 아이가 울 때마다, 아빠와 엄마가 아이가 갖고 싶어 하는 사탕이나 과자를 주게 되면, 아이로 하여금 나쁜 습관을 기르게 만들 수 있다.

어휘 ★社会 shèhuì 명 사회 | 糖果 tángguǒ 명 사탕 | 饼干 bǐnggān 명 과자 | ★养成 yǎngchéng 통 기르다

80　　　　　　　　　　　　　　　　　난이도 下 공략 Key '一……就……' 호응

为了得到想要的东西，孩子往往会：

A 哭
B 骗人
C 努力学习
D 变得很勇敢

가지고 싶은 물건을 얻기 위해, 아이들은 종종 어떻게 하는가?

A 운다
B 남을 속인다
C 열심히 공부한다
D 용감해진다

공략 '一……就……'는 '～하기만 하면 바로 ～하다'라는 의미로 조건 결과를 이끄는 호응 구조이다. '운다고 바로 원하는 것을 얻을 수 있는 것이 아니다'라는 부분에서 아이들이 가지고 싶은 물건을 얻기 위해 종종 운다는 것을 알 수 있다.

어휘 ★骗人 piànrén 통 남을 속이다

81

这段话主要谈什么?

A 感情交流更重要
B 夫妻的事情
C 孩子喜欢哭
Ⓓ 有些东西是得不到的

이 글은 주로 무엇을 말하고 있는가?

A 감정 교류가 더욱 중요하다
B 부부의 일
C 아이들은 우는 것을 좋아한다
Ⓓ 몇몇 물건은 얻을 수 없는 것이다

공략 이 글은 '아이들에게 어릴 때부터 원하는 모든 것을 다 가질 수 없다'는 것을 교육시켜야 한다는 내용이므로 정답은 D가 된다.

어휘 夫妻 fūqī 몡 부부

82-83

年轻人说：“浪漫是她想要月亮时，你给她温和地说我是你的太阳。”中年人说：“浪漫是晚上加班，回来时已经零点了，爬了三层楼，到了你家的门口，这时，门开了。”老人说：“浪漫就像歌里唱的一样，我能想的最浪漫的事，是和你一起慢慢变老。”

젊은이는 말한다. 낭만이란, 그녀가 달을 갖고 싶다고 할 때, 당신이 그녀에게 부드럽게 '내가 너의 태양이야'라고 말하는 것이라고. 중년의 사람들은 말한다. 낭만이란, 저녁에 야근하고 집에 오니 벌써 자정인데, 3층까지 기어올라가 집 문 앞에 도착하면, 그때 문이 열리는 것이라고. 노인은 말한다. 낭만이란, 바로 노래에서 부르는 것과 같이 '내가 생각할 수 있는 가장 낭만적인 일은 당신과 함께 천천히 늙어가는 것'이라고.

어휘 ★浪漫 làngmàn 몡 낭만 | 月亮 yuèliang 몡 달 | ★太阳 tàiyáng 몡 태양 | 零点 língdiǎn 몡 자정

82

这段话主要谈的是：

A 生活   B 关系   C 理想   Ⓓ 浪漫

이 글이 주로 말하는 것은?

A 생활   B 관계   C 이상   Ⓓ 낭만

공략 낭만에 관한 세 부류 사람들의 각기 다른 설명을 구체적으로 나열하고 있으므로 정답은 D가 된다.

83

根据这段话，什么影响着人们对浪漫的看法?

A 气候   B 脾气   C 地点   Ⓓ 时间

이 글을 근거로 무엇이 낭만에 대한 사람들의 생각에 영향을 미치는가?

A 기후   B 성격   C 장소   Ⓓ 시간

공략 젊은이, 중년, 노인의 낭만에 대한 각기 다른 설명을 제시하고 있으므로 연령, 나이와 관련 있는 D가 정답이 된다.

어휘 ★气候 qìhòu 몡 기후 | ★脾气 píqi 몡 성격 | 地点 dìdiǎn 몡 장소

84很多人觉得听流行歌曲不适合老年人，京剧、老歌才是老人的最爱。**85**其实，听听流行歌曲对老人也是很有好处的。流行歌曲有很多种。只要老人选择自己喜欢听的，心情一样可以愉快起来，还能拉近和年轻人的距离。

84많은 사람들이 유행가는 노인에게 어울리지 않으며, 경극이나 옛날 노래가 노인들이 좋아하는 것이라 생각한다. **85**사실 유행가를 듣는 것은 노인에게도 많은 장점이 있다. 유행가는 여러 종류가 있어서, 노인이 자신이 좋아하는 것을 선택하기만 하면, 기분도 즐거워질 수 있고, 또한 젊은이들과의 거리도 가까워질 수 있다.

어휘　流行歌曲 liúxíng gēqǔ 몡 유행가 | ★选择 xuǎnzé 통 선택하다 | 拉近 lājìn 통 가깝게 당기다 | ★距离 jùlí 몡 거리

84　　　　　　　　　　　　　　　　난이도 下　공략 Key 일반적 의견 찾기

人们一般认为，老人喜欢：

| A　流行音乐 | B　拉近距离 |
| C　过去的音乐 | D　和亲戚见面 |

사람들은 일반적으로 노인들이 무엇을 좋아한다고 생각하는가?

| A　유행가 | B　거리를 가깝게 당기는 것 |
| C　옛날 음악 | D　친척과 만나는 것 |

공략　본문 첫 부분에 많은 사람들이 노인들은 경극이나 옛날 노래를 좋아할 것이라 생각한다고 했으므로 정답은 C가 된다.

어휘　★亲戚 qīnqī 몡 친척

85　　　　　　　　　　　　　　　　난이도 中　공략 Key 저자의 견해 찾기

关于流行音乐，我们可以知道：

A　只适合年轻人
B　仅适合老人
C　也适合老人
D　老人不能听

유행가에 대해, 우리는 무엇을 알 수 있는가?

A　젊은이에게만 어울린다
B　노인에게만 어울린다
C　노인에게도 어울린다
D　노인은 들을 수 없다

공략　其实는 '사실'이라는 의미의 부사로 작가의 실질적인 생각을 이끌고 있다. 이 부분에서 C가 정답임을 알 수 있다.

 # 쓰기

---

86   **난이도** 上   **공략 Key** 존현문의 어순 파악

世界地图	对面墙上	两张	挂着

공략

- **1단계** 술어 찾기 — 挂着
- **2단계** 수량사＋명사 — 两张＋世界地图
- **3단계** 주어＋술어＋목적어 — 对面墙上＋挂着＋两张世界地图

∴ 对面墙上挂着两张世界地图。 맞은편 벽에 세계 지도가 2장 걸려 있다.

➦ 이 문장은 장소가 주어가 되고 그 장소에 어떤 사물이 존재함을 나타내는 존현문이다. 장소명사가 출제되었는데 장소와 자주 호응되는 在, 从, 到, 往, 离 등의 개사가 나오지 않을 경우, 존현문 문제일 가능성이 크다.

어휘 ★对面 duìmiàn 몡 맞은편 | ★墙 qiáng 몡 벽 | ★挂 guà 통 걸다 | ★世界地图 shìjiè dìtú 몡 세계 지도

---

87   **난이도** 下   **공략 Key** 형용사 술어문 이해

干燥	北京的	很	空气

공략

- **1단계** 술어 찾기 — 干燥
- **2단계** 부사＋형용사 술어 — 很＋干燥
- **3단계** 的＋명사 — 北京的＋空气
- **4단계** 주어＋술어 — 北京的空气＋很干燥

∴ 北京的空气很干燥。 베이징의 공기는 건조하다.

➦ 형용사 술어는 부사의 수식을 받지만, 목적어는 절대 가질 수 없다. 정도부사 很이 형용사를 꾸미는 대표적인 부사라는 것을 기억하여 干燥 앞에 위치시키고 나머지는 주어 자리에 위치시키면 된다.

어휘 ★空气 kōngqì 몡 공기 | ★干燥 gānzào 혱 건조하다

---

88   **난이도** 下   **공략 Key** 개사구의 위치

给老云	出了	邻居家的孩子	一个好主意

공략

- **1단계** 술어 찾기 — 出了
- **2단계** 주어＋술어＋목적어 — 邻居家的孩子＋出了＋一个好主意
- **3단계** 주어＋개사구＋술어＋목적어 — 邻居家的孩子＋给老云＋出了＋一个好主意

∴ 邻居家的孩子给老云出了一个好主意。 이웃집 아이가 라오윈에게 좋은 의견 하나를 제시해주었다.

➦ '给老云'은 개사구로 주어와 술어 사이에 위치한다. 老나 小의 뒷부분이나 직업이나 호칭 앞에 제시되는 한 글자는 일반적으로 사람의 성씨나 이름을 가리킨다.

어휘 ★邻居 línjū 몡 이웃집 | ★主意 zhǔyi 몡 의견

89

丢失了	钥匙	孙子	把	办公室的

공략

1단계	술어 찾기	丢失了
2단계	주어＋술어	孙子＋丢失了
3단계	的＋명사	办公室的＋钥匙
4단계	把＋명사	把＋办公室的钥匙
5단계	주어＋把＋명사＋술어	孙子＋把＋办公室的钥匙＋丢失了

∴ 孙子把办公室的钥匙丢失了。 손자가 사무실 열쇠를 잃어버렸다.

개사 把는 목적어인 사물을 동사 앞으로 이끌어내어 강조할 때 사용한다. 우선 개사가 출제되면 짝꿍 명사를 찾아 연결시키고, 그다음에 주어와 술어를 찾아 개사를 그 사이에 위치시키면 된다.

어휘　★孙子 sūnzi 몡 손자 | ★办公室 bàngōngshì 몡 사무실 | ★钥匙 yàoshi 몡 열쇠

90

外面的敲门声	吵醒了	被	左阿姨

공략

1단계	술어 찾기	吵醒了
2단계	주어＋술어	左阿姨＋吵醒了
3단계	被＋명사	被＋外面的敲门声
4단계	주어＋개사구＋술어	左阿姨＋被外面的敲门声＋吵醒了

∴ 左阿姨被外面的敲门声吵醒了。 쥐 아주머니는 바깥의 노크 소리에 시끄러워서 잠이 깼다.

被는 대표적인 개사로 '주어가 被 뒤에 있는 명사에 의해 어떤 일을 당한다'라고 해석된다.

어휘　★敲门声 qiāoménshēng 노크 소리 | ★吵醒 chǎoxǐng 통 시끄러워서 잠이 깨다 | ★阿姨 āyí 몡 아주머니

91

表演	很	精彩	今晚的	真的

공략

1단계	술어 찾기	精彩
2단계	어기부사＋정도부사＋형용사	真的＋很＋精彩
3단계	주어＋술어	今晚的表演＋真的很精彩

∴ 今晚的表演真的很精彩。 오늘 저녁의 공연은 정말 훌륭했다.

정도부사와 어기부사가 함께 제시 단어로 출제될 경우 반드시 어기부사가 먼저 위치하고 그 뒤에 정도부사가 온다. 精彩는 형용사 술어이므로 목적어를 가질 수 없다.

어휘　★表演 biǎoyǎn 몡 공연 | ★真的 zhēnde 정말로 | ★精彩 jīngcǎi 혱 훌륭하다

激动	黄博士	让	非常	那个消息

공략

1단계	让+겸어+술어	让+黄博士+激动
2단계	주어+술어	那个消息+让黄博士激动
3단계	주어+让+겸어+정도부사+형용사	那个消息+让+黄博士+非常+激动

∴ 那个消息让黄博士非常激动。그 소식은 황 박사를 정말 감격하게 했다.

● 겸어문에서 두 번째 술어가 형용사인 경우, 정도부사는 반드시 형용사 앞에 위치해야 한다. 의미상 '그 소식'이 '황 박사'를 감격하게 만든 것이므로 '황 박사'는 주어가 될 수 없다.

어휘 ★消息 xiāoxi 몡 소식 | ★博士 bóshì 몡 박사 | ★激动 jīdòng 동 감격하다

他的	竟然	这句话	警察的注意	引起了

공략

1단계	술어 찾기	引起了
2단계	的+명사	他的+这句话
3단계	술어+목적어	引起了+警察的注意
4단계	주어+술어+목적어	他的这句话+引起了+警察的注意
5단계	주어+부사어+술어+목적어	他的这句话+竟然+引起了+警察的注意

∴ 他的这句话竟然引起了警察的注意。그의 이 말은 뜻밖에도 경찰의 주의를 불러일으켰다.

● 한국어 어순과 달리 중국어는 '주어+술어+목적어' 순서로 배열되고, 부사어는 주어와 술어 사이에 위치한다.

어휘 ★竟然 jìngrán 閉 뜻밖에도 | ★引起 yǐnqǐ 동 불러일으키다 | ★警察 jǐngchá 몡 경찰 | ★注意 zhùyì 몡 주의

讨论	还在	进行	继续	他们

공략

1단계	술어 찾기	继续+进行
2단계	주어+술어+목적어	他们+继续进行+讨论
3단계	주어+부사+술어+목적어	他们+还在+继续进行+讨论

∴ 他们还在继续进行讨论。그들은 여전히 계속 토론을 진행 중이다.

● 继续는 동사이기 때문에 연동문 구조로 다른 동사 앞에 놓여 '계속 ~하다'라는 의미를 갖는다. '继续进行'은 '계속 진행하다'라는 의미의 동사이므로 부사 '还在'가 이 앞에 위치한다.

어휘 ★继续 jìxù 동 계속하다 | ★进行 jìnxíng 동 진행하다 | ★讨论 tǎolùn 몡동 토론(하다)

95

| 写 | 很仔细 | 得 | 这篇报告 |

공략
- **1단계** 술어 찾기 → 写
- **2단계** 술어+得+정도보어 → 写+得+很仔细
- **3단계** 주어+술어 → 这篇报告+写得很仔细

∴ 这篇报告写得很仔细。이 보고서는 아주 자세하게 작성되었다.

○ 정도보어는 술어 뒤에서 동작이나 상태의 정도를 보충해주며, 일반적으로 술어와 정도보어 사이에 구조조사 得를 쓴다.

어휘 ★篇 piān 양 편(글, 문서 등을 세는 단위) | ★仔细 zǐxì 형 자세하다

96

信心

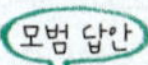
모범 답안

1. 这个男人对自己的想法很有信心。
   이 남자는 자신의 생각에 자신을 가지고 있다.

2. 这个很有信心的人就是这家公司的老板。
   매우 자신감이 있는 이 사람이 바로 이 회사의 사장이다.

3. 他很有信心地说出了自己的想法。
   그는 아주 자신감 있게 자신의 생각을 말했다.

4. 他对这个任务很有信心。
   그는 이 임무에 대해 매우 자신감이 있다.

5. 他很有信心，所以经理信任他。
   그는 매우 자신감이 있다. 그래서 사장은 그를 신임한다.

공략 信心은 '～에 대하여 자신이 있다(없다)'의 의미로 활용되므로, '对……(没)有信心' 형식으로 쓰인다.

어휘 ★信心 xìnxīn 명 확신, 믿음, 자신 | ★任务 rènwu 명 임무 | ★信任 xìnrèn 동 신임하다

97

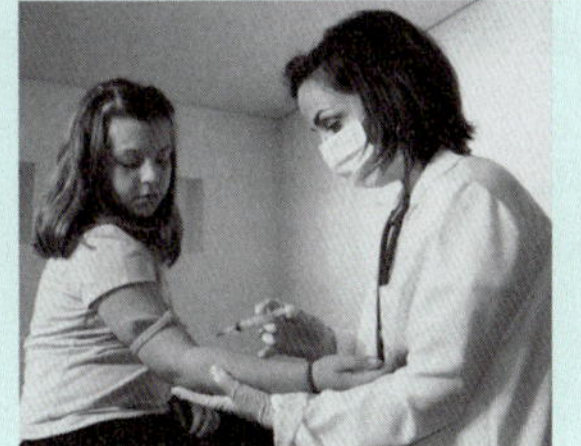

打针

모범 답안

1. 护士给女孩子打针。
   간호사는 여자아이에게 주사를 놓는다.

2. 女孩子不喜欢打针。
   여자아이는 주사 맞는 것을 싫어한다.

3. 女孩子害怕打针。
   여자아이는 주사 맞는 것을 무서워한다.

4. 女孩子感冒了，所以给她打针。
   여자아이가 감기에 걸려서 주사를 놓는다.

5. 女孩子害怕打针，但是没有哭。
   여자아이는 주사 맞는 것이 무섭지만 울지 않았다.

공략 그림만으로도 쉽게 打针이 '주사를 놓다'라는 것을 알 수 있다. 단순히 동작만 보는 것이 아니라 주사를 놓는 이유와 주사 맞을 때 아이의 감정 등을 접속사와 함께 쓴다면 좀 더 화려한 문장을 완성할 수 있다.

어휘 ★打针 dǎzhēn 동 주사를 놓다 | ★护士 hùshi 명 간호사 | ★害怕 hàipà 동 두려워하다 | ★感冒 gǎnmào 동 감기에 걸리다

98

到底

모범 답안

1. **到底**怎么解决这个问题?
   도대체 어떻게 이 문제를 해결해야 하는 거지?

2. 他不知道**到底**怎么回事。
   그는 도무지 어떻게 된 일인지 모르겠다.

3. 他**到底**在想什么?
   그는 도대체 무엇을 생각하고 있는 거야?

4. 我的钱包**到底**在哪儿?
   내 지갑이 도대체 어디에 있는 거지?

5. 他**到底**为什么这么难过?
   그는 도대체 왜 이렇게 괴로워하는 거야?

공략 到底는 '도대체'라는 의미의 어기부사로 의문문에서만 사용할 수 있으며, 주어 앞뒤에 모두 위치할 수 있다. 하지만 만일 '到底谁来?'와 같이 주어가 의문대사인 문장이라면 반드시 의문대사 앞에 위치해야 한다.

어휘 ★到底 dàodǐ 閉 도대체 | ★解决 jiějué 동 해결하다 | ★钱包 qiánbāo 명 지갑 | ★难过 nánguò 형 괴롭다

99

误会

모범 답안

1. 男的**误会**了女的的意思。
   남자는 여자의 뜻을 오해했다.

2. 你别**误会**了，我不是那个意思。
   너 오해하지 마, 나는 그런 뜻이 아니야.

3. 男的**误会**了，所以他们俩吵架了。
   남자는 오해했다. 그래서 그들 둘은 싸웠다.

4. 别人**误会**的时候要及时解释。
   다른 사람이 오해했을 때 즉시 해명해야 한다.

5. 我**误会**你了，对不起。
   내가 너를 오해했어. 미안해.

공략 误会는 '오해(하다)'라는 의미로 명사와 동사로 활용된다. 명사로 활용되는 경우 引起, 解释 등의 동사와 호응되고, 동사로 활용되는 경우 사람이나 생각, 의미 등의 목적어를 가진다.

어휘 ★误会 wùhuì 동 오해하다 | ★吵架 chǎojià 동 싸우다 | ★及时 jíshí 閉 즉시, 신속히 | ★解释 jiěshì 동 해명하다

100

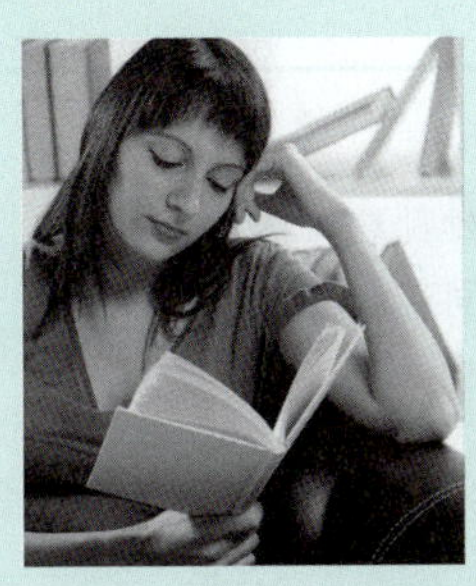

遍

모범 답안

1. 这本书你看过几遍?
   이 책을 너는 몇 번이나 본 적 있니?

2. 她已经把这本书看过三遍了。
   그녀는 이 책을 이미 3번이나 보았다.

3. 她很喜欢这本书，所以打算再读一遍。
   그녀는 이 책을 매우 좋아한다. 그래서 다시 한 번 볼 생각이다.

4. 她已经把这本书看过好几遍了，但是还是看不懂。
   그녀는 이미 이 책을 아주 여러 번 보았다. 하지만 여전히 이해하지 못한다.

5. 这本书我以前看过一遍。
   이 책을 나는 이전에 한 번 본 적이 있다.

공략　遍은 '(처음부터 끝까지) 한 번'이라는 동작의 횟수를 보충하는 동량보어로 동사 뒤에 위치한다. 동량보어가 있을 경우 그 문장의 목적어는 주어 앞에 위치할 수 있다.

어휘　遍 biàn 양 번(동작이 시작되어 끝날 때까지의 전 과정을 말함)

실전
모의고사

01day

1 ① 麻烦 번거롭다, 귀찮다
　② 打扮 치장하다, 꾸미다
　③ 凉快 서늘하다, 시원하다
　④ 一米六五 165센티미터
2 ① B　　② A　　③ B
3 ① O　　② X　　③ X

[녹음 원문]

2 ① 她是当地的记者。
　② 很多人不喜欢住在城市。
　③ 超市里买东西很方便。

　① 그녀는 현지 기자이다.
　② 많은 사람들이 도시에 사는 것을 싫어한다.
　③ 슈퍼마켓에서 물건을 사는 것은 편하다.

3 我一直想养一只猫，可是听说家里养猫对小孩子不好，我不知道是不是真的，但是也没敢养。
　① 他喜欢猫。
　② 孩子不喜欢猫。
　③ 他家养猫。

　나는 줄곧 고양이를 한 마리 기르고 싶었다. 하지만 집에서 고양이를 기르는 것이 아이에게 좋지 않다고 한다. 진짜인지 아닌지 모르겠지만, 선뜻 기르지는 못하겠다.
　① 그는 고양이를 좋아한다.
　② 아이는 고양이를 싫어한다.
　③ 그의 집에는 고양이를 기른다.

02day

1 ① 印象 인상　　② 优秀 우수하다
　③ 危险 위험(하다)　④ 放心 안심하다
2 ① 甚至　② 比如　③ 尽管
3 ① X　　② O　　③ O

[녹음 원문]

2 ① 他甚至连我的名字都不知道。
　② 她的爱好非常广泛，比如听音乐、画画、看书什么的，她都喜欢。
　③ 尽管大家都不同意，但是他还是要去。

　① 그는 심지어 내 이름도 모른다.
　② 그녀의 취미는 아주 다양하다. 예를 들면 음악 감상, 그림 그리기, 독서 등으로, 그녀는 모두 다 좋아한다.
　③ 설령 모두 반대해도, 그는 여전히 가려고 한다.

3 小刘，听说你的电子词典丢了，我上个星期天去买了个新的，那个旧的就送给你用吧。
　① 小刘的电子词典坏了。
　② 我的电子词典是上个周末买的。
　③ 我要把旧的送给小刘。

　샤오류, 듣자니 네 전자사전을 잃어버렸다면서. 난 지난주 일요일에 새것을 하나 샀거든, 예전 것은 너 줄게.
　① 샤오류의 전자사전은 망가졌다.
　② 내 전자사전은 지난 주말에 산 것이다.
　③ 나는 예전 것을 샤오류에게 주려고 한다.

03day

1 ① 导游 가이드　　② 附近 부근, 근처
　③ 蛋糕 케이크　　④ 满意 만족하다
2 ① B　　② A　　③ B
3 ① B　　② C　　③ B

[녹음 원문]

2 ① 快到国庆节了，你打算干什么？
　② 还来得及，开十分钟就到了。
　③ 我的自行车在学校门口那儿。

　① 곧 국경절인데, 너는 무엇을 할 생각이니?
　② 아직 시간이 있어, 10분만 가면 도착할 거야.
　③ 내 자전거는 학교 정문 쪽에 있다.

3 男：明天你开车直接去火车站，不用来接我了。我打车去，很方便。
　女：也行。那咱们明天见!
　① 他们明天在哪儿见面？

② 男的明天怎么去?

③ 女的明天怎么去?

남: 내일 너 운전해서 직접 기차역으로 가, 날 데리러 올 필요 없어. 난 택시 타고 갈게, 그게 편해.

여: 그래도 괜찮고. 그럼 내일 보자!

① 그들은 내일 어디에서 만나는가?

② 남자는 내일 어떻게 가는가?

③ 여자는 내일 어떻게 가는가?

1　① 教授 교수　　② 演员 연기자

　　③ 报告 보고하다　④ 照相 사진을 찍다

2　① 空姐　② 秘书　③ 司机

3　① D　　② A

[녹음 원문]

2　① 除了基本工资以外，还能免费去世界各地旅游。

　　② 为别人安排时间，每天对着电脑工作。

　　③ 每天见很多乘客，最讨厌堵车。

① 기본 월급 외에, 세계 각지를 공짜로 여행 갈수 있다.

② 다른 사람을 위해 스케줄을 짜고, 매일 컴퓨터를 마주하고 일한다.

③ 매일 많은 승객을 만나고, 차가 막히는 것을 가장 싫어한다.

3　女：选哪个专业我想听听您的意见。我想报经济专业，您看怎么样?

　　男：选什么专业应该自己决定，关键是你有没有兴趣。

　　① 女的对什么专业有兴趣?

　　② 男的意思是什么?

여: 어떤 전공을 선택할 것인지에 대해, 당신의 의견을 듣고 싶습니다. 전 경제 전공을 선택하려고 하는데요, 어떻게 생각하십니까?

남: 어떤 전공을 선택할지는 스스로 결정해야 해. 중요한 건 네가 흥미가 있느냐 없느냐지.

① 여자는 어떤 전공에 흥미가 있는가?

② 남자의 의미는 무엇인가?

1　① 商量 상의하다　② 激动 감동하다

　　③ 突然 갑작스럽다　④ 有趣 재미있다

2　① 丰富　② 讨厌　③ 反对

3　① C　　② A

[녹음 원문]

2　① 小李的经验很丰富，能负责任务。

　　② 你为什么这么讨厌他呀?

　　③ 虽然大家都反对，但他坚持要去。

① 샤오리의 경험이 풍부해서 임무를 담당할 수있다.

② 너는 왜 그렇게 그를 싫어하니?

③ 비록 모두 반대하지만, 그는 계속 가겠다고 한다.

3　女：真让人受不了，你房间太乱了，抽空好好儿整理一下。

　　男：好的，我现在就收拾，一定弄得干干净净。

　　① 女的觉得房间怎么样?

　　② 男的态度怎么样?

여: 정말 못 살겠네, 네 방은 너무 지저분해. 시간 내서 깨끗하게 정리 좀 해.

남: 알았어. 지금 바로 아주 깨끗하게 치울게.

① 여자 생각에 방은 어떠한가?

② 남자의 태도는 어떠한가?

1　① 行李箱 여행용 가방

　　② 面试 면접 시험(을 보다)

　　③ 消息 소식　　④ 到底 도대체

2　① B　　② A　　③ B

3　① A　　② D　　③ C

[녹음 원문]

2　① 谁会愿意跟他一起去?

　　② 我哪儿有时间看电影?

　　③ 我什么时候喝酒了?

① 누가 그와 함께 가고 싶겠니?

② 내가 영화 볼 시간이 어디 있니?

③ 내가 언제 술을 마셨니?

3 男：明天考试，复习得怎么样了？

女：材料这么厚，今晚我能看得完吗？

男：来得及，复习要注意方法，要复习重点内容。

女：只好这样了，这些内容太难了。

① 女的在干什么？

② 女的意思是什么？

③ 男的意思是什么？

남: 내일이 시험인데, 복습은 잘 되니?

여: 자료가 이렇게 두꺼운데, 오늘 밤에 내가 다 볼 수 있을까?

남: 아직 여유 있어. 복습은 방법에 주의해야 해. 핵심 내용을 복습해야지.

여: 어쩔 수 없어. 이 내용들은 너무 어려워.

① 여자는 무엇을 하고 있는가?

② 여자의 의미는 무엇인가?

③ 남자의 의미는 무엇인가?

1 ① 态度 태도 　② 耐心 인내심

③ 其实 사실 　④ 另外 다른, 이 외에

2 ① B 　② B 　③ B

3 ① D 　② C

[녹음 원문]

2 ① 不是他去，就是我去。

② 只要努力，就能成功。

③ 即使病了，也要坚持。

---

① 그가 가는 것이 아니면 내가 가는 것이다.

② 노력만 하면 성공할 수 있다.

③ 설령 병에 걸릴지라도 계속할 것이다.

3 她和姐姐尽管是双胞胎，但是她们俩除了长得很像外，几乎再找不着其他共同点。她喜欢红色，姐姐却最喜欢绿色。她喜欢学语言，英语说得非常好，姐姐却喜欢数学。她喜欢蛋糕，姐姐却讨厌甜食。

① 她和姐姐有什么共同点？

② 关于姐姐，下列哪个正确？

그녀와 언니는 비록 쌍둥이이지만, 그녀 둘은 외모가 닮았다는 것을 빼고는 거의 다른 공통점을 찾을 수 없다. 그녀는 빨간색을 좋아하고, 언니는 오히려 초록색을 좋아한다. 그녀는 언어 공부를 좋아해서 영어를 아주 잘하지만, 언니는 오히려 수학을 좋아한다. 그녀는 케이크를 좋아하지만, 언니는 오히려 단 음식을 싫어한다.

① 그녀와 언니는 어떤 공통점이 있는가?

② 언니에 관해 다음 중 옳은 것은?

1 ① 年龄 연령 　② 基础 기초

③ 收入 수입 　④ 成功 성공

2 ① A 　② B

3 ① D 　② A

[녹음 원문]

2 ① 你快把香蕉皮扔垃圾桶里。

② 今天晚上我要去看一部京剧。

---

① 너는 빨리 바나나 껍질을 쓰레기통 안에 넣어라.

② 오늘 저녁에 나는 경극을 보러 갈 것이다.

3 这个节目最近很流行，它介绍了很多生活中的小常识，怎样选择牙刷，洗脸应该用什么方法，怎样预防皮肤病等等。很多以前我没有留意到的问题，现在通过它都有了一些了解。

① 说话人在介绍什么？

② 说话人了解了哪方面的知识？

이 프로그램은 최근 굉장히 유행하고 있다. 이것은 어떻게 칫솔을 선택할 것인가, 세수는 반드시 어떤 방법으로 해야 하는가, 피부병을 어떻게 예방하는가 등등 생활 속의 수많은 작은 상식들을 소개하고 있다. 이전에 우리가 주의하지 못한 많은 문제들을 현재 이 프로그램을 통해 조금씩 이해하고 있다.

① 화자는 무엇을 소개하고 있는가?

② 화자는 어떤 방면의 정보를 이해했는가?

1 ① 祝贺 축하하다 　② 交通 교통

③ 难过 괴롭다 　④ 帽子 모자

2 ① B 　② A 　③ A

3 ① B 　② A

2 ① 这些服务都是免费提供的。
② 我们没想到你居然会做出这种事情。
③ 他没有时间管理自己的网站。

① 이러한 서비스는 모두 무료로 제공된다.
② 우리는 당신이 이런 일을 해낼지 생각조차 못했다.
③ 그는 시간이 없어 자신의 웹 사이트를 관리하지 못한다.

3 爸爸老了，常常忘事。一天他告诉我，25号是他的朋友儿子的婚礼，让我提醒他，去参加婚礼。我告诉爸爸，今天已经26号了，那是昨天的事情。爸爸很无奈，说："我忘了去参加！"我告诉爸爸："您昨天去了！"。
① 朋友儿子的婚礼是什么时候？
② 爸爸去参加婚礼了吗？

아버지께서 연세가 드셔서 자주 일을 잊어버리신다. 하루는 아버지께서 나에게 25일은 아버지 친구의 아들 결혼식이니, 자신에게 꼭 말해주어야 한다고 당부하셨다. 나는 아버지께 오늘은 벌써 26일이고, 그건 어제 일이라고 말씀드렸다. 아버지께서는 어쩔 수 없다는 듯 말씀하셨다. "내가 가는 것을 잊어버렸구나!" 나는 말씀드렸다. "아버지께서는 어제 다녀오셨어요!"
① 친구 아들의 결혼식은 언제인가?
② 아버지는 결혼식에 다녀오셨는가?

10day

1 ① 他孙子今年10岁了。
그의 손자는 올해 10살이 되었다.
② 你想喝什么饮料?
너는 무슨 음료수를 마시고 싶니?
③ 每天吃一个苹果对皮肤好。
매일 사과를 하나 먹는 것은 피부에 좋다.
④ 这附近有银行吗?
이 부근에 은행이 있습니까?
2 附近 / 价格 / 皮肤 / 帽子 / 帽子 / 皮肤

11day

1 ① 父母不能总是批评孩子。
부모는 항상 아이를 혼내기만 해서는 안 된다.
② 她整天躺着看电视。
그녀는 하루 종일 누워 텔레비전을 보고 있다.
③ 年轻时，应该多积累经验。
젊을 때 반드시 경험을 많이 쌓아야 한다.
④ 足球比赛已经结束了。
축구 경기는 이미 끝났다.
⑤ 我给你介绍一个女朋友。
내가 너에게 여자 친구를 소개시켜줄게.
2 ① 安排 – 时间　　② 符合 – 要求
③ 锻炼 – 身体　　④ 解决 – 问题

12day

1 ① 又　　② 也　　③ 才
2 ① 安静 – 吵　　② 容易 – 难
③ 活泼 – 害羞　　④ 细心 – 粗心
⑤ 安全 – 危险

13day

1 ① 离　　② 把　　③ 由
2 ① 一篇 – 文章　　② 一所 – 学校
③ 一张 – 申请表　　④ 一只 – 袜子
⑤ 一对 – 恋人

14day

1 ① 不但……还……　② 虽然……但是……
③ 如果……那么……
2 ②

15day

1 ① 米小姐　　　　② B　　③ ACB
2 ① 爱好 → 运动 → 足球
② 科学、技术 → 交通工具 → 地铁、公交车

16day

1 ① 昨天　② 今天　③ ABC
2 以前 / 现在 / 这样

17day

1 ① B　　② ABC
2 ① A　　② A　　③ A

18day

1 ① 张红　　　　　　② ACB
2 ① 她 / 这里　　　　② ACB

19day

1 ① 一……就……　　② 有时……有时……
　 ③ 既……又……
2 ① 她一接电话，就哭了。
　 ② 我有时想去美国，有时想去中国。

20day

1 ① 即使　　② 要不然　　③ 因为
2 ①

21day

1 ① 不仅……而且……
　 ② 虽然……可是……
　 ③ 如果……就……
2 ① C　　② B　　③ A

22day

1 吗 / 的话 / 首先
2 ① 多　　② 什么　　③ 还是

23day

1 ① 因为　② 为了
2 ③

24day

1 。/ ; / 、

[본문 해석]

　현재 갈수록 많은 사람들이 환경 보호에 대한 의식이 생겼다. 어떤 사람들은 운전을 하지 않고 지하철을 타기 시작했고, 어떤 사람들은 외곽에 나무를 심으로 가며, 어떤 사람들은 물과 전기를 절약하는 새로운 방법을 고안하기 시작했다.

2 ① 、　　　② ,

25day

1 ① 演出　② 演出

[본문 해석]

　나는 공연을 즐겨 본다. 연극, 노래, 춤 모두 좋아한다. 많은 사람들은 영화가 공연보다 재미있다고 생각한다. 하지만 나는 그래도 공연이 더 진실하고 연기자의 수준을 더 잘 드러낼 수 있다고 생각한다.

2 ① D　　② C

[본문 해석]

　현재 많은 사람들은 인터넷을 하는 것과 텔레비전 시청을 좋아한다. 매일 많은 시간을 들여 텔레비전을 보거나 인터넷을 하지만, 오히려 조금의 시간을 내서 독서하는 것을 원하지는 않는다. 하지만 나는 정반대이다.

26day

1 ① 北京　② 游客

[본문 해석]

　베이징에는 샹산이라는 굉장히 유명한 산이 있다. 매번 가을이 되면 산이 온통 울긋불긋하여 수천수만의 사람들을 불러들인다. 어떤 사람은 매번 이때가 되면 특별히 샹산에 찾아와, 이곳의 아름다운 풍경을 감상한다.

2 ① A　　② B

[본문 해석]

　과거에는 자전거를 교통수단으로 삼았지만, 현재 자전거는 교통수단으로 사용되는 것 외에 신체 단련에도 쓰인다. 자전거 타는 것은 시간의 제한을 받지 않으며, 단련 효과 역시 비교적 크다.

27day

1 ① X　　② O　　③ X　　④ X

[본문 해석]

　샤오마는 상하이에 오기 전에 이미 얼마 동안 중국어를 배운 적이 있다. 그래서 그에게 있어서 1학년의 중국어 수업은 비교적 쉽다. 단지 어법이 약간 어렵다고 느낀다.

2 ① 亚洲　　　　　② 许多省区
　　③ 巨大的"几"字

[본문 해석]

> 　창장은 아시아에서 가장 긴 강으로 6,300여 킬로미터이다. 창강은 쓰촨, 티베트, 윈난 등 11개의 성과 자치구를 지나가며, 고공에서 아래로 내려다보면 마치 거대한 '几'자와 같다.

28day

1 ① 激动　② 鼓励　③ 后悔
2 ① 高兴 – 开心　　② 伤心 – 难过
　　③ 称赞 – 表扬

29day

1 ① 叔叔喜欢每天做运动。
　　② 小李决定明年去中国旅游。
　　③ 他丢了昨天刚买的手机。
2 ① A　　② B　　③ B

30day

1 ① B　　② A　　③ B
2 ① 我姐姐个子很高。
　　② 这是我爸爸做的菜。

31day

1 ① B　　② A
2 ① 沙发上躺着一个人。
　　② 教室里有5张桌子。
　　③ 前边坐着一个学生。

32day

1 ① B　　② A
2 ① 祝　　② 请

33day

1 ① 아주 많이 만든다.　　② 만들기 어렵다.
　　③ 다 만들었다.　　④ 만들 수 없다.
　　⑤ 하루 종일 만들었다.　　⑥ 한 번 만들었다.
2 ① C　　② D　　③ C　　④ D

34day

1 ① 부사 / 개사구 / 목적어 / 어기조사
　　② 주어 / 부사 / 조동사 / 동사
　　③ 주어 / 부사 / 부정부사 / 개사구
2 ① A　　② B　　③ B

35day

1 ① B　　② A　　③ A
2 ① 书店离学校很近。
　　② 这个比那个贵。
　　③ 我对汉语很感兴趣。

36day

1 ① 被　　② 把　　③ 把　　④ 被
2 ① 他把我的面包吃了。
　　② 我的书被他拿走了。

37day

1 ① A　　② B　　③ A
2 ① B　　② A　　③ A

38day

1 ① 椅子　② 电脑　③ 凉快
2 ① 叔叔　② 房间　③ 电视

39day

1 ① 游泳　② 觉得
2 儿子 / 弹 / 虽然 / 弹 / 喜欢 / 弹

40day

1 ① 新鲜　② 紧张　③ 窄
2 ① 吵　　② 烦恼　③ 漂亮

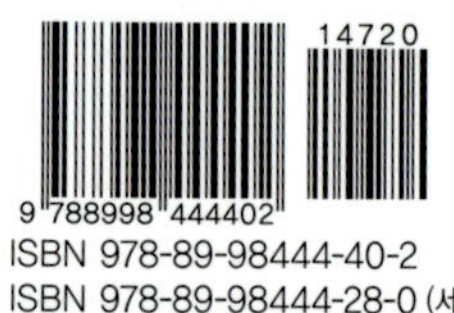

값 25,000원

ISBN 978-89-98444-40-2
ISBN 978-89-98444-28-0 (세트)

두달에 4급 따기

만점 단어 1200

4급 만점 단어 중→한·한→중 녹음 MP3 파일
www.booksJRC.com에서 무료 다운로드하실 수 있습니다.

01day 1~120

阿姨	āyí 몡 이모, 아주머니
啊	a 감탄 감탄이나 놀람을 나타냄
矮	ǎi 혱 (키가) 작다
爱	ài 동 사랑하다
爱好	àihào 몡 취미
爱情	àiqíng 몡 애정, 사랑
安静	ānjìng 혱 조용하다
安排	ānpái 동 안배하다, 배정하다
安全	ānquán 혱 안전하다
按时	ànshí 뷔 제때에
按照	ànzhào 개 ~에 따라, ~대로
八	bā 쉬 8, 여덟
把	bǎ 개 ~을, ~를
爸爸	bàba 몡 아빠
吧	ba 조 청유, 제의, 추측의 어기를 나타냄
白	bái 혱 하얗다
百	bǎi 쉬 100, 백
百分之	bǎi fēn zhī 퍼센트
班	bān 몡 반, 학급
搬	bān 동 옮기다, 이사하다
办法	bànfǎ 몡 방법
办公室	bàngōngshì 몡 사무실
半	bàn 쉬 1/2, 절반
帮忙	bāngmáng 동 일을 돕다
帮助	bāngzhù 동 돕다
棒	bàng 혱 (수준·성적이) 높다, 좋다
包	bāo 동 (물건을) 싸다
包子	bāozi 몡 찐빵
饱	bǎo 혱 배부르다
保护	bǎohù 동 보호하다
保证	bǎozhèng 동 보장하다, 보증하다
报名	bàomíng 동 신청하다
报纸	bàozhǐ 몡 신문
抱	bào 동 안다, 포옹하다
抱歉	bàoqiàn 동 미안해하다
杯子	bēizi 몡 잔, 컵
北方	běifāng 몡 북방, 북부
北京	Běijīng 고유 베이징
倍	bèi 양 배, 곱절
被	bèi 개 ~에 의해(피동)

本	běn 양 권(책을 세는 단위)
本来	běnlái 뷔 본래, 원래
笨	bèn 혱 멍청하다, 어리석다
鼻子	bízi 몡 코
比	bǐ 개 ~보다 동 비교하다
比较	bǐjiào 뷔 비교적 동 비교하다
比如	bǐrú 접 예를 들어
比赛	bǐsài 몡 경기, 시합
笔记本	bǐjìběn 몡 수첩
必须	bìxū 뷔 반드시, 꼭
毕业	bìyè 동 졸업하다
变化	biànhuà 몡 변화
遍	biàn 양 번, 차례
标准	biāozhǔn 몡 표준, 기준
表格	biǎogé 몡 표, 양식, 서식
表示	biǎoshì 동 표시하다, 드러내다
表演	biǎoyǎn 동 공연하다
表扬	biǎoyáng 동 칭찬하다
别	bié 뷔 ~하지 마라
别人	biéren 몡 다른 사람
宾馆	bīnguǎn 몡 호텔
冰箱	bīngxiāng 몡 냉장고
饼干	bǐnggān 몡 과자
并且	bìngqiě 접 게다가, 또한
博士	bóshì 몡 박사
不	bù 뷔 부정을 나타냄
不但……而且……	búdàn……érqiě…… 접 ~뿐만 아니라 게다가
不得不	bùdébù 뷔 부득이하게
不管	bùguǎn 접 ~에 관계없이
不过	búguò 접 그러나, 하지만
不仅	bùjǐn 접 ~뿐만 아니라
不客气	bú kèqi 천만에요
部分	bùfen 몡 부분
擦	cā 동 닦다, 문지르다
猜	cāi 동 추측하다
材料	cáiliào 몡 재료
菜	cài 몡 채소, 요리
菜单	càidān 몡 메뉴
参观	cānguān 동 참관하다, 시찰하다
参加	cānjiā 동 참가하다

餐厅	cāntīng 몡 식당
草	cǎo 몡 풀
厕所	cèsuǒ 몡 화장실
层	céng 양 층(건물의 층을 세는 단위)
茶	chá 몡 차
差	chà 혱 나쁘다 동 족하다
差不多	chàbuduō 혱 비슷하다
长	cháng 혱 길다
长城	Chángchéng 고유 만리장성
长江	Chángjiāng 고유 강
尝	cháng 동 맛보다
场	chǎng 양 번, 차례(문예·오락·체육 활동 등에 쓰임)
唱歌	chànggē 동 노래 부르다
超过	chāoguò 동 초과하다
超市	chāoshì 몡 슈퍼마켓, 마트
衬衫	chènshān 몡 셔츠, 블라우스
成功	chénggōng 동 성공하다
成绩	chéngjì 몡 성적
成为	chéngwéi 동 ~이 되다
诚实	chéngshí 혱 성실하다, 진실하다
城市	chéngshì 몡 도시
乘坐	chéngzuò 동 (차·배 등을) 타다
吃	chī 동 먹다
吃惊	chījīng 동 놀라다
迟到	chídào 동 지각하다
重新	chóngxīn 뷔 다시, 재차
抽烟	chōuyān 동 담배를 피우다
出	chū 동 (안에서 밖으로) 나다, 내다
出差	chūchāi 동 출장 가다
出发	chūfā 동 출발하다
出生	chūshēng 동 출생하다
出现	chūxiàn 동 출현하다, 나타나다
出租车	chūzūchē 몡 택시
除了	chúle 개 ~을 제외하고
厨房	chúfáng 몡 주방
穿	chuān 동 (옷·신발 등을) 입다, 신다
传真	chuánzhēn 몡 팩스
船	chuán 몡 배
窗户	chuānghu 몡 창문
春	chūn 몡 봄

预习	yùxí 동 예습하다	
遇到	yùdào 동 만나다, 마주치다	
元	yuán 양 위안(돈을 세는 단위)	
原来	yuánlái 명 원래, 본래	
原谅	yuánliàng 동 용서하다	
原因	yuányīn 명 원인	
远	yuǎn 형 멀다	
愿意	yuànyì 동 바라다, 동의하다	
约会	yuēhuì 명 약속	
月	yuè 명 월, 달	
月亮	yuèliang 명 달	
阅读	yuèdú 동 읽다, 보다	
越	yuè 부 한층 더	
云	yún 명 구름	
允许	yǔnxǔ 동 허락하다, 허가하다	
运动	yùndòng 명 운동 동 운동하다	
杂志	zázhì 명 잡지	
再	zài 부 다시, 재차	
再见	zàijiàn 동 안녕, 또 뵙겠습니다	
在	zài 개 ~에서 동 ~에 있다, 존재하다	
咱们	zánmen 대 우리(들)	
暂时	zànshí 명 잠시, 잠깐	
脏	zāng 형 더럽다	
早上	zǎoshang 명 아침	
责任	zérèn 명 책임	
怎么	zěnme 대 어떻게, 어째서	
怎么样	zěnmeyàng 대 어떠한가	
增加	zēngjiā 동 증가하다	
占线	zhànxiàn 동 통화 중이다	
站	zhàn 동 서다 명 정류장, 역	
张	zhāng 양 장(종이·침대 등을 세는 단위)	
长	zhǎng 동 자라다, 생기다	
丈夫	zhàngfu 명 남편	
招聘	zhāopìn 동 모집하다, 채용하다	
着急	zháojí 동 조급해하다, 걱정하다	
找	zhǎo 동 찾다	
照	zhào 동 (거울 등에) 비추다	
照顾	zhàogù 동 보살피다, 돌보다	
照片	zhàopiàn 명 사진	
照相机	zhàoxiàngjī 명 사진기	
这	zhè 대 이, 이것	

着	zhe 조 동사 뒤에서 동작의 진행이나 상태의 유지를 나타냄	
真	zhēn 부 진짜, 참으로	
真正	zhēnzhèng 형 진정한, 참된	
整理	zhěnglǐ 동 정리하다	
正常	zhèngcháng 형 정상이다	
正好	zhènghǎo 부 딱 마침	
正确	zhèngquè 형 정확하다	
正式	zhèngshì 형 정식의	
正在	zhèngzài 부 지금 ~하고 있다	
证明	zhèngmíng 동 증명하다	
之	zhī 조 ~의	
支持	zhīchí 동 지지하다	
只	zhī 양 마리(짐승을 세는 단위); (쌍으로 된 것 중) 한 짝, 한 쪽	
知道	zhīdào 동 알다	
知识	zhīshi 명 지식	
直接	zhíjiē 형 직접적인	
值得	zhídé 동 ~할 만한 가치가 있다	
职业	zhíyè 명 직업	
植物	zhíwù 명 식물	
只	zhǐ 부 단지, 다만	
只好	zhǐhǎo 부 부득이, 어쩔 수 없이	
只要	zhǐyào 접 ~하기만 하면	
只有……才	zhǐyǒu……cái 접 ~해야만 비로소 ~이다	
指	zhǐ 동 가리키다	
至少	zhìshǎo 부 적어도, 최소한	
质量	zhìliàng 명 품질	
中国	Zhōngguó 고유 중국	
中间	zhōngjiān 명 중간, 가운데	
中文	Zhōngwén 명 중문, 중국어	
中午	zhōngwǔ 명 정오	
终于	zhōngyú 부 결국, 마침내	
种	zhǒng 양 종류, 부류, 가지	
重	zhòng 형 무겁다	
重点	zhòngdiǎn 명 중점, 핵심	
重视	zhòngshì 동 중시하다	
重要	zhòngyào 형 중요하다	
周末	zhōumò 명 주말	
周围	zhōuwéi 명 주위	
主要	zhǔyào 형 주요한, 중요한	
主意	zhǔyi 명 의견, 방법	

住	zhù 동 살다, 거주하다	
注意	zhùyì 동 주의하다	
祝贺	zhùhè 동 축하하다	
著名	zhùmíng 형 유명하다, 저명하다	
专门	zhuānmén 부 특별히, 일부러	
专业	zhuānyè 명 전공	
转	zhuàn 동 돌다	
赚	zhuàn 동 돈을 벌다	
准备	zhǔnbèi 동 준비하다	
准确	zhǔnquè 형 확실하다	
准时	zhǔnshí 부 제때에, 정시에	
桌子	zhuōzi 명 탁자	
仔细	zǐxì 형 세심하다, 자세하다	
自己	zìjǐ 대 자기, 스스로, 혼자	
自然	zìrán 명 자연	
自信	zìxìn 명 자신(감) 형 자신감 있다	
自行车	zìxíngchē 명 자전거	
字	zì 명 글자, 문자	
总结	zǒngjié 명 총결, 결산	
总是	zǒngshì 부 늘, 항상	
走	zǒu 동 걷다, 떠나다	
租	zū 동 임대하다	
嘴	zuǐ 명 입	
最	zuì 부 최고의, 제일	
最好	zuìhǎo 부 가장 좋기로는, ~가 제일이다	
最后	zuìhòu 명 최후	
最近	zuìjìn 명 최근	
尊重	zūnzhòng 동 존중하다	
昨天	zuótiān 명 어제	
左边	zuǒbian 명 왼쪽	
左右	zuǒyòu 명 쯤, 가량(수량사 뒤에서 어림수를 나타냄)	
作家	zuòjiā 명 작가	
作业	zuòyè 명 숙제	
作用	zuòyòng 명 작용	
作者	zuòzhě 명 작가	
坐	zuò 동 앉다, 타다	
座	zuò 명 좌석, 자리 양 좌, 동, 채(건축물·다리·산 등을 세는 단위)	
座位	zuòwèi 명 좌석, 자리	
做	zuò 동 만들다, 하다	

写	xiě	통 글씨를 쓰다
谢谢	xièxie	통 감사합니다
心情	xīnqíng	명 심정
辛苦	xīnkǔ	형 고생스럽다
新	xīn	형 새롭다
新闻	xīnwén	명 뉴스
新鲜	xīnxiān	형 신선하다
信封	xìnfēng	명 편지 봉투
信息	xìnxī	명 정보, 소식
信心	xìnxīn	명 자신, 확신
信用卡	xìnyòngkǎ	명 신용 카드
兴奋	xīngfèn	형 흥분하다
星期	xīngqī	명 주, 주일
行	xíng	통 가다 형 좋다
行李箱	xínglǐxiāng	명 트렁크
醒	xǐng	통 깨다
幸福	xìngfú	형 행복하다
性别	xìngbié	명 성별
性格	xìnggé	명 성격
姓	xìng	명 성, 성씨
熊猫	xióngmāo	명 판다
休息	xiūxi	통 휴식하다
修理	xiūlǐ	통 수리하다
需要	xūyào	통 필요하다
许多	xǔduō	형 매우 많다
选择	xuǎnzé	통 선택하다
学期	xuéqī	명 학기
学生	xuésheng	명 학생
学习	xuéxí	통 공부하다
学校	xuéxiào	명 학교
雪	xuě	명 눈
压力	yālì	명 스트레스
呀	yā	감탄 아!, 야!(놀람·경이로움을 나타냄)
牙膏	yágāo	명 치약
亚洲	Yàzhōu	고유 아시아
严格	yángé	형 엄격하다
严重	yánzhòng	형 심각하다, 위급하다
研究	yánjiū	통 연구하다
盐	yán	명 소금
颜色	yánsè	명 색
眼睛	yǎnjing	명 눈
眼镜	yǎnjìng	명 안경
演出	yǎnchū	명 공연
演员	yǎnyuán	명 배우
羊肉	yángròu	명 양고기
阳光	yángguāng	명 햇빛
养成	yǎngchéng	통 양성하다, 기르다
样子	yàngzi	명 모양, 모습
要求	yāoqiú	통 요구하다
邀请	yāoqǐng	통 초청하다
药	yào	명 약
要	yào	조동 ~하려고 하다 통 요구하다
要是	yàoshi	접 만약 ~라면
钥匙	yàoshi	명 열쇠
爷爷	yéye	명 할아버지
也	yě	부 또한, 역시
也许	yěxǔ	부 아마도, 어쩌면
叶子	yèzi	명 잎, 찻잎, 차
页	yè	양 쪽, 페이지
一	yī	수 1, 하나
一般	yìbān	형 일반적이다, 보통이다
一边	yìbiān	명 한쪽, 한편
一点儿	yìdiǎnr	양 조금, 약간
一定	yídìng	부 분명히, 반드시
一共	yígòng	부 모두, 전부
一会儿	yíhuìr	명 잠시, 짧은 시간 내
一起	yìqǐ	부 함께, 같이
一切	yíqiè	대 일체, 전부, 모든
一下	yíxià	양 좀 ~하다(동사 뒤에 놓여 동작을 간단히 한다는 의미)
一样	yíyàng	형 같다, 동일하다
一直	yìzhí	부 줄곧, 계속
衣服	yīfu	명 옷
医生	yīshēng	명 의사
医院	yīyuàn	명 병원
已经	yǐjing	부 이미
以	yǐ	개 ~을, ~로써
以前	yǐqián	명 과거
以为	yǐwéi	통 ~라 여기다
椅子	yǐzi	명 의자
艺术	yìshù	명 예술
意见	yìjiàn	명 견해, 의견
意思	yìsi	명 의미, 뜻
因此	yīncǐ	접 이로 인하여
因为……所以……	yīnwèi……suǒyǐ……	접 ~이기 때문에 그래서 ~
阴	yīn	형 흐리다
音乐	yīnyuè	명 음악
银行	yínháng	명 은행
引起	yǐnqǐ	통 야기하다, 일으키다
饮料	yǐnliào	명 음료
印象	yìnxiàng	명 인상
应该	yīnggāi	조동 마땅히 ~해야 한다
赢	yíng	통 이기다
影响	yǐngxiǎng	명 영향 통 영향을 주다
应聘	yìngpìn	통 초빙에 응하다, 지원하다
永远	yǒngyuǎn	부 언제나, 영원히
勇敢	yǒnggǎn	형 용감하다
用	yòng	통 쓰다
优点	yōudiǎn	명 장점
优秀	yōuxiù	형 우수하다, 뛰어나다
幽默	yōumò	명 유머 형 유머러스하다
尤其	yóuqí	부 더욱이, 특히
由	yóu	개 ~가, ~이, ~로서
由于	yóuyú	접 ~때문에
邮局	yóujú	명 우체국
游戏	yóuxì	명 오락, 게임
游泳	yóuyǒng	통 수영하다
友好	yǒuhǎo	형 우호적이다
友谊	yǒuyì	명 우정, 우의
有	yǒu	통 가지고 있다
有名	yǒumíng	형 유명하다
有趣	yǒuqù	형 재미있다
又	yòu	부 또, 다시
右边	yòubian	명 오른쪽
于是	yúshì	접 이리하여, 그래서
鱼	yú	명 물고기
愉快	yúkuài	형 유쾌하다, 기쁘다
与	yǔ	개 ~와, ~과
羽毛球	yǔmáoqiú	명 배드민턴
语法	yǔfǎ	명 어법
语言	yǔyán	명 언어, 말

词典	cídiǎn 몡 사전
词语	cíyǔ 몡 어휘, 단어
次	cì 양 번, 차례(횟수를 세는 단위)
聪明	cōngming 형 똑똑하다
从	cóng 개 ~로부터
从来	cónglái 부 여태껏, 지금까지
粗心	cūxīn 형 세심하지 못하다
存	cún 동 저축하다, 보존하다
错	cuò 형 틀리다
错误	cuòwù 몡 착오, 잘못
答案	dá'àn 몡 답안
打扮	dǎban 동 꾸미다, 단장하다
打电话	dǎ diànhuà 전화를 걸다
打篮球	dǎ lánqiú 농구를 하다
打扰	dǎrǎo 동 방해하다
打扫	dǎsǎo 동 청소하다
打算	dǎsuàn 동 ~할 생각이다, 계획하다
打印	dǎyìn 동 프린트하다
打招呼	dǎzhāohu 동 인사하다
打折	dǎzhé 동 할인하다
打针	dǎzhēn 동 주사를 놓다
大	dà 형 크다
大概	dàgài 부 대략, 아마
大家	dàjiā 대 모두, 모든 사람
大使馆	dàshǐguǎn 몡 대사관
大约	dàyuē 부 대략, 대충
大夫	dàifu 몡 의사
带	dài 몡 띠, 벨트 동 휴대하다, 데리고 가다
戴	dài 동 착용하다, 쓰다, 끼다
担心	dānxīn 동 걱정하다, 염려하다
蛋糕	dàngāo 몡 케이크
当	dāng 동 되다, 맡다
当然	dāngrán 형 당연하다, 물론이다
当时	dāngshí 몡 당시, 그때
刀	dāo 몡 칼
导游	dǎoyóu 몡 가이드
倒	dǎo 동 넘어지다(*[dào] 동 거꾸로 되다 부 오히려)
到	dào 개 ~까지 동 도착하다
到处	dàochù 부 도처에, 곳곳에
到底	dàodǐ 부 도대체
道歉	dàoqiàn 동 사과하다
得意	déyì 형 득의하다, 만족하다

地	de 조 동사 앞에서 부사어를 연결함
的	de 조 명사 앞에서 관형어를 연결함
得	de 조 동사와 형용사 뒤에서 정도와 가능을 보충함
得	děi 조동 마땅히 ~해야 한다
灯	dēng 몡 등
登机牌	dēngjīpái 몡 탑승권
等	děng 조 등, 따위(명사의 나열 후 한정을 나타냄)
等	děng 동 기다리다
低	dī 형 낮다
底	dǐ 몡 바닥, 밑
地点	dìdiǎn 몡 지점
地方	dìfang 몡 곳, 장소
地球	dìqiú 몡 지구
地铁	dìtiě 몡 지하철
地图	dìtú 몡 지도
地址	dìzhǐ 몡 주소
弟弟	dìdi 몡 남동생
第一	dì-yī 수 첫 번째, 제1
点	diǎn 양 시(시간을 세는 단위) 동 주문하다
电脑	diànnǎo 몡 컴퓨터
电视	diànshì 몡 텔레비전
电梯	diàntī 몡 엘리베이터
电影	diànyǐng 몡 영화
电子邮件	diànzǐ yóujiàn 몡 전자우편, 이메일
调查	diàochá 동 조사하다
掉	diào 동 떨어지다
丢	diū 동 잃어버리다
东	dōng 몡 동쪽
东西	dōngxi 몡 물건, 것
冬	dōng 몡 겨울
懂	dǒng 동 알다, 이해하다
动物	dòngwù 몡 동물
动作	dòngzuò 몡 동작
都	dōu 부 모두
读	dú 동 읽다, 공부하다
堵车	dǔchē 동 교통이 막히다
肚子	dùzi 몡 (사람이나 동물의) 배, 복부
短	duǎn 형 (길이가) 짧다

短信	duǎnxìn 몡 문자 메시지
段	duàn 양 (한)동안, 기간, 구간
锻炼	duànliàn 동 단련하다
对	duì 형 맞다, 정확하다
对	duì 개 ~에 대해
对不起	duìbuqǐ 동 미안하다, 죄송하다
对话	duìhuà 몡 대화
对面	duìmiàn 몡 맞은편
对于	duìyú 개 ~에 대해
多	duō 형 (수량이) 많다
多么	duōme 부 얼마나(의문문에서 정도를 나타냄)
多少	duōshao 부 얼마나(의문문에서 수량을 나타냄)
饿	è 형 배고프다
儿童	értóng 몡 아동, 어린이
儿子	érzi 몡 아들
而	ér 접 그리고, 그러나
耳朵	ěrduo 몡 귀
二	èr 수 2, 둘
发	fā 동 보내다, 교부하다
发烧	fāshāo 동 열이 나다
发生	fāshēng 동 발생하다, 생기다
发现	fāxiàn 동 발견하다
发展	fāzhǎn 몡 발전
法律	fǎlǜ 몡 법률
翻译	fānyì 동 번역(통역)하다 몡 번역(사), 통역(사)
烦恼	fánnǎo 형 걱정하다, 고민하다
反对	fǎnduì 동 반대하다
饭店	fàndiàn 몡 호텔
方便	fāngbiàn 형 편리하다 동 편리하게 하다
方法	fāngfǎ 몡 방법
方面	fāngmiàn 몡 방면
方向	fāngxiàng 몡 방향
房东	fángdōng 몡 집주인
房间	fángjiān 몡 방
放	fàng 동 두다, 놓다, 넣다
放弃	fàngqì 동 포기하다
放暑假	fàng shǔjià 여름 방학을 하다
放松	fàngsōng 동 늦추다, 긴장을 풀다
放心	fàngxīn 동 안심하다, 마음을 놓다

飞机	fēijī	명 비행기
非常	fēicháng	부 매우, 대단히
分	fēn	양 (시간의) 분 동 나누다
分钟	fēnzhōng	명 분(시간의 길이를 나타냄)
分	fèn	양 부, 통, 권(문서·신문 등을 세는 단위)
丰富	fēngfù	형 풍부하다
否则	fǒuzé	접 그렇지 않으면
服务员	fúwùyuán	명 종업원
符合	fúhé	동 부합하다
父亲	fùqīn	명 부친, 아버지
付款	fùkuǎn	동 돈을 지불하다
负责	fùzé	동 책임지다, 맡다
附近	fùjìn	명 부근, 근처
复习	fùxí	동 복습하다
复印	fùyìn	동 복사하다
复杂	fùzá	형 복잡하다
富	fù	형 부유하다
改变	gǎibiàn	동 변화하다, 고치다
干杯	gānbēi	동 건배하다
干净	gānjìng	형 깨끗하다
赶	gǎn	동 뒤쫓다
敢	gǎn	동 과감하게 ~하다
感动	gǎndòng	동 감동하다
感觉	gǎnjué	명 감각 동 느끼다
感冒	gǎnmào	동 감기에 걸리다
感情	gǎnqíng	명 감정
感谢	gǎnxiè	동 고맙다
感兴趣	gǎn xìngqù	관심이 있다, 좋아하다
干	gàn	동 하다
刚	gāng	부 막, 방금
刚才	gāngcái	명 방금 전
高	gāo	형 높다
高速公路	gāosù gōnglù	명 고속도로
高兴	gāoxìng	형 기쁘다, 유쾌하다
告诉	gàosu	동 알리다
哥哥	gēge	명 형, 오빠
胳膊	gēbo	명 팔
个	gè	양 명, 개(사람이나 사물을 세는 단위)
个子	gèzi	명 키
各	gè	대 각, 여러 가지
给	gěi	동 주다
根据	gēnjù	개 ~에 근거하여
跟	gēn	개 ~와, 과
更	gèng	부 더, 더욱
工资	gōngzī	명 월급
工作	gōngzuò	동 일하다
公共汽车	gōnggòng qìchē	명 버스
公斤	gōngjīn	양 킬로그램
公里	gōnglǐ	양 킬로미터
公司	gōngsī	명 회사
公园	gōngyuán	명 공원
功夫	gōngfu	명 재주, 시간
共同	gòngtóng	형 공동의, 공통의
狗	gǒu	명 개
购物	gòuwù	동 구매하다
够	gòu	동 (수량·기준 등을) 만족시키다
估计	gūjì	동 추측하다
鼓励	gǔlì	동 격려하다
故事	gùshi	명 이야기
故意	gùyì	부 고의로, 일부러
顾客	gùkè	명 고객
刮风	guāfēng	동 바람이 불다
挂	guà	동 걸다
关	guān	동 닫다, 끄다
关键	guānjiàn	명 관건
关系	guānxi	명 관계
关心	guānxīn	명 관심 동 관심을 갖다
关于	guānyú	개 ~에 관해서
观众	guānzhòng	명 관중
管理	guǎnlǐ	동 관리하다
光	guāng	명 빛
广播	guǎngbō	동 방송하다
广告	guǎnggào	명 광고
逛	guàng	동 산보하다, 거닐다
规定	guīdìng	명 규정 동 규정하다
贵	guì	형 비싸다
国籍	guójí	명 국적
国际	guójì	형 국제적인
国家	guójiā	명 국가
果汁	guǒzhī	명 과일 주스
过	guò	동 건너다, 지나가다
过程	guòchéng	명 과정
过去	guòqù	명 과거
过	guo	조 동사 뒤에서 경험을 나타냄
还	hái	부 여전히, 아직도
还是	háishi	부 여전히, (아무래도) ~가 낫다
孩子	háizi	명 아이
海洋	hǎiyáng	명 해양
害怕	hàipà	동 두려워하다, 무서워하다
害羞	hàixiū	형 부끄러워하다, 수줍어하다
寒假	hánjià	명 겨울 방학
汉语	Hànyǔ	명 중국어
汗	hàn	명 땀
航班	hángbān	명 (배·비행기의) 정기편
好	hǎo	형 좋다
好吃	hǎochī	형 맛있다
好处	hǎochu	명 장점, 좋은 점
好像	hǎoxiàng	부 (마치) ~와 같다
号	hào	명 번호, 사이즈 명 일(날짜를 나타냄)
号码	hàomǎ	명 번호
喝	hē	동 마시다
合格	hégé	동 합격하다
合适	héshì	형 알맞다, 적합하다
和	hé	개 ~와, ~과
盒子	hézi	명 상자
黑	hēi	형 검다, 어둡다
黑板	hēibǎn	명 칠판
很	hěn	부 매우
红	hóng	형 붉다
后悔	hòuhuǐ	동 후회하다
后来	hòulái	명 그 후, 그다음
后面	hòumiàn	명 뒤, 뒤쪽
厚	hòu	형 두껍다
互联网	hùliánwǎng	명 인터넷
互相	hùxiāng	부 서로, 상호
护士	hùshi	명 간호사
护照	hùzhào	명 여권
花	huā	명 꽃
花	huā	동 (돈·시간 등을) 쓰다, 소비하다
画	huà	명 그림 동 그리다
怀疑	huáiyí	동 의심하다

弹钢琴	tán gāngqín 피아노를 치다
汤	tāng 명 국
糖	táng 명 설탕, 사탕
躺	tǎng 동 눕다
趟	tàng 양 번, 차례(왕복의 횟수를 셀 때 쓰임)
讨论	tǎolùn 동 토론하다
讨厌	tǎoyàn 동 싫어하다
特别	tèbié 부 특히, 각별히
特点	tèdiǎn 명 특징
疼	téng 형 아프다
踢足球	tī zúqiú 축구를 하다
提	tí 동 들어올리다
提高	tígāo 동 높이다
提供	tígōng 동 제공하다
提前	tíqián 동 앞당기다
提醒	tíxǐng 동 일깨우다
题	tí 명 제목, 문제
体育	tǐyù 명 체육, 스포츠
天气	tiānqì 명 날씨
甜	tián 형 달다
填空	tiánkòng 동 빈칸을 채우다, 공란을 메우다
条	tiáo 양 가늘고 긴 것을 세는 단위
条件	tiáojiàn 명 조건
跳舞	tiàowǔ 동 춤을 추다
听	tīng 동 듣다
停	tíng 동 정지하다, 멈추다
挺	tǐng 부 매우, 아주
通过	tōngguò 동 통과하다 개 ~를 통하여
通知	tōngzhī 동 통지하다, 알리다
同情	tóngqíng 동 동정하다
同时	tóngshí 부 동시에
同事	tóngshì 명 동료
同学	tóngxué 명 학우
同意	tóngyì 동 동의하다
头发	tóufa 명 머리카락
突然	tūrán 부 갑자기
图书馆	túshūguǎn 명 도서관
推	tuī 동 밀다
推迟	tuīchí 동 뒤로 미루다, 연기하다

腿	tuǐ 명 다리
脱	tuō 동 벗다
袜子	wàzi 명 양말
外	wài 명 바깥쪽, 외부
完	wán 동 끝나다
完成	wánchéng 동 완성하다
完全	wánquán 부 완전히
玩	wán 동 놀다
晚上	wǎnshang 명 저녁, 밤
碗	wǎn 명 사발, 그릇
万	wàn 수 10,000, 만
网球	wǎngqiú 명 테니스
网站	wǎngzhàn 명 웹사이트
往	wǎng 개 ~쪽으로, ~를 향하여
往往	wǎngwǎng 부 왕왕, 흔히
忘记	wàngjì 동 잊어버리다
危险	wēixiǎn 형 위험하다
卫生间	wèishēngjiān 명 화장실
为	wèi 개 ~를 위하여, ~때문에
为了	wèile 개 ~를 하기 위해, ~를 위하여
为什么	wèishénme 대 왜
位	wèi 양 분(사람을 세는 단위)
味道	wèidao 명 맛
喂	wéi 감탄 여보세요
温度	wēndù 명 온도
文化	wénhuà 명 문화
文章	wénzhāng 명 글
问	wèn 동 묻다
问题	wèntí 명 문제
我	wǒ 대 나
我们	wǒmen 대 우리
污染	wūrǎn 명 오염 동 오염시키다
无	wú 동 없다
无聊	wúliáo 형 무료하다, 지루하다
无论	wúlùn 접 ~에도 불구하고
五	wǔ 수 5, 다섯
误会	wùhuì 명 오해 동 오해하다
西	xī 명 서쪽
西瓜	xīguā 명 수박
西红柿	xīhóngshì 명 토마토
吸引	xīyǐn 동 끌어당기다

希望	xīwàng 명 희망 동 희망하다
习惯	xíguàn 명 습관 동 습관이 되다
洗	xǐ 동 씻다
洗手间	xǐshǒujiān 명 화장실
洗澡	xǐzǎo 동 샤워하다
喜欢	xǐhuan 동 좋아하다
下	xià 명 밑, 아래
下午	xiàwǔ 명 오후
下雨	xiàyǔ 동 비가 오다
夏	xià 명 여름
先	xiān 부 우선, 먼저
先生	xiānsheng 명 선생(남자를 부르는 호칭)
咸	xián 형 짜다
现金	xiànjīn 명 현금
现在	xiànzài 명 지금
羡慕	xiànmù 동 부러워하다
相反	xiāngfǎn 형 상반되다
相同	xiāngtóng 형 서로 같다
相信	xiāngxìn 동 믿다
香	xiāng 형 (냄새가) 좋다, 향기롭다
香蕉	xiāngjiāo 명 바나나
详细	xiángxì 형 상세하다
响	xiǎng 동 (소리가) 울리다
想	xiǎng 조동 ~하고 싶다
向	xiàng 개 ~쪽으로, ~를 향하여
像	xiàng 동 닮다 부 마치 (~와 같다)
橡皮	xiàngpí 명 지우개
消息	xiāoxi 명 소식, 뉴스
小	xiǎo 형 작다
小吃	xiǎochī 명 간단한 음식, 간식
小伙子	xiǎohuǒzi 명 젊은이
小姐	xiǎojiě 명 아가씨
小时	xiǎoshí 명 시간
小说	xiǎoshuō 명 소설
小心	xiǎoxīn 동 조심하다
校长	xiàozhǎng 명 학교장
笑	xiào 동 웃다
笑话	xiàohua 명 농담, 우스갯소리
效果	xiàoguǒ 명 효과
些	xiē 양 조금, 약간, 몇몇

热情	rèqíng 형 친절하다 명 열정
人	rén 명 사람
认识	rènshi 동 알다, 인식하다
认为	rènwéi 동 ~라 여기다
认真	rènzhēn 형 진지하다, 성실하다
任何	rènhé 대 어떠한, 무슨
任务	rènwu 명 임무
扔	rēng 동 던지다
仍然	réngrán 부 여전히, 변함없이
日	rì 명 날, 일
日记	rìjì 명 일기
容易	róngyì 형 쉽다
如果	rúguǒ 접 만약
入口	rùkǒu 명 입구
三	sān 수 3, 셋
伞	sǎn 명 우산
散步	sànbù 동 산보하다
森林	sēnlín 명 삼림
沙发	shāfā 명 소파
伤心	shāngxīn 동 상심하다, 슬퍼하다
商店	shāngdiàn 명 상점
商量	shāngliang 동 상의하다
上	shàng 명 위(쪽)
上班	shàngbān 동 출근하다
上网	shàngwǎng 동 인터넷에 접속하다
上午	shàngwǔ 명 오전
稍微	shāowēi 부 약간, 조금
勺子	sháozi 명 숟가락, 국자
少	shǎo 형 적다
社会	shèhuì 명 사회
谁	shéi 대 누구
申请	shēnqǐng 동 신청하다
身体	shēntǐ 명 몸, 건강
深	shēn 형 깊다
什么	shénme 대 무슨, 어떤
甚至	shènzhì 접 심지어
生病	shēngbìng 동 병이 나다
生活	shēnghuó 명 생활
生命	shēngmìng 명 생명
生气	shēngqì 동 화내다
生日	shēngri 명 생일
生意	shēngyi 명 장사, 사업

声音	shēngyīn 명 소리
省	shěng 동 아끼다, 절약하다 명 성(지방 행정 단위)
剩	shèng 동 남다
失败	shībài 동 실패하다
失望	shīwàng 동 실망하다
师傅	shīfu 명 기사님, 스승
十	shí 수 10, 열
十分	shífēn 부 매우, 굉장히
时候	shíhou 명 시간, 때
时间	shíjiān 명 시간
实际	shíjì 형 실제의
实在	shízài 부 정말, 참으로
使	shǐ 동 (~에게) ~하게 시키다
使用	shǐyòng 동 사용하다
世纪	shìjì 명 세기
世界	shìjiè 명 세계
事情	shìqing 명 일
试	shì 동 시도하다
是	shì 형 맞다, 옳다 동 ~이다
是否	shìfǒu 부 ~인지 아닌지
适合	shìhé 동 적합하다
适应	shìyìng 동 적응하다
收	shōu 동 받다
收入	shōurù 명 수입
收拾	shōushi 동 정리하다, 치우다
手表	shǒubiǎo 명 손목시계
手机	shǒujī 명 휴대 전화
首都	shǒudū 명 수도
首先	shǒuxiān 부 가장 먼저, 우선
受不了	shòubuliǎo 참을 수 없다
受到	shòudào 동 얻다, 견디다
售货员	shòuhuòyuán 명 판매원
瘦	shòu 형 마르다
书	shū 명 책
叔叔	shūshu 명 숙부, 아저씨
舒服	shūfu 형 편안하다
输	shū 동 패배하다, 지다
熟悉	shúxī 동 숙지하다, 잘 알다
树	shù 명 나무
数量	shùliàng 명 수량
数学	shùxué 명 수학
数字	shùzì 명 숫자

刷牙	shuāyá 동 이를 닦다
帅	shuài 형 멋지다
双	shuāng 양 쌍, 켤레(짝을 이룬 물건을 세는 단위)
水	shuǐ 명 물
水果	shuǐguǒ 명 과일
水平	shuǐpíng 명 수준, 능력
睡觉	shuìjiào 동 자다
顺便	shùnbiàn 부 ~하는 김에, 겸사겸사
顺利	shùnlì 형 순조롭다
顺序	shùnxù 명 순서, 차례
说	shuō 동 말하다
说话	shuōhuà 동 말하다
说明	shuōmíng 동 설명하다
硕士	shuòshì 명 석사
司机	sījī 명 운전기사
死	sǐ 동 죽다
四	sì 수 4, 넷
送	sòng 동 보내다, 증정하다
速度	sùdù 명 속도
塑料袋	sùliàodài 명 비닐봉지
酸	suān 형 시다
虽然……但是……	suīrán……dànshì…… 접 비록 ~하지만, 그러나
随便	suíbiàn 부 마음껏, 하고 싶은 대로
随着	suízhe 개 ~에 따라
岁	suì 양 살(나이를 세는 단위)
孙子	sūnzi 명 손자
所有	suǒyǒu 형 모든, 일체의
他	tā 대 그, 그 사람
它	tā 대 그것, 저것
她	tā 대 그녀, 그 여자
台	tái 양 대(기계·설비·기구 등을 세는 단위)
抬	tái 동 맞들다
太	tài 부 매우, 아주
太阳	tàiyáng 명 태양
态度	tàidu 명 태도
谈	tán 동 말하다

坏	huài 형 나쁘다 동 상하다, 고장 나다	
欢迎	huānyíng 동 환영하다	
还	huán 동 돌려주다	
环境	huánjìng 명 환경	
换	huàn 동 교환하다, 바꾸다	
黄河	Huánghé 고유 황허	
回	huí 동 돌다	
回答	huídá 동 대답하다	
回忆	huíyì 동 회상하다	
会	huì 조동 (배워서) ~할 수 있다, ~할 가능성이 있다	
会议	huìyì 명 회의	
活动	huódòng 명 활동, 행사, 모임	
活泼	huópo 형 활발하다	
火	huǒ 명 불	
火车站	huǒchēzhàn 명 기차역	
或者	huòzhě 접 ~이든가 아니면 ~이다(선택을 나타냄)	
获得	huòdé 동 얻다, 획득하다	
几乎	jīhū 부 거의, 하마터면	
机场	jīchǎng 명 공항	
机会	jīhuì 명 기회	
鸡蛋	jīdàn 명 계란	
积极	jījí 형 적극적이다, 긍정적이다	
积累	jīlěi 동 쌓이다, 축적하다	
基础	jīchǔ 명 토대, 기초	
激动	jīdòng 동 감격하다, 흥분하다	
及时	jíshí 부 즉시, 곧바로	
极	jí 명 극, 절정, 정점	
即使	jíshǐ 접 설령 ~일지라도	
几	jǐ 수 몇(수를 묻는 데 쓰임)	
计划	jìhuà 명 계획 동 계획하다	
记得	jìde 동 기억하고 있다	
记者	jìzhě 명 기자	
技术	jìshù 명 기술	
季节	jìjié 명 계절	
既然	jìrán 접 기왕 이렇게 된 바에야	
继续	jìxù 동 계속하다	
寄	jì 동 부치다	
加班	jiābān 동 초과 근무하다	
加油站	jiāyóuzhàn 명 주유소	

家	jiā 명 집	
家具	jiājù 명 가구	
假	jiǎ 형 거짓의, 가짜의	
价格	jiàgé 명 가격	
坚持	jiānchí 동 견지하다, 유지하다	
检查	jiǎnchá 동 검사하다	
减肥	jiǎnféi 동 살을 빼다	
减少	jiǎnshǎo 동 감소하다	
简单	jiǎndān 형 간단하다	
见面	jiànmiàn 동 만나다	
件	jiàn 양 건, 개(옷·사건 등을 세는 단위)	
建议	jiànyì 동 건의하다	
健康	jiànkāng 명 건강 형 건강하다	
将来	jiānglái 명 장래	
讲	jiǎng 동 말하다	
奖金	jiǎngjīn 명 상금, 보너스	
降低	jiàngdī 동 내려가다	
降落	jiàngluò 동 착륙하다	
交	jiāo 동 건네다, 제출하다	
交流	jiāoliú 동 교류하다	
交通	jiāotōng 명 교통	
郊区	jiāoqū 명 변두리, 시외, 외곽	
骄傲	jiāo'ào 형 오만하다, 거만하다	
教	jiāo 동 가르치다	
角	jiǎo 명 뿔, 각	
饺子	jiǎozi 명 만두	
脚	jiǎo 명 발	
叫	jiào 동 부르다	
教室	jiàoshì 명 교실	
教授	jiàoshòu 명 교수	
教育	jiàoyù 명 교육	
接	jiē 동 받다, 연결하다	
接受	jiēshòu 동 받아들이다	
接着	jiēzhe 부 이어서, 뒤따라	
街道	jiēdào 명 거리	
节	jié 명 기념일, 명절, (식물의) 마디	
节目	jiémù 명 프로그램	
节日	jiérì 명 기념일, 경축일	
节约	jiéyuē 동 절약하다	
结果	jiéguǒ 명 결과, 성과	
结婚	jiéhūn 동 결혼하다	

结束	jiéshù 동 끝나다	
姐姐	jiějie 명 누나, 언니	
解决	jiějué 동 해결하다	
解释	jiěshì 동 설명하다, 해명하다	
介绍	jièshào 동 소개하다	
借	jiè 동 빌리다, 빌려 주다	
今天	jīntiān 명 오늘	
尽管	jǐnguǎn 접 비록 ~라 할지라도	
紧张	jǐnzhāng 형 긴장하다	
进	jìn 동 나아가다	
进行	jìnxíng 동 진행하다	
近	jìn 형 가깝다	
禁止	jìnzhǐ 동 금지하다	
京剧	jīngjù 명 경극	
经常	jīngcháng 부 자주, 빈번히	
经过	jīngguò 동 경과하다, 겪다	
经济	jīngjì 명 경제	
经理	jīnglǐ 명 사장, 매니저	
经历	jīnglì 동 겪다	
经验	jīngyàn 명 경험	
精彩	jīngcǎi 형 뛰어나다	
景色	jǐngsè 명 풍경	
警察	jǐngchá 명 경찰	
竞争	jìngzhēng 명 경쟁	
竟然	jìngrán 부 뜻밖에도	
镜子	jìngzi 명 거울	
究竟	jiūjìng 부 도대체	
九	jiǔ 수 9, 아홉	
久	jiǔ 형 (시간이) 오래다	
旧	jiù 형 낡다, 오래다	
就	jiù 부 바로, 곧	
举	jǔ 동 들다	
举办	jǔbàn 동 거행하다	
举行	jǔxíng 동 거행하다	
句子	jùzi 명 문장	
拒绝	jùjué 동 거절하다	
距离	jùlí 명 거리 동 (~로부터) 떨어지다	
聚会	jùhuì 명 모임	
决定	juédìng 동 결정하다	
觉得	juéde 동 ~라고 여기다	

咖啡	kāfēi 명 커피	
开	kāi 동 열다, 켜다	
开始	kāishǐ 동 시작하다	
开玩笑	kāi wánxiào 동 농담하다	
开心	kāixīn 형 기쁘다, 즐겁다	
看	kàn 동 보다	
看法	kànfǎ 명 견해, 생각	
看见	kànjiàn 동 보다	
考虑	kǎolǜ 동 고려하다	
考试	kǎoshì 동 시험을 치다	
烤鸭	kǎoyā 명 오리구이	
科学	kēxué 명 과학	
棵	kē 양 그루	
咳嗽	késou 동 기침하다	
可爱	kě'ài 형 귀엽다	
可怜	kělián 형 불쌍하다	
可能	kěnéng 형 가능하다 부 아마도, 어쩌면	
可是	kěshì 접 그러나	
可惜	kěxī 형 아쉽다, 섭섭하다	
可以	kěyǐ 조동 ~할 수 있다	
渴	kě 형 목마르다	
刻	kè 양 분 동 새기다	
客人	kèrén 명 손님	
客厅	kètīng 명 객실	
课	kè 명 수업	
肯定	kěndìng 부 분명, 확실히	
空	kōng 형 (속이) 비다, 텅 비다	
空气	kōngqì 명 공기	
空调	kōngtiáo 명 에어컨	
恐怕	kǒngpà 부 아마도	
口	kǒu 명 입	
哭	kū 동 울다	
苦	kǔ 형 (맛이) 쓰다	
裤子	kùzi 명 바지	
块	kuài 양 조각, 덩어리; 위안(중국의 화폐 단위)	
快	kuài 형 빠르다 부 빨리	
快乐	kuàilè 형 즐겁다	
筷子	kuàizi 명 젓가락	
矿泉水	kuàngquánshuǐ 명 광천수	
困	kùn 형 졸리다	
困难	kùnnan 형 곤란하다, 어렵다 명 곤란, 어려움	

垃圾桶	lājītǒng 명 쓰레기통	
拉	lā 동 끌다, 당기다	
辣	là 형 맵다	
来	lái 동 오다	
来不及	láibují 동 늦다, 시간에 댈 수 없다	
来得及	láidejí 동 늦지 않다	
来自	láizì 동 ~(로)부터 오다, ~에서 나오다	
蓝	lán 형 파란색의	
懒	lǎn 형 게으르다	
浪费	làngfèi 동 낭비하다	
浪漫	làngmàn 형 낭만적이다	
老	lǎo 형 늙다	
老虎	lǎohǔ 명 호랑이	
老师	lǎoshī 명 선생님	
了	le 조 동작의 완료나 상태의 변화를 나타냄	
累	lèi 형 피곤하다	
冷	lěng 형 춥다	
冷静	lěngjìng 형 조용하다	
离	lí 개 ~로부터	
离开	líkāi 동 떠나다	
礼拜天	lǐbàitiān 명 일요일	
礼貌	lǐmào 형 예의 바르다	
礼物	lǐwù 명 선물	
里	lǐ 명 속, 안	
理发	lǐfà 동 이발하다	
理解	lǐjiě 동 이해하다, 알다	
理想	lǐxiǎng 명 이상, 꿈	
力气	lìqi 명 힘	
历史	lìshǐ 명 역사	
厉害	lìhai 형 대단하다, 심각하다	
例如	lìrú 동 예를 들다	
俩	liǎ 수 두 개, 두 사람	
连	lián 개 ~조차	
联系	liánxì 동 연락하다	
脸	liǎn 명 얼굴	
练习	liànxí 동 연습하다	
凉快	liángkuai 형 시원하다	
两	liǎng 수 2, 둘	
辆	liàng 양 대, 량(차량을 세는 단위)	
聊天	liáotiān 동 이야기를 나누다, 한담하다	

了解	liǎojiě 동 이해하다	
邻居	línjū 명 이웃, 이웃집	
零	líng 수 0, 영	
零钱	língqián 명 용돈	
另外	lìngwài 접 그밖에, 게다가	
留	liú 동 남다, 머무르다	
留学	liúxué 동 유학하다	
流利	liúlì 형 (말·문장이) 유창하다	
流行	liúxíng 동 유행하다	
六	liù 수 6, 여섯	
楼	lóu 양 층	
路	lù 명 길	
旅行	lǚxíng 동 여행하다	
旅游	lǚyóu 동 여행하다	
律师	lǜshī 명 변호사	
绿	lǜ 형 초록색의	
乱	luàn 형 어지럽다 부 함부로	
妈妈	māma 명 엄마	
麻烦	máfan 형 귀찮다, 번거롭다	
马	mǎ 명 말	
马虎	mǎhu 형 부주의하다, 조심성이 없다	
马上	mǎshàng 부 바로, 곧	
吗	ma 조 문장 끝에서 의문의 어기를 나타냄	
买	mǎi 동 사다	
卖	mài 동 팔다	
满	mǎn 형 가득 차다	
满意	mǎnyì 동 만족하다	
慢	màn 형 느리다	
忙	máng 형 바쁘다	
猫	māo 명 고양이	
毛	máo 명 털	
毛巾	máojīn 명 수건	
帽子	màozi 명 모자	
没关系	méi guānxi 괜찮다, 문제없다	
没有	méiyǒu 동 없다 부 ~하지 않다(과거 부정)	
每	měi 대 매, 각, ~마다	
美丽	měilì 형 아름답다	
妹妹	mèimei 명 여동생	
门	mén 명 문	

梦	mèng 명 꿈	弄	nòng 동 하다	奇怪	qíguài 형 이상하다, 기이하다	
迷路	mí lù 동 길을 잃다	努力	nǔlì 동 노력하다	骑	qí 동 (자전거·말 등을) 타다	
米	mǐ 명 쌀	女	nǚ 형 여성의 명 여자	起床	qǐchuáng 동 일어나다	
米饭	mǐfàn 명 쌀밥	女儿	nǚ'ér 명 딸	起飞	qǐfēi 동 이륙하다	
密码	mìmǎ 명 비밀번호	暖和	nuǎnhuo 형 따뜻하다	起来	qǐlai 동 일어나다	
免费	miǎnfèi 동 무료로 하다	偶尔	ǒu'ěr 부 때때로, 가끔	气候	qìhòu 명 기후	
面包	miànbāo 명 빵	爬山	páshān 동 등산하다	千	qiān 수 1,000, 천	
面条	miàntiáo 명 국수	排队	páiduì 동 줄 서다	千万	qiānwàn 부 절대, 결코	
秒	miǎo 양 (시간의 단위) 초	排列	páiliè 동 배열하다	铅笔	qiānbǐ 명 연필	
民族	mínzú 명 민족	盘子	pánzi 명 접시, 쟁반	签证	qiānzhèng 명 비자	
名字	míngzi 명 이름	判断	pànduàn 동 판단하다	前面	qiánmian 명 앞쪽	
明白	míngbai 동 이해하다, 알다	旁边	pángbiān 명 옆, 곁	钱	qián 명 돈	
明天	míngtiān 명 내일	胖	pàng 형 뚱뚱하다	敲	qiāo 동 두드리다, 치다	
母亲	mǔqīn 명 모친, 어머니	跑步	pǎobù 동 달리다	桥	qiáo 명 다리	
目的	mùdì 명 목적	陪	péi 동 모시다	巧克力	qiǎokèlì 명 초콜릿	
拿	ná 동 쥐다, 잡다	朋友	péngyou 명 친구	亲戚	qīnqi 명 친척	
哪	nǎ 대 무엇, 어느	批评	pīpíng 동 비평하다	轻	qīng 형 가볍다	
哪儿	nǎr 대 어디	皮肤	pífū 명 피부	轻松	qīngsōng 형 수월하다, 편안하다	
那	nà 대 그, 저	皮鞋	píxié 명 구두	清楚	qīngchu 형 분명하다, 뚜렷하다	
奶奶	nǎinai 명 할머니	啤酒	píjiǔ 명 맥주	情况	qíngkuàng 명 상황	
耐心	nàixīn 형 인내심 있다	脾气	píqi 명 성격	晴	qíng 형 하늘이 맑다	
男	nán 형 남자의 명 남자	篇	piān 양 편(글을 세는 단위)	请	qǐng 동 부탁하다	
南	nán 명 남쪽	便宜	piányi 형 싸다	请假	qǐngjià 동 휴가를 신청하다	
难	nán 형 어렵다	骗	piàn 동 속이다	穷	qióng 형 빈곤하다	
难道	nándào 부 설마 ~란 말인가?	票	piào 명 표, 티켓	秋	qiū 명 가을	
难过	nánguò 형 괴롭다, 힘들다	漂亮	piàoliang 형 예쁘다	区别	qūbié 명 구별, 차이	
难受	nánshòu 형 아프다, 괴롭다	乒乓球	pīngpāngqiú 명 탁구	取	qǔ 동 찾다, 취하다	
呢	ne 조 문장 끝에서 의문의 어기를 나타냄	平时	píngshí 명 평소, 평상시	去	qù 동 가다	
内	nèi 명 내부, 안	苹果	píngguǒ 명 사과	去年	qùnián 명 작년	
内容	nèiróng 명 내용	瓶子	píngzi 명 병	全部	quánbù 형 전부의	
能	néng 조동 ~할 수 있다	破	pò 동 찢어지다, 깨지다	缺点	quēdiǎn 명 결점	
能力	nénglì 명 능력	葡萄	pútáo 명 포도	缺少	quēshǎo 동 모자라다, 부족하다	
你	nǐ 대 너, 당신	普遍	pǔbiàn 형 보편적인	却	què 부 도리어, 오히려	
年	nián 명 년, 해	普通话	pǔtōnghuà 명 보통화, 표준어	确实	quèshí 형 확실하다, 분명하다	
年级	niánjí 명 학년	七	qī 수 7, 일곱	裙子	qúnzi 명 치마	
年龄	niánlíng 명 연령	妻子	qīzi 명 아내	然而	rán'ér 접 그러나	
年轻	niánqīng 형 젊다	其次	qícì 대 다음, 그다음	然后	ránhòu 접 그런 후에	
鸟	niǎo 명 새	其实	qíshí 부 사실	让	ràng 동 ~하게 시키다	
您	nín 대 당신	其他	qítā 대 기타, 그 외	热	rè 형 덥다	
牛奶	niúnǎi 명 우유	其中	qízhōng 명 그중	热闹	rènao 형 번화하다	

新汉语水平考试
HSK(四级)

注　意

一、HSK (四级) 分三部分：

    1. 听力 (45题，约30分钟)

    2. 阅读 (40题，40分钟)

    3. 书写 (15题，25分钟)

二、**听力结束后，有5分钟填写答题卡。**

三、全部考试约105分钟 (含考生填写个人信息时间5分钟)。

一、听 力

第一部分

第 1–10 题：判断对错。

例如：我想去办个信用卡，今天下午你有时间吗? 陪我去一趟银行?

    ★ 他打算下午去银行。　　　　　　　　　　　　　　　　　　(√)

    现在我很少看电视，其中一个原因是，广告太多了，不管什么时间，也不管什么节目，只要你打开电视，总能看到那么多的广告，浪费我的时间。

    ★ 他喜欢看电视广告。　　　　　　　　　　　　　　　　　　(×)

1.　★ 我觉得很可惜。　　　　　　　　　　　　　　　　(　　　　)

2.　★ 网上购物很受欢迎。　　　　　　　　　　　　　　(　　　　)

3.　★ 马先生要来表示祝贺。　　　　　　　　　　　　　(　　　　)

4.　★ 快到儿童节了。　　　　　　　　　　　　　　　　(　　　　)

5.　★ 计划获得了通过。　　　　　　　　　　　　　　　(　　　　)

6.　★ 不要接受别人的邀请。　　　　　　　　　　　　　(　　　　)

7.　★ 马经理个子不高。　　　　　　　　　　　　　　　(　　　　)

8.　★ 他们俩是同事。　　　　　　　　　　　　　　　　(　　　　)

9.　★ 他们俩经常聊天。　　　　　　　　　　　　　　　(　　　　)

10.　★ 最好不要拿生日做密码。　　　　　　　　　　　　(　　　　)

第二部分

第 11–25 题：请选出正确答案。

例如：女：该加油了，去机场的路上有加油站吗？
　　　男：有，你放心吧。
　　　问：男的主要是什么意思？

　　　A 去机场　　　B 快到了　　　C 油是满的　　　D 有加油站 √

11. A 牙科　　　B 银行　　　C 超市　　　D 餐厅

12. A 逛街　　　B 打折　　　C 买包　　　D 加班

13. A 家　　　B 机场上　　　C 公园　　　D 森林

14. A 药店　　　B 酒店　　　C 服装店　　　D 修理店

15. A 皮肤湿润　　　B 喜欢海鲜　　　C 一个人住　　　D 搬家了

16. A 喜欢孩子　　　B 请老关吃饭　　　C 要买蛋糕　　　D 不愿意去

17. A 在女的弟弟家　　　　　　B 暂时休息
　　 C 去外地出差　　　　　　D 以后不养猫了

18. A 打网球　　　B 打篮球　　　C 打乒乓球　　　D 打羽毛球

19. A 表演时间很长　　　　　　B 表演都取消了
　　 C 表演就开始了　　　　　　D 演出很精彩

20.　**A** 医院　　　　　　**B** 市场　　　　　　**C** 饭店　　　　　　**D** 大使馆

21.　**A** 花　　　　　　　**B** 名字　　　　　　**C** 住院　　　　　　**D** 同事

22.　**A** 路上堵车　　　　　　　　　　**B** 迷路了
　　C 送父母去机场　　　　　　　　**D** 买了一束鲜花

23.　**A** 很着急　　　　　**B** 迟到了　　　　　**C** 不吃饭　　　　　**D** 来得及

24.　**A** 身体不舒服　　　　　　　　　**B** 不想和女的吃饭
　　C 已经有别的事情　　　　　　　**D** 今天要请客

25.　**A** 咖啡厅　　　　　**B** 机场　　　　　　**C** 宾馆　　　　　　**D** 商场

第三部分

第26-45题：请选出正确答案。

例如：男：把这个材料复印五份，一会儿拿到会议室发给大家。

      女：好的，会议是下午3点吗?

      男：改了，三点半，推迟了半个小时。

      女：好，602会议室没变吧?

      男：对，没变。

      问：会议几点开始?

      A 两点　　　　**B** 3点　　　　**C** 3:30 √　　　　**D** 6点

26. **A** 反对　　　　**B** 同意　　　　**C** 批评　　　　**D** 表扬

27. **A** 服务员　　　　**B** 司机　　　　**C** 空姐　　　　**D** 护士

28. **A** 最前边的　　　　**B** 最后边的　　　　**C** 通道边的　　　　**D** 窗户边的

29. **A** 没有预定　　　　**B** 不吃羊肉　　　　**C** 要特色菜　　　　**D** 常来这家

30. **A** 一般　　　　**B** 普通　　　　**C** 不错　　　　**D** 不好

31. **A** 超市离家很近　　　　　　**B** 外面在下雪
　　　C 今天风很大　　　　　　　**D** 男的带雨伞了

32. **A** 电影院　　　　**B** 公司门口　　　　**C** 音乐厅　　　　**D** 机场

33. **A** 她要打网球　　　　**B** 饭做好了　　　　**C** 菜有点咸　　　　**D** 女的饿了

34. **A** 批评　　　　　　**B** 生气　　　　　　**C** 同意　　　　　　**D** 鼓励

35. **A** 改好了　　　　　**B** 打印了　　　　　**C** 印错了　　　　　**D** 打错了

36. **A** 积累经验　　　　**B** 锻炼身体　　　　**C** 跑完比赛　　　　**D** 得到好成绩

37. **A** 都失败了　　　　**B** 都成功了　　　　**C** 都很幽默　　　　**D** 都很优秀

38. **A** 在上海上班　　　　　　　　　**B** 就要毕业了
    C 毕业以后就工作了　　　　　　**D** 常去外地出差

39. **A** 来见朋友　　　　**B** 来找负责人　　　**C** 来找工作　　　　**D** 来招人

40. **A** 应该8点前到　　　　　　　　**B** 对老王不满意
    C 闹钟又坏了　　　　　　　　　**D** 每天准时到

41. **A** 送给司机闹钟　　　　　　　　**B** 不想换司机
    C 不允许再迟到　　　　　　　　**D** 以后不用解释

42. **A** 很容易　　　　　**B** 很麻烦　　　　　**C** 很正确　　　　　**D** 很难

43. **A** 要用右手　　　　**B** 要研究方法　　　**C** 要问专家　　　　**D** 要多练习

44. **A** 质量不错　　　　**B** 技术发展　　　　**C** 最近打折　　　　**D** 购买方便

45. **A** 改变生活　　　　**B** 影响性格　　　　**C** 使人满意　　　　**D** 技术发展

二、阅 读

第一部分

第 46–50 题：选词填空。

    A 公里   **B** 坚持   **C** 数字   **D** 情况   **E** 态度   **F** 永远

例如：她每天都(**B**   )走路上下班，所以身体一直很不错。

46. 一般来说，(   )认真、积极的人更容易感觉到满意。

47. 这儿离火车站还有20多(   )，至少还要半小时。

48. 人的一生，总会有各种各样的烦恼，不可能(   )顺利。

49. 写99.9元，不写100元，这难道不是在玩儿(   )游戏吗？

50. 小毛反映的这个(   )很重要，我现在就安排人去工厂调查。

第 51–55 题：选词填空。

    A 剩   **B** 从来   **C** 差不多   **D** 温度   **E** 暖和   **F** 适应

例如：**A**：今天真冷啊，好像白天最高(**D**   )才2°C。

       B：刚才电视里说明天更冷。

51. **A**：张师傅果然是一个非常准时的人。

     B：是的，我们还(   )没有见他迟到过呢。

52. **A**：你能(   )北方的生活吗？

     B：没问题，我已经在哈尔滨上了两年大学了。

53. **A**：你把那些材料整理好了没？

     B：(   )了，我再检查一遍以后就直接给您送过去。

54. **A**：老公，我的钱包里只(   )300多块钱，好像不够吧。

     B：没问题，我这儿有，还不够的话，我们可以刷信用卡。

55. **A**：你收到我寄给你的礼物了吗？

     B：收到了，谢谢爷爷。帽子非常漂亮，戴着很(   )。

第二部分

第 56–65 题：排列顺序。

例如：**A**：可是今天起晚了

     B：平时我骑自行车上下班

     C：所以就打车来公司　　　　　　　　　　　　<u>B A C</u>

56. **A**：请你查收一下

    B：喂，你好！是蓝教授吗?

    C：你要的那些报告材料，我已经把它传真过去了　　　__________

57. **A**：常常打开窗户让新鲜的空气进入室内

    B：也可以使我们的心情变得更好

    C：冬季应该注意室内空气的质量　　　　　　　__________

58. **A**：小红新开的那家饭馆儿尽管地方不大

    B：因此生意一直很不错

    C：但由于离公交车站很近　　　　　　　　　__________

59. **A**：再往前走三四百米

    B：你过了这个百货商店

    C：就能看到工商银行　　　　　　　　　　　__________

60.　A：是个值得信任的人

　　　B：但是他确实很诚实，从来没说过假话

　　　C：有时候真是受不了小毛的脾气　　　______________

61.　A：虽然现在才10月

　　　B：天气已经开始冷起来了

　　　C：穿厚厚的衣服的人也逐渐多了起来　　　______________

62.　A：超过2/3的医生都表示反对

　　　B：关大夫他们只好放弃了这个计划

　　　C：今天上午的会议上　　　______________

63.　A：成为一个成绩优秀的人容易，但要想成功

　　　B：机会也不可缺少

　　　C：除了聪明、认真、积极外　　　______________

64.　A：而是应该想想你为什么受到批评

　　　B：并从中改正缺点

　　　C：被人批评时，先不要忙着为自己解释　　　______________

65.　A：它是学习成功的关键一步

　　　B：预习就是预先学习，具体而言

　　　C：是指学生在上课前自学有关新知识的学习过程　　　______________

第三部分

第 66-85 题：请选出正确答案。

例如：她很活泼，说话很有趣，总能给我们带来快乐，我们都很喜欢和她在
一起。

    ★ 她是个什么样的人？

    A 幽默 √   B 马虎   C 骄傲   D 害羞

66. 世界上有一种肯定买不到的药。那就是"后悔药"。所有的事过去了就过
去了，绝不能回头。既然不能重新来过，那么就别把它放在自己的心
上，当成一种回忆，然后勇敢地抬起头往前看，走好以后的路。

    ★ 关于"后悔药"，我们可以知道：

    A 买不到   B 效果很大   C 没有人要   D 很受欢迎

67. "上有老，下有小"是指很多中年人的生活：因为自己的父母还在，他们
还能做一个父母眼中还没长大的孩子；因为孩子还小，需要他们的照
顾，这样有努力的方向。因此他们应该感到幸福。

    ★ 这段话主要讲，中年人：

    A 需要照顾   B 感到幸福   C 生活压力大   D 还没长大

68. 三十多亿年前，当空中还不适合出现生命的时候，海洋里已经出现了生
命。这是因为海洋对生命有保护作用，它们在水里很难接受周围环境的
危害。

    ★ 先在海洋里出现生命的原因是：

    A 海洋面积大   B 水里很危险   C 不适合生活   D 有保护作用

69. 握手的动作虽然很简单，但通过这一动作，却能起到增进双方亲密感的
作用。一般情况下，主动与对方握手，表示友好、感激或尊重。有时，
握手还代表支持和鼓励。

　　★ 握手：

　　　A 表示原谅　　　B 会让人紧张　　　C 有积极作用　　　D 会引起误会

70. "80后"原来是指1980–1989年出生的年轻作者。后来，它的范围扩大了，
指整个20世纪80年代出生的年轻人。

　　★ 根据这段话，"80后"的意思：

　　　A 值得怀疑　　　B 范围变窄了　　　C 发生了变化　　　D 不符合意义

71. 人们常说"便宜无好货，好货不便宜"，意思就是产品的质量和价格有很
大的关系。一般情况下，你花的钱越多，买的东西也就越好。

　　★ 一般来说，贵东西：

　　　A 越来越多　　　B 广告多　　　C 赚得更多　　　D 质量有保证

72. 过去，自行车被当做交通工具，现在自行车除了做交通工具外，还能拿
来锻炼身体。骑自行车不受时间的限制，而且锻炼效果也比较大。

　　★ 骑自行车当做运动：

　　　A 挺方便　　　B 效果很低　　　C 受到限制　　　D 很有意思

73. 我再提醒大家一下，原定明早9点半的总结大会时间提前，改到8点半
了。这次白校长也要来参加，所以请大家注意不要迟到。

　　★ 根据这段话，可以知道什么？

　　　A 要推迟时间　　　B 时间提前了　　　C 提醒白校长　　　D 会议取消了

74. 当你心情不好的时候，不要自己坐在房间里，也不要躺在床上睡觉，更
    不要自己喝酒，你应该找朋友一起聊天，去逛商场，这样你的心情会更
    快好起来。

    ★ 心情不好时，我们应该：

    A 在家喝酒　　　　B 整天睡觉　　　　C 找人聊聊　　　　D 玩儿电脑

75. 在很多情况下，明白做什么比怎么做更重要。做什么指的是方向，而怎
    么做指的是方法。要是方向不正确，那么方法还可能对吗？

    ★ 这段话想告诉我们什么？

    A 要有理想　　　　B 方向更重要　　　　C 要相信自己　　　　D 方法的区别

76. 当事情没有按照原来的计划进行的时候，最好不要太担心、太着急，应
    该冷静、积极地找到解决问题的办法。

    ★ 遇到困难时，我们应该：

    A 积累经验　　　　B 担心着急　　　　C 暂时放弃　　　　D 冷静下来

77. 职业不应该受到年龄的限制。不管是年轻人还是老年人，只要能在自己
    工作中，取得很好的成绩，那就应该赢得尊重。

    ★ 根据这段话，值得重视的是：

    A 年龄大小　　　　B 兴趣爱好　　　　C 阅读能力　　　　D 工作成绩

78. 塑料袋给现代人们的生活带来了很大的方便，因此受到了大家的普遍欢
    迎。但是同时给环境带来的严重的污染。

    ★ 这段话告诉我们应该：

    A 提高塑料袋的质量　　　　　　B 学好使用方法
    C 推荐别人使用　　　　　　　　D 少用塑料袋

79. 事情的原因和结果往往是互相联系的。如果有一定的原因，那就有一定的结果。有时候，有的事情的结果也能当另一个事情的原因。

★ 根据这段话，事情的发生：

A 是突然的   B 是没有结果的
C 是有原因的   D 是往往推迟的

80–81.

随着社会、经济的发展，人们的生活也丰富起来了。只要有钱，可以买到自己想要的东西。但是教育孩子时，父母必须让孩子从小就知道，不是想要的所有的东西都会得到，更不是一哭就能得到。如果孩子一哭，爸爸妈妈就给他们想要的糖果或者饼干，就会让孩子养成不良的习惯。

★ 为了得到想要的东西，孩子往往会：

A 哭   B 骗人   C 努力学习   D 变得很勇敢

★ 这段话主要谈什么？

A 感情交流更重要   B 夫妻的事情
C 孩子喜欢哭   D 有些东西是得不到的

82–83.

年轻人说："浪漫是她想要月亮时，你给她温和地说我是你的太阳。"中年人说："浪漫是晚上加班，回来时已经零点了，爬了三层楼，到了你家的门口，这时，门开了。"老人说："浪漫就像歌里唱的一样，我能想的最浪漫的事，是和你一起慢慢变老。"

★ 这段话主要谈的是：

A 生活   B 关系   C 理想   D 浪漫

★ 根据这段话，什么影响着人们对浪漫的看法？

A 气候   B 脾气   C 地点   D 时间

84-85.

很多人觉得听流行歌曲不适合老年人，京剧、老歌才是老人的最爱。其实，听听流行歌曲对老人也是很有好处的。流行歌曲有很多种。只要老人选择自己喜欢听的，心情一样可以愉快起来，还能拉近和年轻人的距离。

★ 人们一般认为，老人喜欢：

A 流行音乐　　　　　　　　B 拉近距离
C 过去的音乐　　　　　　　D 和亲戚见面

★ 关于流行音乐，我们可以知道：

A 只适合年轻人　　　　　　B 仅适合老人
C 也适合老人　　　　　　　D 老人不能听

三、书 写

第一部分

第86-95题：完成句子。

例如：那座桥　　　　800年的　　　　历史　　　　有　　　　了

　　　　那座桥有800年的历史了。

86. 世界地图　　　　对面墙上　　　　两张　　　　挂着

87. 干燥　　　　北京的　　　　很　　　　空气

88. 给老云　　　　出了　　　　邻居家的孩子　　　　一个好主意

89. 丢失了　　　　钥匙　　　　孙子　　　　把　　　　办公室的

90. 外面的敲门声　　　　吵醒了　　　　被　　　　左阿姨

91. 表演　　　　很　　　　精彩　　　　今晚的　　　　真的

92. 激动　　　　黄博士　　　　让　　　　非常　　　　那个消息

93. 他的　　　　竟然　　　　这句话　　　　警察的注意　　　　引起了

94. 讨论　　　　还在　　　　进行　　　　继续　　　　他们

95. 写　　　　很仔细　　　　得　　　　这篇报告

第二部分

第 96–100 题：看图，用词造句。

例如：　乒乓球　　<u>她很喜欢打乒乓球。</u>

96.　信心

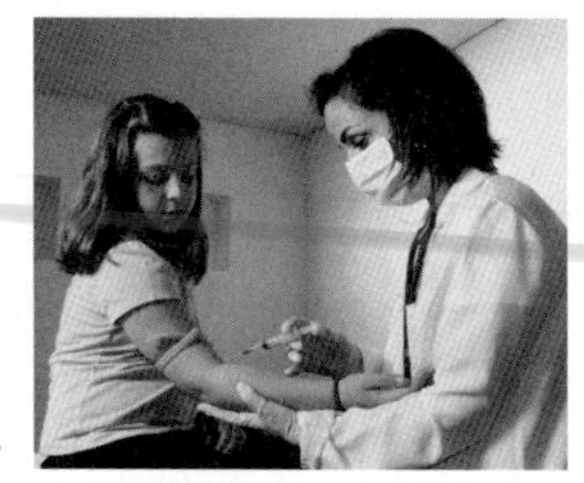

97.　打针

98.　到底

99.　误会

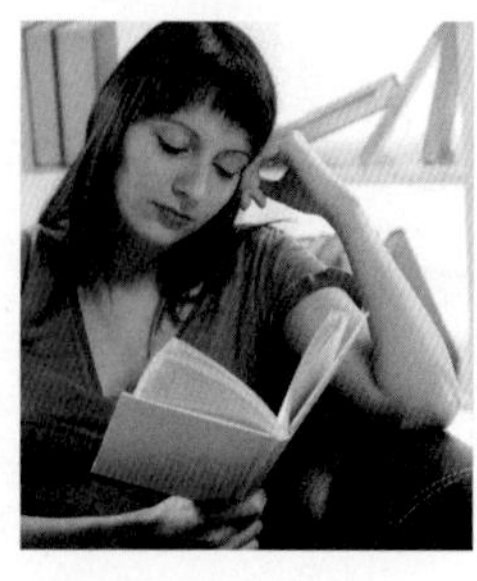

100.　遍

(音乐，30秒，渐弱)

大家好！欢迎参加HSK (四级) 考试。
大家好！欢迎参加HSK (四级) 考试。
大家好！欢迎参加HSK (四级) 考试。

HSK (四级) 听力考试分三部分，共45题。
请大家注意，听力考试现在开始。

第一部分

一共10个题，每题听一次。

例如：我想去办个信用卡，今天下午你有时间吗？陪我去一趟银行？

★ 他打算下午去银行。

现在我很少看电视，其中一个原因是，广告太多了，不管什么时间，也不管什么节目，只要你打开电视，总能看到那么多的广告，浪费我的时间。

★ 他喜欢看电视广告。

现在开始第 1 题：

1. 我是第一次遇到那种情况，如果当时张师傅没陪着我，我可不知道应该怎么做好，真是太感谢他了。

★ 我觉得很可惜。

2. 现在网上购物非常流行。年轻人尤其喜欢在网站买书、衣服、包等东西，因为在网站上买东西比去商店买更便宜。

★ 网上购物很受欢迎。

3.　马先生当时并不是故意的，那天的事情太突然了。他也没想到事情会弄成这样。今
　　天他要来向你道歉。你就原谅他吧。

　　★ 马先生要来表示祝贺。

4.　今天是6.1儿童节，许多父母带着自己的孩子来动物园看猴子、大熊猫。动物园里真
　　是热闹极了。

　　★ 快到儿童节了。

5.　我们现在可以放心了，一共有30个人同意这个计划，超过2/3，既然大部分人觉得没
　　问题，那我们就通过了。

　　★ 计划获得了通过。

6.　舞会上直接拒绝别人的邀请是没有礼貌的。如果不得不拒绝，你可以告诉对方我有
　　些累了想休息休息，相反也不要很快就接受别人的邀请。

　　★ 不要接受别人的邀请。

7.　马经理个子矮，他不说话的时候给人的感觉很普通，但他一说话就好像换了一个人
　　一样，马上就能吸引住别人的注意。

　　★ 马经理个子不高。

8.　我和王律师认识差不多30年了，这么多年来，我们俩几乎没为什么事情红过脸，周
　　围人都羡慕我们俩。

　　★ 他们俩是同事。

9.　小王每天早上在电梯里遇到她，可能她也在这座大楼里上班。但是他们从来没有说
　　过话，只是看着很熟悉。

　　★ 他们俩经常聊天。

10.　有些人很粗心，直接用自己的生日或电话号码做银行卡的密码。其实这样做很危
　　险。

　　★ 最好不要拿生日做密码。

第二部分

一共15个题，每题听一次。

例如： 女：该加油了，去机场的路上有加油站吗?
　　　 男：有，你放心吧。
　　　 问：男的主要是什么意思?

现在开始第 11 题：

11. 男：家里的牙膏快用完了。一会儿去超市别忘了买新的。
　　 女：好，顺便买瓶醋。醋也快没了。
　　 问：他们一会儿要去哪儿?

12. 女：下午跟我去逛街怎么样? 最近百货商店在打折。我想去买个包。
　　 男：今天不行。公司加班。明天再去吧。
　　 问：男的要做什么?

13. 男：你在干什么呢? 需要我帮助你吗?
　　 女：我想在这面墙上挂一张画儿，在那面墙上挂一张中国地图。
　　 问：他们最可能在哪儿?

14. 女：我想暂时请小毛来负责酒店的工作。你看有问题没?
　　 男：他最近在忙另一件事。您还是考虑其他人吧。
　　 问：女的想请小毛负责哪方面的工作?

15. 男：听说你和小王一起新租的房子离海很近。
　　 女：是的。这儿空气既新鲜又湿润。你下星期抽空来玩儿吧。
　　 问：关于女的，下列哪个正确?

16. 女：老关要请我们俩去他家做客。你说我们带点儿什么礼物好呢?
　　 男：他家有孩子，我们去买个蛋糕吧。
　　 问：关于男的，下列哪个正确?

17. 男：你以前不是养过一只猫吗？怎么不见了？
　　女：我明天要去外地出差，所以暂时请我弟弟照顾它几天。
　　问：关于那只猫，可以知道什么？

18. 女：下午有什么安排吗？去打乒乓球吧。好久没去运动呢。
　　男：行，我下课后给你打电话。
　　问：他们下午有什么安排？

19. 男：今天的表演太精彩了，我们都很感动。
　　女：谢谢你们能来看我们的演出。
　　问：根据对话，下列哪个正确？

20. 女：你平时常来这儿买菜吗？
　　男：不，我一般在我们家旁边的一个超市里买，偶尔来这里。
　　问：他们最可能在哪儿？

21. 男：真奇怪，这花的叶子是黄的。你知道这叫什么花吗？
　　女：我也不知道。上个星期我住院时同事送的。
　　问：他们在谈什么？

22. 女：你不是早就出发了？你怎么路上花了这么长时间？
　　男：对不起，我是先送我父母去机场的，所以晚了一点儿。
　　问：男的为什么迟到了？

23. 男：还没准备好呀，不早了。咱们别迟到了。
　　女：别急，8点走也不迟。正常情况下20分钟内肯定能到。
　　问：女的是什么意思？

24. 女：今天辛苦了，晚上我请客。我最近发现一家又好吃又便宜的饭馆。
　　男：你怎么不早说，我今天已经有约会了。
　　问：男的是什么意思？

25. 男：所有的航班都推迟了。刚才听广播说，还要等两三个小时才能起飞。
　　女：那我们去楼上喝杯咖啡。
　　问：他们最可能在哪儿？

一共20个题，每题听一次。

例如：男：把这个材料复印五份，一会儿拿到会议室发给大家。

　　　　女：好的。会议是下午3点吗？

　　　　男：改了。三点半，推迟了半个小时。

　　　　女：好，602会议室没变吧？

　　　　男：对，没变。

　　　　问：会议几点开始？

现在开始第 26 题：

26. 男：听说你大学三年级的时候就开始在贸易公司工作了？

　　女：是的，这让我积累了丰富的工作经验。

　　男：这样做不会影响你的学习吗？

　　女：我认为实际工作能让我更理解书本上的知识。

　　问：女的对参加工作怎么看？

27. 女：先生，这是您的房卡，请拿好。

　　男：谢谢。是304号吗？

　　女：是的，我们一会儿把您的行李箱直接送到您的房间。

　　男：好的。麻烦你们了。

　　女：不客气。

　　问：女的最可能是做什么的？

28. 男：你好！我想订明天早上8点到北京的机票。

　　女：好的，您要几张？

　　男：一张，有没有窗户旁边的座位呢？

　　女：我查一下。抱歉，您乘坐的这个航班没有窗户边的座位了。

　　男：好吧，没关系。

　　问：男的想要什么样的座位？

29. 女：先生您好，您预定的座位在这儿。
    男：谢谢，我先点菜吧。请把菜单给我。
    女：给您，这就是我们餐厅的特色菜。
    男：我不吃羊肉，我再看看其他的菜吧。
    问：关于男的，可以知道什么？

30. 男：你换运动服干什么呀？又要出去呀？
    女：去打乒乓球。我约了小王。他打乒乓球很厉害，你敢和他打吗？
    男：当然敢。
    女：那一起去，看看你究竟是赢还是输。
    问：小王的乒乓球打得怎么样？

31. 女：外面雨下得很大。你把雨伞带上吧。
    男：不用。我就去楼下超市买牛奶，马上就回来。
    女：那你顺便买袋盐吧。
    男：没问题。
    问：根据对话，可以知道什么？

32. 男：今晚的演唱会你要不要去看？
    女：我当然想去，可惜票早就卖光了。
    男：正好我同事多给了我一张，我们一起去吧。我去接你。
    女：真的假的，你不会是在开玩笑骗我吧？
    男：怎么会呢，晚上6点公司门口见。
    问：今天晚上他们在哪儿见面？

33. 女：打了一上午网球，肚子有点儿饿了！
    男：稍等一会儿，饭马上就好了。
    女：真香，今天吃什么？
    男：你鼻子真好，今天我们吃西红柿炒鸡蛋。
    问：根据对话，可以知道什么？

34. 男：这些箱子还有用吗？
    女：没用了。
    男：没用的东西就放垃圾桶里吧。别到处乱扔。
    女：好吧，那我一会儿把房间整理一下。
    问：女的是什么态度？

35. 女：小马，这页上有几个词打错了。

　　男：对不起。我马上去改。

　　女：已经改完了，你给我重新打印一份吧。

　　男：好的，我一会儿给您送过去。

　　问：女的怎么了？

第 36 到 37 题是根据下面一段话：

　　有三个人参加长跑比赛，虽然他们很努力，但却都没有得第一，那这就说明他们都失败了吗？肯定不是。因为他们有自己的目的。第一个人是想通过跑步锻炼锻炼；第二个人以前参加过比赛，只要得到一个更好的成绩，那他就很高兴；第三个人是第一次参加，只要能跑完，就很满意。这样看来，三个人都成功了。

　　36. 第一个人为什么参加比赛？

　　37. 说话人认为这三个人怎么样？

第 38 到 39 题是根据下面一段话：

　　今天在机场遇到了大学同学，他2008年毕业后就去北京发展了，到现在已经差不多5年了，他是来出差的，他们公司下个月要在上海举行5场招聘会，他是这次活动的负责人。

　　38. 关于那个同学，可以知道什么？

　　39. 那个同学来上海干什么？

第 40 到 41 题是根据下面一段话：

　　老王和司机约好每天早上8点前来接老王上班，可是司机总是迟到，老王对这点很不满意。这天司机又迟到了，他感到很抱歉，于是向老王解释说自己的闹钟又出问题了。老王回答说："恐怕你得换一个闹钟了，要不我要换一个司机了。"

　　40. 关于司机，可以知道什么？

　　41. 老王的话是什么意思？

第 42 到 43 题是根据下面一段话：

很多外国人都认为每个中国人都会正确使用筷子，但那就错了。使用筷子吃饭，看起来容易做起来难，有个专家进行过调查，结果发现，大约20%的人不会正确使用筷子，如果想正确使用筷子，那就好好练习吧。

42. 说话人对使用筷子怎么看？

43. 怎样才能正确使用筷子？

第 44 到 45 题是根据下面一段话：

随着现代技术的发展，笔记本电脑的价格大大降低，现在它已经成为了人们特别是年轻人普遍使用的生活必需品，而且它使人们的生活发生了很大的变化。

44. 笔记本电脑的价格降低的原因是什么？

45. 关于笔记本电脑，可以知道什么？

听力考试现在结束。

一、听力

第一部分	1. ×	2. √	3. ×	4. ×	5. √	6. ×	7. √	8. ×	9. ×	10. √
第二部分	11. C	12. D	13. A	14. B	15. D	16. C	17. A	18. C	19. D	20. B
	21. A	22. C	23. D	24. C	25. B					
第三部分	26. B	27. A	28. D	29. B	30. C	31. A	32. B	33. D	34. C	35. A
	36. B	37. B	38. C	39. D	40. A	41. C	42. D	43. D	44. B	45. A

二、阅读

第一部分	46. E	47. A	48. F	49. C	50. D	51. B	52. F	53. C	54. A	55. E
第二部分	56. BCA		57. CAB		58. ACB		59. BAC		60. CBA	
	61. ABC		62. CAB		63. ACB		64. CAB		65. BCA	
第三部分	66. A	67. B	68. D	69. C	70. C	71. D	72. A	73. B	74. C	75. B
	76. D	77. D	78. D	79. C	80. A	81. D	82. D	83. D	84. C	85. C

三、书写

第一部分

86. 对面墙上挂着两张世界地图。

87. 北京的空气很干燥。

88. 邻居家的孩子给老云出了一个好主意。

89. 孙子把办公室的钥匙丢失了。

90. 左阿姨被外面的敲门声吵醒了。

91. 今晚的表演真的很精彩。

92. 那个消息让黄博士非常激动。

93. 他的这句话竟然引起了警察的注意。

94. 他们还在继续进行讨论。

95. 这篇报告写得很仔细。

第二部分

96. ① 这个男人对自己的想法很有信心。
② 这个很有信心的人就是这家公司的老板。
③ 他很有信心地说出了自己的想法。
④ 他对这个任务很有信心。
⑤ 他很有信心，所以经理信任他。

97. ① 护士给女孩子打针。
② 女孩子不喜欢打针。
③ 女孩子害怕打针。
④ 女孩子感冒了，所以给她打针。
⑤ 女孩子害怕打针，但是没有哭。

98. ① 到底怎么解决这个问题？
② 他不知道到底怎么回事。
③ 他到底在想什么？
④ 我的钱包到底在哪儿？
⑤ 他到底为什么这么难过？

99. ① 女的误会了男的的意思。
② 你别误会了，我不是那个意思。
③ 女的误会了，所以他们俩吵架了。
④ 别人误会的时候要及时解释。
⑤ 我误会你了，对不起。

100. ① 这本书你看过几遍？
② 她已经把这本书看过三遍了。
③ 她很喜欢这本书，所以打算再读一遍。
④ 她已经把这本书看过好几遍了，但是还是看不懂。
⑤ 这本书我以前看过一遍。

新 汉 语 水 平 考 试
HSK(四级)答题卡

姓名	
中文	

序号
[0] [1] [2] [3] [4] [5] [6] [7] [8] [9]
[0] [1] [2] [3] [4] [5] [6] [7] [8] [9]
[0] [1] [2] [3] [4] [5] [6] [7] [8] [9]
[0] [1] [2] [3] [4] [5] [6] [7] [8] [9]
[0] [1] [2] [3] [4] [5] [6] [7] [8] [9]

考点代码
[0] [1] [2] [3] [4] [5] [6] [7] [8] [9]
[0] [1] [2] [3] [4] [5] [6] [7] [8] [9]
[0] [1] [2] [3] [4] [5] [6] [7] [8] [9]
[0] [1] [2] [3] [4] [5] [6] [7] [8] [9]
[0] [1] [2] [3] [4] [5] [6] [7] [8] [9]
[0] [1] [2] [3] [4] [5] [6] [7] [8] [9]
[0] [1] [2] [3] [4] [5] [6] [7] [8] [9]

国籍
[0] [1] [2] [3] [4] [5] [6] [7] [8] [9]
[0] [1] [2] [3] [4] [5] [6] [7] [8] [9]
[0] [1] [2] [3] [4] [5] [6] [7] [8] [9]

性别　　男 [1]　　　　女 [2]

年龄
[0] [1] [2] [3] [4] [5] [6] [7] [8] [9]
[0] [1] [2] [3] [4] [5] [6] [7] [8] [9]

注意	请用2B铅笔这样写： ■

一、听力

1. [✓] [✗]　　6. [✓] [✗]　　11. [A] [B] [C] [D]　　16. [A] [B] [C] [D]　　21. [A] [B] [C] [D]
2. [✓] [✗]　　7. [✓] [✗]　　12. [A] [B] [C] [D]　　17. [A] [B] [C] [D]　　22. [A] [B] [C] [D]
3. [✓] [✗]　　8. [✓] [✗]　　13. [A] [B] [C] [D]　　18. [A] [B] [C] [D]　　23. [A] [B] [C] [D]
4. [✓] [✗]　　9. [✓] [✗]　　14. [A] [B] [C] [D]　　19. [A] [B] [C] [D]　　24. [A] [B] [C] [D]
5. [✓] [✗]　　10. [✓] [✗]　　15. [A] [B] [C] [D]　　20. [A] [B] [C] [D]　　25. [A] [B] [C] [D]

26. [A] [B] [C] [D]　　31. [A] [B] [C] [D]　　36. [A] [B] [C] [D]　　41. [A] [B] [C] [D]
27. [A] [B] [C] [D]　　32. [A] [B] [C] [D]　　37. [A] [B] [C] [D]　　42. [A] [B] [C] [D]
28. [A] [B] [C] [D]　　33. [A] [B] [C] [D]　　38. [A] [B] [C] [D]　　43. [A] [B] [C] [D]
29. [A] [B] [C] [D]　　34. [A] [B] [C] [D]　　39. [A] [B] [C] [D]　　44. [A] [B] [C] [D]
30. [A] [B] [C] [D]　　35. [A] [B] [C] [D]　　40. [A] [B] [C] [D]　　45. [A] [B] [C] [D]

二、阅读

46. [A] [B] [C] [D] [E] [F]　　51. [A] [B] [C] [D] [E] [F]
47. [A] [B] [C] [D] [E] [F]　　52. [A] [B] [C] [D] [E] [F]
48. [A] [B] [C] [D] [E] [F]　　53. [A] [B] [C] [D] [E] [F]
49. [A] [B] [C] [D] [E] [F]　　54. [A] [B] [C] [D] [E] [F]
50. [A] [B] [C] [D] [E] [F]　　55. [A] [B] [C] [D] [E] [F]

56. ＿＿＿　58. ＿＿＿　60. ＿＿＿　62. ＿＿＿　64. ＿＿＿

57. ＿＿＿　59. ＿＿＿　61. ＿＿＿　63. ＿＿＿　65. ＿＿＿

66. [A] [B] [C] [D]　　71. [A] [B] [C] [D]　　76. [A] [B] [C] [D]　　81. [A] [B] [C] [D]
67. [A] [B] [C] [D]　　72. [A] [B] [C] [D]　　77. [A] [B] [C] [D]　　82. [A] [B] [C] [D]
68. [A] [B] [C] [D]　　73. [A] [B] [C] [D]　　78. [A] [B] [C] [D]　　83. [A] [B] [C] [D]
69. [A] [B] [C] [D]　　74. [A] [B] [C] [D]　　79. [A] [B] [C] [D]　　84. [A] [B] [C] [D]
70. [A] [B] [C] [D]　　75. [A] [B] [C] [D]　　80. [A] [B] [C] [D]　　85. [A] [B] [C] [D]

86. ____

87. ____

88. ____

89. ____

90. ____

91. ____

92. ____

93. ____

94. ____

95. ____

96. ____

97. ____

98. ____

99. ____

100. ____

新 汉 语 水 平 考 试

HSK(四级)答题卡

姓名	
中文	

考点代码
[0] [1] [2] [3] [4] [5] [6] [7] [8] [9]
[0] [1] [2] [3] [4] [5] [6] [7] [8] [9]
[0] [1] [2] [3] [4] [5] [6] [7] [8] [9]
[0] [1] [2] [3] [4] [5] [6] [7] [8] [9]
[0] [1] [2] [3] [4] [5] [6] [7] [8] [9]
[0] [1] [2] [3] [4] [5] [6] [7] [8] [9]
[0] [1] [2] [3] [4] [5] [6] [7] [8] [9]

序号
[0] [1] [2] [3] [4] [5] [6] [7] [8] [9]
[0] [1] [2] [3] [4] [5] [6] [7] [8] [9]
[0] [1] [2] [3] [4] [5] [6] [7] [8] [9]
[0] [1] [2] [3] [4] [5] [6] [7] [8] [9]
[0] [1] [2] [3] [4] [5] [6] [7] [8] [9]

国籍
[0] [1] [2] [3] [4] [5] [6] [7] [8] [9]
[0] [1] [2] [3] [4] [5] [6] [7] [8] [9]
[0] [1] [2] [3] [4] [5] [6] [7] [8] [9]

性别　　　　男 [1]　　　　女 [2]

年龄
[0] [1] [2] [3] [4] [5] [6] [7] [8] [9]
[0] [1] [2] [3] [4] [5] [6] [7] [8] [9]

注意	请用2B铅笔这样写：■

一、听力

1. [✓] [✗]　　6. [✓] [✗]　　11. [A] [B] [C] [D]　　16. [A] [B] [C] [D]　　21. [A] [B] [C] [D]
2. [✓] [✗]　　7. [✓] [✗]　　12. [A] [B] [C] [D]　　17. [A] [B] [C] [D]　　22. [A] [B] [C] [D]
3. [✓] [✗]　　8. [✓] [✗]　　13. [A] [B] [C] [D]　　18. [A] [B] [C] [D]　　23. [A] [B] [C] [D]
4. [✓] [✗]　　9. [✓] [✗]　　14. [A] [B] [C] [D]　　19. [A] [B] [C] [D]　　24. [A] [B] [C] [D]
5. [✓] [✗]　　10. [✓] [✗]　　15. [A] [B] [C] [D]　　20. [A] [B] [C] [D]　　25. [A] [B] [C] [D]

26. [A] [B] [C] [D]　　31. [A] [B] [C] [D]　　36. [A] [B] [C] [D]　　41. [A] [B] [C] [D]
27. [A] [B] [C] [D]　　32. [A] [B] [C] [D]　　37. [A] [B] [C] [D]　　42. [A] [B] [C] [D]
28. [A] [B] [C] [D]　　33. [A] [B] [C] [D]　　38. [A] [B] [C] [D]　　43. [A] [B] [C] [D]
29. [A] [B] [C] [D]　　34. [A] [B] [C] [D]　　39. [A] [B] [C] [D]　　44. [A] [B] [C] [D]
30. [A] [B] [C] [D]　　35. [A] [B] [C] [D]　　40. [A] [B] [C] [D]　　45. [A] [B] [C] [D]

二、阅读

46. [A] [B] [C] [D] [E] [F]　　51. [A] [B] [C] [D] [E] [F]
47. [A] [B] [C] [D] [E] [F]　　52. [A] [B] [C] [D] [E] [F]
48. [A] [B] [C] [D] [E] [F]　　53. [A] [B] [C] [D] [E] [F]
49. [A] [B] [C] [D] [E] [F]　　54. [A] [B] [C] [D] [E] [F]
50. [A] [B] [C] [D] [E] [F]　　55. [A] [B] [C] [D] [E] [F]

56. ______　58. ______　60. ______　62. ______　64. ______

57. ______　59. ______　61. ______　63. ______　65. ______

66. [A] [B] [C] [D]　　71. [A] [B] [C] [D]　　76. [A] [B] [C] [D]　　81. [A] [B] [C] [D]
67. [A] [B] [C] [D]　　72. [A] [B] [C] [D]　　77. [A] [B] [C] [D]　　82. [A] [B] [C] [D]
68. [A] [B] [C] [D]　　73. [A] [B] [C] [D]　　78. [A] [B] [C] [D]　　83. [A] [B] [C] [D]
69. [A] [B] [C] [D]　　74. [A] [B] [C] [D]　　79. [A] [B] [C] [D]　　84. [A] [B] [C] [D]
70. [A] [B] [C] [D]　　75. [A] [B] [C] [D]　　80. [A] [B] [C] [D]　　85. [A] [B] [C] [D]

86. ____

87. ____

88. ____

89. ____

90. ____

91. ____

92. ____

93. ____

94. ____

95. ____

96. ____

97. ____

98. ____

99. ____

100. ____

전공략 新HSK

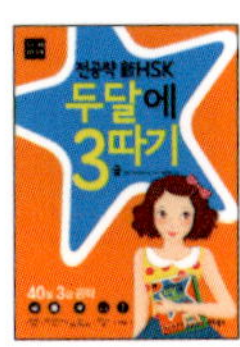

전공략 新HSK
두달에 **3급** 따기

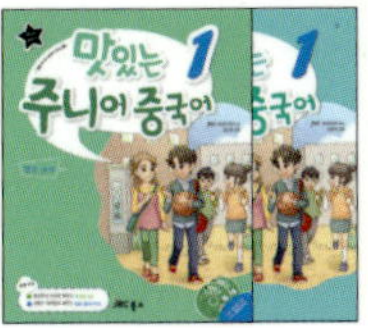

2013 전공략 新HSK
기출모의고사 **3급**

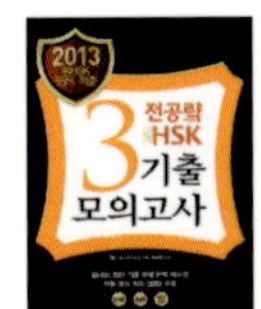

전공략 新HSK
두달에 **4급** 따기

전공략 新HSK 원패스
합격모의고사 **4급**

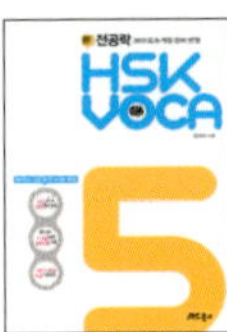

맛있는 新HSK
모의고사 **4급**

2013 전공략 新HSK
기출모의고사 **4급**

전공략 新HSK
두달에 **5급** 따기

전공략 新HSK 원패스
합격모의고사 **5급**

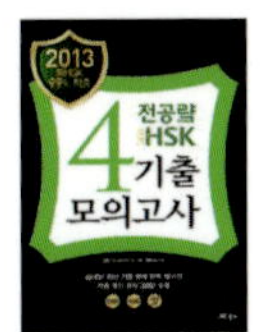

맛있는 新HSK
모의고사 **5급**

2013 전공략 新HSK
기출모의고사 **5급**

전공략 新HSK
두달에 **6급** 따기

전공략 新HSK 원패스
합격모의고사 **6급**

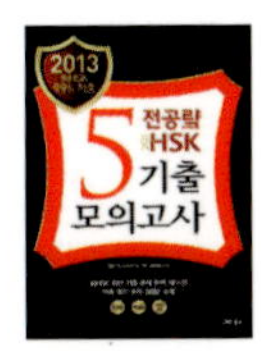

맛있는 新HSK
모의고사 **6급**

2013 전공략 新HSK
기출모의고사 **6급**

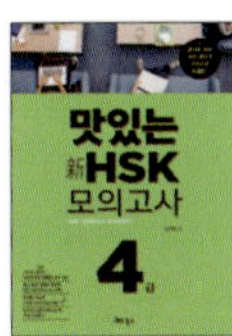

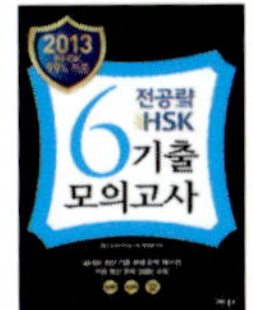

新HSK 어휘

新HSK에 꼭 나오는
필수상용어 128句

전공략 新HSK
VOCA 5급

전공략 新HSK
VOCA 6급

단어

맛있는 중국어
필수 단어 1400

맛있는 어린이

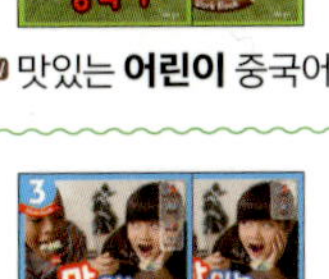

NEW 맛있는 **어린이** 중국어 0
[첫걸음]

NEW 맛있는 **어린이** 중국어 1

NEW 맛있는 **어린이** 중국어 2

NEW 맛있는 **어린이** 중국어 3

맛있는 **어린이** 중국어 4

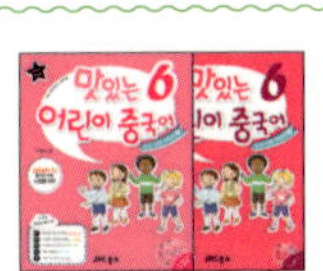

맛있는 **어린이** 중국어 5

맛있는 **어린이** 중국어 6

맛있는 주니어

맛있는 **주니어** 중국어 1

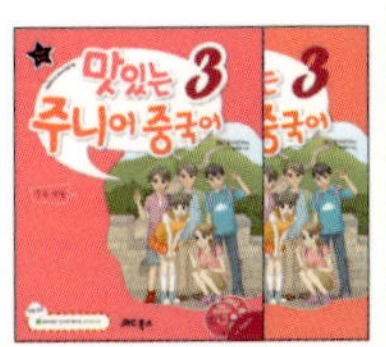

맛있는 **주니어** 중국어 2

맛있는 **주니어** 중국어 3

맛있는 한자

맛있는 **한자** 2급

맛있는 **이야기 한자** 1·2

　회사원인 이동민씨는 회사 출장 차 중국을 방문하게 되었다. 중국 방문이 처음인 동민씨는 설레는 마음으로 바이어들을 만나 회사 업무를 협의한 후, 저녁을 함께하게 되었다. 중요한 바이어들이라 저녁식사로 각종 산해진미들을 거하게 대접했다.

　식사가 끝난 후, 한국에서 해외에 나갈 때 쓰던 카드를 꺼내 결제를 하려고 하자, 이 카드로는 결제가 안 된다며 주인이 유니온페이카드를 요구했다. 하지만, 그것을 몰랐던 이동민씨. 어찌할 바를 모르고 지갑의 남은 현금을 확인했지만 식사비는 턱없이 부족한 상황이었다. 그러자 바이어들이 하는 수 없다는 듯 대신 결제를 해주었다. 거하게 대접하겠다고 큰소리 치곤 오히려 바이어들에게 우스운 꼴만 보인 이동민씨. 앞으로의 협상에서도 좋지 않은 결과를 낳을 것은 뻔한 일이다. 중국 특유의 카드 결제 시스템에 대한 무지로 생긴 참사였다.

중국 갈 때 이건 꼭 알고 가자!
　중국은 해외 카드로는 대부분의 음식점, 상점, 호텔 등에서 결제에 제한이 많다. 필히 챙겨가야 할 필수품, 중국 카드 점유율 99%를 차지하고 있는 유니온페이카드가 바로 그것이다.

　중국에 여행, 출장 등의 일로 방문하게 된다면 잊지 말고 꼭 유니온페이카드를 준비해 가자. 유니온페이카드는 한국의 전 카드사에서 언제든 발급 가능하다. 한국에서 발급한 유니온페이카드는 한국의 전 가맹점에서 결제가 가능한 것은 물론이고, 중국 전 가맹점에서 결제가 가능하다. 또한 유니온페이카드는 해외 160개 국가 및 지역에서 결제 시, 가장 저렴한 외화 전환 수수료로 카드 이용이 가능한 장점도 있다. 유니온페이카드와 관련한 보다 상세한 정보는 유니온페이카드 공식 홈페이지(http://www.unionpayintl.com/kr/)를 통해 확인할 수 있다. 아무쪼록 즐거운 중국 여행과 출장이 될 수 있도록 잘 준비해 보자.